莱钢年鉴

2013

LAIGANG
YEARBOOK

（总第21卷）

《莱钢年鉴》编辑部　编

山东省地图出版社

《莱钢年鉴》编纂委员会

《莱钢年鉴》（2013）

莱钢集团有限公司董事长、总经理、党委副书记 陈启祥

莱钢集团有限公司党委书记、副董事长、副总经理 田克宁

2012年4月13日，中共中央委员、新疆维吾尔自治区党委书记张春贤（中）到新疆公司调研

2012年5月13日，中共山东省委常委、副省长孙伟（前左二）到新疆公司调研

2012年5月2日，山东省副省长夏耕（前右二）到莱钢调研

2012年2月14日，山东省副省长张建国（中）到莱钢调研

2012年5月23日，中国钢铁工业协会会长朱继民（右一）到莱钢调研

2012年2月8日，国家发改委生态文明建设调研组到莱钢调研，对莱钢生态文明建设给予高度评价

2012年6月5日，集团公司在办公楼召开加强两级机关作风能力建设动员会，就开展“转观念、转作风、提能力”活动进行部署安排

2012年7月25日，集团公司在办公楼召开上半年工作会议暨机构调整人员优化启动会。会上公布了集团公司机关部门及二级单位内设机构优化调整实施方案

2012年10月15日，集团公司在办公楼召开钢铁主业定岗定编工作启动会，提出力争“十二五”末莱钢本部人均年产钢600吨以上

2012年12月5日，集团公司在办公楼召开设备检修中心成立大会

2012年莱钢号召全公司“外学唐钢、新兴际华，内学型钢炼铁”，将“转调创提”活动推向深入。图为5月20日，山钢集团在莱钢型钢炼铁厂召开高炉现场管理经验交流会，与会人员参观高炉主控室

面对严峻的钢铁市场形势，2012年莱钢提出吨钢挖潜增效300元目标，全公司职工齐心协力，奋力拼搏，实现了产品总成本的大幅降低。图为炼钢生产场景

2012年12月26日，中央暨省直新闻媒体“学习贯彻十八大精神”采访团到莱钢采访发展循环经济的经验做法

2012年4月13日，集团公司董事长、总经理陈启祥就钢铁行业形势以及莱钢应对行业危机的措施和效果等问题接受新华社专访

2012年6月29日，山东广播电视台等媒体针对“莱钢模式”学习型党组织建设经验到莱钢采访。图为集团公司党委书记田克宁接受采访

2012年12月18日，喀什钢铁项目竣工投产暨高炉点火烘炉仪式在项目现场举行。图为山东省副省长张建国（右二），新疆维吾尔自治区党委常委、自治区副主席库热西·买合苏提（左二），喀什地委书记程振山（右一），山钢集团董事长邹仲琛（左一）共同启动点火按钮

2012年9月15日，莱钢和莱芜市在新兴大厦举行钢城经济开发区、莱钢钢铁精深加工产业园重点项目集中签约仪式

特钢升级改造项目——100吨电炉施工场景

2012年5月3日，莱钢重点项目建设环境整治工作阶段性总结推进会召开，莱钢和莱芜市系统总结环境整治工作经验。图为企地双方领导视察建设工地

建设中的60000立方米/时制氧机

2012年11月5日，集团公司党委书记田克宁等公司党政领导在集团公司办公楼欢送党的十八大代表、新疆公司职工左炳伟进京参加中国共产党第十八次全国代表大会

2012年10月30日，新一届莱钢学习型班组大赛在炼钢厂大学堂拉开帷幕

和谐文明莱钢

2012年5月16日，莱钢职工业余合唱团在“和谐之声·山东省合唱艺术周”上举办专场音乐会。图为公司领导慰问演职人员

2012年2月25日至26日，莱钢拔河队代表中国参加在苏格兰举行的世界室内拔河锦标赛，取得男子640公斤级、男女混合600公斤级两个级别比赛的第四名。图为参赛队员合影

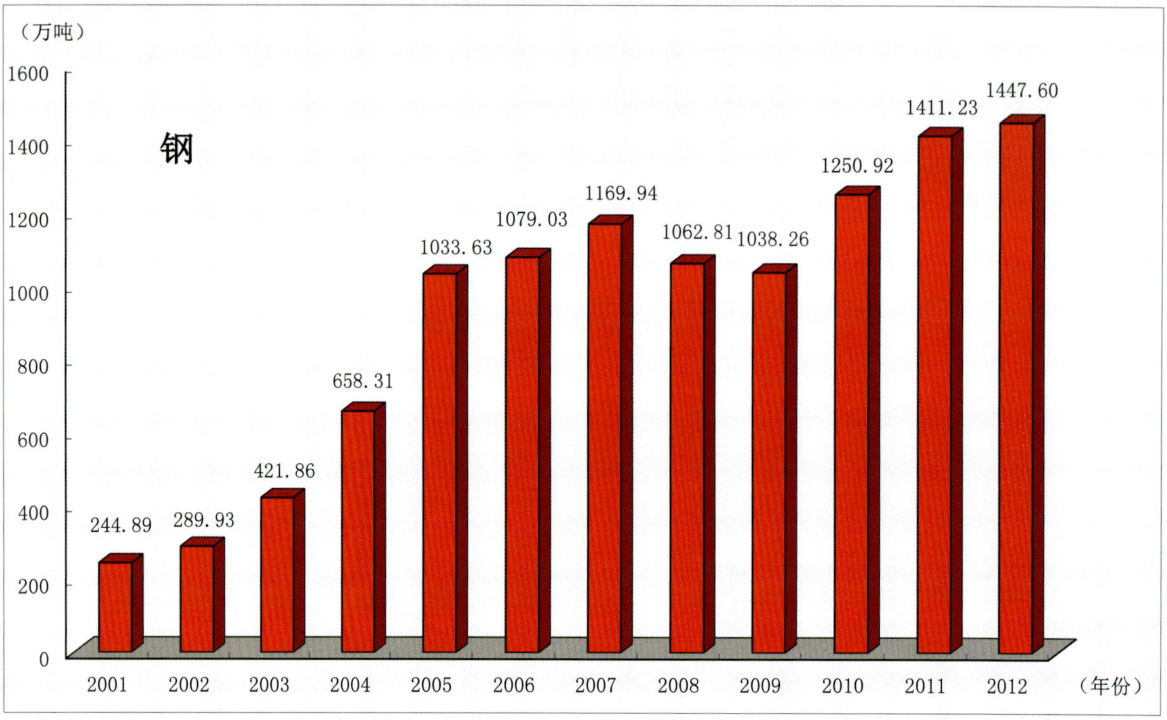

2001年至2012年钢产量柱状图

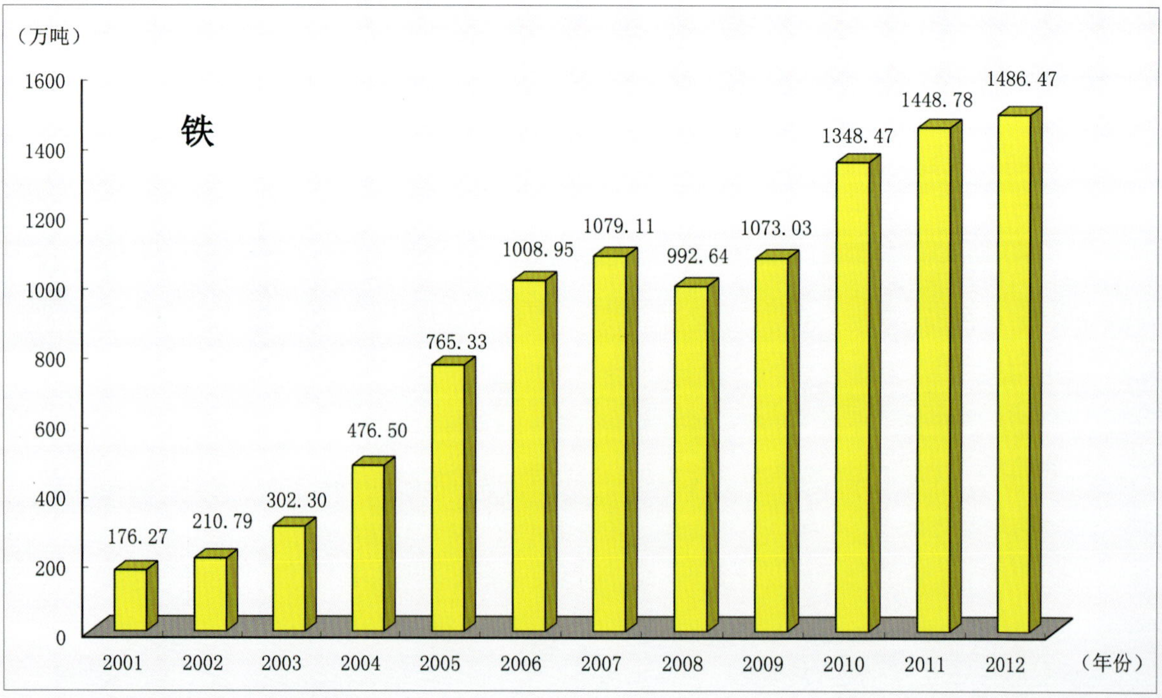

2001年至2012年铁产量柱状图

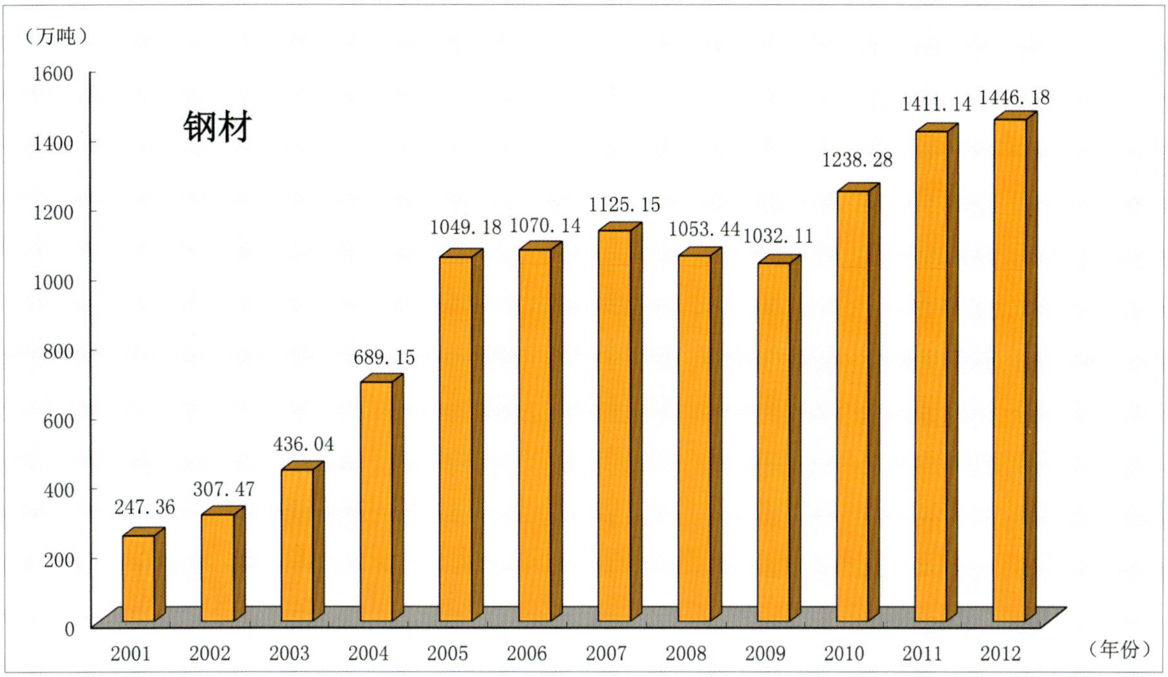

2001年至2012年钢材产量柱状图

2001年至2012年工业增加值与工业总产值柱状图

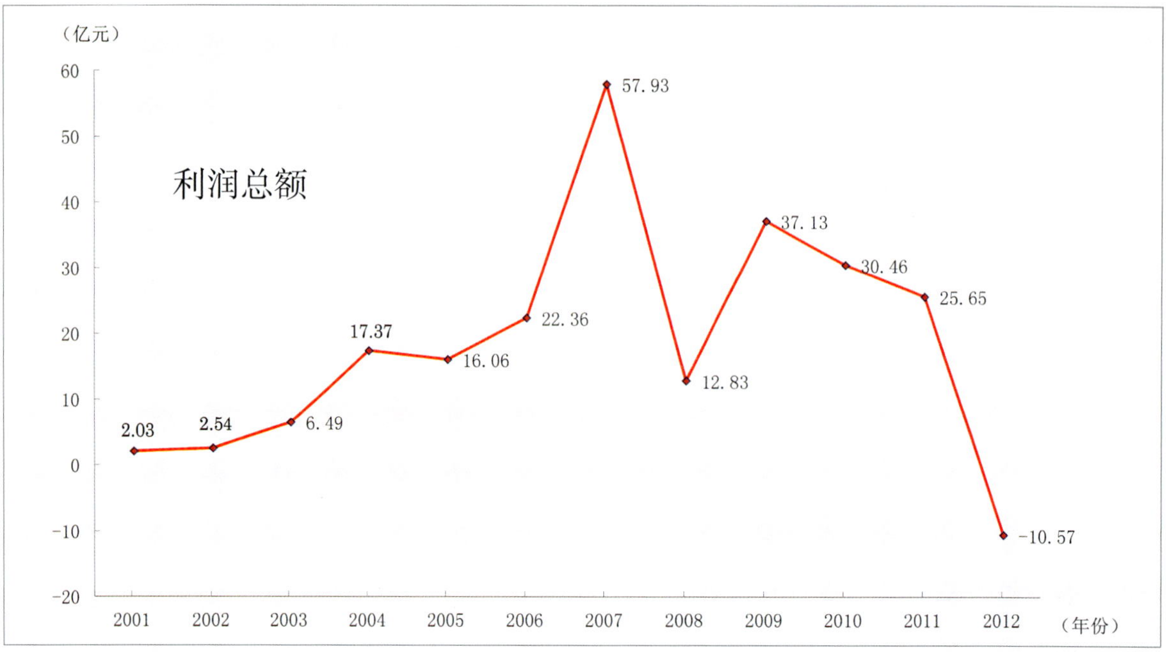

2001年至2012年利润总额折线图

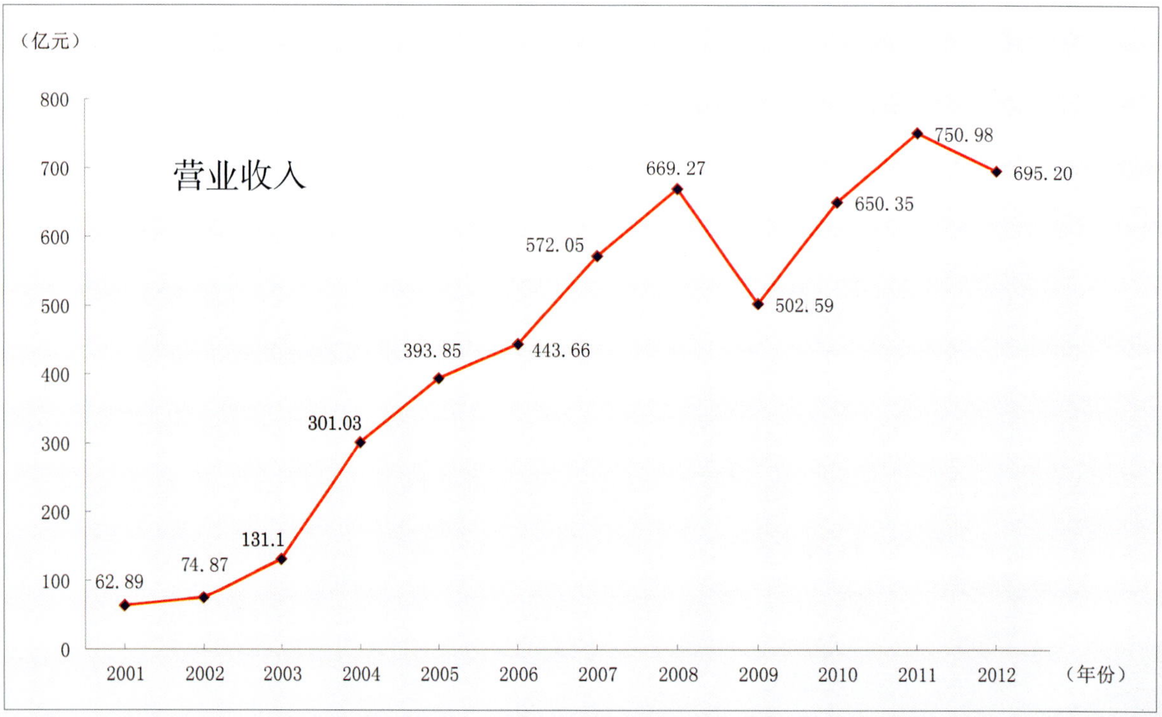

2001年至2012年营业收入折线图

编辑说明

《莱钢年鉴》是由莱芜钢铁集团有限公司主办的企业年鉴，已连续出版20卷，本卷为总第21卷，与《莱钢年鉴》(2012)卷相衔接。标期为出版年份。

本卷真实记载莱钢2012年全公司重大事件、重要工作以及重大活动等，全面客观地反映莱钢面对钢铁市场的严峻形势，认真落实科学发展观，加快转变发展方式，深入推进工艺、产品和组织结构调整，深化企业改革，促进结构优化升级，系统提升管理和运营绩效，加快做强莱钢的发展历程，并针对莱钢2012年的年度特点，重点突出了机构调整优化、相关多元发展、“两转一提”活动、“转调创提”活动等内容。由于归属山钢股份有限公司的莱芜分公司、山东莱钢国际贸易有限公司、莱芜天元气体有限公司、莱芜钢铁集团电子有限公司由莱钢集团公司代管，所以，在本卷当中专设篇目对其进行记载。全书共设特载、领导讲话、大事记、综述、机构与人事、专业管理、科学技术、专项工作、党群工作、权属单位、改制子公司、代管单位、统计资料、荣誉、附录15个类目，共58万多字。记述时限为2012年1月1日至2012年12月31日。

《莱钢年鉴》编委会专门对本卷框架结构及内容进行了系统讨论，并作了修改。本卷采用分类编辑法，主要由类目、分目、条目组成，在少数分目中增加有子目层次，条目是主要表现形式。在编辑过程中，本着实事求是的原则，力求做到资料翔实，记述客观，语言精练，文字规范。

本卷稿件由各直属单位、各子公司、代管单位及机关各部门提供，主要负责人审阅，《莱钢年鉴》编委会审查定稿。主要数据资料由规划发展部、财务部、人力资源部等提供并审阅；机构与人事主要由组织部、人力资源部等提供并审阅。统计数据除特别说明外，均包含代管的山钢股份有限公司有关单位。省级以上荣誉均以2012年表彰时间为准，其中有些是表彰2011年度的。莱钢级荣誉则为2012年当年度的。

本卷编辑出版，得到了各级领导、各直属单位、各子公司及各部门的大力支持和协作，在此一并致谢。

由于水平所限，疏误之处，恳请读者批评指正。

2013年8月

目　录

特　载

领导讲话

大 事 记

综　述

机构与人事

专业管理

科学技术

专项工作

党群工作

权属单位

改制子公司

代管单位

统计资料

荣　誉

附　录

特　载

TEZAI

特　载

国家发改委生态文明建设调研组到莱钢调研

2012年2月8日，国家发改委环资司巡视员何炳光、产业司副巡视员余东明等组成的国家发改委生态文明建设调研组到莱钢调研，对莱钢生态文明建设给予高度评价，希望莱钢继续高擎生态文明建设大旗，把生态文明建设作为企业生存发展的内在要求，作为认真履行社会责任、树立良好形象的重要载体，做大做强做实循环经济大文章。

集团公司董事长任浩，总经理陈启祥，副总经理张胜生、罗登武，总经理助理王庆山在新兴大厦向调研组汇报情况。山东省发改委、省政府节能办有关人员及莱芜市常务副市长刘建良等陪同调研。

陈启祥介绍了莱钢的基本情况和生态文明建设情况，汇报了莱钢"十二五"生态文明建设思路、目标和措施，从国家调整结构、淘汰落后、促进产业优化升级的角度，提出意见和建议。他说，莱钢在节能降耗、环境保护、发展循环经济方面，行动早，积累了一些成功的经验，形成了独具特色的循环经济发展模式。建立并完善了铁素资源、二次能源、固体废弃物、水资源四个循环链，经济效益、社会效益、环保效益全面提高。今后一个时期，莱钢将重点做好持续深化工艺结构调整、促进产品升级换代、开发推广二次能源利用技术、加强能源管理以及推进环境建设、改善区域生态环境等工作，全面提升发展品质，深化生态文明建设，实现科学发展、绿色发展、可持续发展。

任浩就调研组提出的烧结机脱硫、节约标煤、吨钢耗新水、转底炉脱锌、余热余能利用、固体废弃物循环利用、绿色技术输出等具体问题作了解答。

听取情况汇报后，调研组对莱钢生态文明建设开展的各项工作和取得的成绩给予高度评价，认为莱钢在节能减排、循环经济方面形成了独具特色的发展模式，最突出的特征就是依靠技术创新助推循环经济发展。调研组希望莱钢继续牢牢把握技术创新这个突破口，在铁素资源、二次能源、固体废弃物、水资源利用等方面实现新的突破；积极消纳社会废弃物，让企业内部小循环与社会大循环有机结合，让企业生态文明建设与城市市政建设互动起来，承担更多的社会责任。

座谈前，任浩、陈启祥、罗登武、王庆山陪同调研组到宽厚板厂和型钢炼铁厂现场听取汇报，实地察看循环经济、节能减排工作落实情况。　（陈　振　祝　叶）

中共中央委员、新疆维吾尔自治区党委书记张春贤到新疆公司建设工地调研

2012 年 4 月 13 日，中共中央委员、新疆维吾尔自治区党委书记张春贤到莱芜钢铁新疆有限公司现场调研，慰问建设人员。

张春贤与建设者亲切握手，听取了莱钢集团副总经理，新疆公司董事长、党委书记、总经理王继超关于项目进展情况的汇报，详细了解原材料供应、动力能源供应、人员配置以及建设中存在的困难等问题，并对新疆公司团队真抓实干、艰苦创业所取得的成绩给予高度评价，对各建设人员付出的辛勤努力表示感谢，称赞他们是对新疆建设发展有功的人。

张春贤指出，产业援疆是山东省支援新疆建设的重大举措和突出特色，山东省产业援疆的重要标志就是喀什钢铁项目。新疆公司团队在茫茫盐碱滩上，用智慧和汗水描绘最新最美的图画，真正把项目做强做大，带动相关产业共同发展，这表明产业援疆是真心实意的。

张春贤强调，喀什没有产业不行，没有产业带动就不能扶贫，要加大扶贫力度，必须有产业支持。喀什钢铁项目作为支柱项目，自治区各部门、各级政府要予以高度关注。他要求，一是克孜勒苏柯尔克孜自治州加快矿产资源的勘察，新发现的矿产资源优先为新疆公司提供。二是自治区发改委要全力支持项目建设，为新疆公司建设运营好喀什钢铁项目创造良好的条件。三是当地政府要大力支持新疆公司加快推进项目建设运营。

张春贤强调，喀什钢铁项目要加大环保力度，配套除尘环保设备，环保指标要符合国家标准，努力建设生态钢城。新疆公司团队要注意学习贯彻新疆自治区决策部署，适应新疆发展新形势、新任务，不断提高整体素质。要把握好喀什地区大建设、大发展的机遇，把握好钢铁行业发展趋势，充分研究周边市场，认真做好产品定位，不断提高适应市场的能力，实现企业持续稳定健康有序运营，为促进当地经济社会的发展，民族团结事业的发展作出应有的贡献。

喀什地委书记程振山，山东省政府副秘书长、山东省援疆工作指挥部总指挥、喀什地委副书记王华，山东省援疆工作指挥部副总指挥、喀什地委委员、疏勒县委书记武林中等领导陪同调研。

（乔　波）

中共山东省委常委、副省长孙伟到新疆公司调研

2012年5月13日，中共山东省委常委、副省长孙伟一行赴莱芜钢铁新疆有限公司钢铁项目建设现场调研，并表达了省委、省政府的深切关怀和亲切慰问。集团公司副总经理，新疆公司董事长、总经理王继超汇报了项目进展情况。

孙伟在高炉建设现场与坚守岗位的职工亲切握手，表示问候。随后，他听取了工程进展情况汇报，详细了解项目的资源条件、公辅设施等有关情况，并观看了高炉炉壳吊装作业。对新疆公司取得的良好业绩给予充分肯定，并希望做好环保设施配套建设，加大科技创新力度，持续提高竞争力，确保企业稳定健康发展，为扎实开展产业援疆工作，为真正促进地方经济社会发展和维护边疆长治久安作出援疆企业应有的积极贡献。

山东省政府副秘书长、办公厅党组成员张德宽，省发改委党组副书记、副主任薛克，省援疆工作指挥部总指挥、喀什地委副书记王华，喀什地委委员、行署常务副专员叶林，省援疆工作指挥部副总指挥王立胜，省援疆工作指挥部副总指挥、喀什地委委员、疏勒县委书记武林中等陪同调研。

（乔　波）

山东省副省长夏耕到莱钢调研

2012年5月2日，山东省副省长夏耕到莱钢调研，对山钢集团以及莱钢各项工作给予充分肯定，并要求进一步加大转调力度，努力延伸产业链条，促进企业转型升级，为山东省经济社会发展和经济文化强省建设作出更大贡献。

山钢集团董事长邹仲琛，莱钢集团公司董事长、总经理陈启祥，莱钢党委书记田克宁，山钢集团总经理助理万鲁愚在新兴大厦向夏耕一行汇报工作。中共莱芜市委书记、市人大常委会主任刘士合，市委副书记、市长杨宜新陪同调研。

陈启祥汇报了莱钢"十一五"以来的发展情况以及"十二五"发展的总体思路和目标。他说，"十一五"以来，莱钢提出了由规模扩张为主向以质量效益为主的阶段性战略转移的发展思路，把工作重点放在"做强"上，转变发展方式，推进结构调整，大力降低成本，有效克服了国际金融危机带来的冲击和影响。去年以来，莱钢深入开展"转调创提"活动，着力推进工艺、产品、产业、组织结构调整，实施管理、技术、体制创新。今年以来，面对国内钢铁行业全面亏损的状况，莱钢广泛开展学唐钢、新兴际华活动，建立完善三大体系、两个平台、两个考核机制，改进营销模式，优化原料结构，加强企地协作，生产经营建设保持了平稳运行态势。"十二五"期间，莱钢将坚持以科学

发展观为指导，按照《钢铁工业“十二五”发展规划》和山东省钢铁产业结构调整试点工作的部署要求，认真落实山钢集团“突出沿海，优化内陆，精品与规模并重”的发展战略，推进实施以“坚持系统提升，创新运营模式，推进产业协同，做强钢铁主业，支撑山钢发展”为核心内容的战略规划，持续提升企业发展品质和市场竞争力。陈启祥还汇报了莱钢人力资源和社会保障方面的情况。

邹仲琛汇报了山钢集团近期生产经营情况。他说，目前，钢铁企业正处在2008年国际金融危机以来最艰难的时期，广大干部职工精神不垮，立足岗位，奋发拼搏，3月份生产经营情况保持稳定，有所好转。他指出，当前和今后一段时间，钢铁行业面临的形势仍不容乐观，一方面国家放缓了经济增长的速度，另一方面钢铁产能供大于求的矛盾突出，企业将会长期处于微利甚至是亏损状态。过去盈利时期的管理模式显然已经不能适应企业发展，惟有进一步解放思想，提高认识，积极转变观念和理念，才能冲出困境，实现持续发展。山钢集团将围绕“管理差异化，技术差异化，产业链差异化，服务差异化，经营模式差异化”等重点工作，适当、适度延伸钢铁主业和非钢产业链，以“制造+服务”的运营模式提升市场占有率。同时积极做好企业布局和区域市场开拓工作，紧抓市场危机中蕴含的机遇，按照既定目标，增强企业发展实力。

刘士合表示，莱芜市“因钢立市、因钢兴市”，莱钢是莱芜市经济社会发展的强力支撑。如今钢铁行业处在较为困难的时期，莱芜市委、市政府将与莱钢携手，一如既往地全心全力服务和支持莱钢发展。

听取汇报后，夏耕对莱钢在应对严峻形势以及“转方式、调结构”等方面所做的工作给予充分肯定。他说，莱钢作为全省乃至全国骨干钢铁企业，在整个钢铁行业的起伏跌宕中，做到了总体思路清晰、工作措施得力、任务目标明确，保持了稳定向好的发展态势。去年四季度以来，随着钢铁市场形势的急剧变化，企业生产经营遇到了棘手的困难和问题。面对严峻形势，莱钢领导班子不等不靠，超前预测，准确把握，积极谋划自己的发展。广大干部职工精神状态良好，积极作为，在结构调整、节能减排等方面都取得了新成绩。下一步要继续在挖潜增效上下功夫，力求抓住制约企业发展的主要矛盾，持续提升企业适应市场的能力；要继续深化主业产品结构调整，科学规划非钢产业的发展，培育非钢产业的市场竞争力，围绕提高钢铁精深加工以及延伸钢铁产业链条做工作；要把提升吨钢利润作为莱钢和山钢集团重要的课题来研究，持续提升主业盈利能力，努力实现新的突破；莱芜市要与莱钢加强沟通，密切联系，围绕钢铁产业优势，加大项目培育和招商引资力度，扎实推进钢铁产品属地化销售战略，带动区域经济发展。

莱钢集团公司党政领导王玉昌、罗登武、董立志、魏兴文、闫福恒、刘相学、王学德，莱芜市委常委、秘书长王光华，市政协副主席、市政府秘书长康颂池出席座谈会。

座谈前，夏耕一行在山钢集团、莱钢和莱芜市领导的陪同下视察了型钢炼铁厂3号高炉以及大型H型钢生产线。

（祝　叶　刘　芳）

山东省副省长张建国到莱钢调研

2012 年 2 月 14 日，山东省副省长张建国到莱钢调研，对山钢集团及莱钢的各项工作给予充分肯定，要求牢固树立“科学发展、安全发展”的理念，不断拓展工作思路，创新工作方法，坚定不移地抓好安全生产工作，推动企业和谐稳定持续发展。省安监局、煤监局、省政府办公厅有关人员，中共莱芜市委书记、市人大常委会主任刘士合，市委副书记、市长杨宜新，市委常委、秘书长王光华，副市长张作平等陪同调研。

山钢集团总经理、莱钢董事长任浩，山钢集团副总经理、莱钢总经理陈启祥，山钢集团副总经理陈向阳，莱钢党委书记田克宁，莱钢股份公司总经理罗登武、副总经理吕铭在新兴大厦向张建国一行汇报工作。

任浩汇报了山钢集团生产经营情况及下一步的工作安排，并就推进结构调整试点、企业联合重组、淘汰落后产能等工作进行了重点介绍。他说，今后一个时期，山钢集团的工作重心依然是在“转方式，调结构”方面下功夫，做文章，按照“十二五”发展规划和《山东省钢铁产业结构调整试点方案》要求，立足现有资源，发挥优势，进一步适应钢铁产能过剩的形势下对企业提出的新要求，同时积极研究、推进日照钢铁精品基地的规划建设，提升企业发展品质。

陈启祥介绍了莱钢生产经营建设情况及“十二五”战略规划、发展目标和 2012 年的工作思路，并重点介绍了莱钢安全生产工作情况。他说，近年来，莱钢把安全生产和管理作为一项重要的战略任务来抓，工作取得了新成效，实现了新突破，主要安全绩效指标位居全国冶金行业前列。今后一个时期，莱钢将以科学发展观为指导，坚持不懈地抓好安全生产工作，着力构建安全生产长效机制，为莱钢持续健康发展提供重要保障。

听取汇报后，张建国充分肯定了山钢集团和莱钢在深入贯彻落实科学发展观，加快“转方式、调结构”等方面所做的工作和取得的成绩，并就做好今后一个时期企业安全生产工作提出要求。他指出，在钢铁企业面临着巨大生存发展压力的形势下，莱钢领导班子不等不靠，正视困难，积极应对，广大干部职工团结一心，精神状态良好，企业保持了稳定发展，结构调整、节能减排、科技创新、内部管理、安全生产等方面都取得了较好的成绩。莱钢坚持的发展方向符合产业政策，符合企业发展实际，希望各级领导要按照预定的任务目标抓好落实，确保各项工作取得实效。

张建国强调，安全生产工作是企业的一面镜子，也是企业整体管理水平的体现。省委、省政府历来高度重视安全生产工作，始终把安全生产作为加强社会管理、保障和改善民生的重要工作来抓，今年是实施“十二五”规划承上启下的重要一年，要进一步增强责任意识、忧患意识，坚持不懈地抓好各项工作措施的落实。就做好企业安全生产工作，张建国提出了六个方面的要求。一是要认真分析形势，把握新特点，牢固树立“科学发展，安全发展”的理念，统筹做好安全生产各项工作。二是要把工作落实到基层，落实到岗位，让广大职工充分认识、理解安全生产工作的重要意义，不断提高职工的安全素质。三是狠抓创新，提升企业装备自动化水平，通过技术手段减少各类安全隐患。四是狠抓事故隐患排查工作，对事故易发多发的区域强化监管，严格整治。五是加大安全文化建设，不断创新宣传教育方式，进一步增强全民安全意识。六是加强基层基础工作，在继续巩固现有成果的基础上，不断提炼总结基层优秀经验做法，影响并带动企业安全生产工作再上新水平。

座谈前，张建国一行先后视察了宽厚板生产线、型钢 3 号高炉和大型 H 型钢生产线。

（祝　叶）

中钢协会长朱继民到莱钢调研

2012 年 5 月 23 日，中国钢铁工业协会会长，首钢总公司董事长、党委书记朱继民，首钢总公司副董事长、总经理、党委副书记王青海一行到访。山钢集团公司党委书记谭庆华，总经理任浩，副总经理、莱钢董事长、总经理陈启祥，莱钢集团公司及山钢股份莱芜分公司领导赵雁彬、张胜生、罗登武、魏兴文、闫福恒、王庆山、吕铭、李淑华、王学德在新兴大厦与客人座谈。

座谈前，在谭庆华、任浩、陈启祥、张胜生、罗登武、魏兴文的陪同下，朱继民一行先后到型钢 3 号高炉、大型 H 型钢生产线听取相关介绍，现场了解有关情况。

座谈中，朱继民对莱钢的各项工作给予高度评价。他说，从过去一个地方钢铁企业发展到当前的大型钢铁企业集团，莱钢的发展速度和发展质量有目共睹，令同行业瞩目，为地方钢铁企业起到了很好的示范作用。尤其是近年来，莱钢始终保持追求卓越的精神，管理水平持续提升。面对金融危机，积极转变发展方式，调整产品结构，加强内部管理，深化内部改革，加强企业文化、人才队伍建设，使企业在危机中保持了平稳顺行态势。当前，更是在钢铁行业普遍亏损的大环境中率先实现了扭亏为盈，成为经营绩效较好的企业之一。我们要向莱钢学习。学习莱钢在艰苦的环境下顽强拼搏、艰苦创业；学习莱钢高度重视文化制度建设，成为钢铁行业学习的榜样；学习莱钢加快产品结构调整步伐，提高盈利能力；学习莱钢应对危机采取的有力措施和面向未来的战略思考。

陈启祥从企业的基本情况，“十二五”战略规划情况，应对钢铁行业严峻形势采取的措施，对标挖潜、降本增效情况，产品研发和市场开拓情况，企业文化和人才建设情况等 6 个方面向朱继民一行作了介绍。他说，面对金融危机的深度冲击，莱钢结合自身实际开展了“转调创提”活动，着力推进工艺、产品、产业、组织结构调整，实施管理、技术、体制创新，有效克服了金融危机带来的影响。“十二五”是钢铁行业大转型、大调整的关键时期，莱钢将以工艺优化、产品提升、成本改善、环境经营为重点，做强钢铁主业，提升非钢产业，优化资本运营，把莱钢建设成为核心竞争力强、经济实力强、抗风险能力强、可持续发展能力强的现代化钢铁企业。就钢铁行业未来的发展趋势及莱钢今后一个时期的发展定位，陈启祥说，钢铁行业高产量、高成本、低效益的状况，对企业发展的制约将是长期的，被动地期望市场好转，将会失去新的发展机遇，企业只有加快转方式、调结构，走创新驱动、集约经营、内涵发展的新型工业化道路，才能实现可持续发展。今后一个时期，莱钢将力求在产品升级、成本改善、创新提升中实现新的突破，打造并建立持久的竞争优势，不断拓展新的发展空间。

王青海介绍了首钢的资产状况、人员构成、产业布局、未来规划等方面的情况。

（陈 振 刘 芳）

喀什钢铁项目竣工投产

2012年12月18日，莱芜钢铁新疆有限公司举行喀什钢铁项目竣工投产暨高炉点火烘炉仪式。中央新疆工作协调小组办公室，中共山东省委副书记、省长姜大明，新疆维吾尔自治区党委副书记、主席努尔·白克力分别发来贺信。山东省副省长张建国，新疆维吾尔自治区党委常委、自治区副主席库热西·买合苏提，中央新疆工作协调小组办公室协调处处长张百庆，中共喀什地委书记程振山，山钢集团公司董事长邹仲琛，山钢集团公司副总经理、莱钢董事长、总经理陈启祥，莱钢副总经理、新疆公司董事长、总经理王继超，中共喀什地委委员、疏勒县委书记武林中等出席仪式。

山东省政府副秘书长、省援疆工作指挥部总指挥王华主持仪式，并宣读了姜大明的贺信。姜大明在贺信中说，新一轮对口支援新疆工作是党中央、国务院的重大战略部署，对口支援喀什地区四县是中央交给山东光荣而艰巨的任务。山东省委、省政府高度重视，把对口支援工作作为一项重要政治任务和义不容辞的责任，按照“发挥山东优势、突出山东特色”和“用财政资金保民生、用社会资金促产业”的工作思路，全面实施经济援疆、干部援疆、人才援疆、教育援疆、科技援疆，派出一大批干部和人才奔赴新疆，推动一批大企业、大项目落户喀什，取得了明显成效。山钢集团喀什钢铁项目顺

喀什钢铁项目竣工投产暨高炉点火仪式场景

利建成投产，这是我省产业援疆的又一重要成果，标志着两省区产业战略合作达到新的高度。希望山钢集团继续秉承“共创、共进、共赢”的理念，抓住新疆大建设、大开放、大发展的重要机遇，开拓创新，奋发有为，努力在喀什打造绿色生态钢城，为新疆的跨越发展和长治久安作出新的更大贡献！

张建国在讲话中指出，山钢喀什项目是山东产业援疆的龙头项目和标志性工程，是山东产业优势与新疆资源和市场优势相结合的典范，它的顺利建成投产，实现了盐碱荒滩上建设生态钢城的伟大创举，标志着新疆和山东产业合作进入了一个崭新的阶段。山钢集团以高度的政治责任感和历史使命感，积极响应中央和省委、省政府的号召，选派精干的团队，远赴万里之外开展建设工作，克服重重困难，在一块戈壁荒滩上建造一座现代化钢厂，充分彰显出山钢人敢于争先、勇于担当的气魄胆识，展示了山钢人艰苦奋斗、甘于奉献的优良作风，体现了山钢人精益求精、追求卓越的创新精神。希望新疆公司以顺利投产为契机，在新的起点上以更大的热情和更加高昂的斗志，充分发挥人才、技术、管理等方面的优势，发扬艰苦奋斗的创业精神，开拓创新，锐意进取，在喀什的热土上创造新的业绩，谱写新的篇章，为实现新疆跨越式发展和长治久安作出积极贡献。

邹仲琛在讲话中介绍了项目情况。他说，喀什钢铁项目 2011 年 4 月 10 日启动，今年 4 月破土动工，在各级领导的关心和各民族人民的支持下，全体参建人员按照“保安全、保质量、控成本、争工期”的总体要求，艰苦奋斗、开拓创新、无私奉献，仅用 8 个月时间，炼铁、炼钢、轧钢、公辅四个标段全部进入设备安装调试和试生产准备的冲刺阶段。项目竣工投产只是一个良好开端，距离打造在西部有竞争力的钢铁强企，距离完成促进地方经济社会发展、维护边疆长治久安的任务依然任重道远。我们将以项目投产为起点，坚持科学发展，创新商业模式，为客户提供满意的产品和服务，尽快实现达产达效，以回馈地方各级党委政府和驻地百姓，向关心帮助我们的各级领导及社会各界朋友交出一份满意的答卷。

张建国、库热西·买合苏提、程振山、邹仲琛共同启动喀什钢铁项目高炉点火按钮。

（乔　波）

领导讲话

LINGDAOJIANGHUA

领 导 讲 话

解放思想 凝聚力量 创新突破
全面夺取抗击钢铁市场严冬的新胜利

——董事长、总经理陈启祥在莱钢集团公司十二届一次职工代表大会上的工作报告

（2012 年 12 月 25 日）

各位代表：

现在，我代表集团公司向大会报告工作，请予审议，并请列席会议的同志提出意见。

一、2012 年工作回顾

今年是新世纪以来钢铁行业形势最为严峻的一年，也是金融危机以来莱钢生产经营最为困难的一年。面对复杂严峻的市场形势，全集团广大干部职工坚持以科学发展观为指导，认真贯彻落实山钢集团公司决策部署，围绕职代会确定的任务目标，继续深化“转方式、调结构、创新超越、系统提升”活动，全面开展“外学唐钢、新兴际华，内学型钢炼铁”活动，促进两级机关“转观念、转作风、提能力”，坚定信心，迎难而上，开拓创新，努力克服钢材价格低、库存高、需求弱、原燃料价格高企等不利因素，结构优化、降本增效、市场营销、改革调整等工作富有成效，生产经营建设稳步推进，全集团保持了和谐稳定的发展局面。

经营发展总体平稳。预计全年可生产生铁 1490 万吨、钢 1450 万吨、钢材 1450 万吨，同比分别增长 2.9%、2.8%和 2.4%，其中，本部生产生铁 1030 万吨、钢 980 万吨、钢材 960 万吨。铁、钢、材产量比去年略有增长，但比计划目标略有降低，主要是为适应市场变化调低了产量。预计全年可实现销售收入 706 亿元，利税总额 20 亿元，集团公司盈亏基本持平，与年度计划差距较大。

生产运营稳定顺行。坚持以市场为导向，以效益为中心，强化低库存下的生产调度与运行组织，合理控制生产节奏，优化资源配置，跨区域调运铁水 201 万吨，增加销路好、效益高的产品产量，订单保证能力不断增强；坚持策略性检修与限产减亏相结合，合理安排点检定修，保持了全系统经济高效运行；加强能源介质量化动态平衡，提高了生产保障能力和综合利用水平；焦化、

能源动力、物流运输、信息自动化、机械制造等均完成年度计划。

产品结构持续优化。围绕提高产品售价和盈利水平，加大现有产品提档升级、新产品开发和市场推介力度，差异化、专业化、系列化水平明显增强。全年累计开发新产品63项，船板钢、工程机械用钢、钢板桩、抗震钢筋等实现了品种和产量的突破，高专产品、指定高效产品比例保持在70%以上。加大质量攻关力度，强化工艺控制和过程把关，产品质量得到改善；产品认证创奖工作扎实有效。吨钢销售收入与行业平均水平的差距比去年缩小38元。产品优化对战略贡献度和效益的贡献率逐步提高。

市场营销水平得到提升。调整优化销售定价模式和营销业绩评价机制；改进营销管理体制，强化营销管理与分析，实现营销重心前移；加强客户关系管理，深入推进战略合作，开展“百日营销攻坚战”，营销局面不断改善。预计全年销售新产品238万吨，比例25%；产品直销率52%；出口钢铁产品50万吨，创汇3.2亿美元。坚持“大原料结构”理念，把握市场变化趋势和采购节奏，有效平衡国内外资源，实施多渠道、多元化采购，产供研结合更加紧密；加强招标平台建设，规范原材物料采购供应，降本、保供、压库能力明显提升。

降本增效取得新突破。确定了吨钢深度挖潜提质增效300元的目标，严把采购、物流、工序、销售、资金运作等环节。各单位创新管理思路，强化对标挖潜，努力提升运营水平，组织了60多个课题组系统攻关，原料、炉料、产品结构不断优化，经济料比例达到35%；强化物流管理，进口矿综合亏耗从1.1%降至0.79%；采取当期成本测算法，大幅降低原燃料库存，即时掌握工序成本变化，为抢抓市场机遇创造了条件，全年生铁成本2680元/吨，与行业平均差距比去年缩小68元/吨，自3月份起吨钢挖潜增效平均达到307元；加大促销压库力度，钢铁主体存货资金占用比年初降低12.9亿元，降幅27.3%。全年可比产品总成本降低率2.86%，自3月份一直保持在3%以上。

重点项目建设有效推进。山东省最大的援疆项目新疆喀什钢铁工程经过一年多的奋战，已于12月18日举行竣工投产暨高炉点火仪式，中央新疆工作协调小组办公室、山东省人民政府、新疆维吾尔自治区人民政府致信祝贺；特钢系统升级改造项目明年上半年完成；银山前区双工位VD炉、130吨/时燃气锅炉相继投运，60000立方米/时制氧机、银山型钢转炉洁净钢平台建设等项目按计划推进。控轧控冷、在线淬火等一批

集团公司董事长、总经理陈启祥（中）在纯燃高炉煤气50兆瓦发电项目调研

新工艺推广应用。推行项目建设经理负责制，创新工程承包计价方式，工程预决算和投资控制能力增强。预计全年完成投资35亿元。

节能环保水平不断提高。持续推进节能减排、循环经济、环境治理工作，主要节能减排指标明显改善。能源管控中心建成上线，能源管理体系标准贯标扎实推进；50兆瓦发电、烧结机余热发电等项目建成投运，实现自发电量22亿千瓦时，同比提高14.5%，占总用电量的45%以上。利用BOO、BOT等运作模式，推进烧结机脱硫、污水处理厂、除盐水站等项目建设；强化环保督察，COD、SO_2排放均达到与政府签订目标责任书要求。继续推进环境绿化、公辅设施建设，实施了南湖公园扩容改造、厂区办公区封闭管理、道路建设整修等项目，生产生活环境明显改善。

管理与技术创新持续加强。建立了全面预算、目标评价和责任考核三大体系，产销研用、产供研两个一体化运行平台，绝对量和相对量两个考核机制；教育培训紧贴中心，积极转型，更加适应管理和生产实际，干部职工素质持续提高，莱钢荣获第六届全国钢铁行业职业技能竞赛团体总分第三名；财务管理不断加强，有效保障了资金链安全；法律风险防控体系更加完善，避免和挽回了较大经济损失；强化集团管控和资产经营，审计监察力度加大，外派董事、监事、财务总监作用发挥明显。技术支撑体系有效运行，TRIZ创新方法全面推广，科技成果转化水平持续提高，自主创新能力进一步增强。山钢集团在莱钢召开高炉现场管理经验交流会；3200立方米高炉车间被评为全国现场管理星级评价制造业五星级现场。

改革调整稳妥推进。持续优化组织结构、管理体制和运行机制。调整原燃料进厂检验把关职能，促进采购业务重心下移；调整优化营销体制，实现管理与操作职能分开；减少管理层次，实施管理机构精简和科级人员优化，压减比例分别达到30.3%和33.7%；确定了钢铁主业中长期人员优化转移计划，为新疆公司配置干部职工900余人；定岗定编工作全面启动；推进设备维修体制改革，成立设备检修中心，2514人已全部到位，实现了平稳交接；深化选人用人和考核分配机制改革，加大了对干部的选拔任用、交流调整和考核力度，干部人事管理不断深化。

相关多元产业发展势头良好。制定实施了“十二五”及今后一个时期相关多元产业发展规划，进一步明确了发展思路、目标和重点；抓住地方政府大力招商引资的重要机遇，与莱芜市共同打造莱钢工业园区。各子公司和改制单位直面市场，发挥自身优势，持续改革创新，不断强化管理，着力提高盈利水平；居安思危，着眼长远，积极走出去找项目、抓资源、拓市场，努力拓展发展空间和新的产业。预计全年可实现营业收入258亿元，利润17亿元，为莱钢集团健康发展提供了有力支撑。

和谐企业建设全面加强。持续深化学习型党组织建设，加强思想政治工作和形势任务教育，扎实推进主题系列活动和各类劳动竞赛；强化廉洁效能体系建设，党员干部廉洁自律意识明显增强；和谐劳动关系企业建设不断深化，努力保持职工收入稳定，工作环境、生活条件、医疗卫生条件持续改善；强化信访维稳和社会管理综合治理，厂区、社区平安稳定；企地共建、协同发展进入新的阶段。共青团、科协、女工、文联、体协等群众组织发挥自身优势，凝聚各方力量，促进了企业发展；档案史志、机要保密、计划生育、武装保卫、离退休管理、后勤服务等工作都取得了新成绩，为莱钢全面协调发展作出了积极贡献。

各位代表！今年钢铁市场形势的严峻性超出了我们的预期，也超出了全行业经营发展的底线。经过全集团干部职工的不懈努力，我们最大限度地降低了经营风险，保持了生产经营平稳运行。针对市场持续下滑的不利局面，集团公司迅速作出吨钢深度挖潜提质增效300元的重大举措；调整了营销定价机制和管理体制；相继推出了机构精简和人员优化等一系列改革调整措施；各单位各部门积极响应，快速行动，瞄准行业标杆，不断自我加压，层层落实责任，挖潜增效向更深拓展，结构调整向最优深化，经营绩效向更高目标迈进；广大干部职工始终保持良好的精神状态，以对企业的高度忠诚和无所畏惧的勇气，团结进取，无私奉献，奋发有为，形成了攻坚克难的强大合力，谱写了莱钢科学发展、和谐发展的新篇章。在此，我代表集团公司和公司党委，向在座的各位代表，并通过你们向广大干部职工、家属、离退休老同志，向所有关心支持莱钢建设发展的各级领导、地方政府、社会各界朋友，致以崇高的敬意和衷心的感谢！

在肯定成绩的同时，我们也要清醒地看到工作中存在的问题和不足：一是钢铁主业盈利能力不强，相关多元产业减利幅度较大。应对市场急剧变化的能力不足，结构调整的任务依然艰巨。二是成本缺乏竞争优势。原料成本、固定成本、物流成本、管理费用等依然偏高，一些指标与行业平均水平差距较大。三是部分干部职工的观念、作风转变还不到位。对形势的严峻性、困难局面的长期性认识不足，对当前生产经营的压力感受不够，观念落后，作风浮漂，危机感、责任心不强，能力不够，信心不足，缺乏创新的思路和措施。四是改革调整有待深化，仍然存在一些制约企业发展的薄弱环节。运营模式、薪酬分配、考核机制、人员优化等改革调整还需加大力度。五是安全生产形势严峻。“三违”现象仍然存在，发生了几起安全事故，造成了一定的损失和影响。上述问题将在今后的工作中努力加以解决。

二、2013年面临的形势和任务

各位代表！2013年是实施莱钢“十二五”战略规划承上启下的重要一年，也是我们扭转经营困局、谋求更好更快发展的关键一年。做好明年的工作，对莱钢渡难关、保生存、实现可持续发展意义重大。我们一定要深入学习贯彻党的十八大精神，按照山钢集团公司的统一部署，认真分析各种有利条件和不利因素，坚定信心，抢抓机遇，创新突破，努力开创各项工作的新局面。

明年及今后一个时期，我们面临的经营发展环境依然严峻。国际经济形势错综复杂、充满变数，世界经济低速增长态势仍将延续。国际货币基金组织对全球经济前景预测趋于悲观，进一步下调了今明两年经济增长预期。美国经济复苏趋缓；欧元区备受债务危机和高失业率困扰；新兴经济体面临多重困难；各种形式的保护主义明显抬头。世界经济已由危机前的快速发展期进入深度转型调整期，市场需求短期内难以回升，产品出口阻力较大。

中国经济经过30多年的高速发展，已转入中低速发展阶段，经济增速放缓；实体经济受金融危机的影响较深，国内经济企稳回升的基础还不牢固；经济社会转型发展对钢材的需求增量明显减缓。受国家宏观调控影响，房地产市场疲软状态短期内难以改观,汽车、家电、造船、工程机械等下游产业,均面临产能过剩、需求不足等困境,对钢铁市场回暖难以形成有效支撑。

钢铁行业多年粗放式发展积累的矛盾和问题相互交织,行业危机日益加深。钢铁产能严重供大于求,产品价格难以回升;产品同质化现象更加突出,企业之间竞争加剧;国际矿石资源高度垄断,矿价高企刺激了国内大宗原燃料价格持续走高;公平竞争秩序难以建立,部分企业违规操作,扰乱了市场秩序,国有钢铁企业由于历史等原因,劳动生产率低、运行成本高、负担重,在许多方面缺乏竞争优势。据预测,明年钢铁市场虽有好转,但难以转好,钢铁行业的困难局面仍将持续。未来几年,多数企业微利或亏损将是常态,有些企业可能在残酷竞争中被淘汰出局。

近年来,我们为有效应对金融危机的冲击和影响,围绕转方式、调结构作了积极努力,也取得了明显成效,但与国内外优秀企业、民营企业相比,还存在较大差距。产品质量档次不高,吨材利润与行业平均水平相差近 200 元;由于多年负债搞建设,财务费用居高不下,资金高度紧张;莱钢作为大型国有企业,历史上积累的问题较多,人员多、成本高、负担重,吨钢固定成本高出行业平均 220 元,比优秀的民营企业高出 400 ~ 500 元;在观念、管理、经营、机制等方面,还不适应形势发展要求,对市场反应不敏感,有时抓不住商机,服务不到位,接单能力不强,质量不稳定等,影响了企业形象和经营发展。如不尽快改变这种局面,不仅企业发展难以持续,职工收入无法保障,就连生存都面临挑战。可以说,我们真正到了背水一战的时刻。

风险和机遇并存,挑战与希望同在。纵观国际国内形势,经济向好的有利因素正在积聚,钢铁行业的发展环境逐步改善。特别是党的十八大召开,为我们加快发展增添了信心和动力。会议作出了“我国发展仍处于可以大有作为的重要战略机遇期”的科学判断,对加快经济社会发展作了全面部署,为各行各业提振信心、摆脱困境、走出低谷增添了勇气和力量。党的十八大召开为我们加快发展创造了机遇和条件。到 2020 年实现全面建成小康社会的宏伟目标,国内生产总值和城乡居民人均收入比 2010 年翻一番,这就为经济平稳较快发展提供了支撑。工业化、信息化、城镇化、农业现代化进程加快,需求结构持续改善、产业结构优化升级、区域经济协调发展等积极因素,将为钢铁工业发展带来新的机遇。党的十八大召开为我们加快发展明确了思路和方向。今后一个时期,科学发展、和谐发展、和平发展将成为我国经济社会发展的主旋律。我们要乘党的十八大东风,准确判断重要战略机遇期的内涵和条件变化,全面把握机遇,沉着应对挑战,努力赢得主动、赢得优势、赢得未来。

通过近几年的不懈努力,我们也具备了一些新的竞争优势和发展条件。新疆喀什工程、特钢升级改造项目和 4 号脱磷炉相继建成投运,莱钢已具备了年产 1800 万吨钢生产能力,工艺配套及装备水平明显提升,品种结构调整空间有效拓展;相关多元产业也具备了一定的规模,在多个领域内建立了竞争优势;随着非洲权益矿量的增加,在铁矿石采购方面也有了更大的选择余地;近年来一系列改革调整的成效逐步显现;经过市场历练,干部职工表现出了良好的精神状态和较强的凝聚力。这些都是我们应对挑战、战胜困难、实现做强莱钢战略目标的重要基础和根本保障。

2013年工作的总体思路和要求：以党的十八大精神为指导，深入贯彻落实科学发展观，加快实施“十二五”战略规划，以提高盈利水平为核心，以推进市场化运营为手段，更加注重经营管理，更加注重结构调整，更加注重降本增效，更加注重体制机制创新，更加注重相关多元产业发展，持续提升发展质量和效益，解放思想，凝聚力量，创新突破，全面夺取抗击钢铁市场严冬的新胜利。

2013年的主要任务目标：

1.集团生铁、钢、钢材产量分别为1650万吨、1600万吨和1590万吨（其中，本部生铁1100万吨、钢1050万吨、钢材1020万吨，新疆公司生产钢80万吨，永锋公司生产钢470万吨）；

2.集团实现营业收入800亿元，利润总额5亿元，力争10亿元；山钢股份莱芜分公司实现盈利；

3.实现挖潜增效19亿元以上，可比产品总成本降低率3%，生铁成本达到或低于行业平均水平；

4.实现自发电量24亿千瓦时，力争25亿千瓦时，确保完成与省市政府签订的节能减排责任目标；

5.较大人身伤亡事故、重大设备事故、重大火灾事故、重大交通事故和重大环境污染事故为零；

6.在实现上述目标的基础上，职工人均收入保持适度增长。

各位代表！实现既定目标，确保集团和股份盈利，这是我们求生图存的底线，也是实现可持续发展的重要基础。因此，必须进一步解放思想、更新观念。我们改变不了环境，但能够改变自己，也必须改变自己。坚决摒弃陈旧落后的思想观念，坚决革除阻碍企业发展的体制机制，坚决克服等靠推拖的投机侥幸心理，牢固树立危机意识、市场意识和改革发展意识，卧薪尝胆、苦练内功、砥砺前行。必须善于学习、敢于创新超越。坚持向优秀企业学习，向竞争对手学习，向行业最高水平看齐；深入研究，勇于创新，大胆尝试；敢于自我剖析，敢于亮丑揭短，以求真务实的态度和高度负责的精神，创新性地开展工作，突破性地解决问题，努力赶超跨越。必须有超常规的思路和改革创新的举措。不被常规所束缚，不被传统所困扰，要善于在市场变化中抓商机，在运营管理中寻规律，在改革调整中求突破，积极创造有利于改进工作、提升质量、提高效率的办法，建立有利于激发活力、增强内生动力的体制机制。必须做到责任到位、执行有力。目标是压力，也是责任。每一名干部职工都要以高度的责任感和主人翁精神，勇敢地承担起这份责任；强化执行，强力推进，不打折扣，不讲客观，以个人和单位任务目标的完成，确保集团公司大目标的实现。必须全集团目标同向、行动一致。莱钢集团是一个统一的整体，对钢铁主业、各子公司及改制单位都是重要的依托，只有莱钢真正做强了，各单位才有发展的基础和支撑。全集团都要紧紧围绕做强莱钢这个核心目标，服从大局，团结一致，奋力开拓，闯出一条新路，谋求新的发展，奋力开辟做强莱钢的广阔前景。

三、2013年的工作重点和措施

各位代表！形势逼人，时不我待。明年我们的一切工作都要紧紧围绕提高效益这个核心，全力以赴保盈利、保生存、促发展。要在经营思路、体制机制、运行模式等方面实施大的调整，全方位引入市场机制，全面推进市场化和模拟市场化运作；加大改革调整力度，强化责任分解落实，严格绩效评价与责任考核,把公司利益、单位部门利益、个人利益紧密相连,既重视过程,更注重结果,注重价值的创造,以业绩和成效论英雄,形成全员面向市场、全员关注效益、全员共担风险的经营格局;突出重点,抓住关键,努力向市场营销、结构调整、降本增效、创新管理、相关多元产业要效益,各方面工作都要取得实质性进展和重大突破。

（一）全面推进市场化和模拟市场化运营,实现产销研、产供研一体运营管理的新突破

建立全面市场化的运营机制。进一步强化责任主体,形成合力;强化产销研、产供研一体化运作,直面市场,快速反应;创新考核激励机制,实现目标一致,使责权利更加紧密结合、有效统一。明年对所有面向市场的单位和工序,实施完全市场化或模拟市场化运作,工序之间的产品转移完全按市场价格确定。对特钢事业部、宽厚板生产线、冷轧生产线、化产品销售以及部分子、分公司实行完全市场化,重点考核利润指标;对焦化、炼铁、炼钢、轧材等生产工序以及营销、技术等部门实施模拟市场化。铁前系统、钢轧系统分别实现一体化考核。炼铁工序考核完全成本;钢轧系统不承担铁前成本,铁水价格以行业平均成本为基数,重点考核利润指标;新疆公司、新建特钢项目推行全新的运营体制和机制。每个工序都要承担相应的成本和利润目标,积极探索本工序的价值创造能力。集团公司将对生产单位充分放权,以提高原燃料采购、生产组织、品种开发、产品销售等方面的自主性;公司机关要切实转变观念、转变作风,贴近一线,主动服务,尽快实现由管理型向服务型的根本性转变。

创新绩效考核模式。按照市场化和模拟市场化要求,建立目标倒逼机制和严格的考核机制,相关工序按利润和成本实行捆绑式核算与考核,实现区域一体化运营,达到责权利高度一致。铁前系统和采购、技术部门共同承担原燃料市场风险;钢轧系统和销售、技术等部门共同承担产品销售市场风险;各产线分别与利润、成本密切联挂,淡化一般性指标考核;无主要量化指标的部室与钢铁主体利润联挂考核;对子公司和改制单位重点考核利润。为突出解决重点工序成本控制、新产品开发与营销、关键技术攻关等问题,公司将成立若干个关键团队,建立特殊的激励机制,对业绩突出的关键团队进行重点激励。各单位、各部门的薪酬分配完全与利润或成本指标挂钩,集团公司、单位、个人层层签订经营目标责任书。根据工作绩效和贡献确定分配比例。将职工总收入的30%纳入考核分配,完不成利润和成本目标减少收入,实行基本工资80%保底,处级及以上干部收入也要同比例减少。

（二）持续提升市场营销水平,增强应对市场变化的能力

加强营销管理体系建设。营销管理要对市场化运营和营销模式的改进发挥积极作用。建立覆盖采购、销售、国际贸易等环节的制度体系;加强对市场要素的分析研究,为财务预算、采购供应、结构优化、产品销售等提供支持;完善价格管理和订单评价机制,强化监督管理,动态分析采购、销售状况同公司预算目标的差异;强化业绩评价与考核管理,促进营销各环节持续提升成本控制水平和创效能力。

加大产品销售与服务力度。充分发挥营销体制改革调整后的新优势,突出销售在一体化运营中的龙头作用,持续完善销售机制,全面提升产品销售能力和市场服务水

平。将销售重心向终端用户延伸,把每一个驻外子、分公司打造成产品销售平台、信息收集与反馈平台、联系企业与用户的服务平台,更好地贴近市场、贴近用户、贴心服务;加强战略合作,针对汽车、家电、装备制造等下游产业,扩大战略用户与重点用户群,直供比例要达到60%以上;建立产品研发、技术开发以及管理创新等方面的交流机制,实现与终端用户的产业链融合,为用户提供更高质量和更高水平的服务;利用市场化运行机制和考核模式,建立市场攻关团队,根据销售业绩实施重点激励;产销研各环节快速联动,加大重点市场开拓力度,参与钢材市场建设,扩大分销渠道,提升服务增值能力;加强与国外企业和运营商合作,推介产品、获取信息和技术支持,积极拓展国际市场。产品销量和获利水平要实现新突破,吨材售价与行业平均水平差距再缩小40元以上。

提高原燃料采购降本增效能力。遵循经济高效原则,科学布局大原料结构,统筹国内外两个市场,平衡长协矿、贸易矿、国内矿量价关系,实施多元化采购;研究原燃料价格变化趋势,设定与全国平均水平、永锋公司两个参照系,快速增强抓商机、踏节拍、获取机会成本的能力;充分利用产供研一体化平台,探索低库存条件下的原材物料供应模式;重视大宗原燃料供应战略合作,扩大采购渠道,创新与供应商的合作方式,争取更多优惠条件和优势资源。强化服务意识,坚持科学经济采购,提高原燃料性价比,努力满足生产需求。原燃料采购价格与行业平均差距再缩小20元/吨以上。强化招投标管理,注重与有实力、有信誉的供应商合作,提高直供直购比例,最大限度压缩对中间商的采购量;严控备品备件及各类设备、材料库存,全面推进零库存管理模式,以市场换合作,减少资金占用。

(三)持续推进结构优化调整,着力提升产品创效能力

系统优化原料结构和炉料结构。适应生产组织、工艺优化和降成本要求,产供研各环节要根据不同区域的工艺状况和资源平衡,认真研究运行规律,努力寻求技术上的突破,科学制定经济高效的原料结构模型,满足各工序提质增效的需要。焦化配煤、烧结配料、高炉炉料、炼钢炉料等方面,都要根据公司增利计划,制定明确的优化目标和推进措施;研究好非洲矿、菲律宾矿、伊朗矿、FMG矿等品种的使用,提升经济矿、块矿和烟煤使用比例,努力向最优目标推进,向行业最好水平看齐。

加快产品结构调整。继续坚持"特钢做特、型钢做强、板材做专、棒材做优"的产品定位,推进系列化、专业化、差异化,既要重视新产品、高专产品的开发,又要重视高效、成熟产品的批量生产。加大专用性强、技术含量高、经济效益好的产品开发和市场推介力度,新产品比例要保持25%以上。动态调整高效产品目录,即时测算创效情况,保证有效益、有市场品种的生产。优特钢以调结构、上档次、提质量为主,向中高端发展,提升区域优势,尽快进入国内特钢企业第一梯队;型钢向高强度、高性能、异型专用方向发展,着力培育特色精品,争取国内数一数二,打造高端优势和行业领航者;板带向做专方向发展,尽快在1~2个领域建立比较优势,向高强板、耐蚀板、汽车板、家电板等领域拓展;棒材发挥中高端批量和规格优势,提高性价比,拓展特殊用途钢筋应用领域,增强区域市场话语权,具备一定的价格影响能力。

持续优化工艺结构。利用行业先进技术和现代信息技术改造生产工艺,积极推广应

用新工艺，加强品种开发的软件建设，在高炉高效生产、洁净钢生产、窄成分控制、无缺陷坯生产、控轧控冷技术等方面加大攻关力度，为提高产品质量档次提供工艺技术保障。新疆公司加快调试运行和市场开拓，积极开发适销对路的产品，尽快建立区域竞争优势，提高创效能力。特钢升级改造项目加强市场调研和用户应用技术研究，搞好产品定位和技术储备。加快 4 号脱磷炉建设，为工序平衡和品种质量提升创造条件。

适时调整产线结构。认真分析测算每条轧线的产品结构和盈利状况，把资源配置到有效益的产线上，充分提高效率和专业化生产能力，最大可能拓展产品创效空间；对没有边际贡献、亏损较大的产线，采取阶段性停产，或者调整运营体制和机制，最大限度地减少亏损、增加效益。产线结构调整将涉及到单位之间的利益平衡，各单位要站在企业生存发展大局的高度，理解和支持公司的决策，积极做好配合工作。

强化质量管理和服务。把提升质量和服务上升到企业品牌战略高度，成为企业竞争力的重要组成部分。在工序质量、产品质量、服务质量方面，强化全员、全过程、全方位管理。加强工艺技术管理，强化工艺制度、质量纪律执行与监督；深化六西格玛项目管理，促进产品质量本质化稳定，持续提升产品实物质量；进一步提高订单保证能力，既要有时间和产量的保障，更要满足用户的质量和标准要求；强化用户跟踪服务，及时解决和改进质量方面存在的问题，着力打造质量和服务品牌。

进一步增强生产保障能力。继续抓好低库存条件下的生产组织，提高对原燃料结构变动、产品品种高频次调整的适应能力；按照效益最大化原则，寻求产量与效益最佳结合点，努力提高订单保证能力；动态优化平衡资源，保持全系统运行顺畅；加强工艺优化和设备维护，确保良好的运行状态。坚持“安全第一，预防为主，综合治理”方针，加强本质化安全管理。以“四个标准化”建设为手段，强化“三基”工作，深入扎实地开展“五检查、五整改”活动，严格落实安全生产责任制，不断提高安全管理水平和自我防范能力，为生产经营建设提供安全保障。

加大项目建设与投资管控力度。明年集团公司计划投资 20 亿元，要视情况量力而行，严格控制投资规模。投资的主要方向是在建重点项目，投资少、见效快的技措技改项目等。创新投资运营模式，探索多元化的投资机制，对投资额度、质量工期、施工安全等实行动态监控，对超计划投资的单位要严肃追究责任。

（四）深入系统推进降本增效，着力打造低成本竞争优势

确保集团和股份盈利，按今年效益情况测算，明年至少要实现挖潜增效 19 亿元，其中，铁前系统 7.5 亿元、钢轧系统 8.9 亿元、管理及其他方面 2.6 亿元。要巩固提升吨钢深度挖潜提质增效 300 元成果，实施关键领域重点突破，促进全系统、全流程、全方位的成本优化和效益提升。

突出抓好系统性降本增效。在市场化运营和一体化考核的体制机制下，铁前系统和钢轧系统是整个提质增效工作的重心。“增效”重点体现在产品结构、产线结构的调整优化和产品销售上；“降本”重点体现在原料结构以及各工序的管理费用、固定费用、运行费用、节能降耗等方面。根据各工序特点和降本、增效的重点，全方位分解指标体系，全员承担指标压力，全系统量化考核，做到指标到岗到人，考核到岗到人。

持续降低工序成本。瞄准行业先进水平，强化对标管理，推进标准成本管理。铁前工序以优化原料结构为重点，加强工艺技术攻关，增强对经济矿种的消化能力；加强即时成本预测，按当期成本核算，吨铁成本要达到或低于行业平均水平。钢轧工序重点是增效，也要通过提升工艺技术控制水平，在资源配置、合金优化、能源利用、原材物料消耗，以及提高冶炼水平、成材率、作业率等方面深入研究和实践，最大限度地降低物耗能耗。各项技术经济指标保持今年的最好水平，不断向行业先进水平看齐。

持续降低物流成本。物流费用约占企业总成本的12%，挖潜增效空间很大。加强企业物流系统规划，尽快构建大物流运行格局。系统研究供应物流、生产物流、销售物流、回收物流的运行规律与特点，制定有针对性的运营和管控措施。优化外部资源配置、工艺流程布局、厂内物料运输方式、产成品销售模式、仓储设施布局等，全方位降低运输费用；加强运输过程监控和计量、质量检验把关；规范产成品发货秩序，实行预约服务，严厉打击欺行霸市、操控市场、扰乱运输秩序等行为；利用信息技术提升物流体系建设水平和运行效率；加快与社会物流市场接轨，提高物流经营运作水平，挖掘第三利润源。物流中心要积极拓展业务，加强物流资源整合与管控，明年物流成本要降低3%以上。

严格控制费用支出。扩大预算范围，实行费用总包干。严控外委工程费用，维修费要再降3亿元；优化库存结构，降低原燃料、在产品、产成品库存；整合备品备件资源，推进集中统一管理，逐步向内部“超市化”运营过渡；改进材料供应方式，扩大“零库存”范围；管理费用、财务费用、营销费用等变动费用要压减2亿元以上；管理费用实行责任目标承包，并严格考核。牢固树立节约意识，坚持勤俭办企业，把有限的资金用到企业经营发展最需要的地方。

（五）加大改革创新与管理力度，激发各层次的内生动力和创新活力

深化体制机制改革调整。从组织架构、运营流程、岗位定员、制度设计、运行模式等方面进行深入调整，建立适应市场要求和具有核心竞争力的现代化钢铁企业体制机制。扎实做好钢铁主业定岗定编工作，推进管理流程再造和组织结构优化，进一步精简机构、岗位和编制，科学高效配置人力资源；按照莱钢“十二五”战略规划确定的全员劳动生产率600吨钢/人·年目标，分步实施人员优化和精简，严控进口，疏通出口；深化干部人事制度改革，完善科级机构精简和人员优化措施，严格控制干部职数；实行在职处、科级干部任期制，强化对干部履职情况的监督与绩效考核，真正形成能上能下的干部选聘机制。实施干部职工提前离岗休养办法；根据国家和省加强人力资源管理的有关规定，加大对非在岗人员的清查和管理力度，解决部分职工长期脱岗离岗、不履职责、不尽义务等问题，其他方面的改革也要加快推进。持续完善设备维修运行体制，设备检修中心要充分发挥技术和人才资源优势，按“三步走”要求，强化内部服务，积极外拓市场，努力向专业化、市场化方向迈进，不断提升价值创造能力。电子公司、国贸公司、新闻中心、医院等单位，要加强市场化运作，努力提高服务水平和创效能力。

提升企业管理水平和自主创新能力。深化“转调创提”活动与卓越绩效管理，提升学习型企业创建水平。学习借鉴行业先进的管理理念和方法，围绕市场化运营，调整完善

管理制度、体制机制；加强企业标准化体系建设，夯实严细实管理的基础。战略管理、人力资源管理、财务资产管理等都要围绕市场化运营进一步优化提升。坚持依法治企、科学管理、规范运作，加强审计监察和问责制度，健全法律风险防控体系，依法维护企业权益。按照山钢集团公司总体部署，加快以ERP为核心的信息化建设，有效整合信息技术资源，打造高层次的信息化应用平台，着力提升市场化运营的效率和效益。建立完善产学研用、产供研紧密一体的开放式科技创新体系。着眼长远，积极跟踪行业前沿技术，加大产品和工艺开发力度，尽快拥有一批核心技术和产品，在某些领域抢占制高点；建立引进和培养相结合的科技人才机制，完善科技创新评价标准、激励机制和成果转化机制。坚持创新驱动，倡导技术革新，鼓励发明创造，营造全员创新创效的良好氛围。

（六）推进环境经营与绿色发展，快速提升节能环保水平

国家节能减排约束性指标不断提高，能源消费总量控制越来越严，固定资产投资环评能评更加严格。我们必须高度重视环境经营，坚持节约资源和保护环境的基本国策，认真落实国家关于生态文明建设的部署要求，持续深化节能减排、循环经济，全面提升环境经营水平，推进莱钢绿色发展、循环发展、低碳发展。

持续提高能源资源综合利用水平。适应国家节能减排新形势提出的新要求，调整完善节能规划，积极推广应用节能新技术、新工艺、新材料；发挥能源管控中心作用，创新能源管理模式，建立并持续改进能源管理体系；强化能源利用过程控制，科学配置能源资源，提高能源利用效率和创效水平。推进技术进步与工艺优化升级，提升固废资源、二次能源、气体资源、水资源循环利用水平，实现工业废弃物资源利用产业化，培育新的经济增长点；科学优化工艺布局，提高土地集约利用水平。认真研究并充分利用国家节能减排、土地政策，争取资金、税收等政策支持。

加强环境环保管理。积极引进先进治污技术，采取多种合作方式，加快环保设施建设和工艺装备优化升级；加强环保设施管理监控，确保除尘、脱硫、废水处理等设备高效运行；严控各类污染源点，集中整治超标排放、异常排放、运输扬尘等污染；强化国控、省控在线监测源点管理，确保在线监测数据达标。坚持不懈地推进环境建设。充分发挥企业和地方两个积极性，不断改善厂区社区环境，继续完善公辅设施，提升绿化美化层次，巩固扩大交通、河道治理成果，让莱钢的天更蓝、地更绿、水更清、气更净，持续提升生活质量，努力建设美丽莱钢。

扩容改造后的南湖公园

(七)加快推进相关多元产业发展,不断拓展价值创造空间

按照莱钢相关多元产业发展规划,本着“做大做优、协同发展、市场导向、持续发展”的原则,重点把现有产业优化调整好,创造条件促进产业优化升级,积极培植新的经济增长点。

巩固提升现有相关多元产业。通过产业重组、市场扶持、资金投入、规范管理、强化激励等政策措施,尽快形成一批主业突出、盈利能力强、具有行业领先地位的龙头企业。各子公司、改制单位要本着有所为、有所不为的原则,调整优化现有业务,不断强化管理,努力提升经营效益;积极引进行业先进的管理理念和技术,加强与国内外一流企业合作,集中精力培育拳头项目,力争区域内数一数二,逐步在行业内建立领先优势。

加快相关多元产业转型升级。适应经济社会发展和莱钢做强需要,重点发展资源性产业、钢材深加工产业、金融服务产业、循环经济产业、生产性服务产业、房地产等,适时介入新兴产业及高新技术产业,力争在新能源和新材料等方面实现突破。特别是有助于掌控资源和市场的产业,要重点支持、优先发展。建设公司要充分利用自身优势,率先实现突破,在莱钢相关多元产业发展中发挥产业集聚和龙头作用。莱钢工业园区建设,要本着高标准设计、高起点布局、高技术引进、高投资回报的原则,加强与国内外优秀企业合作,采取灵活的运营模式,逐步形成新的产业集群,打造现代化的一流钢铁工业园区。

强化相关多元产业运营管理。依据国家产业政策和集团章程,推进全面市场化运营。创新管控模式,加强战略指导、运营支持和资产监督;本着资源有效配置和价值最大化原则,妥善处理关联交易、内部市场等问题,建立公平竞争机制;坚持合作共赢,搞好产业分工和项目布局,营造相互依托、相互支持、公平协调、共同发展的局面。各子公司、改制单位要以集团大局为重,处理好各方面的关系,用好政策,多创效益,为莱钢可持续发展作出重要贡献。集团公司将积极创造条件,加大对各单位在资源、市场、技术、资金协调、政策等方面的支持力度,切实为各单位搞好服务,努力营造促进相关多元产业发展的良好环境。

(八)加强干部职工队伍建设,推动莱钢科学发展和谐发展

创新和加强党建及思想政治工作。深入推进学习型党组织建设,不断提高党建科学化水平;加强和改进思想政治工作,强化形势任务教育,加强社会主义核心价值观和职业素质教育,注重人文关怀和心理疏导,广泛开展“转观念、保效益”主题系列活动、劳动竞赛和群众性创新活动;继承和弘扬莱钢优秀传统文化,深化普及山钢文化,丰富内涵,提升品位,鼓舞士气,激发活力,凝聚力量,形成战胜困难的强大合力。

坚持依靠职工发展企业。职工是企业的发展之基、立身之本。持续深化劳动关系和谐企业建设,完善以职工代表大会为主体的民主管理制度;加快推进全员素质提升工程,努力为职工成长成才创造条件;切实维护职工的合法权益,发挥“五条保障线”的作用,关心困难职工生活,解决好新疆公司、销售子分公司等在外人员的后顾之忧;提升厂区通勤、医疗卫生、生活后勤等服务保障功能;加强社会管理综合治理,维护厂区、社区治安稳定,努力打造和谐莱钢。

持续加强各级领导班子建设。战胜各种困难和挑战,实现做强莱钢的战略目标,关键在于建设一支政治坚定、能力过硬、作风

优良、奋发有为的领导干部队伍。各级领导干部要认真贯彻落实中央关于改进工作作风、密切联系群众的八项规定，继续深化“两转一提”活动，率先转变观念，做到顾大局、在状态、能担当、上水平、有作为。坚决执行公司的各项决策部署，以更高的境界、更宽的视野、更加积极的心态，投入到企业改革发展中；服从大局，勇于担当，履职尽责，创新性和创造性地完成好各项任务目标；加强学习，深入研究，不断用新理念、新理论、新知识武装头脑，做到思想上同心同德、目标上同心同向、行动上同心同行，努力成为学习型、服务型、创新型的领导团队，真正担负起做强莱钢的历史使命。

推进合作共赢协调发展。胸怀全局，放眼世界，加强合作，营造莱钢可持续发展的良好环境。集团各成员单位要精诚团结、协作共进、共谋发展，形成牢不可破、坚不可摧、经得起市场风浪的联合舰队；加强同山钢集团各单位的联系与合作，发挥整体优势和协同效应，共同面对市场，应对各种困难和挑战；加强与地方政府的相互支持与合作，推动企地共建、协同发展；加强与战略用户、供应商、金融机构以及社会各界的广泛合作，争得社会各界的理解与支持。调动一切积极因素，利用一切可以利用的资源，克服一切艰难险阻，努力开创莱钢更好更快发展的新局面。

各位代表！建设莱钢、发展莱钢、做强莱钢，寄托着全集团广大干部职工的理想与夙愿。面对前所未有的严峻形势和市场挑战，我们的责任更大、担子更重。我们一定要深入学习贯彻党的十八大精神，按照中央和全省经济工作会议部署要求，以更加坚定的信念、更加顽强的努力、更加有效的工作，创造更好的经营业绩。让我们高举中国特色社会主义伟大旗帜，深入贯彻落实科学发展观，解放思想，凝聚力量，创新突破，全面夺取抗击钢铁市场严冬的新胜利，为实现做强莱钢的战略目标而努力奋斗！

充分发挥政治优势　提供强大保障动力
以更好经营业绩向党的十八大献礼

——党委书记田克宁在中共莱钢五届五次全委（扩大）会议上的报告

（2012 年 1 月 16 日）

同志们：

按照党委常委会向全委会定期报告工作制度的要求，我主要报告三个方面的内容。

一、2011 年政治工作简要回顾

2011 年，面对复杂严峻的经营形势和非常困难的局面，各级党政工团组织团结带领广大干部职工，坚定信心，积极应对，持续推进转方式、调结构，不断提升管理绩效和水平，保持了生产经营建设的平稳运行。

各级党群组织按照公司党委的统一部

署，坚持围绕中心、服务大局，以向建党90周年献礼为契机，进一步深化以学习型党组织建设为重点的党建工作，不断强化思想政治工作、群团工作、和谐企业建设，为促进企业持续健康稳定发展提供了强有力的政治、组织保障、精神动力和智力支持。回顾全年党建和思想政治工作，主要有以下几个特点：

（一）学习型党组织建设深入推进，党建科学化水平不断提升

将学习型党组织建设和创先争优活动深度融合，先后召开了学习型党组织建设成果共享会、专题推进会，推动了创建工作的深入开展。承担并完成了山东省党建研究会学习型党组织建设相关课题；先后在中宣部主办的学习型党组织建设理论与实践座谈会、全国冶金政研会、山东省国资委会议上介绍经验。组织开展了庆祝建党90周年系列活动。

加强领导班子和干部队伍建设。不断完善领导班子和处级干部考核评价体系，加大领导班子调整和领导干部交流的力度和广度，全年共调整处级干部134人，调整任免公司机关科级干部46人。加大竞争性选拔干部的力度，探索推行了差额选拔办法，先后为有关单位部门公开选拔干部55名。

强化党建基础工作。严格党员发展程序，制定下发《关于在发展党员工作中实行公示制办法》，全年发展党员400人。坚持加强党员和干部培训，党员干部的素质得到持续提高，莱钢党校被确定为中共山东省委党校实践教学基地。

坚持加强党风廉洁建设。修订并认真落实党风廉政建设责任制，完善了廉洁考核机制，持续推进廉洁效能管理体系有效运行。扎实推进“以人为本、廉洁从业”主题教育活动，突出抓好重要节假日期间的教育，累计开展各种形式的教育活动3000余场，受教育人数72000余人次。干部职工的廉洁自律意识不断增强，全公司200余人次主动上交无法拒收的礼品、礼金、购物卡等价值合计51.5万余元。公司廉政教育基地被山东省纪委确定为全省廉政教育示范基地。在参加反腐倡廉满意度测评的925名职工中，对单位开展反腐倡廉建设情况满意的占99.78%，对单位领导班子、领导干部廉洁从业和党员干部作风状况满意度都达到了99.35%。针对经营管理的重点领域、重点环节开展监督检查98项，查出问题125个，提出建议209条，推动建章立制179项，为公司避免和挽回损失1亿余元。

（二）不断加强持续创新，思想政治工作成效不断提高

强化理论武装，抓实两级党委理论中心组学习，理论学习效果不断增强。大力开展形势任务教育和改革发展教育，进一步发挥了团结稳定鼓劲加油的作用。紧紧围绕中心，扎实开展“找差距、赶先进、抓创新、增效益”主题系列活动，全公司共树立标杆9592项；反思查找差距和问题14924项，制定整改、赶超措施22981项，党员累计对标承诺、认领指标11013项；确立重点攻关课题2848项，促进了经济效益的提高。

注重思想政治工作创新，组织召开莱钢第四届思想政治工作创新大会暨政研会第七届会员代表大会，表彰奖励了20项创新成果；编辑印发《第四届思想政治工作创新成果集》和《宣传文化工作成果汇编》。在中国政研会、全国冶金政研会和山东省冶金公司、山钢政研会召开的年会上作了典型发言，3项成果获2011年中国冶金政研会研究成果一等奖。发挥“职工快线”网上互动

平台等载体的作用，扎实开展网络思想政治工作，被山东省国资委推广。制定下发《关于在思想政治工作中加强心理疏导的意见》，确定3个单位作为心理疏导试点。

认真贯彻落实十七届六中全会精神，切实抓好企业文化建设。将推进山钢文化导入与弘扬莱钢优秀的传统文化相融合，充分发挥企业文化对企业发展的引领、推动作用。莱钢先后获得中国企业文化建设十大创新单位、全国企业文化建设2011年度优秀单位、山东省企业文化优秀品牌等荣誉。

扎实推进精神文明创建活动，继续组织开展“感动莱钢人物”评选、“我推荐、我评议身边感动人物”活动，营造了浓厚的感动氛围。深入开展“双十佳”和争做“用户满意服务明星”活动。公司被评为山东省文明单位。

（三）牢固坚持依靠方针，群团工作优势充分发挥

不断完善以职代会、厂务公开等为基本形式的民主管理制度，召开职工民主恳谈会。以“实践、争先”活动为载体，不断深化群众性经济技术创新、劳动竞赛、“金点子”征集等活动，极大地激发了职工群众的工作热情，促进了职工技能的提高。劳动关系和谐企业创建工作深入开展，职工代表的满意率达到95%以上。扎实推进“学习型班组”创建和“工人先锋号”争创活动，3个班组荣获山东省和全国“工人先锋号”称号。充分发挥“五条保障线”的作用，全年救助困难职工2332人，发放救助款602.01万元。群众性文体活动蓬勃开展，文体活动中心荣获全国优秀职工书屋，成为全国3个职工书屋示范达标单位之一；莱钢拔河队夺得全国拔河精英赛暨新星系列赛3枚金牌，公司被全国总工会、国家体育总局授予全国职工体育示范单位称号，获得全国、全省全民健身活动优秀组织奖；由莱钢职工业余合唱团演唱录制的全国首张以民歌为主的无伴奏合唱专辑《月上东山》发行。

坚持党建带团建，深入推进基层团建统筹工程，扎实开展学习型团组织建设和分类引导青年活动，围绕中心开展青年竞赛活动，切实发挥了团员青年的生力军和突击队作用。

党校、统战、武装、科协、女工、离退休服务、关心下一代等专业系统的工作围绕中心，发挥职能作用，为推进各项工作顺利开展作出了新的贡献。

（四）和谐企业建设持续加强，发展环境不断优化

以建设平安莱钢、和谐企业为目标，切实抓好各项综治责任制的落实，以重要节假日和重大活动安保为重点，全面强化“打、防、管、控、治、建”各项措施，辖区刑事发案率同比下降3.15%；注重抓好苗头性问题，创新加强信访工作，有效化解各类矛盾；持

集团公司党委书记田克宁（左）重阳节看望高龄老人

续推进企地关系协调机制建设,妥善处理利益纠纷,积极营造企地共建、互相促进的良好环境;认真抓好《突发事件应对法》的贯彻落实,不断加强应急管理,确保了全集团和谐稳定。

（五）坚持加强常委会自身建设,凝聚力战斗力不断增强

一是坚持中心组学习和自学制度,贯彻落实科学发展观、执行上级党委重大决策决定的自觉性坚定性不断增强。二是按照国有企业党组织的职责要求,不断增强政治意识、大局意识和责任意识,始终在政治上、思想上、行动上与党中央和上级党委保持高度一致,保证了党的路线方针政策在企业的贯彻执行。三是认真贯彻执行民主集中制原则,坚持重大事项集体研究集体决策,积极参与"三重一大"等企业重大事项的决策。去年以来共召开 10 次常委会,3 次全委（扩大）会,研究了重大投资、重大项目建设、干部人事调整、考核等重大事项。四是坚持实事求是的思想路线和依靠职工群众的群众工作路线,一切从企业实际出发,深入基层、深入职工群众加强调查研究,了解具体情况,指导基层工作,听取职工群众意见建议,解决实际问题。五是支持行政稳妥推进内部干部人事管理、分配、用工等改革举措,为企业建设发展提供了强大动力保证。六是常委班子成员互相信任、互相理解、互相帮助、互相支持,始终团结一致干事创业,一心一意谋发展。七是严格执行党风廉政建设责任制,认真履行廉政承诺,既严格要求自己,也严格要求亲属、分管部门及人员。

同志们! 2011 年党建和思想政治工作虽然取得了较好的成绩,但也存在一些问题和薄弱环节。主要表现在:一是学习型党组织建设的推进仍然存在不平衡现象;二是面对困难,个别领导干部有畏难发愁情绪,克难制胜信心不足,也有执行力不强、大局意识不强、不思进取得过且过现象;三是需要深入探索和研究针对新形势新任务条件下干部职工思想工作的有效方式方法,进一步创新思想工作,增强针对性和实效性;四是在网络文化、网络信息管理上需要与时俱进,积极探索在思想政治工作中充分发挥作用的途径和方法。对于这些问题,我们要认真分析原因,找准问题症结,采取有效措施,努力加以解决。

二、面临的形势任务特点

2012 年是党的十八大召开之年,是莱钢实施"十二五"战略规划承上启下的关键年,推进转方式调结构和深化改革的关键年,也是经营依然非常困难的一年。

首先,经济和经营形势的严峻性、复杂性决定了政治工作面临形势的严峻性、复杂性和艰巨性。关于严峻的经济形势和经营形势,在计划会和职工代表大会上都已作了具体分析,在此不再重复。

其次,政治工作面临的形势。一是经营形势的严峻性、复杂性及完成任务的艰巨性对各级领导干部和广大职工将产生影响。二是山钢重组进入实质性实施阶段,新的管理体制机制、运行机制及管理方式,将对广大党员领导干部和职工产生影响。三是由于宏观经济形势的影响,企业经营将更加困难,这对职工思想稳定以及企业向心力、凝聚力也会造成一定程度影响。四是网络信息的高度发达,手机、微博等现代通讯手段的日益普及,其负面信息对干部职工也会产生不同程度的影响。五是市场经济的负面作用对一些党员领导干部和职工产生不良影响。

严峻复杂的形势、繁重艰巨的任务,对

思想政治工作提出了一系列新的课题、新的挑战和新的考验。我们必须直面考验，积极应对，有效破解新的课题，不断加强、持续创新党建思想政治工作，努力提高工作成效。

根据面临的形势任务，今年党委工作的指导思想是：深入贯彻落实科学发展观，全面贯彻上级党组织会议精神，紧紧围绕推进莱钢“十二五”战略规划的顺利实施和生产经营建设改革发展，大力加强党建、思想政治工作、企业文化建设、和谐企业建设，团结带领广大干部职工，全面完成年度各项任务目标，保障“十二五”战略规划的推进和实施，以更好的业绩向党的十八大献礼。

三、重点工作及要求

2012年党委工作要点已经下发，各级各单位要按照《要点》的具体要求做好工作，抓好落实。在此，我仅就以下几个方面的重点工作讲几点意见。

（一）认真学习贯彻上级重要会议精神，增强实现做强莱钢新跨越的使命感、责任感和紧迫感

要将贯彻落实党的十七届六中全会精神、中央、全省经济工作会议精神及山钢2012年工作会议、党群工作会议精神，与莱钢第五次党代会、计划会、职代会、“十二五”战略规划推进会等重要会议精神紧密结合起来，认真学习、准确把握精神实质，切实统一思想认识，进一步解放思想、更新观念，不断增强危机意识、忧患意识、责任意识、大局意识和改革发展意识，切实将会议精神落实到实际工作中，落实到战略规划的推进实施上，落实到保证并促进全年各项任务目标的完成上，全力以赴推进各项工作，实现系统提升、创新超越。党的十八大召开后，我们还要系统学习，认真抓好贯彻落实。

（二）学习型党组织建设要突出自身特色

今年全国学习型党组织搞得较早的几个单位联谊会将在莱钢召开，我们要做好相关准备工作。我们的学习型党组织建设，开展得早，体现了自觉系统，坚持得持久。学习型党组织建设要走向深入，要突出以下几个特点：

一要突出理论与实践的结合。学习的目的在于运用。学习内容上要做到“三个紧贴”。要紧贴中心工作，紧紧围绕企业中心工作、围绕做强做优企业及“十二五”规划的实施确定学习内容；要紧贴各个时期的形势任务学，及时了解并把握国内外形势变化，以避免工作的盲目性和滞后性，提高工作的科学性和超前性；要紧贴服务带领职工群众学。要学习并研究群众工作理论、群众工作方法，更好地服务于职工群众，并做学习的模范。学习方法上，要做到“三个注重”。注重反思提高，在反思总结的基础上，将所学理论与知识进一步升华，再指导并推动实际工作；要注重带着问题学，真正以所学理论和知识解决影响和制约科学发展的突出问题和矛盾，不断提高工作的系统性、预见性、创造性，提高运用科学理论、科学知识分析和解决实际问题的能力；要注重共享学习，使组织的整体素质和能力得到提高。

二要突出改造主观世界与改造客观世界的结合。最好的学习是使行动改变的学习，要在遵循客观规律，改造客观世界的同时，注重改造主观世界，通过学习，使内心在历练中逐步强大、使外在的东西变成内心的力量，增加仁智勇，减少忧惑惧，从而提高广大党员和各级党组织应对各种复杂问题和局面的综合能力。

三要突出与创先争优活动相结合。我

们的学习型党组织建设，应该体现在党的建设的各个方面，通过“学”，温故知新，不断提升（理论素养、道德修养、心理素质、先进意识）；通过“习”，创新超越，创先争优；通过学习使各级党组织和广大党员充满生机和活力。莱钢党的建设各个方面的工作中所体现出的创新，正是学习型党组织的本质要求。

（三）着力提高主题系列活动实效

主题系列活动，已经成为我们政治工作的品牌，也是紧紧围绕中心开展政治工作、提高政治工作效能的具体体现。在形势严峻复杂、任务艰巨繁重的情况下，更要深入扎实地开展好这项活动，以扎实深入、卓有成效的活动，促进生产经营目标的实现。今年的活动继续沿用去年的主题，即：“找差距、赶先进、抓创新、增效益”，不再更换主题。各部门、各单位要充分把握公司党委的意图，紧紧抓住活动的主题开展工作，科学运用好活动模型，落实好七字方针，加强过程控制，不断增强活动实效。

一要切实找准差距和不足，从系统优化升级的角度查找阻碍企业发展的瓶颈和问题。找差距要克服夜郎自大和自我满足的心态，虚心向先进企业（甭管是民营企业还是国有企业）学习，既要学习先进的管理体制和管理方法，又要学习先进的管理思路，还要学习先进的具体做法。

二要坚持不断创新。要采用现代化管理手段和先进技术，通过管理创新，堵塞漏洞，深挖管理绩效，推动对标挖潜、降本增效实现新的突破。

三要突出各级党组织和广大党员在赶超行业平均和先进中的贡献率。“找差距、赶先进、抓创新、增效益”，广大党员、特别是各级党员领导干部必须率先垂范，做好榜样。衡量党员和党员领导干部率先垂范，做好榜样的标准就是在完成生产经营任务目标中的绩效和贡献率。因此，各级党组织和广大党员，无论找差距、赶先进、抓创新，还是增效益、作贡献，都要走在职工群众前头，做职工群众的带头人和示范者。活动的指标设置、考评办法，都要将对企业效益的贡献率作为重要内容，促使广大党员和党员领导干部自觉以榜样的力量和精神，带动激励广大职工群众为克难制胜、完成任务目标奋力拼搏多作贡献。

（四）大力弘扬莱钢传统优秀文化

加强企业文化建设，必须继承优良文化传统。党的十七大报告指出：“任何一个国家和民族文化的延续和发展，都是在既有文化传统基础上进行的文化传承、变革与创新。如果离开传统，割断血脉，就会迷失自我、丧失根本”。莱钢在40多年的经营建设和改革发展中，形成了“团结奋斗、艰苦创业、改革创新、争创一流”的企业传统、“学习、超越、领先”的企业精神、“共赢共享、直到永远”的企业信条，“系统思考、创意无限”的企业哲学，“与顾客共谋发展、与员工共创辉煌”的企业道德，“严细实快、精益求精” 的工作作风，还有像我们很早就提出的“大事业的追求，大舞台的胸怀，大团队的精神，大家庭的情怀”、“嫉慢如仇” 的口号等独具特色的企业文化体系和优良传统，营造了干事创业、昂扬奋进的人文环境，充分激发了广大干部职工的创造激情，促进了企业的发展。这是莱钢克服诸多困难从小到大、从弱到强、从优秀走向卓越的强大内在动力，是凝聚莱钢人心的精神力量。莱钢文化是山钢文化的重要基础和基因。越是困难险阻面前，越是复杂多变的环境，越要大力弘扬优秀的莱钢传统文化。将莱钢文化的精髓融入生产经营建设和改革发展中，凝聚职工在困难面前继续团结奋斗、拼搏进取、创新超越，以厚重的具有先进性特质的企业文化促进企业的持续发展具有十分重要的意义。

一要加强舆论宣传，形成弘扬莱钢文化的氛围。要通过报纸、电视、网络等媒体和宣传栏、信息传递等宣传手段，进行广泛性、强力度的舆论宣传，形成舆论强势，进一步深刻理解莱钢文化，助推莱钢文化，提高莱钢文化的影响力和感染力，从而为山钢文化的落地打下更扎实的基础。

二要加强学习教育，提高学习和践行莱钢文化的自觉性创造性。要通过专题讲座、报告会、集体学习及自学等途径，加强莱钢文化的学习教育，使广大党员干部职工真正掌握莱钢文化的内容，做到人人明白，入脑入心；深刻理解莱钢文化的实质，准确把握莱钢文化的精髓。同时，要强化莱钢文化的践行力。优秀的企业文化，重在落实，重在践行。要教育引导督导广大党员干部职工自觉践行莱钢文化，真正将莱钢文化融入生产经营建设和改革发展的全过程，真正成为莱钢人的行为准则、工作标准，成为推动工作、推动发展的强大动力。在弘扬莱钢传统优秀企业文化的过程中，我们还要弘扬莱钢人所具有的强烈的大局意识、责任意识、政治意识，培养协作意识，提高协作能力，为做强莱钢和支撑山钢发展作出我们应有的贡献。

三要以党的十七届六中全会精神为指导，不断强化新时期企业文化建设，在继承优良传统的基础上不断创新，更好地发挥企业文化的作用，提升“企业文化软实力”，推动企业又好又快发展。

（五）切实抓好三项教育

一要不断强化形势任务教育。形势任务教育要坚持真实客观及时辩证的原则。所谓真实，就是要把企业遇到的实际困难，主业生产经营的真实结果，告诉广大职工；所谓客观，就是把行业的实际情况、国企民企的实际情况告诉广大职工；所谓及时，就是将形势变化的各个阶段各个时期的情况，迅速让广大干部职工充分了解；所谓辩证，就是对形势和变化的情形能历史地、全面地分析和判断，在看到严峻挑战和考验的同时，也要认识到我们的优势和有利条件，既不盲目乐观，又不过于悲观，正确认识挑战与机遇、压力与动力的辩证关系，从而坚定克难制胜的信心决心。

二要继续抓好解放思想、更新观念的教育。要教育职工树立全新的思想观念，破除画地为牢、坐井观天的封闭意识，确立勇闯市场、与国际接轨的战略眼光；破除资源少、困难多的畏难心理，确立困则思变、变则思干、干则思成的大无畏精神；破除小富即安、小成即满的小农思想，确立干大事业、求大发展的创业精神；破除消极应付、无所作为的思想，确立勤于探索、敢为人先的创新精神。

三要加强改革发展教育。今年是我们改革任务非常艰巨的一年，也是组织机构和体制机制深刻调整的一年，山钢实质性整合重组加速推进并将全面实施，莱钢一系列内部改革也将逐步推开。要教育引导广大干部职工，认真领会中央抓改革、促和谐的精神，增强大局意识、责任意识和参与意识，正确认识和对待各项改革举措，自觉投身改革、共同推进改革。

（六）对领导干部的几点要求

完成全年任务目标，推进“十二五”战略规划实施，关键在各级领导干部。在计划会、十一届四次职工代表大会上，公司党政已经对领导干部提出了明确要求，希望大家认真学习贯彻，切实抓好落实。在此，我再强调以下几点：

一要增强全局意识。不谋全局者不足谋一域。全局观，是领导干部修养、品德、学识长期积淀而成的，有没有全局意识，也决定着一个人的发展前途。希望各级领导干部要从莱钢整体利益出发，谋划并做好本单位工作。二要增强事业心责任感。强烈的事业心体现在自发自动、勇于担当、敢于负责上，体现在不断创新超越上。三要增强主动协作意识。我们的分工越细，管理越细，要求越高，就越需要部门单位之间的沟通协作，要克服唯我独尊、论资排辈和怕别人挑自己毛病的心态，为了整体利益，主动自觉沟通协作。四要不断学习和研究，带好队伍。学习是为了完善自己，提高自己，在此基础上才能带好队伍，完成好任务。2012 年党委工作要点上已经提到，处级及以上领导干部每年至少要读 6 本书。前期，到鲁宝公司调研，了解到他们的领导干部每月读一本书。这就要求我们在繁忙的工作中，静下心来读些书，写些东西，以此不断提高自己。否则，不学习、也不思考，只闷着头做事，那么，思维能力、写作能力、演讲能力都会受到影响。同时，我们既要认真研究当前的政治经济形势，党、国家、行业的一些政策，整个行业的发展形势，也要研究每个单位、每个部门的职责以及如何完成好这些职责，要注意学习以往的先进经验、好的案例以及其他单位和个人的一些好做法，防止理想化和书生气。目前，地方政府的换届工作已经基本结束，都提出了很宏伟的发展目标，无论 GDP 还是财政收入“十二五”末基本上都要求翻番，这期间肯定要采取许多强力措施。对此，我们要认真学习、了解、把握地方党委政府有关领导的重要讲话及文件精神，努力创造良好的周边环境，充分利用好有利政策，加快企业发展。希望领导干部带头读书，加强研究，联系实际有所体会，团结带领广大职工，进一步解放思想，与时俱进，扎实做好各项工作，努力提高工作成效，确保各项任务目标的圆满完成。

党的十八大代表左炳伟（中）在曾经工作过的炼钢厂 2 号转炉向工友们了解生产情况，宣传十八大精神

大事记

DASHIJI

大 事 记

2012年莱钢大事记

1月

1日

◆莱钢物流中心正式运行。

5日

◆企地平安共建座谈会在钢都宾馆举行。

6日

◆中央新疆工作协调小组办公室副主任李兴民一行就产业援疆情况到莱钢喀什钢铁项目建设现场实地考察调研。

◆集团公司在办公楼召开2012年安全生产工作会议。集团公司、集团公司工会与各单位签订《安全生产绩效责任书》。

◆集团公司在办公楼召开纪念“送温暖活动20周年”暨工会保障工作表彰会。山东省总工会副主席冯庆禄出席会议。

◆莱钢产销研一体化工作表彰会暨产销研一体化创新论坛在新兴大厦举行。

◆集团公司工会七届八次全委(扩大)会议在办公楼召开。

7日

◆共青团莱钢十届八次(全委)扩大会议在集团公司办公楼召开。

9日

◆集团公司在办公楼召开2012年机动、计控工作会议,与有关单位签订《2012年设备管理承包责任书》。

10日

◆中共莱钢集团有限公司代表大会在工人文化宫召开。经大会投票选举,田克宁等15人当选为中共莱芜市第十三次代表大会代表,王广连增补为集团公司党委委员。

◆莱钢人防地下指挥中心启用仪式在办公楼举行。莱钢人防地下指挥中心于2011年8月完成工程及配套项目建设,总面积320平方米。

11日

◆北京师范大学教育培训中心莱钢炼钢厂职工心理疏导研究基地暨炼钢厂职工心理疏导中心启用仪式在炼钢厂大学堂举行,集团公司党委书记田克宁、北京师范大学教育培训中心主任杨军出席仪式并揭牌。该心理疏导中心设有团体辅导室、个体咨询室、心理沙盘室、心理放松室、情绪宣泄室等。

12日

◆集团公司在办公楼召开科技质量能源环保循环经济工作会议,与各单位签订节能减排目标责任书。

◆集团公司向老干部通报情况会在新兴大厦举行。

◆山东省文联·曲艺家协会20名艺术家到股份炼铁厂文体训练基地为一线干部职工进行慰问演出。

16日

◆中共莱钢五届五次全委(扩大)会暨党政工负责人会议在办公楼召开。会议要求全集团干部职工坚定信心,顽强拼搏,探索新思路、谋求新发展、实现新跨越。集团公司党政领导及股份公司领导任浩、田克宁、陈启祥、赵雁彬、王玉昌、张胜生、罗登武、董立志、魏兴文、闫福恒、刘相学、王庆山、吕铭、李淑华、王学德、王广连出席会议。任浩主持会议,并就会议精神的贯彻落实提出要求。田克宁传达山钢集团2012年度党群工作会议精神,并作题为《充分发挥政治优势,提供强大保障动力,以更好经营业绩向党的十八大献礼》的报告。陈启祥通报集团公司2011年的生产经营任务完成情况,传达中钢协2012年理事(扩大)会议的有关精神,分解部署2012年指标任务。

◆集团公司召开2011年度表彰大会,表彰2011年度莱钢文明单位,莱钢建功立业奖章获得者、劳动模范和先进生产(工作)者,"双十佳"争创活动先进单位、先进个人等。

19日

◆集团公司在办公楼召开反腐倡廉工作会议。

30日

◆集团公司董事长任浩、党委书记田克宁等15名莱钢代表参加中共莱芜市第十三次代表大会。

31日

◆股份炼铁厂5号高炉大修结束并点火烘炉。

2月

1日

集团公司党委常委、公司党委组织部/人力资源部部长王学德当选为莱芜市第十三届党委委员,公司纪委副书记、审计处处长陈明玉当选为莱芜市第十三届纪委委员。集团公司党委书记田克宁、特钢事业部党员乔波当选为山东省第十次党代会代表。

5日

集团公司党委常委、副总经理张胜生当选为十七届莱芜市人大常委会委员;集团公司董事长、总经理陈启祥,板带厂职工张黎当选为山东省第十二届人大代表。

6日

◆集团公司在办公楼召开2011年度群众性经济技术创新工作总结表彰大会。

8日

◆由国家发改委环资司巡视员何炳光、产业司副巡视员余东明等组成的国家发改委生态文明建设调研组到莱钢调研,对莱钢生态文明建设给予高度评价。

13日

◆集团公司在办公楼举行卓越绩效模式全员培训动员启动大会。

14日

◆山东省副省长张建国到莱钢调研。省安监局、煤监局、省政府办公厅有关人员以及中共莱芜市委书记刘士合,市长杨宜新等莱芜市领导陪同调研。集团公司及股份公司党政领导任浩、田克宁、陈启祥、罗登武、吕铭,山钢集团副总经理陈向阳在新兴大厦向张建国一行汇报工作。汇报前，张建国一行先后视察了宽厚板生产线、型钢3号高炉和大型H型钢生产线。

15日

◆莱钢2012年环境建设工作会议在办公楼召开。集团公司党委书记田克宁，副总经理王玉昌，党委常委、组织部部长王学德，钢城区委常委、常务副区长赵波，副区长亓勇出席会议。田克宁就如何做好环境建设工作提出要求。王玉昌总结了2011年环境建设工作，提出2012年环境建设的工作重点。赵波就钢城区加快推进城市化建设，支持、服务莱钢提出工作目标和措施。王学德主持会议，并就会议精神的贯彻提出要求。

能源动力厂型钢汽机运行值班室

16日

◆集团公司在办公楼召开关心下一代工作会议。

16日至17日

◆集团公司总经理陈启祥，副总经理赵雁彬、罗登武、闫福恒，以及15个单位、部门的主要负责人前往河北钢铁唐钢集团公司，考察学习唐钢在转变生产经营模式、提升运营质量等方面的经验。

17日

◆集团公司在办公楼召开人口和计划生育工作会议。

23日

◆集团公司在办公楼召开对标学习交流会，交流共享学习唐钢和新兴际华的先进经验，要求全集团干部职工向先进企业学习，解放思想、转变观念、开拓视野、创新思路，迅速扭转被动局面，确保全年各项任务目标完成。

24日

◆集团公司在办公楼召开2012年度财务、审计、资产管理工作会议。集团公司总经理陈启祥出席会议并提出要求，副总经理赵雁彬在会上作题为《坚定信心，居危思进，全面推进莱钢持续健康发展》的工作报告。

25日至26日

◆莱钢拔河队代表中国参加在苏格兰举行的世界室内拔河锦标赛，取得男子640公斤级、男女混合600公斤级两个级别第四名的成绩。国家体育总局发贺电表示祝贺。

26日

◆山东省人大常委会副主任于建成到莱钢访问。

27日

◆11时22分，莱钢第二套50兆瓦汽轮发电系统——型钢50兆瓦发电投运。项目从建设到投产用时10个月，是莱钢建设速度最快的大型发电机组。

28日

◆集团公司党委宣传部下发文件，组织开展“学先进、找差距、增效益”专题宣传教育活动。

本月

◆特钢事业部为中国重汽成功开发出德标 42CrMo4 高端重型汽车半轴用钢，性能合格率达到 100%。

◆由自动化部自行研制的莱钢首台连铸坯定重切割计量装置在股份炼钢厂 2 号连铸机成功安装，各项性能达到设计要求。

3 月

5 日

◆集团公司在新兴大厦召开深度挖潜增效绩效考评推进会。集团公司党政领导及股份公司领导田克宁、陈启祥、赵雁彬、王玉昌、张胜生、罗登武、董立志、魏兴文、闫福恒、王庆山、吕铭、李淑华、王学德、王广连出席会议。集团公司有关部室负责人和钢铁主业各生产单位党政主要负责人参加会议。财务部、企业管理部分别汇报了《钢铁主业吨钢深度挖潜提质增效 300 元实施方案》和《2012 年钢铁主业处级干部绩效考核方案》。

6 日

◆莱钢党校 2012 年春季干部教育培训开学典礼在培训中心举行。

◆莱钢庆“三八”表彰大会暨家庭好角色事迹报告会在工人文化宫举行。会上表彰了莱钢“十大好儿媳”“十大好儿女”“十大好丈夫好妻子”，以及 15 名获得“莱钢女杰”称号的女职工。

7 日

◆集团公司下发文件，在全公司开展指标对标提升活动，提升各主要技术经济指标、能源环保指标、质量指标和财务指标水平，促进降本增效，确保完成全年生产经营任务目标。

◆新疆公司 1080 立方米高炉基础顺利进入钢筋绑扎阶段。

12 日

◆集团公司在新兴大厦召开卓越绩效培训方案研讨会，就全面推进卓越绩效模式培训工作进行动员和部署。

13 日

◆中共山东省委副秘书长孙振华一行到莱钢检查指导工作。

◆集团公司在办公楼召开创建劳动关系和谐企业总结表彰暨经验交流会，山东省总工会副主席冯庆禄出席会议，并代表省总工会向板带厂颁发“山东省劳动关系和谐企业”奖牌。

15 日

◆集团公司在办公楼召开学唐钢、学新兴际华暨深度推进“转调创提”活动总结表彰大会。集团公司党政领导及股份公司领导田克宁、陈启祥、赵雁彬、王玉昌、罗登武、董立志、魏兴文、闫福恒、王庆山、吕铭、李淑华、王学德、王广连出席。田克宁主持会议。陈启祥讲话并与各单位签订 “转调创提”活动目标责任书。赵雁彬总结回顾 2011 年“转调创提”活动的开展情况，安排部署 2012 年任务目标。会上表彰了在“转调创提”活动中获得突出贡献奖、专业推进奖、管理提升奖的先进单位及先进个人。炼钢厂、技术中心、建设公司等单位作典型发言。

16 日

◆集团公司在办公楼召开 2012 年法律事务工作会议。

20 日

◆山东省工商局巡视员王天仁一行到莱钢调研。

21 日

◆集团公司在办公楼召开传达十一届

全国人大五次会议精神大会，十一届全国人大代表、集团公司老领导李名岷传达会议主要精神。集团公司党委书记田克宁主持会议，并就学习贯彻会议精神提出意见。

◆莱钢领导干部会议在办公楼召开。山钢集团董事长、党委副书记邹仲琛出席并讲话，山钢集团党委副书记苏斌主持会议，山钢集团总经理助理、组织部部长张相军宣读山钢集团董事会和党委对莱钢领导班子的调整决定：陈启祥任莱钢集团公司董事长，任浩不再兼任莱钢集团公司董事长、党委副书记职务。任浩、陈启祥、田克宁在会上先后作表态发言，集团公司党政领导及股份公司领导赵雁彬、王玉昌、罗登武、董立志、魏兴文、闫福恒、刘相学、王庆山、吕铭、李淑华、王学德、王广连及莱钢中层正职干部参加会议。

◆新疆公司钢铁项目及疏勒县钢铁产业园项目开工仪式在疏勒县艾尔木东乡施工现场举行。当天，高炉基础开始浇筑。同时开工的 10 个钢铁配套项目，涉及原料、机械制造、焦煤、建材、气体、耐火材料及电气设备制造等领域。

◆集团公司在办公楼召开 2011 年度处级领导班子和领导干部综合考评情况通报会。

23 日

◆莱钢清洁生产审核工作会议在办公楼召开。

27 日

◆山钢集团董事长邹仲琛一行到莱钢调研。

◆集团公司在工人文化宫举办干部教育报告会。中国钢铁工业协会原常务副秘书长、首席分析师李世俊应邀作题为《中国钢铁市场需求展望和中国钢铁企业对策建议》的专题报告。

◆莱钢“大比武、大练兵、强本领、提素质”活动启动仪式在股份炼铁厂文体训练基地举行。

28 日

◆集团公司在新兴大厦召开备战山东省第六届职工运动会动员大会。

30 日

◆集团公司就机关作风建设存在的普遍性问题开始进行调研。此次调研由集团公司党委组织部、纪委、党办、宣传部、机关党委、规划发展部组成联合调研组，分两组进行调研。

4 月

2日

◆产供研一体化运行平台 2012 年第一次会议在股份炼铁厂召开。

3 日

◆莱钢与北京国际矿业权交易所签署协议，正式成为该所中国铁矿石现货交易平台发起会员。

◆莱钢老年体育工作会议在新兴大厦召开。

5 日

◆中共莱芜市委书记、市人大常委会主任刘士合到莱钢了解生产经营情况。

◆集团公司召开环境环保综合整治工作推进会。

6 日

◆集团公司召开重点工程项目推进会。会前，集团公司领导陈启祥、罗登武、王庆山到重点工程项目现场察看工程建设情况。

◆集团公司召开保密工作会议。

7 日

◆钢城区邀请奥地利韦尔斯乐团慰问

冷轧生产线外景

莱钢专场音乐会在工人文化宫举行。

9 日

◆中共莱芜市委书记、市人大常委会主任刘士合，市委副书记、市长杨宜新带领市五大班子领导到莱钢特钢系统升级改造项目建设现场视察，对下一步项目建设提出意见和建议。集团公司党委书记田克宁、总经理助理王庆山，股份公司副总经理王广连陪同视察。

10 日

◆集团公司在办公楼召开 2012 年度档案史志工作会议。

11 日

◆莱芜市莱钢集团企地共建协同发展动员大会在莱芜市会展中心举行，中共莱芜市委书记、市人大常委会主任刘士合，莱钢集团公司董事长、总经理陈启祥出席并讲话，莱芜市委副书记、市长杨宜新主持会议。莱芜市五大班子领导，莱钢集团公司及股份公司党政领导田克宁、赵雁彬、罗登武、董立志、闫福恒、刘相学、王庆山、李淑华、王学德、王广连出席会议。杨宜新与陈启祥分别代表莱芜市政府和莱钢集团公司，签订关于企地共建协同发展战略合作协议。

◆集团公司重点项目建设环境整治工作组成员会议在特钢事业部召开，对重点工程进度和存在的问题进行分析，提出具体要求。

◆莱钢顺利通过国家低温压力容器特种设备制造鉴定评审。

12 日

◆山东省经信委副主任王兆春一行到莱钢调研。

13 日

◆集团公司董事长、总经理陈启祥在办公楼接受新华社记者专访，分析钢铁行业面临的严峻形势、钢铁企业在发展中遇到的矛盾和问题，介绍莱钢积极应对危机采取的有力措施和取得的显著绩效，并就山钢实质性重组、产业优化布局及莱钢“十二五”发展规划、淘汰落后产能等问题作简要解答。

◆中共中央委员、新疆维吾尔自治区党委书记张春贤到新疆公司现场调研，慰问建设人员。中共喀什地委书记程振山，山东省政府副秘书长、山东省援疆工作指挥部总指挥、喀什地委副书记王华，山东省援疆工作指挥部副总指挥、喀什地委委员、疏勒县委书记武林中等陪同调研。集团公司副总经理，新疆公司董事长、党委书记、总经理王继超就项目进展情况作了汇报。

◆中国金属学会常务副理事长王天义、顾问洪及鄙一行访问莱钢。

14 日至 15 日

◆由山东省总工会等 5 部门主办、莱钢承办的山东省第六届职工运动会“莱钢杯”

拔河比赛在莱钢举行。

19 日

◆集团公司在工人文化宫召开 2011 年度莱钢科学技术奖励大会,公司党政领导陈启祥、田克宁、赵雁彬、王玉昌、张胜生、罗登武、魏兴文、王庆山、吕铭、李淑华、王学德、王广连出席会议并为获奖单位及个人颁奖。

20 日

◆莱钢 2012 年民兵组织整顿集合点检大会在炼钢厂大学堂召开。

22 日

◆集团公司在新兴广场等宣传站点开展以“平安共建、和谐莱钢”为主题的“平安莱钢”综治集中宣传活动。

23 日

◆莱钢重点项目建设环境整治工作推进会在特钢事业部召开。集团公司副总经理王玉昌,中共莱芜市委常委、秘书长王光华,市政协副主席、市政府秘书长康颂池,钢城区委书记胡文朴出席。

25 日

◆由中国金属学会举办的钢铁企业实用 TRIZ 培训班在莱钢培训中心举行开学典礼。中国金属学会副秘书长高怀、中国科学技术协会咨询服务中心咨询论证处处长王庆军、莱钢集团公司副总经理张胜生出席。来自中国金属学会、鞍钢、武钢等研究机构和钢铁企业及莱钢各有关单位的技术骨干共 32 名学员参加培训。

◆集团公司召开庆“五一”暨“工人先锋号”先进事迹报告会。

26 日

◆集团公司在办公楼召开一季度“转调创提”活动总结推进大会。

27 日

◆“勇于担当克时艰,深度挖潜作贡献”美术、书法、摄影作品企地联合展览在文体中心开幕。

29 日

◆山东省立医院院长、党委书记秦成勇一行访问莱钢。

30 日

◆银山型钢炼钢厂在 4 号连铸机成功生产 3 炉相变诱发塑性钢 TRIP600。

本月

◆特钢事业部 20CrMnTiH 齿轮钢通过国家钢铁产品质量监督检验中心复评,获得国家冶金产品实物质量“金杯奖”。

◆莱钢 2012 年《职业病防治法》宣传周启动仪式在炼钢厂大学堂举行。

5 月

1日

◆2012 年莱钢青年集体婚礼在新兴广场举行。

2 日

◆山东省副省长夏耕到莱钢调研,对山钢集团以及莱钢各项工作给予充分肯定,并要求进一步加大转调力度,努力延伸产业链条,促进企业转型升级,为山东经济社会发展和经济文化强省建设作出更大贡献。山钢集团董事长、山钢股份董事长邹仲琛,莱钢集团公司董事长、总经理陈启祥,莱钢集团公司党委书记田克宁,山钢集团总经理助理、山钢股份副总经理万鲁愚在新兴大厦向夏耕一行汇报工作。莱钢集团公司党政领导王玉昌、罗登武、董立志、魏兴文、闫福恒、刘相学、王学德参与汇报。中共莱芜市委书记、市人大常委会主任刘士合, 市委副书记、市长杨宜新,市委常委、秘书长王光华,市政协副主席、市政府秘书长康颂池陪同调研。汇报前，夏耕一行视察了型钢炼铁厂 3 号高炉以及大型 H 型钢生产线。

3 日

◆莱钢重点项目建设环境整治工作阶段性总结推进会在新兴大厦召开，企地双方系统总结环境整治工作取得的成效和经验，就进一步加强协作、全力提升协同发展水平作出部署安排。中共莱芜市委书记、市人大常委会主任刘士合，集团公司董事长、总经理陈启祥分别讲话，莱芜市委副书记、市长杨宜新主持会议。莱芜市领导刘曙光、吴声、王桂春、康颂池、赵涛，钢城区委、区政府领导胡文朴、张钊，集团公司领导田克宁、王玉昌、罗登武、王庆山，莱芜市有关部门及乡镇负责人，集团公司有关部室负责人参加会议。会前，与会人员现场查看了重点项目建设工地，听取了相关汇报。

4 日

◆集团公司在办公楼召开纪念中国共青团成立 90 周年暨庆“五四”表彰大会。

6 日

◆集团公司党委书记田克宁，党委常委、组织部部长王学德一行专程赴新疆公司调研，看望慰问项目建设团队。

10 日

◆科技部专家组到莱钢调研。集团公司副总经理张胜生在办公楼向专家组一行作专题汇报。

11 日

◆集团公司召开进一步加强安全生产工作会议，分析安全生产形势，要求各单位进一步提高认识、统一思想、吸取教训，认真整改，有效防范和坚决遏制各类事故的发生，确保生产经营稳定顺行。

◆集团公司民兵应急队伍反恐维稳演练在型钢炼铁厂举行。

13 日

◆中共山东省委常委、副省长孙伟一行到新疆公司钢铁项目建设现场调研。集团公司副总经理、新疆公司董事长、总经理王继超汇报了项目进展情况。省政府副秘书长、办公厅党组成员张德宽，省发改委党组副书记、副主任薛克，省援疆工作指挥部总指挥、喀什地委副书记王华，喀什地委委员、行署常务副专员叶林，省援疆工作指挥部副总指挥王立胜，省援疆工作指挥部副总指挥、喀什地委委员、疏勒县委书记武林中等陪同调研。

15 日

◆集团公司关工委在办公楼举办专题学习交流会，学习胡锦涛总书记在纪念中国共产主义青年团成立 90 周年大会上的讲话。

16 日

◆在中共山东省委宣传部、省文化厅、省文联主办的“和谐之声·山东省合唱艺术周”上，莱钢职工业余合唱团举办专场音乐会，近千名观众在济南历山剧院欣赏了合唱团的精彩演出。

18 日

◆莱钢顺利通过中国船级社交通产品认证年度监督审核，莱钢产品持续保持交通产品认证资格。

20 日

◆山钢集团在莱钢召开高炉现场管理经验交流会，推广莱钢型钢炼铁厂现场管理经验。

◆莱钢在大型 H 型钢生产线成功开发 25 号电网铁塔用大角钢。

23 日

◆中国钢铁工业协会会长，首钢总公司董事长、党委书记朱继民，首钢总公司副董事长、总经理、党委副书记王青海一行访问莱钢。

23 日至 27 日

◆莱钢作为全国第一批循环经济试点单位,应邀参加第十五届中国北京国际科技产业博览会循环经济展,获最佳展示奖。

24 日

◆集团公司及山钢股份莱芜分公司领导陈启祥、赵雁彬、王玉昌、张胜生、罗登武、魏兴文、王庆山、吕铭、李淑华、王学德、王广连在办公楼收看中国共产党山东省第十次代表大会开幕式实况转播，听取省委书记、省人大常委会主任姜异康代表中共山东省第九届委员会向大会作的工作报告。

24 日至 28 日

◆田克宁、乔波在济南参加山东省第十次党代会。

25 日

◆莱钢产品通过英标钢筋 CARES 年度监督审核。

◆炼钢厂心理疏导研究会和心理咨询师协会成立。

27 日

◆银山型钢炼钢厂成功生产高强度耐磨钢 NM360 和 NM450。至此,莱钢已成功开发出布氏硬度值为 300-500(HBW)的耐磨钢,高强度耐磨钢实现系列化生产。

28 日

◆新疆公司炼钢项目部党员左炳伟当选为党的十八大代表。

29 日

◆集团公司在办公楼召开会议,传达学习中国共产党山东省第十次代表大会精神,部署工作。

◆特钢事业部银山前区 VD 精炼炉一次热负荷试车成功。

◆莱钢班组长安全培训班开班暨“莱钢安全培训基地”揭牌仪式在培训中心举行。

◆莱钢参加山东省第六届职工运动会彩车、行进方队展示和大型文艺表演。

◆党委宣传部和型钢厂党委联合举办深度推进学习型党组织建设共享论坛。

30 日

◆集团公司在办公楼召开贯彻能源管理体系标准启动会,贯彻落实国家《能源管理体系要求》,开展能源管理体系标准培训,部署能源管理体系贯标工作。集团公司及山钢股份莱芜分公司领导陈启祥、赵雁彬、罗登武、王庆山、吕铭、王广连出席。北京国金恒信管理体系认证有限公司总经理管炳春受邀作贯标报告。

◆中国驻塞拉利昂共和国大使馆经济商务参赞刘玉林一行到访。

31 日

◆集团公司作出决定,深入开展学习型钢炼铁厂现场管理经验活动,提升企业管理水平和运营绩效,确保深度挖潜提质增效吨钢 300 元,全年增效 30 亿元任务目标实现。

本月

◆满足 -45 摄氏度低温冲击韧性要求的 8 毫米厚度 Q345E 钢板一次试制成功。

◆由技术中心研发的 100 毫米厚度 Q345 高建钢在宽厚板生产线试制成功。

◆莱钢反腐倡廉教育基地被中共山东省纪委、省监察厅命名为“山东省反腐倡廉教育基地”。

6 月

1 日

◆集团公司在办公楼举行 2012 年“安全生产月”“节能宣传月”“环境保护宣传月”活动启动仪式。

◆受山东省科技厅委托，省冶金工业总公司在新兴大厦主持召开技术鉴定会，莱钢与北京科技大学共同完成的“转底炉直接还原处理钢铁厂含锌尘泥成套工艺产业化”项目通过鉴定。国家工信部、中钢协、中国金属学会等单位专家、负责人参加鉴定会。集团公司副总经理张胜生出席。

◆原冶金工业部副部长、中国工程院院士殷瑞钰应邀在集团公司办公楼作题为《高炉—转炉之间的界面技术与铁水包多功能化》的学术报告。集团公司副总经理张胜生主持报告会。

5日

◆集团公司在办公楼召开加强两级机关作风能力建设动员会，就开展“转观念、转作风、提能力”活动进行部署安排。集团公司及山钢股份莱芜分公司领导陈启祥、赵雁彬、王玉昌、张胜生、罗登武、董立志、魏兴文、闫福恒、刘相学、王庆山、吕铭、李淑华、王学德、王广连出席会议。集团公司机关现职副处级以上干部，各子公司、生产厂、直属单位党政负责人和部分科级干部参加会议。

7日

◆北京控股磁悬浮技术发展有限公司董事长刘志明一行访问莱钢。集团公司董事长、总经理陈启祥在办公楼会见客人。双方就全国第一条中低速磁悬浮商业示范线——北京市轨道交通门头沟线（S1线）工程项目进展情况进行了交流。

8日

集团公司下发文件，撤销莱芜钢铁集团有限公司运输部、自动化部、能源动力厂。

9日至10日

◆在浙江舟山举行的全国拔河锦标赛上，莱钢代表队参加9个项目比赛，获得4金5银2铜的成绩，同时获得体育道德风尚奖。

12日

◆集团公司党委下发通知，撤销莱芜钢铁股份有限公司党委、纪委，股份公司机关党委、纪委，原股份公司、型钢公司党组织、党员隶属集团公司党委管理。撤销莱钢集团有限公司能源动力厂党委、纪委。原股份公司焦化厂、炼铁厂、炼钢厂、特钢事业部、棒材厂、型钢厂、能源动力厂、品质保证部党委、纪委及集团公司运输部、自动化部党委、纪委相应更名为山东钢铁股份有限公司莱芜分公司焦化厂、炼铁厂、炼钢厂、特钢事业部、棒材厂、型钢厂、能源动力厂、品质保证部、运输部、自动化部党委、纪委。

◆山东钢铁股份有限公司莱芜分公司下发关于组织机构设置的通知，确定机关职能部门和生产、辅助单位。原莱芜钢铁股份有限公司所属组织机构自然撤销。

14日

◆全国大型钢铁企业第二十九届工会主席联席会议在新兴大厦召开。中国机冶建材工会副主席段佑武，山东省总工会副主席魏丽，山钢集团副总经理、莱钢集团公司董事长、总经理陈启祥，山钢集团党委副书记苏斌出席会议并讲话。莱钢集团公司党委副书记、工会主席魏兴文主持会议。

15日

◆中国工程院院士王国栋轧制技术专题讲座在办公楼举行。集团公司及山钢股份莱芜分公司领导陈启祥、张胜生、罗登武、吕铭、李淑华、王学德、王广连与各单位工程技术人员共同听取讲座。

19日

◆山东省总工会副主席赵立群一行到莱钢调研。

21 日

◆山钢集团创建“用户满意服务明星”活动现场表彰暨推进学习型党组织建设经验交流会在特钢事业部召开。

23 日

◆山钢集团总经理任浩，山钢集团副总经理、莱钢集团董事长、总经理陈启祥在雪野假日酒店与中共莱芜市委书记、市人大常委会主任刘士合座谈，探讨进一步携手促进钢铁产业发展的思路。莱芜市领导王光华、刘曙光、张作平，莱钢集团及山钢股份莱芜分公司领导张胜生、罗登武、王庆山及有关部门负责人参加座谈会。

25 日

◆纪念毛泽东《在延安文艺座谈会上的讲话》发表 70 周年莱钢老年书画摄影展在文体中心开幕。

26 日

◆莱钢庆“七一”暨党内先进、“四好”班子表彰大会在办公楼召开。集团公司党委领导田克宁、魏兴文、赵雁彬、王玉昌、张胜生、李淑华、王学德出席会议并为受表彰的先进集体和个人颁奖。

29 日

◆集团公司党委书记田克宁在办公楼接受山东广播电视台等媒体采访。在此之前，中共山东省委宣传部部署要求《大众日报》、山东广播电视台、《齐鲁晚报》、大众网、齐鲁网等省级主流媒体在“七一”前后集中宣传“莱钢模式”等学习型党组织建设典型经验。各媒体深入炼钢厂、型钢炼铁厂、板带厂、焦化厂等单位采访，运用新闻报道、专题片等各种形式，多角度、深层次对莱钢学习型党组织建设进行宣传报道。

30 日

◆莱钢钢铁精深加工产业园大项目开工奠基仪式在鲁中物流工业园二期项目现场举行。鲁中物流二期、莱钢板带型钢深加工、变速箱齿轮总成、昊晟昌电动汽车等 4 个大项目集中开工奠基。莱钢集团及山钢股份莱芜分公司领导田克宁、王玉昌、张胜生、罗登武、魏兴文、刘相学、王庆山、李淑华、王学德、王广连和莱芜市领导刘士合、杨宜新等出席仪式并为项目剪彩奠基。

7 月

3 日

◆以“青春与莱钢同行”为主题的纪念中国共产主义青年团成立 90 周年暨莱钢第十一次团代会专场文艺晚会在工人文化宫举行。

3 日至 4 日

◆共青团莱钢第十一次代表大会在工人文化宫召开。团省委副书记袁良，集团公司党政领导陈启祥、田克宁、魏兴文、李淑华、王学德，团省委城市青年工作部副部长李宾，省国资委团委副书记商希涛，山钢集团团委书记李荣臣出席会议。来自全公司 22 个单位的 207 名代表参加大会，选举产生由 27 人组成的共青团莱钢第十一届委员会。大会闭幕后，召开共青团莱钢第十一届一次全委会，选举产生新一届团委会常委、书记、副书记。

5 日

◆莱钢、达涅利特殊钢系统产品升级技术改造项目高层推进会在办公楼召开。

6 日

◆型钢炼铁厂烧结余热发电项目竣工投产仪式在型钢炼铁厂举行。

7 日

◆集团公司及山钢股份莱芜分公司领

导陈启祥、田克宁、王玉昌、王庆山、王广连与莱芜市领导刘士合、杨宜新带领的市五大班子领导现场视察莱钢30万吨煤焦油深加工及特钢系统产品升级技术改造等部分重点项目进展情况,并就做好下一步项目建设等问题交换意见。

9日

◆主题为“合作双赢、共谋发展”的莱钢2012年战略联盟用户峰会在青岛召开,莱钢与45家战略联盟用户签订战略合作协议书。

11日至12日

◆莱钢企业法律风险管理培训在办公楼举行。中国政法大学企业法务研究中心叶小忠研究员和北京大成律师事务所高美丽律师应邀对《企业法律风险管理指南》的操作实务进行分析解读。

12日

◆中华全国总工会保障工作部部长邹震、副部长凌萍一行在山东省总工会副主席赵立群的陪同下就企业工会如何做好帮扶救助工作到莱钢调研。

13日

◆集团公司党委召开宣传思想文化工作会议。

16日

◆企地平安共建座谈会在办公楼召开。

◆特钢事业部银山前区连续生产25炉GCr15轴承钢,首次实现轴承钢转炉系统批量生产。

17日

◆集团公司在新兴大厦召开纪检监察工作会议。

18日

◆由集团公司工会和安全生产部联合举办的莱钢安全文化书画摄影展在文体中心开展。

19日

◆集团公司下发通知,成立莱芜钢铁集团有限公司、莱芜钢铁集团银山型钢有限公司、山东钢铁股份有限公司莱芜分公司营销管理部(复合设置)。将销售中心的营销管理职能及相关人员,原料部的原料市场分析研究、经营活动分析与评价职能及相关人员,财务部的营销评价,原料采购、产品销售预算价格的制定与考核职能及相关人员划归营销管理部。

20日

◆集团公司在办公楼召开二季度“转调创提”活动总结推进大会。

25日

◆莱钢上半年工作会议暨机构调整人员优化启动会在办公楼召开。集团公司及山钢股份莱芜分公司领导陈启祥、田克宁、王玉

莱钢厂区一角

昌、张胜生、罗登武、董立志、闫福恒、刘相学、王庆山、吕铭、李淑华、王学德、王广连出席。会议对机关机构调整人员优化工作作出部署安排。

26 日

◆新疆公司一期工程人员配置动员会在办公楼召开。按照配置方案，一期工程配置人员 908 名，各主要责任单位于 9 月 1 日起根据新疆公司工程节点和投产计划安排分期分批配置人员。

27 日

◆集团公司办公大楼门禁系统正式启用。

31 日

◆爱尔兰拔河协会主席丹尼尔，荷兰拔河协会秘书长提尼到莱钢进行室外拔河技术指导。

◆莱钢能源管理系统第一阶段成功上线并试运行。

8 月

1 日

◆山钢集团公司副总经理崔聚荣一行到莱钢调研。

1 日至 2 日

◆山东省冶金工业总公司副总经理车元华，山东省冶金工业总公司原总经理、原莱钢总厂厂长李国瑞，山东省冶金工业厅原副厅长、党组副书记李秀一行访问莱钢。

6 日

◆集团公司下发《选派山钢集团莱芜钢铁新疆有限公司人员待遇等若干问题的补充规定》，进一步明确选派新疆公司人员待遇问题。

7 日

◆热轧带肋钢筋通过冶金行业品质卓越产品现场审核。

10 日至 11 日

◆由山东省国资委主任谭成义任团长，山钢集团公司董事长邹仲琛，山钢集团公司副总经理、莱钢集团公司董事长、总经理陈启祥，山钢集团公司总经理助理、组织部部长、喀什金刚矿业、金岭球团公司董事长张相军参加的省管企业赴新疆考察团到新疆公司调研。

13 日

◆莱钢、法孚集团索罗斯化工煤焦油深加工项目合同变更及炭黑油工艺研讨会在办公楼召开。

15 日

◆集团公司在办公楼召开职工代表民主恳谈会。集团公司董事长、总经理陈启祥，党委书记田克宁，党委副书记、工会主席魏兴文出席会议，与职工代表就生产经营面临的难点及职工关注的焦点问题共商应对策略。

◆莱钢举行第十二届职工职业技能比武暨第十五届青工技术比武。本届比武是莱钢历史上参赛人数最多、工种设置最全的一届，共有来自各单位的 25 个工种、571 名选手参加了理论和实践操作比武。

15 日至 16 日

◆济钢、莱钢联合开展燃气发电、危险化学品安全互查活动。

16 日

◆科技部中国 21 世纪议程管理中心主任郭日生一行在山东省科技厅副厅长于书良、莱芜市副市长郑金启陪同下到莱钢调研。

◆银山公安局开展反恐应急处突演习。

17 日

◆集团公司在办公楼召开各界人士座谈会，通报生产经营、企业改革等有关情况。

21 日

◆集团公司与潞安集团在新兴大厦签订战略合作协议。山钢股份莱芜分公司总经理罗登武主持签约仪式，集团公司董事长、总经理陈启祥，潞安集团董事长李晋平分别在签约仪式上致辞。集团公司副总经理闫福恒代表集团公司与潞安集团签约。双方表示要抱团取暖、共进共赢，构建更加长远、更加稳固的战略合作关系。

◆摩根大通 OEP 董事、总经理肯尼斯·布朗一行到莱钢访问，集团公司董事长、总经理陈启祥，副总经理张胜生、刘相学在办公楼与客人座谈。

◆莱钢医院与中国银行莱芜分行正式签订“医达通”合作项目。

23 日

◆集团公司在办公楼召开 2012 年“金秋助学”座谈会。

24 日

◆莱钢热轧叉车门架型钢推介暨国际研讨会在青岛召开。集团公司副总经理张胜生、山钢股份莱芜分公司副总经理王广连出席，中国工程机械工业协会工业车辆分会秘书长张洁致辞。来自国内外的 23 家知名叉车制造厂家代表参会。

28 日

◆国家环保部华东督查组到莱钢检查指导工作。

本月

◆莱钢 2012 年职业技能鉴定理论考试在培训中心举行。全公司 128 个工种、4 个等级的 4514 人参加考试。

9 月

2日至 3 日

◆集团公司党委书记田克宁，党委常委、宣传部部长李淑华出席在莱芜龙园宾馆举办的全省学习型党组织建设工作研讨班，田克宁作了题为《深化学习型党组织建设，提升党建科学化水平》的发言。其间，中宣部理论局副处长徐春生，省委宣传部副部长、省文明办主任刘宝莅，省委讲师团团长迟云等在田克宁、李淑华的陪同下，先后到莱钢实地了解学习型党组织建设的有关情况，观看了莱钢创建学习型党组织宣传片，走进炼钢厂、型钢炼铁厂、焦化厂等单位的车间班组了解基层学习型党组织的创建情况。

4 日

◆下午，出席第二届中国—亚欧博览会的中共中央政治局常委、国务院总理温家宝专程到喀什地区看望援疆干部，接见来自上海、山东、广东的援疆干部和重点援疆企业负责人，并座谈。集团公司副总经理，新疆公司董事长、总经理王继超受到温家宝接见，并参加座谈。

◆山东冶金系统首家专业设备振动诊断中心——莱钢设备振动诊断中心挂牌成立。

5 日

◆山东省地震局副局长林金狮带领全省地震应急检查组到莱钢检查地震应急工作。

5 日至 8 日

◆集团公司董事长、总经理陈启祥带队，先后走访华中、华东 6 家重点行业的龙头企业和两家钢贸企业，围绕产品需求、行业发展前景及推进深层次合作进行深入交流,就进一步推进战略联盟合作达成共识。

9日

◆莱钢一等活塞式压力计最高标准通过山东省技术监督局委派专家考核组的现场考评,具备检定数字压力计与压力表的检定资质。

10日

◆50多名营销人员今起陆续奔赴新成立的10个驻外销售公司。

11日

◆集团公司办公室下发通知,要求各单位进一步减少各类培训、会议、活动。

◆山东省银监局副局长王忠坦一行到莱钢调研。

11日至28日

◆根据公司QES管理体系文件要求,企业管理部对体系覆盖范围内的所有部门单位进行体系运行情况内部审核工作。

14日

◆莱钢效能监察工作现场会在型钢炼铁厂召开。

◆销售中心取得首批350多吨海洋油气钻井平台用H型钢订单。

15日

◆莱钢和莱芜市在新兴大厦举行重点项目集中签约仪式，中共莱芜市委书记、市人大常委会主任刘士合，集团公司董事长、总经理陈启祥出席并致辞。双方表示,企地携手,优势互补,深入推进钢城经济开发区、莱钢钢铁精深加工产业园建设,实现转型升级,促进协调发展。同日,精密设备制造等6个项目入驻莱钢钢铁精深加工产业园。

◆山东省冶金工业总公司在新兴大厦组织召开莱钢科技成果鉴定会，由山东大学、山东财经大学、山东省科学院等单位组成的专家组对莱钢“集群巡控远程计量系统”等8项自动化信息化技术创新成果进行鉴定。2项成果达到国际先进水平,6项达到国内领先水平。

19日

◆集团公司在办公楼召开“迎中秋,庆国庆,话廉政,提效能”座谈会。

20日

◆莱钢第十二届职工职业技能比武暨第十五届青工技术比武总结表彰会在办公楼召开。

◆莱钢黑带大师培训班结束，共有25人培训结业。

21日

◆山东省政府环保专项行动督查组在莱芜市副市长张作平等的陪同下到莱钢检查工作。山钢股份莱芜分公司总经理罗登武向督查组汇报了有关情况,并陪同实地察看了型钢1号265平方米烧结机脱硫、50兆瓦发电机生产现场。

◆莱钢青少年科普教育活动推进会在型钢炼铁厂召开。

24日

◆山钢集团财务总监王思军一行到莱钢就山钢股份公司开展的重要数据信息管理流程评价工作进行检查,并对下一步工作提出意见。山钢股份莱芜分公司总经理罗登武,集团公司党委常委、组织部部长王学德向王思军介绍有关情况。

25日

◆澳大利亚富济资源有限公司执行董事詹姆士一行到访。集团公司董事长、总经理陈启祥,副总经理闫福恒在办公楼与客人座谈。陈启祥希望双方在资源综合利用领域加强沟通和交流，建立积极的战略合作关系,在合作中促进共赢。双方还就具体合作事宜进行了交流探讨。

◆中共山东省委党校市厅级干部培训班在莱钢培训中心举行现场教学。

26 日

◆山东省企事业科协工作研讨会暨企事业科协联谊会第五届年会在新兴大厦召开。

27 日

◆集团公司在特钢事业部召开心理疏导现场推进会,总结工作、分析形势、交流经验,要求进一步推动心理疏导工作深入开展,不断提升思想政治工作科学化水平。

29 日

集团公司下发《关于设立能源管控中心的通知》(莱钢人字〔2012〕331 号)。设立莱芜钢铁集团有限公司、莱芜钢铁集团银山型钢有限公司、山东钢铁股份有限公司莱芜分公司能源管控中心(复合设置);能源管控中心与能源动力厂复合设置。

◆中共泰安市委常委、新泰市委书记张宏伟,新泰市委副书记、市长刘学保等五大班子领导访问莱钢。集团公司董事长、总经理陈启祥,副总经理王玉昌、张胜生、闫福恒在办公楼与客人座谈。座谈前,闫福恒陪同客人参观了型钢炼铁厂 3 号高炉、大型 H 型钢生产线。

◆南湖公园植物园开园。集团公司副总经理王玉昌,钢城区委书记、区人大常委会主任胡文朴,区委副书记、区长张钊出席开园典礼。此前,王玉昌还出席了钢城区举办的"一山(爱山公园)一水(南湖公园)一路(府前大街)"竣工庆典仪式。

10 月

1日至 2 日

◆集团公司在新兴大厦召开生产经营管理和改革发展座谈会,总结工作,分析四季度及明年面临的形势,号召广大干部职工冲刺四季度、实现新突破,并对 2013 年的任务目标和工作思路及措施作进一步探讨。

8 日

◆安全生产部组成 4 个检查组对 17 个单位(部门)进行安全生产大检查。在全公司范围内开展的为期 3 周的"五检查五整改"(查违章、查隐患、查现场、查管理、查思想)安全生产大检查大整治活动全面展开。

9 日

◆莱钢 2012 年征兵工作会议在集团公司人防指挥中心召开。

10 日

◆中共莱芜市委书记、市人大常委会主任刘士合,市委副书记、市长杨宜新带领莱芜市五大班子领导到特殊钢系统升级改造项目建设现场视察。集团公司董事长、总经理陈启祥,副总经理王玉昌、罗登武陪同。莱芜市直各部门负责人,钢城区委书记、区人大常委会主任胡文朴,区委副书记、区长张钊参加。

12 日

◆莱钢主导研制的《钢铁企业能效指数计算导则》(GB/T 28924-2012)颁布。该标准于 2013 年 5 月 1 日起正式实施。

15 日

◆集团公司召开钢铁主业定岗定编工作启动会,集团公司党委书记田克宁,山钢股份莱芜分公司总经理罗登武,集团公司党委常委、组织部 / 人力资源部部长王学德出席会议。此次定岗定编实施范围包括机关各部(处)室,山钢股份莱芜分公司、银山型钢公司各单位。集团公司、山钢股份莱芜分公司各生产单位主要负责人、人力资源科科长,各部(处)室主要负责人、分管科长参加会议。

17 日

◆山钢股份生产运行研讨会在莱钢召开。山钢股份公司总经理陈启祥，副总经理马旺伟，山钢股份济南分公司副总经理董金武、莱芜分公司副总经理吕铭出席。莱芜分公司、济南分公司绩效考核、财务管理、生产运行、计划统计、物流管理等部门主要负责人参加会议。

◆莱钢债权清收工作会议在办公楼召开。

◆俄罗斯普罗米修斯中央结构研究院副院长阿勒洛夫·维克多一行访问莱钢。

21 日至 30 日

◆集团公司董事长、总经理陈启祥，副总经理闫福恒一行出访澳洲必和必拓、力拓和 FMG 三大矿山公司，先后访问各公司位于新加坡、澳大利亚的销售总部和生产基地。陈启祥一行与必和必拓公司回顾了十多年的合作历史，就各自企业的发展、矿石市场走势交换意见，签署了新的进口矿定价协议；与力拓公司就铁矿石新的定价机制交换看法，探讨建立更加贴近市场的定价体系；了解了 FMG 公司近几年的发展状况和未来规划，在皮尔巴拉地区的新项目尼丁纽项目的科研和运作情况，就高钛钒铁矿的综合开发应用进行专题交流并达成合作意向。

22 日

◆由自动化部承建的山钢集团与莱钢视频会议连接系统上线并测试成功，实现莱钢与山钢集团视频会议的即时性互通互联。

23 日

◆集团公司在工人文化宫召开庆祝老人节暨离退休工作会议。

24 日

◆山东省政协原主席陆懋曾，内蒙古自治区政协原主席陈光林，山东省人大原副主任马仲才，省委原副书记、省纪委原书记赵春兰，省人大原副主任董凤基，省人大原副主任时立军在莱芜市委书记、市人大常委会主任刘士合等陪同下到莱钢参观。

25 日至 26 日

◆莱钢测量管理体系通过国家 AAA 年度监督审核。

27 日

◆莱钢 600 余名青年志愿者和巾帼志愿者走上街头、走进社区，开展“学雷锋，树新风，喜迎十八大，再作新贡献”社区集中便民志愿服务活动。

30 日

◆2012 年莱钢学习型班组大赛开幕式暨“转调创提我争先”演讲比赛在炼钢大学堂举行。11 月 21 日，学习型班组大赛闭幕。

本月

◆莱钢中心实验室通过国际实验室能力验证。

11 月

1日至 2 日

◆中共山东省委检查组到莱钢检查指导十八大安保工作。集团公司副总经理王玉昌在新兴大厦向检查组汇报莱钢近期生产经营情况及十八大安保工作准备情况和相关措施，并陪同检查组到焦化厂、炼钢厂、型钢厂及保卫部检查指导工作。

2 日

◆中钢协常务副秘书长李新创一行到莱钢调研。

3 日至 4 日

◆山东省省长助理、省公安厅党委书记、厅长徐珠宝到莱钢调研，要求公安保卫部门围绕企业中心，切实担负起服务一方百姓，守护莱钢一方平安的职责，为莱钢发展保驾护航。集团公司董事长、总经理陈启祥，党委书记田克宁介绍情况，副总经理王玉昌陪同调研。

5日

◆集团公司党政领导田克宁、王玉昌、魏兴文、李淑华、王学德在办公楼为党的十八大代表、新疆公司职工左炳伟赴北京参加党的十八大送行。

6日

◆由国家环保部、中钢协、山东省环保厅、省发改委等部门领导专家组成的评估组到莱钢检查指导工作。山钢集团总经理任浩，莱钢董事长、总经理陈启祥，山钢股份莱芜分公司总经理罗登武、副总经理王广连陪同评估组领导专家察看了特钢事业部银前转炉、炼钢厂老区转炉和股份炼铁厂高炉。任浩、陈启祥向评估组介绍了莱钢的基本情况以及结构调整、产业优化升级等方面所做的工作。

8日

◆集团公司党政领导和山钢股份莱芜分公司领导陈启祥、田克宁、赵雁彬、王玉昌、张胜生、董立志、魏兴文、王继超、闫福恒、李淑华、王学德、王广连等在办公楼集中收看中国共产党第十八次全国代表大会开幕式。

◆全省企业档案人员岗位资格及档案业务培训班在莱钢开班。

9日

◆第十九届“莱钢十大杰出青年”暨2012年莱钢青年科技创新成果表彰大会在办公楼举行。

12日

◆山东省国税局党组书记、局长刘景溪一行到莱钢调研。

16日

◆集团公司举行仪式，欢迎党的十八大代表、新疆公司职工左炳伟载誉归来。集团公司党政领导及山钢股份莱芜分公司领导陈启祥、田克宁、王玉昌、罗登武、董立志、魏兴文、闫福恒、吕铭、李淑华、王学德、王广连向左炳伟表示亲切慰问，祝贺他圆满完成大会赋予的各项任务。

20日

◆集团公司召开传达贯彻十八大精神大会，对学习宣传贯彻党的十八大精神作出部署。集团公司党政领导及山钢股份莱芜分公司领导陈启祥、田克宁、王玉昌、张胜生、罗登武、董立志、魏兴文、闫福恒、刘相学、吕铭、李淑华、王学德、王广连，老领导李景常、姜开文、杨良松、陈玲棠、于昌忠、赵茂祥、齐儒柱、赵和德、魏佑山出席会议。党的十八大代表左炳伟介绍党的十八大盛况，传达基本精神，并畅谈参加大会的体会和感受。

22日

◆莱钢韩标H型钢、钢筋产品通过韩标KS换证工厂审核。

25日

◆电子公司通过中国质量认证中心3C工厂检查审核。

27日

◆山钢集团ERP项目建设动员大会在莱钢召开，安排部署项目建设工作，动员各单位积极支持参与山钢集团信息化建设。

12月

1日

◆中共山东省委检查组到莱钢检查反邪教工作。

2日

◆山东省慈善总会会长谢玉堂在莱芜市政协主席、市慈善总会会长牛志春陪同下，到莱钢调研。

5日

◆集团公司在办公楼召开设备检修中心成立大会。集团公司董事长、总经理陈启祥，山钢股份莱芜分公司总经理罗登武，集团公司党委常委、组织部部长王学德，山钢股份莱芜分公司副总经理王广连出席。

◆国家安监总局监管四司副司长马锐一行到莱钢检查督导安全生产工作，山钢股份莱芜分公司总经理罗登武、副总经理吕铭在新兴大厦向检查组汇报有关情况。汇报前，吕铭陪同检查组到型钢炼铁厂3号高炉、1号高炉、能源动力厂型钢燃气车间混合站进行了检查督导。

6日

◆莱钢2012年冬季入伍新兵欢送会在办公楼召开。

9日

◆学习贯彻党的十八大精神省委宣讲团在工人文化宫举行报告会，省委宣讲团成员、省环保厅厅长张波作宣讲报告。集团公司党政领导及山钢股份莱芜分公司领导陈启祥、田克宁、王玉昌、罗登武、董立志、魏兴文、吕铭、李淑华、王学德、王广连出席报告会。集团公司党委书记田克宁主持报告会。报告会前，田克宁、罗登武、李淑华陪同张波视察了型钢3号高炉，并与职工代表就学习贯彻党的十八大精神进行座谈。

10日

◆冶金工业规划研究院院长李新创一行到莱钢，就《莱钢总体规划思路及特钢产业发展探讨》作现场讲解。集团公司董事长、总经理陈启祥，副总经理张胜生，山钢股份莱芜分公司总经理罗登武、副总经理王广连在办公楼与李新创一行座谈。

13日

◆集团公司在办公楼召开2013年集体合同平等协商会议。集团公司董事长、总经理陈启祥，党委书记田克宁，山钢股份莱芜分公司总经理罗登武，集团公司党委副书记、工会主席魏兴文，党委常委、宣传部部长李淑华及相关部门负责人、职工代表参加会议。

14日

◆型钢厂、板带厂、能源动力厂、宽厚板厂分别与设备检修中心举行维修人员划转仪式，莱钢设备检修人员划转工作全部完成。

15日

◆2012年山东省特种设备桥式起重机操作工职业技能竞赛在培训中心举行，来自省内20家单位的49名选手参加。

17日

◆集团公司领导干部会议在办公楼召开，党委书记田克宁传达中央政治局关于改进工作作风、密切联系群众八项规定的有关文件精神。集团公司党政领导及山钢股份莱芜分公司领导赵雁彬、王玉昌、张胜生、罗登武、董立志、闫福恒、吕铭、李淑华、王学德、王广连出席会议。集团公司各直属单位、各生产厂、机关各部(处)室副处级以上干部，各子公司、各改制单位党政主要负责人参加会议。

18日

◆新疆公司喀什钢铁项目竣工投产暨高炉点火烘炉仪式举行。中央新疆工作协调小组办公室，中共山东省委副书记、省长姜大明，新疆维吾尔自治区党委副书记、主席努尔·白克力分别发贺信祝贺。山东省副省长张建国，新疆维吾尔自治区党委常委、自治区副主席库热西·买合苏提，中央新疆工作协调小组办公室协调处处长张百庆，喀什地委书记程振山，山钢集团公司董事长邹仲琛，山钢集团公司副总经理、莱钢董事长、总经理陈启祥，莱钢副总经理、新疆公司董事长、总经理王继超，喀什地委委员、疏勒县委书记武林中等出席仪式。山东省政府副秘书长、省援疆工作指挥部总指挥王华主持仪式，并宣读姜大明的贺信。张建国、库热西·买合苏提、程振山、邹仲琛共同启动喀什钢铁项目高炉点火按钮。山东省有关部门、新疆维吾尔自治区有关部门负责人，喀什地委、行署、人大、政协及地直有关部门负责人，疏勒县委、县人大、县政府、县政协及县直部门、乡镇负责人，山钢集团和莱钢有关负责人及全体参建人员，各承建单位负责人及全体职工参加仪式。

◆集团公司工会第七届委员会第十次全体会议在办公楼召开。根据山钢党委决定，魏兴文不再担任集团公司工会主席职务。根据《中国工会章程》和工会委员会委员实行替补、增补的规定，李淑华当选为集团公司工会副主席(主持工作)。

◆集团公司第十一届职代会第十六次代表团团长和各专门工作委员会负责人联席会在办公楼召开，通报集团公司十二届一次职代会筹备情况，讨论并通过大会主要议题和有关事项。

21 日

◆集团公司在新兴大厦召开运营绩效评价(扩大)会，通报 11 月份生产经营指标完成情况，分析存在的问题和差距，重点研究 2013 年工作计划和措施。集团公司党政领导及山钢股份莱芜分公司领导陈启祥、田克宁、赵雁彬、王玉昌、张胜生、罗登武、董立志、闫福恒、刘相学、吕铭、李淑华、王学德、王广连出席。各子公司、直属单位、生产厂党政主要负责人，机关各部(处)室主要负责人参加会议。

◆纪念莱钢关工委成立 20 周年暨 2012 年度总结表彰大会在办公楼召开。

25 日

◆上午，集团公司十二届一次暨山钢股份莱芜分公司一届一次职工代表大会在工人文化宫开幕。会议总结回顾 2012 年工作，分析形势，明确 2013 年工作思路、目标、措施，号召全集团干部职工夺取抗击钢铁市场严冬的新胜利。集团公司党政领导及山钢股份莱芜分公司领导陈启祥、田克宁、赵雁彬、王玉昌、张胜生、罗登武、董立志、王继超、闫福恒、刘相学、王庆山、吕铭、李淑华、王学德、王广连出席会议。集团公司董事长、总经理陈启祥作题为《解放思想，凝聚力量，创新突破，全面夺取抗击钢铁市场严冬的新胜利》的工作报告。下午，集团公司党政领导及山钢股份莱芜分公司领导分别参加各代表团的分组讨论。12 月 26 日，大会圆满完成各项既定议程，在工人文化宫胜利闭幕。此次大会表决通过《关于莱钢集团公司总经理工作报告的决议》《莱钢集团公司第十二届职代会各工作委员会成员名单》《莱钢集团公司 2013 年绩效考核方案》《莱钢集团公司 2013 年集体合同》《莱钢集团公司 2012 年职工福利费使用情况和 2013 年职工福利费预算方案》等 5 项主要议题。

26 日

由《人民日报》、新华社、《光明日报》《经济日报》、中央电视台等中央新闻媒体，以及《大众日报》、山东广播电视台、《支部生活》等省直新闻媒体组成的“学习贯彻十八大精神”采访团到莱钢采访发展循环经济的经验做法。集团公司党委常委、宣传部部长李淑华及相关部门负责人与采访团座谈，介绍有关情况。座谈前，李淑华陪同采访团到型钢炼铁厂 3 号高炉生产现场参观。

（撰稿：叶 华 审稿：蒋淑华）

2012 年莱钢十大新闻

1.吨钢深度挖潜提质增效 300 元结硕果

2012 年，集团公司审时度势，全面开展了“外学唐钢新兴际华、内学型钢炼铁”活动。3 月 5 日，莱钢召开深度挖潜增效绩效考评推进会，正式推出《钢铁主业吨钢深度挖潜提质增效 300 元实施方案》，截至 12 月份，吨钢挖潜增效平均达到 307 元。集团公司全年生产生铁 1486.47 万吨、钢 1447.6 万吨、钢材 1446.18 万吨，实现销售收入 600.19 亿元，利税总额 20.81 亿元；累计开发新产品 63 项，高专产品、指定高效产品比例保持在 70%以上；全年可比产品总成本降低率 2.9%。生铁成本、吨钢销售收入与行业平均水平的差距比去年缩小。

2. 喀什钢铁项目实现当年建设当年投产，创造了新的莱钢速度

12 月 18 日，由莱钢承建的山东产业援疆重点项目——喀什钢铁项目顺利点火烘炉，该项目 2012 年 4 月破土动工。9 月 4 日，出席第二届中国—亚欧博览会的中共中央政治局常委、国务院总理温家宝专程前往喀什地区看望援疆干部，集团公司副总经理，新疆公司董事长、总经理王继超受到温家宝接见。

3. 左炳伟参加党的第十八次全国代表大会

11 月 8 日至 14 日，中国共产党第十八次全国代表大会在北京召开，左炳伟作为莱钢产业工人代表参加了会议。

4. 全面启动机构调整人员优化及定岗定编工作

7 月 25 日和 10 月 15 日，集团公司先后召开会议，全面启动机构调整人员优化和钢铁主业定岗定编工作。科级机构优化幅度达 30.3%；科级干部优化幅度达 33.7%。

5. 多元化战略拓展企业发展空间

4 月 11 日，莱钢携手地方政府共同签署了“企地共建、协同发展”战略合作协议，制定实施《莱钢精深加工产业园区发展规划》，力争“十二五”末实现园区年营业收入 200 亿元、利润 10 亿元以上。6 月 30 日，莱钢钢铁精深加工产业园大项目开工奠基仪式隆重举行。莱钢充分利用企业品牌、技术、产品、人才等资源，着力培育多元产业拳头项目，打造出危机中的多个效益增长极，非钢子公司和辅业改制单位预计全年可实现利润 17 亿元。

6. 体制机制改革实现新突破

7 月 19 日，营销管理部正式成立，原料采购、产品销售、预算价格的提出及执行监督从原业务部门剥离出来，实现营销管理体制的重大变革。12 月 5 日，重组成立了设备检修中心，推进了设备维修体制改革。

7. 山钢高炉现场管理经验交流会在莱钢召开，型钢 3 号高炉获全国现场管理五星级称号

5 月 20 日，山钢高炉现场管理经验交流会在莱钢召开，全面推广型钢炼铁厂现场管理经验。12 月 3 日，在合肥召开的 2012 年全国现场管理星级评价活动暨全国质量信得过班组经验交流大会上，莱钢型钢炼铁厂 3 号高炉首次参评，获全国制造业现场管理最高荣誉——五星级，标志着莱钢高炉的现场综合管理能力在国内已经达到领先水平。

8. 莱钢代表队在全国钢铁行业职业技能竞赛中获佳绩

10 月 12 日至 16 日，由中国钢铁工业协会主办的“马钢杯”第六届全国钢铁行业职业技能大赛在马钢举行，莱钢组队参加了本次大赛全部 4 个工种的角逐，获团队总分第三名。

9. 公司循环经济建设受到中央及山东省主流新闻媒体关注

近年来，莱钢按照科学发展观的要求，积极转变发展方式，加大环境改善和保护力度，持续开展节能降耗，不断提升企业发展品质。12 月 26 日，中共山东省委宣传部组织《人民日报》、新华社、《光明日报》、《经济日报》、中央人民广播电台、中央电视台、中国国际广播电台、中国新闻社、《中国日报》以及《大众日报》、山东广播电视台等 18 家中央及省直新闻媒体组成的“学习贯彻十八大精神”采访团，现场采访莱钢发展循环经济的典型做法。

10.莱钢在思想政治工作中加强心理疏导得到广泛认可

集团公司党委针对广大干部职工在危机形势中思想的新变化、新特点和新期待，不断加强和改进思想政治工作，在前期试点取得经验基础上，全面推进心理疏导工作，受到了广大干部职工的普遍认可和上级部门肯定。集团公司党委先后在全国在思想政治工作中加强人文关怀和心理疏导（上海）现场会、全省加强改进思想政治工作暨社会责任建设（枣庄）现场会、中国冶金政研会理事大会等介绍经验。莱钢这一成果还先后获山东省政研会一等奖、中国冶金政研会一等奖，中共山东省委常委、宣传部部长孙守刚说：莱钢真正把职工放在顶层位置，这一经验非常过硬。

（新闻中心）

晨练

综　述

ZONGSHU

综 述

莱钢概况

【历史简况】 莱芜钢铁集团有限公司（以下简称莱钢），是莱芜钢铁集团的核心企业。1999年5月18日经山东省人民政府批准，由莱芜钢铁总厂改制而成。

莱钢位于山东省莱芜市钢城区，始建于1970年1月。此前，莱芜境内曾有3个省属钢铁企业，即莱芜铁矿、沂蒙生建钢铁厂、新成铁工厂。1969年10月，中共山东省革命委员会核心领导小组和中共济南军区委员会根据中共中央指示精神，决定以上述3个钢铁企业为基础，在莱芜地区建设一座中型钢铁联合企业，并作为三线工程项目，采用全省工程会战的办法突击建设。是年11月，山东省成立莱钢工程指挥部，开始厂址选择、设计委托和工程建设的前期准备工作。

1970年2月，莱钢工程指挥部由济南迁至莱钢工程现场办公。为利于保密，对外使用“山东省七〇一指挥部”代号。指挥部具有双重职能，既是山东省重点工程会战指挥部的派出机构，又是莱钢工程的建设单位，隶属山东省革命委员会生产指挥部。1972年4月1日，经山东省革命委员会批准，莱钢工程指挥部取消代号。9月15日，经山东省委决定，改名为莱芜钢铁厂，为省属地级企业，生产隶属山东省冶金工业局领导，基本建设业务由山东省建委管理。1987年5月7日，莱芜钢铁厂更名为莱芜钢铁总厂。1997年8月，莱钢股份有限公司创立，并在上海证券交易所上市。1999年5月18日，经山东省人民政府批准，莱芜钢铁总厂改制为莱芜钢铁集团有限公司，并以其为核心企业组建了莱钢集团。2008年3月，山钢集团成立，莱钢隶属于山钢集团公司。2011年12月，按照山钢重大资产重组的部署要求，并经中国证监会核准，莱钢股份公司被济南钢铁股份有限公司吸收合并。2012年2月，山东钢铁股份有限公司成立，其中，莱芜分公司组织机构与莱钢集团有限公司相应部门复合设置。

【生产规模】 截至2012年末，莱钢拥有股权投资46项，其中全资及控股（或控制）公司14家，改制公司11家，参股公司21家。包括改制子公司在内，拥有资产877.68亿元，共有在岗职工44716人。莱钢钢铁主业拥有电炉和转炉两个生产系统，具有年产1800万吨钢能力。本部生产区域大体分为老区、银山前区、银山型钢区和特殊钢生产区,冶金厂区面积达15.76平方公里。老区和银山前区主要有6座1080立方米高炉及焦化、烧结、球团、能源动力等配套设备,有6座转炉,5条棒材轧钢生产线,2条H型钢生产线,1条620毫米热轧窄带生产线和1条1500毫米冷轧薄板生产线等。银山型钢区主要设备有:1880立方米高炉2座,3200立方米高炉1座,转底炉1座,120吨转炉4座,以及大型H型钢生产线、1500毫米热轧带钢生产线、4.3米宽厚板生产线等。特殊钢生产区域拥有1条50吨超高功率电炉生产线,1条100吨电炉生产线正在建设当中。

【主要产品】 钢铁主业主要产品有:优特钢、型钢、板带、棒材四大系列。莱钢是目前国内生产规模最大、品种规格最全的H型钢生产基地之一,山东省特殊钢精品生产基地。相关多元产业主要有:铁矿石采选、建筑安装、房地产开发、粉末冶金、运输物流、煤化工、金融证券等。莱钢生产的H型钢获中国名牌产品称号、国家重点新产品奖和山东省产品质量奖;齿轮钢等产品被评为全国品质卓越产品;热轧带肋钢筋等产品荣获国家冶金产品实物质量"金杯奖";热轧带钢等产品荣获山东省名牌产品称号。热轧F型钢是莱钢在业内率先突破的世界性难题。莱钢产品广泛用于航天、造船、汽车、机械、建筑等行业。莱钢生产的钢材应用于三峡工程、京沪高铁、上海轻轨工程、南水北调、青藏铁路、南极长城站、大亚湾核电站、奥运工程等国家著名重点工程。

2012年工作综述

【经济技术指标】 2012年,集团生产生铁1486.47万吨、钢1447.6万吨、钢材1446.18万吨,同比分别增长2.6%、2.58%、2.48%;其中,本部生产生铁1032.41万吨、钢983.99万吨、钢材962.3万吨,同比分别增长-4.8%、-4.88%、-4.88%。全年实现营业收入600.19亿元,利税总额20.81亿元,利润总额1.13亿元。集团生产经营保持总体平稳,经营指标与年度计划差距较大。

大型H型钢生产现场

【生产运行】 坚持以市场为导向,以效益为中心,强化低库存下的生产调度与运行组织,合理控制生产节奏,优化资源配置,跨区域调运铁水 206.4 万吨,增加销路好、效益高的产品产量,订单保证能力不断增强;坚持策略性检修与限产减亏相结合,合理安排点检定修,全系统保持经济高效运行; 加强能源介质量化动态平衡, 生产保障能力和综合利用水平不断提高;焦化、能源动力、物流运输、信息自动化、机械制造等均完成年度计划。

【产品结构调整】 围绕提高产品售价和盈利水平,加大现有产品提档升级、新产品开发和市场推介力度,差异化、专业化、系列化水平明显增强。全年累计开发新产品 63 项,船板钢、工程机械用钢、钢板桩、抗震钢筋等实现了品种和产量的突破,高专产品、指定高效产品比例保持在 70%以上。加大质量攻关力度,强化工艺控制和过程把关,产品质量得到改善; 产品认证创奖工作扎实有效。吨材销售收入与行业平均水平的差距比上年缩小 37 元。产品优化对战略贡献度和效益的贡献率逐步提高。

【市场营销】 调整优化销售定价模式和营销业绩评价机制;改进营销管理体制,强化营销管理与分析,实现营销重心前移;加强客户关系管理,深入推进战略合作,开展"百日营销攻坚战",营销局面不断改善。全年销售新产品 238.26 万吨,占总销量的 25.21%;产品直销率 52.79%; 出口钢铁产品 50.27 万吨,创汇 3.18 亿美元。坚持"大原料结构"理念,把握市场变化趋势和采购节奏,有效平衡国内外资源,实施多渠道、多元化采购,产供研结合更加紧密; 加强招标平台建设,规范原材物料采购供应,降本、保供、压库能力明显提升。

【降本增效】 持续推进降本增效工作,确定了吨钢深度挖潜提质增效 300 元的目标,严把采购、物流、工序、销售、资金运作等环节。各单位创新管理思路,强化对标挖潜,努力提升运营水平, 组织 60 多个课题组系统攻关,原料、炉料、产品结构不断优化,经济料比例达到 35%;强化物流管理,进口矿综合亏耗从 1.1%降至 0.79%;采取当期成本测算法,大幅降低原燃料库存,即时掌握工序成本变化,为抢抓市场机遇创造了条件,全年生铁成本 2621.56 元/吨, 与行业平均差距比上年缩小 68 元/吨,自 3 月份起吨钢挖潜增效平均达到 307 元; 加大促销压库力度,钢铁主体存货资金占用比年初降低 14.16 亿元,降幅 29.66%。全年可比产品总成本降低率 2.86%,自 3 月份一直保持在 3%以上。

【重点项目建设】 山东省最大的援疆项目新疆喀什钢铁工程于 2012 年 12 月 18 日举行竣工投产暨高炉点火仪式;特钢系统升级改造项目,公辅工程场平基本完成,电炉连铸工程厂房钢结构主体安装完成,轧线工程的设备基础、主厂房钢结构主体等工程施工基本完成;银山前区双工位 VD 炉、130 吨/小时燃气锅炉相继投运,60000 立方米/小时制氧机、银山型钢转炉洁净钢平台建设等项目按计划推进。控轧控冷、在线淬火等一批新工艺推广应用。推行项目建设经理负责制,创新工程承包计价方式,工程预决算和投资控制能力增强。全年完成固定资产投资 40.13 亿元。

【节能环保】 持续推进节能减排、循环经济、环境治理工作,主要节能减排指标明显改善。能源管控中心建成上线，能源管理体系标准贯标扎实推进；50 兆瓦发电、烧结机余热发电等项目建成投运，实现自发电量 22.18 亿千瓦时，同比提高 14.72%，自发电比例达到 50.15%，同比提高 8.45%。利用 BOO、BOT 等运作模式，推进烧结机脱硫、污水处理厂、除盐水站等项目建设；强化环保督察，COD、SO_2 排放均达到与政府签订目标责任书要求。继续推进环境绿化、公辅设施建设，实施南湖公园扩容改造、厂区办公区封闭管理、道路建设整修等项目，生产生活环境明显改善。

【管理与技术创新】 建立全面预算、目标评价和责任考核三大体系，产销研用、产供研两个一体化运行平台，绝对量和相对量两个考核机制；教育培训紧贴中心，积极转型，更加适应管理和生产实际，职工素质持续提高，莱钢荣获第六届全国钢铁行业职业技能竞赛团体总分第三名；不断加强财务管理，有效保障资金链安全；法律风险防控体系更加完善，避免和挽回了较大经济损失；强化集团管控和资产经营，审计监察力度加大，外派董事、监事、财务总监作用发挥明显。技术支撑体系有效运行，TRIZ 创新方法全面推广，科技成果转化水平持续提高，自主创新能力进一步增强。山钢集团在莱钢召开高炉现场管理经验交流会；3200 立方米高炉车间被评为全国现场管理星级评价制造业五星级现场。

【改革调整】 优化组织结构、管理体制和运行机制。调整原燃料进厂检验把关职能，促进采购业务重心下移；调整优化营销体制，实现管理与操作职能分开；减少管理层次，实施管理机构精简和科级人员优化，压减比例分别达到 30.3%和 33.7%；确定钢铁主业中长期人员优化转移计划，为新疆公司配置职工 900 余人；定岗定编工作全面启动；推进设备维修体制改革，成立设备检修中心，各生产厂向设备检修中心转移检修人员 2514 人，实现了平稳交接；深化选人用人和考核分配机制改革，加大对干部的选拔任用、交流调整和考核力度，干部人事管理不断深化。

【相关多元产业】 制定实施“十二五”及今后一个时期相关多元产业发展规划，进一步明确发展思路、目标和重点；抓住地方政府大力招商引资的重要机遇，与莱芜市共同打造莱钢工业园区。各子公司和改制单位直面市场，发挥自身优势，持续改革创新，不断强化管理，着力提高盈利水平；积极走出去找项目、抓资源、拓市场，努力拓展发展空间和新的产业。非钢产业全年实现营业收入 252.66 亿元，利润 17.1 亿元。

【和谐企业建设】 深化学习型党组织建设，加强思想政治工作和形势任务教育，扎实推进主题系列活动和各类劳动竞赛；强化廉洁效能体系建设，党员干部廉洁自律意识明显增强；和谐劳动关系企业建设不断深化，努力保持职工收入稳定，工作环境、生活条件、医疗卫生条件持续改善；强化信访维稳和社会管理综合治理，厂区、社区平安稳定；企地共建、协同发展进入新的阶段。共青团、科协、女工、文联、体协等群众组织发挥自身优势，凝聚各方力量，促进了企业发展；档案史志、机要保密、计划生育、武装保卫、离退休管理、后勤服务等工作都取得了新成绩。

（撰稿：刘振海　白　旸
审稿：鹿凡伟）

机构与人事

JIGOUYURENSHI

机构与人事

莱钢集团理事会及专业委员会

莱钢集团理事会

理事长 任　浩(3月21日止)
陈启祥(3月21日任)
副理事长 田克宁　陈启祥(3月21日止)
理　事 任　浩(3月21日止)
陈启祥　田克宁　赵雁彬
李　玮　王玉昌　张胜生
罗登武　董立志
魏兴文(12月17日止)
王继超　闫福恒　刘相学
王庆山　吕　铭　李淑华
王学德　王广连　王绍强
亓俊峰　卢廷运　刘　锋
刘隆利　齐登业　安立华
许　卫　杨立胜　杨宪文
吴修江　张蓬勃　赵汝同
姚朝胜　高德军　郭维河
鹿凡伟(7月19日止)　翟所慧

莱钢集团理事会常务理事会

常务理事 任　浩(3月21日止)　陈启祥
田克宁　赵雁彬　李　玮
张胜生　罗登武　亓俊峰
杨立胜　吴修江　翟所慧

莱钢集团理事会战略与投资决策委员会

主任委员 田克宁
副主任委员 王庆山　王学德
委　员 曲为壮　李丰功　姚朝胜
夏焕来(7月19日任)
部先颖　商福成　裴建光

莱钢集团理事会财务与预算管理委员会

主任委员 赵雁彬
副主任委员 裴建光
委　员 王庆山　曲为壮　李秀英
陈明玉　夏焕来(7月19日任)
部先颖

莱钢集团理事会
风险管理委员会

主任委员 陈启祥
副主任委员 赵雁彬 罗登武 董立志
委　　员 王庆山 王绍强 史承都
曲为壮 李丰功 闵宪金
陈明玉 赵景玉 段荣海
姚朝胜 夏焕来(7 月 19 日任)
部先颖 商福成 裴建光

莱钢集团理事会
经营协调委员会

主任委员 罗登武
副主任委员 董立志 王继超 闫福恒
委　　员 王庆山 王绍强 史承都
曲为壮 李强之 赵红光
段荣海 夏焕来(7 月 19 日任)
韩树森 裴建光

莱钢集团理事会
审计监察委员会

主任委员 赵雁彬
副主任委员 魏兴文(12 月 17 日止)
委　　员 王振国 亓忠科(6 月 26 日止)
陈明玉 荆延芳 倪友峰
徐辑山(6 月 26 日止) 高凤娟

(供稿:郭晓霞 审稿:鹿凡伟)

莱钢集团有限公司
董事会及专业委员会

莱钢集团有限公司董事会

董 事 长 任　浩(3 月 21 日止)
陈启祥(3 月 21 日任)
副董事长 田克宁 陈启祥(3 月 21 日止)
董　　事 任　浩(3 月 21 日止)
陈启祥 田克宁 赵雁彬
李　玮 王玉昌 张胜生
罗登武 魏兴文(11 月 20 日止)
董事会秘书 宿堂国(12 月 17 日止)
鹿凡伟(12 月 24 日任)

莱钢集团有限公司董事会
薪酬委员会

主任委员 任　浩(3 月 21 日止)
陈启祥(3 月 21 日任)
副主任委员 陈启祥(3 月 21 日止)
田克宁(3 月 21 日任)
委　　员 任　浩(3 月 21 日止)
陈启祥 田克宁 赵雁彬
王学德

委员会下设办公室,办公室设在人力资源部,办公室主任由人力资源部部长担任。

莱钢集团有限公司董事会 发展战略委员会

主任委员 任　浩(3月21日止)
陈启祥(3月21日任)
副主任委员 陈启祥(3月21日止)
田克宁(3月21日任)
委　　员 陈启祥　田克宁　赵雁彬
李　玮　王玉昌　张胜生
罗登武　魏兴文(11月20日止)
王继超　闫福恒
顾　　问 翁宇庆　李世俊(1月1日止)
单尚华(1月1日止)
李新创(1月1日任)
张宇春(1月1日任)
王新华　迟京东

委员会下设发展战略研究室,工作机构设在规划发展部。

莱钢集团有限公司董事会 资金管理委员会

主任委员 任　浩(3月21日止)
陈启祥(3月21日任)
常务副主任委员 陈启祥(3月21日止)
田克宁(3月21日任)
副主任委员 田克宁(3月21日止)
赵雁彬　李　玮　罗登武

委员会下设办公室，办公室设在财务部,办公室主任由财务部部长担任。

莱钢集团有限公司董事会 审计委员会

主任委员 任　浩(3月21日止)
陈启祥(3月21日任)
副主任委员 陈启祥(3月21日止)
田克宁(3月21日任)
委　　员 任　浩(3月21日止)
陈启祥　田克宁　赵雁彬
李　玮　罗登武

委员会下设办公室，办公室设在审计处,办公室主任由审计处处长担任。

莱钢集团有限公司董事会 风险管理委员会

主任委员 任　浩(3月21日止)
陈启祥(3月21日任)
副主任委员 陈启祥(3月21日止)
田克宁(3月21日任)
委　　员 任　浩(3月21日止)　陈启祥
田克宁　赵雁彬　李　玮
王玉昌　张胜生　罗登武
魏兴文(11月20日止)
刘相学　王继超　闫福恒

委员会下设办公室,办公室设在集团公司风险管理办公室。

委员会办公室主任 王庆山(7月19日止)
曲为壮(7月19日任)

莱钢集团有限公司
经 理 层

总 经 理　陈启祥

副总经理　田克宁　赵雁彬　王玉昌
　　　　　张胜生　罗登武　董立志
　　　　　王继超　闫福恒　刘相学

总法律顾问　董立志

中共莱钢集团有限公司
委 员 会

书　　记　田克宁

副 书 记　任　浩(3 月 21 日止)　陈启祥
　　　　　魏兴文(11 月 27 日止)
　　　　　王继超(11 月 27 日任)

常务委员　任　浩(3 月 21 日止)
　　　　　田克宁　陈启祥　赵雁彬
　　　　　王玉昌　张胜生
　　　　　魏兴文(11 月 27 日止)
　　　　　王继超(11 月 27 日任)
　　　　　李淑华　王学德

委　　员(以姓氏笔画为序)
　　　　　于文波　王玉昌　王庆山
　　　　　王学德　王继超　石荣凤
　　　　　田克宁　田建设(10 月 27 日止)
　　　　　吕　铭　曲为壮
　　　　　任　浩(3 月 21 日止)　刘相学
　　　　　刘祖法　闫福恒　孙成玉
　　　　　李淑华　张胜生　陈启祥
　　　　　罗登武　赵雁彬　荆延芳
　　　　　胡永民　夏焕来　宿堂国
　　　　　董立志　魏兴文(11 月 27 日止)

中共莱钢集团有限公司
纪律检查委员会

书　　记　魏兴文(11 月 27 日止)
　　　　　王继超(11 月 27 日任)

副 书 记　荆延芳　陈明玉

常务委员　魏兴文(11 月 27 日止)
　　　　　王继超(11 月 27 日任)
　　　　　荆延芳　陈明玉　王振国
　　　　　李学顺(6 月 26 日任)
　　　　　亓忠科(6 月 26 日止)
　　　　　徐辑山(6 月 26 日止)
　　　　　倪友峰　高凤娟

委　　员(以姓氏笔画为序)
　　　　　王其昌　王振国　亓忠科
　　　　　许家明　孙兆华
　　　　　李　林　李国华
　　　　　李学顺(6 月 26 日任)
　　　　　陈明玉　周光军　荆延芳
　　　　　倪友峰　徐辑山　高凤娟
　　　　　高淑军　裴建光
　　　　　魏兴文(11 月 27 日止)

莱钢集团有限公司
机关部室及经营单位

机关部室

1.公司办公室/党委办公室/机关党委

公司办公室

主　　任　宿堂国(12 月 17 日止)

鹿凡伟(12 月 24 日任)
常务副主任　鹿凡伟(正处级,7 月 19 日任,12 月 24 日止)
副 主 任　李乐平(正处级,10 月 27 日止)
徐庆忠(正处级,6 月 26 日止)
王　辉(正处级)
吴丰成(正处级)　蒋淑华
刘振东　王　青(3 月 30 日止)
周光军(11 月 6 日任)
副处级秘书　郭允义
党委办公室
主　　任　宿堂国(12 月 17 日止)
鹿凡伟(12 月 24 日任)
常务副主任　鹿凡伟(正处级,7 月 19 日任,12 月 24 日止)
副 主 任　李乐平(正处级,10 月 27 日止)
徐庆忠(正处级,6 月 26 日止)
王　辉(正处级)
吴丰成(正处级)　蒋淑华
刘振东　周光军(11 月 6 日任)
副处级秘书　郭允义
机关党委
书　　记　吴丰成
副 书 记　周光军
纪委书记　周光军
工会主席　周光军
公司办公室 / 党委办公室 / 机关党委党总支
书　　记　王　辉(正处级)
档 案 馆
馆　　长　李乐平(10 月 27 日止)
济南办事处
主　　任　王　青(副处级,3 月 30 日止)
肖为民(副处级,3 月 30 日任)
副 主 任　肖为民(副处级,3 月 30 日止)
莱钢济南大酒店
经　　理　王　青(副处级,3 月 30 日止)
肖为民(副处级,3 月 30 日任)
副 经 理　肖为民(副处级,3 月 30 日止)
北京联络处
主　　任　亓文彪(副处级)
鲁钟大酒店
经　　理　亓文彪(副处级)

2.企业管理部/法律事务部/招标中心

企业管理部
部　　长　曲为壮(7 月 19 日止)
夏焕来(7 月 19 日任)
副 部 长　陈秀昌　尚庆国
李夕平(6 月 26 日止)
杨金光(6 月 26 日任)
法律事务部
部　　长　曲为壮(7 月 19 日止)
夏焕来(7 月 19 日任)
副 部 长　赵景玉
招标中心
主　　任　尚庆国(副处级)

3.规划发展部

部　　长　王庆山(7 月 19 日止)
曲为壮(7 月 19 日任)
副 部 长　赵平利(6 月 26 日止)
王培文(6 月 26 日任)　姜书奇

4.财务部/财务总监管理办公室

财 务 部
部　　长　裴建光
副 部 长　李秀英　张云庭(3 月 31 日止)
冉宏国　赵忠山

财务总监管理办公室
副处级干部　何景涛

5.组织部/人力资源部

部　　长　王学德
副 部 长　于国镇(正处级)　莫盛春
　　　　　李　林　陈俊峰

6.资本运营部/外派董事工作办公室

资本运营部
部　　长　部先颖
副 部 长　吴成海　宋家来(6月26日任)
　　　　　丰培云(10月27日止)

7.公益事业部

部　　长　张崇坤(6月26日止)
　　　　　刘祖法(6月26日任)
副 部 长　栾贻华　王绪西(6月26日止)
　　　　　李念江　邹　峰(6月26日任)
计划生育办公室主任
　　　　　王绪西(6月26日止)
　　　　　邹　峰(6月26日任)
抗震防灾办公室主任
　　　　　林　英(1月4日止)

8.工程部

部　　长　柳长林
副 部 长　王召祥(兼)　李希昌　刘长忠
　　　　　赵平利(6月26日任)　陈宝堂
　　　　　禹化成　赵玉军(6月26日止)
党总支书记　王召祥(正处级)

9.工程预算部

部　　长　夏焕来(7月19日止)
　　　　　刘立华(7月19日任)
副 部 长　姜　岩　段熙鹏

10.纪委/监察处/审计处/监事会工作办公室

纪　　委
书　　记　魏兴文(11月27日止)
　　　　　王继超(11月27日任)
副 书 记　荆延芳　陈明玉
办公室主任　王振国
信访审理室主任　高凤娟
纪检监察室主任　亓忠科(6月26日止)
　　　　　　　　李学顺(6月26日任)
审计室(与审计处审计室合署)主任
　　　　　倪友峰
纪 检 员　徐辑山(副处级,6月26日止)
监 察 处
处　　长　荆延芳
副 处 长　亓忠科(6月26日止)
　　　　　李学顺(6月26日任)
审 计 处
处　　长　陈明玉
副 处 长　倪友峰
审计室主任　倪友峰
监事会工作办公室(与审计处合署)
主　　任　陈明玉

11.宣传部/统战部/企业文化部

宣传部/企业文化部
部　　长　李淑华

副 部 长 宋辛和(12 月 17 日止)
张灿国

统 战 部

部　　长 李淑华

副 部 长 昝永清

12.新闻中心

主　　任 宋辛和(副处级,12 月 17 日止)

副主任、莱钢电视台台长 刘少君

副主任、莱钢日报社社长、总编辑 徐　峰

13.工会/团委/武装部

工　　会

主　　席 魏兴文(11 月 27 日止)

常务副主席 胡永民(1 月 4 日止)

副 主 席 李淑华(主持工会工作,12 月 17 日任)
刘希祥　石荣凤
景　凯(7 月 9 日任)

女职工委员会主任 石荣凤

办公室主任 王少坤

权益保障女工部部长 常红玮

组织民管部部长 刘文仓

宣教文体部部长 田伟秀(6 月 26 日止)
陈润海(6 月 26 日任)

生产保护部部长 景　凯(7 月 9 日止)
刘志刚(7 月 9 日任)

团　　委

书　　记 景　凯(7 月 9 日任)

副 书 记 景　凯(7 月 9 日止)
刘志刚(7 月 9 日任)

武 装 部

部　　长 刘希祥

14.总调度室

主　　任 李强之

副 主 任 卢大伟(正处级,1 月 4 日止)
刘晓军　李玉林(6 月 26 日任)
李兴义(6 月 26 日任)

副处级干部 李玉林(6 月 26 日止)
于大平(6 月 26 日止)

15.机械动力部

部　　长 赵红光

副 部 长 谭兴国(3 月 30 日止)
马世国　宋家来(6 月 26 日止)
王兆冉　韩应战(12 月 3 日止)
陶教祥　傅守滨(6 月 26 日任)

党总支书记 何福生(副处级)

16.安全生产部

部　　长 刘祖华

副 部 长 尹承华(正处级)
于大平(6 月 26 日任)　苗仲元

17.外事管理办公室

主　　任 王绍强

副 主 任 王玉彬(12 月 17 日止)
台俊利

18.离退休职工管理服务部

主　　任 李乃昌

副 主 任 张建民(正处级)　宋艳东
郑春源

19.能源环保部

部　　长　商福成
副 部 长　梁凯丽(12 月 17 日止)　孙建军

20.技术中心

主　　任　李丰功
副 主 任　董　杰(正处级)　郭怀功
　　　　　王中学　杜显彬
副处级干部　窦建亮(6 月 26 日止)
党总支书记　王星元(正处级)

21.营销管理部
(7 月 19 日设立并公布领导职务)

部　　长　史承都
副 部 长　姚启峰　王增强

22.品质保证部/中心实验室/品牌保护办公室

品质保证部
部　　长　高俊庆
副 部 长　王福成　彭敦远(6 月 26 日止)
　　　　　申景霞(6 月 26 日任)　付常林
　　　　　赵修领
中心实验室
主　　任　高俊庆
品牌保护办公室
主　　任　高俊庆
副 主 任　赵修领

经营单位

1.原料部

经　　理　段荣海
副 经 理　周宪海　姚启峰(7 月 19 日止)
　　　　　宋尊国　王　骞
党总支书记　王　骞(副处级,6 月 14 日任)

2.物流中心

经　　理　韩树森
副 经 理　王究军（兼）　杨庆修　林　强
党总支书记　王究军(正处级)

3.销售中心

总 经 理　史承都(7 月 19 日止)
　　　　　王　兵(7 月 19 日任)
副总经理　袁昌润(兼,10 月 27 日止)
　　　　　孙兆华(兼,11 月 6 日任)
　　　　　王　兵(正处级,7 月 19 日止)
　　　　　刘立华(正处级,7 月 19 日止)
　　　　　郝运占(正处级)
　　　　　刘建平(11 月 6 日任)
　　　　　刘庆祯(11 月 6 日任)
　　　　　陈鹤庆(11 月 6 日任)
党委书记　袁昌润(10 月 27 日止)
　　　　　孙兆华(11 月 6 日任)
党委副书记　史承都(兼,7 月 19 日止)
　　　　　　王　兵(兼,7 月 19 日任)
　　　　　　孙兆华(11 月 6 日止)
纪委书记　孙兆华
工会主席　孙兆华

副处级干部 吴华军

（8月10日撤销棒材部、型钢部、板带部、营销管理部、综合管理部、宽厚板部，领导职务自然免除。）

棒材部部长 王　兵(7月19日止)

型钢部部长 刘立华(7月19日止)

型钢部副部长 刘建平

板带部部长 陈鹤庆(副处级)

营销管理部部长 王增强(副处级，7月19日止)

综合管理部部长 陈俊科(副处级，6月26日止)

宽厚板部部长 刘庆祯(副处级)

莱钢集团有限公司直属单位

1.能源动力厂

（6月8日撤销，领导职务自然免除）

厂　　长 齐登业

副 厂 长 曹志峰(兼)　范书昌　岳长德　袭建富　李佩和　李克海　傅守滨　吕德玉　李开祥

党委书记 曹志峰

党委副书记 齐登业(兼)　高淑军

纪委书记 高淑军

工会主席 丁光伟

2.自动化部

（6月8日撤销，领导职务自然免除）

主　　任 郭维河

副 主 任 吴晓峰　柳希泉　于海忠

总工程师 吴晓峰

党委书记 郭维河

党委副书记 任志刚

纪委书记 任志刚

工会主席 吴克生(3月30日止)
任志刚(3月30日任)

3.计控处

处　　长 郭维河

副 处 长 吴晓峰　柳希泉　于海忠

4.运输部

（6月8日撤销，领导职务自然免除）

部　　长 况作尧

副 部 长 朱　亮　段崇义　徐永福

党委书记 况作尧

党委副书记 李学顺

纪委书记 李学顺

工会主席 李学顺

5.设备检修中心

（12月3日设立并公布领导职务）

经　　理 孟宪俭

副 经 理 张晓燕(兼)　于仁波　韩应战　吴晓光

党委书记 张晓燕

党委副书记 孟宪俭(兼)

纪委书记 张晓燕

工会主席 张晓燕

6.能源管控中心

（9月29日设立，12月3日公布领导职务）

主　　任 齐登业

副 主 任 范书昌　袭建富

7.医　院

院　　长　张绪春
副 院 长　秦富吉(兼)　李化伟
　　　　　邹　峰(6月26日止)　杨　涛
党委书记　秦富吉
党委副书记　张绪春(兼)　樊红英
纪委书记　樊红英
工会主席　樊红英

8.党校/培训中心

莱钢党委党校
校　　长　田克宁
副 校 长　刘祖法(6月26日止)
　　　　　侯继庚(6月26日任)
　　　　　赵子平(副处级)
培训中心
主　　任　刘祖法(6月26日止)
　　　　　侯继庚(6月26日任)
副 主 任　侯继庚(兼,6月26日止)
　　　　　徐庆忠(兼,6月26日任)
　　　　　高肇学(1月4日止)
　　　　　赵子平　白宗山
　　　　　田伟秀(6月26日任)
党委书记　侯继庚(6月26日止)
　　　　　徐庆忠(6月26日任)
党委副书记　刘祖法(兼,6月26日止)
　　　　　　侯继庚(兼,6月26日任)
　　　　　　荣　波(11月6日止)
纪委书记　荣　波(11月6日止)
　　　　　徐庆忠(11月6日任)
工会主席　荣　波(11月6日止)
　　　　　徐庆忠(11月6日任)

莱钢广播电视大学
校　　长　刘祖法(6月26日止)
　　　　　侯继庚(6月26日任)
副 校 长　白宗山
技工学校
校　　长　刘祖法(6月26日止)
　　　　　侯继庚(6月26日任)
副 校 长　高肇学(1月4日止)
　　　　　田伟秀(6月26日任)

9.保卫部

部　　长　田建设(10月27日止)
副 部 长　李国华(11月6日起主持行政工作)
　　　　　刘培圣(3月30日止)
　　　　　王铁军　王丰坤
　　　　　亓忠科(6月26日任)
党委书记　田建设(10月27日止)
党委副书记　李国华(11月6日起主持党委工作)
纪委书记　李国华
社会治安综合治理委员会办公室
副 主 任　王铁军

(供稿:李艳芹　审稿:王学德)

莱钢股份有限公司

(莱钢股份有限公司2月27日注销,股份公司董事会、监事会、经理层以及董事会下设各委员会人员的领导职务自然免除)

莱钢股份有限公司董事会

董 事 长　陈启祥

副董事长 田克宁

董　　事 陈启祥　田克宁(职工代表)

赵雁彬　罗登武　王继超

闫福恒　翁宇庆(独立董事)

王爱国(独立董事)

迟京东(独立董事)

董事会秘书 闵宪金

莱钢股份有限公司
董事会战略委员会

主任委员 陈启祥

副主任委员 田克宁

委　　员 陈启祥　田克宁　赵雁彬

罗登武　王继超　闫福恒

翁宇庆　王爱国　迟京东

委员会办公室主任 王庆山

委员会办公室副主任 李丰功　朱　慧

莱钢股份有限公司
董事会提名委员会

主任委员 翁宇庆

委　　员 翁宇庆　王爱国　田克宁

委员会办公室主任 王学德

莱钢股份有限公司
董事会审计委员会

主任委员 王爱国

委　　员 王爱国　翁宇庆　赵雁彬

委员会办公室主任 陈明玉

莱钢股份有限公司
董事会薪酬与考核委员会

主任委员 迟京东

委　　员 迟京东　王爱国　罗登武

委员会办公室主任 王学德

莱钢股份有限公司监事会

主　　席 魏兴文

监　　事 魏兴文　荆延芳

胡永民(职工代表)

陈明玉　房增弟(职工代表)

莱钢股份有限公司
经　理　层

总 经 理 罗登武

副总经理 王继超　闫福恒　吕　铭

王广连

财务主管 王继超

中共莱钢股份有限公司委员会

(6 月 12 日撤销，领导职务自然免除)

书　　记 田克宁

副 书 记 任　浩(3 月 21 日止)　陈启祥

魏兴文

常务委员 田克宁　任　浩(3 月 21 日止)

陈启祥　赵雁彬　魏兴文

委　　员(以姓氏笔画为序)

田克宁　任　浩(3 月 21 日止)

李名岷　陈启祥　赵雁彬

姜开文(5 月 30 日止)　魏兴文

中共莱钢股份有限公司纪律检查委员会

（6月12日撤销，领导职务自然免除）

书　　记　魏兴文
副 书 记　荆延芳
常务委员　荆延芳　胡永民　亓忠科
　　　　　何景涛　徐辑山　王振国
　　　　　倪友峰　高凤娟
委　　员（以姓氏笔画为序）
　　　　　王振国　亓忠科　何景涛
　　　　　荆延芳　胡永民　倪友峰
　　　　　徐辑山　高凤娟　郭秀祥

莱钢股份有限公司机关处（部）室

（6月12日撤销，领导职务自然免除）

1.综合业务处/党委办公室/机关党委

综合业务处
处　　长　宿堂国
副 处 长　徐庆忠（正处级）
　　　　　吴丰成（正处级）
　　　　　蒋淑华　刘振东
党委办公室
主　　任　宿堂国
副 主 任　李乐平（正处级）
　　　　　徐庆忠（正处级）
　　　　　王　辉（正处级）
　　　　　吴丰成（正处级）
　　　　　蒋淑华　刘振东
机关党委
书　　记　吴丰成
副 书 记　周光军
纪委书记　周光军
工会主席　周光军
综合业务处 / 党委办公室 / 机关党委党总支
书　　记　王　辉（正处级）

2.证券部/董秘室

主　　任　闵宪金

3.企业管理处

处　　长　曲为壮
副 处 长　陈秀昌　尚庆国　李夕平

4.规划处

处　　长　王庆山
副 处 长　赵平利　姜书奇

5.财务处

副 处 长　朱　慧　冯清智（3月31日止）

6.组织部/人力资源处

组 织 部
部　　长　王学德
副 部 长　于国镇（正处级）　莫盛春
　　　　　李　林　陈俊峰
人力资源处
处　　长　王学德
副 处 长　于国镇（正处级）　莫盛春
　　　　　李　林　陈俊峰

7.纪委/监察处/审计处

纪　　委
书　　记　魏兴文
副 书 记　荆延芳　陈明玉
办公室主任　王振国
信访审理室主任　高凤娟
纪检监察室主任　亓忠科
审计室(与审计处审计室合署)主任
倪友峰
纪 检 员　徐辑山(副处级)
监 察 处
处　　长　荆延芳
副 处 长　亓忠科
审 计 处
处　　长　陈明玉
副 处 长　倪友峰
审计室主任　倪友峰

8.宣传部/统战部

宣 传 部
部　　长　李淑华
副 部 长　宋辛和　张灿国
统 战 部
部　　长　李淑华
副 部 长　昝永清

9.工会/团委

工　　会
主　　席　魏兴文
常务副主席　胡永民(1月4日止)
副 主 席　刘希祥　石荣凤
女职工委员会主任　石荣凤
办公室主任　王少坤
权益保障女工部部长　常红玮
组织民管部部长　刘文仓
宣教文体部部长　田伟秀
生产保护部部长　景　凯
团　　委
副 书 记　景　凯

10.生产处

处　　长　李强之
副 处 长　卢大伟(正处级,1月4日止)
刘晓军
副处级干部　李玉林　于大平

11.机械动力处

处　　长　赵红光
副 处 长　谭兴国(3月30日止)　马世国
宋家来　王兆冉　韩应战
陶教祥

12.安全生产处

处　　长　刘祖华
副 处 长　尹承华(正处级)　苗仲元

13.能源环保处

处　　长　商福成
副 处 长　梁凯丽　孙建军

14.技术中心

主　　任　李丰功
副 主 任　董　杰(正处级)　郭怀功

王中学　杜显彬
副处级干部　窦建亮

15.工程处

处　　长　柳长林
副 处 长　王召祥(正处级)　李希昌
刘长忠　陈宝堂　禹化成
赵玉军

莱钢股份有限公司经营单位
（6月12日撤销，领导职务自然免除）

1.国际贸易部

经　　理　王绍强
副 经 理　王玉彬　台俊利

2.原料部

经　　理　段荣海
副 经 理　周宪海　姚启峰　宋尊国
王　骞
党总支书记　王　骞(副处级)

3.物流中心

经　　理　韩树森
副 经 理　王兖军　杨庆修　林　强

4.销售中心

总 经 理　史承都
副总经理　袁昌润(兼)　王　兵(正处级)
刘立华(正处级)
郝运占(正处级)
副处级干部　吴华军
棒材部部长　王　兵
型钢部部长　刘立华
型钢部副部长　刘建平
板带部部长　陈鹤庆(副处级)
营销管理部部长　王增强(副处级)
综合管理部部长　陈俊科(副处级)
宽厚板部部长　刘庆祯(副处级)

莱钢股份有限公司生产厂(部)
（6月12日撤销，领导职务自然免除）

1.焦化厂

厂　　长　王元顺
副 厂 长　姜世远(兼)　张民强
杜富仁　李普庆
党委书记　姜世远
党委副书记　王元顺(兼)　许家明
纪委书记　许家明
工会主席　许家明

2.炼铁厂

厂　　长　孙建设
副 厂 长　李茂岭(兼)　董书岐
李　纲　杨　军　李兴义
党委书记　李茂岭
党委副书记　孙建设(兼)　庞瑞年
纪委书记　庞瑞年
工会主席　庞瑞年

3.特钢事业部

经　　理　王广连

副 经 理 陈肖鸿(兼) 徐锡坤 张继奎
申景霞 张铁民 陈 民
杨振国

党委书记 陈肖鸿

党委副书记 王广连(兼) 高洪亮

纪委书记 高洪亮

工会主席 梁尚庆

4.炼钢厂

副 厂 长 宋道平(兼,3 月 30 日止)
李洪建(主持行政工作)
孟宪俭 袁本明 王 键
郭伟达

党委书记 宋道平(3 月 30 日止)

党委副书记 姚建平(3 月 30 日起主持党委工作)

纪委书记 姚建平

工会主席 姚建平

5.型钢厂

厂　　长 逄晓男

副 厂 长 于文波(兼) 刘福宁 王培文
吕智勇 陈润海 刘建平(兼)

党委书记 于文波

党委副书记 逄晓男(兼) 房增弟

纪委书记 房增弟

工会主席 房增弟

6.棒材厂

厂　　长 张 健

副 厂 长 徐嘉雁(兼) 关中华 杨风滨
孙颖军

党委书记 徐嘉雁

党委副书记 张 健(兼) 王其昌

纪委书记 王其昌

工会主席 王其昌

7.能源动力厂

厂　　长 齐登业

副 厂 长 曹志峰(兼) 范书昌 岳长德
袭建富 李佩和 李克海
傅守滨 吕德玉 李开祥

党委书记 曹志峰

党委副书记 齐登业(兼) 高淑军

纪委书记 高淑军

工会主席 丁光伟

8.品质保证部

主　　任 高俊庆

副 主 任 王福成(兼) 彭敦远 付常林
赵修领

党委书记 王福成

党委副书记 高俊庆(兼) 王春华

纪委书记 王春华

工会主席 王春华

莱钢股份有限公司分公司

(2 月 27 日划至山钢股份有限公司)

菏泽营销分公司

经　　理 刘建国

副 经 理 李 鑫

财务主管 毕平思

莱钢股份有限公司子公司

（2月27日划至山钢股份有限公司）

1.莱钢（广东）经贸有限公司

董 事 长　史承都
董　　事　史承都　于资刚
监事会主席　郑晓明
监　　事　郑晓明　陈德华
总 经 理　于资刚
副总经理　王奉勤
财务主管　李航笃

2.莱钢无锡经贸有限公司

执行董事　史承都
执行监事　沈立军
总 经 理　潘文东
财务主管　刘　伟

3.青岛莱钢经贸有限公司

执行董事　史承都
执行监事　张　军
总 经 理　孔旭祥
副总经理　谭茂东　任君沛
财务主管　谭茂东

4.莱钢上海经贸有限公司

董 事 长　史承都
董　　事　史承都　张　峰
执行监事　王　远
总 经 理　张　峰
副总经理　韩白光　张洪华
财务主管　韩白光

5.莱芜利达物流有限公司

董 事 长　史承都
董　　事　史承都　王增强　高　明
监事会主席　高凤娟
监　　事　高凤娟
总 经 理　高　明
副总经理　卢宪美
财务主管　卢宪美

6.山东莱钢环友化工能源有限公司

执行董事　王元顺
经　　理　王元顺
监　　事　许家明

7.莱芜钢铁冶金生态工程技术有限公司

董 事 长　李丰功
董　　事　李丰功　姜　雷　李　强
经　　理　姜　雷（副处级）
监事会主席　沙连平
监　　事　沙连平

山钢股份有限公司莱芜分公司

（2月27日成立）

莱芜分公司经理层

总 经 理　罗登武（2月27日任）
副总经理　王庆山（5月3日任）
　　　　　吕　铭（5月3日任）

王广连(5月3日任)

莱芜分公司机关部(处)室

(6月12日设立,6月14日公布领导职务)

1.公司办公室

主　　任　宿堂国(12月17日止)
鹿凡伟(12月24日任)
常务副主任　鹿凡伟(正处级,7月19日任,12月24日止)
副 主 任　李乐平(正处级,10月27日止)
徐庆忠(正处级,6月26日止)
王　辉(正处级)
吴丰成(正处级)　蒋淑华
刘振东　周光军(11月6日任)
副处级秘书　郭允义

2.人力资源部

部　　长　王学德
副 部 长　于国镇(正处级)　莫盛春
李　林　陈俊峰

3.规划发展部

部　　长　王庆山(7月19日止)
曲为壮(7月19日任)
副 部 长　赵平利(6月26日止)
王培文(6月26日任)　姜书奇

4.企业管理部/法律事务部/招标中心

企业管理部
部　　长　曲为壮(7月19日止)
夏焕来(7月19日任)
副 部 长　陈秀昌　尚庆国
李夕平(6月26日止)
杨金光(6月26日任)
法律事务部
部　　长　曲为壮(7月19日止)
夏焕来(7月19日任)
副 部 长　赵景玉
招标中心
主　　任　尚庆国(副处级)

5.财务部

部　　长　裴建光
副 部 长　李秀英　朱　慧　冉宏国
赵忠山

6.能源环保部

部　　长　商福成
副 部 长　梁凯丽(12月17日止)
孙建军

7.总调度室

主　　任　李强之
副 主 任　刘晓军　李玉林(6月26日任)
李兴义(6月26日任)
副处级干部　李玉林(6月26日止)
于大平(6月26日止)

8.安全生产部

部　　长　刘祖华
副 部 长　尹承华(正处级)
于大平(6月26日任)　苗仲元

9.机械动力部

部　　长　赵红光

副 部 长　马世国　宋家来(6 月 26 日止)

王兆冉　韩应战(12 月 3 日止)

陶教祥　傅守滨(6 月 26 日任)

10.工程部

部　　长　柳长林

副 部 长　王召祥(兼)　李希昌　刘长忠

赵平利(6 月 26 日任)

陈宝堂　禹化成

赵玉军(6 月 26 日止)

11.工程预算部

部　　长　夏焕来(7 月 19 日止)

刘立华(7 月 19 日任)

副 部 长　姜　岩　段希鹏

12.公益事业部

部　　长　张崇坤(6 月 26 日止)

刘祖法(6 月 26 日任)

副 部 长　栾贻华　王绪西(6 月 26 日止)

李念江　邹　峰(6 月 26 日任)

13.技术中心

主　　任　李丰功

副 主 任　董　杰(正处级)　郭怀功

王中学　杜显彬

副处级干部　窦建亮(6 月 26 日止)

14.原料部

经　　理　段荣海

副 经 理　周宪海　姚启峰(7 月 19 日止)

宋尊国　王　骞

15.物流中心

经　　理　韩树森

副 经 理　王究军（兼）　杨庆修　林　强

16.销售中心

总 经 理　史承都(7 月 19 日止)

王　兵(7 月 19 日任)

副总经理　袁昌润(兼,10 月 27 日止)

孙兆华(兼,11 月 6 日任)

王　兵(正处级,7 月 19 日止)

刘立华(正处级,7 月 19 日止)

郝运占(正处级)

刘建平(11 月 6 日任)

刘庆祯(11 月 6 日任)

陈鹤庆(11 月 6 日任)

(8 月 10 日,撤销棒材部、型钢部、宽厚板部、综合管理部、板带部、营销管理部,领导职务自然免除)

棒材部部长　王　兵(7 月 19 日止)

型钢部部长　刘立华(7 月 19 日止)

型钢部副部长　刘建平(副处级)

宽厚板部部长　刘庆祯(副处级)

综合管理部部长　陈俊科(副处级,6 月 26 日止)

板带部部长　陈鹤庆(副处级)

营销管理部部长　王增强(副处级,7 月 19 日止)

副处级干部 吴华军

17.营销管理部

（7月19日设立并公布领导职务）

部　　长 史承都
副 部 长 姚启峰　王增强

18.外事管理办公室

主　　任 王绍强
副 主 任 王玉彬(12月17日止)　台俊利

19.离退休职工管理服务部

主　　任 李乃昌
副 主 任 张建民(正处级)　宋艳东
郑春源

20.监察处/审计处

监 察 处
处　　长 荆延芳
副 处 长 亓忠科(6月26日止)
李学顺(6月26日任)
审 计 处
处　　长 陈明玉
副 处 长 倪友峰

21.企业文化部

部　　长 李淑华
副 部 长 宋辛和(12月17日止)　张灿国

22.工会/团委/武装部

工　　会
主　　席 魏兴文(12月17日止)
副 主 席 李淑华(主持工会工作,12月17日任)
刘希祥　石荣凤
景　凯(7月9日任)
女职工委员会主任 石荣凤
组织民管部部长 刘文仓
办公室主任 王少坤
权益保障女工部部长 常红玮
生产保护部部长 景　凯(7月9日止)
刘志刚(7月9日任)
宣教文体部部长 田伟秀(6月26日止)
陈润海(6月26日任)
团　　委
书　　记 景　凯(7月9日任)
副 书 记 景　凯(7月9日止)
刘志刚(7月9日任)
武 装 部
部　　长 刘希祥

莱芜分公司生产及辅助单位

（6月12日设立,6月14日公布领导职务）

1.焦化厂

厂　　长 王元顺
副 厂 长 姜世远(兼)　张民强　杜富仁
李普庆
党委书记 姜世远
党委副书记 王元顺(兼)　许家明
纪委书记 许家明

工会主席　许家明

2.炼铁厂

厂　　长　孙建设
副 厂 长　李茂岭(兼)　董书歧
李　纲(6月26日止)
杨　军　李兴义(6月26日止)
张　明(6月26日任)
党委书记　李茂岭
党委副书记　孙建设(兼)　庞瑞年
纪委书记　庞瑞年
工会主席　庞瑞年

3.炼钢厂

厂　　长　李洪建(6月26日任)
副 厂 长　李洪建(主持行政工作,6月26日止)
姚建平(兼,11月6日任)
孟宪俭(12月3日止)
袁本明　王　键　郭伟达
党委书记　姚建平(11月6日任)
党委副书记　姚建平(主持党委工作,11月6日止)
李洪建(兼,6月26日任)
荣　波(11月6日任)
纪委书记　姚建平(11月6日止)
荣　波(11月6日任)
工会主席　姚建平(11月6日止)
荣　波(11月6日任)

4.特钢事业部

经　　理　王广连
副 经 理　陈肖鸿(兼)
彭敦远(6月26日任)
徐锡坤　张继奎
申景霞(6月26日止)
张铁民　陈　民　杨振国
党委书记　陈肖鸿
党委副书记　王广连(兼)　高洪亮
纪委书记　高洪亮
工会主席　梁尚庆

5.棒材厂

厂　　长　张　健
副 厂 长　徐嘉雁(兼)
关中华(6月26日止)
杨风滨　孙颖军
党委书记　徐嘉雁
党委副书记　张　健(兼)　王其昌
纪委书记　王其昌
工会主席　王其昌

6.型钢厂

厂　　长　逄晓男
副 厂 长　于文波(兼)　刘福宁
王培文(6月26日止)　吕智勇
陈润海(6月26日止)
李夕平(6月26日任)
刘建平(兼,11月6日止)
党委书记　于文波
党委副书记　逄晓男(兼)
房增弟(6月26日止)
李开祥(6月26日任)
纪委书记　房增弟(6月26日止)
李开祥(6月26日任)
工会主席　房增弟(6月26日止)
李开祥(6月26日任)

7.能源动力厂/能源管控中心

能源动力厂

厂　　长　齐登业

副 厂 长　曹志峰(兼)　范书昌

岳长德(6月26日止)　袭建富

李佩和　李克海

傅守滨(6月26日止)

吕德玉　李开祥(6月26日止)

丁利生(6月26日任)

党委书记　曹志峰

党委副书记　齐登业(兼)　高淑军

纪委书记　高淑军

工会主席　丁光伟(6月26日止)

高淑军(6月26日任)

能源管控中心(9月29日设立,12月3日公布职务)

主　　任　齐登业

副 主 任　范书昌　袭建富

8.品质保证部

部　　长　高俊庆

副 部 长　王福成(兼)

彭敦远(6月26日止)

申景霞(6月26日任)

付常林　赵修领

党委书记　王福成

党委副书记　高俊庆(兼)　王春华

纪委书记　王春华

工会主席　王春华

9.运输部

部　　长　况作尧

副 部 长　张崇坤(兼,6月26日任)

朱　亮　段崇义　徐永福

党委书记　况作尧(6月26日止)

张崇坤(6月26日任)

党委副书记　况作尧(兼,6月26日任)

李学顺(6月26日止)

任志刚(6月26日任)

纪委书记　李学顺(6月26日止)

任志刚(6月26日任)

工会主席　李学顺(6月26日止)

任志刚(6月26日任)

10.自动化部/计控处

自动化部

主　　任　郭维河

副 主 任　吴晓峰　柳希泉　于海忠

总工程师　吴晓峰

党委书记　郭维河

党委副书记　任志刚(6月26日止)

丁光伟(6月26日任)

纪委书记　任志刚(6月26日止)

丁光伟(6月26日任)

工会主席　任志刚(6月26日止)

丁光伟(6月26日任)

计控处

处　　长　郭维河

副 处 长　吴晓峰　柳希泉　于海忠

11.保卫部

部　　长　田建设(10月27日止)

副 部 长　李国华(11月6日起主持行政工作)

王铁军　王丰坤

亓忠科(6月26日任)

12.培训中心

主　　任　刘祖法(6 月 26 日止)
　　　　　侯继庚(6 月 26 日任)
副 主 任　侯继庚(兼,6 月 26 日止)
　　　　　徐庆忠(兼,6 月 26 日任)
　　　　　赵子平　白宗山
　　　　　田伟秀(6 月 26 日任)

莱钢银山型钢有限公司

莱钢银山型钢有限公司董事会

董 事 长　任　浩(3 月 26 日止)
　　　　　陈启祥(3 月 26 日任)
副董事长　陈启祥(3 月 26 日止)
董　　事　任　浩(3 月 26 日止)
　　　　　陈启祥　田克宁(职工代表)
　　　　　赵雁彬　罗登武

莱钢银山型钢有限公司监事会

主　　席　赵茂祥(3 月 26 日止)
　　　　　魏兴文(3 月 26 日任)
监　　事　赵茂祥(3 月 26 日止)
　　　　　魏兴文(3 月 26 日任)
　　　　　荆延芳　石荣凤(职工代表)

莱钢银山型钢有限公司经理层

总 经 理　陈启祥
副总经理　田克宁　赵雁彬　张胜生

因股权结构发生变化，型钢公司董事会、监事会、经理层 6 月 7 日进行换届,组建第三届董事会、监事会和经理层。

董 事 会
董 事 长　陈启祥
董　　事　陈启祥　田克宁(职工代表)
　　　　　赵雁彬　罗登武
　　　　　牛泽成(山东省国际信托有限公司推荐)

监 事 会
主　　席　魏兴文(12 月 17 日止)
　　　　　王继超(12 月 17 日任)
监　　事　魏兴文(12 月 17 日止)
　　　　　王继超(12 月 17 日任)
　　　　　荆延芳　石荣凤(职工代表)

经 理 层
总 经 理　陈启祥
副总经理　田克宁　赵雁彬　张胜生

莱钢银山型钢有限公司机关处室及经营单位

1.综合业务处

处　　长　宿堂国(12 月 17 日止)
　　　　　鹿凡伟(12 月 24 日任)
常务副处长　鹿凡伟(正处级,7 月 19 日任,12 月 24 日止)
副 处 长　徐庆忠(正处级,6 月 26 日止)
　　　　　吴丰成(正处级)　蒋淑华
　　　　　刘振东　周光军(11 月 6 日任)
副处级秘书　郭允义

2.人力资源处

处　　长　王学德
副 处 长　于国镇(正处级)　莫盛春
　　　　　李　林　陈俊峰

3.规划处

处　　长　王庆山(7月19日止)
　　　　　曲为壮(7月19日任)
副 处 长　赵平利(6月26日止)
　　　　　王培文(6月26日任)　姜书奇

4.企业管理处

处　　长　曲为壮(7月19日止)
　　　　　夏焕来(7月19日任)
副 处 长　陈秀昌　尚庆国
　　　　　李夕平(6月26日止)
　　　　　杨金光(6月26日任)

5.财务处

处　　长　裴建光
副 处 长　李秀英　张云庭(3月31日止)

6.生产处

处　　长　李强之
副 处 长　刘晓军　李玉林(6月26日任)
　　　　　李兴义(6月26日任)
副处级干部　李玉林(6月26日止)
　　　　　　于大平(6月26日止)

7.安全生产处

处　　长　刘祖华
副 处 长　尹承华(正处级)
　　　　　于大平(6月26日任)　苗仲元

8.机械动力处

处　　长　赵红光
副 处 长　马世国　宋家来(6月26日止)
　　　　　王兆冉　韩应战(12月3日止)
　　　　　陶教祥　傅守滨(6月26日任)

9.国际贸易部

经　　理　王绍强
副 经 理　王玉彬(12月17日止)
　　　　　台俊利

(注:银山型钢有限公司机关处室及经营单位与山钢股份有限公司莱芜分公司相应处室及经营单位合署,其中银山型钢有限公司物流中心、营销管理部、能源管控中心、销售中心因机构名称和人员与山钢股份有限公司莱芜分公司相应单位完全相同,故未列出)

莱钢银山型钢有限公司
生产厂(部)

1.能源动力厂

厂　　长　齐登业
副 厂 长　曹志峰　范书昌
　　　　　岳长德(6月26日止)

袭建富　李佩和　李克海
傅守滨(6月26日止)　吕德玉
李开祥(6月26日止)
丁利生(6月26日任)

2.炼铁厂

厂　　长　王子金
副 厂 长　孙成玉(兼)
于仁波(12月3日止)
李传收　刘元意　牛福成
丁利生(6月26日止)
党委书记　孙成玉
党委副书记　王子金(兼)
张晓燕(12月3日止)
纪委书记　张晓燕(12月3日止)
工会主席　张晓燕(12月3日止)

3.炼钢厂

厂　　长　李洪建(6月26日任)
副 厂 长　李洪建(主持行政工作,6月26日止)
宋道平(兼,3月30日止)
姚建平(兼,11月6日任)
孟宪俭(12月3日止)
袁本明　王　键　郭伟达

4.板带厂

厂　　长　王化巨
副 厂 长　王训达(兼)
杨金光(6月26日止)
孙业华(6月26日任)
李海滨　高荣庆(6月26日止)
刘洪成　吴晓光(12月3日止)
刘庆祯(兼,11月6日止)
党委书记　王训达
党委副书记　王化巨(兼)　曹成峰
纪委书记　曹成峰
工会主席　曹成峰

5.宽厚板厂

厂　　长　马光亭
副 厂 长　汤化胜　孙业华(6月26日止)
孟祥瑞
党委书记　马光亭
党委副书记　姜　明
纪委书记　姜　明
工会主席　姜　明

6.品质保证部

主　　任　高俊庆
副 主 任　王福成　彭敦远(6月26日止)
申景霞(6月26日任)
付常林　赵修领

莱钢银山型钢有限公司参股公司

山东莱钢万和冶金辅料有限公司

董　　事　李秀英　姚启峰
监　　事　亓忠科

莱钢集团公司其他子、分公司

1.山东莱钢建设有限公司

（集团公司全资子公司）

董 事 长 鹿凡伟(7 月 19 日止)
王庆山(7 月 19 日任)
副董事长 沈桂联
董　　事 鹿凡伟(7 月 19 日止)
王庆山(7 月 19 日任)
沈桂联
张桂富(职工代表,12 月 17 日止)
曲杰奎(5 月 18 日停职)
张立明
监事会主席 倪友峰(6 月 26 日止)
房增弟(6 月 26 日任)
监　　事 倪友峰(6 月 26 日止)
房增弟(6 月 26 日任)
沙连平 李玉梅 王 伟
孙良娟(职工代表)
总 经 理 沈桂联
副总经理 曲杰奎(5 月 18 日停职)
王丰平
党委书记 鹿凡伟(7 月 19 日止)
王庆山(7 月 19 日任)
党委副书记 沈桂联
张桂富(12 月 17 日止)
纪委书记 张桂富(12 月 17 日止)
工会主席 张桂富(12 月 17 日止)
建筑安装分公司
经　　理 张立明
副 经 理 郑逢辰 王继良 纪小强
董建文(7 月 5 日任)
王占辉(7 月 5 日任)
党委书记 张立明
党委副书记 石茂华
纪委书记 石茂华
工会主席 石茂华

2.莱芜钢铁集团淄博锚链有限公司

（集团公司控股公司）

董 事 长 张蓬勃
副董事长 白相村
董　　事 张蓬勃 白相村
齐友涛(职工代表、职工股代表)
监事会主席 刘志鹏
监　　事 刘志鹏 刘新龙 闫梅生
刘洪涛
经　　理 张蓬勃
副 经 理 康玉祯 袁保祥
白怀柏(6 月 26 日推荐)
党委书记 白相村
党委副书记 张蓬勃(兼) 齐友涛
纪委书记 齐友涛
工会主席 齐友涛

3.莱芜钢铁集团机械制造有限公司

（集团公司全资子公司）

董 事 长 刘隆利
董　　事 刘隆利 张建平
刘茂文(职工代表)
李建武(职工代表)
监事会主席 王振国
监　　事 王振国 王晓冰 唐玉璇
陈宪宏(职工代表)
桑盛振(职工代表)
经　　理 刘隆利
副 经 理 刘茂文 王 勋 李建武

财务总监 段晓云
党委书记 刘隆利
党委副书记 王月聪
纪委书记 王月聪
工会主席 王月聪

4.山东莱钢国际贸易有限公司

（2月27日股权划转至山钢股份有限公司）

董 事 长 王绍强
董　　事 王绍强　王尧伟　王玉彬
史承都
监事会主席 倪友峰
监　　事 倪友峰　彭　倩　张　刚
王　伟　李珊珊
经　　理 王绍强
副 经 理 王尧伟(正处级)　王玉彬
台俊利

5.莱芜天元气体有限公司

（2月27日股权划转至山钢股份有限公司）

执行董事、经理 齐登业
监　　事 王宝秀

6.电子有限公司

（2月27日股权划转至山钢股份有限公司）

执行董事、经理 郭维河
监　　事 王振国

7.鲁银投资集团股份有限公司

（集团公司相对控股公司）

董 事 长 刘相学
副董事长 王丽丽
董　　事 刘相学　王丽丽　裴建光
李春林　刘世合(3月5日止)
崔建民　孙佃民
潘春梅(上海银炬实业发展有限公司推荐)
李江宁(独立董事)
任　辉(独立董事)
郑　东(独立董事)
姜明文(独立董事)
董事会秘书 孙　凯
监事会主席 荆延芳
监　　事 荆延芳
梁　婧(上海银炬实业发展有限公司推荐)
于乐川(职工监事)
总 经 理 刘相学
副总经理 李春林　刘世合(3月5日止)
姚有领　孙佃民　崔建民
陈瑞强
总会计师 陈瑞强
总经济师 刘方谭
党委书记 王丽丽
纪委书记 张林田
工会主席 张林田

粉末冶金有限公司(鲁银投资公司子公司)

董 事 长 崔建民
副董事长 窦金贵(社会法人股代表)
董　　事 刘相学　崔建民
刘世合(6月29日止)
孙佃民(6月29日任)
董　杰　李普明
窦金贵(社会法人股代表)
李　茜
监事会主席 张林田
监　　事 张林田　张安国(职工代表)
魏育江(社会法人股代表)

经　　理　李普明
副 经 理　陈建华　袁　勇　王昌东

8.齐鲁证券有限公司

（集团公司相对控股公司）

董 事 长　李　玮
董　　事　李　玮　田克宁
监事会主席　杨　峰
监　　事　杨　峰

9.莱芜钢铁集团职业卫生技术服务有限公司

（集团公司全资子公司）

执行董事　张绪春
监　　事　樊红英
经　　理　李化伟

10.山东天泰新材料股份有限公司

（集团公司控股子公司）

董 事 长　部先颖
董　　事　部先颖　李秀英
监事会主席　王宝秀
监　　事　王宝秀　王　远　葛文京
财务总监　王德忠

11.山东莱钢永锋钢铁有限公司

（集团公司相对控股子公司）

董　　事　部先颖（产权代表）　李秀英
执行监事　王长键(6月26日止)
　　　　　倪友峰（莱芜钢铁集团有限公司6月26日推荐）
财务主管　李秀英

12.莱芜三控冶金建设监理事务所

（集团公司全资子公司）

经　　理　柳长林

13.山钢集团莱芜钢铁新疆有限公司

（集团公司全资子公司）

董 事 长　王继超
董　　事　王继超　宿堂国(12月24日止)
　　　　　李自然　部先颖
监事会主席　刘世本
监　　事　刘世本　闫梅生
总 经 理　王继超
副总经理　李自然　李　纲　陈俊科
　　　　　关中华　窦建亮　赵玉军
党委书记　王继超(2月27日任)
党委副书记　陈俊科(2月27日任)
纪委书记　陈俊科(2月27日任)

14.济宁销售分公司

（职务10月19日任）

总 经 理　高志新
财务主管　王　强
技术主管　张利平

15.泰沂销售分公司

（职务10月19日任）

总 经 理　郭文立
财务主管　聂　鑫
技术主管　黄海玉

16.文登销售分公司
（职务 10 月 19 日任）

总 经 理　王新权
财务主管　王郡夫
技术主管　王建景

17.北京销售分公司
（职务 12 月 18 日任）

总 经 理　冯　伟
副总经理　宫继田　吴彦国
财务主管　宫继田
技术主管　吴彦国

18.武汉销售分公司
（职务 12 月 26 日任）

总 经 理　王广明
副总经理　张敬斌　刘　苗
财务主管　张敬斌
技术主管　刘　苗

19.莱芜钢铁集团昆明经贸有限公司
（职务 11 月 20 日推荐）

董 事 长　陈福金
董　　事　陈福金　秦立玉
总 经 理　陈福金
副总经理　秦立玉　王兆存
财务主管　秦立玉
技术主管　王兆存

20.莱钢（淄博）经贸有限公司
（职务 11 月 20 日推荐）

董 事 长　孙鹤鸣
董　　事　孙鹤鸣　王建安
总 经 理　孙鹤鸣
副总经理　王建安　孙建卫
财务主管　王建安
技术主管　孙建卫

21.莱钢合肥经贸有限公司
（职务 11 月 28 日推荐）

董 事 长　刘沛然
董　　事　刘沛然　陈小华
总 经 理　刘沛然
副总经理　陈小华　张思勋
财务主管　陈小华
技术主管　张思勋

22.莱芜钢铁集团郑州经贸有限公司
（职务 12 月 18 日委派）

执行董事　吕宝敏
总 经 理　吕宝敏
副总经理　华逢星　李永强
财务主管　华逢星
技术主管　李永强
监　　事　郑晓明

23.莱芜钢铁集团永康经贸有限公司
（职务 11 月 28 日推荐）

董 事 长　吕玉龙
董　　事　吕玉龙　卞欣善

总 经 理　吕玉龙
副总经理　卞欣善　李建平
财务主管　卞欣善
技术主管　李建平

山钢股份有限公司子、分公司

（2月27日由莱钢股份公司划转，
日常工作由莱钢集团公司代管）

1.山东莱钢国际贸易有限公司

董 事 长　王绍强
董　　事　王绍强　王尧伟
王玉彬（12月17日止）
史承都（7月19日止）
王　兵（7月19日任）
监事会主席　倪友峰（6月26日止）
房增弟（6月26日委派）
监　　事　倪友峰（6月26日止）
房增弟（6月26日推荐）
彭　倩　张　刚　王　伟
李珊珊
经　　理　王绍强
副 经 理　王尧伟（正处级）
王玉彬（12月17日止）
台俊利

2.莱芜天元气体有限公司

执行董事、经理　齐登业
监　　事　王宝秀

3.电子有限公司

执行董事　郭维河
经　　理　郭维河（6月26日止）
吴晓峰（正处级，6月26日委派）
监　　事　王振国

4.菏泽营销分公司

经　　理　刘建国
副 经 理　李鑫
财务主管　毕平思（12月3日止）
技术主管　陈学涛（10月29日任）

5.莱钢广东经贸有限公司

董 事 长　史承都（7月19日止）
王　兵（7月19日推荐）
董　　事　史承都（7月19日止）
王　兵（7月19日推荐）
于资刚
监事会主席　郑晓明
监　　事　郑晓明　陈德华
总 经 理　于资刚
副总经理　王奉勤
财务主管　李航笃
技术主管　李海军（10月29日推荐）

6.莱钢无锡经贸有限公司

执行董事　史承都（7月19日止）
王　兵（7月19日委派）
执行监事　沈立军
总 经 理　潘文东
副总经理　单兆华（8月31日推荐）
财务主管　刘　伟
技术主管　王洪彬（10月29日推荐）

7.青岛莱钢经贸有限公司

执行董事　史承都(7月19日止)
　　　　　王　兵(7月19日委派)
执行监事　张　军
总 经 理　孔旭祥
副总经理　谭茂东　任君沛
财务主管　谭茂东
技术主管　组　勇(10月29日推荐)

8.莱钢上海经贸有限公司

董 事 长　史承都(7月19日止)
　　　　　王　兵(7月19日推荐)
董　　事　史承都(7月19日止)
　　　　　王　兵(7月19日推荐)
　　　　　张　峰
执行监事　王　远
总 经 理　张　峰
副总经理　韩白光　张洪华
财务主管　韩白光
技术主管　张玉海(10月29日推荐)

9.莱芜利达物流有限公司

董 事 长　史承都(7月19日止)
　　　　　王　兵(7月19日推荐)
董　　事　史承都(7月19日止)
　　　　　王　兵(7月19日推荐)
　　　　　王增强(7月19日止)
　　　　　郝运占(7月19日推荐)
　　　　　高　明
监事会主席　高凤娟
监　　事　高凤娟
总 经 理　高　明
副总经理　卢宪美
　　　　　田庆国(8月31日推荐)
财务主管　卢宪美
技术主管　余德河(10月29日推荐)

10.山东莱钢环友化工能源有限公司

执行董事、经理　王元顺
监　　事　许家明

11.莱芜钢铁冶金生态工程技术有限公司

董 事 长　李丰功
董　　事　李丰功　姜　雷　李　强
经　　理　姜　雷(副处级)
监事会主席　沙连平
监　　事　沙连平

莱钢集团有限公司主辅分离辅业改制单位

1.莱芜钢铁集团莱芜矿业有限公司

董 事 长　亓俊峰
副董事长　张龙平
董　　事　亓俊峰(投资公司推荐产权代表)
　　　　　张龙平(投资公司推荐)
　　　　　张建平(莱芜钢铁集团有限公司推荐)
　　　　　谷道京(莱芜钢铁集团有限公司推荐)
　　　　　张守忠(职工持股会推荐产权代表)
监事会主席　亓忠科(莱芜钢铁集团有限公司推荐,6月26日止)

李学顺(莱芜钢铁集团有限公司6月26日推荐)

监　　事　亓忠科(莱芜钢铁集团有限公司推荐,6月26日止)
李学顺(莱芜钢铁集团有限公司6月26日推荐)

经　　理　张龙平

副 经 理　亓文亭　冯国奎　张金忠　文学军

财务总监　徐洪利(莱芜钢铁集团有限公司推荐)

党委书记　亓俊峰

党委副书记　张龙平(兼)　亓文亭(兼)

纪委书记　亓文亭(兼)

工会主席　张守忠

2.山东鲁碧建材有限公司

董 事 长　杨立胜

副董事长　赵登选

董　　事　杨立胜(投资公司推荐产权代表)
赵登选(投资公司推荐)
刘玉忠(莱芜钢铁集团有限公司推荐,6月26日止)
高荣庆(莱芜钢铁集团有限公司6月26日推荐)
张传远(莱芜钢铁集团有限公司推荐)
赵世明(职工持股会推荐产权代表)

监事会主席　刘志鹏(莱芜钢铁集团有限公司推荐)

监　　事　刘志鹏(莱芜钢铁集团有限公司推荐)

经　　理　杨立胜

副 经 理　吴　强(正处级)　刘汝海　梁尚杰

财务总监　谷道京(莱芜钢铁集团有限公司推荐)

党委书记　赵登选

党委副书记　杨立胜(兼)　赵世明

纪委书记　赵世明

工会主席　赵世明

3.莱芜钢铁集团鲁南矿业有限公司

董 事 长　卢廷运

副董事长　尹作启

董　　事　卢廷运(投资公司推荐产权代表)
尹作启(投资公司推荐)
马元锋(职工持股会推荐产权代表)
张传远(莱芜钢铁集团有限公司推荐)
郭允照(职工代表)

监事会主席　刘世本(莱芜钢铁集团有限公司推荐)

监　　事　刘世本(莱芜钢铁集团有限公司推荐)

经　　理　卢廷运

副 经 理　张家忠　孙宜同　赵贵军　郭允照

财务总监　王德忠(莱芜钢铁集团有限公司推荐)

党委书记　尹作启

党委副书记　卢廷运(兼)　马元锋

纪委书记　马元锋

工会主席　马元锋

4.莱钢集团矿山建设有限公司

董 事 长　赵汝同

副董事长　邢介春

董　　事　赵汝同(投资公司推荐产权代表)

邢介春(投资公司推荐)

殷曰功(莱芜钢铁集团有限公司推荐,12月17日止)

亓兆学(职工持股会推荐产权代表)

监事会主席　徐辑山(莱芜钢铁集团有限公司推荐,6月26日止)

李学顺(莱芜钢铁集团有限公司6月26日推荐)

监　　事　徐辑山(莱芜钢铁集团有限公司推荐,6月26日止)

李学顺(莱芜钢铁集团有限公司6月26日推荐)

经　　理　赵汝同

副 经 理　巩秀亭　时振国　沙连刚

财务总监　姜　维(莱芜钢铁集团有限公司推荐)

党委书记　邢介春

党委副书记　赵汝同(兼)　亓兆学

纪委书记　亓兆学

工会主席　亓兆学

5.莱芜钢铁集团新泰铜业有限公司

董 事 长　高德军

副董事长　郑广平

董　　事　高德军(投资公司推荐产权代表)

郑广平(职工持股会推荐产权代表)

刘玉忠(莱芜钢铁集团有限公司推荐,6月26日止)

高荣庆(莱芜钢铁集团有限公司6月26日推荐)

杨敏柱(投资公司推荐)

监事会主席　刘志鹏(莱芜钢铁集团有限公司推荐)

监　　事　刘志鹏(莱芜钢铁集团有限公司推荐)

经　　理　高德军

副 经 理　杨敏柱　毛建军

财务总监　亓国庆(莱芜钢铁集团有限公司推荐)

党委书记　郑广平

党委副书记　高德军(兼)

纪委书记　郑广平

工会主席　郑广平

6.莱芜钢铁集团泰东实业有限公司

董 事 长　安立华

副董事长　王庆德

董　　事　安立华(投资公司推荐产权代表)

王庆德(投资公司推荐)

张建平(莱芜钢铁集团有限公司推荐)

王兆成(职工代表)

监事会主席　高凤娟(莱芜钢铁集团有限公司推荐)

监　　事　高凤娟(莱芜钢铁集团有限公司推荐)

经　　理　安立华

副 经 理　郑　林　郭　敏　王　玮　吕子文　刘立华

财务总监　李爱华(莱芜钢铁集团有限公司推荐,10月30日止)

曹宜花(莱芜钢铁集团有限公司10月30日推荐)

党委书记　王庆德

党委副书记　安立华(兼)　郭　敏

纪委书记　郭　敏

工会主席　郭　敏

7.山东莱钢汽车运输有限公司

董 事 长 吴修江
副董事长 刘保顺
董　　事 吴修江(投资公司推荐产权代表)
刘保顺(投资公司推荐)
刘玉忠(莱芜钢铁集团有限公司推荐产权代表,6月26日止)
岳长德(莱芜钢铁集团有限公司6月26日推荐)
殷曰功(莱芜钢铁集团有限公司推荐,12月17日止)
李会东(投资公司推荐)
赵传明(职工持股会推荐产权代表)
监事会主席 刘世本(莱芜钢铁集团有限公司推荐)
监　　事 刘世本(莱芜钢铁集团有限公司推荐)
经　　理 吴修江
副 经 理 李会东　李克诚　吴洪明　付洪市
财务总监 曹宜花(莱芜钢铁集团有限公司推荐)
党委书记 刘保顺
党委副书记 吴修江(兼)　赵传明
纪委书记 赵传明
工会主席 赵传明

8.莱钢集团蓝天商旅车业有限公司

董 事 长 杨宪文
副董事长 梁积文
董　　事 杨宪文(投资公司推荐产权代表)
梁积文(职工持股会推荐产权代表)
韩家友(投资公司推荐)
殷曰功(莱芜钢铁集团有限公司推荐产权代表,12月17日止)
监事会主席 王长键(莱芜钢铁集团有限公司推荐,6月26日止)
房增弟(莱芜钢铁集团有限公司6月26日推荐)
监　　事 王长键(莱芜钢铁集团有限公司推荐,6月26日止)
房增弟(莱芜钢铁集团有限公司6月26日推荐)
经　　理 杨宪文
副 经 理 韩家友　田云峰　彭　辉
财务总监 姜　维(莱芜钢铁集团有限公司推荐)
党委书记 梁积文
纪委书记 梁积文
工会主席 梁积文

9.山东省冶金设计院股份有限公司

董 事 长 姚朝胜
副董事长 魏新民
董　　事 姚朝胜(投资公司推荐产权代表)
魏新民(投资公司推荐)
张传远(莱芜钢铁集团有限公司推荐产权代表)
吴成海(莱芜钢铁集团有限公司推荐)
张守墨(投资公司推荐)
衣忠德(职工持股会推荐)
监事会主席 王长键(莱芜钢铁集团有限公司推荐,6月26日止)

倪友峰(莱芜钢铁集团有限公司6月26日推荐)

监　　事　王长键(莱芜钢铁集团有限公司推荐,6月26日止)

倪友峰(莱芜钢铁集团有限公司6月26日推荐)

经　　理　魏新民

副 经 理　衣忠德　张守墨　高玉章

孙　彤　谷卓奇

财务总监　曹宜花(莱芜钢铁集团有限公司推荐)

党委书记　魏新民

党委副书记　姚朝胜(兼)　谷卓奇

纪委书记　谷卓奇

工会主席　谷卓奇

10.莱钢集团烟台钢管有限公司

董 事 长　许　卫

董　　事　许　卫(投资公司推荐产权代表)

刘玉忠(莱芜钢铁集团有限公司推荐产权代表,6月26日止)

岳长德(莱芜钢铁集团有限公司6月26日推荐)

张洪利(投资公司推荐)

于见江(职工持股会推荐产权代表)

林瑞峰(职工代表)

监事会主席　王宝秀(莱芜钢铁集团有限公司推荐)

监　　事　王宝秀(莱芜钢铁集团有限公司推荐)

张　晓(投资公司和职工持股会推荐)

王曙光(职工代表)

经　　理　张洪利

副 经 理　林瑞峰　梁维林

毕海涛(1月6日任)

财务总监　谷道京(莱芜钢铁集团有限公司推荐)

党委书记　许　卫

党委副书记　张洪利(兼)　于见江

纪委书记　于见江

工会主席　于见江

11.莱芜钢铁集团金鼎实业有限公司

董 事 长　翟所慧

副董事长　苗立泉

董　　事　翟所慧(投资公司推荐产权代表)

苗立泉(投资公司推荐)

张建平(莱芜钢铁集团有限公司推荐产权代表)

殷曰功(莱芜钢铁集团有限公司推荐,12月17日止)

孙启述(职工持股会推荐产权代表)

监事会主席　王宝秀(莱芜钢铁集团有限公司推荐)

监　　事　王宝秀(莱芜钢铁集团有限公司推荐)

经　　理　翟所慧

副 经 理　刘兴学　李威刚　曾祥柱

郑开强

财务总监　段晓云(莱芜钢铁集团有限公司推荐)

党委书记　苗立泉

党委副书记　翟所慧(兼)　孙启述

纪委书记　孙启述

工会主席　孙启述

莱钢集团有限公司对外参股公司

1.山东莱钢铁源炉料有限公司

董　　事　张建平(莱芜钢铁集团有限公司推荐)
　　　　　张云庭(莱芜钢铁集团有限公司推荐,5月25日止)
　　　　　李秀英(莱芜钢铁集团有限公司5月25日推荐)
　　　　　姚启峰(莱钢股份公司推荐产权代表,7月19日止)
　　　　　周宪海(莱芜钢铁集团有限公司7月19日推荐)
监事会主席　亓忠科(莱芜钢铁集团有限公司推荐,6月26日止)
　　　　　李学顺(莱芜钢铁集团有限公司6月26日推荐)
监　　事　亓忠科(莱芜钢铁集团有限公司推荐,6月26日止)
　　　　　李学顺(莱芜钢铁集团有限公司6月26日推荐)
　　　　　闵现金(莱钢股份公司推荐,7月19日止)
　　　　　郑晓明(莱芜钢铁集团有限公司7月19日推荐)
财务总监　徐洪利(莱芜钢铁集团有限公司推荐)

2.河南龙宇能源股份有限公司

监　　事　宋尊国

3.济南钢铁股份有限公司

董　　事　部先颖(2月27日止)

4.深圳市天成投资有限公司

董　　事　部先颖(产权代表)

5.山东泰山能源有限责任公司

监　　事　张传远

6.山东三联汇泉旅游股份有限公司

董　　事　部先颖

7.山东瑞华投资管理有限公司

董　　事　张云庭(5月25日止)
　　　　　李秀英(5月25日推荐)

8.山东鲁信国际经济股份有限公司

董　　事　吴成海

9.莱芜市雪银供水有限公司

董　　事　裴建光
监　　事　王宝秀

10.中国改革实业股份有限公司

监　　事　沙连平

11.齐鲁期货经纪有限公司

董　　事　吴成海

12.莱芜市商业银行股份有限公司

董　　事　董立志

13.东平铁路有限责任公司

副董事长　闫福恒
董　　事　闫福恒　王庆山(7月19日止)
　　　　　曲为壮(7月19日推荐)
监　　事　荆延芳
总会计师　宋文科

14.莱芜市金桥担保有限责任公司

董　　事　程月连(10月30日止)
　　　　　徐文杰(10月30日推荐)
财务总监　程月连(10月30日止)
　　　　　徐文杰(10月30日推荐)

15.北京中联钢电子商务有限公司

董　　事　任　浩(3月26日止)
　　　　　陈启祥(3月26日推荐)

(供稿:李艳芹　审稿:王学德)

莱钢集团有限公司工会第七届委员会

主　　席　魏兴文(12月17日止)
副 主 席　李淑华(12月17日任,主持工作)
　　　　　胡永民(1月4日止)
　　　　　刘希祥　石荣凤
　　　　　景　凯(7月9日任)
常务委员(以姓氏笔画为序)
　　　　　王少坤　石荣凤
　　　　　田伟秀(6月26日止)
　　　　　刘文仓　刘志刚(7月9日任)
　　　　　刘希祥　李淑华(12月17日任)
　　　　　陈润海(6月26日任)
　　　　　胡永民(1月4日止)
　　　　　常红玮　景　凯
　　　　　魏兴文(12月17日止)
委　　员(以姓氏笔画为序)
　　　　　丁光伟　王少坤　王月聪
　　　　　王其昌　王春华　石荣凤
　　　　　田伟秀(6月26日止)
　　　　　任志刚(3月30日任)
　　　　　刘文仓　刘志刚(7月9日任)
　　　　　刘希祥　齐友涛　许家明
　　　　　孙兆华　李开祥(6月26日任)
　　　　　李国华　李学顺(6月26日止)
　　　　　李淑华(12月17日任)
　　　　　吴克生(3月30日止)
　　　　　张桂富(12月17日止)
　　　　　张晓燕　陈俊科(4月23日任)
　　　　　陈润海(6月26日任)
　　　　　周广军　庞瑞年
　　　　　房增弟(6月26日止)
　　　　　荣　波　胡永民(1月4日止)

姜　明　姚建平(11 月 6 日止)
徐庆忠(11 月 6 日任)
高淑军(6 月 26 日任)
曹成峰　常红玮　梁尚庆
景　凯　樊红英
魏兴文(12 月 17 日止)

共青团莱钢集团有限公司第十一届委员会

书　　记　景　凯
副 书 记　刘志刚
常务委员　季立飞　柴　磊　李　锐
委　　员(按姓氏笔画排序)
于　沁　王　毅　王光锋
王宏伟　巩茂娟　刘志刚
李　梁　李　锐　李吉新
杨　华　杨　慧　吴　峰
张　博　陈文达　季立飞
荣振宇　段　菲　姜立峰
耿　亮　柴　磊　徐海春
殷煜伟　曹学红　崔中晔
扈　伟　景　凯　强海燕

（供稿:景　岩　柴　磊　审稿:李淑华）

莱钢 2012 年获得专业技术职务资格人员

工程技术应用研究员
杨　军　翟正龙　张　戈　曲为壮
冶金高级工程师
裴春亭　蒋学健　王学新　毕永杰
李　雷　杜金科　张　伟　曲锡辉
张利平　戈文英　周长秀　杨　栋
陈建磊　杨乐彬　黄文初　刘义学
赵立忠　鹿洪利　欧伏岭　赵　峰
李金传　宋尊国　许荣昌　曾　晖
孙业新　王建景　赵培林　管山吉
李建云　马佐仓　张思勋　林七女
机械高级工程师
张庆慧　胡守忠　郑德林　亓　伟
田庆元　任燕霞　廉　波　赵兴永
王守栋　周　永　张海龙　徐　霞
刘　芳　谭永庆　史红艳　侯凤岭
王兆平　魏光兵　王建军　乔廷刚
刘少宇　吕爱晖　任　莹　李庆华
朱　亮　袁巧凤　苗因钰　赵学爱
孔德恩　葛秀清　亓爱峰　赵　冰
马　丽　滕敬启　袁　蓉　弥春霞
张　霖　张艳艳　陶　峰　吴兆成
王　峰　匡式文　赵彦奎　杨　超
周丽萍　亓东峰　王晓云　孙亚蕾
吴秀杰　郭世军　贾秀梅　李建彩
朱永恒　朱英爱　陈　华　鹿保学
尹克进　吕　凤　孟凡亮　信明贵
化工高级工程师
李　鹏　刘智伟
环保高级工程师
徐　红
建设高级工程师
孙延海　姚光荣　车桂林　吴新光
质量高级工程师
朱春霞　卢　峰　郝少锋
高级经济师
王兴芬　刘军生　丛　洁　吴聪颖
张　峰　李欣金　巩向力　唐长春
张建华　马先红　高志刚　潘志东
陈家俊　张海亮　王凤刚　秦　刚

王林涛　曹文侠

高级会计师

王增英　孙晓媛　郑红梅　张　磊
刘　玫　侯希明　李海霞

高级统计师

宋　燕

党校高级讲师

张　芹　于乐宝

技校高级讲师

朱艳美　徐国良　张新宁　柴丽红

主任编辑

李爱兰

主任医师

高　文　项素英

主任技师

李国平

副主任医师

魏婧婧　曹科林　刘晓君　牛占恩
朱从太　张云涛　张　翼　马振广
孙红敏　张　霞　魏淑红　王世东
刘大玲　赵绪幸　刘建丽　陈明艳
曹德娥　杨　燕　张晓梅　张瑞桥
闫现花　徐传荣

副主任技师

王振强　何　磊

副主任药师

刘　红　张贺功

副主任护师

崔永凤　郭　梅　李　玲　利先云
刘善娟　刘义君　刘占红　卢言红
栾贻玫　王恩玲　王香云　吴　玲
徐　芳　许文群　于彦芝　张爱菊
赵传梅　赵桂景　朱　萍　左晓燕

教授级高级政工师

孙成玉　宋道平　姜　明　白相村

高级政工师

李正学　王继永　崔桂华　李圣修
王延松　岳　刚　姚　勇　张佃平
刘文杰　辛淑君　修志武　张兆明
张永国　牛　芳　张荣海　苗宗田
王训达　曹成峰　李　斌　王秀芝
张　强　陈宏军　陈建生　韩传广
薄海岩　魏国政　李　灵　刘翠芳
韩　青　张少军　翟所慧　吴秀清
郭向华　李晓虹　许　钰　朱丽娟
林保国　刘　楚　王　伟　董思慧
王文利　李贞祥　景　凯　刘高奎
赵　阳

（供稿：刘　军　审稿：王学德）

专业管理

ZHUANYEGUANLI

专 业 管 理

行政综合管理

【综述】 集团公司办公室与党委办公室、机关党委、应急管理办公室合署办公，与银山型钢公司综合业务处、山钢股份莱芜分公司办公室复合设置，下设综合科/应急事件管理科、秘书科、督查科、接待科、企地协调信访科、档案管理科、史志编辑科、机关政工科，辖济南办事处/济南大酒店、北京联络处/鲁钟大酒店两个驻外单位。主要职能有综合事务管理、应急管理、会议活动组织、接待服务、董事会日常管理、文秘调研、督查督办、公文处理、印鉴管理、企地关系协调、信访民调、档案管理、史志编辑、对外公共关系协调等。截至2012年底，办公室共有在职职工61人，其中具有高级专业技术职务的26人，中级的24人，初级的4人。

【综合服务】 开展"转调创提""两转一提"活动，更新服务理念，创新服务方式。加强会议管理，创新会议形式，控制各类会议数量与规模，改进会风。全年组织集团公司生产经营管理和改革发展座谈会、年度表彰大会等各类会议活动500余次，协助组织高炉现场管理经验交流会、机构调整人员优化启动会等会议活动900余次。牵头组织完成莱钢加油站资产优化、银山型钢区厂区封闭管理、公务用车压减、闲置办公楼资产盘活等公司重要管理工作，创造直接经济效益600余万元。加强集团公司内外部沟通联络，提供有价值的外部信息，保障内部政令畅通。按照集团公司整体部署，完成科级机构调整和科级人员优化工作，办公室科室由10个压减到8个，压减比例25%；科级干部由19人精减到14人，压减比例26.3%。办公室内部经费管理、综合治理、QES管理等各项综合管理服务工作运行正常、有序。

【应急管理】 全面贯彻落实《突发事件应对法》，坚持"居安思危、预防为主"的方针，结合企业实施QES管理体系、能源管理体系、卓越绩效管理和全面风险管理等工作，开展突发公共事件防范工作。坚持节假日期间及重要时期的值班工作，确保重大情况及时上报和处置。修订完善《莱钢突发事件总体应急预案》，加强应急预案体系和应急体制、机制建设。截至2012年底，集团公司针对事故灾难、突发社会安全事件、突发公共卫生事件、自然灾害四大类安全事故共制定各类专项应急预案、子预案218个。先后组织各职能部门开展抗洪防汛演练、防震减灾演练、各类安全生产事故演练、消防安全演练、手足口病防治演练、民兵应急分队紧急拉动、人民防空警报试鸣、反恐怖实战对抗演习、日常应急处突拉动演练等各专业应急演练共计 1200 余次。

【董事会日常管理】 严格按照《公司法》《公司章程》《董事会议事规则》等规定，依法依规，规范运作；加大议案审核力度，提高决策风险防控能力；履行内幕信息联络人职责，加强与股东及相关方的沟通协调联络，及时畅通信息。全年审核融资担保、机构调整、生产经营计划、财务预算、绩效考核、设立销售子分公司等各类议案决议 192 份，董事会各类文件、资料齐全，会议记录完整有效。

【文秘调研】 发挥以文辅政功能，坚持“求极致、出精品、当高参、促发展”的原则，高质量地完成职代会、党委全委扩大会、半年工作会暨机构调整人员优化启动会、“两转一提”活动启动会、科学技术奖励大会等一系列重要会议的文稿，以及公司党政领导参加全国、全省有关会议的发言材料和领导署名文章起草工作。全年共撰写、修改、整理领导讲话、致辞、汇报材料、署名文章、会议纪要、公文等各类文稿 160 余篇共计 100 余万字；累计到公司各单位、各部门以及子公司和改制子公司调研 70 余人次；向上级有关部门报送企业综合信息 370 期，其中上报山钢集团 278 期，报送《钢铁信息》《冶金经济信息》92 期；编发《情况交流》40 期、《莱钢月报》12 期。

【督查督办】 完善督查督办机制，加强标准化、流程化、精益化管理，重点督办 2012 年度 14 类 61 项重大决策和重要工作部署。全年共发布督办通知、《莱钢督查》57 期，督办重点事项 1000 多项次。整理党政领导学习会、总经理办公会、绩效考核会、月度滚动预算会议、对标学习情况交流会、领导干部务虚会、月度运营绩效评价会议等会议记录 82 份，累计 60 余万字。

【公文、印鉴管理】 适时印发《莱芜钢铁集团有限公司公文处理办法》（莱钢办字〔2012〕201 号），转发 GB/T9704—2012《党政机关公文格式》（莱钢办字〔2012〕289 号），并对公司文员进行新标准培训，促进公司党政公文处理工作规范化水平全面提升。全年共审核制发公文 1012 件，办理上级来文、请示报告、传真等各类文件 5000 余份，分送公司领导各类资料信件 3000 余份，按期完成 2011 年度集团公司、原股份公司、型钢公司公文整理归档工作，归档文件 4798 份。刻制公司党政印章及领导人名章等 150 枚，向档案馆移交废旧印章 66 枚，办理印信 72060 份。

【接待工作】 全年共接待 5512 个单位 29783 人次，其中省部级领导 15 人次，厅局级领导 565 人次。完成中国社科院马克思主义研究院莱钢专题调研组、山钢集团大高炉现场管理经验交流会、全省企业职工拔河比赛、转底炉成套工艺产业化技术鉴定会、全国大型钢铁企业第 29 届工会主席联席会、全省宣传部长会议、门架槽钢国际推介研讨会、山钢集团 ERP 项目建设动员大会等重要会议接待工作。接待科连续三年被集团公司评为“十佳文明服务窗口”单位及学习型科室。

【企地关系协调】 2012 年企地双方深化合作，突破创新，协调工作取得长足进步，莱钢的生产建设环境得到极大改善，大量矛盾得到化解，企地关系融洽。特别是“企地共建、协同发展”动员大会召开后，在企地双方的共同努力下，妥善处理和协调化解企地矛盾100余起。加大影响工程项目进展重大问题协调力度，彻底解决石家岭村民搬迁、双陈线架设、周家坡村整体搬迁等一批长期影响和制约企业发展的矛盾，保证生产建设项目顺利开展和莱钢生产经营稳定，促进了企地关系和谐发展。

【史志年鉴】 完成《莱钢年鉴》2012卷的编纂出版工作，全书共设12个篇目，总计55万字，客观、真实地记录了莱钢面对钢铁“严冬”，抢抓机遇，直面挑战，奋力拼搏的发展历程，为莱钢留下一笔宝贵的文化财富。围绕集团公司机构调整、改革改制、降本增效等重点工作，对莱钢志鉴资料进行系统整理，为公司领导、职工群众及中国社科院专家提供相关史志资料。完成《莱芜年鉴》《山钢年鉴》、中国钢铁工业企业统计年报大事记的供稿任务及《莱钢档案志》的编辑工作。参与《山钢年鉴》编辑工作。年内，莱钢再次荣获山钢集团公司年鉴工作先进集体称号，《莱钢年鉴》2011卷在山东省人民政府第四届全省优秀年鉴评选中获综合二等奖和框架设计奖。

【驻外单位】 在经济环境普遍不好的大形势下，转变经营理念和管理思路，以提升服务质量、提高经营效果作为全年的工作重点，实现经营业绩同比提高10%，完成集团公司下达的经营目标和服务任务。加强对外联系，巩固与国家有关部门、机构、省委省政府有关部门、山钢集团公司、驻地政府、兄弟单位、战略合作伙伴等的联络与协调，畅通办事渠道，保持良好的企业外部关系。加强政治经济信息的收集与研究，及时向集团公司提供有价值的动态信息。主动适应形势发展，拓展新的服务领域和服务业务，为莱钢各单位和职工提供更好的服务。充分发挥驻外窗口作用，宣传企业产品和文化。

（撰稿：王立军　审稿：鹿凡伟）

规划发展管理

【综述】 集团公司规划发展部与莱钢战略研究室、风险管理办公室、山钢股份莱芜分公司规划发展部及银山型钢公司规划处复合设置，下设战略研究室、战略规划管理科、经营计划科、投资管理科、项目评价科、统计科6个科室。主要职能：战略规划管理、竞争情报收集分析、全面风险管理、内部控制管理、编制年度季度生产经营计划和预算方案、生产经营计划执行情况跟踪、生产经营中矛盾协调及动态控制、组织品种结构调整优化及考核、重大生产经营活动方案制定及推进实施、莱钢生产经营分析及宏观微观经济运行分析评价、年度固定资产投资计划、投资项目上报审批、建设项目前期准备与投资计划、编制工程设计进度及施工进度计划、投资计划控制与监督、投资项目后评价、生产准备、大宗原燃料及成品在产品库存盘点、内外部综合统计报表、集团统计人员的培训等工作。

【战略规划】 制定下达《莱钢钢铁主业“十二五”战略规划推进评价制度》《莱钢集团“十二五”循环经济、节能减排发展规划》《战略研究课题管理办法》《关于加强国家政策研究工作的通知》《关于建立管理顾问公司长效服务机制的通知》，建立课题研究和兼职课题研究员制度，为公司搭建辅助决策研究、政策研究管理、咨询顾问三个平台。完成《方大特钢跨越式发展的启示》《2013 年宏观经济和钢铁行业形势分析》《轻轨建设对莱钢影响分析报告》《焦炭分析报告》《老区烧结机产能提升报告》等课题。策划《一周行业聚集》期刊并发行，刊物分宏观经济、行业要闻、下游需求、莱钢生产经营等板块，跟踪和聚集重点信息要闻。

组织推进实施莱钢钢铁主业“十二五”战略规划，修订战略推进关键指标，制定下发 2012 年度《做强莱钢第一阶段——莱钢钢铁主业“十二五”战略规划》推进工作计划和 2012 年各季度战略推进工作计划。制定下发《莱钢“十二五”战略规划推进协调工作办公室关于加强战略推进信息沟通工作的通知》《钢铁主业“十二五”战略规划推进工作评价制度》，开展战略推进评价工作。完成《莱芜钢铁集团“十二五”及今后一个时期相关多元产业发展规划》《2011 年度莱钢非钢产业评价报告》《莱钢工业园发展规划》。

【招商引资工作】 配合政府招商引资，与莱芜市钢城区委区政府赴上海联合举行招商推介会，组织销售中心等部门利用与钢材客户、供应商沟通交流的优势，将招商引资政策文件传递给所有有业务关系的客户。利用客户来访、走访用户等多种机会，广泛宣传、全面招商。根据日常沟通情况，对有意向异地建厂扩大规模的用钢企业进行重点跟踪，积极宣传招商政策，邀请实地考察、洽谈合作，争取项目落地。

【风险管理与内部控制】 2012 年度全面风险管理总体情况良好，体系运行正常，重大风险管理流程执行情况良好，风险指标均控制在一级或二级承受度之内，风险控制策略和解决方案得到有效实施。内控管理工作根据《山东钢铁股份有限公司〈关于印发关于加强企业内部控制管理工作的实施意见〉的通知》要求，加强莱芜分公司内部控制管理，利用原有内部控制管理工作基础，推进莱芜分公司内部控制管理工作。成立莱芜分公司内部控制管理领导小组，制定内控管理工作计划，参照山钢股份内控流程目录，对莱芜分公司各项流程进行梳理，自查、自评流程内控缺陷，完成莱芜分公司内控流程表。同时推进内控审计工作。

【生产经营】 推进实施公司 2012 年度生产经营计划，过程控制效果良好，主要指标同比提升。加强生产经营动态控制，协调解决生产经营过程中的矛盾、问题，确保年度、季度和月度生产经营计划有机衔接和顺利执行；以市场为导向，以效益为中心，编制 2012 年各季度生产经营指导计划；生产经营分析水平提高，为公司决策及时提供支持；对外分析材料全面，展示了莱钢成绩，提出需要上级部门和单位协调解决的问题，为莱钢发展争取支持。创新生产经营计划制定模式，科学编制公司 2013 年度生产经营计划。优化完善调研模式，全面分析形势，年度计划制定与钢铁主业“十二五”战略规划密切衔接，将战略规划中的关键绩效指标纳入年度计划；注重产品结构调整和降本增效，大力压减亏损生产线产量，创造条件增加效益较好生产线产量，制定明确的可比成本降低率、高效产品比例等指标；注重指标提升，对技术经济指标和能源环保指标提出明确要求，采用硬性约束指标确保年度生产经营目标的实现；2013 年公司计划方案中，钢产量计划首次达到 1600 万吨。推进降本增效工作。2012年公司共下达规划发展部降本增效计划900万元,目标1800万元,全年累计实现降本增效2873万元。

【库存盘点】 全年组织12次大宗原燃料盘点和2次成品、在产品盘点。工作组织严密、盘点报告迅速、数据吻合好,盘点数据的分析和利用准确及时,为准确反映公司成本管理现状提供了基础资料。经过盘点分析,确定外购焦、无烟煤亏耗指标,解决了莱芜分公司炼铁厂外购焦持续亏耗问题。研究提高盘点工作效率和准确率的工作方法和工作手段,并提出了实施建议。

【投资管理】 2012年集团公司计划投资350000万元。全年累计完成投资401347.64万元,年计划完成率114.26%。其中:莱钢本部完成投资195842.64万元,新疆喀什钢铁项目完成投资205505万元。全年在建项目共107个,完成59个,新开工项目57个。

修订完善下发《固定资产投资管理制度》《固定资产投资项目研讨、论证、审查专家管理办法(试行)》,对投资管理流程中的项目前期论证、竣工验收等关键环节职责进行修订,对投资管理流程中的关键环节建立有效的控制措施,对参加项目投资前期论证的专家的权利义务以及监督管理等进行规范说明,组建论证专家库。

【重点项目建设】 制定下发《关于加强固定资产投资项目后评价管理工作的通知》《固定资产投资项目实施管理办法》《山钢股份莱芜分公司特殊钢系统产品升级技术改造项目实施管理细则》《关于在建固定资产投资项目实行周巡查制度的通知》。2012年重点工程项目有特钢系统产品升级技术改造项目(电炉、连铸、轧线系统改造)、新疆喀什钢铁项目(建设原料、烧结、高炉、炼钢、连铸、轧钢及公辅设施)、银山型钢转炉洁净钢平台、特钢银山前区增上双工位VD炉、1500毫米热轧带钢加热炉改造、能源管控中心、综合信息化平台、3200立方米高炉配套电力系统改造、60000立方米/时制氧机、130吨/时锅炉等。每月组织重点技改项目推进工作例会,编制重点项目施工进度网络计划。特钢技改项目按照2013年5月底具备投产条件制定施工网络计划;组织型钢转炉和宽厚板加热炉余热发电项目增上过热设施研究,推进30万吨焦油深加工项目,协调制氧外部管线交叉供电线路改造、脱磷炉设计变更和管道保温、银前炼铁浴室搬迁、石灰石矿山10千伏供电线路建设、大型围墙建设等项目。完成4号干熄焦工程合同签订,莱钢合同能源管理模式合同金额最大项目烧结机余热发电项目按期投产。型钢转炉和宽厚板加热炉余热发电项目全面展开。2012年8月与中国国际工程咨询公司签订《冷轧项目后评估技术合同》,完成冷轧项目后评价报告。组织开展窄带钢产品升级和工艺设备改造项目后评价。

【综合统计】 莱芜钢铁股份有限公司合并到山钢股份后,完成相关统计报表报送口径的衔接。协调解决市、区统计部门在服务业季度报表报送工作中出现的问题,做好产品产量、进出口、综合经营指标、非钢产业等生产经营内部报表;完成采购经理调查、企业景气调查、重点企业调查等各类调查问卷以及板带材热连轧信息、焦化行业、产业安全数据库等专业报表;完成商务部1000家重点进出口企业进、出口及在手合同填报、商务部“重点联系企业信息管理与服务系统”

信息填报、山钢集团《综合信息月报》及经济运行分析、《重点企业转方式调结构情况分析表》的编制上报；完成 2011 年统计年报的编制、上报，完成莱钢 2011 年年报、莱芜分公司 2011 年年报的编制；完成统计五星级单位的申报工作，组织企业调查、统计系统业务培训等工作。

（撰稿：孔凡强　盛芹世　审稿：曲为壮）

企业综合管理

【综述】 集团公司企业管理部与银山型钢公司企业管理处及山钢股份莱芜分公司企业管理部复合设置，与集团公司法律事务部、招标中心合署办公。主要职能：组织开展“转调创提”活动；管理创新，管理创新与进步成果的评审、推荐及推广应用，学习型组织创建与推进，《莱钢管理》的征稿、编辑和发行；集团公司行政规章制度管理，QES 管理体系的运行和认证，卓越绩效模式的推进，第三方顾客满意度调查；经营绩效评价及分配激励政策的研究，绩效考核方案的制定与实施；对公司各类采购活动的招标工作进行集中监管，负责采购信息平台、供应商和专家库的管理，实现招标资源共享，对各采购主责部门的采购行为进行评价和考核等；参与公司重大经营决策活动，制定并实施合同管理、工商事务管理、纠纷处理管理制度，规范公司经营行为，避免和挽回经济损失，规避和化解法律风险等。2012 年末，企业管理部下设管理创新科、制度管理科、经营考核科；法律事务部下设诉讼科、工商合同科（8 月底，根据公司机关部门及二级单位内设机构优化调整实施方案的要求，原合同管理科和原工商事务科合并为工商合同科）；招标中心下设运行保障科、原材料招标科和设备工程招标科。共有职工 42 人，其中具有高级专业技术职务的 20 人，中级的 17 人，初级的 4 人。

【学习型企业推进】 学习型组织理论与卓越绩效管理相融合，研究并下发《关于进一步深化学习型企业创建的实施意见》，将“管理创新样板车间”升级为“争创现场管理星级车间”，按照卓越绩效评价模式修订新的评价标准，组织新标准的普及学习；组建莱钢学习型组织研究会和各研究分会，编制 2012 年研究会行动计划，下发研究课题；协调搭建并参与组织 4 次产供研一体化平台会议，启动“招标采购挖潜提质平台”，深化产业链上无边界团队建设；编发《学习型企业推进简报》共 21 期。

【管理创新】 到新兴际华新兴铸管股份公司进行“两制”和“五大体系”的调研，结合莱钢实际，规范构建运营管理预算指标体系、目标评价体系、绩效考核体系“三大体系”，推动指标和责任的层层分解落实；5 月 20 日，组织山钢现场管理经验交流会，启动和强化“外学唐钢新兴际华、内学型钢炼铁”活动，使严格管理加科学管理的思路和措施得到丰富和拓展。推荐的型钢炼铁 3200 立方米高炉车间获中国质量协会授予的五星级管理现场荣誉；完成年度 53 项成果、27 项案例的初评、中评和终审等工作，将优秀成果向上级部门推荐，有 2 项企业管理现代化创新成果获省级一等奖、8 项获二等奖、2 项获三等奖。强化对创新成果的过程管控，对各单位上报的 2012 年立项课题进行梳理和专题研究，首次增加项目立项环节，实施分档分级管理。完成《莱钢管理创新实施方案》并向山钢报送。全年出版《莱钢管理》6期，策划了《莱钢管理》创刊十周年专刊，在封底设置“笑脸计划”栏目，记录和展现基层职工的风采。

【协会管理与交流】 协调参加2012年山东省企业家活动日，莱钢一技术成果获得山东省企业重大创新成果，“转调创提”经验在大会上进行书面交流。

【企业贯标】 3月30日，2011年度莱钢QES管理体系管理评审会暨第三方顾客满意度报告发布会召开。会议总结了2011年体系运行绩效，提出2012年QES管理体系目标，以及不断提高内部审核员业务水平和综合能力等三项改进措施；发布2011年第三方满意度调查分析报告，总结莱钢2011年客户满意度的表现，满意度和忠诚度分别为81分和84分。8月14日至17日，集团公司在培训中心举办为期4天的QES管理体系内部审核员和业务骨干培训班，来自35个单位的70多人参加集中脱产培训，并全部取得内部审核员注册资格，具备参加公司内部审核的资质；9月10日至27日，集团公司对QES管理体系覆盖范围内的21个部室和14个单位进行全面审核，审核发现QES管理体系符合审核准则并得到有效实施。2012年，集团公司组织机构变动较大，同时《职业健康安全管理体系要求》(2011版)于2月1日实施，在人员紧、任务繁忙的情况下，企业管理部适时启动QES管理体系文件的换版工作，至年底，综合支撑性文件的修订工作完成，各专业体系文件的修订工作也接近尾声。12月17日至21日，北京国金恒信管理体系认证有限公司的审核专家组一行7人，对集团公司的质量、环境和职业健康安全(标准转换)体系进行了监督审核，认为公司QES管理体系持续有效，推荐保持认证。

【行政规章制度建设】 配合咨询公司，对集团公司行政规章进行梳理，建立公司行政规章管理体系；执行公司行政规章管理办法，对行政规章的修订、颁布以及实施进行严格把关，通过加强制度管理，理顺工作流程，规范企业经营管理。全年共组织、协调制定并下发《原料采购管理规定》《销售合同管理办法》《固定资产投资管理制度》等近百项管理制度。

【卓越绩效模式推进】 制定下发《关于开展卓越绩效模式培训的通知》(企管字〔2011〕38号)，成立卓越绩效模式培训领导小组，

2012年3月5日，集团公司在新兴大厦召开深度挖潜提质增效绩效考评推进会

确定在科级以上干部及业务骨干中系统开展卓越绩效模式培训。此次培训，注重学以致用，改变课堂培训加理论考试的传统模式，提出“1+1”培训新模式，将培训分两个阶段进行，第一个阶段为课堂培训（前“1”），培训内容为卓越绩效模式及准则解读等基本理论知识；第二个阶段为绩效结果验证（后“1”），即以课题项目为载体，对照《卓越绩效评价准则》和标杆，找出问题和提升空间，利用“课堂培训”中所学到的卓越绩效思想、工具和方法，建立本单位关键绩效指标体系，确定课题，进行课题攻关。至年底，总共有41个部门（单位）的243名处级干部参加培训，制定课题171个。

【绩效考核管理】 学习借鉴唐钢、新兴际华等单位的先进管理经验，创新管理机制，建立和完善了三大体系、两个平台（产销研一体化和产供研一体化）、两个考核机制（绝对考核机制和相对考核机制）。2012年3月，将吨钢挖潜增效300元目标（含8月份以后吨钢挖潜增效300元+100元）分解落实到各系统、各工序，作为绝对指标进行挂钩考核；将月度滚动预算和年度预算指标作为相对指标对处级干部进行绩效考核。各单位认真贯彻执行《莱芜钢铁集团有限公司2012绩效考核方案》，紧紧围绕降本增效目标，细化分解成本、利润、销售收入等关键绩效指标，层层落实责任，以型钢炼铁厂为代表的生产厂建立了横到边、纵到底的指标考核落实机制，形成人人有压力、有动力的局面，体现了责权利的统一；两个平台一体化运行效率、运行质量得到提高，两个考核机制的落实，特别是处级干部考核，实行月度考核兑现和年终奖励相结合，将个人工作绩效与收入紧密挂钩，在分配上进一步拉开差距，绩效考核导向明确，激励力度加大。将集团公司利润和主业职工收入作为管理部（室）挂钩绩效考核指标，并考核专业管理职能，促进各部（室）积极正确行使管理职能，提高工作效率。

在总结2011年绩效考核管理经验的基础上，继续将企业的长期和短期目标管理、领导班子建设、全面预算管理、人力资源管理、规划发展管理、生产管理、质量管理、安全管理、技术工艺管理、环境保护管理、营销管理、计控管理、企业管理和法律事务管理、设备管理、资本运营管理、精神文明建设、审计监察管理等各项专业管理纳入绩效考核，作为总体考核的组成部分，确保绩效考核的全面性和系统性。根据生产经营管理的动态需要，出台《莱芜钢铁集团有限公司2012年钢铁主业处级干部绩效考核办法》《莱芜钢铁集团有限公司冬季卸车管理考核办法》《莱芜钢铁集团“一罐到底”考核办法》《特高压线塔用大角钢等SBU项目绩效考核办法》《莱芜钢铁集团关于贯彻山东钢铁集团有限公司2012年绩效考核办法的实施意见》《莱芜钢铁集团有限公司HRB400钢筋低温控轧工艺推广应用考核办法》《莱钢产品交货周期管理规定》等一系列绩效考核专项制度。

【招标管理】 全年完成招标项目4599项，中标总额29.68亿元，与市场比较，节约采购成本4.47亿元，实现招标增效1.21亿元，完成集团公司计划目标的121%。

在原招标制度体系基础上，通过运行实践，对各项管理制度进行检验，收集整理制度运行过程中反映出的问题，从下半年开始，对莱钢《招标管理办法》《电子交易平台运行管理办法》《供应商管理办法》《评标专家管理办法》等4个管理制度进行修订，于2012年12月下发执行。为实现招标采购统一管理、最大限度降低采购成本，在先期已将原材料、设备备件纳入招标范围的基础上，2012年2月，将建设工程、检修工程、公益市政工程、劳保用品等招标业务纳入招标平台；7月，将装卸运输、铁路设备、自动化仪表、医疗器械等招标业务纳入招标范围，基本实现钢铁主业招标采购业务全覆盖。把招标、竞争性谈判、询价、竞价4种竞争性采购方式和议标、紧急采购、跟标采购3种非竞争性采购方式进行规范，制定招标率要达到80%以上、议标率控制在10%以内的考核指标，鼓励用竞争性采购方式，减少非竞争性采购方式。4月开始推行公开招标，至年末，各类物品实际招标率达到91%以上，议标率控制在6%以下。

开发设计议标和跟标网上审核、招标费用收缴建行网银接口等程序，完善公开招标、技术商务两步评标、评标专家统计等16项系统新功能；为实现对标数据查询和招标效益核算，自主开发完成招标信息管理系统，更好地满足了招标工作需求，同时为公司节约软件外委开发费用80万元。组织第二期评标专家培训，共621人参加培训，556人考试合格进入专家库，使评标专家总数达到1011人，基本满足各专业评标需要；对新进入招标平台的相关单位业务人员进行系统使用培训，并对供应商进行远程操作辅导；全年新引进供应商2510家，1490家通过审核并注册，莱钢的合格供应商总数达到2474家，建立起较为完善的评标专家库、供应商信息库和相应的评价体系。通过开展招标采购质量跟踪评价，每季度组织一次招标采购现场调研，设立招标采购质量问题举报电话，搭建"招标采购提质增效平台"等多种途径提高招标质量。

（撰稿：周立新　张建华　审稿：夏焕来）

财务管理

【综述】 财务部是莱芜钢铁集团有限公司和山钢股份有限公司莱芜分公司（以下简称山钢股份莱芜分公司）以及莱钢集团银山型钢有限公司财务管理的职能部门，主要职责：贯彻落实财经法规、财经纪律，维护国有资产的完整、安全和保值增值；全面预算、财务预算管理，财务分析、预测与考核；财务会计制度、内部会计控制管理办法的制定、修订，财务风险管理；会计信息与核算，会计检查与监督，会计报告及对外信息披露，会计档案管理；利润管理，成本管理，费用管理；固定资产与在建工程价值管理，流动资金管理，内部结算管理，货币资金和外汇的统一管理，担保管理；金融政策研究，资金收支平衡计划与调度，投融资管理；税务管理，内部关联交易价格的拟定与仲裁；对原材料采购和产品销售的监督、控制、分析和评价；所属子公司财务监督与国有资产投资收益管理；医改资金管理；财务信息化管理；配合财务审计、财税检查、资产评估及财税顾问工作。

莱钢集团实行"以产权关系为纽带，统一领导、归口管理、分级负责、统分结合、权责对称"的财务管理体制。2012年8月10日前，财务部/财务总监管理办公室（含山钢股份莱芜分公司财务部、银山型钢公司财务处、住房公积金管理中心）下设设综合科、经营管理科、预算管理科、营销评价科、税收管理科、股份炼铁成本科、银山炼铁成本科、股份钢轧成本科、银山钢轧成本科、股份费用管理科、银山费用管理科、资产管理科、工程核算管理科、资金管理科、投资管理科、销售结算中心、资金结算中心、材料核算科、财务检查科、环友财务科、特钢财务科、股份会计科等26个科、中心。2012年8月10日，根据莱钢人字〔2012〕267号文件批复，按照内设机构优化调整的要求，重新整合各职能科、中心，设会计科、经费管理科、住房公积金管理中心会计核算科、住房公积金管理中心计划信贷科、综合管理科、会计信息科、经营管理科、预算管理科、税收管理科、炼铁成本科、钢轧成本科、费用管理科、资产管理科、资金管理科、销售结算中心、资金结算中心、材料核算科、财务科（环友）、财务科（特钢）、辅助生产成本科、炼铁成本科（型钢）、钢轧成本科（型钢）、费用管理科（型钢）等23个科、中心。

2012年末，莱钢集团共有财会人员668人，全部实行持证上岗。财务部共有职工169人，其中，具有高级专业技术职务的31人（聘任27人），中级的99人，初级的34人。莱钢集团会计报表根据19个会计核算主体汇总成母公司报表后，与莱芜钢铁集团莱芜矿业有限公司、莱芜钢铁集团鲁南矿业有限公司、莱芜钢铁集团淄博锚链有限公司、莱钢集团矿山建设有限公司、莱芜集团新泰铜业有限公司、山东省冶金设计院股份有限公司、山东鲁碧建材有限公司、莱芜钢铁集团泰东实业有限公司、山东莱钢汽车运输有限公司、山东莱钢建设有限公司、莱芜钢铁集团机械制造有限公司、莱芜钢铁集团金鼎实业有限公司、莱芜钢铁集团银山型钢有限公司、山东莱钢永锋钢铁有限公司、莱钢集团蓝天商旅车业有限公司、莱钢集团烟台钢管有限公司、鲁银投资集团股份有限公司、齐鲁证券有限公司、山东莱钢铁源炉料有限公司、山钢集团莱芜钢铁新疆有限公司、莱钢合肥经贸有限公司等21个单位的会计报表合并编制而成。

山钢股份莱芜分公司会计报表根据5个会计核算单位报表汇总成母公司报表后，与莱钢无锡经贸有限公司、莱钢（广东）经贸有限公司、莱钢上海经贸有限公司、莱芜钢铁冶金生态工程技术有限公司、莱芜利达物流有限公司、青岛莱钢经贸有限公司、山东莱钢环友化工能源有限公司、山东莱钢国际贸易有限公司、莱芜天元气体有限公司、莱芜钢铁集团电子有限公司等10个单位的会计报表合并编制而成。

【主要财务指标】 莱钢集团全年实现工业总产值302亿元，比上年减少36亿元，降低10.65%；实现利税总额20.81亿元，比上年减少32.16亿元，降低60.71%，其中利润总额1.13亿元，比上年减少23.17亿元，降低95.31%。年末资产总额877.68亿元，比年初增加7.62亿元，增长0.88%；长期股权投资97.48亿元，比年初增加69.16亿元，主要是山钢股份莱芜分公司重组进入山东钢铁股份有限公司，莱钢集团不再纳入合并报表反映投资增加；固定资产原值331.33亿元，比年初减少208.82亿元，降低38.66%；固定资产净额217.98亿元，比年初减少122.74万元，降低36.03%。年末负债总额654.41亿元，比年初增加2.97亿元，增长0.46%，其中银行借款380.81亿元，比年初减少70.78亿元，降低15.68%。

山钢股份莱芜分公司全年实现利润总额-11.02亿元，比上年减少15.93亿元，降低324%。年末资产总额228.55亿元，比年初减少22.79亿元，降低9.07%；长期股权投资2.35亿元,比年初增加2.35亿元,增长0%;固定资产原值215.76亿元,比年初增加1.76亿元,增长0.82%;固定资产净额99.97亿元,比年初减少9亿元,降低8.26%。年末负债总额156.93亿元,比年初减少15.03亿元,降低8.74%,其中银行借款83.79亿元,比年初降低24.57亿元,降低22.67%。

【销售收入、成本及费用】 莱钢集团全年合并营业收入600.19亿元,比上年减少148.41亿元,降低19.83%;其中,钢铁产品及副产品实现收入396.82亿元,比上年减少153.56亿元,降低27.90%;其他产业实现收入203.37亿元,比上年增加5.15亿元,上升2.60%。莱钢集团全年营业成本540.53亿元,比上年减少100.79亿元,降低15.72%。全年发生期间费用64.23亿元,比上年减少13.32亿元,降低17.18%。其中,销售费用27.06亿元,比上年减少0.75亿元,降低2.7%;管理费用18.74亿元,比上年减少10.77亿元,降低36.50%;财务费用18.42亿元,比上年减少1.8亿元,降低8.91%。

山钢股份莱芜分公司全年合并营业收入435.31亿元,同口径比上年减少111.58亿元,降低25.63%;其中,钢铁产品及副产品实现收入404.6亿元,比上年减少93.92亿元,降低23.21%;其他产业实现收入30.71亿元,比上年减少17.66亿元,降低36.51%;营业成本426.89亿元,比上年减少96.91亿元,降低22.70%。全年发生期间费用18亿元,比上年增加0.58亿元,增加3.33%。其中,营业费用1.19亿元,比上年减少0.27亿元,减少18.49%;管理费用12.17亿元,比上年增加0.77亿元,增长6.75%;财务费用4.64亿元,比上年增加0.08亿元,增加1.75%。

2012年,钢铁主业产品总成本370.9亿元,比上年实际可比成本降低10.92亿元,降低率2.86%。

【税金实现及缴纳】 莱钢集团2012年实现税费24.79亿元,比上年减少2.27亿元,降幅8.4%。其中,增值税9.39亿元,比上年增加1.37亿元,增幅17.13%;营业税2.89亿元,比上年减少6517万元,降幅18.38%;资源税2306.31万元,比上年增加394.83万元,增幅20.66%;房产税3380.55万元,比上年减少750.16万元,降幅18.16%;土地使用税1.18亿元,比上年增加649.83万元,增幅5.85%;企业所得税5.11亿元,比上年减少2.88亿元,降幅36.06%。全年上缴税费26.35亿元,比上年减少2.85亿元,降幅9.77%。

山钢股份莱芜分公司2012年实现税费5.84亿元,同比减少1.9亿元,降幅24.52%。其中,增值税4.37亿元,比上年减少1.45亿元,降幅24.88%;营业税405.54万元,比上年减少4.05万元,降幅0.99%;房产税1749.99万元,比上年增加155.79万元,增幅9.77%;土地使用税521.7万元,比上年增加75.18万元,增幅16.84%。全年上缴税费6.19亿元,比上年减少3.28亿元,降幅34.6%。

【所有者权益变动情况】 莱钢集团所有者权益合计223.27亿元,比年初增加4.65亿元,增长2.13%。归属于母公司所有者权益71.4亿元,比年初减少15.07亿元,降低17.43%;少数股东权益151.87亿元,比年初增加19.72亿元,增长14.93%。

山钢股份莱芜分公司所有者权益合计71.61亿元，比年初减少7.77亿元，降低9.79%。归属于母公司所有者权益71.45亿元，比年初减少7.76亿元，降低9.80%；少数股东权益0.16亿元，比年初减少0.01亿元，降低5.88%。

【财务评价指标】 莱钢集团反映偿债能力指标：流动资产366.87亿元，流动负债609.74亿元，流动比率60.17%，比年初降低5.66个百分点；速动资产267.19亿元，速动比率43.82%，比年初降低0.68个百分点；资产负债率74.56%，比年初降低0.31个百分点。反映营运能力指标：总资产周转率0.69次，比上年减慢0.19次；应收账款周转率27.1次，比上年减慢17.24次；存货周转率4.99次，比上年减慢0.68次。反映盈利能力的指标：营业收入利润率0.19%，比上年减少3.06个百分点；总资产报酬率2.47%，比上年减少3.16个百分点；净资产收益率-18.69%，比上年减少18.68个百分点。

山钢股份莱芜分公司反映偿债能力指标：流动资产98.51亿元，流动负债133.45亿元，流动比率72.45%，比年初降低25.03个百分点；速动资产72.09亿元，速动比率54.02%，比年初降低17.54个百分点；资产负债率68.66%，比年初上升0.24个百分点。反映营运能力指标：总资产周转率1.9次，比上年减慢0.28次；应收账款周转率12.63次，比上年加快1.21次；存货周转率17.70次，比上年加快1.46次。反映盈利能力的指标：营业收入利润率-2.29%，比上年减少3.18百分点；总资产报酬率-2.79%，比上年减少6.56个百分点；净资产收益率-15.71%，比上年减少21.52百分点。

【资金管理】 2012年莱钢集团累计资金流入量为1207.05亿元，比上年增加192.82亿元；其中，累计经营性现金流入726.7亿元，累计投资性现金流入28.59亿元，累计筹资性现金流入451.76亿元。累计资金流出量为1235.26亿元，比上年增加209.27亿元；其中，累计经营性现金流出730.35亿元，累计投资性现金流出104.87亿元，累计筹资性现金流出400.04亿元。累计资金净流出28.21亿元。其中，累计经营性现金净流出3.65亿元。

2012年末，莱钢集团公司借款380.81亿元，其中短期借款305.14亿元，比年初增加9.22亿元，增长3.12%；长期借款75.67亿元，比年初降低80亿元，降低51.4%。

2012年山钢股份莱芜分公司累计资金流入量为428.65亿元，其中，累计经营性现金流入323.82亿元，累计投资性现金流入零亿元，累计筹资性现金流入104.82亿元。累计资金流出量为430.94亿元，其中，累计经营性现金流出288.68亿元，累计投资性现金流出11.5亿元，累计筹资性现金流出130.75亿元。累计资金净流入-2.29亿元，其中，累计经营性现金净流入35.14亿元。

2012年末，山钢股份莱芜分公司借款83.79亿元，其中，短期借款68.37亿元，比年初减少11.93亿元，减少14.86%；长期借款15.42亿元，比年初降低12.65亿元，减少45.06%。

【固定资产投资】 2012年末，莱钢集团固定资产合计217.98亿元，比年初减少122.74亿元。其中，固定资产原值331.33亿元，比年初减少208.82亿元，减少38.66%；

固定资产净值 218.66 亿元，比年初减少 122.75 亿元，降低 35.96%；在建工程 135.56 亿元，比年初增加 35.62 亿元，增加 35.65%。

2012 年末，山钢股份莱芜分公司固定资产合计 99.97 亿元，比年初减少 8.89 亿元。其中，固定资产原值 215.76 亿元，比年初增加 1.76 亿元，增加 0.82%；固定资产净值 99.97 亿元，比年初减少 9 亿元，减少 8.26%；在建工程 25.31 亿元，比年初增加 13.33 亿元，增加 111.36%。

【资金增减及周转】 莱钢集团流动资产 366.87 亿元，比年初增加 5.41 亿元，增长 1.5%。其中，货币资金 95.81 亿元，比年初减少 21.85 亿元，减少 18.57%；应收票据 9.25 亿元，比年初增加 3.13 亿元，增长 51.15%；应收账款 24.05 亿元，比年初增加 9.98 亿元，增加 70.94%；其他应收款 15.62 亿元，比年初增加 4.46 亿元，增长 39.97%；预付账款 33.95 亿元，比年初增加 11.01 亿元，增长 48%；存货 99.69 亿元，比年初减少 17.46 亿元，降低 14.91%。

山钢股份莱芜分公司流动资产 98.51 亿元，比年初减少 28.14 亿元，减少 22.22%。其中，货币资金 16.99 亿元，比年初减少 2.29 亿元，减少 11.88%；应收票据 19.21 亿元，比年初减少 3.06 亿元，减少 13.74%；应收账款 33.65 亿元，比年初减少 15.34 亿元，减少 31.31%；其他应收款 2.83 亿元，比年初增加 0.3 亿元，增加 11.86%；预付账款 3.95 亿元，比年初减少 0.59 亿元，减少 17.56%；存货 24.57 亿元，比年初减少 9.11 亿元，减少 27.05%。

【应付职工薪酬】 莱钢集团应付职工薪酬期末余额 6.88 亿元，比上年底减少 3.17 亿元，降低 31.54%。其中，应付职工工资 3.01 亿元，比上年减少 1.7 亿元，降低 36%；应付福利费 10.07 万元，比上年减少 52.04 万元，降低 83%；社会保险费 0.38 亿元，比上年减少 11633.82 万元，降低 75%；工会经费和职工教育经费 1.41 亿元，比上年减少 2433.94 万元，降低 14.76%；辞退福利及内退补偿 2.04 亿元，比上年减少 0.04 亿元，降低 1.91%；企业年金 3077.81 万元，比上年减少 6217.75 万元，降低 66.88%。

山钢股份莱芜分公司应付职工薪酬期末余额 2.7 亿元，比上年底增加 0.56 亿元，上升 26.37%。其中，应付职工工资 0.91 亿元，比上年底增加 0.61 亿元，上升 202.59%；应付福利费 15.38 万元，比上年底减少 9.75 万元，降低 38.79%；社会保险费 0.46 亿元，比上年底减少 176.09 万元，降低 3.69%；工会经费和职工教育经费 0.59 亿元，比上年底增加 915.3 万元，上升 18.23%；企业年金 0.62 亿元，与上年底相比没有变化；辞退福利 175.64 万元，比上年底减少 441.2 万元，降低 71.53%；其他余额 929 万元，比上年底减少 771.51 万元，降低 45.37%。

【住房公积金】 2012 年，莱钢集团及山钢股份莱芜分公司住房公积金归集 5.92 亿元，比上年增加 4137.37 万元，增长 7.51%；住房公积金支取 2.46 亿元，比上年增加 773.88 万元，增长 3.25%；发放职工个人住房公积金贷款 7365.1 万元，比上年减少 5225.62 万元，降低 41.5%。

【股权投资管理】 莱钢集团长期股权投资余额 97.48 亿元，比年初增加 69.16 亿元，增长232.11%。其中，对联营企业投资15.68亿元，比年初增加1.51亿元，增长10.66%；对合营企业投资819.87万元，比年初减少991.67万元，降低54.75%；其他股权投资82.21亿元，比年初增加67.06亿元，增长442.64%。长期投资减值准备0.49亿元，比年初减少0.7亿元，降低58.98%。扣除长期投资减值准备之后，长期股权投资净额97.48亿元，比年初增加69.16亿元，增长244.21%。

山钢股份莱芜分公司长期股权投资余额2.35亿元。长期投资减值准备0.6亿元。扣除长期投资减值准备之后，长期股权投资净额1.75亿元。

【财务管理措施】 强化资金运营管理，实现保需求降费用目标。创造性地实施了"年预算、季滚动、月平衡、周调度、日安排"的资金管理模式。通过拓展融资渠道、积极运用新的金融产品，实现融资340.1亿元，其中新增借款65亿元。按照山钢集团《关于30亿元股权信托融资有关事项的通知》内容，成功地实现股权融资30亿元。通过开展与国有股份制银行的合作，大力争取低成本的贷款资金，实现了银行各法人主体间的授信调用，促使银行对莱钢的增量融资，降低财务费用1.35亿元。调整存货定额资金占用考核指标，逐步将生铁、废钢、焦炭、研发坯材、营销公司库存以及工程辅材纳入定额指标考核，形成《关于加强研发坯材库存管理的建议》，避免了矿石重复估价、虚增库存问题。截至12月末，存货资金占用33.28亿元，比年初降低14.16亿元，降幅29.66%。强化投资管理，累计实现投资收益3.87万元。推广并运用电子银行承兑汇票结算业务，共成功实现接收电子承兑汇票142张，背书转让97张，结算金额合计近1亿余元。根据《银行承兑汇票挂失止付管理办法》(莱钢财字2012[175]号)和《银行承兑汇票挂失止付业务流程及有关科室管理职责》(财字2012[12]号)文件的规定，自11月起对库存票据挂失止付情况进行网络查询，建立挂失票据登记台账，保证资金运作有序，满足生产经营的资金需求，确保资金链的安全、接续。

严格预算管理，深入推进全面预算运行体系。不断完善预算编制流程，提高前瞻性财务策划力度，在集团公司"深度挖潜吨钢提质增效'300+100'元"目标要求下，开展了月度经营运行绩效评价会、月度生产经营滚动预算会、旬效益测算制度和铁前成本周预算制度，进一步完善预算指标编制方法、控制手段，有针对性地细化预算管理责任体系，提高产品整体竞争力。为发挥全面预算管理对生产经营的指导作用和考核杠杆作用，着力解决考核指标量化不够、责任主体定位模糊等问题，制定战略贡献度指标，充分发挥预算管理的决策和控制作用，缩小了与行业平均指标存在的差距。

【降本增效】 在"铁前降成本，钢后增效益"的总体思路指导下，依托降本增效分析会平台，紧紧围绕降低高炉燃料比、降低铁水含硅量、提高"一罐到底"比例、降低宽厚板带出品率和推进高效合金代替等一系列降本增效着力点，通过开展"系统优化降成本，深度挖潜增效益"活动，实现吨钢提质增效302元，可比产品成本累计降低10.92亿元，降低率2.86%；1月至12月，生铁成本2621.56元/吨，在58家企业中排名28位，比2011年前进了5位。编制下发《钢铁主业降本增效项目推进手册》11期，《降本增效简报》12 期，对 68 项降本增效课题的跟踪分析和综合评定，及时掌控降本增效成果完成情况。在降本增效管理、原料采购管理、存货管理、物流管理、产品营销管理、工序成本、产品品种结构等主要生产经营环节，分别与唐钢、安钢、济钢、永锋、石横、首钢等钢铁企业进行对标，按照系统对标与专项对标相结合、成本对标与利润对标相结合、过程控制对标与绩效考核对标相结合的新型对标模式，积极借鉴兄弟单位在成本管控、营销策略、绩效考核等方面的先进经验，提出、落实 30 余项改进措施方案，不断完善成本管控工作流程和方法。

【财务基础管理】 不断提高财务管理信息化水平，完善、建立银山型钢成本核算系统、山钢股份莱芜分公司账务成本核算系统、大宗原燃料管理信息系统、产品销售价格管理系统、预算分析系统等 7 项财务管理信息系统程序，提高工作效率和质量。科学优化业务流程，清除冗余账户，共细化、优化会计科目 1000 余个，延长原始凭证周转流程，分解财务风险。实施财务人员驻厂管理制度，制定下发《驻厂财务人员工作职责管理办法》，向 14 个生产（辅助生产）单位派驻驻厂财务管理人员 44 人，实行“周分析、旬报告、月总结”的管控方式，将成本控制点前移，变事后控制为事前、事中控制，不断完善“两级成本控制”模式。强化制度建设与管理力度，制定《银行承兑汇票挂失止付管理办法》《大额资金使用管理规定》《经费包干考核管理办法》《驻厂财务人员工作职责管理办法》等一系列管理制度，并持续加大监督检查工作力度。

（撰稿：亓　峥　审稿：裴建光）

资本运营管理

【综述】 资本运营部与外派董事工作办公室合署办公，下设产权管理科、投融资管理科和资产管理科。2012 年末，共有在职职工 18 人，其中具有高级专业技术职务的 14 人，中级的 2 人，初级的 2 人。主要职能是改革改制、产权管理、投融资管理、资产管理、集团管控。

【产权管理】 2012 年度为山钢集团莱钢新疆有限公司（以下简称“新疆公司”）、莱芜钢铁股份有限公司（以下简称“莱钢股份”）等 17 个单位办理产权占有登记、变更登记和注销登记。对莱钢集团公司 48 项股权投资企业进行全面调研，详实掌握国有资本产业分布、被投资单位的经营发展、投资收益等情况，建立健全了股权管理档案。

钢铁主业重大资产重组全面完成。原济南钢铁股份有限公司（以下简称“济南钢铁”）通过向莱钢集团公司定向增发和资产重组，完成对“莱钢股份”的吸收合并。换股前，莱钢集团公司实际持有“莱钢股份”6.89 亿股（688503152），按照 1∶2.41 的比例换取“济南钢铁”16.59 亿股（1659292596）。“济南钢铁”通过向莱钢集团公司定向增发股份，受让了莱钢集团公司所持莱芜天元气体有限公司 100%、山东莱钢国际贸易有限公司 83.33%、莱钢集团电子有限公司 100%的股权，并重组了莱钢集团公司所属动力部、自动化部、运输部的经营性资产。经山东省国资委核准（鲁国资产权函〔2011〕19 号），上述股权和资产的评估值 23.67 亿元（2367144100），按 3.44 元/股的发行价格，莱钢集团公司取得“济南钢铁”定向增发股份6.88亿股(688123285)。钢铁主业重大资产重组完成后,“济南钢铁”的主体即时变更为山东钢铁股份有限公司,莱钢集团公司实际持有山钢股份公司23.55亿股(2355115523),持股比例36.59%,为第二大股东。

鲁银投资集团股份有限公司(以下简称“鲁银投资”)2012年度实施了配股方案,以2011年12月31日总股本2.48亿元(248306783)为基数,向全体股东每10股配送红股10股。配送方案实施后,鲁银投资注册资本增至4.97亿元(496613566),莱钢集团公司持有股权由3606.56万元(万股)增至7213.12万元(万股)。

2012年,莱钢集团公司从所出资企业获得2011年度现金红利共计5.26亿元(含配送红股3606.56万元)。其中,从各改制公司分得23305.46万元,从齐鲁证券公司分得13986.34万元,从永锋钢铁公司分得7140.68万元,从莱商银行分得3110.67万元,从鲁银投资取得红股3606.56万股、分得红利432.79万元,从其他被投资单位分得1597.86万元。

莱芜钢铁集团淄博锚链有限公司(以下简称“淄博锚链公司”)清产核资结果获得山东省国资委批复(鲁国资财监函〔2012〕11号),核销资产损失1357.51万元,其中核减权益895.08万元,核销长期投资减值准备462.43万元。

【产业结构调整】 莱钢建设公司持有青岛明治橡塑有限公司国有产权处置方案于1月19日获山东省国资委(鲁国资产权函〔2012〕8号)核准,莱钢建设公司持有的45%国有股权通过产权交易市场以1020.69万元转让给日本明治株式会社。莱钢建设公司所属全资子公司信莱钢构设计有限公司清算注销,于3月11日办理完毕工商注销登记手续。莱钢建设公司所属全资子公司青岛信莱粉末有限公司股权转让清产核资于4月12日获得山东省国资委(鲁国资财监函〔2012〕6号)核准。

莱钢集团公司与鲁银投资资产重组。经莱钢集团公司董事会审议通过,签订了《重大资产置换及发行股份购买资产框架协议》。鲁银投资以其带钢分公司部分存货、全部非流动资产和预收账款与莱钢集团公司持有的莱商银行4.98%股份进行置换,并以置入资产价值大于置出资产价值的部分向莱钢集团公司发行股份。

莱钢集团公司转让所持山东天泰新材料股份有限公司(以下简称“天泰公司”)51.33%国有股权得到山东省国资委批复(鲁国资产权函〔2012〕31号)。11月29日,莱钢集团公司所持天泰公司51.33%的股权(挂牌价235.66万元)通过产权交易市场进行公开拍卖,最终以295万元成交。淄博锚链公司所属全资子公司黑旺矿业有限公司于2月7日办理完毕破产管理人银行账户注销手续,破产工作全面结束。齐鲁资产管理公司破产清算于12月31日在济南市中级人民法院立案。

【投融资管理】 6月银山型钢公司向山东省国际信托有限公司以股权信托方式融资30亿元。融资完成后,银山型钢公司由法人独资公司变更为有限责任公司,注册资本由44.2亿元增加至63.14亿元,其中莱钢集团公司出资44.2亿元,占实收资本的70%;山东省国际信托有限公司出资18.94亿元,占实收资本的30%,11.06亿元计入银山型钢公司资本公积。

根据山钢资字〔2011〕76号文批复，莱钢集团公司于2012年4月向新疆公司增加权益投资3亿元。增资工作完成后，新疆公司注册资本由5亿元增至8亿元，仍为莱钢集团公司的全资子公司。

莱钢集团公司出资设立莱芜银大供水有限公司。经莱钢集团公司董事会决议通过并呈报山钢集团公司批准，出资420万元与莱芜水务集团及第三方共同出资设立莱芜银大供水公司。莱芜银大供水公司注册资本1200万元，其中莱钢集团公司出资占注册资本的35%。

莱钢建设公司增加资本。按照山钢集团公司《关于莱钢以增资方式变更青岛莱钢工业园二期土地使用权的批复》（山钢资字〔2012〕32号），将青岛莱钢工业园二期土地使用权转为对莱钢建设公司的权益投资。该宗土地评估值2648.6487万元（增值1599.57万元，增值率152.47%），其中2600万元转为莱钢建设公司的实收资本，剩余的48.6487万元计入莱钢建设公司的资本公积。完成土地使用权转移后，莱钢建设公司注册资本由10亿元增至10.26亿元，仍为莱钢集团公司的全资子公司。

3家改制公司实施增资扩股。经莱钢集团公司董事会同意并呈请山钢集团公司批准，在保持原有股权结构不变的前提下，莱钢集团泰东实业有限公司（简称“泰东公司”）用未分配利润转增资本，其注册资本由2935.62万元增至6000万元；山东莱钢汽车运输有限公司（简称“汽运公司”）以未分配利润和盈余公积转增资本，其注册资本由5500万元增至1亿元；莱钢集团矿山建设有限公司（简称“矿建公司”）以未分配利润和盈余公积转增资本，其注册资本由4000万元增至1.2亿元。增资扩股完成后，莱钢集团公司持有泰东公司、汽运公司、矿建公司的股权分别增加766.1万股、1530万股和2720万股。

莱钢集团公司营销体制改革。经集团公司董事会决议通过，设立郑州、昆明、永康、淄博、合肥经贸有限公司和北京、武汉、文登、泰沂、济宁销售分公司。

【集团管控】 资本运营部/外派董事工作办公室密切关注莱钢出资企业的经营发展，通过董事会、股东会参与被投资企业的各项重大决策，全年完成各级企业董事会、股东会及上级批转办理的重大事项600件。外派专职董事认真履行监管职责，指导任职公司建立和完善内控制度，推进任职公司规范运作。

2012年莱钢集团公司董事会对以下权益投资项目履行了决策审批程序：莱钢建设公司向咸阳丽莱公司增资，设立上海、临沂、济南房地产项目公司；埃尔顿公司出资1000万美元认购郑煤机境外上市配售股份，在新加坡设立贸易公司；齐鲁证券公司对鲁证期货实施股份制改造并认购鲁证期货增资股份；莱钢机制公司、淄博锚链公司在新疆设立全资子公司；鲁碧建材公司购买莱芜鲁能水泥公司股权；泰东公司与蓝天公司共同出资设立新疆泰东新材料公司；汽运公司、矿建公司、泰东公司共同出资设立鲁中小额贷款公司；新泰铜业公司股份制改造，设立莱芜金山矿产资源有限公司等。

【资产管理】 全年办理固定资产项目转资32项、1326.24万元；办理固定资产报废31项、1269.28万元；办理动力部、运输部、自动化部资产剥离及调拨 306 项，原值 21763.35 万元，净值 18618.48 万元；莱钢集团公司托管资产民建设施大修 68 项，更新设备 11 项，总投资额 762.68 万元；通过租赁、拍卖等多种方式对资产进行盘活，实现租赁收入 9652.78 万元、拍卖收入 23.3 万元。

莱钢加油站资产转让。经莱钢集团公司董事会决议通过，莱钢第一加油站（集团公司资产）以评估价值 315.25 万元、第二加油站（原莱钢股份公司资产）以评估价值 147.42 万元转让给蓝天商旅车业有限公司。

莱钢集团公司 CCPP 发电项目配套资产转让（山钢资字〔2012〕55 号批复）。CCPP 发电项目配套资产以评估价值 6983.18 万元（账面值 6869.64 万元，评估增值 113.54 万元）转让给山钢股份公司。

莱钢集团公司自动化部、运输部、动力部资产转让。经山钢集团公司核准，原莱钢集团公司自动化部、运输部、动力部 2011 年度新增资产以评估价值 49672.81 万元（账面值 49788.53 万元，评估减值 115.72 万元）转让给山钢股份莱芜分公司。

（撰稿：曹文侠　审稿：部先颖）

生产管理

【综述】 集团公司总调度室与山钢股份莱芜分公司总调度室、银山型钢公司生产处复合设置。是全公司的生产组织指挥中心，全面负责集团公司生产组织管理；负责年度、季度计划的分解落实，按照“五同时”的原则，制定月度作业计划和日作业计划，并组织实施；负责对生产运行过程的协调、控制、监督、检查、考核，把握生产动态，收集汇总生产数据、信息，通报生产运行情况；负责在制品和产成品的厂内运输和作业管理；负责内部倒运和外委劳务管理；协调做好设备检修工作，做好设备检修期间的物流平衡；负责水电风气（汽）等动力能源的动态调节、平衡管理；负责生产过程重大事件、事故的现场生产协调并参与事故、事件的调查分析处理；负责全公司生产调度系统业务建设的指导工作，建立健全生产调度管理制度，提高管理水平。总调度室下设生产运行控制中心、计划科、生产科、综合科，2012 年底，共有职工 32 人（含退居二线 3 人），均为管理人员。

【铁、钢、材产量完成情况】 集团公司铁产量累计 1486.47 万吨，完成年度计划的 95.29%；本部铁产量累计 1032.41 万吨，完成年度计划的 91.36%；集团公司钢产量累计 1447.6 万吨，完成年度计划的 96.51%；本部钢产量累计 983.98 万吨，完成年度计划的 91.96%；集团公司钢材产量累计 1446.18 万吨，完成年度计划的 97.72；本部钢材产量累计 962.3 万吨，完成年度计划的 92.41%。

【生产组织】 逐级分析重点可控要素，进行分级重点控制，精益管理，以关键促全局。公司层面，以高炉为中心，以焦炭质量和设备运行为重点；炼铁层面，以加强高炉操作为重点。按照这一思路，实施“两确保一加强”，保证设备稳定运行，焦炭质量达标稳定，高炉操作科学合理。在炼钢工序，克服 4 号脱磷炉施工与生产相互交叉、铁水阶段性不平衡等困难，进一步推行“一键式”炼钢、生产时刻表生产组织模式，科学分流铁水，着力提升有效产能；在轧材工序,继续采取集中供坯、集中生产、避峰填谷的生产组织模式,加强产品交货周期管理,完善高效灵敏、准时交货的管理机制。全年公司本部铁、钢、材生产基本保持稳定,精益量化管理、边界管理等先进管理理念在实践中得到推广应用,整体生产组织水平显著提升,适应市场变化能力增强。

【年修和工程建设期间生产组织】 针对4号脱磷炉建设与生产相互交叉的实际,科学安排品种计划,适当增加有利于提高产量的大规格比例,合理安排连铸机开停顺序,最大限度减少施工影响。在新区铁水接收跨北延、4号脱磷炉高跨拆除施工期间,采取单股进铁、装载机加废钢、增加铁水铁块消耗量等多种措施,使新区转炉钢产量保持较好水平。

全年先后进行了型钢炼钢厂1号连铸机、型钢厂大型、莱芜分公司炼钢厂1号和4号连铸机、板带厂窄带、型钢厂中型等多轮次年修以及股份炼铁厂1号、3号、5号等3座高炉大修。大修和年修期间,各单位、各部门克服高炉、转炉检修跨区域进行,铁水平衡难度大等困难,以铁水平衡为重点,优化工序衔接匹配,加强能源介质平衡,确保了生产稳定有序。

【资源配置】 建立效益导向生产机制,推行生产经营型管理。按照销售和用户需要进行事前定量分析、详细测算,以系统成本最低和综合效益最佳决定生产组织行为,实现生产组织向生产经营型管理的深度转变。科学调整产线大结构,最大限度提高效益相对较好的产品产量,控制效益较差的产品产量。全年相对高效的螺纹钢、转炉优钢、型钢产品产量同比分别增加0.94%、1.35%、0.6%;效益相对较差的型钢公司产品产量同比下降12.88%。细化产线内部小结构,板带厂、型钢厂、宽厚板厂、技术中心等单位和部门加大新产品开发力度,年内开发了海洋系平台用钢、门架槽钢、风电用钢、管线钢、热轧锯片用钢、控轧螺纹钢等新产品,全年本部新产品比例达到25.21%。动态测算产量与效益、产量与品种的最佳结合点,突出B类以上产品,科学安排C类、D类产品生产,全年本部指定高效和高专产品比例分别达到71.07%、72.22%。

【挖潜增效】 强化边界管理,促进降本增效工作水平不断提升。铁钢之间重点抓"一罐到底"工作,通过压缩在线运行铁水罐数量、提高铁水罐运行效率和加强出铁管理、提高装准率等措施,使"一罐到底"比例不断提高,降低运行成本,提高节能环保效果,其中9月和10月,型钢区域"一罐到底"比例分别达到40.2%和38.6%。钢轧之间重点抓热送热装工作,通过科学安排生产计划,提高钢轧匹配度等措施,莱芜分公司炼钢厂1号至4号连铸机、型钢炼钢厂2号连铸机、特钢事业部5号连铸机的热送率以及棒材厂一轧、二轧,板带厂窄带、宽带,型钢厂中型、小型的热装率均超过90%,有效降低了能耗和运行成本,提高了生产效率。铁焦之间重点减少焦炭内部倒运,利用焦化厂新建4号管带机,减少厂内焦炭汽车倒运;发挥型钢区域块矿、球团直上皮带作用,将块矿、球团汽运供料改为皮带运输,减少倒运费用。提高重点指标水平,重点抓内部倒运费用和宽厚板带出品率,自6月开始，宽厚板带出品率连续 4 个月保持在 5%以下，其中 9 月降至 2.15%。

【科学控产】 针对持续低迷的市场走势，实施适度控产的生产组织策略。根据高炉生产情况，先后对 1 号、3 号、5 号等部分处于炉役后期、冷却壁损坏，护炉、生铁成本较高的 1080 立方米高炉进行大修，公司本部控产规模保持 6000 吨 / 日。在降低运行成本、规避市场风险的同时，积极组织大修。控产期间，在炼铁工序实行“计划目标值”考核机制，避免非计划减产或盲目超产造成生产失衡。针对新区生铁成本低，老区产品效益好的实际，按照系统成本最低、综合效益最佳的原则，加大铁水调运力度，把新区铁水大量调往老区和银前区。1 月至 12 月，共分流型钢新区铁水 206.4 万吨，占型钢炼铁厂高炉总产量的 33.8%，确保了相对高效产品满负荷生产。

【能源利用和自发电】 制定并不断优化能源介质量化平衡表，加强使用和调配管理，对能源介质实施定量调控；合理控制煤气管网压力，提高转炉煤气并网量；按照能耗和管网输送损耗两项指标对汽轮发电机组进行分类，明确发电机组经济运行系数以及开机和保产顺序；建立“135”制氧机运行方式调整模式，减少机组开停频率和放散损失；实施型钢区域 30 万立方米高炉煤气柜在线运行项目。在股份和型钢区域分别采取了“以面保点”和“专气专供”的保供措施，保证高炉生产需要。通过对能源介质的定量精益调控，有效提高了能源利用效率，公司自发电水平大幅提升。1 月至 12 月，公司本部高炉煤气、焦炉煤气放散率分别由 2011 年同期的 0.76%、0.70%降至 0.39%、0.18%；转炉煤气回收由 69.68 立方米 / 吨钢提高至 98.86 立方米 / 吨钢；共完成发电 22.18 亿千瓦时，同比增加 14.72%，增加发电量 2.847 亿千瓦时。

【低库存生产】 严格控制原燃料库存总量，提高生产经营的灵活性。自年初开始，特别是下半年，公司实施当期成本测算和低库存生产策略，生产系统严格落实公司要求，将铁矿石厂港库存总量严格控制在 80 万吨以下。灵活调整入炉料结构，保证入炉料成本最低。优化低库存条件下的生产组织，建立并坚持“产、供、研、运”每日碰头会制度，加强生产、采购、运输、使用等全过程协调管控，保证高炉原燃料正常供应。大力压减铁块和废钢库存。针对上半年 4 号脱磷炉建设造成铁、钢产能不匹配的实际，在严格控制总量的基础上，适当增加铁水铸块量，保证铁钢平衡。下半年，各单位加大铁块、废钢消化力度，财务部适当调整库存废钢转移价格，为老区、银山前区转炉增加废钢消化创造良好的条件，总调度室每天编制废钢铁调拨日报表，加强使用平衡和监督，使铁块、废钢库存有效降低，最大限度减少资金占用。

【重点工程】 型钢 50 兆瓦发电工程建设及设备调试期间，能源动力厂及各相关单位提前介入，相互配合，为设备调试及试车创造条件。2 月 27 日，50 兆瓦发电机组顺利并网发电并在较短的时间内达产。5 月 29 日，特钢事业部银前区 VD 炉顺利试生产 5 炉 45 钢，热试生产一次成功。3 月 11 日，建设周期长达 4 年之久的 110 千伏双陈线工程送电并带负荷，运行的可靠性及运行方式的调整灵活性更趋合理。

【内部倒运和外委管理】 为降低内部倒运和外委费，对内部倒运和外委的287个小项建立分类明细，运用完全成本分析的方法，将着力点放在烧结矿、焦炭倒运等重点可控项目上，对三区生铁和烧结矿产量进行科学平衡，提高区域自保供能力；针对老区烧结机产量偏低的问题，召开专门会议，分析查找原因，制定减少漏风等多项整改措施，提高105平方米烧结矿产量，减少跨区域倒运。进一步规范内部倒运和外委项目费用审核机制，实行厂、部双把关制度，杜绝各类不合理费用发生。

（撰稿：孔德勇　审稿：李强之）

安全生产管理

【综述】 集团公司安全生产部与山钢股份莱芜分公司安全生产部、银山型钢公司安全生产处复合设置，是莱钢安全生产管理的职能部门，担负着莱钢生产、建设、运输等过程的职业健康安全监督管理，特种设备监测检验、劳动防护用品标准管理以及劳动防护用品仓储、采购等任务，下设综合管理科、安全生产监督管理科、职业卫生管理科、劳保护品科4个科和特种设备检测检验站。2012年末，共有职工34人，其中具有高级专业技术职务的8人、中级18人，初级3人；研究生学历的2人，大学本科以上学历的24人，专科学历的3人；中共党员30人。

【"三基"安全管理工作】 召开安全工作会议，总结部署安全生产工作，逐级分解责任目标，层层签订《安全生产绩效考核责任书》，深化"单位负责、部门监管、全员参与"的专群结合工作机制，把安全防范触角延伸到每一个班组、每一个岗位。修订完善《安全生产责任制》《安全生产事故隐患排查整改规定》等16项规章制度。成立"莱钢安全培训基地"，采取"统一规划、分类培训、严格考核"的培训模式，组织开展日常安全培训教育，春季学规普法教育等活动；组织开展煤气、防汛、熔融金属等各类应急演练活动；举办安全资格、特殊工种取证、班组长安全专题、职业卫生知识等培训共112期，7678人次参加。加大班组安全建设管理力度，广泛开展安全示范班组、优秀班组、合格班组创建活动，不断提高班组安全管理能力。型钢炼铁厂3号高炉主控班荣获"全省安全生产双十佳班组"荣誉称号。焦化厂动力车间2号变电站、炼钢厂行车车间行车一班被评为"莱芜市安全生产十佳班组"。

深化安全标准化管理内涵，在全公司范围内组织开展以管理标准化、现场标准化、操作标准化和检查标准化为主要内容的"四个标准化"管理模式创建工作。举办"四个标准化"创建经验交流会、专项督查等活动。莱芜分公司炼铁厂、莱芜分公司炼钢厂、型钢炼铁厂、型钢炼钢厂、特钢事业部等单位顺利通过全省安全标准化二级企业复审。

【"安全生产基层基础强化年"活动】 按季度制定"安全生产基层基础强化年"四次重点整治活动方案，发动全体职工以每一道工序、每一个岗位、每一台设备为单元，深入排查高温冶炼、起重设备、建筑施工、危险化学品、煤气、氧气、电气等重点领域和重要介质的安全状况，排查治理各类事故隐患和不安全因素，整治效果明显，保证了汛期、十八大等特殊时期的安全稳定。根据季节特点，先后开展易坍塌地段、“四个标准化”创建，以及煤气、危化品、熔融金属三大危险源专项检查，组织开展了以查违章、查隐患、查现场、查管理、查思想为主要内容的“五检查、五整改”安全生产大检查活动，加大现场安全督察和夜查力度，全年查出隐患7000余项，对重点隐患下达《安全隐患整改指令书》86份，《风险告知书》20份，《督办令》6份。

【重点风险因素管控】 组织开展年度危险源深度辨识、风险评价活动，对重大危险源实施重点管控，对其他危险源制定针对性控制措施。强化煤气系统安全管理，投资549万元改造完成煤气放散点火装置，解决炼钢老区煤气放散问题；投资172万元对煤气系统安全隐患进行整治；强化煤气在线监控系统、报警设施和应急设施的维护保养，提高煤气安全运行水平。莱钢煤气在线监控系统参加全国信息化与工业化融合成果展览会，是安全生产成果展区唯一的冶金企业。突出抓好熔融金属的运输、储存等重要环节的安全管理，定期检查钢水包、铁水罐耳轴、炉衬及吊钩、钢丝绳等关键设施，汲取其他企业铁水包倾翻事故教训，组织开展熔融金属专项检查和集中整治活动。强化设备检修安全监管，严格执行工作票、工作牌制度，加强过程动态监控和安全确认。加强特钢系统优化升级项目、型钢4号脱磷炉等重点建设项目安全监管，严格落实安全、职业卫生“三同时”规定，强化施工现场安全督查和相关方安全监管，严格执行重点危险作业审批制度，保障工程建设稳步推进。加强特种设备日常点检、维护保养和定期检测检验工作，检验起重机械626台、厂内工艺运输车辆87台，消除缺陷783项，投资530万元对不达标的2台冶金吊进行改造。

【安全文化建设】 倡导“大安全观”“任何事故都是可以避免的”等安全理念，开展“百日安全竞赛”“青年安全示范岗”创建等活动。以“安全生产月”活动为契机，组织开展行车工安全技能比武、应急预案演练周、夏季“四防”专项检查、安全生产知识竞赛等活动；组织参加全省安全文化书画摄影作品征集活动，莱钢16幅作品获奖；举办为期3天的安全文化书画摄影展，1万余名职工观展；编撰《安全管理》电子杂志12期，发放《第一管理——企业安全生产的无上法则》600册，编印《自己的安全自己管》安全宣传挂图5000份。

2012年1月6日，集团公司召开安全生产工作会议

【职业卫生和劳动保护工作】 加强职业危害因素治理，投资1.2亿元，重点实施型钢区域2台265平方米烧结机烟气脱硫系统、焦化厂备煤车间翻车机湿式除尘改造等12个项目，职工岗位环境得到改善；组织完成14000名接毒接害岗位职工查体和5388个粉尘、噪音、高温、毒物检测点的检测，对70名职业禁忌人员的岗位及时进行调整；开展新版《职业病防治法》宣传周活动，加大职业卫生防护知识培训教育。强化劳保护品管理，优化采购模式，提高劳保护品性价比。优化防暑降温物品供应渠道，提高物品质量，较好满足热线岗位职工的劳动保护需求。

（撰稿：刘新玉　朱英爱　审稿：刘祖华）

设备与动力管理

【综述】 集团公司机械动力部与山钢股份莱芜分公司机械动力部、银山型钢公司机械动力处复合设置，是莱钢设备与动力管理的职能部门。负责集团公司、莱芜分公司和银山型钢公司生产设备过程控制、设备与工业建筑大中修和技改技措计划项目工程管理、动力管理、机电设备与备品备件及材料采购供应、仓储与配送管理，以及莱芜分公司与银山型钢公司的固定资产管理。2012年8月，机械动力部实施内设机构优化调整及科级干部优化配置，五金交电科与材料科合并为五金材料科，内设科室由17个压减为16个，科级人员由30人压减为26人。年末，共有职工270人，其中具有高级专业技术职务的58人，中级的70人，初级的4人；大学学历152人；中共党员111人。

2012年，莱芜分公司固定资产原值215.76亿元，净值99.97亿元；其中设备原值131.49亿元，净值49.94亿元，设备总数9947台。银山型钢公司固定资产原值103.95亿元，净值40.73亿元；其中生产设备原值55.09亿元，净值20.95亿元。

全年无重特大设备事故；公司主要生产设备有效作业率95.68%，轧机设备作业率72.61%；事故、故障停机率0.02%，在同行业处于先进水平；热线设备定修命中率97.6%，同比提高0.2个百分点；吨钢维修费93.6元，处于受控状态。各项经济技术指标均完成年度既定任务目标。

【设备管理】 审查梳理和修订完善设备管理规章制度，把设备维护保养工作融入日常设备管理活动之中，完善设备“一书四标”和基础档案管理，细化维护要求，量化维护标准，建设设备维护保养规范化体系，提升设备技术状况和运行稳定性。加大关键设备的研究与管控力度，优化设备定修模型，上下道工序衔接不紧密的生产线适当延长定修周期；坚持常态化设备管理现场督查，加强故障源系统辨识与风险评价，完善突发性设备故障应急预案，提高应急处置能力；跟踪督办设备事故和故障整改，防止重复性事故发生。贯彻落实设备安全管理要求，对起重机械、压力容器、煤气管道、钢包、铁水罐等特种作业设备实施定期强制技术检验，完成4号1080立方米高炉荒煤气管道漏点堵漏，型钢公司炼钢厂3座120吨转炉放散塔点火装置恢复，8万立方米煤气柜整改等隐患治理项目；开展工业建筑固定资产及技术状况普查，鉴定并整改安全隐患336项。

集团公司“设备振动诊断中心”和“设备润滑油品检测中心”于9月4日和11月3

日相继在能源动力厂和焦化厂揭牌运行，“智能点巡检系统”11月初在能源动力厂、型钢厂、宽厚板厂3个试点单位投运，设备状态监测“一个系统、两个中心”建设工作规划全部落实到位。组织检测并解决型钢炼铁厂3号高炉两台除尘风机负荷提升、焦化厂3号干熄焦提升机减速机振动、620毫米窄带轧机按质换油、特钢事业部二炼车间大包回转台轴承振动等问题，对特钢银前140吨行车焊缝裂纹隐患实施重点监测特护。集中组织开展红外成像技术等3轮次专业培训，创新研究试验《莱钢管带机防撕裂预警系统》等项目。

【设备检修改造】 全年设备与工业建筑大中修计划374项，实际完成361项，年度设备与工业建筑大中修计划综合实现率96.52%，同比提高0.33个百分点。组织各类维修工程项目招标210项，获比价效益1155万元；审减设备与工业建筑大中修工程额达6374万元。实际支出大中修费用31462万元，比计划费用节支5946万元，大中修计划费用节支率15%，同比提高6个百分点。

结合4号脱磷炉建设和限产，先后组织完成莱芜分公司炼铁厂3号、5号、4号高炉大修和2号、3号烧结机年修，炼钢厂银山型钢区1号至3号转炉和老区部分转炉、连铸机年修，棒材厂中小型线、型钢厂大型和中型线、板带厂620毫米带钢线、中宽带和冷轧线年修，特钢事业部50吨电炉与合金钢连铸机年修等，实现“保质量、保安全、保工期”的任务目标。推广应用新技术、新材料、新设备、新工艺，科学、经济组织安排各类检修项目，立足内部维修，从严控制各项费用。莱芜分公司3号高炉大修创造性采取“保留高炉主沟，只开一个检修门”拆除方案，节支200余万元；2号干熄焦大修采用整体浇注等新技术，工期由原计划35天压缩为29天，干熄炉使用寿命由原来的12个月提高到24个月，比全国平均水平高出一倍，节省施工费用600多万元；自行研制柴油机深度分解专用工装机具及柴油机清洗设备，完成首台电传机车自营大修工作。

完成焦化厂导热油再沸器蒸氨节能改造、莱芜分公司炼铁厂2号高炉提升风温改造、型钢炼铁厂120万吨/年球团润磨工程等技措技改项目；完成型钢炼铁厂1号、2号265平方米烧结机烟气脱硫、400平方米和265平方米烧结机余热发电、焦化厂焦炉煤调湿等能源管理项目。截至12月底，完成生产类技措技改项目62项，投资21700万元；完成设备与工业建筑大中修项目450项，投资31300万元；完成25044台(套、件)设备外委及内包修理，计划费用24767万元，审减决算额5427万元。以电炉、连铸、轧机3个技术引进商务合同执行为主线，建立并运行特钢产品升级改造专项工程采购管理机制，保证工程设备采购整体工作受控。

强化维修费的预算分析与计划管理，日常维修、外委内包修理、备件材料采购等多方协同配合，严把费用列支关。全年钢铁主业合计发生维修费9.18亿元，较预算节约6751万元，较挖潜目标节约1751万元；实施以离心净油新技术、新型润滑脂、低成本油脂替代为重点的科学润滑方案，吨钢润滑成本降低1元，全年共降低润滑成本931万元；加大对各单位修旧利废工作考核力度，全年共修复旧件19576件(套)，修旧利废节约资金5816.48万元。调拨固定资产18项，原值约525.99万元，按程序组织闲置设备资产竞标出售11次，为公司回笼资金2555万元。

【维修体制改革】 按照“分散维护、集中检修、操检合一、全员参与”的基本思路，加大考核引导力度，调动生产操作人员参与维修的积极性，基本形成全员参与设备维修的大格局。推动现有维修资源的优化配置，提高自营维修能力。自8月起，机械动力部会同人力资源、企业管理、财务等部门在全面系统调研的基础上，研究形成多套维修体制改革方案；11月中下旬维修体制改革进入具体实施阶段；12月设备检修中心正式挂牌成立后，及时制定下发《检修管理暂行规定》等基本管理制度，集中组织文件宣贯和人员培训，加大现场协调工作力度，理顺检修业务工作流程，维修资源和力量跨区调度集中使用和专业化维修的优势显现。12月27日，型钢炼铁厂3号高炉定修经过16小时顺利完成，涉及8个单位、13条生产线，维修体制改革经受住大考任务检验。

【动力管理】 总结季节性多发故障的规律和特点，开展以春秋两季电气清扫、夏冬两季四防为重点的季节性隐患排查和专项整治工作，降低季节变化对动力设施运行的影响。合理调整供电运行方式、发电并网方式，加强调度管理和运行控制，优化调整主变压器、无功补偿装置等设备的运行方式和负荷，确保动力系统的稳定经济运行。协调推进110千伏双陈供电线路全面贯通，消除银山站和陈家庄站供电区域长期单线运行，事故多发造成损失的电网安全隐患；组织完成冯家庄、陈家庄变电站35千伏系统灭弧装置改造；开展型钢炼铁厂3号高炉配套5号电动鼓风机技术攻关。制定《当前莱钢供水形势及生产组织应急预案》，推进莱芜大冶水库调水项目。实施加大转炉煤气回收量和并网量的相应改造、老区混合煤气加压站升级改造及一系列在线合茬，缓解型钢区域50兆瓦发电机组投产后煤气热力系统能源紧张的局面；优化并实施6万立方米制氧项目外线管网布置及合茬、吹扫方案，对生产未构成影响。科学安排50兆瓦发电机组并网方式，优化发电机组、锅炉等动力设备及相关生产设施检修模型，TRT发电设备、常规汽轮机组检修与高炉检修相结合，干熄焦发电机组检修与干熄焦设备检修同步；110千伏双陈供电线路并网运行后，在优化供用电运行方式，防止电网反送电的同时，提高全系统功率因数，降低基本电费支出；采取合同能源管理模式对风机、泵、照明等实施进行节电改造。全年自发电量22.18亿千瓦时，同比增长14.72%，发电量提升合计增加效益1156.3万元；节约电量10935.51万千瓦时，节约电费6014.53万元；发电、节电总效益7170.83万元。

【备件材料管理】 落实超额采购和库存超限专项考核办法，执行设备备件采购限额和月度计划研讨制度，对备件材料消耗指标、库存物资进行全面摸底，严格结合库存情况审批采购计划，督促各单位通过修、配、改、代等方式使用现有的库存备件；推动现场备件参与公司大物流循环，满足生产需求，避免不必要的采购。研究区域专业仓库规划建设，初步实现标准件统一仓储和油品、钢材等材料物资集中配送。2012年，生产维修用设备备品备件合同金额99765.24万元，较2011年116510.75万元降低16745.51万元；工程项目设备合同71577.63万元，技措技改设备合同7715.51万元；生产辅助材料合同57076.06万元，工程辅助材料合同8397.98万元。2012年底设备库存33961万元，辅助材料库存2039万元，比考核指标3.8亿降低2000万元。

坚持设备、材料高性价比采购目标，创新采购供应管理，降低采购资金支出，零库存采购品种由2011年的15种增加到20种，零库存备件招标年降低采购成本500万元以上；实施棒材厂二轧线轧机导卫等一批总量承包项目，年节约资金506万元；进口轴承、减速机、高压变频器、低压电器元件、液压阀组等五大类别实施国产化，先后完成炼钢厂扇形段、宽厚板轧机轴承、辊道减速机和板带厂中宽带万向节轴、进口阀组、冷轧干簧管点火电极等国产化改造，其中万向节轴和进口阀组分别节约采购费用60%和80%，全年国产化替代采购金额1448.48万元，节约采购费用近60%；协助销售中心、财务部等部门为中国一重等莱钢战略合作伙伴单位办理钢材抵账事宜，全年抵账货款12200万元。

理顺和完善设备备件及材料采购业务流程，提高采购质量和效率。规范供方动态评价管理，研究修订合理的供方准入门槛与退出办法；规范供方企业分级管理，限定准入供方的业务范围和授权人。推进以设备备件全寿命周期管理为核心的物资采购信息系统建设，完成物资编码规则编制工作，功能设计和程序开发进行模块功能需求的补充和优化。联合招标中心，推行26大类、120个品种设备材料的公开招标。

（撰稿：朱　炜　审稿：赵红光）

质量管理

【综述】 品质保证部是集团公司质量管理职能部门，与全面质量管理办公室、品牌保护办公室、六西格玛推进办公室复合设置。主要职能是贯彻落实国家质量法规，莱钢部分中间产品和出厂产品的质量检验，全面质量管理知识普及、教育、推广与应用，公司群众性质量管理小组及六西格玛质量管理活动推进，公司产品创优、认证及企业创奖、质量考核，莱钢产品品牌保护的组织、协调等。

【认证创奖】 推进名牌战略及产品认证工作，完成部分产品申报“冶金产品实物质量金杯奖”“品质卓越产品”和“山东名牌产品”的现场审核、实物检验、客户满意度测评和最终答辩等工作；部分产品通过CE认证、扩证审核、FPC认证监督审核及扩证审核、特种设备制造许可证鉴定评审、日本JQA换证审核、交通产品年度监督审核、韩标三年复审等认证、扩证、换证工作；银山型钢有限公司通过中国船级社质量管理体系年度监督审核，山钢股份莱芜分公司通过英国劳氏ISO/TS16949汽车用钢质量管理体系年度监督审核，莱钢中心实验室通过IEC17025实验室管理体系年度审核。

【品牌保护】 推进品牌保护、打假扶优工作。先后协助江苏、山东、湖北等地质监、工商行政管理部门，对质保书及标牌进行鉴定，通过网络核查、现场测量及客户来访对实物进行鉴定，查封了多起假冒莱钢钢筋产品的违法行为。全年共出具鉴定报告20份，打击了假冒者的嚣张气焰，维护了莱钢的利益和品牌形象。

【六西格玛及群众性质量管理活动】 开展大黑带项目活动，促进产品质量稳定性水平

2012 年 11 月 28 日，省、市住建委、经信委、省建设研究院专家组到莱钢进行高强度钢筋推广应用检查

提升。全年有 25 位黑带、10 位绿带通过全国注册黑带、绿带考试，通过率和平均分列全国第一；6 项成果被评为中国质量协会 2011 年度优秀六西格玛项目，21 个黑带项目和 10 个绿带项目分别被评为集团公司 2011 年度优秀六西格玛黑带和绿带项目。莱钢获中国质量协会表彰的六西格玛项目、莱钢表彰六西格玛项目分别见表 1、表 2。

2012 年集团公司共注册 QC 小组 1236 个，取得成果 1001 项，QC 活动普及率达 60.59%，取得成果率达 80.99%。全年获省级以上级别奖励有 45 项次，其中 1 个小组获全国优秀质量管理小组称号，9 个小组获全国冶金行业优秀质量管理小组称号，7 个小组获山东省优秀质量管理小组称号，24 个小组获山东省冶金系统优秀 QC 小组称号。集团公司被授予全省冶金系统质量管理成果组织奖。

【重要会议、活动】 2012 年 3 月，集团公司全面启动产品质量稳定性考核方案，并将此方案作为一项重点指标挂钩相关单位的职工收入。3 月 20 日，召开 2012 年六西格玛大黑带项目启动大会。9 月 1 日，启动以“宣传贯彻《质量发展纲要》，推进建设质量强企”为主题的质量月活动。9 月 12 日，全国冶金物理测试信息网拉伸标准与加工节材技术研讨会在莱钢召开。10 月 27 日，集团公司组织 28 名黑带学员和 11 名绿带学员参加第九届全国注册黑带 / 绿带考试。

莱钢获中国质量协会表彰的六西格玛项目表

表 1

完成单位	获得项目名称	荣誉称号	授予单位	授予时间
型钢厂	提高大型 H 型钢一次矫直合格率	优秀六西格玛项目	中国质量协会	2012.02
品质保证部	提高进厂煤检验精确度	优秀六西格玛项目	中国质量协会	2012.02
股份炼铁厂	提高老区 105m^2 烧结混匀料配比精确度	优秀六西格玛项目	中国质量协会	2012.02
特钢事业部	提高 45 钢终点碳含量	优秀六西格玛项目	中国质量协会	2012.02
培训中心	提高培训项目开发一次成功率	优秀六西格玛项目	中国质量协会	2012.02
型钢厂	提高 Q345BH 型钢碳当量内控合格率	优秀六西格玛项目	中国质量协会	2012.02

莱钢表彰六西格玛项目表

表 2

完成单位	获得项目名称	类　别	获奖等级	授予时间
品质保证部	提高煤岩 S 值分析精确度	黑带项目	特别贡献奖	2012.03
棒材厂	降低小规格钢筋米重波动	黑带项目	一等奖	2012.03
特钢事业部	提高钢水氢量控制稳定性	黑带项目	一等奖	2012.03
培训中心	提高培训实施满意度	黑带项目	一等奖	2012.03
型钢厂	提高中型 H 型钢偏心内控合格率	黑带项目	一等奖	2012.03
棒材厂	提高国标 Φ12mm 三切分钢筋定尺率	黑带项目	二等奖	2012.03
运输部	压缩局车停时	黑带项目	二等奖	2012.03
炼钢厂	提高 Q235B 成分中限合格率	黑带项目	二等奖	2012.03
型钢炼铁厂	降低 $3200m^3$ 高炉生铁硅含量内控合格率	黑带项目	二等奖	2012.03
板带厂	提高热轧原始辊形控制精度	黑带项目	二等奖	2012.03
品质保证部	提升国产波谱仪分析铁矿石化学成分准确度	黑带项目	二等奖	2012.03
宽厚板厂	提高船用钢板厚度控制精度	黑带项目	三等奖	2012.03
品质保证部	提高碳化稻壳检验精确度	黑带项目	三等奖	2012.03
焦化厂	提高一区配煤系统配煤准确率	黑带项目	三等奖	2012.03
天元气体公司	提升制氧机氩气产量	黑带项目	三等奖	2012.03
特钢事业部	提高含硼钢硼含量控制准确率	黑带项目	三等奖	2012.03
型钢厂	提高大型 H 型钢定尺率	黑带项目	三等奖	2012.03
型钢炼铁厂	提高烧结矿中 FeO 稳定率	黑带项目	三等奖	2012.03
炼钢厂	降低低碳钢过程增碳量	黑带项目	三等奖	2012.03
能源动力厂	提升 CCPP50MW 发电量	黑带项目	三等奖	2012.03
板带厂	提高冷轧机轧硬卷头尾厚度命中率	黑带项目	三等奖	2012.03
品质保证部	缩短宽厚板产品检验周期	绿带项目	优秀项目	2012.03
品质保证部	提高中型 H 型钢拉伸试验精确度	绿带项目	优秀项目	2012.03
能源动力厂	降低焦炉煤气净化工序成本	绿带项目	优秀项目	2012.03
板带厂	冷轧基料平直度控制与优化	绿带项目	优秀项目	2012.03
运输部	压缩内燃机车故障停时	绿带项目	优秀项目	2012.03
能源动力厂	提高 6 号制氧机组氧提取率	绿带项目	优秀项目	2012.03

续表

完成单位	获得项目名称	类　别	获奖等级	授予时间
板带厂	降低轧冷硬卷乳化液斑切损率	绿带项目	优秀项目	2012.03
棒材厂	提高倍尺钢材剪切精度	绿带项目	优秀项目	2012.03
股份炼铁厂	改善混匀料堆烧结性能预测精确度	绿带项目	优秀项目	2012.03
型钢厂	降低小型换辊调整时间	绿带项目	优秀项目	2012.03

（撰稿：颜丙银　审稿：高俊庆）

能源环保与循环经济管理

【综述】 集团公司能源环保部与山钢股份莱芜分公司能源环保部复合设置，是集团公司节能降耗、环境保护和循环经济管理的职能部门。2012年，根据集团公司关于机关部门及二级单位内设机构优化调整实施方案要求，能源环保部内设机构由6个调整为5个，其中环境保护科和环保督察科合并成环境保护科，环保能源监测站更名为环境能源监测站，其他内设机构保持不变。截至2012年底，能源环保部设信息综合科、能源管理科、循环经济科、环境保护科、环境能源监测站等5个科（站）；共有职工30人，其中获得硕士学位的8人，另具研究生学历的5人（含党校研究生学历2人）；具有高级专业技术职务的13人，中级的10人。

2012年，能源环保部获集团公司"对标提升促转调，创新增效夺红旗"专业管理竞赛先进单位、"转调创提活动"专业推进奖；3人次被评为省级或全国行业专项工作先进个人。

【能源管理】 参加能源标准化制定，莱钢主导编制的国家标准《钢铁企业能效指数计算导则》于2012年10月颁布。制定能源消耗定额年度计划，纳入公司生产经营计划下达执行。修订下发《2012年绩效考核方案》《莱芜钢铁集团有限公司"十二五"循环经济节能环保规划》《2012年循环经济实施细则》《照明节能管理办法》《能源因素识别和评价管理规定》《基准、标杆及能效对标管理办法》等一系列管理文件，签订《节能减排循环经济目标责任书》。制定下发《莱芜钢铁集团有限公司固定资产投资项目节能评估和审查管理规定》，组织完成《莱芜钢铁集团有限公司综合污水处理站建设项目》《莱芜钢铁集团银山型钢有限公司转炉洁净钢平台建设技术改造项目》《莱芜钢铁集团银山型钢有限公司1500毫米热轧带钢生产技术升级改造项目》《莱芜钢铁股份有限公司转炉优钢精炼系统技术改造项目》《莱芜钢铁集团有限公司新建30万立方米煤气柜及其配套设施》等5个固定资产投资项目节能评估报告的编写和审查工作。

2012年5月，能源管理体系贯标认证工作正式启动。集团公司成立贯标认证工作领导小组和贯标认证推进办公室，召开能源管理体系贯标大会，制定下发《能源管理体系贯标实施意见》。开展能源管理体系内审员培训。编制下发《能源管理体系手册》及相关能源管理制度，增加管理制度16条，修订

2012 年 5 月 30 日，集团公司在办公楼召开贯彻能源管理体系标准启动会

管理制度 23 条，体系覆盖范围内的各单位、各部门按照体系文件的要求组织实施能源管理活动，寻找能源管理漏洞和薄弱环节，提出改进措施。年内完成能源管理体系审核前期准备工作。

2011 年 11 月，莱钢能源管控中心项目正式开工建设，经过对综合过程监控系统、综合利用管理系统、能源预测与平衡软件系统、基础能源管理系统、管控中心工程子系统、工业及管理网络系统、现场控制系统及数据采集装置等模块进行改造，于 2012 年 9 月上线。

全年集团公司总能耗 867.97 万吨标准煤；吨钢综合能耗完成 598.51 千克标准煤，比上年度下降 8.44 千克标准煤。莱钢本部吨钢综合能耗完成 610.47 千克标准煤，比上年度下降 9.44 千克标准煤；产能能耗 1.58 吨 / 万元；按吨钢综合能耗计算，同比节能 9.29 万吨标准煤；按万元产值能耗同比口径计算，同比节能 12.14 万吨标准煤。焦炉煤气放散率为 2.18%，同比降低0.31%；高炉煤气放散率为 0.39%，同比降低 0.45%；转炉煤气回收为 98.86 立方米 / 吨，同比升高 38.01%；氧气放散率 0.99%，同比降低 0.03%；吨钢新水消耗 3.435 吨，与上年基本持平。2012 年主要工序能耗情况见表 3。

2012 年主要工序能耗情况表

表 3

工序名称	单位	2012 年	比同期
焦化	kg/t	106.06	2.22
烧结	kg/t	51.79	-1.94
球团	kg/t	28.38	-3.29
炼铁	kg/t	390.2	-6.78
转炉综合	kg/t	-3.71	5.99
电炉	kg/t	55.28	-2.19
轧钢	kg/t	49.91	-1.07

【余热余能发电】 制定《关于确保完成 2012 年余热余能发电量任务的实施意见》和《余热余能深度挖潜和发电重点项目推进方案》。加强转炉煤气回收和煤气、蒸汽

运行调配，加强发电机运行维护，加快发电项目建设，型钢50兆瓦发电等一批项目相继投产。研究制定《莱钢蒸汽系统优化方案》，从系统节能出发，分析各工艺环节用汽合理性，提出工艺蒸汽加热替代，生产区余热采暖改造，设备伴热、仪表保温无伴热、冲渣水余热利用等系列方案。全年实现发电量22.18亿千瓦时，同比增加14.72%，自发电比例达到50.15%，同比上升8.45%。

【环境管理】 修订完善QES管理手册，将9个环境管理体系程序和5个管理制度内容优化整合，转化为8个环境管理制度，并对2个环境应急预案进行修订和完善，优化环境管理流程。重点治理废水、废气污染，降低煤气放散率，评价出6项公司级重要环境因素，研究确定并实施5项环境管理方案。修订完善《环境保护提升方案》和《环境保护提升方案考核办法》。《环境保护提升方案》推进办公室每月对各单位环境保护目标指标完成情况进行严格考核，对工作较好的单位在季度“技术支撑体系”总结推进会上进行表彰通报。加强体系三级监控，及时整改体系运行中发现的各类不符合项，完成各项环境目标和指标，污染物综合排放合格率97.33%；工业水重复利用率97.38%；外排废水达标率99.96%；废气排放达标率91.04%；环保设施同步运行率99.58%；高炉煤气放散率0.39%；焦炉煤气放散率2.2%。约束性指标COD、SO_2、NH_3-N、NOx排放总量均完成与市政府签订目标责任书进度要求，通过第三方QES体系监督审核。

按照建设项目环保法律法规要求进行环境影响评价和总量确认，在项目建设期和投产后严把环保“三同时”关，防止新污染源的产生。铁水处理设施技术改造项目取得莱芜市环保局环评批复，干熄焦余热发电等5个项目通过省环保厅组织的建设项目竣工环保验收，取得验收批复。申请3200立方米高炉等项目的环保试生产。与地方政府、环保部门配合，完成周家坡村的搬迁，解除了山东省环保厅对莱钢的环保限批，苯加氢环保问题得到解决。开展山钢高炉现场会环保集中整治活动。

【节能环保项目建设】 全年完成环保投资20134.3万元，其中污染治理投资299万元，环保BOO项目投资19835.3万元。型钢50兆瓦发电机、型钢烧结机余热发电、焦化导油蒸氨等余热余能项目投运，装机容量增加77兆瓦。2×105平方米烧结机脱硫、2×265平方米烧结机脱硫建成投运，实现“三区四线”全脱硫的目标。厂区综合污水处理厂建成，结束莱钢无综合污水处理厂的历史。型钢转炉发电、4号干熄焦、型钢30万立方米高炉煤气改造、煤调湿等重点项目按计划有序推进。制定实施《烟粉尘集中整治方案》，型钢炼钢厂煤气放散塔直接点火改造、型钢炼铁厂6号转运站除尘喷吹系统改造、莱芜分公司炼钢厂4号炉二次除尘系统优化改造等一批项目先后完成，有效减少烟粉尘排放。组织265平方米烧结机、400平方米烧结机、转底炉除尘系统和生产线同步检修工作，共处理检修项目80余项。

【环境监测】 加强国控省控重点污染源的监督管理，加强环保设施运行维护、二次扬尘、辐射和危险废物管理的监督监测，每季度组织一次环保专项检查。全年完成工业废水、废气、噪声、环境水、环境空气质量等主要污染因子监测数据（非连续）4385个，其中工业废水317个、冲渣水696个、环境水 273 个、降水 40 个、废气 1327 个、降尘 106 个、噪声 44 个、工业用水 62 个、环境空气质量 1520 个；监控国控污染源 16 个，在线监测数据 49.7 万个。

【循环经济管理】 修订完善循环经济管理制度，制定下发《发展循环经济管理办法》《固体废弃物资源管理规定》，优化循环经济管理流程，提升循环经济管理水平；修订完善《循环经济实施细则》，对各单位循环经济各项工作及指标完成情况进行月度考核；与炼钢厂、规划发展部等 27 个单位和部室签定《节能减排循环经济目标责任书》，考核重点指标 124 项，完成 110 项，目标指标完成率 88.7%，兑现责任奖励 86.83 万元；推进循环经济标准化试点工作，起草固废资源利用相关标准；组织完成《莱钢钢铁主业（本部）"十二五"循环经济节能环保规划》；推进《高炉煤气的资源化利用关键技术》国家科技支撑计划课题，按时完成上级要求的阶段任务。

升级改造固废资源综合利用报表信息系统，优化固废利用途径。开展煤气脱硫危险废物回用于烧结配料研究，实现 200 多吨危险废物安全处置回用；脱硫渣处理生产线建成投产；汽运公司 10 万吨污泥压球生产线建成；优化转炉装料工艺，提高污泥球利用率，吨钢消耗量达到 7.5 千克；冷轧氧化铁红实现返炼铁厂利用。2012 年，固体废弃物资源综合利用率完成 98.89%，含铁固体废弃物资源铁素闭路利用率完成 73.73%，与计划相比分别提高 0.02 和 0.08 个百分点。

建立优惠政策专题研究、咨询机制。全年累计清洁发展机制（CDM）项目获收益 4500 余万元、资源综合利用等免税 3000 万元、获节能环保财政奖励 1102 万元，合计 8500 余万元。

【清洁生产审核】 组织能源动力厂、棒材厂、型钢炼铁厂、型钢炼钢厂、焦化厂、莱芜分公司炼铁厂、型钢厂、板带厂、宽厚板厂、莱芜分公司炼钢厂、特钢事业部、机制公司等 12 个生产单位实施自愿清洁生产审核工作，11 月分别通过山东省和莱芜市经信部门组织的清洁生产审核验收。此次审核共实施清洁生产方案 485 个，其中无低费方案 409 个，中高费方案 76 个，节水 128 万吨 / 年，节电 4155 万千瓦时 / 年，节气 77.76 万吉焦 / 年，节汽 2645 吨 / 年；减少废气排放 16363 万标准立方米 / 年，减少 SO_2 排放量为 2556 吨 / 年，减少烟尘排放量 1081 吨 / 年。

【技术交流与培训】 组织考察国内同类烧结机烟气脱硫工程，研究探讨莱钢烧结脱硫工艺改进和运行优化方案。邀请天津大学等高校专家学者进行焦化废水处理工艺交流，研究探讨莱钢焦化废水处理的可行性技术方案。与丹麦史密斯空气技术公司开展 1 号 265 平方米烧结机电除尘高压脉冲电源试验研究。配合中华环保联合会、浙江大学开展"钢铁企业 PM2.5 产生机理"课题研究。

组织各单位参加山东省清洁生产审核师培训、省环保厅组织的辐射环境管理培训、危险废物规范化管理培训、市环保局环境应急监测培训；参加能源管理体系内审员培训班，71 人获得莱钢内审员资质；参加山东省经济和信息化委员会组织的能源管理师培训，28 人取得能源管理师资格证书；举办工艺过程加热系统能效评估专题培训班，聘请宝钢能源环保部副部长作题为《宝钢能源管理体系简介》专题讲座；聘请山东大学教授作题为《工业余热技术》专题讲座。

【节能宣传教育】 开展以“节能低碳，绿色发展”为主题的节能宣传活动。编发4期《节能宣传月活动简报》，刊发节能减排宣传稿件60余篇；组织开展节能电子展板制作活动；会同公司工会开展“节能减排金点子”专题合理化建议活动，收集合理化建议80多条；在《莱钢日报》开辟节能环保征文专栏。

（撰稿：李希海　林七女　郭　青　董和梅　杨永和　审稿：商福成）

原燃料采购供应管理

【综述】 原料部是莱钢大宗原燃料采购供应的职能管理部门，负责煤炭、焦炭、国内矿、废钢、生铁、合金、耐火材料、冶金辅料、工程耐材、酸碱盐等的计划、合同、采购、结算、仓储等管理。下设综合管理科、计划合同科、煤炭科、焦炭科、矿石科、废钢科、炉料科、工程耐材科8个科和第一、第二2个原料供应站，共10个科级单位。截至2012年底，共有职工189人，其中管理人员88人，操作人员101人；党校研究生2人，大学学历的74人，大专学历的45人；具有高级专业技术职务的13人，中级64人，助级11人；助理技师16人，高级工71人。年末固定资产原值4822.01万元，净值3564.78万元。

【采购供应指标】 全年采购大宗原燃料2726.31万吨(包含进口矿)，比上年同期减少158.1万吨，同比降低6.2%。其中燃料820.9万吨(炼焦煤569.6万吨，完成全年计划的101.05%；喷吹煤231.5万吨，完成全年计划的103.94%；焦炭19.8万吨，完成全年计划的98.67%)；铁矿石1329.6万吨(国内矿367.5万吨，完成全年计划的93.39%；进口矿962.1万吨)；子公司球团206.9万吨；铁合金17万吨，六大合金完成计划的99.89%；冶金生产用耐火材料8.3万吨；辅助材料335.6万吨（膨润土2万吨；电极1689吨；萤石1.3万吨；白云石105.1万吨；石灰石7万吨；石灰209.4万吨；其他辅料10.6万吨)；柴油5600吨；汽油415吨；硫酸42267吨；盐酸3018吨；碱18996吨；盐4242吨；保温材料5595立方米；工程大修用耐材5599吨。全年质量指标：配合煤灰分9.51%、硫分1.26%、挥发份Vdaf 27.53%、G值80；喷吹煤灰分10.86%、硫分0.492%；外购焦炭灰分12.35%、硫分0.686%、反应后强度CSR为64.544%、焦炭反应性CRI为56.135%；自产焦灰分12.188%、硫分1.063%、反应后强度CSR为64.630%、焦炭反应性CRI为25.788%；国内铁精粉品位为63.86%；铁合金六大品种合格率99.31%。原料质量保持稳定。全年对集团外支付采购资金158.4亿元，同比减少27亿元。

【挖潜增效】 围绕公司吨钢深度挖潜300元任务目标要求，开展“转调创提”“降本增效”“两转一提”和“三杯”劳动竞赛等主题系列活动，拓展采购渠道，落实经济资源，优化原料、炉料结构，全年降低采购成本5.03亿元。全年煤炭降价9次，幅度为260元/吨至600元/吨，莱钢炼焦煤平均成本低于同行业70.21元/吨；国内矿降价10次，降幅为395元/吨，国内矿采购价格与行业相比缩小差距19元/吨，完成公司要求的与行业缩小 10 元 / 吨的目标；六大合金降幅为 250 元 / 吨至 1360 元 / 吨。针对三季度原料下行趋势压减库存，累计压减各类原燃料库存 79.3 万吨；9 月下旬，针对煤炭等资源趋紧及价格上涨形势，适度提升库存，10 月份增加煤炭库存量 8.81 万吨，与 11 月份普遍涨价后相比，降低采购成本 617 万元。通过大幅提升气肥煤配比、推进高炉烟煤喷吹、用高硫肥煤和 1/3 焦煤（气煤）替代低硫肥煤等措施，降低采购成本 9000 余万元；坚持高硫煤采购，节约采购资金 2.93 亿元；适时采购性价比较高的进口煤 5 万余吨，促进国内煤降价；推进炼钢原料经济替代，成功实施用石灰石替代部分炼钢用石灰、纯钙线替代硅钙线及部分钙铁线等多项降本措施。推动燃煤发电，对燃煤发电的经济性与可行性进行研究，自 9 月份开始实行，经财务部测算，燃煤发电每千瓦时节省 0.1 元以上，使用燃煤后每天可增加电 30 万千瓦时至 45 万千瓦时；9 月至 12 月共采购燃煤 1.94 万吨。2012 年潞安集团所供喷吹煤 40 元 / 吨专列费用自 2 月由莱钢承担，致使每月增加采购成本 400 余万元，通过多次磋商沟通，潞安集团同意自 7 月继续承担专列费用；7 月至 12 月，共采购潞安喷吹煤 69.76 万吨，节约采购成本 2790 万元。依托山钢、莱钢电子交易平台，推进对铁合金、工程耐材、保温材料、酸、碱、盐等物资的网上招标，实现低价采购，全年累计招标 277 批次，与 2011 年价格相比降低 1.75 亿元。在对部分冶金辅料进行招标采购的基础上，与鲁碧公司进行协商降价，4 月至 12 月采购白云石 66.06 万吨、白灰 135.79 万吨、石灰石 8.54 万吨、炼钢用石灰 41.88 万吨、轻烧白云石 4.98 万吨，降低成本 4500 万元。

【稳定供应】 推进矿料平衡，每个工作日对长协矿、贸易矿、国内矿的性价比分析，及时向集团公司提供采购建议。上半年，由于国内矿的性价比优势，加大其采购量；7 月国内矿性价比优势下降，减少采购，8 月中旬开始停止采购一个月；9 月国内铁精粉具有价格优势，当月中旬恢复采购；全年采购国内矿 408 万吨（湿基），与同期贸易矿相比，降低采购成本 1.3 亿元。完成工程材料供应，保证莱芜分公司炼铁厂 1 号、3 号、4 号高炉大修，2 号竖炉大修，特钢 VD 精炼炉工程、100 吨电炉，能源动力厂 130 吨 / 时燃气锅炉，焦化厂 3 号干熄焦大修以及型钢转炉洁净钢平台主控楼等十余个工程项目按期完工。加强内部自产废钢铁、含铁物质的回收利用，全年共回收废钢铁 31.3 万吨、氧化铁皮 15.5 万吨、含铁污泥 9.19 万吨、钢精粉 7.3 万吨、除尘灰 4778 吨，配合有关部门有计划地销售废次材

原料部举行廉政主题党课

6.28 万吨。通过完善合同条款、调整供货渠道、加强供应商评价管理、对地方矿进行质量监装等措施,对原燃料进行全面质量管控。加强质量异议处理,全年共处理煤炭质量异议 62 起,挽回损失 930.9 万元;淘汰客户 20 家,引进新客户 44 家。

【安全与仓储管理】 围绕公司"安全生产基层基础强化年"活动,深化"安康杯"竞赛和"安全四个标准化"建设,开展"五检查、五整改"活动。结合公司年度安全大检查活动,组织交互式安全检查,共查处隐患问题 28 项。强化仓储管理,避免物资积压和减值损失。工程耐材、酸、碱、盐、62%的合金品种及部分辅料实现零库存管理。联合财务部、纪委等相关单位对原料库存物资进行全面盘点,清理积压报废铁合金、耐火材料等原料,回收资金 1.4 万元。

【党风廉政建设】 推进"算好人生七本账,把好职业廉洁关"活动。1 月,全体党员职工逐级签订《廉洁从业责任书》《党风廉政建设责任书》。加强廉洁效能管理体系建设,坚持季度检查,全年发现管理问题 14 项,及时通报整改。坚持编辑《每周一例》进行反腐教育,全年编发 31 期共 92 篇。在班组中制作廉洁警示图板上墙。举办庆"七一"廉政党课《反腐案例警示》。全年组织观看 7 部廉政电教片。年底,组织科级以上干部述职述廉,开展廉洁短信征集评选活动。与 150 家供户签订《反商业贿赂协议书》;中秋节前夕,为职工家属赠送廉洁家书之二《算好人生七本账,把好人生幸福关》;开展廉洁家庭评选,有 9 个职工家庭获 2012 年度原料部廉洁家庭称号。健全完善全员廉洁档案,坚持礼品礼金登记上交制度,全年共收到职工上交礼品 258 件折合 12.9 万元,退回购物卡 3 万元,上交购物卡 4000 元,拒收现金 1 万元、手机一部。

【学习型部室建设】 以深化"管理提升杯""降本增效杯"和"安康杯"三杯劳动竞赛为抓手,构建学习型部室。深化学习型党组织建设,开展党员创先争优活动,实施党员积分评价,提升党组织活力;开展党员干部读书活动,指定学习《责商管理》《做最好的党员》等 4 本书;党总支和党支部先后开展活动 89 次;1 人被评为莱钢优秀共产党员,3 人被评为机关优秀共产党员,原料部党总支被评为机关先进党总支。深化学习型班组创建,在班组中引入职业规划管理,4 个班组分别获得莱钢 3A 级、2A 级学习型班组。三季度,公司进行机构调整和人员优化改革,加强对职工的形势任务教育,开展人文关怀,组织科站长以及学习型班组长,到炼钢厂职工心理疏导基地进行"压力与管理"的心理疏导。坚持困难帮扶,全年走访慰问困难、生病职工 33 人次,发放救济金 13173 元。回复解决涉及采购业务与服务水平方面的"职工快线"问题 3 条。定期组织通讯员培训,全年在莱钢及以上媒体刊登稿件 224 篇。

(撰稿:刘荣霞　审稿:段荣海)

营销管理

【综述】 集团公司营销管理部与山钢股份莱芜分公司营销管理部、银山型钢公司营销管理部复合设置,成立于 2012 年 7 月,是从事营销管理的职能部门。具体负责公司年、季、月销售计划的编制;市场调研、分析、预测，销售价格及销售策略的制定；营销管理制度的研究及制定；营销业绩评价及考核建议；终端用户需求信息的接收、评价、处理，产销研一体化组织推进与实施；原料市场分析研究；原料采购、产品销售预算价格的提出及执行监督；驻外公司布局优化及管理。内设营销管理科、价格信息科、营销评价科。共有职工21人，均为管理人员；其中具有高级专业技术职务的8人、中级的11人、初级的2人；中共党员16人（含预备党员1人）；本科以上学历的20人，大专学历1人。

【价格信息管理】 围绕把产品卖出好价钱，大宗原燃料采购价格低的目标，修订和完善《产品销售价格管理办法》，对相关部门的职责进行界定，研究价格审批流程，对产品销售价格的确定和调整进行界定，规范销售价格运作，建立按旬制定销售价格的制度，理顺了价格业务管理流程，提出价格管理的考核建议，发挥价格在资源配置中的杠杆作用。优化和规范订单价格评审流程，对特殊合同（新产品、一单一议产品）价格制定审批会签流程，建立分级审批制度，降低价格管理风险。完善采购、销售预算价格的制定和考核，在充分收集信息和科学预测市场趋势的基础上，将采购、销售预算价格工作做细、做准。针对原燃料结算滞后，原预算价格不能真实反映当月实际采购成本水平的现状，策划形成“以当月的实际进货量、实际采购价格为基数编制采购预算价格”的预算方式。对于钢材预算价格，分析当月结算价格、下月计划产量、品种结构比例、市场趋势等因素，制定出更加科学、准确的预算价格。预算价格的制定，调动了采购和销售部门的积极性，促使采购部门想方设法降低采购成本，又使销售部门千方百计调整产品结构，努力提升产品销售价格。

加强市场信息的分析研究，强化中长期市场预测，提高市场趋势研判水平，探索建立并逐步完善原料、钢材市场价格预测模型，使市场走势预判更具科学性、前瞻性。加强高等数学、统计学和相关软件等知识及专业工具的学习应用，分析原料、钢材价格走势相关因素，完善和优化原有的钢材价格预测模型，实现对钢材价格定性和定量相结合的科学预测。坚持智力引进，积极向国内外同行、研究机构学习，借鉴更加科学的市场分析和判断方法。强化信息高层战略合作，先后走访钢之家、马钢、太钢、宁钢等单位，参加中国钢铁工业协会及咨询网站组织的会议，了解市场信息采集和验证方法，调整优化信息收集工作。利用莱钢销售子（分）公司信息平台，增加信息获取量，探索建立原料、钢材相关因素数据库。加强信息对营销工作的应用与指导，及时提供产品市场价格进行品种效益测算，明确各条产线产品盈利情况，为产品结构优化提供支持。动态研究分析原料成本，为优化炉料结构提出思路、措施，以性价比最优为原燃料采购抓手，加强与技术、生产等部门的沟通，增加采购工作技术含量，变“需要什么就供应什么”的被动采购为“设计并推荐性价比更高的”主动采购，变“单纯降低采购成本”为“综合降低使用成本”，进而提高企业效益。

【产销研一体化推进】 按照集团公司营销工作要以终端用户为工作中心，为终端用户提供个性化的精心服务，不断满足终端用户日益增长的个性化需求；对终端用户资源量优先配置，新产品优先生产，高品质必须保证，交货期必须按时的要求，产销研一体化工作重心由面向内部协调解决边界问题，逐步转为面向外部倾听终端用户的诉求并为其解决实际问题。年内制定《产销研一体化运行推进管理办法》《产销研一体化专业管理考核细则》《产销研一体化信息管理办法》等制度，使产销研一体化工作内容更加清晰，责任更加明确，管理更加规范。围绕新产品产业化销售，实现“市场开拓当先锋，技术支持做后盾，产品按时按质交货作保障”三位一体化的目标，重新架构了三大任务，并充实《产销研一体化动态工作手册》内容，提出以新产品产业化销售为主线，把提档升级、新产品研发和市场开拓三大任务拧成“一股绳”，全力提升新产品销售量的工作思路。将全部的新产品都纳入市场开拓范畴，重点围绕高效新产品进行数据分析，更加直观反映新产品市场开拓工作进展。将终端用户技术服务团队和新产品质量持续改进团队的专题工作信息整合到新产品研发任务中，作为市场开拓技术支持的重要举措。在提档升级任务中增加新产品试生产计划，加强新产品市场开拓的生产保障。建立 SBU 项目团队、长期推进专题团队、终端用户服务工作组、终端用户技术服务团队、新产品质量持续改进团队和新产品市场开拓工作组等多类跨部门团队，一些重点、难点和主责部门不清晰的问题得到有效解决。创办《用户信息快报暨快办绿色通道》周刊，一方面让产销研相关单位聆听和收集用户对莱钢产品和服务的意见和建议，快速作出反应，制定行动计划，再由相关责任单位落实执行；另一方面持续跟踪各项行动计划工作的进展情况，并咨询用户对问题解决的满意程度和意见，直至问题彻底解决。

【销售子(分)公司管理】 根据莱钢营销商业模式调整的要求，在原有 6 个营销子(分)公司的基础上，新成立 10 个销售子(分)公司(以下简称销售公司)。营销管理部与集团公司有关部门一起策划组织销售公司经理层和人员招聘工作，9 月举行了销售公司新招聘人员培训班。针对销售公司招聘人员新人多的特点，制定下发《莱钢集团销售子公司注册工作方案》，指导销售公司注册、选点。为确保销售公司迅速开展业务，10 月下发了《过渡时期销售业务管理办法》。为解决过渡时期销售业务工作中存在的问题，11 月制定下发了《销售子(分)公司管理办法》，召开过渡时期销售业务工作协调会。年内，各销售公司开展了选址、注册、市场调研、用户服务等工作。对区域市场年需求量、重点客户、品种规格、客户个性化需求等进行了细致调研，有的还建立了客户档案；与工商、税务、银行等部门沟通接洽，做好公司注册相关工作，销售公司全部注册完毕，其中泰沂销售分公司实现钢材销售，并且与新泰地区的终端用户进行了业务对接；抓好市场信息收集工作，重点收集主要竞争对手的营销策略、服务措施及销售产品情况分析，了解区域市场的新产品市场信息等。

【营销评价工作】 调整完善营销评价内容，适应集团公司对营销工作的新要求，提升营销评价的质量及其权威性。在按月形成营销评价报告、营销评价通报及营销评价考核的基础上，加强对销售政策、产品品种结构调整、高效产品比例和采购时机、采购结构优化等重点问题、重点事项的评价，分析探讨营销及相关环节的具体问题。坚持财务部门与业务部门的联合对标工作，加强行业交流，拓展对标广度和深度。在保持与济钢、永锋、邯钢、唐钢、首钢、马钢、安钢、石横特钢、唐山国丰等钢厂对标基础上，加大与钢协对标资料的深化分析和研究。通过对销售、采购进行深度对标,形成对标材料,供公司决策参考。同时,通过对标价格趋势分析,引导各业务部门及时找寻差距,改进工作。深入生产及营销业务一线,掌握第一手资料,针对营销管理中的薄弱环节，及时提出改进建议。积极开展行业对标调研工作,通过与生产规模、经营状况、产品种类类似的国内主流钢铁企业进行对标,合理评价销售、原料、国贸等部门的工作业绩及存在的问题和不足，持续提升营销管理运行水平和营销绩效,提升莱钢的行业指标水平。全面了解公司生产经营形势，及时掌握营销市场动态，更好地指导订单评审及客观评价营销绩效。加大评价考核力度，严格执行《营销评价考核办法》,强化对“指定高效产品”“新产品”的动态管理,并对营销通报整改效果进行跟踪考核。将营销评价结果与全面预算执行控制结果进行对比分析，研究提出降低采购成本、优化采购结构的建议或方案,引导生产、技术、工艺管理等部门采取措施降低生产成本。开展出口产品评价工作，综合平衡出口量与出口效益的关系，制定出口效益目标，对国贸公司实行量、效双重指标控制。

（撰稿:孙甲峰　审稿:史承都）

物流管理

【综述】 集团公司物流中心成立于2011年12月7日,是在原运输管理部、销售中心储运部基础上组建起来的，与山钢股份莱芜分公司物流中心、银山型钢有限公司物流中心复合设置。主要职能是对公司各类物流活动实施统一管理与营运，具体负责原燃料进厂、生产过程、产品出厂、物流资源等各类物流活动的计划、组织、协调、调度、指挥等管理工作。

2012年12月21日，莱钢对产成品仓储管理、生产过程物流管理职责进行调整。产成品入库、储存、出库数据信息的采集、分析、编制、发布管理,生产过程物流费用计划的编制、下达,执行情况的评价考核、生产过程物流承运单位的评价选择、价格确定、协议签订、业绩的评价考核、物流费用的界定控制、审核结算、分析评价由物流中心负责。截至2012年末,物流中心下设综合业务科、营运管理科、港口科、铁路运输科、汽车运输科、储运科、储运配送站等7个科站。设立党总支委员会,下设3个党支部，并相应成立工会、女工委员会和团支部。共有职工103人,其中女职工34人;高级职称7人，中级职称35人，初级职称5人;研究生2人,大学本科48人,大学专科26人;高级技师1人,技师1人,助理技师7人;中共党员41人,共青团员10人。固定资产原值2409.69万元,净值1307.29万元。

【指标完成情况】 全年共组织港口进口矿发运1042.37万吨,其中火车789.49万吨,汽车252.88万吨;完成钢材入库950.35万吨,发运944.62万吨,其中汽车送货254.88万吨,铁路外发121.8万吨,水陆联运19.47万吨;共实现降本增效11949万元,完成公司下达降本增效计划的119.49%。

【营运管理】 搭建基本的管理体制机制框架,充分行使物流管理职能,理顺各方面关系,各项工作走向正轨。全年制定完善各项规章制度33项。编制《莱钢“十二五”物流专项规划》,探索和推进“大物流”体系的构建、实施，深化整合内部物流资源，初步建立管控一体化的物流管理体系。围绕公司下达的降本增效1亿元任务目标，研究制定17项降本增效措施，解决了厂内车辆混杂、交通秩序混乱、车辆撒漏、掺杂施假、计量不准、亏耗居高不下、管理松散等问题。加强进口矿货源情况、炉料配比变化、进口矿需求、钢材入出存等信息收集，统计、分析物流数据，合理安排物流计划。定期盘点物资，加强对协议代储库的监管；建立仓储、运输应急预警机制，满足市场多变要求；出台区域客户运输资源监控措施，防止资源当地落地；落实取样检验制度，严把贸易矿采购质量关；对进厂进口矿车皮进行回空测试实验，降低进口矿运输亏耗。制定绩效考核办法，建立动态管理、考核机制，提升工作绩效。强化安全生产、设备管理，层层签订《安全生产责任书》；组织开展危险源辨识、风险评价、风险控制策划，共辨识D级危险源91项，并制定相应的防范措施，加强现场安全督察，确保储运工作安全顺行。

【港口业务】 按照综合成本最低的原则对港口资源配置进行优化。上半年，针对青岛港、日照港持续出现进口矿严重压港问题，对各港口的运输保障能力、滞期费用、港口综合费用、运输成本等进行系统分析、综合考虑，调整和安排7条船，减少滞期费1752万元。加强港口现场管控及运输过程监控，提高港口装车质量，对进口矿港口装车过磅及厂内过磅数据进行比对、分析，使进口矿综合亏耗降至0.74%以下，低于计划亏耗1%。5月1日，出口钢材港存管理业务纳入物流中心管理后，就降低出口钢材代理费用与货代公司进行谈判，降低代理费0.5元/吨，全年共装船出口钢材42万吨，节约费用21万元。通过协调港口借货发运保产，全年共借货217万吨，降低资金占用产生效益450万元。与青岛港沟通商定，2012年在青岛港放货量达到400万吨，港口费降低1元/吨。截至年底，青岛港共接卸莱钢进口矿4713841吨，降低港口费471.38万元。

【铁路运输】 与铁路部门协调、研究制定钢材外发装车新方案，将螺纹钢由原来的每车装载量不足55吨，提高到60吨。优化进口矿及炼焦煤的到站，最大限度地减少内部倒运，压缩局车停时。控制煤车进厂节奏，增加铁路外购喷吹煤直卸量，减少内部倒运费用144.98万元。在不冬储的情况下确保大宗原燃料顺利解冻、卸车，2月5日创出全天组织矿粉、煤炭到达977车，卸车1023车，排车1096车的冬季卸车最高纪录。合理安排部分矿粉、无烟煤不经解冻直接人工卸车，减少解冻费用产生效益230.47万元。制定《大宗原燃料卸后车辆清扫管理办法》，明确铁路车辆清扫标准，牵头召集有关部门坚持月度督查，使每车矿、煤的残留量降到5千克以下，全年产生经济效益4343.53万元。

【汽车运输】 1月1日，与公司有关部门配合，对银山型钢和铁铜沟厂区实施封闭管理，各类运输车辆按照不同大门的功能定位进出厂，改善物流秩序。研究制定《汽车待卸服务区管理办法》，对进厂原燃料汽车加强管理，严格控制厂内待卸车数量，控制物流节奏，保持厂区道路通畅。将莱钢钢材汽车运输招标全部纳入公司招标平台，降低运输价格，提高运输效能。首次对青岛港、日照港等港口的出口钢材集港和进口矿进厂采取双程配载模式，与汽运公司签订《双程配载运输协议》,将进口矿进厂和出口钢材集港汽车运输价格每吨均下调 5 元至 6 元,全年降低物流费用 190 万元。分析自提与送货的利弊,在兼顾服务销售和满足客户需求的基础上,与营销管理部、销售中心酝酿窄带钢、中型型钢自提改送货可行性方案,明确钢材自提的条件和程序,制定试行意见。

【储运业务】 组织运输招标并对运输价格进行调整,总体下浮 15.2%左右。采取加大水陆联运量、开辟新的火车发运点、提高莱钢营销子公司火车装载量、取消区域政策提高钢材价格,以及内贸材、出口材与矿粉实施双程配载运输降低运费等新措施,开辟降本增效新途径。制定下发《产成品入出存管理办法》,在公司物资管理、产品结构优化、财务结算、成本分析、信息发布等方面发挥了重要作用，成为莱钢产成品入出存管理的指导性文件。加强钢材发运组织，增加钢材就地发货量，缓解各生产厂库存压力;建立开单与车辆配载协调机制,实施窄带钢按件发货制度，最大程度减少尾号钢,提高调单执行率。固化“服务向市场和现场双向延伸”理念,加强运输全过程的监督管控,全年钢材发运完成率 99%以上,创历史最好水平。

实施型钢中转库东扩工程,仓储面积由 2880 平方米扩大至 5440 平方米,最大库容由 6000 吨提升至 12000 吨以上，由一次性兑 6 车增至 12 车,装车时间大大缩短,火车发运能力成倍增加。储运配送站开展“压库促销”活动,对出库车辆实行绿色通道,以加快出库进度,全年实现吞吐量 253460 吨。与销售中心沟通协调，增加钢材加工业务量，为客户提供个性化服务，全年共加工钢材 7668.13 吨,同比增长 3.86%。

【精神文明建设】 加强干部职工队伍建设,健立完善干部培训教育、考核激励等一系列制度、措施,落实“三会一课”,开展形势任务、法制宣传等教育,组织学习机关行为规范,制定各岗位职业道德规范,规范职工言行。重视发挥通讯报道在塑造管理、服务、职工队伍形象等方面的作用,及时客观真实反应物流动态,编印《莱钢物流》月刊，在《山东钢铁》、莱钢电视台、《莱钢日报》等媒体用稿 69 篇。开展学习型部室创建活动，把团队学习作为学习型组织建设的主要形式，通过深度汇谈促进上下之间的交流和部门之间合作。加强党风廉政建设,健立完善制度,层层签订责任书、承诺书,强化管控措施，初步构建起物流中心廉政效能管理体系。开展“两转一提”活动,建立上下沟通协调机制，为生产和销售提供可靠保障,给客户提供满意服务。建立职工思想动态预警机制,推进心理疏导工作,实施人文关怀,及时解决职工关注的热点、难点问题。开展困难职工、伤残军人、困难党员救助和送温暖活动。加强综合治理工作,形成“党政共管,群防群治、横向到边、纵向到底”的责任体系。开展“抓四治增效益、用六新促转调”主题系列活动及对标找差距、专项劳动竞赛、合理化建议征集、群众性创新成果评选等活动。组织开展文化娱乐活动，丰富职工的文化生活,营造团结和谐氛围。2012 年物流中心荣获公司、机关集体荣誉 14 项。

（撰稿:李　铁　审稿:韩树森）

工程管理

【综述】 集团公司工程部是莱钢工程管理的职能部门,与山钢股份莱芜分公司工程部复合设置。主要负责新建项目工程技术管理及现场设计服务管理;工程项目招投标管理,施工合同管理;工程施工协调管理,项目部管理;工程监理,工程质量管理,工程质量监督;组织项目交工验收;工程施工现场的安全、保卫管理等工作。莱芜三控冶金建设监理事务所、山东省冶金工程质量监督站莱钢分站挂靠在工程部。截至2012年底,工程部下设6个科室,9个项目部,共有职工100人,其中退二线7人,科级干部19人(正科11人,副科8人),具有高级专业技术职务的56人。

2012年由工程部负责组织实施的在建工程项目14项,其中年内新开工项目4项。全年完成建安工作量78055万元,开挖土石方164.2万立方米,浇筑混凝土24.74万立方米,砌筑砌体4.06万立方米,钢结构制作5.3万吨,安装3.84万吨,敷设电缆25.61万米,敷设管道5.25万米,安装设备1.02万吨。

【施工安全管理】 工程部结合工程建设的特点,落实安全施工责任制,创建施工安全管理"四个标准化",夯实"三基"安全管理,加大安全督察力度,实施安全本质化改造,落实各项安全保障措施。与40余家施工单位签定《安全环保管理协议》,收取风险抵押金30余万元,明确双方的职责和义务。落实危险作业审批制度,特别对厂房、高压线、氧、氮、氩等动力管道附近的爆破作业,审批爆破作业30余次,其中消耗炸药1.1吨、雷管2000余发,未发生任何安全事故。对工程管理人员进行一轮全员安全管理上岗培训和两轮工程管理(监理)人员安全专业知识培训,人均培训时间48小时。

【工程质量管理】 落实工程质量管理责任,突出过程动态控制,推进工程质量的预警机制建设,促进工程质量管理向精细化转变;推行《钢结构首件构件确认制》《混凝土工程样板引路制》《见证取样和旁站监理规范化》《工程质量风险管理》等管理制度,从经验管理向制度化管理转变。在特钢100吨电炉工程中,举办两期钢结构工程制作质量培训班,召开两次提升设备基础施工质量专题会,开展"提升钢结构油漆涂装质量""混凝土工程浇注量化管理""关注细节,消灭质量通病"等3项QC攻关活动。4300毫米宽厚板生产线热处理工程获2012年度全国冶金行业优质工程奖。

【工程项目管理】 2012年在建及完成的主要工程建设项目有特殊钢系统产品升级技术改造项目、焦化厂4号管带机项目、3200立方米高炉配套发电项目、银山前区VD精炼炉项目、能源动力厂130吨/时燃气锅炉项目、能源管控中心功能完善项目、部分生产厂区围墙封闭及监控系统建设项目等。

7月,能源管控中心工程项目实现从数据接入层、汇聚层到核心层网络全线贯通和数据上传工作;10月,实现数据上线运行和30万立方米高炉煤气柜的在线运行;12月底,项目交付莱钢能源管控中心投入试运行,基本具备国家工信部、审计署验收条件。3200立方米高炉配套发电工程进入全面调试阶段,2 月 27 日，汽轮发电机系统并网发电;4 月,工程所属道路、围墙等附属项目全部完成。60000 立方米 / 时制氧机工程主要完成空压机、增压机、氮压机等主体工艺设备安装、冷箱内及空分区管道安装、电气系统施工,仪表系统完成 80%,基本具备打点调试条件。130 吨 / 时燃气锅炉工程 6 月 23 日点火成功。焦化厂 4 号管带机工程于 1 月 15 日交付生产使用。特钢事业部银山前区 VD 精炼炉 5 月 24 日热试成功。

特钢系统产品升级技术改造项目计划总投资 299730.55 万元，建设内容包括 1 座 100 吨超高功率电弧炉、2 座 LF 钢包精炼炉、1 座双工位 VD 真空精炼炉、1 台五机五流合金钢连铸机,1 套半连轧生产线及相应配套辅助设施。电炉连铸工程于 7 月 20 日开始挖孔桩施工;轧线工程年内基本完成设备基础、主厂房钢结构主体等工程施工。

供配电工程主要包括 60000 立方米 / 时制氧机区域新建 110 千伏变电站、银山变电站 110 千伏系统 GIS 及 35 千伏系统同步改造、110 千伏线路架设、改造等工程。60000 立方米 / 时制氧机区域 110 千伏变电站工程于 2012 年 2 月 22 日开工,12 月 17 日竣工送电，总容量 150000 千伏安,总造价约 4600 万元;银山变电站 110 千伏系统 GIS 及 35 千伏系统同步改造工程于 11 月 27 日开工,计划 2013 年 5 月 1 日竣工;110 千伏线路架设及改造工程共完成 60000 立方米 / 时制氧机区域东岭变电站棋东线和钢东线两路进线架设，银山变电站双陈线银山支线、双陈线架设。

（撰稿:郑德强　审稿:王召祥）

工程合同预算管理

【综述】 集团公司工程预算部是莱钢工程造价管理的职能部门，与山钢股份莱芜分公司工程预算部复合设置。主要职能有:集团公司、莱芜分公司、直属单位及其它子公司的工程造价管理，包括造价制度的制定及贯彻落实、计价方式的确定、招标文件的编制、商务标评标和结果汇总、施工合同的管理，并负责招标文件及施工合同的答疑和解释等；担负集团公司工程的合同审查及预、结算编审工作。工程预算部下设合同科、工程预算科、稽核科等 3 个职能科室。冶金工业莱钢工程造价管理站挂靠在工程预算部。2012 年末,共有职工 28 人,其中具有高级专业技术职务的 10 人，中级 16 人,初级 2 人。

【合同管理】 推行以工程量清单计价、总价包干、综合单价、定额让利、EPC 总承包等多种承包计价方式，比传统定额计价方式年节约工程造价 25%以上。完成特钢升级改造项目、转炉洁净钢平台建设技术改造项目、莱钢 2012 年环境道路治理及区域绿化项目等工程项目的招投标、商务谈判、合同签订等工作,全年共签订施工合同 130 项,合同金额 13.67 亿元。在特钢系统产品技术升级改造工程招标中，创新工程承包计价模式,采取综合单价、措施费包干等多种计价方式降低工程投资成本;针对炼钢、连铸、轧机、冷床 4 个标段,分别与多家投标单位开展多轮价格谈判，组织相关投标单位进行三次报价，在招标基础上降低 2287 万元;采取灵活的工程付款方式,延期付款2.4亿元,降低财务费用3000余万元。

【工程预、结算管理】 按照精细化管理要求,通过实施"月度计划管理""A级项目管理""月考核季公示""稽核结果分析""项目审结评价分析"等管理法,提高全员工作效率。加大预结算初审和稽核力度,形成以"两个四审制"为主要内容的审核制度(即程序上由合同科初审、专业人员主审、科长复审,稽核科抽审;内容上重点审查预结算资料编报是否规范,审核工程量、计价依据和取费标准)。加强技术问题研讨,对甲乙双方在核对结算过程中遇到的争议问题,坚持集体讨论研究处理,重大事项履行请示汇报制度,实现预结算编审"手续齐备、依据充分、责任明确、查有实据"的目标,提高了预结算审核质量,防范了风险。

全年共接受初审预算470份,共计3.53亿元;结算1115份,共计12.93亿元;纠正整改不符合编报要求的预结算190项。完成60万吨氧化球团、3200立方米高炉系统配套发电、4号管带机、银前VD精炼炉、能源管控中心、4号LF精炼炉、2012年环境道路整理及区域绿化,以及莱芜分公司、直属单位、各子公司预结算编审工作,累计审核预结算1409份12.03亿元,核减2.85亿元,核减率23.7%。

【降本增效】 按照公司降本增效活动要求,开展指标分解和落实工作。全年完成大中修改造项目302项9813万元,核减2891万元,核减率29.46%,超额完成公司下达的挖潜增效目标。

【制度建设】 健全内部管理体系,先后制定下发《工程预结算资料接收初审标准》《关于工程预结算资料中常见问题及处理意见》《关于上报工程预结算及有关资料的补充规定》《2012年乙方自购材料参考价格》等管理规定,使工程造价管理制度更为完善,控制措施更加有力。从加强日常管理入手,先后制定下发《政治学习制度》《技术研讨会制度》《2012年劳动竞赛实施方案》《创建学习型部室活动实施方案》《2012年降本增效活动实施方案》《深入推进"双十佳"争创活动实施方案》《关于推进落实公司"两转一提"活动的措施方案》《定岗定编工作实施方案》《关于内设机构优化调整和科级干部竞争上岗实施方案》,修订完善《工程预算部管理制度》《廉洁效能管理体系》,促进基础管理工作质量提高。

【宣传教育】 开展深入基层调查研究、送培训到基层活动。分别到自动化部、特钢事业部等12家基层单位走访调研,了解公司工程造价管理有关制度在基层单位的落实执行情况,听取基层单位对工程预算部工作的意见和建议。在了解基层单位培训需求的基础上,由分管部长到基层单位进行授课培训。开展"找差距提质提效,抓创新助推转调"主题系列活动、挖潜体制增效"300+100"元活动。以《工程造价信息》为主要平台,传递信息、交流工作、宣扬正气。

(撰稿:周振峰　审稿:刘立华)

人力资源管理

【综述】 人力资源部与党委组织部合署办公,与山钢股份莱芜分公司人力资源部、银山型钢公司人力资源处复合设置。主要负责领导班子与干部队伍建设、专业人才管理、人力资源开发与配置、职工培训与技能鉴定、机构编制与定员管理、职工薪酬与社会保险统一管理以及人事档案管理等工作。下设综合业务科、干部管理科、组织科、编制管理科、人力资源科、薪酬管理科、培训管理科 / 专业人才科 / 职业技能鉴定办公室、社会保险科 8 个科室。2012 年末，在册职工 30 人，全部为大学本科以上文化程度。其中，部长 1 人，为集团公司党委常委，副部长 4 人（其中正处级 1 人）、科级及以下人员 25 人（其中退二线科级人员 2 人）；具有高级专业技术职务（资格）的 28 人、中级 2 人。

2012 年，莱钢获“马钢杯”第六届全国钢铁行业职业技能竞赛团队总分第三名、山东省特种设备桥式起重机操作工职业技能竞赛团体总分第二名及优秀组织奖。人力资源部被集团公司评为党风廉政建设、“对标提升促转调，创新创效夺红旗”专业管理竞赛、平安莱钢建设、离退休服务工作先进单位。

【领导班子和干部队伍建设】 组织完成公司 41 个处级领导班子和 255 名处级领导干部 2011 年度综合考评工作，形成每个班子和个人的考评结果，并把考评结果作为领导班子和干部调整任免、年度奖励的重要依据。加大科级干部优化调整力度，减少科级干部 390 人，加上核销的各单位内聘科级干部 187 人，优化幅度达 33.7%。公开选拔公司团委副书记和设备检修中心党政正职，拓展选人视野，提高选人用人透明度。加大领导班子调整和领导干部交流力度，优化领导班子结构，激发干部队伍活力。全年共调整任免处级领导干部 106 人（其中提拔 10 人，调整 71 人，退二线 22 人，调出 3 人），跨单位交流处级干部 41 人。

【编制定员管理】 组织完成机构优化调整工作，优化内设科级机构 161 个，撤销各单位各部门自设科级机构 56 个，优化幅度达 30.3%。创新营销体制，年内成立营销管理部，设立 10 个区域销售公司，使莱钢产品销售布局更加科学合理。设立能源管控中心并与能源动力厂复合设置，优化能源管理流程，提升能源综合利用效率和效益。推进设备维修体制改革，重组成立设备检修中心，将设备点检维保与专业检修相分离，共有 2514 人划转到设备检修中心，顺利完成领导班子组建、机构设置以及人员交接等工作。钢铁主业全面启动定岗定编工作，梳理优化公司岗位体系和岗位职责说明书，明确各岗位的使命和职责，识别冗员，控制人员总量及压缩冗员，为进一步压减机构、编制和岗位，科学高效配置人员提供支撑。

【人力资源配置】 制定下发《关于规范子公司用工管理的意见》，进一步规范人力资源管理。推进人力资源优化配置。按照“自愿报名，单位推荐，轮岗交流，一职多能”的原则，分期分批协调配置新疆公司一期工程所需 938 人，并按工程进度要求，先后选派 608 人赴疆工作，基本满足新疆公司建设需要；内部公开招聘销售公司营销人员 56 人以及财务部一般管理人员 4 人；招聘 2012 年高校毕业生 73 人；安置复员军人 48 人；子公司、改制公司自主用工招聘职工子女毕业生 68 人。钢铁主业累计减员 1266 人，各单位内部优化调剂配置 2955 人次。

【薪酬管理】 制定《选派新疆公司人员待

遇等若干问题的补充规定》。改革处级干部薪酬发放办法,按照月度考核结果兑现月度绩效工资，提高绩效考核的针对性和实效性。按照年度考核、月度绩效考核和绩效审计结果，测算并兑现处级干部2011年度奖励。完成2011年度岗位工资考核晋档以及2011年度工资总额清算和2012年度工资总额预算编制等工作。及时办理月度工资批复、劳动数据统计分析上报。钢铁主业(含永锋钢铁公司）全年主业总产值劳动生产率163.1万元/人·年；累计产钢1447.6万吨，实物劳动生产率452吨,同比增长1.1%。集团公司全员增加值劳动生产率21.5万元/人·年；在岗职工人均工资（含物业补贴）6.08万元，同比增长0.9%(因自2012年3月份起，处级干部年度奖励一部分改为月度绩效奖励发放,扣除该因素后,集团公司在岗职工人均工资同比增长0.4%)；吨钢人工成本202元，占集团公司总成本的5.37%。

【人才队伍建设】 推荐评审通过2012年度山东省有突出贡献的中青年专家1人、国家技能人才培育突出贡献奖1人、享受国务院政府特殊津贴1人;组织评选通过2012年度山东省首席技师2人、有突出贡献技师2人;评审通过山东省冶金行业优秀青年技能人才11人。加强人才队伍管理,制定下发《人才工作目标责任制考核管理办法》《莱钢技师工作站管理办法》,申报成立山东省高技能人才培训基地。评审公布5个莱钢技师工作室（试点)。公布2011年技师、高级技师任职资格300人;评审通过政工、工程中初级专业职务382人。审核上报各类专业职务评审材料408人份。组织各类技术/执业资格、职称考试报名1768人次。加大职工培训力度,选拔28人参加2012年省委党校研究生学习；推荐72人参加2012年在职工程硕士研究生全国统一考试;对564人进行干部政治理论培训,对865人次实施新技术充电培训，对181人实施金蓝领培训,对900人开展技能培训;组织4984人完成职业技能鉴定；为外单位代培153人；审批举办各单位各类适应性培训班337期,共计23371人次。

【社会保险工作】 对公司31314名职工2012年社会保险缴费基数进行核定转换,及时调整兑现离退休等人员待遇，为14655名退休(退职)人员、49名建国前老工人增加退休待遇,人均月增加基本养老金分别为288.3元、708元；对58名一级至四级工伤职工调整伤残津贴、生活护理费,人均月增加236.7元;对97名工亡职工供养的直系亲属调整抚恤金,人均月增加86元;为309名离休干部调整护理费标准，人均月增加护理费702元;对2908名职工(含离退休人员)遗属生活困难补助标准进行调整,人均月增加生活困难补助91元。及时缴纳、申领拨付各项社会保险费用,1月至12月公司（莱芜地区）共缴纳社会保险费56743万元(其中:养老保险费49219万元,失业保险费4950万元,生育保险费946万元，工伤保险费1628万元)。1月至12月共领取发放社会保险待遇49099万元(其中:养老待遇47368万元,生育待遇452万元,工伤待遇1279万元)。办理职工退休599人，完成159名死亡职工及退休人员养老保险个人账户继承工作。对11家改制公司2012年度预留费用进行审核。为215名工伤、职业病职工提交了工伤认定、鉴定申请材料。顺利完成劳动保障检查及社会保险基金的集中审计工作。完成121名职教幼教退休教师统筹外补助项目的核定、申报工作。组织完成未参保集体企业退休人员养老保险补缴工作。为487名生育女职工办理了产前检查备案及生育备案手续。

【基础管理】 下发《关于试行山钢人力资源管理信息系统的通知》,启动莱钢人力资源管理信息系统试用工作，对职工的基本信息进行初步核实确认，对人力资源管理业务流程进行全面系统梳理，搭建人力资源管理信息平台。

（撰稿:赵胜强　审稿:王学德）

离退休职工管理

【综述】 离退休职工管理服务部是集团公司离退休职工管理的职能部门。下设管理科、服务科、济南干休所(济南房管所)3个科级单位,共有职工17人。截至2012年12月,全公司有离退休(养)职工21072人,其中离休干部342人，退休干部3782人,退休工人15836人,退养干部167人,退养工人945人。全公司有专(兼)职离退休职工管理工作人员94人。

【待遇落实】 坚持贯彻落实党和国家关于离退休工作的方针政策，认真贯彻执行上级有关离退休职工待遇的政策规定。为离退休职工按时发放养老金、优先发放取暖费,按照山东省人力资源和社会保障厅、山东省财政厅《关于2012年调整企业退休人员基本养老金的通知》《关于适当增加建国前老工人退休待遇的通知》文件精神,及时为退休职工调整养老金，人均增加基本养老金分别为288.3元/月、708元/月。在调整退休职工社会统筹养老金的基础上,同步提高企业补充养老金，使人均养老金总共增加392元/月和963元/月。针对离休职工看病吃药花费增高，报销药费行动不便等实际情况，集团公司提高离休职工医疗卡的存入金额,由每季度1500元提高到3000元。坚持退休职工阅文、向退休职工通报情况、走访慰问等制度。春节前,先后召开了向老干部通报情况会、老干部代表座谈会；集团公司党政领导分别到驻地和济南干休所走访老领导和部分老职工。离退休职工管理服务部到济南、潍坊、威海等地走访看望14名易地安置的离休干部,并送上慰问品，赠送记录莱钢发展情况的影像光盘。

【尊老敬老】 2012年，两次开展满意度调查活动；组织600名离退休职工进行健康体检；探望生病住院离退休职工400余人次;为机关和部分单位的25名离退休职工代办老年人优待证。以春节、老人节等节日为契机,开展大范围走访慰问活动,各级领导带头对困难离退休职工、遗属等特殊老年群体进行重点走访,了解其生活状况,并及时帮助解决生活中的困难。春节期间,救助特困离退休职工9人,发放救助金9000元;救助困难离退休职工77人,发放救助金38500元;救助困难离退休职工遗属67人,发放救助金33500元;全公司共走访困难离退休职工及遗属750人,发放慰问品、慰问金共计43.6万元。“敬老月”期间,开展“三争一创”活动和“孝行莱钢,共建和谐”主题征文活动，弘扬尊老敬老良好社会风尚，营造尊老敬老氛围，提高职工尊老敬老、养老助老意识。

【支部建设】 根据离退休职工党支部成员

居住分散和支部书记年龄普遍较高的实际情况，成立离退休职工管理服务部党总支第十四、十五两个党支部，并在进行充分准备和酝酿工作的基础上，严格按照组织程序，调整部分党支部的支部书记，把党性强、威信高、身体较好、有一定经验的党员充实到支部班子中。发挥离退休职工党支部在加强老党员思想政治工作中的核心作用，根据老党员特点完善政治学习和组织生活制度，持之以恒开展政治理论学习和理想信念教育。通过定期召开支部学习会、座谈会等形式，组织老党员学习党的方针政策、时事政治、传达上级文件精神。对高龄、多病、行动不便的老党员，采取走访谈心、电话沟通等形式通报情况、上门送学。有计划地组织老党员开展对科学发展观、十七届六中全会、山东省第十次党代会精神等内容的学习，尤其是十八大召开以后，认真组织离退休党员干部进行学习，掀起了学习十八大精神的高潮。部分党支部将报刊上的解读文章等内容制作成剪报，复印装订成册分发到党小组，组织大家共同学习、交流体会。开展形势任务教育，面对复杂多变的市场形势和生产经营巨大压力，引导广大老党员正确认识形势，把思想认识统一到集团公司的决策部署上，做到认识统一、步调一致，自觉支持企业改革发展。广大老党员思想水平不断提高，党性意识不断增强。在“七一”之际，一名退休党员向机关党委一次性交纳“特殊”党费 2 万元，而且没有留下自己的姓名。2012 年，离退休职工管理服务部党总支机关党支部、第五党支部、第七党支部被机关党委授予“先进党支部”称号，3 名党员被机关党委授予“优秀共产党员”称号，3 名党员被机关党委授予“优秀党建工作者”称号。全公司共有 13 个离退休职工党支部和 95 名离退休职工党员受到了单位党委的表彰。

【文体活动】 2012 年，集团公司研究决定，将原莱钢电视台大院分配给离退休职工管理服务部使用，并投资 20 余万元对其进行粉刷和维修。离退休职工管理服务部为退休职工设置棋牌室、台球室、党员活动室、老年阅览室等活动场所，购置棋牌桌、座椅、象棋、扑克、台球等活动设施；对所有活动室的空调、门窗等设施进行彻底维修；安装漫步机、扭腰器、蹬力器、腰背按摩器、太极扭力器等适合老年人使用的健身器材；对中心区门球场进行塑胶改造。老年人学习和活动场所建设整体水平得到大幅提升，满足了退休职工就近学习、就近活动的需要。老年体协、老年书画研究会根据离退休职工年龄和特点，组织开展丰富多彩的老年文体活动，先后举办纪念毛泽东《在延安文艺座谈会上的讲话》发表 70 周年书画展、庆祝老人节书画展、庆祝十八大老年书画展；开展门球、台球、钓鱼、象棋、乒乓球、趣味运动会等多项老年体育比赛；举办“喜迎十八大，欢度重阳节”老年文艺演出。广大离退休职工积极参与“健康莱钢行动”，在新兴广场开展老年健身表演；参加山东省第六届职工运动会拔河比赛和山东省第一届全民健身运动会“莱钢杯”拔河比赛的开幕式表演；组队参加山东省中老年歌咏大赛，莱钢老年合唱团摘金夺银，再获佳绩。

【自身建设】 离退休职工管理服务部以开展“转调创提”“两转一提”等活动为契机，进一步转变服务观念，持续改进工作作风，强化服务提质提效。特别是在离退休职工养老服务上，学习借鉴先进经验，查找自身不足，开展离退休职工养老模式专题调研活动，完

2012 年 1 月 18 日，集团公司领导走访慰问困难老职工

善服务措施，提高主动服务意识。深化学习型部室创建工作，将创建学习型部室目标与学习型党组织创建、创先争优活动目标相统一，按照“四强”“四优”要求，加强党员队伍建设，发挥先进典型示范带动作用，在全体职工当中形成学先进、赶先进的良好氛围。加强职工政治理论和业务培训，学习贯彻党的十八大精神，学习党和国家有关离退休工作的方针政策，提高离退休工作人员的政治素质、政策水平和业务能力，在端正服务态度，提高服务质量上下功夫。

（撰稿：邢界宇　审稿：李乃昌）

档案管理

【综述】 集团公司办公室（以下简称办公室）下设档案管理科，负责莱钢档案管理工作。2012 年，全公司归档各类档案 4.4 万卷 3.38 万件，归档照片 6363 张、底图 13.02 万张。截至 2012 年底，全公司拥有档案用房 2.41 万平方米，其中莱钢档案馆 1.2 万平方米；库藏档案 83.29 万卷 18.86 万件、底图 132.84 万张，拥有机读案卷目录 29.41 万条、文件级 72.6 万条；共有专职档案人员 87 人，其中具有高级专业技术职务的 5 人，中级的 32 人，办公室档案管理科（莱钢档案馆）10 人。年内，莱钢被评为全省档案工作先进集体、山钢档案工作先进单位。

【档案工作“十二五”发展规划】 按照《山东省档案事业“十二五”发展规划》和《山东钢铁集团有限公司档案工作“十二五”发展规划纲要》精神，莱钢结合实际制定下发《莱钢档案工作“十二五”发展规划》，从档案制度建设、设施建设、档案资源建设、档案信息化建设等方面对“十一五”期间的档案工作进行回顾，提出莱钢“十二五”档案工作指导思想和主要目标，以及档案体制机制、制度完善、资源建设、业务建设、安全体系建设、开发利用、信息化建设及队伍建设等八个方面的具体任务。

【档案资源建设】 提高全员归档意识，实现档案“颗粒归仓”，丰富库藏，改善结构。各单位、各部门在档案的收集过程中，依据归档范围，按照部门职责开展归档工作，自觉对照标准逐条逐项落实，保证了档案的齐全性。在档案的分类、编号、标引著录、装盒、上架等环节中，执行《归档文件整理规范》等一系列业务标准。加强经营与技术管理类档案归档，招标档案、合同档案、专利档案等收集与整理更加规范。全年 26 个部(处)室移交文书档案8300多件,会计档案8500卷,6月底,基本完成归档任务。为减轻各单位库藏档案压力,开展了财务统管单位会计档案及公司部分重点项目档案移交莱钢档案馆的工作,莱芜分公司炼铁厂、型钢公司炼铁厂等单位的部分档案进行了移交,共移交档案1176卷。加强档案资源开发利用,发挥莱钢档案馆历史展厅功能,全年接待内外参观团体81个;全公司利用各类档案1.2万人次2.8万卷次,复制各类档案资料36.5万张。

【改制单位档案移交】 根据集团公司关于《莱钢主辅分离辅业改制工作档案处置暂行办法》的规定,2012年2月15日,集团公司办公室下发《关于做好各改制公司档案移交工作的通知》。2月22日到3月31日,11个改制单位中的9个单位完成移交任务,共移交档案6.6万卷。在整个移交过程中,做到档案安全、有序、保密。4月28日,公司办公室专门下发通报,对9个单位进行表扬。

【制度建设】 加强建设项目电子档案的管理,起草下发《莱芜钢铁集团有限公司关于规范建设项目电子档案管理的通知》。5月25日,集团公司办公室组织山东省冶金设计院股份有限公司、莱芜钢铁新疆有限公司以及工程管理、机械动力、消防、财务、安全、环保、质量监督等单位和部门进行座谈,学习文件精神,通报相关情况,并就落实文件精神提出要求。在纪念《档案法》颁布25周年之际,组织纪念《档案法》座谈会,加强档案法制宣传,部分单位制作了宣传标语。

【档案编研】 围绕机构调整和人员优化、生产管理水平提升、装备水平优化等工作,把常用技术数据、关键技术、图形图样等编辑成册,全年完成《莱钢10年开发利用档案信息资源成果选编》《莱钢历届党代会简介》《莱芜分公司炼铁厂原料场皮带机、转运站数据汇编》《莱钢铁路发展大事记》《莱钢奔向19亿发电拉力赛成果汇编》《档案佐证——炼钢厂创建学习型组织12年成就汇编》《型钢炼铁皮带机安全稳定运行管控方案》等编研成果。

【建设项目档案管理】 集团公司对莱钢重点建设项目档案继续实行一级管理,进行项目档案资料的收集、发放和现场服务工作。特别是在特钢升级改造项目中,项目管理组织机构中设档案管理部门,工地设立现场档案室,3名专职档案人员现场办公。2012年,属集团公司档案一级管理的项目主要有特钢升级改造、50兆瓦发电、4号LF精炼炉、技术中心、4号焦化管带机、银前VD精炼炉、6号制氧机、除盐水站、4号洁净钢转炉、能源动力厂老区130吨燃气锅炉改造等项目。全年共领发图纸资料25万余张,接收随机资料570余套,整理技术中心项目档案、130吨锅炉项目档案、能源管控中心项目档案450卷。

【转底炉工程项目档案验收】 5月22日,山东省档案局与莱钢组成验收专家组,对直接还原处理钢铁厂含锌尘泥成套工艺高技术产业化示范工程(简称转底炉工程)项目档案进行专项验收。专家组通过听、看、查、议,对照山东省重大建设项目档案验收办法的评分标准,给予90.5分,获得优良等级。截至此项目档案验收通过,莱钢重点建设项目档案专项验收率达85%以上。

【参加全省档案系统文艺展演】 2012年

初，山东省档案局为迎接党的十八大召开，集中展现档案工作者的精神风貌，加强档案文化建设，在全省开展档案系统文艺展演活动。按照山东省档案局和山钢集团的工作部署，莱钢档案馆与集团公司工会紧密配合，自行创作演出了相声《兰台取经》和歌曲《记住历史》。两个节目均以歌颂档案工作为主题，全面反映莱钢及莱钢档案工作取得的显著成绩，题材新颖，形式活泼。9月26日，全省档案系统文艺展演颁奖晚会在山东省委党校举行，莱钢选送的节目以全省总分第五名的成绩获得二等奖。

（撰稿：常丰田　审稿：蒋淑华）

外事管理

【综述】 集团公司外事管理办公室（以下简称外事办）是莱钢的外事管理职能部门，主要负责莱钢因公出国(境)管理、外事接待管理和涉外项目管理及其他涉外事务的组织、安排，与山东莱钢国际贸易有限公司复合设置。

【外事管理】 2012年，外事办根据莱钢文化建设及精细化管理活动部署，修订了《莱钢涉外突发事件应急预案》，重新梳理编写《因公出国(境)工作流程》，囊括因公出国（境）团组工作流程、双跨团组办理流程、赴免签国家及港澳团组办理流程、赴台手续办理流程的四大流程板块五种出访模式。截至2012年12月31日，共办理出访团组30个，152人次，出访团组数量比2011年增长166%，其中，文体团组2个，工程项目团组10个，经贸团组18个，主要出访地包括欧洲、大洋洲、非洲、亚洲等17个国家和地区；三季度是2012年出访团组最为集中的一个季度，其间，共办结、在办团组13个，占全年出访团组的43%。接待来访外宾团组362个，共计615人次，全年接待无差错。

2012年6月，山东省外事办出台新的因公出国(境)人员审查管理办法，将原来的出国(境)人员审查改为备案；在全省范围内推行电子护照，开发“山东省因公出国管理系统”，将因公出国(境)任务审批及证照办理整合在同一系统内，实行流程化管理。外事办根据变化，编写《山东省因公出国管理系统使用说明》，重新对莱钢集团外事管理办法、因公出国(境)工作流程进行修订。根据电子护照的新要求，外事工作增加了制作电子照片及电子签名环节，新办护照人员需赴济南、青岛等地指定照相馆采集电子护照照片，延长了出国手续办理时间。

（撰稿：陈大健　审稿：王绍强）

计控管理

【综述】 计控处是莱钢集团公司计控管理职能机构，与自动化部复合设置。其主要职责是贯彻落实国家计量法律法规；负责策划、建立、保持、完善测量管理体系和能源计量执法工作，明确各部门的职责，组织计量职能的协调、实施并监督检查；负责建立莱钢计量标准和量值溯源管理，对全公司计控设施和自动化工作实施管理；负责进出公司及厂际之间物资量、能源动力量的计量业务。为加强计控管理，集团公司设计控管理委员会，在各子公司及直属各单位均有分管计控工作的厂长(经理)、业务科长和计量员。全年，测量设备周检率达到

100%，完成物资检斤总量8350万吨，计量差错率低于0.11‰，焦炉煤气差损率1.99%，高炉煤气差损率0.39%，氧气放散率1.07%，完成集团公司全年物资量、动力能源计量等任务目标。

【计控基础管理】 6月25日至28日、12月25日至28日分两次对19个厂矿、单位进行内部审核，开出次要不符合5项。10月25日至26日，中启计量认证中心对莱钢进行外部审核，莱钢测量管理体系符合国家标准GB/T19022-2003要求，顺利通过审核。为保证公司量值传递的有效性，全年新建一等活塞式压力计、E2级毫克组砝码标准装置、E2级克组砝码标准装置、直流电阻箱等4项最高标准，莱钢最高计量标准达到28项；对工作计量标准进行检查、梳理，根据工作需要，将原先59项标准归并为50项。全年共检定各类衡器207台、能源计量仪表13507台。以“5·20”世界计量日及9月质量月活动为契机，加大计控宣传普及力度，提高职工计量意识，宣传《计量与安全》《节约能源法》《计量法》等法律法规知识，组织测量管理体系与能源计量认证内审员培训班及最高计量人员规程宣贯、复核换证等外部培训工作，全年共组织5个班次80人参加培训。

【能源计量管理】 围绕公司提出的吨钢降本“300+100”元目标，完善能源计量管理体系，加强能源计量基础管理、计量器具配备和数据应用管理，进行能源计量设备升级改造。完善三级计量管理网络，修订完善相关管理制度。延伸能源计量监控范围，从厂际间及各工序总量计量向工艺层拓展，挖掘能源管理网络系统在生产经营和企业管理过程中的作用。对于关键工序争议较多的计量点进行技术改造，全年接受临时性委托35项，实施完成31项，参与大中修、技措技改工程3项，完成型钢北环150吨、机制公司120吨、银前烧结120吨、焦化80吨汽车衡及银前200吨、型钢不断轨轨道衡等衡器的大修工作，完成机械水表改造66项，探针流量计改造11套，现场配电器、隔离器、温度变送器等改造2400余台(件)。

【计量执法督查】 坚持计量严细实管理，严肃计量纪律，实行每周每月不间断计量执法督查，加大对外供能源用户的计量监督检查，加强进厂供电计量监督比对，保障公司利益不受损失。坚持以“产品即是数据、质量就是准确”和“计量就是计钱”的计量督察理念，利用自动化信息化手段，在能源网络管理平台上每天持续进行网上督查巡查，及时快速发现计量异常和设备问题，做到发现一次，通报一次，并在当月计量报

2012年10月25日至26日，莱钢测量管理体系监督审核首、末次会议在集团公司办公楼召开

表中按计控管理规定进行处理，同时在计控工作月度考核中进行考核。全年督察督办计量设备问题及隐患 58 余项，检查计量数据 4.5 万余车，发现计量差错 10 余车，超载、超时、倒运违规计量车辆 4 起，查处问题得到及时整改，未发生司秤人员违法违纪行为。

【计控技术应用】 投入能源管控中心项目建设，参与项目建设的人员达到 300 多人，有 11250 个计量数据实时传输到能源管控中心，实现莱钢能源系统集中统一调度。对 DMES 系统进行功能扩展性改造，进厂汽运计量全部实现“一卡通”。研发衡器故障远程诊断、铁水计量跟踪等软件系统，实现故障预警，提高计量效率。自行研制的皮带秤自动计量系统投入使用，实现物料切换、数据统计等计量过程和日常零点维护自动化。

【计控产品研发】 组织研发、生产适应冶金企业需求的计控新产品，完成 0.05 级高精度配电器、遥控数字显示屏、炉前铁水液位罐号信息显示屏、多通道数据采集仪、探针流量计等产品，完成热电偶生产工艺设计，具备生产各种热电偶的条件，自主研发的高精度皮带秤进入样机制作阶段。

（撰稿：龙　英　齐　敏　审稿：郭维河）

审计管理

【综述】 莱钢的内部审计工作实行两级管理。公司董事会下设审计委员会，审计委员会是董事会按照董事会决议设立的专门工作机构，主要负责公司内、外部审计的沟通、监督和核查工作；审计委员会下设办公室，设在审计处，为日常办事机构，负责日常工作联络和会议组织等工作。集团公司设审计处，与山钢股份莱芜分公司审计处复合设置。各子公司、直属单位、其他参股公司设审计科（室），配备专（兼）职审计人员。集团公司审计处是内部审计的综合管理部门，与纪委、监察处、监事会工作办公室合署办公。审计处主要职责是对集团公司及子公司、直属单位的资产质量、生产经营管理、财务收支、经济责任、经济效益、经济合同、招投标、基建技改技措大修工程项目以及单位的内部控制等经济活动进行审计监督，并指导各子公司、直属单位的专（兼）职审计人员开展审计工作。依照国家法律、法规和政策以及集团公司的规章制度，独立行使内部审计监督权。推进计算机辅助审计工作，通过对审计信息化系统的开发和使用，提高审计工作效率和现代化水平，使审计工作走上网络化、动态化、程序化和实时化的道路。通过开展资产经营责任审计、财务收支审计、任期经济责任审计、管理效益审计、工程项目审计、内部控制审计、风险管理审计、治理结构审计等形式，履行内部审计部门的评价、监督、控制、服务职能。

截至 2012 年底，集团公司共有审计人员 92 人，其中专职 35 人，兼职 57 人。审计处共有职工 13 人，其中具有高级专业技术职务的 9 人，中级的 4 人。全公司拥有审计资格证书的管理人员 193 人。

2012 年，集团公司共完成审计项目 139 项，审计资金总额 389.22 亿元，提出审计建议 310 条，提高经济效益 4488.94 万元。其中审计处完成审计项目 45 项，完成绩效审计 25 项、离任审计 8 项、工程审计 8 项（共计 1578 份）、内控管理审计 4 项，共审计资金总额 343.12 亿元，提出审计整改意见 140

条，提高经济效益2794.72万元。

【绩效审计】 按照集团公司《关于开展2011年度资产经营责任（绩效）审计的通知》要求及审计工作计划安排，对集团公司所属18个子公司和6个直属单位组织开展2011年度资产经营责任（绩效）审计工作，审计调整后认定考核利润合计24.61亿元。针对各单位资产经营责任（绩效）完成情况和审计中发现的违规问题，下发89条审计整改意见。

【任期经济责任审计】 集团公司对发生职务变动的5名单位负责人进行任期经济责任审计（离任审计）。推动各子公司、直属单位审计部门做好内部单位负责人的离任审计工作。

【工程审计】 全年审计完成工程结算1578份，送审金额30374.8万元，审定金额29259.38万元，审减金额1115.42万元。

【管理效益审计】 根据公司"转调创提"工作要求，对特钢事业部和焦化厂开展管理效益审计工作，重点针对主要经济技术指标完成情况、成本费用开支的合理合规、内部控制制度的执行情况进行审核，对存在的薄弱环节和影响效益提升的瓶颈进行分析，提出建设性意见和建议，促进被审计单位内部管理水平提高；围绕公司大宗原材物料内控管理情况，针对原材料、产成品在招标采购、质量把关、验收入库、资金支付、仓库保管、物流管理、出入库控制、生产领用、产品生产、发出销售等环节，对物流中心、招标中心开展内部控制审计，针对审计中发现的管理问题和漏洞，提出改进措施，促进管理水平和风险防控意识提高。通过测试管理过程中职能作用的发挥、各项管理制度健全性以及内部控制系统是否有效等内部控制关键点，对管理过程中风险控制系统的健全性和有效性作出了科学的评价。

【内部控制审计】 开展以内部控制和风险管理为导向的管理审计，并将内控审计的理念和做法镶嵌于传统的资产经营责任（绩效）审计和任期经济责任审计项目中。在2011年度绩效审计工作中，审计人员在关注各单位的关键业绩指标完成情况的同时，审计其战略目标的制定及确保战略目标实现的各项经营决策的内部控制程序及执行情况。

【专项审计调查】 对莱芜分公司下属的部分单位工会技协的管理运营情况进行专项审计调查，对工会技协管理中存在的问题及时向集团公司进行汇报，明确了二级单位工会技协的职责权限、经营范围、费用提取和支出范围，为各单位工会技协的科学运转提供依据。

【制度建设】 根据形势发展，组织人员对莱芜钢铁集团的审计规章制度和内部有关管理规定进行补充和修订。

【队伍建设】 以学习型处室为载体，结合审计工作的特点，加大对审计人员的培训力度，派人参加执业资格证书后续教育培训班。集团公司审计处被山东省内部审计师协会授予2011年度做出突出贡献和创造新经验的内审机构、2012年度内审宣传工作先进单位；审计处女职工团体被授予莱钢机关2011年度巾帼建功岗。撰写的《山东钢铁集团实施的对金岭铁矿开展的内部控制评价审计》《山钢集团莱芜钢铁公司实施的对银山型钢有限公司板带厂原厂长离任审计》在山东省内部审计师协会组织的 2010 年至 2011 年度全省优秀内部审计项目评选中分别被选为全省优秀内部审计项目、全省表扬内部审计项目；撰写的《关于进一步加强公司固定资产维修管理内部控制调研报告》获 2011 年度集团公司调研成果三等奖；撰写的《发挥内部审计作用，促进党风廉政建设》获 2011 年度集团公司"廉政杯"征文优秀奖；撰写的理论研讨成果先后 2 次在《冶金财会》上发表。

（撰稿：李　琦　审稿：陈明玉）

行政监察管理

【综述】 监察处是集团公司的行政监察部门，与纪委、审计处合署办公，业务工作由山钢集团公司审计监察部进行指导，行政工作受集团公司董事长和总经理直接领导。其主要职责是：监督监察对象执行国家法律、法规和政策以及决定、命令的情况；监督监察对象贯彻集团公司规章制度、经理的决定和指令的情况；受理单位和个人对监察对象违反国家的法律法规以及公司的规章制度行为的检举、报告；调查处理监察对象违纪违法行为，受理监察对象不服行政处分的申诉以及法律法规规定的应当受理的其他申诉；教育监察对象遵纪守法、廉洁高效等。在履行监督检查职责时，行使一定的检查权、调查权、建议权和处分权。集团公司监察处的监察对象是各子公司、各单位行政领导班子及其成员，机关各行政处室领导及其管理人员。各子公司和直属单位根据不同情况设立专门监察机构或专职监察员，负责本单位的行政监察工作。

【案件检查】 全年集团公司共发生安全事故 3 起，追究责任处分处级领导干部 8 人。发生违纪案件 1 起，涉及党员 2 人，其中科级干部 1 人，一般干部 1 人。3 月，纪委、监察处、法律事务部成立联合调查组，针对山东莱钢建设有限公司票据贴现受骗案进行调查。该案件涉及单位、部门领导干部和职工 8 人，对 5 人作出停职检查的阶段性处理。5 月，能源动力厂动力区机动技术科副科长郝继云，银山型钢公司宽厚板厂机动设备作业部工作人员权伟因涉嫌受贿，被钢城区人民检察院反贪局立案查处。案件发生后，纪委、监察处配合反贪局到集团公司相关部门进行了调查取证。

【效能监察】 围绕公司的生产经营建设，针对影响企业生产经营的重点、职工关心的热点、管理的难点问题，开展原燃料进厂、备品、备件、设备管理、降本增效、安全生产等效能监察活动。3 月，结合集团公司职代会议精神及计划会议精神，制定《莱芜钢铁集团有限公司 2012 年效能监察工作要点》。7 月，监察处与审计处成立联合检查组，分别对物流中心 2012 年上半年运行情况和招标中心 2011 年 9 月至 2012 年 7 月招标情况进行专项效能监察及审计，规范两个中心的管理和运行。9 月，在型钢炼铁厂召开效能监察现场会，型钢炼铁厂、炼钢厂、焦化厂、特钢事业部、莱芜分公司炼铁厂、医院、板带厂、运输部等 8 个单位在会上进行经验交流。2012 年，全公司有 22 个单位及部室开展了效能监察及效能督察工作，共立项 74 项，其中集团公司 2 项，二级单位及部室 72 项。全年开展现场督察 90 余次，提出监察建议 442 条，作出监察决定 29 个，节约资金 2537.39 万元，避免经济损失 4660.8 万元，挽回经济损失 380 余万元，增加和创造经济效益约 5430.85 万元，推动建章立制 262 项。11 月，向山东省国资委纪委报送了效能监察案例及方案。12 月，向山钢审计监察部报送了 7 个效能监察项目参与优秀项目的评比。

【招标监督】 监察处依据《中华人民共和国招标投标法》《集团公司招投标管理办法》，履行纪检监察的监督职能，主要参加了招标中心组织的机械动力部、原料部、工程部等部门的备品、备件、设备、大宗原燃料、材料、建设工程项目等内容的招标监督工作，全年开展各类招标监督 50 余次，标的额约 11 亿元。

（撰稿：司乔磊　审稿：荆延芳）

监事会工作

【综述】 监事会工作办公室（以下简称监事办）与审计处合署办公。主要职责是全面负责参控股公司监事会主席和兼职监事的管理工作，协调参控股公司监事会与任职公司和集团公司相关部门的关系；组织、协调监事会成员开展工作，督促检查监事会成员履行职责；组织监事会人员参加培训和开展工作研究，承办集团公司交办的其它事项等。监事办主任由审计处长兼任，有专职监事会主席 4 人，兼职监事会主席 4 人，兼职监事 11 人，分别负责集团公司 20 个参控股公司和莱芜分公司所属 6 个营销子公司的高管人员履职情况监督、重大问题决策、财务状况和经营状况的监督监控。

【监督检查】 按照《集团公司监事会主席工作准则》和《监事会主席、兼职监事现场办公的规定》的要求，2012 年度，监事办组织监事会主席及监事开展现场监督检查 200 余次，提交监督检查报告 46 份，提出管理建议 70 余项。参加任职公司生产经营分析会、经理办公会及党政联席会，对参控股公司的高管人员履职情况及公司生产经营、重大事项决策及运行等方面进行全过程监督；对任职公司生产经营波动情况进行了解，重点对公司生产经营持续下滑的原因进行调研分析；关注任职公司改制进程，督促依法履行程序维护稳定与发展；针对改制公司海外子公司审计发现的问题，提出整改意见并进行督办落实，规范海外子公司运营行为，规避管控风险；针对参控股公司监事会监督和审计监督中存在的问题，与任职公司进行沟通交流，实施督办整改，确保问题得到落实。

【自身建设】 坚持监事会主席例会制度，通报监事会工作监督检查情况，交流工作经验，安排部署工作任务。实行例会学习制度，对财务报表进行解读，温习法律法规。为培训新任监事会主席，监事办编写监事会工作讲座教材，明确监事会监督的工作规定及开展工作的方法。实现监事会主席的工作交接，保障监事会工作有效开展。年内 3 人次参加高级会计师培训班学习，全员参加卓越绩效培训班。

（撰稿：王　远　审稿：陈明玉）

法律事务管理

【综述】 莱钢集团有限公司实行总法律顾问制度。总法律顾问全面负责公司法律事务工作,统一领导和协调处理公司决策、经营和管理中的法律事务。法律事务部是集团公司主管法律事务的职能部门,与企业管理部合署办公,下设工商合同科、诉讼科,其主要职责是:参与公司重大经营决策活动,审查、起草重要规章制度,提出法律意见;法律风险防控管理;合同管理和监督;招投标管理;法定代表人授权管理;工商事务管理;合法经营管理;反不正当竞争管理;名称字号、注册商标等知识产权管理;债权清收管理;处理侵权、劳动争议、知识产权、不正当竞争等各种纠纷,处理非诉讼法律事务;对各子公司的纠纷处理进行指导和监督。2012年末,共有职工10人,其中具有法律职业资格(含律师资格)、企业法律顾问执业资格的6人。

2012年度,集团公司顺利通过山东省"守合同重信用"企业年审;被山东省政府法制办评为2012年度政府法制宣传先进单位。

【总法律顾问制度落实】 组织召开集团公司法律事务工作会议,总法律顾问与相关单位负责人签订《依法治企责任状》,并安排部署2012年法律事务管理工作思路及总体目标。根据省国资委及山钢要求,制定集团公司《法制建设第三个三年规划》,明确法制建设三年规划期间的各项工作重点及目标。总法律顾问列席公司董事会等重大决策会议,参与对审议事项的论证、调查并出具法律意见。参与公司全面风险管理工作,做实法律风险防控管理各项工作。制定、审核公司规章制度,共对《大额资金使用管理规定》等30余项规章制度进行审核,提出140余条法律意见被采纳。

【法律风险防控管理】 确定2012年为公司"法律风险防控普及年",组织召开知识产权保护推进会、重大案件处理和债权清收专题会、法律事务创新提升等系列专业会议,加大对知识产权战略探索、重大及疑难法律事务的推进力度及处理进程。组织知识产权、厂商银合同管理、票据管理、债权清收管理等事项的专项调研,梳理各项工作存在的问题以及可能发生法律风险的信息,制定切实有效的整改措施。对法律风险防控试点工作进行系统总结,结合总结的经验和教训指导各单位的风险防控工作;组织《企业法律风险管理指南》国家标准培训,引导、督促各单位贯彻、落实国家标准指南。通过及时辨识、发现、防控、解决经营管理各环节存在的法律风险,避免和降低担保等多种风险损失8亿余元;企业法律顾问团队创造的《企业法律风险防控机制的系统创建》管理创新成果获第二十五届山东省企业管理现代化创新及优秀应用成果一等奖。

【重大经营活动参与】 全面参与企业重组、产业结构调整、对外投资、对外合作、担保、重大合同、合同能源管理项目以及出资企业上报等重大经营活动160余项,出具法律意见书150余份。主要包括完成山钢主业重组涉及的法律事务,以及重组完成后合同主体及授权、合同专用章的变更,注册商标转让和各项许可资质的变更、房产登记等工作。组织对重大事项进行专项调研、论证,全面参与莱钢非钢产业及钢城区工业园规划、营销模式转变及销售公司设立、国贸公司拟在新加坡设立贸易公司、机制公司新疆铁合金项目和再制造公司设立、鲁银投资重组、明治橡塑股权转让、烟台钢管拟转让出资企业股权等事宜的论证或调研，提出法律意见。参与重大事项的处理，主要是集团公司及银山型钢公司融资担保、天泰公司股权转让，淄博锚链公司及信莱粉末资产损失认定、余热余能发电等合同能源管理项目、新疆公司建设和特钢升级改造项目等的尽职调查和法律审核，提出法律意见及风险防控建议。

【纠纷处理管理】 全年累计处理各类案件360起，其中，票据纠纷、合同纠纷、侵权纠纷、产品质量纠纷、医疗损害纠纷、劳动合同纠纷等诉讼案件54起（包括往年结转案件17起）；执行案件5起，协助执行案件299起，破产案件2起，共挽回和避免经济损失8835万元。建设公司1.1亿元票据被骗案票据款项追缴取得阶段性成果；沈阳三洋建筑机械有限公司诉原莱钢股份公司（棒材厂）1980万元产品质量损害赔偿纠纷案稳步推进；济南钢贸公司欠款采取追究刑事责任方式实现债权；处理票据纠纷案件23起，结案12起全部胜诉，同时总结分析票据案件形成的原因、规律及特点，创新案件处理方式，修改完善票据管理流程和制度，防控票据纠纷法律风险。

【债权管理】 根据公司《债权清收管理办法》，在对历史遗留债权进行系统整理、分析的基础上，按照年初制定的债权清收计划，先后前往烟台、潍坊、淄博、东营等地市的工商部门对40余家债务单位展开清收工作。在初步掌握债务单位的基本信息资料基础上，采取实地调查了解、交流对账、寄送《法律顾问函》、提起诉讼等措施，加大债权清收工作力度，累计清回历史遗留债权1682万元。同时，针对新发债权进行全面调查、梳理、分析、掌握，采取有效预防措施，加强对各单位债权管理的监督检查和考核，杜绝新的呆坏账发生。

【合同管理】 强调细化常规合同审核，审查合同1282份，提出修改意见3000余条。加强对重大、特殊合同签订、履行的管理，审核并组织会签建设、采购、合同能源管理等重大、特殊合同86份，纠正发现的问题，提出审查修改意见，同时跟踪、监控其履行情况，防控合同风险。参加公司招标活动及合格供方现场评价考察50余次，监督招标评标程序，就供方资质、生产、企业信誉、业绩及合同履行能力等进行全面评价。规范委托授权及合同专用章管理，根据公司钢铁主业重

2012年7月11日，集团公司举办企业法律风险管理培训班

组、法定代表人变更、部门职能及人员调整等工作情况，办理及换发授权委托书 270 余份；及时收回、发放、换发合同专用章 40 余项次；指导、协调各业务单位顺利完成钢铁主业重组后的合同主体变更工作。

【工商事务管理】 完成山钢主业重组涉及的工商事务，包括莱钢股份公司及其 4 个分支机构的工商注销、10 家全资及参股公司股权转让、山钢股份莱芜分公司设立等工作。承办集团公司和银山型钢公司法定代表人、董监事的变更及备案登记，银山型钢公司增资、新疆公司增资登记，第一、第二加油站注销登记，天元气体、电子公司经营范围变更等工作。完成 2011 年度企业年检工作，承办公司及出资企业共 24 个单位的年检，并指导其他企业年检工作。加强有关许可证照管理，特别是对有关生产经营的供热、取水等经营许可证变更事项的协助与督办。

【知识产权保护】 根据山钢文件精神以及总法律顾问安排部署，对莱钢知识产权管理情况进行调研，并组织到宝钢考察学习知识产权管理及战略制定实施情况，完成《莱钢知识产权战略研究》课题。履行知识产权管理和保护职责，办理集团公司 19 项注册商标的续展手续，办理原莱钢股份公司 30 项商标转让予山钢股份公司的变更登记；收集整理知识产权信息，负责向山钢和省国资委报告莱钢知识产权工作情况；参与打假维权工作，与品质保证部、保卫部共同对假冒莱钢钢材案件进行调查处理。

（撰稿：薛存海　李　灏
审稿：夏焕来　赵景玉）

公益事业管理

【综述】 集团公司公益事业部是莱钢公益事业综合管理部门，与山钢股份莱芜分公司公益事业部复合设置。设综合土地管理、环境公辅管理、房产生活管理、医疗医改计划生育管理、卫生防疫管理、抗震防灾管理等职能科室。2012 年末，共有在职职工 46 人，其中高级职称 18 人，中级职称 20 人。年内，莱芜分公司棒材厂通过“全国绿化模范单位”审核验收，型钢炼铁厂、莱钢医院被授予省级花园式单位称号。

【环境与公辅设施建设】 先后完成南湖公园扩容、水电管网改造、部分道路建设、南岸特色植物园及广场建设等 5 项内容，增加蓄水量 40 余万立方米，完成砌堤 1 万平方米，安装花岗岩护栏近 1 千米，铺设道路 1 千余米，建成占地面积 7000 平方米的南岸韵律广场和 24000 余平方米特色植物园，实现南北两岸道路连接，形成不同季节有不同的绿色景观，达到三季有花、四季常青的效果。

全年投资 1000 余万元，改造道路面积 8 万余平方米。重点完成友谊大街东延段开通工程、银前大街西段、银山型钢北门至韩莱路连接线、型钢东外环及北外环等 5 条道路的大修改造，有效缓解区域内交通压力，提高道路运输承载能力。强化道路交通监管力度，加强对施工现场、物流运输车辆、道路保洁、市场秩序等整治内容的督察，全年共纠正超载、超速及抛洒漏现象的车辆 550 余次，下达考核通知书 450 余份，经济处罚 40 余万元，拆除违章乱搭乱建

200余处，清除违规占道物品860余件。优化通勤班车线路，规范班车运行秩序。完成通勤班车停车场改造；在不影响整体线路结构基础上适时调整班车线路和站点，增设站点4处，调整5条线路发车时间；与莱芜市交通部门协调，在新兴路护驾泉商场至钢区路段新建公交候车亭8座。

按照“填平补齐、提升档次”的要求，对牟汶河沿河路橡胶坝、转盘南侧区域、新兴路医院区域、大型东门区域、九龙大街培训中心区域、双泉路学校门口等7个区域，实施环境治理和绿化美化。在加强绿化苗木日常养护及管理的基础上，推进生产老区、工业园区环境绿化美化建设，对型钢炼铁厂部分区域、焦化厂苯精制车间区域、能源动力厂CCPP发电系统南门等5个区域实施绿化美化，新增绿化面积8万余平方米。组织开展“每人种活一棵树”活动，植树节期间义务植树16余种48600余株，义务植树尽责率98%，苗木成活率达95%以上。

【土地征用及证件发放】 开展莱钢技改用地及职工住房用地审批手续办理、山钢资产重组“两证”办理、职工房改房土地发证等一系列工作。围绕莱钢“十五”以来5000多亩技改用地遗留手续问题，制定土地一系列手续办理进度节点推进表，加强与市、区、镇三级各相关部门的沟通和协调，全年共办理技改用地审批手续1867亩，争取政府为莱钢承担审批税费4.2亿元。山钢资产重组“两证”办理工作完成工业房屋测绘1250栋97万平方米、土地测绘7900亩、宗地图基本绘制108宗，以及一系列《建设用地规划许可证》和《建设工程规划许可证》的审批补办程序，争取政府部门为莱钢减免资金1800多万元；协调政府落实给予莱钢技改用地优惠政策的承诺，年底返还莱钢资金1.2亿元；协调260余亩职工团购住房建设用地审批工作，政府财政局返还莱钢土地款1400余万元；北赵生活区600多户土地证办理发放工作，由于住户人员及产权关系复杂，迁走、买卖、去世、离异等情况众多，房屋产权资料搜集、审查、整理、录入微机、上报等工作开展困难，公益事业部与政府房产、土地主管部门协调沟通，简化土地使用证审批程序，动员住户提供详细产权证明材料，采取现场办公方式，直接在北赵生活区办理证件并送证上门。

【房产生活】 推进团购住房建设工作。年底，由鲁银投资公司开发的团购住房项目基本进入尾声；其他团购住房项目未按计划全部施工，集团公司协调各方研究方案对策，防止职工利益受到损失。由于供暖模式、西线管理体制、供暖管道应改造而未能改造等

2012年5月3日，集团公司在新兴大厦召开重点项目建设环境整治工作阶段性总结推进会

原因造成少数楼房住户供暖效果不佳的问题，公益事业部与相关部门协作，建立供暖温度回查制度和每日报表制度，采取专题研讨会、现场协调会、定期碰头会等方式，及时掌握和协调解决小区住户暖气不热问题。提升小区、食堂、浴室的管理和服务水平，加大监督检查力度，落实每周每月定期到小区、食堂、浴室检查解决问题及评价考核的制度，对出现的问题做到盯住分析原因、盯住责任考核、盯住协调大修改造计划、盯住完善管理措施。投资1000多万元进行民用建筑大修和改造。

【医疗卫生】 贯彻落实集团公司医改制度，加强医疗基金管理，加大职工医疗费报销审核力度。全年医疗基金共节余4479万元；职工基本医疗和大病医疗最高支付限额由9万元、20万元提高到20万元、60万元。组织全公司50个单位1200人参加无偿献血工作。协调莱芜市政府和集团公司内部完成残疾人就业保障金缴纳。组织完成城镇居民医疗保险参保和缴费工作。

【计划生育】 严格履行目标管理责任，建立健全《特殊人员管理档案》《职工出租房及两套房档案》，完善《已婚育龄妇女信息系统》《流动人口信息平台》，严格筛选特殊人员，推行契约化管理，建立完善《分级管理办法》，明确计划生育工作目标，强化《责任书》管理制度，通过入户走访流动人口、亲子游戏、老年歌舞、猜谜答题等活动，开展"婚育新风进万家"主题宣传教育。加强随访服务、孕前管理和业务培训，完善优质服务体系，开展优生促进工作、生殖健康检查、生育关怀行动，推动长效节育措施落实。

【卫生防疫】 落实《莱钢2012年度重点传染病防治工作意见》要求的各项技术措施，加强疫情监测和报告。全年疫情报告传染病428例，其中手足口病207例、流行性腮腺炎36例、猩红热23例、水痘37例、性病44例、其他感染性腹泻12例、恙虫病34例、结核病8例、菌痢4例、斑疹伤寒3例、乙肝1例、流行性出血热8例、其它11例。传染病诊断报告率100%，及时报告率100%，传染病报告发病率与2011年基本持平。

全年常规疫苗接种13443人次，适龄儿童全程接种率98%，新生儿及时进行建证建卡。全年接种成人乙肝疫苗1336人次，水痘疫苗5538人次，甲肝疫苗353人次，流感疫苗1527人次，麻风腮疫苗438人次，无接种差错及事故。

加强春节、五一节、中秋节和国庆节期间的食品卫生监督，公共场所从业人员健康查体，定期对莱钢生活饮用水水源地及二次供水卫生状况进行卫生学调查，组织实施丰水期、枯水期水质全分析，坚持每月对出厂水、生活区末梢水进行七项指标检测，指导水质净化、消毒处理，保证供水卫生安全。

【抗震防灾】 加大监测密度，及时采集监测数据；加强信息反馈，掌握震情变化，数据采集和上报率达100%。"地壳应力形变"学科项目，在观测精度和资料完整性、地震前兆准确率方面，获地震数据评比省级优秀。

（撰稿：张在举　审稿：刘祖法）

企业文化管理

【综述】 莱钢企业文化部是主管企业文化建设的职能管理部门，与党委宣传部合署办公。主要职责是构建和完善企业文化体系，进行企业文化考评管理，组织企业文化教育培训，开展企业文化交流，营造企业文化氛围，展示企业良好形象，提升企业管理、发展品质。企业文化部与党委宣传部、统战部合署办公，下设企业文化科。

【山钢文化导入】 通过专题教育、举办知识竞赛、开展征文活动等形式，在导入中推进企业文化的融合，在融合中实现企业文化的创新提升。在山钢举办的企业文化征文活动中，各单位按照要求，动员职工积极参与，营造浓厚的学习践行山钢文化氛围，莱钢报送的征文数量和获奖数量都名列山钢第一位。组织评选"'板带杯'山钢文化我践行"企业文化征文。征文较为全面地反映了各单位开展山钢企业文化导入的主要措施和典型经验，共评出一等奖4篇、二等奖10 篇、三等奖15篇。

【企业文化交流】 在中国冶金政研会主办的"2012冶金企业文化论坛"上，板带厂作了题为《开展"链式学习"促进自主创新》的典型发言，获得与会代表广泛好评。2012年中国思想政治工作研究会在全国开展企业文化建设示范单位推介活动。山东省政研会在推荐单位数量不超过5家的情况下，推荐了莱钢，中国冶金政研会在全国冶金行业只能选择一家的情况下，也推荐了莱钢。

（撰稿：苏加庆　董　鹏　审稿：李淑华）

治安保卫工作

【综述】 保卫部与银山公安局合署办公，负责集团公司治安保卫工作。2012年末，银山公安局有民警70人，保卫部有保卫干部53人，操作岗位219人，使用劳务工176人，保安260人。全公司28个单位设专职保卫干部，共有保卫干部154人，由各单位保卫科管理的护卫队员604人。2012年破获各类刑事、治安案件540余起，挽回直接经济损失800余万元。共有15个集体、42人次获得山东省公安厅、莱钢集团公司的表彰奖励，莱钢劳动竞赛委员会为银山公安局记集体二等功一次。年底在全省社情民意调查中心组织的安全感和满意度调查中，莱钢辖区职工群众的安全感为98.42%，对银山公安局的满意度为98.49%，两项均居全省第一。

【政治保卫】 树立情报信息主导警务理念，构建"大情报"工作新格局，建立完善情报信息综合应用和共享平台，严格控制敌、社、政情动态，及时了解、掌握职工思想动态，收集掌握各类情报信息80余条。开展反邪教斗争，在"两会"、十八大、涉日维稳等敏感时期，组织专人开展矛盾纠纷排查化解工作，掌握辖区内各种矛盾纠纷、群体性事件苗头和不安定因素，防止进京赴省上访、滋事现象发生。

【严打斗争】 全年共立各类刑事案件169起，破获案件67起（同比上升46.51%），打击违法犯罪人员240人次。开展大规模宣传活动和各项严打整治行动，共出动警力400余人次，车辆100余辆次，检查公共复杂场所、娱乐服务场所300余处。开展缉捕重大逃犯行动，抓获率46%。树立治安增效理念，严厉打击经济犯罪活动，立案数、破案数、移送起诉数分别比2011年上升25%、33.3%、177.8%。

【治安防范】 实施“三动警务”，落实24小时“警灯闪烁”工程，用于治安监控的电子探头达3000余个，技防覆盖率达95%以上，大部分封闭生活区实现零发案。强化主要干道、重点地区、复杂部位的管控力度，共查缉嫌疑车辆1700余台，盘查可疑人员2200余人，打击处理各类嫌疑人16人。建设“七位一体”治安防范体系，对生产要害部位、经济重点部位、重点防火单位组织安全大检查，发现隐患立即整改。全面实行《银山厂区人员、车辆出入管理规定》，对重要物资集散地、出入口加强看守，防止偷盗。组织出租房屋、实有人口清理整治专项行动，清理登记流动人口2149人，办理暂住证325本，清查出租房屋593户，签订出租房屋治安责任状300余份。强化对学校和幼儿园安全保卫工作的检查督导，辖区14所幼儿园安全无事故。加强对旅馆业、印章刻字业、开锁业的日常管理，依法严厉打击黄、赌、毒等违法犯罪活动。组织开展以“110开门评警，解民忧保民安”为主题的宣传活动，警情回访满意率达100%。

【服务发展】 与钢城区政法委联合整治莱钢及周边地区社会管理突出问题，清除厂区周边盗窃、收赃窝点22家，成功处置周边村民阻挠施工事件30余起，抽调专人组成治安巡逻队维持100吨电炉、50兆瓦发电工程现场施工秩序，确保一系列在建工程顺利进行。对所辖5个护卫大队近700名护卫队员实行军事化管理，较好完成厂区护卫任务，全年共抓获各类违法人员210余人次，挽回经济损失50余万元。高度重视“职工快线”网络交流平台，截至2012年底，回复意见建议227件次。抽调4人到喀什钢铁项目部，组建专兼职安保队伍。开展交通安全检查30余次，受理厂内交通事故173起(同比下降25%)。组织开展十八大消防安全保卫战、“清剿火患”战役和火灾隐患排查整治“回头看”专项行动，共出动灭火82起，抢险救援和社会救助23起，灭火成功率100%。加强爆炸物品的购买、运输、储存、领用、回收等环节管理，审批各类涉爆工程30余件，安全使用炸药640余吨，导爆管、雷管32万余发。对莱钢11家涉及易制毒化学品单位的购买、储存、运输、使用等环节进行安全检查，严防易制毒化学品流入非法渠道。

【平安建设】 与47个单位部室签订《2012年社会管理综合治理暨平安莱钢建设工作承诺责任书》。组织开展社会治安综合治理暨平安建设宣传月、“焦化杯”综治征文、全省好新闻奖评选推荐、“型钢炼铁杯”综治调研评比等活动。完善以“信息共享、宣传共抓、矛盾共调、案件共破、成果共享、平安共建”为主要内容的“一体化”共建模式，构建以“共建、共治、共防、共调”为主的平安建设工作网络。加大社区治安防范工作的督导及考核力度，强化治安保卫组织建设。

（撰稿:栾兆忠　审稿:李国华）

科学技术

KEXUEJISHU

科 学 技 术

技术中心概况

【机构沿革】 技术中心是集团公司科技创新、技术管理、技术研发的职能管理部门。其前身为1994年组建的技术中心，随公司机构调整，曾变更为钢研所、科技处、技术研发中心等，1995年被山东省经济贸易委员会认定为“省级企业技术开发中心”。2010年8月，公司在原技术研发中心的基础上，把原技术资源部/环境保护部的技术管理、科技创新等管理职能和原技术研发中心全部职能合并，组建了新的莱钢技术中心。2012年8月3日，莱钢技术中心由昌盛路搬至莱钢大道中段。

【基本情况】 截至2012年底，技术中心设办公室、科研保障科、技术管理科、技术创新科4个管理科室；设棒材研究所、型钢研究所、厚板研究所、薄板研究所、先进钢铁材料研究所、冶金生态研究所6个研究机构（注：原技术中心钢铁工艺研究所、生态工业技术研究所于2012年9月整编）；设测试中心、中试基地2个科研辅助机构；有职工181人，其中博士11人，硕士40人；具有中级以上专业技术职务的102人，其中工程技术应用研究员2人，高级工程师53人；操作人员14人，其中高级技师2人，技师6人。技术中心党总支下设6个党支部（含代管党支部1个），有中共党员94人，其中预备党员3人。

（撰稿：王文生　审稿：王星元）

产品研发

【综述】 2012年技术中心组织开发新产品63项，新产品产量238.26万吨，新产品比例25.21%，高专比72.22%，对比普碳H型钢增效683.6万元。

【型钢】 全年开发新产品31项，累计销售24.96万吨，占型钢总销售量的12.49%，较上年提高5.04%。全年申请发明专利17项。

叉车门架用型钢。实现14号、16号、22号门架槽钢高精度、高表面质量轧制和产品强度升级，成功开发Q440C级18号、25号叉车门架用槽钢和400兆帕级16号J型钢，门架槽钢产品规格覆盖14号至25号，强度覆盖335兆帕至440兆帕，莱钢成为国内规格最多、强度最高、厚度最厚的叉车门架用型钢生产基地，向安徽合力股份有限公司、杭叉集团股份有限公司等7家叉车企业批量供货；小松、克拉克、林德等公司专用门架型钢开发进展顺利，与国内叉车销量占前十位的企业全部达成合作意向。

海工工程结构用型钢。针对前期生产过程中出现的低温冲击波动大、腹板裂纹、氧化铁皮压入、尺寸超差等问题进行重点攻关，低温冲击波动大、腹板裂纹得到控制，产品实物质量稳定提升，满足中海油青岛、湛江等生产基地的需求。

S450J0 高强钢桩。通过窄成分控制、强化关键工艺点控制，先后解决小压缩比、厚规格、高强度产品等生产难题，尺寸控制精度、表面质量、力学性能均有较大提高，产品侧弯、端面切斜等问题得到有效控制，各项技术指标提高，产品销售状况较好。

工程机械用履带钢。通过调整钢种成分设计、优化生产工艺、加强过程控制等技术手段，高压水除鳞、冷床结构优化等工艺设备改造，产品表面脱碳层厚度平均减薄22%，凹坑、压入等缺陷明显减少，淬透性显著提高，侧弯废品率下降60%以上。首批山推股份有限公司专用履带钢产品通过客户试用；LW190 履带钢开始面向泉州联泰机械有限公司等用户接受批量订货。

出口合金H型钢。先后在大、中、小型生产线实现 SS400B、SM490AB、Q235BB、S235JRB、S275JRB、GR50B 等6个钢种数十个规格批量稳定生产，产品硼元素收得率和含量、力学性能及表面质量提升，实现规模化生产和销售。

矿山巷道支护用钢。20MnK 材质12号矿工钢在小型型钢生产线一次开发成功；11号矿工钢产品质量稳定，产品销量快速增长；29号矿用U型钢开发速度加快；完成36U等其他规格矿用钢开发规划，逐步形成系列化生产和销售。2012年矿工钢销量是2011年的4.6倍。

国电用大规格角钢。在大型型钢生产线成功开发22号和25号大规格角钢，具备Q345B和Q420B两个钢种、25号和22号两个系列7个子规格角钢生产能力，产品尺寸和性能均满足要求。

【宽厚板】 宽厚板生产线全年开发新产品23项，累计销量49万吨，对比增效1.2亿元。开展了宽厚板性能合格率攻关、在线热处理轧制新工艺研究、热送热装、板形与性能热处理挽救等降本增效工作，全年累计实现降本增效2544万元。2项科技成果通过山东省冶金工业总公司鉴定，8项科技成果通过莱钢鉴定；获得2011年度山东省冶金科技进步奖二等奖2项，三等奖5项；获得莱钢技术创新奖二等奖2项，三等奖5项；授权发明专利4项。

工程机械用钢板品种规格实现系列化，重点开发 LG785DB 低裂纹敏感性钢板、10毫米至14毫米薄规格及80毫米至100毫米厚规格 Q550D、50毫米至100毫米厚规格 Q690D 高强钢、NM450 与 27MnTiBM 耐磨钢、6毫米超薄规格 NM500 钢板，相应系列产品的配套供货能力提高。实现 Q890D/Q960D 超高强钢板、NM360/NM400 耐磨钢板的批量供货，NM500 通过三一重工等知名企业试用，莱钢成功进入卡特彼勒全球供应商行列。

国外标准用钢板。新开发6毫米薄规格美标 A36B 结构钢板、117毫米和122毫米欧标 S355NL 海上平台用结构特厚钢板。完成欧标 S275/S355（N/NL）、S355K2 及以下级别共 14 个牌号新产品的开发，并于 2012 年 8 月通过 CE 认证。

船板及海洋工程用钢、容器板取证、扩证。完成 E、EH36、FH36、FH40 船板及海洋工程用钢工厂认可和型式试验。完成中高温 15CrMoR、14Cr1MoR、12Cr1MoVR 及低温 16MnDR 代表牌号容器钢板的认证实物准备，通过相关机构的认证、审查。

塑料模具钢板。开发 120 毫米厚度 LGP20CH 模具钢板的淬火热处理新工艺，超出莱钢宽厚板生产线淬火机最大淬火厚度 100 毫米的原始设计；实现 3Cr2Mo、35CrMo、LGP20CH 系列预硬型塑料模具钢板的批量生产和销售，厚度覆盖 25 毫米至 120 毫米，可以“淬火 + 回火”、“正火 + 回火”等多种状态交货。

管线钢板。实现 L290、L245、保落锤性能 X60 批量生产；开发 50 毫米 × 3670 毫米宽幅厚规格 X65 管线钢；开发 16 毫米至 20 毫米 X100、X120 高强韧性管线钢。特厚板。成功开发控轧状态 100 毫米 Q345D、152 毫米 Q345BZ15 特厚钢板，突破宽厚板产品厚度极限；成功试制 100 毫米 Q345GJCZ35、Q390GJCZ25 高建钢板。

【薄板】 薄板所 2012 年新签订技术协议 12 份，保密协议 1 份，专营协议 1 份。窄带生产线成功开发 Q195L、ST57、Q400W、J50 及 J65Mn 等新品种，全年新增产品产量 2.5 万余吨，累计增效 360 余万元；各品种钢各类夹杂物含量级别最高不大于 2.0 级，夹杂物总级别不大于 4.0 级，P、S 含量控制在 0.025%以下。宽带生产线全年累计生产管线钢 2 万余吨，占该线总产量的 2.4%以上，对比增效 200 余万元。其中 X60M 全年累计生产 5000 余吨；以 65Mn 为代表的优质碳素结构钢和 50Mn2V 锯片用钢形成批量供货能力，50Mn2V 共生产 1300 余吨、增效近 100 万元；热轧优碳钢共生产 2000 余吨，产品主要包括 65Mn 等。冷轧生产线开发出 DDQ 级焊管用钢、LT1300 等系列冷轧优碳钢，新增 SAE1006 及 SAE1015 两个出口产品，累计生产近 5000 吨。深冲用钢通过工艺调整，降低了碳含量，钢质纯净度、产品力学性能、表面质量、尺寸精度及板形质量提高。

【先进钢铁材料】 全年开展研究项目 19 项，获授权专利 15 项，《药芯焊丝专用冷轧钢带研究开发》获山东省冶金科技进步奖一等奖，《高铝钢精炼与连铸工艺研究与开发》《RH 精炼工艺优化物理模拟研究》两个项目通过山东省冶金工业总公司鉴定，获评国际先进水平。超低温用钢 9Ni 钢开发。低温压力容器用钢 06Ni9DR（9% Ni）通过全国锅炉压力容器标准化技术委员会技术评审，评审专家一致认为钢板在性能、表面质量方面领先于国内同行水平。具备批量生产厚度 5 毫米至 40 毫米，宽度 1500 毫米至 4100 毫米钢板的能力。抗 HIC 裂纹 X65 管线钢开发及改进。通过氧化物冶金技术提高管线钢的抗 HIC 性能，通过 Ti/Cr 合金路线降低生产成本。进行了工业试制，产品满足力学性能要求，抗 HIC 性能处于检验阶段。

【棒材】 全年开发等强无纵肋锚杆、热处理用锚杆、控轧钢筋、无砟轨道板用精轧钢筋、日标 SD295A、美标 GR40 等系列新品种，累计销售 32.72 万吨，对比增效 1300 万元。其中无砟轨道板用钢筋全年销售 3800 吨，控轧钢筋销售 29 万吨,HRB500E 抗震钢筋销售 1.4 万吨,日标 SD295A、美标 GR40 等全年销售 1.6 万吨。2 项科技成果荣获山东省冶金科技进步奖,2 项成果通过山东省冶金工业总公司鉴定。

(撰稿:付常伟　陈爱娇　尹翠兰　刘洪银　王淑华　审稿:王星元)

工艺技术研究

【焦化】 利用转炉干法除尘系统处理焦化废水的研究项目处于实验室模拟研究阶段;焦炉炉门内衬整体浇筑节能技术研究应用项目完成两个 4.3 米焦炉炉门的整体浇筑,现场测试使用没有出现裂纹或者脱落等现象,表面结焦不明显、易清理,炉门温度降低 20℃左右;配合煤岩相与焦炭质量关系的研究项目,掌握了配合煤岩相与焦炭强度的关系,建立配合煤煤岩学配煤炼焦预测模型,对焦炭质量变化趋势的判断准确率达 90%以上,及时准确指导配煤炼焦生产;水蒸气处理神府煤用于炼焦配煤技术研究与开发项目完成项目验收,开始进行工业产业化转化工作。

【炼铁】 转底炉直接还原处理钢铁厂含锌尘泥成套工艺产业化项目通过省科技成果鉴定;炉顶煤气循环氧气高炉炼铁技术项目 6 月通过中国金属学会组织的专家审查,转入工程建设阶段,并于 12 月获批山东省国资委重大技术创新及产业化资金 1700 万元;转底炉珠铁工艺技术研究项目进行两次半工业性实验,成功实现渣铁有效分离,获得珠铁;降低铁水带渣量研究项目处于实验室研究阶段;高铁赤泥提铁工艺技术研究项目完成实验室研究内容,开始进行试生产应用的准备工作;铁水罐长寿耐材技术研究项目在 65 吨铁水罐进行现场试验,证明整体浇注工艺可以较大幅度提高铁水罐使用寿命,提高生产效率,减轻工人的劳动强度。

【炼钢】 直接炼钢工艺技术研究项目实验设备到位;高铝钢板坯精炼与连铸技术工艺开发成功,莱钢成为国内首个实现稳定浇注铝含量 1.5%钢种的钢厂;窄带生产线部分钢种实现渣洗加吹氩处理替代 LF 精炼,吨钢降低生产成本 20 元以上;RH 脱硫工艺确定出 RH 用脱硫剂的成份组成以及炉渣改制剂的相关配方;LF 造渣在线控制模型开发项目处于离线造渣模型开发阶段。

【轧钢】 大型 H 型钢腹板折叠问题研究与应用项目,建立起 H 型钢 R 角分析模型,大幅降低腹板折叠的发生率。

【对外技术合作】 2012 年 4 月,郑淑国博士后在站研究课题《RH 精炼工艺优化物理模拟研究》通过验收,期满出站。5 月,侯和涛博士后在站研究课题《钢结构住宅建筑体系技术的深化研究》通过验收,期满出站。年末,在站博士后 2 人。全年共开展合作课题 40 项,组织开题 5 项、中期评价 4 项,项目完工通过公司验收 11 项,所有项目按计划进度进行。

(撰稿:李建云　李广艳　审稿:王星元)

技术管理

【综述】 组织开展 2012 年度《做强莱钢技

术支撑体系》各项工作，召开型钢产品开发等7次专题会和3次季度总结例会。通过《产销研一体化动态工作手册》《用户信息快报》等平台，结合技术交流、用户走访和生产实际，确立“冷轧冲压用钢质量提升”等17个质量持续改进课题。《工艺技术和产品质量升级实施指南》确定的主要指标均明显提升，工艺参数波动范围缩小，控制合格率达到95.6%；全公司质量异议损失为0.035元/吨。

【工艺技术管理】 铁前工序以高炉顺行为核心，以焦炭质量提高保障高炉稳定，达到指标提升、铁成本降低的目标。2012年，焦化工序吨焦耗煤指标为1457千克，与年计划相比降低6千克；山钢股份莱芜分公司炼铁厂老区、银山前区高炉燃料比分别完成534千克/吨、533千克/吨，分别比2011年降低9千克/吨、15千克/吨；型钢炼铁厂1880立方米高炉和3200立方米高炉燃料比分别完成524千克/吨、518千克/吨，分别比2011年升高1千克/吨和降低4千克/吨，入炉焦比降低明显，分别比2011年降低16千克/吨和12千克/吨。

炼钢工序加强钢铁料消耗指标的管理，实现成本最低。对铁水硅、硫、磷等成分控制要求进行修订，保证炼钢生产原料质量。采取降低渣料消耗、喷溅渣重复利用、留渣操作等措施，降低钢铁料消耗。全年炼钢老区、型钢炼钢转炉和特钢银前转炉钢铁料消耗指标分别为1078.3千克/吨、1080.3千克/吨、1065.3千克/吨，较2012年计划低2.75千克/吨、1.7千克/吨和0.7千克/吨；特钢电炉钢铁料消耗为1100千克/吨，与计划持平。

轧钢工序围绕提高成材率，加强工艺过程控制，研究应用钢坯定重、加热炉在线燃烧控制等新技术，减少烧损、轧废、切损等各种过程金属浪费；加强工艺优化调整，提升产品质量，减少轧后检废。全年轧钢工序综合成材率为98.02%，完成年度计划。其中型钢厂、棒材厂、板带厂、宽厚板厂累计成材率为98.16%、101.89%、96.97%、89.58%，分别比计划提高0.02%、0.02%、0.05%、0.57%；特钢事业部累计成材率为96.92%，与计划持平。

【降本增效】 综合研究配煤结构、配煤成本和焦炭质量间的关系，利用小焦炉试验，对不同煤种、不同配比的配煤方案进行配比试验，研究降低配合煤成本的途径，拓宽经济煤种的使用比例。全年焦肥煤配比61.31%，比计划提高1.31%；气肥煤配比11.79%，比计划提高9.02%；高硫煤配比21.22%，比计划提高1.22%；配煤成本降低6.45元/吨。

分析各种矿石性价比，优化采购渠道。全年集团推掉100万吨巴西矿资源和所有智利精粉资源，原料结构变化大，技术中心通过矿料性价比分析、配料结构优化，实现配料结构大的转变。与2011年实际完成结构相比，2012年的实际配料结构中，巴西粗粉配比降低3.83%，澳粗系列配比升高7.96%，国内矿配比提高0.92%；贸易矿经济料配比升高0.95%。在经济料的使用上，山钢股份莱芜分公司炼铁厂完成经济料比例31.5%，型钢炼铁厂完成经济料比例33.4%，集团公司完成经济料比例32.69%。与2011年实际完成情况比较，吨烧结矿同品位同单耗降低成本21.79元。在烧结熔剂优化方面，实现熔剂中白云石和石灰石配比 49.28%，较 2011 年提高 21.31%，与 2011 年实际完成情况比较，吨烧结矿熔剂成本降低 6.29 元。各高炉烧结矿比例最高达到 90%，最低达到 65%；球团比例最高达到 30%，最低达到 4%；块矿比例最高达到 14%。在结构调整的同时，高炉运行保持稳定。全年动态调整钢铁料结构 6 次，市场形势较差时，按钢铁料成本最低制定结构，降低炼钢成本；市场形势较好时，按产量最高制定钢铁料结构，保证产品效益，累计降低成本 6400 万元。

强化工艺研究，降低合金成本。板带生产线对窄带 Q215、Q195、Q235 和中宽带花纹板等钢种进行成分优化，降低成本 960 万元；厚板生产线对 32 个品种进行合金成份调整，累计降低成本 2447 万元；棒材生产线对控轧钢筋、出口螺纹钢等进行成份调整，累计降低成本 1200 万元；新材料替代累计降低成本 1000 万元以上。结合退税政策，在各条生产线开展加合金 B、Cr 出口的工作，降低合金成本，增加出口效益。

【技术标准化】 参与国家强制性标准 GB1499.2《钢筋混凝土用钢第 2 部分：热轧带肋钢筋》的修订工作；组织起草制定 Q/3700LYS 320-2012《石油储罐用大线能量焊接高强度钢板》、Q/3700LYS 321-2012《低温压力容器用 LG06Ni9DR（9%Ni）钢板》等 9 个山东省冶金公司企业标准。组织制定并审查了特钢事业部银山前区 VD 炉真空脱气、能源动力厂 10 号锅炉等两个工艺技术规程。建立和完善了莱钢技术信息管理平台，保证公司上下执行工艺技术规程、技术标准、技术便函等技术标准化文件的及时性、一致性、有效性和可追溯性。2012 年共下发质量计划 450 余项，技术协议 150 多项。

【新材料新工艺】 全年共组织评审试用新材料 26 项，其中，特钢事业部 7 项、型钢公司炼钢厂 5 项、莱芜分公司炼钢厂 6 项、型钢厂 2 项、棒材厂 1 项、型钢炼铁厂 3 项。其中 50 吨电炉炉壁氧枪枪套采用石墨枪套大幅提高使用寿命，并保证了电炉生产的安全性和连续性；精炼工序钢水钙处理剂使用高钙线，提高钙的回收率约 2 倍以上，且减少纯钙包芯线的喷溅现象；连铸开浇渣试用解决包晶钢开浇时出现表面纵裂纹的问题。推广实芯钙包芯线降低生产成本、推广 KR 脱硫罐砖提高铁水罐寿命、应用石墨电极浸渍型抗氧化剂降低电极消耗 3 个项目通过集团公司降本增效立项审查，并达到项目目标。

（撰稿：郑春玉　审稿：王星元）

技术信息管理

【技术信息资源】 拥有技术信息和市场信息的自动采集平台——数据资源管理平台；搭建技术信息研究管理平台；完善“冶金科技资源数据库”；采集加工发布《世界钢铁冶金技术月刊》《技术信息月报》《市场信息周报》等信息产品。

【技术信息交流】 与冶金信息标准研究院达成长期合作交流关系，作为《世界金属导报》的副理事长单位，拥有供莱钢科研使用的年度《世界金属导报》网络版。《莱钢科技》与全国 100 多家冶金企业、高等院校、科研院所以及部分省级图书馆和信息中心等单位进行技术信息交流与合作；同冶金信息标准研究院下属的三刊一报(《冶金信息导刊》《中国冶金文摘》《冶金标准化》《世界金属导报》)合作；入编科技部《中文科技期刊数据库》、清华大学《中国学术期刊(光盘版)》CN-KI数据库。全年按时出版《莱钢科技》6期，规范了文章的编排格式、封面和版式设计，在文章水平提高的同时，印刷和装订质量不断提高。全年出版《科技快讯》共51期，报道莱钢科技工作的动态、亮点和经验，宣传产品结构调整、工艺结构调整、技术经济指标提升及科技工作先模人物。共完成省级查新报告57个，完成项目咨询检索100余人次。提供科技查新数据库检索系统，为科技人员的项目申报、鉴定提供技术支持。

（撰稿：王　梅　审稿：王星元）

科技创新管理

【综述】 集团公司成立科学技术委员会和专家委员会，把握企业技术创新的重点和发展方向，形成技术创新咨询决策层、研究开发层、生产实施层、合作应用层组成的“产学研用”一体化创新机制。完善科技创新机制和制度，出台并实施《技术创新项目管理办法》《科学技术奖励办法》《专利管理办法》《技术评估管理规定》《技术秘密管理办法》《技术创新突出贡献奖评选及奖励办法》《新产品管理办法》《研发项目首席研究员管理考核办法》《标准化奖管理办法》等一系列促进科技进步和科技人才队伍建设的制度和措施。

【技术研发项目管理】 全年组织召开技术研发项目专研会27次，专研项目150项，通过105项；召开科学技术委员会会议14次，审查技术研发项目109项，通过95项。集团公司下达技术研发项目计划89项（含上年未完成项目费用追加计划）；组织召开技术研发项目验收会15次，验收技术研发项目53项，验收通过52项。

【科技成果管理】 全年由山东省科技厅、山东省冶金工业总公司和莱钢组织鉴定的科技成果共134项。其中，山东省科技厅组织鉴定1项，山东省冶金工业总公司组织鉴定56项，莱钢组织鉴定77项。获中国钢铁工业协会、中国金属学会冶金科学技术奖3项；获山东省科技进步奖7项；获山东省冶金科技进步奖61项。科技成果鉴定情况分别见表4、表5，成果获奖情况分别见表6、表7、表8。

【知识产权管理】 2012年申请专利392件，其中发明专利190件，实用新型专利202件，专利申请量同比增长38%；授权专利239件，其中发明专利56件，实用新型专利183件。2012年莱钢授权专利情况见表9。分别在自动化部、技术中心等单位组织专利培训讲座，全年有100多名基层技术人员参加培训交流；组织专利管理人员和关键技术人员参加山东省知识产权局组织的专利管理、专利检索和专利信息利用的培训。全年共完成700多件有效专利的维护、年费缴纳工作，完成400多件专利申请文件的修改、传递、递交、缴费、案卷归档、专利内部审批审查等工作。与山东省知识产权局、中钢协冶金知识产权研究会、山东省发明协会、山东省企业专利协会等部门和组织保持密切联系，接受工作指导，参加工作会议、培训和交流。推荐发明人参加“发明创业奖”的评选，周平、许荣昌获得山东省第六届发明创业奖二等奖；曾晖获得山东省巾帼发明家称号。推荐5个发明专利参加山东省专利奖的评选，“电气化铁路接触网支柱专用H型钢及其制备工艺”获得山东省专利奖二等奖，“一种真空冶炼含硼钢提高和稳定硼回收率的方法”项目获得山东省专利奖三等奖。组织国外专利专项资助资金、省专利发展专项资助资金、莱芜市专利发展专项资金的申报工作，39件发明专利获得专项资助。组织各单位学习落实技术秘密管理办法，开展技术秘密认定工作，并将重大关键技术申报公司级技术秘密。

山东省科技厅、山东省冶金工业总公司鉴定通过的科技成果表

表4

序号	完成单位	项目名称	鉴定时间	技术水平	组织鉴定单位
1	技术中心、北京科技大学	转底炉直接还原处理钢铁厂含锌尘泥成套工艺产业化	2012.6.1	国际领先	省科技厅
2	自动化部	宽厚板冶铸轧产线MES的研究与应用	2012.9.15	国际先进	省冶金总公司
3	自动化部	集群巡控远程计量系统	2012.9.15	国内领先	省冶金总公司
4	自动化部	宽厚板热处理线自动化系统的开发与应用	2012.9.15	国内领先	省冶金总公司
5	自动化部	利用高效能控制系统实现H型钢生产线优化控制	2012.9.15	国内领先	省冶金总公司
6	自动化部	智能控制技术在大型链篦机—回转窑中的研究与应用	2012.9.15	国内领先	省冶金总公司
7	自动化部	转底炉焙烧过程智能控制系统研究应用	2012.9.15	国际先进	省冶金总公司
8	自动化部	莱钢移动办公系统的设计开发与应用	2012.9.15	国内领先	省冶金总公司
9	自动化部	集OA－ERP一体的矿山信息平台	2012.9.15	国内领先	省冶金总公司
10	技术中心	LG510LH汽车大梁热轧H型钢研究开发	2012.10.21	国内领先	省冶金总公司
11	技术中心	异型钢轧制工艺的模拟设计开发与应用	2012.10.21	国内领先	省冶金总公司
12	技术中心	500N系列澳标螺纹钢研究开发	2012.10.21	国内领先	省冶金总公司
13	特钢事业部	莱钢高品质齿轮钢系列产品控制技术的研究与应用	2012.10.21	国内领先	省冶金总公司

续表1

序号	完成单位	项目名称	鉴定时间	技术水平	组织鉴定单位
14	棒材厂	隔膜泵三拐偏心曲轴开发	2012.10.21	国内领先	省冶金总公司
15	棒材厂	Ø14－Ø36mm 螺纹钢全连轧生产工艺优化	2012.10.21	国内先进	省冶金总公司
16	型钢厂	H 型钢腹板折叠缺陷研究	2012.10.21	国内领先	省冶金总公司
17	型钢厂	H 型钢矫直与精整技术研究与应用	2012.10.21	国内先进	省冶金总公司
18	炼钢厂	窄带冷轧用钢质量控制技术研究与优化	2012.10.27	国内领先	省冶金总公司
19	炼钢厂	高磷铁水炼钢技术的研究与应用	2012.10.27	国内领先	省冶金总公司
20	炼钢厂	小吨位顶底复吹转炉自主设计改造及工艺技术创新优化	2012.10.27	国内先进	省冶金总公司
21	炼钢厂	精挤成型二段组合式氧枪喷头的设计与应用	2012.10.27	国内先进	省冶金总公司
22	炼钢厂、钢铁研究总院	低成本高效化洁净钢生产工艺技术研究与开发	2012.10.27	国内领先	省冶金总公司
23	炼钢厂	KR 法脱硫综合技术的研究与优化	2012.10.27	国内领先	省冶金总公司
24	技术中心	RH 精炼工艺优化物理模拟研究与应用	2012.10.27	国际先进	省冶金总公司
25	技术中心、东北大学	高铝钢精炼与板坯连铸工艺研究与开发	2012.10.27	国际先进	省冶金总公司
26	特钢事业部	无缺陷铸坯控制技术在特殊钢新产品开发中的应用	2012.10.28	国际先进	省冶金总公司
27	特钢事业部	合金钢连铸坯高效热送热装技术的研究与应用	2012.10.28	国内先进	省冶金总公司
28	特钢事业部	高效精炼技术的研究与应用	2012.10.28	国内先进	省冶金总公司
29	莱芜分公司炼铁厂	高炉炉缸侵蚀检测分析技术开发与应用	2012.11.10	国内领先	省冶金总公司
30	莱芜分公司炼铁厂	烧结烟气除尘与脱硫技术的研究与应用	2012.11.10	国内领先	省冶金总公司
31	焦化厂	焦炉机车尾焦输送技术的研究与应用	2012.11.10	国内领先	省冶金总公司
32	焦化厂	粗苯系统提质增效集成技术的研究与应用	2012.11.10	国内先进	省冶金总公司

续表 2

序号	完成单位	项 目 名 称	鉴定时间	技术水平	组织鉴定单位
33	型钢炼铁厂	$400m^2$ 烧结机系统技术创新研究与应用	2012.11.10	国内领先	省冶金总公司
34	能源动力厂	降低制氧系统冷量损失的研究与应用	2012.11.10	国内先进	省冶金总公司
35	能源动力厂	脱湿技术在大型高炉汽动鼓风机组中的研究与应用	2012.11.10	国内领先	省冶金总公司
36	能源动力厂	区域煤气输送管网系统优化与改进	2012.11.10	国内先进	省冶金总公司
37	能源动力厂	小电流接地选线技术的研究与应用	2012.11.10	国内领先	省冶金总公司
38	特钢事业部	活塞杆用钢的研究开发	2012.11.17	国内先进	省冶金总公司
39	特钢事业部	楔横轧汽车用 SCM440H 齿轮轴用钢研究开发	2012.11.17	国内领先	省冶金总公司
40	板带厂	薄板凸棱缺陷控制技术的研究与应用	2012.11.17	国内先进	省冶金总公司
41	板带厂	热轧宽带辊形控制技术的研究与应用	2012.11.17	国内领先	省冶金总公司
42	宽厚板厂	6mm－8mm 宽幅薄钢板轧制技术的研究与开发	2012.11.17	国内领先	省冶金总公司
43	技术中心	60Kg、70Kg 低碳贝氏体工程机械用钢板的开发	2012.11.17	国内领先	省冶金总公司
44	技术中心	Cr－Mo 系预硬型模具钢板的研究开发	2012.11.17	国内领先	省冶金总公司
45	技术中心	钢坯防氧化的研究应用	2012.11.17	国内领先	省冶金总公司
46	运输部	内燃机车轮箍弛缓预防技术研究与运用	2012.11.17	国内领先	省冶金总公司
47	运输部	冶金企业水渣铁路运输技术的研究与应用	2012.11.17	国内领先	省冶金总公司
48	运输部	冶金企业饱和状态下无缝隙铁路运输技术的研究与应用	2012.11.17	国内领先	省冶金总公司
49	医院	颈动脉斑块性质与胰岛素抵抗和单核细胞趋化蛋白－1 的关系	2012.12.22	国际先进	省冶金总公司
50	医院	MSCT 低剂量扫描对钢铁重工业从业人员肺癌发生率的相关性研究	2012.12.22	国际先进	省冶金总公司

续表 3

序号	完成单位	项　目　名　称	鉴定时间	技术水平	组织鉴定单位
51	医院	乳腺增生病钼靶及 MR 影像表现与中医辨证的相关性研究	2012.12.22	国内领先	省冶金总公司
52	医院	糖尿病肾病患者肾小球中 α - actinin - 4 和 nephrin 的表达及其临床意义	2012.12.22	国内领先	省冶金总公司
53	医院	甲状腺包块中纤维化及钙化结节的病理学分型与影像学特征对比分析	2012.12.22	国际先进	省冶金总公司
54	医院	点状自体皮与辐照异种皮改良复合移植的临床应用研究	2012.12.22	国内先进	省冶金总公司
55	医院	牙合垫 + 导板配合联合牵引治疗颞下颌关节功能紊乱综合征的临床研究	2012.12.22	国际先进	省冶金总公司
56	医院	两种麻醉方法对腹腔镜胆囊切除术中甲状腺激素水平的影响	2012.12.22	国内领先	省冶金总公司
57	医院	强化技能培养模式下附属医院教学改革探索研究	2012.12.22	国内领先	省冶金总公司

莱钢集团有限公司鉴定通过的科技成果表

表 5

序号	完成单位	项　目　名　称	鉴定时间	技术水平
1	莱芜分公司炼铁厂	烧结低成本配矿的研究与应用	2012.6.12	国内先进
2	莱芜分公司炼铁厂	高炉余热余能技术研究及应用	2012.6.12	国内先进
3	莱芜分公司炼铁厂	高炉平坦化出铁场多罐位除尘技术改造与创新	2012.6.12	国内先进
4	莱芜分公司炼铁厂	$3\times125m^2$ 烧结机成品整粒系统除尘工艺优化与实践	2012.6.12	国内领先
5	莱芜分公司炼铁厂	提高皮带机运行可靠性的研究与应用	2012.6.12	国内领先
6	板带厂	620mm 热带结构调整工艺研究与应用	2012.6.19	国内领先
7	板带厂	窄带钢轧辊自动装配装置开发与应用	2012.6.19	国内先进
8	板带厂	40Mn 热轧钢带关键技术研究	2012.6.19	国内先进
9	板带厂	热轧宽带轧机传动轴长寿命研究与应用	2012.6.19	国内先进
10	板带厂	冷轧应用窄幅料生产技术研究与开发	2012.6.19	国内先进
11	炼钢厂	2 号 RH 精炼炉关键设备研究与应用	2012.6.20	国内先进
12	炼钢厂	异型坯铝脱氧工艺的研究与应用	2012.6.20	国内领先
13	炼钢厂	异形坯两点套管式保护浇注的开发与应用	2012.6.20	国内领先

续表 1

序号	完成单位	项目名称	鉴定时间	技术水平
14	炼钢厂	130t 钢包引流技术开发与应用	2012.6.20	国内领先
15	炼钢厂	转炉高效脱磷技术的优化与创新	2012.6.20	国内先进
16	炼钢厂	宽厚板连铸机关键设备的研究与优化	2012.6.20	国内领先
17	焦化厂	横管初冷器余热利用技术的研究与应用	2012.6.21	国内先进
18	焦化厂	干熄焦给水预热器技术改造	2012.6.21	国内先进
19	焦化厂	焦化废水兑入冷却水的研究与应用	2012.6.21	国内先进
20	运输部	冶金铁路道岔综合减磨技术研究和应用	2012.6.21	国内领先
21	运输部	冶金企业铁路渣石车研制与应用	2012.6.21	国内领先
22	运输部	EPS 安全预警信号系统的研究与应用	2012.6.21	国内先进
23	运输部	钢铁企业铁路新型轨枕的研究与应用	2012.6.21	国内先进
24	自动化部	双抽凝汽式发电机组控制策略研究与应用	2012.6.22	国内领先
25	自动化部	10 万吨/年粗苯加氢精制全集成控制系统	2012.6.22	国内领先
26	自动化部	九辊紧凑型辊式矫直机自动控制系统的研究与应用	2012.6.22	国内领先
27	自动化部	全自动在线二次切割及出坯系统在板坯连铸机中的设计与实现	2012.6.22	国内先进
28	炼钢厂	非连续生产用镁碳砖钢包长寿技术研究与应用	2012.6.26	国内领先
29	炼钢厂	LF 精炼炉自动控制系统的开发与应用	2012.6.26	国内先进
30	炼钢厂	低电压防跳电技术的研究及应用	2012.6.26	国内先进
31	型钢炼铁厂	$3200m^3$ 高炉泥炮运行可靠性技术研究与应用	2012.6.26	国内先进
32	型钢炼铁厂	链篦机—回转窑集成创新技术的研究与应用	2012.6.26	国内先进
33	型钢炼铁厂	提升粒煤产量和质量的技术创新与应用	2012.6.26	国内领先
34	型钢炼铁厂	设备节电降耗技术的研究与实践	2012.6.26	国内先进
35	型钢炼铁厂	双向双驱皮带主从控制技术的研究与开发	2012.6.26	国内先进
36	型钢炼铁厂	应对焦炭质量波动的高炉操作技术研究与应用	2012.6.26	国内先进
37	建设公司	大型立式辊磨安装技术研究与应用	2012.6.29	国内领先
38	建设公司	内置悬挂平台正装法在热风炉施工中的研究与应用	2012.6.29	国内先进
39	建设公司	平移法安装转炉施工技术研究与应用	2012.6.29	国内先进
40	建设公司	转底炉本体施工技术研究与应用	2012.6.29	国内领先

续表2

序号	完成单位	项目名称	鉴定时间	技术水平
41	棒材厂	加热炉黑体节能技术的研究与应用	2012.7.2	国内先进
42	棒材厂	ZJD250型2800KW电机升级改造	2012.7.2	国内先进
43	棒材厂	棒材生产线后部收集系统自动控制技术开发与应用	2012.7.2	国内先进
44	棒材厂	轧线供水系统优化	2012.7.2	国内先进
45	棒材厂	高硼钢轧辊在小规格螺纹多线切分生产中应用的研究	2012.7.2	国内领先
46	宽厚板厂	宽厚板高效生产技术的研究与应用	2012.7.3	国内先进
47	宽厚板厂	钢板矩形化轧制技术的研究与应用	2012.7.3	国内先进
48	宽厚板厂	宽厚板板凸度控制技术的研究与应用	2012.7.3	国内领先
49	宽厚板厂	提高宽厚板切割质量的工艺研究	2012.7.3	国内先进
50	技术中心	KR法长寿搅拌器的研制与应用	2012.7.3	国内领先
51	技术中心	热轧细晶粒钢筋生产技术研究与应用	2012.7.3	国内领先
52	技术中心	宽厚板成本效益核算及管理系统开发与应用	2012.7.3	国内先进
53	技术中心	厚板连铸机凝固末端轻压下工艺参数研究及优化	2012.7.3	国内领先
54	技术中心	Q235B-DS、Q345B-DS高表面质量钢板研究与开发	2012.7.3	国内先进
55	技术中心	欧标S235系列钢板研究与开发	2012.7.3	国内先进
56	技术中心	船板钢性能稳定性控制技术研究	2012.7.3	国内领先
57	技术中心	S355JR/J0/J2/K2结构钢板的研究与开发	2012.7.3	国内先进
58	技术中心	80kg以下强度级别工程机械用钢的研究与开发	2012.7.3	国内领先
59	技术中心	DQ级-SPCD冷轧冲压宽带钢研究与开发	2012.7.3	国内先进
60	特钢事业部	电弧炉炼钢相关技术的研究与应用	2012.7.4	国内领先
61	特钢事业部	转炉石灰石代替石灰炼钢的研究应用	2012.7.4	国内领先
62	特钢事业部	LF精炼炉热态渣循环利用的研究与应用	2012.7.4	国内领先
63	特钢事业部	连铸二冷配水系统在优钢生产中的研究与应用	2012.7.4	国内领先
64	特钢事业部	合金钢连铸机系统升级改造	2012.7.4	国内先进
65	特钢事业部	中型优钢生产线高效性研究与应用	2012.7.4	国内先进
66	特钢事业部	合金结构钢35CrMnSiA研究与开发	2012.7.4	国内先进
67	能源动力厂	高炉煤气干法除尘运行工艺优化与改进	2012.7.5	国内领先
68	能源动力厂	高压线路接地故障定位技术的研究与应用	2012.7.5	国内先进

续表 3

序号	完成单位	项 目 名 称	鉴定时间	技术水平
69	能源动力厂	12MW 发电机适应性改造	2012.7.5	国内先进
70	能源动力厂	20000m^3/h 制氧机空压机电机励磁系统稳定性研究及应用	2012.7.5	国内先进
71	能源动力厂	提高 AV100 电动鼓风机运行稳定性技术的研究与应用	2012.7.5	国内领先
72	能源动力厂	4 号 12000m^3/h 制氧设备提升稳定性实践	2012.7.5	国内先进
73	型钢厂	小 H 型钢轧机高效生产关键技术研究与应用	2012.7.6	国内先进
74	型钢厂	大 H 型钢生产线精轧机除尘技术的研究与应用	2012.7.6	国内先进
75	型钢厂	中型万能水平辊辊环热拆技术研究与应用	2012.7.6	国内先进
76	型钢厂	大型线冷锯片改制使用的研究与应用	2012.7.6	国内领先
77	型钢厂	中型 BD 轧机牌坊在线修复技术研究与应用	2012.7.6	国内先进

中国钢铁工业协会、中国金属学会冶金科学技术奖莱钢获奖项目表

表 6

序号	项目名称	获奖等级	完成单位
1	120m^3 高炉科研解剖研究	二等奖	技术中心、北京科技大学
2	烧结烟气有机胺脱硫及副产硫酸工艺技术的研究与应用	二等奖	能源环保部、山东省冶金设计院股份有限公司、北京中钢信科技发展有限责任公司
3	钢包喷补、续衬技术开发应用	三等奖	炼钢厂、济南新峨嵋实业有限公司

山东省科技进步奖莱钢获奖项目表

表 7

序号	项目名称	获奖等级	完成单位
1	中低速磁浮列车轨道用 F 型钢及轨排研究开发	二等奖	技术中心、东北大学
2	宽厚板坯连铸中间包工艺技术集成与创新	二等奖	炼钢厂
3	钢包喷补续衬焊接技术开发与应用	三等奖	炼钢厂、济南新峨嵋实业有限公司
4	高品质冷切削工程机械用钢的研究与应用	三等奖	特钢事业部
5	热轧带肋钢筋轧制关键技术的研究与应用	三等奖	棒材厂
6	工业企业铁路运输物联网的研究与应用	三等奖	运输部、上海亨钧科技有限公司
7	烧结烟气有机胺脱硫及副产硫酸工艺技术的研究与应用	三等奖	能源环保部、山东省冶金设计院股份有限公司、北京中钢信科技发展有限公司

山东省冶金科技进步奖莱钢获奖项目表

表8

序号	项目名称	获奖等级	完成单位
1	中低速磁浮列车轨道用F型钢及轨排研究开发	一等奖	技术中心、东北大学
2	烧结烟气有机胺脱硫及副产硫酸工艺技术的研究与应用	一等奖	能源环保部、山东省冶金设计院股份有限公司、北京中钢信科技发展有限公司
3	高品质冷切削工程机械用钢的研究与应用	一等奖	特钢事业部
4	钢包喷补续衬焊接技术开发与应用	一等奖	炼钢厂、济南新峨嵋实业有限公司
5	履带式工程机械履带板系列产品工艺控制技术研究	一等奖	特钢事业部
6	宽厚板坯连铸中间包工艺技术集成与创新	一等奖	炼钢厂
7	冲压用钢成分硅控制及深冲性能研究	一等奖	技术中心
8	热轧带肋钢筋轧制关键技术的研究与应用	一等奖	棒材厂
9	工业企业铁路运输物联网的研究与应用	一等奖	运输部、上海亨钧科技有限公司
10	药芯焊丝专用冷轧钢带的研究与开发	一等奖	技术中心
11	宽厚板控制技术的开发与应用	一等奖	自动化部
12	制氧设备技术性能的提升与创新	一等奖	能源动力厂
13	异型坯连铸机保护浇注工艺研究应用	一等奖	技术中心
14	协同自动化在$3200m^3$高炉自动控制系统上的研究与应用	一等奖	自动化部
15	$3200m^3$高炉大矿批技术研究与应用	一等奖	型钢炼铁厂
16	联合牵引治疗成人严重骨性反颌错颌畸形患者的临床研究	一等奖	医院
17	铝镇静钢高效连浇技术的研究与应用	二等奖	特钢事业部
18	高炉低成本护炉技术的研究与应用	二等奖	莱芜分公司炼铁厂
19	可靠性控制技术在高炉煤气输送系统的研究与应用	二等奖	莱芜分公司炼铁厂
20	铁水预处理技术的自主研发与应用	二等奖	炼钢厂
21	合金结构钢40CrBM的研究开发	二等奖	特钢事业部
22	热轧带钢生产综合节能降耗技术研究与应用	二等奖	板带厂

续表 1

序号	项目名称	获奖等级	完成单位
23	AH32、AH36 高强度船板钢的研究开发	二等奖	技术中心
24	汽车用 20CrMnH 齿轮钢研发	二等奖	特钢事业部
25	大型优钢生产线工艺技术研究与应用	二等奖	特钢事业部
26	模块化智能控制在 60 万吨球团回转窑中的研究与应用	二等奖	自动化部
27	25MW 直排式 TRT 在 $3200m^3$ 高炉的应用	二等奖	能源动力厂
28	LF 精炼生产优质 H 型钢高效技术的研究与应用	二等奖	炼钢厂
29	Q345 系列风电用钢研究与开发	二等奖	技术中心
30	冷轧单机架轧机控制技术创新与应用	二等奖	自动化部
31	模糊智能控制在尾矿工艺中的开发与应用	二等奖	自动化部
32	热连轧窄带钢生产线 AGC 系统的研究与应用	二等奖	板带厂
33	型钢轧机高精度装配技术的研究与应用	二等奖	型钢厂
34	无骨折脱位型颈脊髓损伤的分型研究	二等奖	医院
35	α-硫辛酸对腹型肥胖的 2 型糖尿病勃起功能障碍患者胰岛 β 细胞功能的影响及其疗效研究	二等奖	医院
36	腹腔镜下皮肤软组织扩张器植入在烧伤整形中的应用研究	二等奖	医院
37	铁水脱硫动态喷镁专家系统的研究和应用	三等奖	自动化部
38	Dellson 膜式超薄技术在肺泡灌洗液细胞学诊断中的临床研究	三等奖	医院
39	提高翻车机铁路容车数的中介替代防溜技术研究与应用	三等奖	运输部
40	高强度抗层状撕裂钢板的研究与开发	三等奖	技术中心
41	CRS 辊式矫直机矫直工艺研究与应用	三等奖	型钢厂
42	易切削钢中硫化物形态的研究	三等奖	特钢事业部
43	干熄焦系统热工评定及工艺运行参数优化研究	三等奖	技术中心
44	大 H 型钢轧制缺陷有限元模拟与仿真	三等奖	技术中心
45	宽厚板辅传动系统功能的开发与应用	三等奖	宽厚板厂
46	全自流改制沥青生产工艺的开发与应用	三等奖	焦化厂

续表 2

序号	项目名称	获奖等级	完成单位
47	超长距离管式输焦机长寿命技术的研究	三等奖	焦化厂
48	表观扩散系数对非小细胞肺癌早期放化疗疗效的评估价值	三等奖	医院
49	DH32、DH36 船板及海洋平台用钢的研究与开发	三等奖	技术中心
50	不同剂量的肝素钠封管液对鼻出血患者出凝血机制影响的研究	三等奖	医院
51	S275JR、S355JR、S355J0 结构钢板的研究与开发	三等奖	技术中心
52	钢铁企业职工心理状况及其影响因素研究	三等奖	医院
53	优碳系列塑料模具用厚板的开发	三等奖	技术中心
54	Q235GJ－Q420GJ 级别高建钢的研究与开发	三等奖	技术中心
55	工程机械轮体用 40Mn2H－S 合金结构钢的研究开发	三等奖	特钢事业部
56	转炉生产船用锚链钢	三等奖	特钢事业部
57	汽车半轴用合金结构钢的研究与开发	三等奖	特钢事业部
58	右旋热轧矿用树脂锚杆钢筋研究与开发	三等奖	技术中心
59	PSB785、PSB830 精轧螺纹钢的研究与开发	三等奖	技术中心
60	Q245R 和 Q345R 压力容器用钢板研究开发	三等奖	技术中心
61	大型自由锻件拔长技术创新研究与应用	三等奖	棒材厂

莱钢 2012 年授权专利统计表

表 9

序号	专利类型	专利名称	发明人	专利号	申请日	授权日	发明人/设计人所在单位
1	发明	高温热风炉	姚朝胜、黄东生、任 浩	200410033158.5	2004.4.8	2012.8.22	山东省冶金设计院
2	发明	一种可再生脱硫的工艺方法及其用途	钱 纲、姚朝胜、魏新民、汤楚贵、黄东生、吴书良、盛振江、王 忠	200810144506.4	2008.7.25	2012.5.30	山东省冶金设计院
3	发明	可再生脱硫的工艺方法及其用途	姚朝胜、黄东升、汤楚贵、魏新民、王 忠、盛振江、吴书良、钱 纲	200810145209.1	2008.7.30	2012.5.9	山东省冶金设计院

续表 1

序号	专利类型	专利名称	发明人	专利号	申请日	授权日	发明人/设计人所在单位
4	发明	铁矿石气体还原直接炼钢工艺	张胜生、董 杰、周 勇	200810140082.4	2008.9.24	2012.2.8	研发中心
5	发明	一种稳流器烧成工艺	吕 铭、袁本明、张永青、费 燕、王兆成、鹿洪利、刘纯星、王玉春	200810140083.9	2008.9.24	2012.9.5	炼钢厂
6	发明	大方坯连铸结晶器保护渣及其制备方法	何庆文、王广连、申景霞、张 鹏、李 猛、梁建国、刁 峰	200910014494.8	2009.2.27	2012.5.23	特殊钢厂
7	发明	火力发电厂副产铁的生产工艺及其还原窑	姚朝胜、钱 纲、魏新民、黄东生、于国华	200910014748.6	2009.3.2	2012.9.5	山东省冶金设计院
8	发明	高炉液态渣的处理与能量回收方法及其用途	钱 纲、姚朝胜、王子金、魏新民、谷卓奇、于国华、钱 舵	200910019727.3	2009.3.19	2012.9.5	山东省冶金设计院
9	发明	一种电动蝶阀开度显示和控制的方法以及装置	吴晓峰、段方民、郭永良、陈铁军、刘尊义、赵健、白如宾、张弘弢	200910019776.7	2009.4.3	2012.5.9	自动化部
10	发明	一种铁水罐整体浇注的工艺及胎模装置	孙庆亮、王兆成、鹿洪利、刘 军、郑 艳、种振宇、王长宝、张宁国	200910015459.8	2009.5.25	2012.5.30	研发中心
11	发明	连铸中间包空心颗粒无碳覆盖剂及其制备工艺	何庆文、彭百泉、王广连、申景霞、赵伟成、房绪江、梁建国、毛成杰、刁 峰	200910015460.0	2009.5.25	2012.4.4	特殊钢厂
12	发明	一种煤气初冷器冷凝液自流式外排工艺	王元顺、于世友、李国亮、栾兆爱、雷 振、罗玉辉、李永奎	200910015462.x	2009.5.25	2012.11.14	焦化厂
13	发明	专用于烧结机的可再生脱硫工艺及该工艺的启动方法	姚朝胜、魏新民、杨东进、钱 纲、黄东生	200910016378.x	2009.6.25	2012.9.5	山东省冶金设计院
14	发明	专用于烧结机的可再生脱硫工艺及该工艺的启动方法	姚朝胜、魏新民、杨东进、钱 纲、黄东生	200910016379.4	2009.6.25	2012.10.3	山东省冶金设计院

续表2

序号	专利类型	专利名称	发明人	专利号	申请日	授权日	发明人/设计人所在单位
15	发明	一种用于RH精炼炉浸渍管的变径气体喷射管及制造方法	李洪建、武光君、张继军、郑春玉、杨继刚、陈秀丽	200910017404.0	2009.7.24	2012.7.4	炼钢厂
16	发明	转底炉含锌粉尘回收系统卧式余热锅炉	曾晖、徐元生、闫小卫、王平、姚朝胜、徐建新、陈锡明、钱飞舟、姜泽毅、顾君健	200910017760.2	2009.8.28	2012.9.5	研发中心
17	发明	一种混酚精馏系统的外回流装置及其应用	刘学庆、卢宗喜、周显涛、曹宁	200910018445.1	2009.9.28	2012.7.18	泰东公司
18	发明	干熄炉整体浇注施工工艺	刘隆利、陶教祥、王伟、张民强、李克明、吕同军、王介浩、穆允生、李永芳、马健、于咏春、薛鹏、祝学会、李念会、聂昊	200910018447.0	2009.9.28	2012.9.5	机动处
19	发明	一种分布式中间件与数据库数据交互方法	于海忠、齐滨、潘恒、李森、刘强、李攀、李克、孟帅、赵冰、王博	200910018487.5	2009.9.29	2012.6.20	自动化部
20	发明	一种低成本高强汽车大梁用钢及其制造方法	赵培林、李洪建、王建景、张桂南、王学新、孙丽荣、张明金、周平、刘莱萌、王金秀、路峰、吴会亮、王博	200910229635.8	2009.10.30	2012.2.8	研发中心
21	发明	一种粉尘抑制剂及其制备方法	李志峰、种振宇、董晓春、刘智伟、孙庆亮、江丹、董世颂、郭春风、孙业新、管山吉、张宁国、林七女、王文生、段明波、李广艳、李强、栾兆爱、胡晓红	200910229754.3	2009.10.30	2012.8.22	研发中心
22	发明	一种－40℃至－60℃低温冲击韧性热轧H型钢及其制备方法	高俊庆、王作成、赵修领、董昌兴、季春生、王协斌、王晓、仝丽珍、郝少锋、朱宝晶、马文、杜传治、王学新、冯伟、刘军	200910019494.7	2009.11.3	2012.5.23	品保部

续表 3

序号	专利类型	专利名称	发明人	专利号	申请日	授权日	发明人/设计人所在单位
23	发明	一种含硼齿轮钢及其制备方法	孙永喜、李法兴、王广连、申景霞、成国光、王学利、邵海峰、余德河、马佐仓、张君平、郑桂芸、张伟、石军强	200910229997.7	2009.11.30	2012.5.30	特殊钢厂
24	发明	一种含铁物料喷射还原炉及含铁物料喷射还原工艺	董杰、王学斌	201010134846.6	2010.3.30	2012.2.8	研发中心
25	发明	火焰切割节能装置和操作方法	吕铭、袁本明、施汉生、姜兴辰、陈显著、任仕印、朱立、王金龙、郑春玉、刁玉兰、吕富强、马佐仓、孙翠华	201010158907.2	2010.4.29	2012.5.30	炼钢厂
26	发明	自动适应冷轧带钢带宽的罩式退火炉用直吹强对流板及其工作方法	张冠锋、蔡朝华、许荣昌、周俊陵	201010211306.3	2010.6.28	2012.5.30	研发中心
27	发明	X线检查眼部异物空间定位几何定量仪	牟建民、张建华、刘邦强、潘雪梅、孟桂兰、牟童	201010259234.X	2010.8.23	2012.5.9	莱钢医院
28	发明	一种在悬浮态预热分解炉利用煤气煅烧石灰石生产活性石灰粉的方法	刘智伟、王庆福、李志峰、孙庆亮、吕新锋、刘永恒、管山吉、种振宇	201010264386.9	2010.8.27	2012.8.22	技术中心
29	发明	一种控轧型特厚高强度船板钢及其制备方法	周平、麻衡、王腾飞、张长宏、卢波、孙其家、任继银、陈爱娇、秦港	201010264387.3	2010.8.27	2012.7.18	技术中心
30	发明	中间包柱状多支流过滤器	赵燕、许荣昌、王波、吕霞	201010264388.8	2010.8.27	2012.5.30	技术中心
31	发明	一种含铁物料悬浮还原装置及工艺方法	董杰、李丰功、王学斌	201010266152.8	2010.8.30	2012.7.25	技术中心

续表4

序号	专利类型	专利名称	发明人	专利号	申请日	授权日	发明人/设计人所在单位
32	发明	一种组合式穿水冷却器	苗增军、吕爱晖	201010270893.3	2010.9.1	2012.11.21	棒材厂
33	发明	吹氩喷粉装置及钢包精炼炉	张冠锋、张继军、许荣昌、刘洪银、李蕾	201010277046.x	2010.9.8	2012.2.29	技术中心
34	发明	退火钢卷快速堆垛辅助系统及其操作方法	张冠锋、蔡朝华、许荣昌、周俊陵	201010284710.3	2010.9.17	2012.9.5	技术中心
35	发明	一种多元合金化超高强度抽油杆钢及其制造方法	翟正龙、王广连、戈文英、王立君、李修峰、张利平、赵德钢、时振明、李业才、李广真、梁娜、亓显玲	201010292922.6	2010.9.27	2012.10.3	特殊钢厂
36	发明	一种球磨机钢球用钢及其制造方法	马传庆、赵冠夫、刘金玲、孙永喜、范夕荣、卢栋、杨密平、倪友来、张君平	201010294737.0	2010.9.28	2012.8.1	特殊钢厂
37	发明	螺纹钢的加工方法及系统	苗增军、吕爱晖	201010502244.1	2010.9.29	2012.9.5	棒材厂
38	发明	电弧炉炼钢方法	王广连、申景霞、孙永喜、马传庆、李猛、杨密平、赵冠夫、刘金玲、范夕荣、倪友来、张君平	201010529966.6	2010.11.3	2012.12.19	特殊钢厂
39	发明	一种组合可调式轧机辊环冷却装置	焦自金、石山、程守宝、乔廷刚、殷宝田、毕延平、刘成军、亓学涛、刘会军、刘志刚、刘鹏	201010531247.8	2010.11.4	2012.11.14	型钢厂
40	发明	一种在更换钢包耳轴中去除耳轴的工艺方法	马利永、朱永恒、李建彩、陈健	201010554193.7	2010.11.12	2012.10.3	机制公司
41	发明	一种钢包浇注工作衬的修砌方法	吕铭、武光君、王学新、李洪建、高山	201010548348.6	2010.11.17	2012.10.3	炼钢厂
42	发明	一种去除高温钢坯表面氧化铁皮的设备	李志峰、种振宇、管山吉、陈学琴、张桂楠、林七女、庞晓梅、刘智伟、王长宝、张宁国、董晓春、江丹、孙业新、张明金	201010556036.X	2010.11.24	2012.10.3	技术中心

续表5

序号	专利类型	专利名称	发明人	专利号	申请日	授权日	发明人/设计人所在单位
43	发明	冷轧钛卷的退火工艺	杨 旭、尹翠兰、周 平、王 超、汤化胜、商玉华、李四军、厉文超、孙建卫、李建省、路 峰	201010556944.9	2010.11.24	2012.11.7	技术中心
44	发明	一种高强度耐磨钢板及其制备方法	麻 衡、李灿明、周 平、王建景、刘军刚、张长宏、孙其家	201010567789.0	2010.12.1	2012.8.22	技术中心
45	发明	对电子皮带秤进行精确度校核的方法和系统	徐春玲、李 强、张故见、赵长安、陈建华	201010574356.8	2010.12.6	2012.12.19	股份炼铁厂
46	发明	轧制不对称横截面金属型材的方法及轧制装置	曲为壮、王培文、冯 伟、顾大庆、王俊生、蒋海涛、张 涛、李江波、尹德全、霍喜伟	201010589100.4	2010.12.15	2012.7.18	型钢厂
47	发明	用于药芯焊丝的冷轧钢带及其制造方法	许荣昌、陈豪卫、周来军	201010598203.7	2010.12.21	2012.10.3	技术中心
48	发明	一种提高钢液洁净度的连铸中间包	李法兴、裴建华、张 伟、孙永喜、马佐仓、杜国强、窦圣朋、王立君、时振明	201010603991.4	2010.12.24	2012.12.12	技术中心
49	发明	一种输送颗粒状煤的管道	朱迎春、刘祖法、赵子平、李涛林、孔鹏祥	201010611520.8	2010.12.28	2012.11.7	培训中心
50	发明	液体泵的流量控制方法	柳希泉、吴召明、王 芳、杜 伟、张 杰、康 凯、桑森、赵 亮、张丽荣、李青、王 玮、李莉芝、齐敏	201110041415.X	2011.2.21	2012.12.12	自动化部
51	发明	渣铁沟密封盖板	王子金、丁利生、亓玉敏、田庆元、边亚伟、陈伟	201110045834.0	2011.2.25	2012.10.3	股份炼铁厂
52	发明	一种连铸中间包综合工作衬及制备工艺	武光君、鹿洪利、高 山、刁玉兰、高 广、张 丽、黄珊珊	201110050830.1	2011.3.3	2012.12.19	炼钢厂

续表6

序号	专利类型	专利名称	发明人	专利号	申请日	授权日	发明人/设计人所在单位
53	发明	一种特厚耐高温压力容器钢及其制备方法	周 平、麻 衡、王建景、李文钱、许宝玉、张长宏、李海方、刘军刚	201110055481.2	2011.3.9	2012.8.22	技术中心
54	发明	一种高扭矩螺纹钢横肋对正线性调节装置	杨乐彬、宁 勇、郭 锟、关中华、赵 勇、赵瑞明、吴志强、李 凯、杨兆银	201110063500.6	2011.3.16	2012.9.5	技术中心
55	发明	一种屈服强度550MPa低碳贝氏体工程机械用钢及其制备方法	李灿明、周 平、王建景、吴德发、高立福、杨建勋、任继银、李生根、李永强、李 艳、李 辉	201110074144.8	2011.3.27	2012.8.22	技术中心
56	发明	一种排粪造影专用速凝造影剂	牟建民、程 丽、孟桂兰、牟 童、许 雷	201110357565.1	2011.11.11	2012.11.14	莱钢医院
57	实用新型	一种转炉贵重合金加料装置	李建平、张新宪、刘纯星、郭 达、李 振、颜景春、魏 薇	201120063030.9	2011.3.11	2012.2.8	炼钢厂
58	实用新型	飞刀刀片离线快换对刀装置	赵登军、关中华、刘红军、张树萍、张 华、张凯	201120126626.9	2011.4.26	2012.5.30	棒材厂
59	实用新型	一种行车钢丝绳防挤出槽装置	户传雷、任 莹	201120128676.0	2011.4.27	2012.2.8	板带厂
60	实用新型	一种循环水过滤装置	韩永吉、李树华、张利杰、李长喜、张 燕、冢磊、蒋秀香、李国亮、王密军、付鹏睿	201120180348.5	2011.5.31	2012.2.15	焦化厂
61	实用新型	一种双碟面式新型焦油液位调节器	王树成、李金平、耿 萍、孙晨曦、高立军、王 勇、蒋秀香、井俊亭、陈汞超	201120197040.1	2011.6.13	2012.4.4	焦化厂
62	实用新型	简易水位调节仪	王志刚、徐春玲、田国富、郄建伟、郑红梅、耿仁娟	201120210064.6	2011.6.21	2012.2.8	股份炼铁厂
63	实用新型	转运装置	吕海滨、刘丰生、蔡祥奎	201120223400.0	2011.6.28	2012.7.4	型钢炼铁厂
64	实用新型	烧结机及箅条	吕海滨、刘丰生	201120223426.5	2011.6.28	2012.4.4	型钢炼铁厂

续表 7

序号	专利类型	专利名称	发明人	专利号	申请日	授权日	发明人/设计人所在单位
65	实用新型	空气虑罩清灰装置	李兴义、李 强、王志刚、张故见、徐春玲	201120222842.3	2011.6.29	2012.2.15	股份炼铁厂
66	实用新型	一种行车制动器	田敬刚、王哲、户传雷、王彩霞	201120222843.8	2011.6.29	2012.4.4	板带厂
67	实用新型	微型移动搅拌车	侯兴发、马洪健、孙进金、徐春玲、任 伟	201120222844.2	2011.6.29	2012.4.4	股份炼铁厂
68	实用新型	铁水车轮对清洗机	翟大强、白 洁、段崇义、李 岩、程明永、李 霞	201120238072.1	2011.7.7	2012.3.14	运输部
69	实用新型	一种焦化生产剩余氨水负压蒸氨装置	李国亮、蒋秀香、栾兆爱、李胜欣、刘建迅、王鑫、韩永吉、孙万领	201120238582.9	2011.7.7	2012.2.15	焦化厂
70	实用新型	排风管道和采用该排风管道的排风系统	曾祥柱、魏敬东	201120252729.X	2011.7.18	2012.2.29	金鼎公司
71	实用新型	用于CT扫描时的射线防护床板	王振强、张玉敏、程 丽、李雪云、刘俊业、王世东、韩吉武、倪晓莉	201120258101.0	2011.7.21	2012.4.4	莱钢医院
72	实用新型	微阻缓闭止回阀清洗装置	田敬刚、王春燕	201120261851.3	2011.7.22	2012.2.8	板带厂
73	实用新型	物料检测器位置校准设备	柳希泉、胥爱国、陈向峰、孙英姿、魏成勇、王峰、李晓光、周丽萍、张克鹏、岳 忠、莫瑞强、何志国、田红梅	201120270508.5	2011.7.28	2012.4.4	自动化部
74	实用新型	一种晶闸管交流调功器控制系统	段崇伟、齐登业、朱圣华、亓爱峰、魏传波、李凤、赵洪涛、王晓妍	201120274265.2	2011.7.29	2012.3.14	能源动力厂
75	实用新型	一种转炉炉帽永久层耐火砖	朱 波	201120274315.7	2011.7.29	2012.5.30	特钢事业部
76	实用新型	一种空分装置预冷系统	王春燕、李克海、朱圣华、田现德、金振宗、魏传波、刘 欣、孔凡魁	201120276617.8	2011.8.1	2012.5.23	能源动力厂
77	实用新型	一种煤气测氧仪间接冷却装置	韩永吉、李树华、张利杰、李长喜、蒋秀香、李国亮	201120279648.9	2011.8.3	2012.9.12	焦化厂

续表8

序号	专利类型	专利名称	发明人	专利号	申请日	授权日	发明人/设计人所在单位
78	实用新型	干熄焦系统二次除尘器节能型排尘装置	穆允生、亓国峰、蒋秀香、姜世远	201120279652.5	2011.8.3	2012.3.14	焦化厂
79	实用新型	防松液压接头	侯风岭、吴 强、马志海、闫仲存、吴昌飞	201120297068.2	2011.8.16	2012.8.1	炼钢厂
80	实用新型	一种短接柜断路器合闸判断装置	刘 欣、齐登业、朱圣华、田现德、魏传波、段崇伟、焦晓东、周 莉	201120299520.9	2011.8.17	2012.4.4	能源动力厂
81	实用新型	煤气柜密封油防喷溅装置	范书昌、孟 燕、毕华泗、王继磊、吕宜国、胡奇峰、亓玉亭、亓海燕、张汝刚、丁 昊	201120303660.9	2011.8.19	2012.5.9	能源动力厂
82	实用新型	排水器下降管煤气密封装置	胡奇峰、吕德玉、吕宜国、贾佑东、孟 燕、党兆军、王继磊、亓海燕、张汝刚、丁 昊	201120303661.3	2011.8.19	2012.5.30	能源动力厂
83	实用新型	一种高温透平设备位移传感器离热装置	齐登业、郝 鹏、孟 燕、范纪涛、胡奇峰、王继磊、亓海燕、张汝刚、丁昊、于 洋、尚庚亮、亓玉亭	201120303662.8	2011.8.19	2012.5.30	能源动力厂
84	实用新型	可调节式管道支架	傅守滨、胡奇峰、吕宜国、孟 燕、亓海燕、丁昊、秦军强、孙建胜、党兆军	201120303852.X	2011.8.19	2012.4.4	能源动力厂
85	实用新型	一种具有锥度的水冷钢锭模	李玉华、刘学明、王召祥、颜秉福、刘茂文、常福华、陈学明	201120305988.4	2011.8.22	2012.5.9	机制公司
86	实用新型	钢液喂线装置	时振明、翟正龙、李小雄、徐锡坤、王丽君、郭晖、李广真、周艳丽、鹿强、李业才、徐 峰	201120308041.9	2011.8.23	2012.5.9	特钢事业部
87	实用新型	一种钢坯粗轧除鳞装置	李江波、李欣金、魏光兵、宋光辉、赵 强、张秀山、崔 凯	201120309996.6	2011.8.24	2012.5.9	型钢厂
88	实用新型	一种F－6型分配阀试验系统	段崇义、孟 东、张 勇、王志伟、金红梅	201120311922.6	2011.8.24	2012.5.9	运输部

续表 9

序号	专利类型	专利名称	发明人	专利号	申请日	授权日	发明人/设计人所在单位
89	实用新型	新式脱硫分配槽	王树成、李金平、耿萍、孙晨曦、高立军、王勇、蒋秀香、井俊亭、张强	201120315724.7	2011.8.26	2012.5.9	焦化厂
90	实用新型	一种仓泵保温装置	秦军强、张化宾、黄伟、巩鹏、毕华泗、李尚刚、任甲涛、王端东、林旭光	201120315709.2	2011.8.26	2012.7.4	能源动力厂
91	实用新型	进料阀氮气吹扫装置	秦军强、岳长德、史红燕、李尚刚、巩鹏、黄伟、王鹏、季兴红、杨勇	201120315732.1	2011.8.26	2012.6.13	能源动力厂
92	实用新型	TRT 轴承箱冷却废气的脱油装置	齐登业、秦军强、王站、王瑞真、吕宜国、胡奇峰、郝鹏、林卫全、丁昊	201120315725.1	2011.8.26	2012.9.12	能源动力厂
93	实用新型	连铸机结晶器液渣层检测装置	何庆文、毛成杰、房绪江、梁建国、杨传华、黄金龙、周艳丽	201120315731.7	2011.8.26	2012.7.4	特钢事业部
94	实用新型	一种产品氮气参与分子筛吸附器再生的装置	朱圣华、李克海、田现德、郭元刚、李凤、侯澄、金振宗、沈荣、康与峰	201120324608.1	2011.8.31	2012.5.30	能源动力厂
95	实用新型	型钢锯机用导向装置	魏光兵、段西山、蒲昕、柳卫东、柴自红、孙丰海、吴同军	201120345283.5	2011.9.15	2012.5.30	型钢厂
96	实用新型	液压伺服同步升降装置	孟宪俭、侯风岭、马志海、王建军	201120345279.9	2011.9.15	2012.7.4	炼钢厂
97	实用新型	炼铁高炉及其铁口框	李纲、孔菊、赵建磊、邢士建	201120345483.0	2011.9.15	2012.5.30	股份炼铁厂
98	实用新型	侵入式水口及其制造模具	姜兴辰、施汉生、张永青、费燕、王小璞、任科社、陈峰	201120346288.x	2011.9.15	2012.9.12	炼钢厂
99	实用新型	一种预热装置和应用该装置的蒸汽-空气锤	于俊才、姜玉春、李建彩、李玉凤、杨爱华、朱小波	201120347522.0	2011.9.16	2012.5.30	机制公司
100	实用新型	烧结机的侧部密封装置	黄东生、贠汝平、钱纲、李希昌	201120349913.6	2011.9.19	2012.5.30	山东省冶金设计院

续表 10

序号	专利类型	专利名称	发明人	专利号	申请日	授权日	发明人/设计人所在单位
101	实用新型	环冷机的密封装置	黄东生、负汝平、钱 纲、李希昌	201120349927.8	2011.9.19	2012.5.30	山东省冶金设计院
102	实用新型	顶燃式热风炉穹顶一体化温度检测装置	孙光模、王荣恩、黄东生 、伯禹佳、万 军、杨庆华、王振东	201120349915.5	2011.9.19	2012.10.10	山东省冶金设计院
103	实用新型	一体化温度检测装置	万 军 、孙光模、黄东生、刘红军、王振东、刘涛、伯禹佳、于智育	201120349918.9	2011.9.19	2012.5.30	山东省冶金设计院
104	实用新型	CT 扫描头部定位多功能调整头托	王振强、张玉敏、程 丽、李雪云、倪晓丽、韩吉武	201120353074.5	2011.9.20	2012.5.30	莱钢医院
105	实用新型	一种 AGC 液压伺服缸更换装置	李 亘、孙业华、郭 峰、王会章、王中华、吕爱晖、张 宁	201120357102.0	2011.9.22	2012.6.13	板带厂
106	实用新型	氢氧切割机及其割枪	施汉生、姜兴辰、陈显著、吴茂成、孙翠华、王汝波	201120372266.0	2011.9.27	2012.5.30	炼钢厂
107	实用新型	微弧形断面火切机	吕 铭、袁本明、王 键、施汉生、姜兴辰、陈显著、张永青、费 燕、吴茂成、刁玉兰	201120371761.x	2011.9.27	2012.5.30	炼钢厂
108	实用新型	一种液压集成块的辅助拆卸装置	张继显、朱英爱、郭小春、刘英华、仝玉华、吕昌阳、王沂超、魏洪涛、李 波、吕 强、王 亮	201120371750.1	2011.9.27	2012.5.30	板带厂
109	实用新型	一种直流电机几何中心线的检测设备	李 强、土 静、刘英华、商玉华、王春刚、彭 彬、杨 杰、李 彬、王 涛、任燕	201120370635.2	2011.9.27	2012.5.9	板带厂
110	实用新型	一种轧机轴承的拆卸装置	吕智勇、纪 涛、程守宝、王建军、毕延平、彭明亮、崔 凯、焦自金	201120377841.6	2011.9.28	2012.5.30	型钢厂
111	实用新型	一种安全联轴器	苏万成、郭小春、张继显、刘英华、孙海龙、仝玉华、杨 杰、李 强、任燕、王 亮、穆 丹	201120378522.7	2011.9.28	2012.6.13	板带厂
112	实用新型	一种热矫直辊的冷却装置	马光亭、汤化胜、张长宏、吴德发、李 昌、赵兴曾、秦 港、王腾飞	201120378400.8	2011.9.30	2012.5.30	宽厚板厂
113	实用新型	高炉打水冷却装置	孙建设、孔 菊、白 玮、王志刚、陈年业	201120378405.0	2011.9.30	2012.6.13	股份炼铁厂

续表 11

序号	专利类型	专利名称	发明人	专利号	申请日	授权日	发明人/设计人所在单位
114	实用新型	一种钢材定尺机制动装置	吴哲	201120367750.4	2011.9.30	2012.8.8	型钢厂
115	实用新型	一种液压油路转换接头和一种卷曲机	苏万成、孙海龙、李强、杨杰、张章、穆丹、魏洪涛、李波、吕强、王沂超	201120377072.x	2011.9.30	2012.6.13	板带厂
116	实用新型	回火炉	马光亭、汤化胜、李海方、魏军广、张长宏、冯文义、刘青、刘军刚、李岩、高海军、麻衡	201120381866.3	2011.10.10	2012.6.13	宽厚板厂
117	实用新型	推杆及包括该推杆的加热炉推钢机	魏光兵、左发、段熙山、张秀山、孙丰海、李江波、孔令强、李波、朱嗣勇、姜松涛、孙佳	201120383957.0	2011.10.11	2012.6.13	型钢厂
118	实用新型	一种苯槽槽顶冷却水喷洒装置	韩永吉、李树华、张利杰、李长喜、黄玉宝、窦磊、续卫兵、蒋秀香、乔西斌、沈健	201120390663.0	2011.10.14	2012.6.13	焦化厂
119	实用新型	免调时路灯控制装置	毕卫宁、王磊、牛凤丽、杨华、任迎新、张荣德、陈济涛、王春海	201120402824.3	2011.10.21	2012.6.13	运输部
120	实用新型	炼焦捣固煤饼取样装置	李树华、韩永吉、宋先锋、蒋秀香、王锋、续卫兵、李国亮、李长喜、林金良、张兴佐	201120408083.X	2011.10.24	2012.6.13	焦化厂
121	实用新型	一种真空处理炉VD密封圈长寿化保护装置	赵冠夫、吴兵、马传庆、范夕荣、刘金玲、杨密平、周艳丽	201120412579.4	2011.10.26	2012.7.4	特钢事业部
122	实用新型	多功能超声检查手臂支撑装置	牟建民、孟桂兰、牟童、贾汇刚、韩莹	201120419911.X	2011.10.30	2012.7.11	莱钢医院
123	实用新型	双扣自助式静脉尿路造影专用压迫器	牟建民、杨涛、孟桂兰、牟童、王兴国	201120420991.0	2011.10.31	2012.7.4	莱钢医院
124	实用新型	指骨骨折复位固定器	牟建民、李化为、孟桂兰、牟童	201120422695.4	2011.10.31	2012.7.4	莱钢医院
125	实用新型	一种单罐盖双罐体VD真空炉	马传庆、杨密平、刘金玲、赵冠夫、杨波、马丙涛、刘建路、尹克进、范夕荣、倪友来	201120423331.8	2011.10.31	2012.7.4	特钢事业部

续表 12

序号	专利类型	专利名称	发明人	专利号	申请日	授权日	发明人/设计人所在单位
126	实用新型	一种电弧炉电极顶部防氧化装置	周艳丽、吴 兵、王学利、孟宪华、倪友来、马传庆、杨密平、赵冠夫	201120423335.6	2011.10.31	2012.7.4	特钢事业部
127	实用新型	一种压缩机润滑油冷却系统	朱圣华、夏志刚、侯 澄、金振宗、沈 荣、康与峰	201120426277.2	2011.11.1	2012.9.12	能源动力厂
128	实用新型	氮压机冷却系统	侯 澄、赵 莹、金振宗、魏传波、王新生、李 凤	201120427053.3	2011.11.1	2012.9.12	能源动力厂
129	实用新型	同步电动机励磁装置供电电源稳压装置	刘 欣、朱圣华、魏传波、徐 霞	201120433463.9	2011.11.4	2012.6.13	能源动力厂
130	实用新型	一种连铸中间包湍流控制器	李法兴、王立君、徐锡坤、翟正龙、孙永喜、裴建华、张 伟、朱伟华、何庆文、张海霞、马传庆、刘永昌、郑桂芸、张君平	201120439087.4	2011.11.8	2012.8.22	特钢事业部
131	实用新型	大型型钢矫直辊轻型稳钉式垫圈	王京亮、佟松泽、吴彦国、和 华、马振宏	201120443054.7	2011.11.10	2012.7.11	型钢厂
132	实用新型	中间包	李法兴、王立君、徐锡坤、翟正龙、孙永喜、裴建华、张 伟、朱伟华、何庆文、张海霞、马传庆、刘永昌、郑桂芸、张君平	201120448197.7	2011.11.14	2012.9.12	特钢事业部
133	实用新型	一种行车大车道轨接头装置	户传雷、蔡朝华	201120455116.6	2011.11.17	2012.9.5	板带厂
134	实用新型	一种行车起重量检测装置	户传雷、刘继梅	201120455117.0	2011.11.17	2012.7.11	板带厂
135	实用新型	一种液氩循环管路	田现德、呼维刚、金振宗、康与峰、沈 荣	201120457553.1	2011.11.17	2012.8.22	能源动力厂
136	实用新型	一种空气分离装置	齐登业、呼维刚、田现德、侯 澄、李 凤、康与峰、沈 荣	201120457873.7	2011.11.17	2012.8.22	能源动力厂
137	实用新型	万能轧机压盖式立辊芯轴装置	逄晓男、石增云、程新军、张 刚、史秀峰、李江波	201120460856.9	2011.11.19	2012.8.1	型钢厂

续表 13

序号	专利类型	专利名称	发明人	专利号	申请日	授权日	发明人/设计人所在单位
138	实用新型	一种气体压缩装置及其压缩机密封气管路系统	李克海、呼维刚、朱圣华、魏传波、沈荣、康与峰、侯澄	201120470514.5	2011.11.23	2012.10.3	能源动力厂
139	实用新型	旋转吊具	何庆文、毛成杰、房绪江、梁建国、刘伟、修东、黄金龙、邵明海、刁峰、关强	201120469488.4	2011.11.23	2012.8.1	特钢事业部
140	实用新型	一种润滑装置	武强、汪洋、栾兆华、时元海、刘继梅	201120469503.5	2011.11.23	2012.8.1	板带厂
141	实用新型	变径式稀油管路防漏装置	陈传盛、张晓敏、熊双双、石荣浩、李之庆、刘继梅	201120469507.3	2011.11.23	2012.10.10	板带厂
142	实用新型	新型气体报警仪	陈传盛、张晓敏、熊双双、栾兆华、石荣浩、李之庆、苏桂梅、	201120469508.8	2011.11.23	2012.10.3	板带厂
143	实用新型	接轴润滑装置	吴晓光、赵玉强 陈传盛、汪洋	201120483157.6	2011.11.29	2012.8.1	板带厂
144	实用新型	同步紧固装置	夏焕来、苏全明、汪洋、陈传盛、张华	201120483141.5	2011.11.29	2012.8.1	板带厂
145	实用新型	多立辊万能轧钢机型式	李江波、魏鹏、李欣金、武文健、宋光辉、吴彦国、朱迎春	201120494692.1	2011.12.2	2012.8.1	型钢厂
146	实用新型	敲击扳手	张有琳、吕宏伟、焦晓东、马晓琴、武守超、孙波、孟军、李深、林雅琴	201120494726.7	2011.12.2	2012.8.22	型钢厂
147	实用新型	一种用于非粘性煤改质的设备	李志峰、种振宇、王长宝、李广艳、刘纯兴、李竞、陈学琴、董晓春、管山吉、孙业新、江丹、杨光义	201120497243.2	2011.12.3	2012.8.1	技术中心
148	实用新型	可拆卸炉底及包括该可拆卸炉底的顶底复吹转炉	袁本明、王键、张永青、费燕、王尖锐、刘纯星、李建平、郑春玉、赵圣功、勾新勇、魏薇、王景志、赵杰、姜明刚、靳昌江	201120516948.4	2011.12.12	2012.9.12	炼钢厂

续表 14

序号	专利类型	专利名称	发明人	专利号	申请日	授权日	发明人/设计人所在单位
149	实用新型	一种节约型包装瓶	赵 娜、张雨桐	201120522602.5	2011.12.14	2012.9.19	型钢厂
150	实用新型	一种节能环保的工业粉尘清扫器	王新章、张子元、包文琦、何方亮、亓庆斌	201120522609.7	2011.12.14	2012.8.8	型钢炼铁厂
151	实用新型	一种辅助加工装置	王建军、王书雷、李亚林、焦自金、李 亮、刘会军、刘志刚、栾大庆	201120522805.4	2011.12.14	2012.11.21	型钢厂
152	实用新型	精密圆锥体的测量装置及其测量夹具	颜 莉、马 武、于俊才	201120524156.1	2011.12.14	2012.8.1	机制公司
153	实用新型	坯料翻转设备	孔令强、魏光兵、左 发、陈延霞、朱秋菊	201120525177.5	2011.12.15	2012.10.24	型钢厂
154	实用新型	轧机立辊平衡旋转装置	逄晓男、吕智勇、赵 强、王英军、张玉龙、白如冰、徐 红、玄振龙、孟军、吴 哲	201120525190.0	2011.12.15	2012.10.24	型钢厂
155	实用新型	一种铸坯切割渣在线自动清理装置	申景霞、陈 民、陈军胜、朱士将、陈 良、侯光合、谢兴军、谢韵平、尹崇丽、范 斌、吴俊启、王东升、耿振岳	201120537751.9	2011.12.20	2012.8.22	特钢事业部
156	实用新型	管式结晶器	王 博、马 琳、杨 州、张炯、刘 超、刘洪银	201120542766.4	2011.12.22	2012.8.22	技术中心
157	实用新型	组合式结晶器	王 博、李广艳、刘 美、刘洪银、刘 超、杨 州	201120542730.6	2011.12.22	2012.8.22	技术中心
158	实用新型	一种加工连杆斜面的定位工装	李玉凤、于俊才、陈志强、张 新、姜秀梅、孙殿鲁	201120548141.9	2011.12.23	2012.8.22	机制公司
159	实用新型	一种电炉的炉后加料装置	李法兴、王广连、徐禓坤、申景霞、翟正龙、王学利、孙永喜、张君平、马传庆、杜国强、刘永昌、袁淑君、范黎明、李顺	201120548213.x	2011.12.23	2012.8.22	特钢事业部

续表15

序号	专利类型	专利名称	发明人	专利号	申请日	授权日	发明人/设计人所在单位
160	实用新型	一种挡坝	孙建设、杨军、李强、张故见、赵洪雨、徐春玲、侯继宝、田远峰	201220001188.8	2012.1.4	2012.10.3	股份炼铁厂
161	实用新型	捞渣设备	张冠锋、刘洪银、刘超、张炯	201220001187.3	2012.1.4	2012.10.3	技术中心
162	实用新型	一种捞渣系统	张冠锋、马琳、杨州、周来军	201220001991.1	2012.1.4	2012.10.3	技术中心
163	实用新型	用于升降机的上锁装置	刘智、杨刚、段崇义、孟东、邵学	201220002826.8	2012.1.5	2012.11.7	运输部
164	实用新型	步进式加热炉及其悬臂辊	杨乐彬、杨风滨、赵勇、赵培胜、魏义华、庄绪成、刘英刚、杨文佳	201220002823.4	2012.1.5	2012.10.3	棒材厂
165	实用新型	一种心电图机导联线收纳装置	牟建民、梁鹏、牟童、孟桂兰	201220006609.6	2012.1.9	2012.9.19	莱钢医院
166	实用新型	多功能防溢乳乳罩	牟建民、庄莉、孟桂兰、牟童、许雷	201220006275.2	2012.1.9	2012.9.19	莱钢医院
167	实用新型	口腔正畸专用石膏锯	程丽、牟建民、魏少莲、王友俊、陈明燕	201220006281.8	2012.1.9	2012.9.12	莱钢医院
168	实用新型	一种冶金轧钢机辊缝调整液压缸的密封与压力板	王明波、吕智勇、卢飞、张玉龙、孙鲁青、徐红、白如冰、赵强、蒋海涛	201220010279.8	2012.1.11	2012.12.12	型钢厂
169	实用新型	电炉炉壁氧枪保护装置	张君平、王学利、孟宪华、于学文、裴建华、李法兴、孙永喜、刘亚丽	201220010291.9	2012.1.11	2012.10.3	特钢事业部
170	实用新型	烧结机台车的相邻端面的密封方法和密封装置	黄东生、贠汝平、钱纲	201220024910.X	2012.1.19	2012.11.21	山东省冶金设计院
171	实用新型	具有甬道式端密封段的密封机构	贠汝平、黄东生、钱纲	201220024908.2	2012.1.19	2012.10.3	山东省冶金设计院
172	实用新型	一种再生塔液位调节装置	王树成、李金平、耿萍、高立军、孙晨曦、张强、井俊亭、王勇、蒋秀香、陈汞超	201220046037.4	2012.2.13	2012.10.3	焦化厂

续表 16

序号	专利类型	专利名称	发明人	专利号	申请日	授权日	发明人/设计人所在单位
173	实用新型	一种防水设备	柳希泉、王 芳、吴召明、李 青、张丽荣、王 勇、王 玮、王文为、赵 冰、王 博、郑瑞斌、龙 英	201220059171.8	2012.2.22	2012.10.3	自动化部
174	实用新型	用于叉车门架的槽钢	袁鹏举、付常伟、马 强、杨志杰、蒲红兵、韩蕾蕾、郭跃华、孔令坤、李海军、赵新华、武玉利、朱京军、方金林	201220066692.6	2012.2.28	2012.10.24	技术中心
175	实用新型	用于叉车门架的槽钢	付常伟、袁鹏举、杜显彬、韩蕾蕾、马 强、杨志杰、郭跃华、蒲红兵、谷风波、方金林、郭秀辉、王 刚	201220067403.4	2012.2.28	2012.10.3	技术中心
176	实用新型	一种冶金生产线行车受电装置	孔令强、李业强、单兆华、孙万涛、张德超、刘英才	201220071057.7	2012.2.29	2012.11.7	型钢厂
177	实用新型	节约型太阳能热水器水位报警器	张 戈、李绪东、崔 敏	201220071059.6	2012.2.29	2012.10.3	型钢厂
178	实用新型	多方位锯片冷却清洁装置	李绪东、王英军、张 戈、赵 娜、刘 勇、姜秀梅、孙殿鲁	201220071061.3	2012.2.29	2012.11.7	型钢厂
179	实用新型	一种用于机械压力管道固定的新型管夹	朱向青、温 亮、宣虎威、曹少华、刘宝生	201220070726.9	2012.2.29	2012.10.3	宽厚板厂
180	实用新型	安装螺栓时用以防止螺栓转动的工具	朱向青	201220070748.5	2012.2.29	2012.10.3	宽厚板厂
181	实用新型	循环式水冷辊道	李春兴、吕智勇	201220070755.5	2012.2.29	2012.10.10	型钢厂
182	实用新型	一种精炼喂线机用包芯线固定装置	李法兴、徐锡坤、翟正龙、王学利、张君平、孟宪华、孙永喜、裴建华、于学文、刘亚丽、刘永昌	201220070760.6	2012.2.29	2012.11.28	特钢事业部

续表 17

序号	专利类型	专利名称	发明人	专利号	申请日	授权日	发明人/设计人所在单位
183	实用新型	高炉炉壁冷却的辅助装置	孙建设、孙家荣、蒋彦刚、郑德林、王晔霞、王雪梅	201220083283.7	2012.3.7	2012.10.3	股份炼铁厂
184	实用新型	混合机及其除尘系统	时逢雷、程继涛、徐洪源、秦书财、张大胜、徐卫华、李伟荣	201220083305.x	2012.3.7	2012.11.21	型钢炼铁厂
185	实用新型	一种粉料仓	徐洪源、时逢雷、程继涛、张大胜、张雪雁	201220083151.4	2012.3.7	2012.10.3	型钢炼铁厂
186	实用新型	一种损坏托辊的替换设备	徐洪源、时逢雷、程继涛、袁广财、林晓辉	201220083152.9	2012.3.7	2012.11.21	型钢炼铁厂
187	实用新型	一种托辊维修辅助设备	袁广财、时逢雷、程继涛、徐洪源、房盼盼	201220083301.1	2012.3.7	2012.10.3	型钢炼铁厂
188	实用新型	破碎机	徐洪源、时逢雷、程继涛、张雪雁、张卫东、房盼盼	201220083315.3	2012.3.7	2012.10.3	型钢炼铁厂
189	实用新型	皮带机及其托辊支架	徐洪源、时逢雷、程继涛、张雪雁、林晓辉	201220083185.3	2012.3.7	2012.11.21	型钢炼铁厂
190	实用新型	一种通风管道耐磨弯头	卢静、包文琦、赵军、赵忠华、郑红梅	201220083431.5	2012.3.8	2012.11.7	股份炼铁厂
191	实用新型	新型铁水罐冷却脱渣装置	侯兴发、姜兴军、陈伟、贾海涛、崔敏、刘海法	201220087612.5	2012.3.10	2012.11.7	股份炼铁厂
192	实用新型	热轧板带坯料在线测长装置	李冬俊、张元华、杜伟、弥春霞、胡猛、张杰、袁小康、王鹏、刘爱强、赵亮、王朋、侯炜、姜巍、钟闻	201220108764.9	2012.3.21	2012.11.21	自动化部
193	实用新型	热钢渣自卸汽车耐热防爆尾灯	李书明、栾秀莉、张秀丽、郭鹏、魏茂红	201220111030.6	2012.3.22	2012.11.7	泰东公司
194	实用新型	热钢渣渣盆运输专用车体	栾秀莉、李书明、魏茂红、陈生贵、吴凤川	201220111036.3	2012.3.22	2012.11.7	泰东公司
195	实用新型	一种冶金生产线锯机夹紧装置	孔令强、胡明龙、崔敏	201220113288.x	2012.3.23	2012.10.10	型钢厂
196	实用新型	热钢渣专用耙渣器	魏茂红、栾秀莉、李书明、吴凤川	201220117862.9	2012.3.27	2012.11.7	泰东公司

续表 18

序号	专利类型	专利名称	发明人	专利号	申请日	授权日	发明人/设计人所在单位
197	实用新型	新型耐磨防堵塞料仓	李兴义、徐春玲、崔 敏、贾海涛、王 珂	201220124900.3	2012.3.29	2012.11.21	股份炼铁厂
198	实用新型	门式定尺挡板装置	李春兴	201220151060.X	2012.4.11	2012.12.12	型钢厂
199	实用新型	异型钢在线喷涂装置	刘春伟、袁鹏举、方金林、武玉利、王 刚、刘艳林	201220150243.X	2012.4.11	2012.12.19	技术中心
200	实用新型	一种干熄炉风道配风调节用组件	穆允生、刘欣明、杜富仁、蒋秀香、李国亮	201220153745.8	2012.4.12	2012.11.21	焦化厂
201	实用新型	异型断面型钢(工程机械用)	孔令强	201220153743.9	2012.4.12	2012.12.19	型钢厂
202	实用新型	异型断面型钢(双T型)	孔令强	201220152365.2	2012.4.12	2012.12.19	型钢厂
203	实用新型	异型断面型钢(w型)	孔令强	201220152855.2	2012.4.12	2012.12.19	型钢厂
204	实用新型	耐高温平台	白 玮、孙家荣、孔 菊、赵建磊、周海成、化玉荣、尚根风、孙士平	201220162050.6	2012.4.17	2012.12.19	股份炼铁厂
205	实用新型	连铸大包包底结构	马 琳、王 博、张冠锋、刘洪银、刘 美、杨 州、刘 超、刘化军	201220163031.5	2012.4.17	2012.12.19	技术中心
206	实用新型	一种门锁	朱向青、刘 琴、张 梅	201220163110.6	2012.4.17	2012.12.26	宽厚板厂
207	实用新型	一种千分尺稳定对正装置	朱向青、谭维钰、薛 静	201220164421.4	2012.4.17	2012.12.5	宽厚板厂
208	实用新型	铲斗	朱小波、郑 蕾、董士平、陈 健、马 武、贾世忠	201220164418.2	2012.4.18	2012.12.19	机制公司
209	实用新型	一种车床及其圆锥螺纹加工装置	朱小波、陈志强、李向荣、李玉凤、吕 品	201220169471.1	2012.4.19	2012.12.5	机制公司
210	实用新型	一种梯度钢铁材料的连铸设备	刘成宝,李法兴,朱京军	201220180744.2	2012.4.25	2012.12.19	技术中心
211	实用新型	钢坯翻钢机	逄晓男、李春兴	201220181702.0	2012.4.26	2012.12.19	型钢厂

续表 19

序号	专利类型	专利名称	发明人	专利号	申请日	授权日	发明人/设计人所在单位
212	实用新型	一种新型简易测量钢包顶渣的装置	马 琳、王 博、张冠锋、刘洪银、刘 美、杨 州、刘 超、刘化军	201220183259.0	2012.4.26	2012.11.21	技术中心
213	实用新型	带快速冲洗装置的过滤器	魏光恒、刘东华、魏光玖	201220189927.0	2012.4.30	2012.11.28	莱钢医院
214	实用新型	新型高炉氧煤喷枪	张故见、侯继宝、宁廷元、吕赞东、徐春玲、傅蔚	201220189926.6	2012.4.30	2012.11.28	股份炼铁厂
215	实用新型	一种用于收集碎料的料筐	朱向青、谭维钰、温 亮、宋程文、阴法亮、杨 鹏、吕石君、张 梅	201220201781.7	2012.5.7	2012.12.5	宽厚板厂
216	实用新型	一种行车	王雪卫、薛志勇、和进发、任 莹、赵忠华	201220201859.5	2012.5.7	2012.12.26	板带厂
217	实用新型	工矿内燃机车砂箱直通截止式疏通装置	段崇义、高 峰、王 波、王树旭、刘 涛、杨 刚、张务民	201220202708.1	2012.5.8	2012.12.19	运输部
218	实用新型	天车用行车安全控制装置	任 莹、王雪卫、薛志勇	201220218160.x	2012.5.15	2012.12.26	板带厂
219	实用新型	一种用于热轧带钢移动垫板的润滑装置	栾兆华、时元海、武 强	201220219175.8	2012.5.15	2012.12.26	板带厂
220	实用新型	一种干熄焦装入装置及其料斗	穆允生、朱振环、蒋秀香、刘建迅	201220223083.7	2012.5.17	2012.12.26	焦化厂
221	实用新型	大型型钢导卫横梁顶板	王京亮、佟松泽、单兆华、马优刚、宋光辉	201220225557.1	2012.5.19	2012.12.5	型钢厂
222	实用新型	一种可控根磨牙颊面管	王学侠、赵光华、刘 军	201220225560.3	2012.5.19	2012.12.5	莱钢医院
223	实用新型	床边 x 光机用防护帘	杨 涛、王振强、张玉敏、刘俊业、王兴国	201220231476.2	2012.5.22	2012.12.12	莱钢医院
224	实用新型	一种焦炉拦焦车导焦栅稳定运行装置	宋宪锋、王元顺、王利华、王文军、郭 涛、张帅、戴孝佩、代书娟、高峰、吴希刚、王复华	201220231472.4	2012.5.22	2012.12.5	焦化厂

续表 20

序号	专利类型	专利名称	发明人	专利号	申请日	授权日	发明人/设计人所在单位
225	实用新型	输送带传送设备及输送带撕裂检测装置	袁德宁、谷 华	201220232814.4	2012.5.22	2012.12.26	型钢炼铁厂
226	实用新型	双齿椎板拉钩	赵怀志、郭云涛、王海峰、段元涛	201220236993.9	2012.5.24	2012.12.26	莱钢医院
227	实用新型	一种热轧叉车门架槽钢槽宽测量工具	付常伟、马 强、郭跃华、李华萍、韩蕾蕾、武玉利、李海军、赵新华、高祥明、孙晓庆、孔令坤、郭秀辉、朱京军	201220239517.2	2012.5.25	2012.11.28	技术中心
228	实用新型	一种双气囊可充式气管套管	朱 萍、吴秀军	201220240088.0	2012.5.26	2012.12.5	莱钢医院
229	实用新型	一种新型钢包下置挡渣装置	马 琳、王 博、张冠锋、刘洪银、刘 美、杨 州、刘 超、刘化军	201220246619.7	2012.5.29	2012.12.12	技术中心
230	实用新型	一种小型顶底复吹转炉底吹透气砖布局结构	张永青、费 燕、李建平、李 俊、王尖锐、纪瑞东、赵圣功、勾新勇、孙翠华、王玉春	201220247413.6	2012.5.29	2012.12.12	炼钢厂
231	实用新型	卷取机卷筒轴套的制造工装	马利永、苗兴泰、韩建国、梁 栋、秦书清、吴云云、张瑞海	201220246501.4	2012.5.29	2012.12.26	机制公司
232	实用新型	设备检测装置	柳希泉、陈向峰、孙英姿、李 青、岳 忠、姜 文、莫瑞强、张克鹏、刘文涛、裴常明、李晓峰、朱荣涛、王 峰	201220250230.x	2012.5.30	2012.12.26	自动化部
233	实用新型	一种混铁炉翻铁用整体兑铁口	孙翠华、张永青、周怀斌、王尖锐、王玉春、李建平、赵圣功、李 俊、纪瑞东、勾新勇、刘纯星、李 振、郭 达、梁景玥	201220267862.7	2012.6.8	2012.12.26	炼钢厂
234	实用新型	轧机	孔令强、左 发、刘 铮、李江波	201220282774.4	2012.6.15	2012.12.19	型钢厂
235	实用新型	湿式烧结机机头除尘装置	梅庆峰、王 莉、魏建立、宋文忠、孟 辉、于希栋	201220282860.5	2012.6.15	2012.12.19	型钢炼铁厂

续表21

序号	专利类型	专利名称	发明人	专利号	申请日	授权日	发明人/设计人所在单位
236	实用新型	等离子切割机的湿式可升降除尘工作台	周显涛、吕 游、李 岩、闫石磊	201220282886.x	2012.6.15	2012.12.19	泰东公司
237	实用新型	一种冶金生产线撞头装置	孔令强	201220312217.2	2012.6.30	2012.12.26	型钢厂
238	实用新型	脊椎弹力定位定量测量尺	牟建民	201220339911.3	2012.7.14	2012.12.26	莱钢医院
239	实用新型	一种单向导流防逆流低压灌肠专用导管	牟建民	201220334370.5	2012.7.17	2012.12.26	莱钢医院

（撰稿：王金洪　武文健　审稿：王星元）

新建成的技术中心大楼

专项工作

ZHUANXIANGGONGZUO

专 项 工 作

“转调创提”活动

【综述】 2012年是金融危机以来莱钢生产经营最为困难的一年。面对复杂严峻的市场形势，集团公司坚持以科学发展观为指导，以吨钢深度挖潜提质增效300元，全年挖潜增效30亿元为总目标，以学习唐钢、新兴际华为契机，继续深化“转方式、调结构、创新超越、系统提升”活动(简称“转调创提”活动)。“转调创提”活动作为贯彻落实莱钢“十二五”战略规划的一项战略性举措，促进了公司发展方式和经营模式的深刻变革，各方面工作都取得了新的进步，为公司2012年生产经营计划目标的顺利实现提供了强有力支撑。

【活动原则】 战略统领，支撑发展。以莱钢“十二五”战略规划为统领，为实现各项战略目标提供重要支撑。统筹策划，重点突破。对制约公司管理效益提升的重大难题集中优势兵力联合攻关，重点突破。求真务实，效益至上。强化过程，注重结果，确保取得扎实效果。领导带头，全员参与。充分发挥各级领导干部的带头作用，激发广大职工的共同参与意识，形成立足岗位职责，全员参与的良好局面。

【活动主要内容】 战略统领，系统优化调整结构。按照山钢“突出沿海，优化内陆，精品与规模并重”的战略要求，贯彻落实“坚持系统提升，创新运营模式，推进产业协同，做强钢铁主业，支撑山钢发展”的莱钢“十二五”战略规划，重点对公司产业结构、工艺结构、产品结构、组织与人力资源结构、资产结构、投资结构等进行系统优化与调整。

工艺结构调整。抓住山东省实施“蓝黄”两个国家级战略及山东钢铁产业结构调整试点省等有利契机，按照公司长材类产品致力于谋求领先的优势，强化能力建设，成就行业领先企业；平材类产品致力于谋求专业化、差异化细分市场优势。通过长、平材的优势匹配，为客户创造价值，实现由钢铁制造业向为用户提供全面解决方案的现代服务制造业转变的总体要求，坚持有利于提高运行质量和效率、有利于提高产品质量和档次、有利于节能减排和发展循环经济的三大原则，围绕“合理布局生产工艺，实现生产工序的合理匹配，提升现有生产线的装备水平和控制水平，应用新技术、新工艺改造传统工艺”四大重点优化调整工艺结构，为全年实现可比产品总成本在预算基础上再降低2%以上；经济料比例达到30%以上提供强有力的工艺技术支撑。

产品结构调整。坚持“特钢做特、型钢做强、板材做专、棒材做优”的原则，严格执行

《品种结构调整方案》，加大新产品、高专产品开发与市场推广力度，发挥产品技术创新对促进品种结构调整支撑作用，提升公司产品结构和档次，2012 年实现新产品比例达到 20%以上，产品高专比达到 73.86%以上，高效产品销售比例 70.2%以上，AB 类高效产品达 49%，力争 50%。

产业结构调整。按照“推进产业协同”的战略要求，加快实施《莱钢产业结构调整实施方案》和非钢产业“十二五”规划，在提升钢铁主业盈利水平的同时，推动非钢产业发展再上一个新台阶。建立垂直一体化协同发展的产业结构，形成以资源性产业、钢材深加工产业和金融服务产业为核心板块，以循环经济产业、生产性服务产业为补充板块的五大非钢产业板块布局，适机介入新兴产业，力争在新能源和新材料等方面实现突破，形成“1+5+x”产业发展模式；持续优化调整股（产）权结构，确保资本保值增值。

投资结构调整。按照“突出重点，总量控制，严控新增，创新投融资方式，集中财力办大事”的投资原则，围绕 100 吨电炉及配套工程、银山型钢转炉洁净钢平台建设、60000 立方米 / 时制氧机、喀什钢铁等重点项目建设，进一步优化固定资产投资流程，完善固定资产投资管理体制和机制，严格杜绝计划外投资和超投资；严格执行项目经理责任制，强化固定资产投资问题问责制；不断优化固定资产投资融资渠道，降低融资成本和财务费用。

2012 年 3 月 15 日，集团公司召开学唐钢、学新兴际华暨深度推进转调创提活动总结表彰大会

资产结构调整。围绕确保 2012 年资产负债率降低 2%的目标，加强财务管理，优化财务、资产和融资结构，以全面预算管理、降本增效、资金管理为重点，实施境外融资模式，加强税收政策研究，降低融资成本和财务、管理、销售等各项费用，降低资产负债率，确保资金链安全。加强资产股权管理，提高资产运营质量。对出资企业的产权结构、经营状况进行调查摸底和综合评价，优化投资领域，强化股权管理，提高资产运营效率和投资收益率，降低对外投资风险。加强融资担保管理，降低融资担保风险。理顺资产管理体制，明确管理权限，强化资产转资、报废与处置、资产损失认定的监督与控制，盘活资金存量，降低资金沉淀，不断提高资产收益率。强化对托管资产、对外租赁资产的管控，解决国有资产管理缺位虚化问题，确保国有资产的保值增值。

组织及人力资源结构调整。按照战略导向、专业化、精简高效的总体要求和集中一贯制原则，总体策划，分步实施，适时实施公司机关机构和生产组织结构优化调整。加强与国内先进企业进行对标，本着科学、先进、合理的原则全面核定优化岗位定员，以定员为基础，加强钢铁主业人员总量管控，加大人力资源经济优化配置工作力度，2012年实物劳动生产率达400吨/人。

以改革和创新为动力，系统提升管理水平。技术创新坚持“自主创新、重点跨越、支撑发展、引领未来”的方针，以《做强莱钢技术支撑体系》为主线，以《深度推广应用TRIZ创新方法实施方案》为手段，完善产学研用相结合的自主创新体系，优化“三箭齐发，七路并进”技术创新工作新格局；加强与国内外高等院校、科研机构的合作，充分利用社会科技资源，跟踪世界行业前沿技术，在某些领域抢占制高点；加强用户应用技术研究，寻找创新机会，形成联合开发、成果共享机制，尽快拥有一批核心技术和产品。管理创新按照公司管理创新大会总体要求和安排部署，深度推进学习型组织创建，健全学习型组织评价准则；以卓越绩效模式为框架，以学习型组织理论为指导，优化管理流程，强化制度体系建设，整合管理方法，搭建现代化、简捷高效和开放的卓越管理平台；建立健全动态的客观量化的管理创新评价激励机制，激活激发管理创新各类潜能和要素，促进管理创新成果的转化、推广和应用；加快实施以ERP为核心的信息化建设，实现企业管理方法创新与突破。体制机制创新，学习借鉴宝钢、唐钢、新兴际华等先进企业的经验做法，推进工业化与信息化有机融合，实施业务流程再造，建立适应市场快速变化和未来发展的体制机制，实现由生产商向综合服务商的转变；坚持阳光化运作原则，优化招投标管理，进一步拓宽招投标管理范围；按照“大原料”的理念，优化原料采购、物流运输、进厂原燃料检化验等全流程各环节管理，堵塞管理漏洞，实现降本增效；持续优化完善月度滚动预算管理、配套投资项目BOO、BOT模式、项目管理经理制、SBU考核等专业管理，提升各项专业管理水平；坚持“大营销”理念，进一步优化以研发为主导的产销研一体化运行体制机制，不断完善绩效评价考核与薪酬分配机制，充分发挥经济杠杆作用，最大限度激活各项管理要素，挖掘各项潜能，提高运行效率和质量。

【活动开展情况】 创新推进模式。2月20日，制定下发《莱钢“转调创提”活动实施意见》，确定了以公司18项重大联合攻关项目为抓手，创新实施“公司策划主导，七大专业组并行推进，单位、部门相互配合，上下联动全员参与”推进模式；建立健全“月度动态督查、季度评价激励、年度总结表彰”的评价考核机制，以季度重大课题评价和季度总结推进两个大会为平台，关注“转调创提”活动的过程绩效，使“转调创提”活动开展得更加扎实有效。

强化责任落实。3月15日，集团公司召开学唐钢学新兴际华暨深入推进“转调创提”活动大会，会上明确了坚定不移地完成吨钢深度挖潜300元，全年挖潜增效30亿元的目标。为强化责任落实，确保该目标的实现，集团公司总经理陈启祥与22个单位、部门签订了“转调创提”活动目标责任书。责任书中明确了单位、部门的年度目标，并要求年度目标与单位、部门职工收入和领导班子收入直接挂钩。集团公司对影响生产经营有效运行、制约公司整体效益提升的19个重大项目以文件形式下发，明确主责部门和责任目标，并要求相关单位、部门配合，借鉴SBU原理，组织骨干力量进行联合攻关。强化对重大攻关项目的过程管理，严格阶段性考核，促进“转调创提”活动向纵深发展。

健全评价体系。为提高绩效评价的公

平、合理性，加大对活动的考核力度，4 月 6 日，制定下发《莱芜钢铁集团有限公司“转调创提”活动绩效季度动态评价办法》，明确了活动的评价原则、内容和方法，对评价分值进行了量化和说明。同时，集团公司成立重大项目实施绩效季度评价小组，按季度对重大项目进行评价。“转调活动”由以往的定性评价为主转为以定量评价为主，评价更具科学性、合理性和可操作性。

（撰稿：张建华　审稿：夏焕来）

“两转一提”活动

【活动内容】 为进一步增强公司两级机关人员能力素质，提高机关运行效率和工作质量，有效应对面临的严峻形势和困难，确保完成深度挖潜提质增效目标和职代会确定的各项任务目标，加快推进实施“十二五”战略规划，经集团公司和公司党委研究决定，自 2012 年 6 月开始，在公司两级机关开展“转观念、转作风、提能力”活动（简称“两转一提”活动）。活动的重点内容是“转观念、转作风、提能力”。转观念，就是转变不适应、不符合时代要求、市场要求和企业发展要求的思想观念，坚持解放思想、实事求是、与时俱进，增强大局意识、发展意识、危机意识、责任意识、效率意识。转作风，一是转变思想作风，在思想上、政治上，同党中央保持高度一致；在大局上，同上级、山钢集团、莱钢发展保持同频共振；在自我要求上，克服懒、庸、散、慢、自由主义的状态；二是转变工作作风，转变不深入实际、工作漂浮、执行力差、进取心差、纪律性差、形式主义、本位主义、心浮气躁等不良作风，形成管理科学、求真务实、以身作则、奋发有为、雷厉风行、实干创新、廉洁勤政的良好风尚。提能力，就是通过深入学习和实践，提高决策能力、管理能力、经营能力、业务能力、开拓能力、协调能力、应对和处理复杂问题的能力，更好地适应机关工作性质和要求，促进机关工作效率和质量全面提升，更好地服务于公司生产经营建设和改革发展。

【前期调研】 3 月，集团公司主要领导提出进一步加强机关作风能力建设的课题。根据公司领导要求，为摸清机关作风存在的主要问题，3 月 30 日至 4 月 6 日，公司党委组织部牵头，从公司纪委、党办、宣传部、机关党委等部门专门抽调人员，组成 2 个小组，分别到 12 个二级单位、10 个机关部门，对集团公司机关作风建设存在的带有普遍性、基层和职工不满意的主要问题进行调查研究。本次调研重点听取二级单位主要领导、部分班子成员、与集团公司机关业务联系较多的科室负责人，以及机关部室主要领导的意见建议。为真实了解相关情况，调研采取个别交谈方式进行，使参与个别交谈者畅所欲言，说真话、讲真情。通过调研，比较真实详细地了解了机关作风建设存在的问题，形成了专题调研报告，为公司研究制定“两转一提”活动的意见、进一步加强机关作风能力建设奠定基础。4 月 26 日，公司党委组织部与纪委办公室一道，专门到莱芜市纠风办，学习交流莱芜市加强作风建设的经验和做法，为开展好“两转一提”活动提供参考。

【活动领导小组】 为保证“两转一提”活动有效开展，公司成立活动领导小组。由陈启祥、田克宁任组长，魏兴文、王学德任副组长，小组成员由组织部 / 人力资源部、纪委 /

监察处、机关党委、企业管理部有关人员组成。领导小组负责活动的统一组织、协调和指导工作；办事机构设在组织部/人力资源部，负责活动的督查、督办、信息反馈、活动推进情况总结评价等工作。

【动员大会】 6月5日，集团公司在办公楼召开加强公司两级机关作风能力建设动员大会，就开展“两转一提”活动进行动员部署。公司董事长、总经理陈启祥作动员讲话，公司党委常委、副总经理赵雁彬主持会议并就会议精神的贯彻落实提出要求，公司党委副书记魏兴文宣读了《关于在公司两级机关开展“转观念、转作风、提能力”活动的意见》。公司机关现职副处级以上干部、各部（处）室有关科室负责人，各二级单位党政主要负责人、党委副书记、有关科室负责人等共260余人参加会议。陈启祥在讲话中指出，随着形势的变化，两级机关在思想观念和作风、人员素质能力、体制机制等方面出现了一些不适应。这种状况如不尽快改变，企业开展的“转调创提”活动，学唐钢、新兴际华及学型钢炼铁厂、深度挖潜提质增效活动就很难向纵深推进，“十二五”战略规划确定的各项任务目标也难以实现。通过开展“两转一提”活动，进一步提升两级机关人员的综合素质，努力打造行为规范、执行有力、管理到位、运行协调、服务优质、工作高效、适应形势和企业发展要求的新型机关，切实担当起公司赋予的管理和服务职能。

【活动推进】 活动启动后，各单位各部门按照集团公司统一部署和要求，认真做好研究制定方案、动员部署、查找问题、整改落实、健全制度等工作。活动领导小组办公室认真做好活动的统一组织、协调、指导，定期组织召开工作例会，加强调度，强化督查督办、情况通报、信息交流工作，促进了活动的深入健康开展。公司各单位各部门高度重视，认识高、行动快、措施实、力度大，各项工作扎实有序稳步推进。

根据公司活动领导小组要求和活动进展情况，注重加强面上的工作指导，引导各单位、各部门贯彻落实公司活动领导小组例会、专题督查督办工作会等相关会议精神，围绕公司生产经营重点工作安排部署阶段性活动内容，明确活动重点和要求，推动活动的深入扎实开展，保证活动取得实实在在的成效。强化工作联系协调，建立各单位、各部门“两转一提”活动联络员名单。抓好制度建设，先后研究制定了《“两转一提”活动督查督办办法》《“两转一提”活动考核评价办法》等相关配套制度。加强工作调度，每月召开活动领导小组工作例会，对全公司活动开展情况进行调度分析，通报前阶段活动开展情况，分析活动中存在的

2012年6月8日，宣传部召开开展“两转一提”活动动员会

问题，对下一步工作进行部署安排。加强宣传交流，营造浓厚氛围。自7月上旬开始，在《莱钢日报》、莱钢电视台开设专栏，对活动进行集中宣传报道。编发《机关两转一提活动简报》，搭建学习交流平台。活动简报重点刊发各单位各部门开展活动情况、查找存在问题、制定整改措施及落实情况。截至年底，共编发活动简报24期。做好督查督办工作，促进活动深入扎实开展。成立4个活动督查工作小组，多次召开活动督查督办专题工作会议，研究部署督查督办工作。在对活动开展情况进行全面督查的同时，重点对两级机关劳动纪律、工作纪律、禁酒令执行情况进行督查督办，及时发布督查督办情况通报。

【活动成效】 开展“两转一提”活动后，公司两级机关作风能力建设取得明显成效，机关职工思想观念不断转变，适应公司深度挖潜、“转调创提”活动要求，与企业共渡难关的思想意识进一步增强。工作作风进一步转变。两级机关职工在遵守劳动纪律、工作纪律方面，在深入基层、深入实际，掌握情况，贴近服务，帮助基层解决实际问题等方面明显改进。办事能力和效率进一步提高。各单位、各部门针对机关能力素质、效率方面存在的短板，认真进行分析研究，深刻查找存在问题，积极采取措施和办法进行认真整改，机关职工的办事能力和办事效率不断提高。切实解决基层反映的突出问题，活动的针对性实效性不断增强。公司专门下发文件对减少各类培训、会议、活动、文件、简报等作出明确规定，会议和活动管控进一步加强。

（撰稿：姜广忠　审稿：王学德）

改革调整工作

【机构调整及科级干部优化】 2012年7月25日，集团公司制定并下发《机关部门及二级单位内设机构优化调整实施方案》（莱钢人字〔2012〕230号），明确机构调整及科级干部优化工作总体推进目标和步骤，规范各阶段的工作程序和方法。此项工作于8月31日完成了优化目标，全部撤销了各单位自行设置的科级机构和科级干部岗位，实际优化幅度均超过30%。

机构优化调整情况。公司24个机关部室及16个单位均按期完成内设机构优化调整，共批复内设机构500个，较调整前公司认可的661个，优化161个，优化幅度24.4%。加上各单位自设的56个科级机构全部撤销，实际优化幅度为30.3%。

科级干部优化配置情况。列入优化范围的40个单位、部室共批复科级干部职数1134人，较调整前公司认可的1524人，优化390人，优化幅度25.6%。加上各单位内聘的187名科级干部全部压减，实际优化幅度为33.7%。这次科级干部优化配置，规范了科级职数管理。为有效解决科级干部队伍过于庞大，职责过窄等问题，按照精简高效原则，重新核定各单位科级职数。机关一般实行一科一长制，管理幅度较大的可配1名副职；职工人数100人以下的车间，科级职数不超过2职，100~300人的，不超过3职，300人以上的，不超过4职；100人以上的车间可配专职党支部书记，但职数含在以上范围内。优化配置后，实行科级干部任期制，任期为3年，其间科级岗位出现空缺时，一般实行竞争上岗，任期期满重新选聘。这次科级干部优化配置，方案、信息公开，民主程序和规范步骤一步不少，各环节始终有效监督，保证科级干部在公开、平等的环境中参与优化配置。通过这次优化配置，公司科级干部的年龄结构、专业结构、知识结构总体得到进一步优化，推动了公司干部队伍建设，为公司持续、稳定发展打下了坚实的基础。

科级干部竞争上岗

【莱芜分公司成立及机构设置】 2012 年 2 月 27 日，山钢股份有限公司成立莱芜分公司。6 月 8 日，根据山钢股份整合情况，莱钢集团公司下发《关于撤销运输部等单位的通知》(莱钢人字〔2012〕186 号)，撤销莱钢集团公司运输部、自动化部、能源动力厂等单位。6 月 12 日，山东钢铁股份有限公司莱芜分公司下发《山东钢铁股份有限公司莱芜分公司关于组织机构设置的通知》(莱人字〔2012〕35 号)。山东钢铁股份有限公司莱芜分公司职能部门设立办公室、人力资源部、规划发展部、企业管理部/法律事务部/招标中心、财务部、能源环保部、总调度室、安全生产部、机械动力部、工程部、工程预算部、公益事业部、技术中心、计控处、原料部、物流中心、销售中心、外事管理办公室、离退休职工管理服务部、监察处/审计处、企业文化部、工会/团委/武装部。以上部门分别与莱钢集团公司相应部门复合设置。生产及辅助单位设立焦化厂、炼铁厂、炼钢厂、特钢事业部、棒材厂、型钢厂、能源动力厂、品质保证部、运输部、自动化部、保卫部、培训中心。自动化部与山东钢铁股份有限公司莱芜分公司计控处复合设置；保卫部、培训中心分别与莱钢集团公司相应单位复合设置。

【营销管理体制调整】 2012 年 7 月 19 日，莱钢集团公司下发《关于成立营销管理部的通知》(莱钢人字〔2012〕226 号)，集团公司成立营销管理部，将销售中心的营销管理职能及相应人员，原料部的原料市场分析研究、经营活动分析与评价职能及相应人员，财务部的营销评价，原料采购、产品销售预算价格的制定与考核职能及相关人员划归营销管理部。8 月 30 日，完成了营销体制调整，营销管理部行使营销管控职能。在销售中心成立 10 个区域销售公司，实行公司制运作，直接面向市场。营销体制调整后，莱钢产品销售布局更加科学合理，实现管理和运营模式的根本性变革。

【设备维修体制调整】 2012 年 12 月 3 日，莱钢集团公司下发《关于设立设备检修中心的通知》(莱钢人字〔2012〕415 号)，集团公司设立设备检修中心。12 月 5 日，下发《关于印发设备检修中心组建实施方案的通知》

(莱钢人字〔2012〕422 号),将设备点检维保与专业检修相分离,莱钢集团公司及山钢股份莱芜分公司共有 2514 人划转到设备检修中心。至 12 月 31 日,顺利完成了领导班子组建、机构设置以及人员交接等工作。

【定岗定编工作】 2012 年 10 月 14 日,莱钢集团公司下发《关于在钢铁主业开展定岗定编工作的通知》(莱钢人字〔2012〕339 号),定岗定编工作在公司钢铁主业范围内全面启动。集团公司聘请正略钧策咨询公司专家,与人力资源部有关人员共同组成定岗定编项目组,组织制定公司钢铁主业定岗定编优化方案和实施计划。

【能源管控中心组建】 2012 年 9 月 29 日,莱钢集团公司下发《关于设立能源管控中心的通知》(莱钢人字〔2012〕331 号)。设立莱芜钢铁集团有限公司、莱芜钢铁集团银山型钢有限公司、山东钢铁股份有限公司莱芜分公司能源管控中心(复合设置);能源管控中心与能源动力厂复合设置。

(撰稿:刘鲁伟 审稿:王学德)

相关多元产业发展

【综述】 相关多元产业的发展是集团总体发展战略的重要组成部分,经过“十五”“十一五”两个规划期的推进实施,莱钢相关多元产业,围绕打造钢铁供应链和资源高效利用实现快速发展,成为集团经济发展的重要支撑。2012 年,金融类和资源类产业对集团公司的利润贡献度最大,齐鲁证券有限公司、鲁碧建材有限公司、莱芜矿业有限公司、新泰铜业有限公司、鲁南矿业有限公司排在前五位,其中,齐鲁证券有限公司利润总额占规划内 16 家单位利润总额的 39.45%,比上年增加 15 个百分点;生产服务性产业盈利能力大幅下滑,但对集团公司保产顺行、降本增效发挥重要作用;全资子公司全力减亏增效,实现预期目标。

【“十二五”多元产业发展规划】 2012 年,集团公司除继续做精做强钢铁主业外,更加注重多元产业发展。制定实施《莱芜钢铁集团“十二五”及今后一个时期多元产业发展规划》,确定莱钢“十二五”及今后一个时期多元产业发展思路和总体目标,结合莱钢各产业的实际情况,将“十二五”多元产业布局为“3+3+X”产业发展模式,即:以资源性产业、钢材深加工产业和金融服务产业为核心板块,以循环经济产业、生产性服务产业和房地产为补充板块的六大多元产业板块布局,并适时介入新兴产业及高新技术产业,力争在新能源和新材料等方面实现突破。要求各多元产业单位在莱钢集团“十二五”发展战略和多元产业发展规划的整体框架要求下,以培育市场化、社会化的竞争能力为立身之本,以成长为行业细分市场或区域市场的领先企业为发展目标。

【钢铁精深加工产业园】 利用政府一系列优惠政策,以莱钢集团公司为主体,开展莱钢钢铁精深加工产业园的规划和建设。规划以钢城经济开发区内莱钢已有产业为依托,以产业链延伸为纽带,统筹优化资源分配和产业布局,加大资金投入和市场扶持力度,围绕钢铁上下游产业、国家战略性新兴产业,重点发展特殊钢精深加工、钢铁物流、循环经济、磁悬浮轨排及型钢板带深加工、装备制造、高新技术等六大产业集群,一期

莱钢钢铁精深加工产业园大项目开工奠基仪式场景

规划总投资50亿元。6月30日,莱钢钢铁精深加工产业园大项目开工奠基仪式在鲁中物流工业园二期项目现场隆重举行。鲁中物流二期、莱钢板带型钢深加工、变速箱齿轮总成、昊晟昌电动汽车等4个大项目集中开工奠基,拉开了钢铁精深加工产业园大建设、大开发、大发展的序幕。截至2012年底,已有莱钢建设有限公司、汽车运输有限公司、新泰铜业有限公司、蓝天商旅车业有限公司、泰东实业有限公司、金鼎实业有限公司等改制单位的项目入驻园区,并且通过良好发展所产生的示范效应和引导效应,吸引社会资本和资源参与到莱钢集团多元产业发展格局之中。

【市场开拓】 各多元产业单位面对困局,积极开拓新的经济增长点,增强企业自身的应变能力。新泰铜业有限公司加快实施"走出去"战略,投资建设二期年产50万吨铁精粉生产线,为支撑公司后续发展,50万吨/年高硫铁矿综合利用项目已落户莱钢钢铁精深加工产业园;山东省冶金设计院股份有限公司以自身技术优势和资信优势为依托,积极开拓合同能源管理领域和融资租赁领域的市场,并取得较好的业绩;鲁银投资集团股份有限公司发挥金融产业的传统优势,新成立文化艺术品公司和小额贷款公司,从经营情况来看,取得较好效果;淄博锚链有限公司、机械制造有限公司、泰东实业有限公司、蓝天商旅车业有限公司、汽车运输有限公司分别以莱钢新疆喀什钢铁项目为依托,全力推进铁矿石、铁合金、钢渣处理、物流、维修等项目的实施,淄博锚链有限公司先期成立的贸易公司,已经开始为新疆钢铁公司供应铁矿石。

【运营效果】 2012年,在钢铁主业经营状况持续下滑的情况下,多元产业无论是规模还是收益,整体呈下降趋势,部分多元产业单位出现不同程度的亏损。规划内16家子公司(包括全资、改制、控股子公司)累计实现营业总收入252.66亿元,同比降低14.32%;累计实现利润总额17.10亿元,同比降低32.85%。新泰铜业有限公司呈现出良好的成长性,营业收入同比增长25.67%,利润总额同比增长51.04%。从盈利能力看,除新泰铜业有限公司、齐鲁证券有限公司外,规划内其余子公司资产盈利能力同比大幅下降，下降最大的是泰东实业有限公司。资产盈利能力最强的是新泰铜业有限公司。

上游资源型产业保持较好收益。除新泰铜业有限公司保持较高增长外，鲁南矿业有限公司、莱芜矿业有限公司、矿山建设有限公司均出现不同程度的下滑。但与其他产业相比，上游资源型产业仍然保持较好收益。全年有关上游资源型产业的 4 家改制子公司营业总收入实现 403119.5 万元,同比下降 25.9%,占规划内 16 家单位总营业收入的 15.9%,比上年减少 2.5 个百分点;利润总额 52542.54 万元,同比下降 37.6%，占规划内 16 家单位总利润总额的 30.7%,比上年减少 2.5 个百分点。鲁碧建材有限公司实现利润总额 17428 万元,同比下降 49.47%。占规划内 16 家多元产业单位利润总额的 10.2%,比上年减少 4.8 个百分点。

钢铁深加工产业经营状况得到改善。莱钢建设有限公司、淄博锚链有限公司、机械制造有限公司等 3 家子公司都在发展钢材深加工业务，生产经营一直处于微利或亏损局面。莱钢建设有限公司成立钢结构事业部，全力实现上规模、降成本、高效率,实现高附加值产品的有效积累,提升专业承包业务发展水平，生产经营质量稳步提高。淄博锚链有限公司实施调整营销策略，抢抓修船订单和库存订单。但淄博锚链有限公司整体盈利能力较弱，仍然处于亏损状态。机械制造有限公司钢材深加工、再制造等新业务仍处于培育期,难以支撑公司发展,由于长期经营亏损,资金压力巨大,而且在制品、存货等资金占用大,周转效率低,投融资困难,严重制约新兴业务的建设。

生产服务性产业盈利大幅下滑。与钢铁主业紧密关联的生产服务业，主要指为主业提供运输服务、冶金设计、转炉钢渣、除尘灰、炼钢污泥加工处理、可利用材深加工、化工产品、耐火材料、冶炼辅料等产品的子公司,包括汽车运输有限公司、山东省冶金设计院股份有限公司、泰东实业有限公司等单位。由于存在内部资源的依托和政策支持的成分,产品附加值较低,外部因素的冲击和政策的变化，都会对企业形成致命的威胁。受钢铁主业影响,盈利能力严重下降。

房地产业经营有所改善。莱钢建设有限公司房地产实现销售收入 68462 万元,实现利润总额 4073 万元。

金融服务业盈利保持较好水平。2012 年齐鲁证券有限公司实现收入 31.7 亿元,同比下降 18.6%;利润总额 6.74 亿元,同比增长 10%；净利润 4.9 亿元，同比增长 12.3%。汽车运输有限公司、鲁银投资集团股份有限公司分别成立小额贷款公司,成为公司新的利润增长点。

（撰稿:朱铁城　审稿:曲为壮）

党群工作

DANGQUNGONGZUO

党 群 工 作

概 述

【基本情况】 莱钢集团公司党委下设党委25个，共有党（总）支部491个，党员11864人，其中在职党员8829人，非在职党员3035人。集团公司党群机构全部与行政有关部门合署办公。党委办公室、机关党委与公司办公室合署办公，组织部与人力资源部合署办公，宣传部/统战部与企业文化部合署办公，纪委与审计处、监察处、监事会工作办公室合署办公，工会、团委、武装部合署办公，党校与培训中心合署办公，实现了职能、人员、工作业务的完全整合，增强了党组织全面参与行政工作的针对性、实效性，并保持了党建工作相对独立性，提高了机关工作效率。此外，党委下设离退休管理服务部，负责老干部工作。

【党建工作】 坚持把思想建设放在首位，突出政治理论学习，特别是中国特色社会主义理论体系的学习与研究，加大对党的路线方针政策的学习贯彻力度。党的十八大召开后，通过各种形式和载体学习宣传贯彻大会精神，掀起学习宣传贯彻的高潮。公司党委对处级干部提出每年读书不少于6本的要求，广大党员领导干部把坚持学习、善于学习作为履职尽责的基本要求，坚持理论联系实际，做到学以增智、学以立德，增强了运用科学理论解决实际问题、推动工作发展的能力，为企业创新发展和绩效提升提供了强有力的政治和思想保障。

以“作贡献创佳绩、喜迎党的十八大”活动为载体，推进学习型党组织建设和创先争优活动，修订了《莱钢学习型党组织建设考评体系》，加强过程控制和思路举措创新，搭建各种形式和层次的平台，形成了全面对标找差距、挖潜力、抓整改、赶先进的良好局面。开展承诺、践诺、评诺活动，各级党组织和党员的作用得到有效发挥。学习型党组织创建工作成为全省、全行业乃至全国标杆，国家税务总局、天津滨海新区等几十家单位700余人次前来考察学习。

【领导班子和干部队伍建设】 完善综合考评方案，对处级领导班子和领导干部进行考评，并将考评结果作为调整任免、薪酬发放的重要依据，提高了考评质量。探索选人用人新方式，加大“双推一考”、竞争上岗等领导干部公开选拔力度，共调整任免处级领导干部106人，形成了“靠竞争、凭实力”的选人用人导向。实施科级人员优化和科级机构调整，压减比例均达30%以上。加大领导干部交流力度，突出单位与部室间的纵向交流，累计跨单位交流处级干部41人，优化了领导班子结构,激发了干部队伍活力。

【党风廉政建设】 强化廉洁教育,开展“恪守从业道德、保持党的纯洁性”主题教育活动,全公司累计开展各类廉洁教育 1217 场次,受教育人数 54917 人次。强化节日期间廉洁教育,落实廉洁过节规定。落实党风廉政建设责任制,严格“一岗双责”,巩固责任体系,4 名单位负责人因对 2011 年发生的违法违纪案件负有领导责任而受到降薪处罚。推进廉洁效能管理,全面开展廉洁风险防控,突出风险排查环节,形成系统、全面的防控体系。开展效能监察和督察,尤其强化招标监督,强化审计和监事会监督,促进了经营绩效的提升。在年度党风廉政建设检查中,参与调查的 863 名党员干部和职工代表 99.54%的人对各级领导干部廉洁从业状况表示满意。纪检监察信访总量较上年减少 18.9%,针对处级干部的信访举报下降 72.7%,上级纪检监察部门转来的信访件减少 62.5%,全年未发生对处级干部立案调查的案件。党员干部和职工的廉洁自律、遵章守纪意识进一步增强,全公司有 170 余人次主动上交了无法拒收和退还的礼品、礼金、购物卡,价值合计 35 万余元。开展“两转一提”活动,推动机关作风建设,会风、文风、领导作风和工作作风持续改进。

【思想政治工作】 突出形势任务和改革发展教育。针对严峻的钢铁市场形势和生产经营建设及改革发展实际,开展了一系列密度高、容量大、覆盖广、时效性强的教育引导,编发 21 期有针对性的形势任务教育材料,统一了思想,凝聚了力量,为合力攻坚克难奠定了坚实的思想基础。突出主题系列活动。围绕钢铁主业全年深度挖潜提质增效 30 亿元,广泛搭建多形式多载体活动平台,组织开展“学先进、找差距、增效益”专题大讨论,深入开展对标找差距活动,外学唐钢、新兴际华,内学型钢炼铁,全公司共树立先进标杆 11782 项,对照找差距 19020 项,制定对标提升措施 22715 项,分解关键指标 5476 项,开展课题攻关 3353 项,实施创新项目 6774 项。突出人文关怀和心理疏导。扎实推进心理疏导试点工作,召开心理疏导现场会,交流推广经验,培育职工奋发进取、理性平和、开放包容的健康心态,尤其针对科级机构和人员优化调整等改革引起的思想心理变化,对有关人员进行心理疏导,消除思想障碍,保证了改革的顺利推进。深入推进精神文明建设。制定实施《莱钢 2012~2013 年精神文明建设规划》《莱钢文明单位管理规定》;继续深化“感动莱钢”人物评选,抓好“双十佳”“用户满意服务明星”创建。做好舆论宣传引导。报纸、电视及对外宣传报道坚持服务中心和大局,深入开展“走转改”活动,注重专题宣传和重点宣传,保持了正面舆论强势,为企业克难制胜提供了强大正能量。

【企业文化建设】 继承和发扬莱钢优秀文化,推进山钢文化与莱钢文化融合与提升。在山钢企业文化征文活动中,莱钢报送的征文数量与获奖数量均列第一位,被山东省政研会和中国冶金政研会推荐为全国企业文化建设示范单位。

【群团工作】 劳动关系和谐企业建设持续推进。深化“职代会星级创建”活动,抓好代表建议的落实。做好“职工快线”等网络平台的建设管理,积极回应职工关切的问题，促进问题解决。充分发挥“五条保障线”的作用，累计救（互）助困难职工及家属4576人，发放救（互）助金963万元。开展“职工健康改善”活动，增强职工及家属的健康保健意识。在全国企业工会和中国机冶建材企业帮扶工作座谈会等会议上，莱钢的经验做法受到广泛关注和高度评价。

以“对标提升促转调、创新创效夺红旗”为主题，开展劳动竞赛，推进群众性经济技术创新工程；组织莱钢第十二届职工职业技能比武，参加山东省职工职业技能大赛获团体总分第一，参加全国冶金技能大赛取得团体第三名，代表山东省参加全国职工职业技能大赛取得良好成绩；学习型班组建设持续推进；7个集体荣获省级以上“工人先锋号”，其中，两个集体荣获全国“工人先锋号”。

职工文化建设成果丰硕，莱钢参加山东省第六届职工运动会获团体第八名，莱钢拔河队参加世界室内和草地及全国拔河锦标赛均获得较好成绩；职工业余合唱团在山东省合唱艺术周上举办专场音乐会。莱钢荣获全国冶金行业体育工作先进单位，公司工会职工书屋被授予全国“职工书屋”称号，提高职工素质的经验被纳入《全国职工素质建设工程案例与经验汇编》。

共青团组织团结带领广大青年围绕产品升级、成本改善、创新提升等重点工作，深入开展“凝聚青春力量，助推转调创提”主题实践活动和“青春立功杯”竞赛，组织青年志愿者行动，不断深化分类引导青年工作，广泛开展纪念建团90周年系列活动，实施基层团建统筹工程，推进青年人才培养和素质提升。炼钢厂行车车间团支部荣获全国五四红旗团支部称号。

女职工组织发挥自身优势，组织广大女职工广泛开展“巾帼建功、素质提升”活动，持续推进以“四进家”为载体的巾帼志愿服务活动，开展对女职工身心健康关爱行动，强化家庭文化建设，为生产经营和谐建设作出了贡献。

【和谐企业建设】 始终把稳定工作放在重要位置，坚持抓好社会管理综合治理，以“两节”“两会”和十八大安保为重点，加大治安防控体系建设力度，全力强化“打、防、管、控、制、建”各项措施，维护了政治稳定、治安安定的良好局面。在山东省公安厅组织的安全感和满意度电话调查中，莱钢辖区职工群众的安全感为98.42%，列全省首位。

（撰稿：刘振海　沈桂权　审稿：鹿凡伟）

党委办公室综合管理工作

【综述】 党委办公室是公司党委的综合办事部门，与公司办公室、机关党委合署办公。党委办公室承担党委日常事务的各项服务职能，主要负责党委综合性会议活动组织筹备工作；负责党委文件和综合文字材料的起草，对机关党群各部门以党委名义起草的文件、文字材料和以党委主要负责人名义撰写的讲话、文章进行文书审核；收发、承办中共中央、山东省委、莱芜市委、山钢党委及莱钢党委的各类文件；负责党委系统调查研究的组织和协调工作；负责党群系统的信息搜集、整理、交流和上报工作；负责信访民调、机要保密等方面管理工作。

【会务、文管工作】 全年共组织党群有关会议80余次，办理各类文件500余份，审核制发公文96件，处理各类资料、报刊、杂志5000余份。印信管理无差错，密级文件清退率达100%，顺利通过山东省委办公厅组织的文件管理检查。

【信访民调工作】 信访工作以建设平安莱钢、构建和谐企业为目标，全面落实党政一把手负总责、分管领导具体抓、领导班子成员“一岗双责”的领导责任制。全年共受理职工群众来信来访461件次，比上年同期下降2%左右，信访案件按期办结率100%。健全完善信访工作长效机制，坚持每月定期排查与重点时期集中排查相结合，加大特殊敏感时期信访工作力度，强化源头预防，着力“事要解决”，超前化解矛盾纠纷，为职工群众解决实际问题。实行节假日报告制度，在全国及全省“两会”、党的十八大、山东省第十次党代会等重大活动期间未发生群众集体上访事件。莱钢获山钢集团有限公司信访稳定工作先进单位称号。

【机要、保密工作】 制定下发《中共莱钢保密委员会2012年工作要点》，部署全年保密工作；召开莱钢保密委工作会议，对保密委成员进行调整；召开莱钢保密工作会议，传达上级精神，安排部署公司保密工作，并邀请山东省保密局技术检查服务中心主任李军作保密专题培训讲座；组织开展全公司保密普查，为中共山东省委保密委、山钢党委提供准确、详尽的数据；对公司网络保密管理进行全面清理检查。全年接收编辑冶金信息电讯98期，处理钢协公文100多份。公司全年未发生失泄密事件和责任事故，密码安全保密。

（撰稿：王立军　审稿：鹿凡伟）

纪律检查工作

【综述】 中共莱钢集团公司纪律检查委员会在中共山东钢铁集团有限公司纪律检查委员会和中共莱钢集团有限公司委员会的领导下开展工作。主要职责是：主管集团公司党的纪律检查工作，协助党委加强党风建设和组织协调反腐败工作，负责贯彻落实上级机关和集团公司党委关于加强党风廉政建设的决定、决议，维护党的章程和其他党内法规。纪委与监察处、审计处合署办公，下设办公室、纪检监察室、信访审理室、审计室4个职能部门。截至2012年末，共有管理人员32人。其中，集团公司副职级干部1人，处级干部14人（包括退二线4人），科级干部8人，一般干部9人；具有高级专业技术职务的23人，中级的7人，初级的1人。全集团23个直属单位和子公司建立了纪检监察组织，配备纪检监察干部52人。

【领导干部廉洁自律工作】 突出党员领导干部这一重点，在全公司党员领导干部中开展“恪守从业道德、保持党的纯洁性”主题教育活动，在领导干部进修、培训班次中开设了《遵守廉政准则，书写清廉人生》《反腐案例警示教育》两个反腐倡廉教学专题。突出重要节日这一关键时段，制定廉洁过节意见，召开廉洁过节座谈会，强调廉洁过节纪律。同时，开展节日廉洁谈访活动，组织部分领导干部及重要岗位人员在报纸、电视等媒体上作出廉洁过节承诺。突出廉洁理念这一核心内容，编发《明镜》期刊，刊发反腐倡廉稿件；发放警示教育光盘，播放廉政公益广告；完善教育基地内容；组织开展纪检监察宣教调研活动。全年共开展各类形式的反腐倡廉教育活动1217场次，受教育人数达54000余人次。有170余人次主动上交了无法拒收、退还的礼品、礼金、购物卡，价值合计约35万余元。

【廉洁风险防控管理】 制定《廉洁风险防控管理实施方案》，在全公司范围内开展全员、全覆盖的廉洁风险防控管理工作。公司及各单位纪委加强思想引导，抓好方案实施，反复排查岗位职责风险、业务流程风险、制度机制风险、外部环境风险等四类风险，将廉洁风险防控工作与廉洁效能管理体系建设有机结合起来，与企业生产经营管理有机结合起来，使廉洁风险防控管理工作的各项工作要求都得到了有效落实。全公司共排查廉洁风险点12488项，制定廉洁风险防控措施12089项，修订完善制度、规定1018个，初步形成了较为系统、覆盖全面的廉洁风险防控体系。5月24日，集团公司纪委、监察处组织召开莱钢廉洁风险防控工作推进会议，阶段性总结了全公司开展廉洁风险防控工作情况。炼钢厂、销售中心、焦化厂、品质保证部、型钢厂等单位纪委在这次会议上作了典型经验交流。

【信访举报及查办案件工作】 2012年，集团公司纪委共受理信访举报47件次，对9名处级干部进行了诫勉谈话，通过核实信访反映的情况，为企业避免经济损失近40余万元。全公司共发生安全事故3起，处分处级领导干部8人。发生违纪案件1起，涉及党员2人，其中科级干部1人，一般干部1人。对涉及招标采购、工程建设等经营管理方面的问题，在查清事实的基础上，向有关方面作了情况说明，下发了监察建议书，督促相关单位进一步健全制度，改进管理。对发生在建设公司的票据案，根据事实和有关规定，对5名责任人员进行了阶段性处理。

【监督检查工作】 各级纪检监察部门注重加强对各级党政领导班子及党员领导干部执行党的纪律、落实科学发展重要决策部署的监督检查，及时纠正和制止个别党员干部违反党的政治纪律的行为，维护了党纪的严肃性。对上级和公司重要决策部署的贯彻落实情况，以及公司下达的深度挖潜增效指标的完成情况，及时跟进督查，协助有关方面理清思路、改进工作、破解难题，确保了政令畅通，维护了公司决策的权威。上半年，公司纪委组成4个督查组，对30个单位和机关部室贯彻落实公司职代会等会议精神的情况进行了重点督查，提出了健全招标工作机制、完善指标体系、实施动态化绩效考核等多项工作建议，为公司深度挖潜增效工作发挥了较大的推动作用。

【落实党风廉政建设责任制】 按照党风廉政建设责任制要求，公司自上而下，层层签订党风廉政建设责任书，逐级落实“一岗双责”。12月3日至12日，公司党委组织开展年度党风检查，对集团公司21个单位和21个机关部室党风建设和反腐倡廉建设工作情况进行检查，组织863名党员干部和职工代表进行了反腐倡廉工作满意度测评。测评结果显示，有99.54%的人对反腐倡廉建设情况表示满意；有99.42%的人对领导班子和领导干部廉洁从业状况，以及党员干部作风状况感到满意。公司纪委积极发挥反腐倡廉建设的组织协调作用，制定《2012年反腐倡廉工作实施意见》，细化反腐倡廉任务分工，调整充实反腐倡廉工作考核指标和标准,定期对反腐倡廉任务落实情况实施督导考核;严格落实效能监察整改制度、审计整改制度,严格责任追究,强化了责任落实,在公司层面上,对4名发生违法违纪案件单位的负责人和相关责任人进行了扣减薪酬的追责处理。

【干部队伍自身建设】 4月,公司纪委会同组织部、宣传部、机关党委,开展了机关作风建设情况调研,深入了解机关作风建设方面存在的主要问题,广泛征询各方面的意见,提出了加强和改进机关作风建设的建议。"两转一提"活动启动以后,纪检监察系统制定了活实施方案,推动纪监审作风能力建设进入长效化状态。按照山钢党委《关于认真解决发生在职工群众身边腐败问题,进一步加强反腐倡廉建设的意见》,深入了解职工群众突出反映的问题,明确整治重点,在公司党委有关部门牵头组织下,通过明察暗访等方式,督查机关工作人员的工作作风状况和遵章守纪情况,及时纠正和处理了个别人员在作风方面和纪律出现的问题。同时,认真执行党内监督条例,指导和督促基层单位开好以党风建设为主要内容的领导班子民主生活会,协助党委开展了领导班子、领导干部年度考察工作,推动了廉洁从业谈话、述职述廉、干部岗位交流等制度的落实。

(撰稿:王晓冰　审稿:荆延芳)

组织工作

【综述】 莱钢党委组织部是莱钢党建工作的职能管理部门,与人力资源部合署办公。主要负责集团公司领导班子建设、干部队伍建设、党的基层组织建设、党员队伍建设、出国人员政审及人事档案管理等工作。组织部设部长1人,为集团公司党委常委,属山钢党委管理干部;副部长4人。原设9个科,2012年8月组织机构调整后设综合业务科、干部管理科、组织科、人力资源科、培训管理科/专业人才科/职业技能鉴定办公室、薪酬管理科、社会保险科、编制管理科8个科室。在册职工30人,均为大学及以上文化程度;具有高级专业技术职务(资格)的28人,中级专业技术职务的2人。

【基层党组织建设】 组织各级党组织学习贯彻党的十八大精神,加深对新形势下搞好企业党建工作重大意义的认识,不断加强和改进企业党建工作,持续推进党的先进性建设。在全体党员中开展了"共产党员在行动""争做创新创效先锋""亮身份、亮承诺、抓对标、比贡献""佩戴党徽上岗"等多种形式的党性实践活动。加强领导班子建设,下发《关于召开2012年度党员领导人员民主生活会及创先争优活动专题组织生活会的通知》(党组字〔2012〕8号),集团公司党委和各二级单位党委分别召开了民主生活会。本年度党员领导人员民主生活会主要有三个方面的特点:一是按照"五个一"的要求,认真做好会前准备工作("五个一"即:组织一次学习、开展一次"回头看"、听取一次党员群众评议意见、深入开展一次谈心活动、进行一次自我剖析);二是坚持上级党组织成员指导下级党组织民主生活会制度,集团公司领导按照公司党委分组安排,分别参加了二级单位领导班子民主生活会,对各单位党委民主生活会进行点评;三是突出重点提高会议质量,两级党委注重突出重点,以重点环节工作的高质量保证民主生活会的高质量。

按要求进行基层党组织换届工作。运输

部召开党代会，选举产生了新一届党委纪委领导班子。公司所属各单位党委284个任期届满的党（总）支部及时进行了换届选举。做好党务公开工作。10月16日，印发了《关于转发山钢党办〔2012〕24号文件开展党务公开工作检查考核的通知》（党组字〔2012〕6号），健全完善公司党务公开工作台账，起草报送党务公开工作自查报告、自评结果报表，协调公司党群部门准备相关考核材料。截至2012年底，集团公司党委所属党委25个，党（总）支部491个，党员11864名，其中在职党员8829名，非在职党员3035名。

【党员教育管理】 在认真抓好“三会一课”等党员教育管理制度的基础上，继续开展“双培”活动。突出“作贡献创佳绩、喜迎党的十八大”这一主题，继续在全体党员中开展创先争优争做莱钢创新创效先锋活动。做好发展党员工作。在莱钢党校举办5期入党积极分子培训班，培训入党积极分子440人。严把发展党员“入口”关，普遍推行了发展党员公示制、票决制，增强发展党员工作的透明度。全年共发展党员359人，其中女党员82人，35岁以下的193人，大专以上学历的262人。按照莱芜市委组织部《关于转发〈关于开展基层党组织书记轮训工作的通知〉的通知》（莱组通字〔2012〕18号）要求，结合公司实际，在莱钢党校2012年下半年举办的政治理论主体班次培训班中，优先安排基层党组织书记参加培训。

扎实开展民主评议党员工作。4月11日，公司党委印发《关于做好2012年度民主评议党员工作的通知》，民主评议党员工作全面启动。民主评议党员工作分为学习教育、个人总结、两个测评和领导点评、党小组评议、支部评议并定格、组织处理等环节。截至6月底，全公司参评党员11317名，占党员总数的98.52%。共评出先进基层党组织166个，定格为优秀党员的1386名。

【创先争优活动】 继续深入开展创先争优活动。突出“作贡献创佳绩、喜迎党的十八大”这一主题，扎实开展以争做“莱钢创新创效先锋”为实践载体，以争创“四强”党组织、争做“四优”共产党员、深化“四好”领导班子创建为主要内容的“三个四”创先争优活动。搭建“先锋台”“排行榜”“擂台赛”“金牌榜”“荣誉墙”等不同形式、不同层次的创先争优平台，全面激发党组织及广大党员“对标找差距、整改赶先进”的积极性，通过“对标反思”“大讨论找差距”“专题分析赶先进”等形式，形成了从上到下全方位立标杆、找差距、挖潜力、抓整改、赶先进的良好局面。组织开展公开承诺、认真履诺、扎实评诺活动，层层签订“公开承诺书”。将承诺践诺情况作为评先树优的重要依据，与年度先进表彰挂钩。自2010年开展承诺践诺活动，到2012年底，各级党组织和广大党员公开承诺事项16465项，践诺落实事项15133项，其中党员对标承诺、认领指标11376项，整改问题9215项；党员提合理化建议10165条，完成技术革新项目3719项，完成急难险重任务2965项。

【庆“七一”活动】 6月26日上午，公司党委召开庆“七一”暨党内先进、“四好”班子表彰大会。公司党委副书记魏兴文主持大会，党委书记田克宁作重要讲话，党委常委赵雁彬宣读“四好”领导班子表彰决定和党内先进表彰通报。公司党委常委王玉昌、张胜生、李淑华、王学德出席大会。各单位党政主要负责人、党委副书记、组织（政工）科长、部分党员代表和公司机关各部门主要负责人参加大会。会上,对“四好”领导班子、党内先进集体和个人进行了表彰。“七一”前夕,各级党组织开展走访慰问活动。6月27日,集团公司党委领导对部分离退休党员、建国前入党的无收入老党员进行了走访慰问。各单位党委及基层党组织也组织开展了走访慰问活动。

在“七一”前夕上级党组织的各项表彰中,莱钢获得省国资委齐鲁创业先锋基层党组织1个;山钢“四强”党组织5个、山钢“四好”领导班子3个、山钢“四优”共产党员8名、山钢优秀党务工作者4名;嬴牟先锋基层党组织12个(6个二级单位党委,6个基层党支部)、嬴牟先锋共产党员12名。

【党员代表大会】 1月10日,公司党委在工人文化宫召开党员代表大会。大会应到代表300名,实到代表266名。大会增选王广连为集团公司党委委员。大会选举田克宁、李淑华、王学德、孙成玉、陈肖鸿、陈明玉、姜世远、刘淑云、孟凡平、李庆华、张化宾、李春路、姜立松、杨波、国峰等15名党员为莱钢出席中共莱芜市第十三次代表大会的代表。

1月29日至2月1日,莱钢首次并单独组团参加莱芜市第十三次党代会。2月1日,集团公司党委常委、公司党委组织部/人力资源部部长王学德当选为莱芜市第十三届党委委员,公司纪委副书记、审计处处长陈明玉当选为莱芜市第十三届纪委委员,集团公司党委书记田克宁、特钢事业部党员乔波当选为山东省第十次党代会代表。5月24日至28日,田克宁、乔波在济南参加了山东省第十次党代会。

5月28日,山钢集团莱芜钢铁新疆有限公司炼钢项目部党员左炳伟当选为党的十八大代表。11月5日下午,左炳伟赴北京参加党的十八大。

【其他工作】 1月12日至15日,莱钢新当选的19名钢城区人大代表周光军、张崇坤、樊红英、杨风雷、蒋燕姬、武三平、车梅、王世民、李保华、曹务勋、时元海、倪斌、郭承勇、孙国平、吴泰学、李玉、吕双庆、王先宝、关承峰参加钢城区第十七届人大第一次会议,周光军当选为十七届钢城区人大常委会委员。张胜生、罗登武、王庆山、蒋淑华、张黎、王俊生、唐祖兵7人当选为莱芜市第十七届人大代表。2月1日至5日,公司7名莱芜市人大代表参加了莱芜市人大十七届一次会议,公司党委常委、副总经理张胜生当选为十七届莱芜市人大常委会委员,集团公司董事长、总经理陈启祥、板带厂职工张黎当选为山东省第十二届人大代表。

(撰稿:李传军　审稿:王学德)

宣传思想工作

【综述】 莱钢党委宣传部是莱钢党委主管党的意识形态领域的职能部门。与党委统战部、企业文化部合署办公。主要职责是:负责党的路线方针政策宣传教育、对内对外新闻宣传、党委中心组学习、政治理论教育、党员教育、学习型党组织建设、法制宣传教育、形势任务教育、思想政治工作、精神文明建设、网络文化建设和管理工作、社科联工作。下设综合科、宣传教育科、新闻网络科3个科室。新闻中心挂靠党委宣传部,由综合部、技术部、经营部、报纸采编部、电视采编部和莱钢印刷所6个部门组成,经济独立核算。主要负责报纸编辑发行、电视新闻宣传,有线电视安装、维护,以及《莱钢日报》、公司纸质文件、材料的印制。

【理论学习】 在学习内容上,深入推进中国特色社会主义理论体系宣传教育,通过举办报告会、组织理论骨干培训、加强深度解读等,在全公司掀起了学习贯彻十七届六中全会精神的热潮。做好公司党委中心组学习服务工作,着眼于应对国际金融危机、推动企业科学发展,适时提出全局性、战略性、前瞻性的学习主题、学习内容、学习重点。扎实做好领导干部的学习服务、督导工作,推进社科普及,提供学习辅导录像等资料,组织学习《新山东——科学发展面面观》等书籍。各单位严格落实领导干部读书活动,坚持将基本理论学习同解决现实问题相结合,丰富学习载体及内容,促进了领导干部理论素养的提高。棒材厂党委建立了党员干部阅读书目库,每季度对干部的读书活动进行检查督导;能源动力厂党委每月开设一次自主讲座、每季度组织一场专题报告、每半年开展一次专题调研;特钢事业部党委推行"40+8"学习制,即职工除每周工作(学习)40小时以外,以团队学习模式或其他方式另外学习8小时;运输部党委每季度进行述学、导学、评学、考学等"四学"考评,其结果纳入党委工作绩效考核。

掀起学习十八大精神的热潮。12月9日,中共山东省委宣讲团学习贯彻党的十八大精神报告会在莱钢工人文化宫举行。省委宣讲团成员、省环保厅厅长张波作宣讲报告。莱钢集团公司党政领导、两级理论学习中心组成员、科级以上党员干部、改制公司党政主要负责人1200多人听取报告。12月14日,中共山东省委讲师团成员、经济学博士房树人到莱钢炼钢厂和特钢事业部,为600余名干部职工作了题为《秉承十八大精神,以更大决心深化改革》的专题报告。莱钢党委宣传部会同莱钢党校组织有关部门人员成立宣讲团,以学习宣传党的十八大精神和转变观念为内容,结合莱钢的形势和任务目标确定专题,根据各单位的需求,采取"专题订单"方式上门宣讲。至年底,宣讲团已深入基层宣讲15场。通过学习报告、领导人重要讲话以及收看专题辅导录像等形式,抓好集团公司党委中心组学习。2012年,中共山东省委宣传部授予特钢事业部党委中心组山东省先进党委中心组称号;授予型钢炼铁厂、炼钢厂山东省理论教育工作先进单位称号;授予姜世远、王训达、庞瑞年山东省优秀理论教育工作者称号。

2012年9月2日,全省学习型组织研讨班期间,中宣部理论局副处长徐春生,省委宣传部副部长、省文明办主任刘宝莅等到莱钢实地了解学习型党组织建设情况

【主题系列活动】 继续开展“找差距、赶先进、抓创新、增效益”主题系列活动，进一步突出对标找差距，主题系列活动成为莱钢对标提升、挖潜增效的重要载体和广大干部职工施展才能智慧的大舞台。开展全方位多角度地深入对标找差距活动，下发《对标统计表》，及时统计对标赶超情况。全年共树立先进标杆11782项，对照标杆查找问题和不足19020项，制定对标提升措施22715项，分解关键指标5476项，开展课题攻关3353项，实施创新项目6774项，推动了经营管理绩效的提升。广泛搭建多形式多载体活动平台。型钢炼铁厂、能源动力厂、棒材厂、销售中心等单位围绕企业重点工作、职工岗位实际和思想需求，广泛搭建大讨论、指标认领、劳动竞赛、党员先锋岗等载体平台，形成了从上到下全方位立标杆、找差距、挖潜力、抓整改、赶先进的良好局面。开展“学先进、找差距、增效益”专题大讨论活动。发挥主题系列活动模型作用，加强检查督导，考核奖惩，保证了活动实效。强化典型引导，针对“学唐钢、新兴际华”“冲刺四季度、实现新突破”等不同时期的生产经营重点工作，及时总结发现基层活动经验和可借鉴的做法，先后编发45期活动专辑，宣传和交流各级党组织、广大党员和职工群众抗击严冬、深度挖潜、提质增效的经验做法，发挥了良好的示范带动作用。

【学习型党组织建设】 公司党委将学习型党组织建设作为加强和改进党的建设的总抓手，以学习为基础，以创新为核心，推动党建整体工作上水平。宣传部通过推进会、论坛会、《学习型党组织简报》等，推广各单位学习型党组织建设的典型经验和先进做法。根据形势发展和深化实践的需要，在对各单位学习型党组织建设工作进行调研的基础上，修订完善《学习型党组织建设考评体系》。主办学习型党组织建设歌曲、歌词、曲艺、小品征集活动，历时3个月，共征集歌曲、歌词、曲艺、小品类作品249件，30篇作品获奖。作品以反映学习型党组织建设为主题，展示了莱钢学习型党组织建设的成果。莱钢学习型党组织建设得到了中宣部、山东省委宣传部、中国冶金政研会以及社会各界的广泛关注。中宣部《党建》杂志刊发莱钢的做法。公司领导先后在山东省委宣传部主办的研讨会、现场会上作主体发言。应邀为省国资委和兖矿集团、山东交运集团等单位主办的培训班授课。“七一”前夕，省委宣传部作出部署，要求《大众日报》、山东广播电视台、《齐鲁晚报》、大众网、齐鲁网等省级主流媒体在“七一”前后集中宣传莱钢等学习型党组织建设做法。天津滨海新区、山东省委党校、国家税务总局、山东师范大学、德州市委宣传部等十几家单位700余人次到莱钢考察学习型党组织建设。

【思想政治和政研会工作】 适应新形势新任务新要求，以推进心理疏导机制落实为重点，不断加强和改进思想政治工作。特钢事业部、炼钢厂、焦化厂3个心理疏导试点单位，都建立了较为完善的工作机制、工作队伍和网络体系，发挥了很好的示范带动作用。5月，组成调研组到试点单位进行集中专题调研，形成的专题调研报告由公司办公室转发。9月，召开莱钢心理疏导现场推进会，总结工作、部署任务，公司党委书记田克宁对下一步的工作推进提出了要求。同时，针对科级机构调整和科级人员竞岗给科级干部带来的思想心理变化，聘请烟台东方电子心理疏导专家举办主题为《打造最好的自己》心理疏导培训讲座，帮助科级人员消除因岗位变化带来的不良心理情绪，树立良好心态。在山东省国有及国有控股企业思想政治工作暨企业社会责任建设现场会上，莱钢加强人文关怀和心理疏导的经验做法，受到省委宣传部长高度评价。在12月2日召开的全国冶金政研会理事大会上，公司党委书记田克宁应邀作心理疏导方面的大会发言。莱钢被评为省管企业和全省思想政治工作十佳企业、莱钢政研会被评为省管企业优秀党建政研会。

【精神文明建设】 坚持以社会主义核心价值体系育人固本，广泛开展群众性精神文明创建活动，突出思想道德培育，深化“四德”工程建设，进一步推进“文明莱钢”建设的进程。深化“感动莱钢人物”评选活动。在报纸、电视、网络开设专题、专栏，对评选出的感动人物进行宣传报道，让感动事迹广为传播，提高了带动力、影响力。深化“双十佳”争创活动。围绕生产经营重点，全公司78个申报窗口将创建活动融入经营、管理工作，在应对危机挑战、提高服务质量、塑造莱钢形象、提升企业效益等方面发挥了积极作用。深入开展“用户满意服务明星”创建活动。山钢集团创建“用户满意服务明星”活动现场会在莱钢召开。莱钢3个班组获山东省用户满意服务明星班组称号、4人获山东省用户满意服务明星称号，3个单位获山钢用户满意服务明星单位称号、2人获山钢用户满意服务杰出管理者称号，4人获山钢用户满意服务明星职工称号。进一步规范文明单位创建。制定下发《莱钢2012—2013年精神文明建设规划》《莱钢文明单位建设管理规定》，文明单位创建水平得到持续提升。截至2012年底，莱钢所属省级文明单位达13家，另有全国文明单位2家、省管企业级4家、山钢集团级5家。

【新闻宣传】 坚持团结稳定鼓劲、正面宣传为主，不断巩固壮大积极健康向上的主流舆论，引导职工把思想统一到公司各项决策部署上，把力量凝聚到实现完成吨钢挖潜提质增效300元等各项任务目标上。重大主题宣传高潮迭起。集团公司先后开展了“学先进、找差距、增效益”“外学唐钢新兴际华、内学型钢炼铁”“吨钢挖潜提质增效300元”“冲刺四季度实现新突破” 等一系列重大活动，进行了新疆公司人员配置、机构改革人员优化、定岗定编等一系列重大改革举措。新闻宣传工作牢牢把握这些重大主题，紧贴企业实际，有针对性地做好新闻策划和宣传引导工作，使各媒体宣传步调一致、集中发声，形成强大的舆论声势，营造了浓厚氛围。形势任务宣传效果显著。2012年企业发展的内外形势比较严峻，职工的思想比较活跃。针对这一状况，加大企业形势任务教育的新闻宣传力度，开设形势任务教育宣传专题，及时登载形势任务教育材料；开设《他山之石》栏目，转载同行企业改革、改制方面的先进经验与成功做法；加大系列评论、言论宣传力度，及时解读公司各项重大决策、重要会议，正确引导职工的思想。扎实开展新闻宣传“走转改”活动。将“走转改”活动融入到每一项主题宣传活动中，组织记者深入生产经营前沿，深入职工群众生产生活一线，挖掘生动素材，报道鲜活经验，促进了工作作风和文风的转变，增强了宣传报道的吸引力和感染力。加强对外宣传，营造稳定的外部舆论环境。积极适应莱钢对外宣传新情况新变化，拓展媒体宣传渠道。及时研究策划外宣主题，通过各种媒体大力宣传莱钢，展示企业良好形象。全年累计在省级以上报纸、电视媒体发稿800余篇,网上首发或转发稿件2000多篇。联合各级媒体,组织开展莱钢发展亮点、循环经济建设、学习贯彻党的十八大、学习型党组织建设等一系列重大主题宣传,全面展示了莱钢良好形象,扩大了企业品牌的影响力和美誉度。

【网络文化建设管理】 加强网上内容建设,唱响网上主旋律。发挥职工快线作用,畅通网上民声。全年共审核提问8616项,发布提问4452项,督促答复网上问题71项,总回复率达到100%,3个工作日内回复率为98.7%,参与互动的部室单位达到47个。截至2012年底,已累计审核提问19418项,发布8788项。加强职工快线运行管理,完善"提、审、办、回"运行流程和配套制度,并通过编发《职工快线简报》等形式,督促各部门、各单位解答、落实网上问题,做到了"件件有落实,事事有回应",2012年累计解决落实网上问题900多件,大量咨询类问题得到了及时有效的答复。根据职工需求,拓展职工快线栏目功能,完成了职工快线升级改造,增设班车查询、公积金使用辞典、信息查询等服务性专栏。莱钢搭建职工快线的经验先后荣获省管企业优秀党建思想政治工作研究成果二等奖和省冶金企业职工思想政治工作研究会优秀成果一等奖,在《省网络文化工作简报》上刊发。强化网上舆情监控引导。加强网上舆论管理和引导,健全网上舆情信息监控、收集、处置、引导机制,提高对虚拟网络的动态管理。2012年莱钢重大事件多、重要会议活动多,机构调整人员优化、新疆公司人员配置、成立设备检修中心、团购住房建设等热点事件都引起了网上极大关注,据统计,网上针对机构调整人员优化的点击率达到15万余次,网上发帖1600余条;新疆公司人员配置的网上点击率达到37万余次,网上发帖4000余条,显示出非常高的热度。针对这些热点事件,宣传部密切跟踪网上职工思想动态,坚持每周汇总、分析主要舆情,形成舆情信息简报上报公司党政领导,为公司决策提供参考。落实山东省网络办安排部署的任务,累计向省网络办报送经验材料3篇、网上评论引导文章53篇、网上舆情信息69条,在指定网站发布正面引导帖及微博信息190多条,处理不良信息50多条。

(撰稿:苏加庆　董　鹏　审稿:李淑华)

统一战线工作

【综述】 莱钢党委统战部是莱钢党委主管统一战线工作的职能部门,与莱钢党委宣传部、集团公司企业文化部合署办公。设部长1人,副部长1人,下设统战科;其主要职责是:负责全公司统战、侨务、对台、民族、宗教等工作。贯彻执行党的统一战线政策,协调统一战线内部各方面的关系,发挥统一战线优势,调动一切积极因素,促进莱钢的和谐发展。莱钢统一战线成员包括党外知识分子、民主党派成员、归侨侨眷和港澳台眷属、少数民族职工、信教群众,驻莱钢的省、市、区政协委员和党外的人大代表共7000多人。

【党外知识分子工作】 坚持党外知识分子联络员制度,加强与党外知识分子联络员的经常性联系。继续在党外知识分子和广大统一战线成员中开展"爱国爱厂、献技献策"和"凝聚力工程"活动。充分发挥党外知识分子智力优势,团结带领统一战线成员为公司和谐建设、做强莱钢贡献力量。1 月 20 日和 8 月 17 日，公司党委召开社会各界人士座谈会,18 名参会代表就莱钢的生产经营、降本增效、应对金融危机、科技创新、改革与发展以及民生热点问题献计献策，提出意见、建议 33 条。根据领导批示,党委统战部将 33 条意见、建议整理后分送到各相关部门和单位要求予以答复或作出说明,并将答复或说明反馈给代表。

【民主党派工作】 截至 2012 年末，莱钢共有民盟、九三学社、民建、农工党 4 个民主党派,成员 50 余人。其中民盟设有莱钢支部,莱钢 1 名民盟盟员担任民盟莱芜市副主委职务。认真贯彻落实《中共中央关于坚持和完善中国共产党领导的多党合作和政治协商制度的意见》，支持民主党派成员参政议政。推荐 1 名党外民主人士担任山东省政协委员、1 名九三学社社员担任莱芜市政协副主席,2 名民盟盟员和 3 名无党派人士担任莱芜市政协委员。帮助民主党派加强自身建设和发展新成员工作,协助开展活动。民盟莱钢支部等民主党派利用老人节、儿童节等节日,组织成员到社会敬老院、幼儿园为老人和儿童现场查体，赠送药品和生活用品等。

【侨务对台工作】 坚持党的对台工作方针政策的宣传教育,着重提高党员、干部和职工包括台属职工对党的对台方针政策的认识和理解。走访台属职工,了解其思想动态和对台局势的看法及与在台亲属的联系情况等,听取其意见、建议和要求,并重视发挥台属在通信交往中对海外亲属的影响作用。做好咨询服务工作,指导台属办理赴台探亲手续,协调和帮助解决实际问题和困难。坚持对赴台探亲人员进行行前教育和赴台回来后的情况了解。

【民族宗教工作】 莱钢有回、满、蒙、壮、彝、白、侗、朝鲜和土家 9 个少数民族。少数民族职工和家属共 560 人。认真贯彻执行党的民族宗教政策,落实《山东省民族工作条例》,加强对党员、干部和职工群众包括少数民族职工群众的爱国主义、社会主义教育,理想信念教育和党的民族理论、方针政策的宣传教育。特别是加强对信教人员的宗教政策教育,引导信教群众依法开展宗教活动。建立健全民族宗教工作制度,建立了三级宗教信息网络体系，每月收集分析宗教活动信息,对企业内部信教群众的宗教活动情况及时掌握。维护少数民族利益,保障少数民族权利,坚持民族平等和民族团结,尊重少数民族的风俗习惯,并按照有关规定,在生活、子女升学等方面给予适当照顾。

【政协工作】 莱钢共有省、市、区三级政协委员 14 人,其中山东省政协委员 1 人,莱芜市政协委员 8 人,钢城区政协委员 5 人。莱钢的三级政协委员中,1 人担任莱芜市政协副主席职务,1 人担任莱芜市政协常委职务;1 人担任钢城区政协副主席职务。组织政协委员参加政协会议,支持委员们反映社情民意。一些有价值的建议和提案,受到各级政府及有关部门的重视并采用。

【队伍建设】 各级党委把统战理论政策纳入党委中心组的学习内容,注意学习掌握统战政策理论,增强统战意识。运用学习型组织的团队学习和深广汇谈这一载体,进行思想交流,实现成果共享,使专兼职统战干部的学习得到持续深化，学习力、创新力不断提高。

（撰稿：苏加庆　董　鹏　审稿：李淑华）

党校工作

【综述】 莱钢党校是莱钢干部职工教育培训基地，与职工培训中心合署办公，承担莱钢党员、干部教育培训任务，长年坚持举办处、科级主体班次培训班，以及各类专题培训班，同时开展党校函授教育和研究生教育。莱钢党校还是山东省国资委反腐倡廉教育基地、省委党校现场教学基地、全国职工教育培训示范点。

【班次建设】 培训班次有：处级干部进修班、科级干部培训班、建党积极分子培训班、优秀班组长培训班、卓越绩效“1+1”培训班、车间工会主席培训班等13类培训班。全年办班234期，培训18400人次。长班和短班结合，主体班次与各专题班次有机搭配。学制最长的班次是在校培训时间6周，学制最短的是3天。调训和“送培上门”相结合，较好地解决了工学矛盾。实施的“送党课到基层”，紧密联系企业发展实际，采取菜单式选课教育培训方式，教育面覆盖莱钢集团24个单位，培训1821人次。党风反腐倡廉教育1604人次。另外，应邀为莱芜市工商局、莱芜地税局、济南保利民爆公司、日照港务局等单位实施培训，提升了莱钢的影响力。

【培训拓展】 党的十八大精神宣讲、赴疆人员的培训、莱钢“十二五”战略规划宣贯、新兴际华经验传播、公司职代会报告解读等培训项目，效果好，影响大，受到公司主要领导和各部门各单位的好评。现场管理培训的老师应邀参加型钢炼铁厂星级现场评审工作，受到该厂领导的重视。卓越绩效管理、六西格玛、TRIZ创新方法等培训，实现了由课堂培训向课题指导的转变，全年完成课题131个。特别是六西格玛培训，已经替代深圳科理公司，仅培训费为公司一年节省100多万元。

【培训亮点】 实施学员进校“三带来”：带来一个问题、带来一条经验、带来一个培训需求。实行“每周四个一教育”：一次学员论坛、一次录像课、一次读书，一次外请报告，并把听课、做课间操相互穿插进行，把结业典礼与共享培训收获有机融合。开设“三大讲坛”：领导讲坛、专家讲坛和学员论坛。领导讲坛，组织集体收看党的十八大盛况及报告，邀请公司各级领导共计19人次为学员授课；专家讲坛，邀请中国钢铁工业协会、中共山东省委党校、上海工会管理干部学院、胜利油田党校、首钢党校的知名专家、教授共计19人次为学员授课；学员论坛，紧密结合企业实际，围绕“管理的关键是什么”“应对企业生产经营严峻挑战的思路与打算”等主题，组织论坛共计7次。“双定一上门”：受培单位定时间、定内容、党校送培上门，不和生产单位争时间，较好地处理好了工学矛盾。党校领导干部带头进课堂上讲台，16人开发了新专题，累计授课306次。

【学员管理】 学员管理服务模式化、规范化。优选班主任，跟班管理，跟班服务。在主体班次首创“2+1”读书形式（读书2小时加体会共享1小时）。为学员准备专用读书笔记，举办笔记展评，评选出优秀读书笔记和课堂笔记；试行“人机分离”制度，学员手机集中存放，公布公用号码，减少听课干扰，保证课堂秩序。固化结业典礼模式，增加学员代表谈体会程序，培训效果更加显性化，学习成果共享化。扩大学员阅览室，分思想、历史、传纪、文学、管理财经、科学探索、企业实际七大类共新购置图书400余册。建立学员学习档案室，完善学员学习档案室管理制度，以及学员学习档案内容，将干部在党校学习期间出勤、总体表现、读书、论文成绩等登记在册，实施处级干部“一人一档”、科级干部“单位建档”方式，为领导干部个人成长发展留下重要资料。

【党校函授教育】 函授教育严格按省委党校的要求办学。年内，在职研究生招生28人，毕业29人，函授本科毕业62人。

（撰稿：徐国良　审稿：侯继庚）

机关党委工作

【综述】 集团公司机关党委与集团公司办公室/党委办公室合署办公，其主要职责是：宣传和执行党的路线、方针、政策以及集团公司党委的决议决定，发挥党组织的战斗堡垒作用和党员的先锋模范作用，围绕企业中心任务开展工作；组织党员干部学习中国特色社会主义理论体系；负责机关各部（处）室党组织和党员的管理工作，指导做好发展党员工作；了解掌握机关职工的思想动态，做好思想政治工作和精神文明建设工作；负责机关党建研究会、思想政治研究会工作；领导机关纪委开展工作，对党员进行监督，严格执行党的纪律，加强党风廉政建设；领导机关工会、女职委、共青团等群众组织，支持这些组织依据各自的章程独立负责地开展工作。机关党委设书记1人，副书记1人。下设机关政工科，综合管理机关组织、纪委、宣传、工会、女工、共青团等各项工作。机关党委共有工作人员6人，均为大专以上文化程度；其中高级政工师5人，政工师1人。截至2012年底，全机关在职职工1614人。机关党委下设党总支11个、直属支部11个，党总支所属支部共68个，共有党员1718人，其中在职党员948人。

【宣传贯彻党的十八大精神】 11月8日，各总支、直属支部认真组织收听收看党的十八大开幕盛况；11月17日，组织各部室主要负责人收看了省领导干部会议上对十八精神传达的电视直播。公司党委下发《关于认真学习贯彻党的十八大精神的通知》后，机关党委召开信息联络员会，对机关学习宣传贯彻党的十八大精神等工作专门作出部署。为了推动深入学习，为各支部及处级以上干部发放了《十八大报告学习辅导百问》《十八大党章修正案学习问答》等辅导书籍。各总支、直属支部分别制定学习计划，除参加公司组织的专题报告会外，还结合本部门实际采取专题报告会、集中学习、个人自学、座谈交流等灵活多样的方式进行了深入学习。

【学习型部室建设】 按照集团公司《关于进一步深化学习型企业创建工作的实施意见》要求，机关学习型部室创建依托已形成机关特色的“综合管理”“平安稳定”“生产经营”三个板块三个“学习实验室”平台，有针对性地解决工作中的重点难点问题，为公司生产经营解忧，为产品升级、成本改善、创新提升提供动力，为平安稳定、和谐发展出谋献策。各部室注重融合，把创建学习型部室与创建学习型党组织、学习型科室、学习型工会、学习型团支部、学习型班组、学习型家庭活动等有机结合，形成了目标统一、齐抓共建的良好创建氛围。成立机关学习型组织创建研究分会，并明确其主要职责和组织领导结构。各部室围绕学习型组织创建共性问题，进行理论和创建方向的研讨。全年机关共认领上报研究课题 19 个，形成研究课题成果 9 个，并全部上报公司。

【党的组织建设】 推进学习型党组织建设和创先争优活动。机关各部室认真学习和落实集团公司党委《关于学习型党组织考评体系（修订稿）》精神，及时调整创建思路和原则，进一步深化创建内容和考评细则。为持续推进机关创建活动深入开展，机关党委下拨专项党费近 10 万元，用于各单位学习型党组织创建。认真搞好民主评议党员工作和开好领导人员民主生活会、创先争优活动专题组织生活会。4 月中旬，围绕学习型党组织创建和创先争优活动对党员提出的新任务、新要求，深化细化了民主评议内容，突出重点，务求实效。11 月，以“学习贯彻党的十八大精神，创先争优保持党的纯洁性，攻坚克难实现新突破”为主题，按时召开了党员领导人员民主生活会。各单位按照党委要求认真做好民主生活会各环节的工作，通过突出自查自纠，深入开展批评和自我批评，抓好整改措施的制定和落实，达到了召开民主生活会的目的。加强支部班子建设。机关由于机构整合、处级干部交流、科级机构调整人员优化等，总支、支部领导班子及支部整合变动较大。全年新成立总支、直属支部、总支所属支部 8 个，整合撤销总支所属支部 5 个；调整充实总支、支部 43 个，涉及班子成员 130 多人（次），先后改选总支、支部书记 28 人次，保持了党（总）支部班子的健全和完善，保证了班子高效履行职责。加强党员队伍建设。认真做好发展党员、支部书记和建党积极分子培训工作。2012 年度共培训建党积极分子 27 人，发展新党员 28 人，办理预备党员转正 29 人。加强党员信息管理和信息库建设。实现了党员和党组织信息动态化管理目标。年内，表彰先进党（总）支部 20 个、优秀共产党员（标兵）39 人、优秀党建工作者 30 人。

【主题系列活动】 结合公司“转调创提”活动，继续组织开展好“找差距提质提效、抓创新助推转调”主题系列活动，以对标找差距赶先进为抓手，强化过程控制，开展降本增效工作，查找工作中存在的问题，并积极制定和落实整改措施。通过“突出五项重点，强化五种意识，争当五个先进”和“三查三看”，机关各部室全年共树立先进标杆 210 项；对照先进标杆反思查找差距和问题 682 项，制定整改、赶超措施 276 项，已整改问题 384 项，赶超指标 184 项；党员对标承诺、认领指标 412 项；确立重点攻关课题 108 项，已完成 87 项；实施创新项目 107 项，已完成 93项；通过调查研究解决实际问题 556 个。在 6 月初召开的机关主题系列活动、劳动竞赛暨“两转一提”动员会上，公司领导对机关主题系列活动取得的成绩给予充分肯定。6 月 14 日，公司党委宣传部在《宣传工作信息》上以主题系列活动专辑的形式，集中刊发了机关经验，并下发全公司推广学习借鉴。

【思想政治工作】 在认真组织学习党的十八大精神的基础上，加强对集团公司党政领导的一系列指示精神和重要会议精神的学习，教育广大职工站在公司整体利益和长远发展的高度，正确理解公司改革的重要性和紧迫性，正确处理个人利益与整体利益的关系、个人发展与公司发展的关系、企业改革与发展的关系、企业改革与稳定的关系，形成以改革促管理提升、促作风转变、促效率提高的良好局面。在机关机构调整人员优化工作中，虽有58名科级干部未能上岗，但由于各部门前期工作做得细致、扎实，职工队伍没有出现大的波动，保证了改革的平稳顺利进行。深入推进“双十佳”创建等精神文明创建活动，更加注重过程管理、更加注重动态考评，促进了活动的深化和提升。

【党风廉政建设】 以“恪守从业道德、保持党的纯洁性”主题教育活动为重点，加强全方位、多渠道、常态化的廉洁从业教育。推广原料部“算好人生七本账，把好职业廉洁关”的经验做法。印发《每周一例》汇编本，发给全体机关工作人员学习。突出抓好重点部门和关键岗位人员的管控工作，认真填写上报《岗位廉洁风险和等级目录》《个人廉洁风险自查表》《内设机构廉洁风险自查表》《单位廉洁风险自查表》等。机关初步确定各级、各类廉洁风险一级441项、二级1256项、三级1944项，累计制定防范措施2478项。认真落实党风廉政建设责任制。党政分别层层签订了《党风廉政建设责任书》《廉洁从业责任书》。各部室普遍采取月度或季度检查和考核的办法，加大过程控制和考核力度，促进了责任的有效落实。2012年度，机关没有收到信访举报案件，也没有上级转来的信访举报案件，没有发生干部职工违规违纪现象。全年共收缴有价证券(购物卡)7500元；收缴礼品265件，其中部分礼品折合价值8.02万元，全部用于单位走访；拒收购物卡共计3.05万元。

【“两转一提”活动】 为进一步增强机关人员素质，提高机关运行效率和工作质量，在全机关开展了以“转观念、转作风、提能力”为主要内容的“两转一提”活动。加强学习教育，认真开展“怎么看、怎么查、怎么办”为主题的大讨论，确保思想认识统一。加强组织领导，制定活动方案，成立活动领导小组办公室，确保活动有序开展。开展“看、查、找”活动，认真查找在思想观念、行为作风、素质能力等方面存在的突出问题，并制定了具体整改措施。通过开展“两转一提”活动，机关广大党员干部职工的思想观念和工作作风发生了较大变化，工作质量和效率也有了新的提升。在观念上，对企业面临形势的判断认识与公司进一步同频共振，对企业面临的困难和挑战有了更深刻的认识和感受，不再局限在自己的小单位或局部利益上看问题。在作风上，更加求真务实，深刻剖析自我存在的问题和不足。特别是通过“两转一提”工作小组突查劳动纪律、工作纪律和公司下发“工作日中午禁酒令”后，绝大部分职工自我要求日益严格，作风有了根本性的好转。在能力上，各部室主要领导表现出了敢于担当负责、敢于面对问题、敢于解决问题的气魄和能力，广大党员干部职工比学习看素质、比工作看实绩、比作风看形象的氛围已经形成。特别是在大力压减会议、文件、培训和评比表彰等方面，收到了明显成效。

【工会工作】 以节约挖潜、降本增效为重点，扎实开展劳动竞赛和学习型班组创建活动。机关劳动竞赛委员会全年共为39个单位分别记集体二、三等功，发放奖金 5.5 万元。投入近 3 万元为学习型班组购置图书、橱架。在公司学习型班组大赛中，一个班组获得三等奖；2 个班组获得 AAA 级班组、6 个班组获得 AA 级班组荣誉称号。深入推进合理化建议活动，有 418 人提出合理化建议 396 项。评出 8 个合理化建议优秀组织单位，评出合理化建议一等奖 10 项，二等奖 20 项，三等奖 35 项，鼓励奖 120 项。规范部务公开民主管理工作。实行定期、定向公开，把职工反映强烈的热点、焦点、容易引发矛盾和滋生腐败的关键点、经营管理和改革发展的难点予以公开，接受职工的监督。关心职工生活，维护职工合法权益。为 61 名职工办理医疗救助，救助金额 32.55 万元；为 16 名职工办理理赔，赔偿金额为 3.27 万元；2982 名职工加入基金会，缴纳 10.13 万元，入会人数达到了 100%。为 1654 名职工办理团体意外伤害险，金额为 1.65 万元；为 934 名职工办理了安康储蓄意外伤害险，参加金额 2105.8 万元。春节期间为 57 户困难职工送去慰问金 5.236 万元。为 73 名遗属发放困难补助金 8.76 万元；走访患大病和困难职工 60 多人次，发放救济金近 6 万元。坚持“基层为主、小型为主、业余为主”的原则，组织开展各项文体活动，各单位先后开展活动 120 多项(次)。

【女职工工作】 以“巾帼建功、岗位竞优、个人争先”为主题，引导女职工开展素质提升、岗位建功活动，有 13 个巾帼建功岗位获得机关表彰，其中有 5 个岗位获得莱钢学习型巾帼建功岗称号。实施女职工“爱心帮扶、爱心助学”行动，全年看望生病、生育女职工 26 人次。开展女职工“四病”互助活动，女职工参与率达到 100%。

【共青团工作】 围绕集团公司降本增效 30 亿元任务目标，鼓励青工加强岗位锻炼，立足本职坚持学习，提高素质降本增效。年内，4 名青工获得莱钢“优秀徒弟”称号，16 名青工获得莱钢“青年岗位能手”称号，7 个青年集体获得莱钢“青年文明号”称号，1 人获得莱钢“十杰青年”荣誉称号。推进青年科普教育工作，开展“善学习、勤思考、修品行”主题系列活动。组织开展庆祝建团 90 周年主题系列活动和“学雷锋、我行动”志愿服务活动。全年参与了 18 次志愿服务。在与地方团委联合开展的“爱心 212 工程”中，共资助 68 名贫困学生，捐款合计 1.55 万元。先后 5 次开展敬老活动。建立机关团委新浪、腾讯微博、QQ、飞信等宣传基地，充分发挥网络等新媒体优势，不断加强共青团宣传报道工作，全年在山东共青团网站上刊登稿件 8 篇。开展“共青团工作理论与实践优秀论文评选”活动，评选表彰了一批优秀作品。

【计划生育工作】 开展婚、孕、育、生殖保健随访服务。利用“5·29”协会活动日，以宣传计生政策、普及优生优育、生殖健康知识、弘扬婚育新风、家庭美德为重点，开展了“婚育新风进万家，宣传服务进小区”活动，增强了职工家属计划生育意识，提高了执行计划生育政策的自觉性。落实健全双向管理机制，加强流动人口、解除合同职工、职工子女、特殊人员等重点人群管理。建立健全计划生育各类基层基础管理档案，进一步规范和完善计划生育管理，促进机关计生工作整体上水平，较好地完成了集团公司人口和计划生育责任目标。

（撰稿：孟宪斌　审稿：吴丰成）

人民武装工作

【综述】 集团公司人民武装部主要负责全公司的民兵预备役工作和人民防空工作。业务分别隶属莱芜军分区和山东省人民防空办公室领导。全公司有20个二级单位建有民兵组织。集团公司武装部与工会、团委合署办公,下设军事科、人防科2个科。共有职工7人,其中,管理岗4人,操作岗1人,退二线2人;具有大学学历的6人、初中1人;高级政工师3人,政工师2人;中共党员7人。

【民兵预备役工作】 坚持党管武装的原则,抓好民兵工作"三落实"。按照优化组织结构,调整布局,落实分队编制,规范组建秩序的要求和突出重点、分类建设的原则,改进编组方法,优化组织结构,重点组建好基干民兵特别是民兵应急分队、专业技术保障分队和民兵信息网。逐步建立和完善以专业技术保障分队为主体,以作战分队、勤务保障专业分队和应急分队为重点的种类齐全、技术含量较高的城市基干民兵组织体系。4月15日上午,集团公司武装部在炼钢厂大学堂进行民兵组织整顿点验,宣布建立民兵组织、任命民兵干部、进行民兵宣誓,做到了官兵相识。

按照《山东省企业民兵预备役政治工作要则》的要求,成立了集团公司人民武装委员会和国防动员委员会。围绕国防建设和企业生产经营中心任务,做好思想政治教育,着重抓好基干民兵中的作战队伍、勤务保障队伍、应急队伍教育,教育时间达16课时以上。突出对民兵进行党的基本路线教育、革命传统教育、理想信念教育、公民道德教育以及形势战备教育等。7月26日,在集团公司能源管控中心召开民兵预备役工作总结表彰大会,表彰民兵预备役工作先进单位12个,民兵国防教育先进单位7个,基层民兵连(部、室、家)建设示范单位20个,先进民兵岗(号)19个,民兵预备役工作先进个人15人,先进民兵干部19人,先进民兵29人。

加强紧急救援、战斗勤务保障、应对突发事件等课题研练,突出抓好民兵应急分队和专业对口分队的军事训练。积极探索民兵训练的新路子,不断改革民兵训练的方法。全年训练民兵2725人次,较好完成了莱芜军分区下达的军事训练任务。5月,集团公司武装部抽调120名民兵应急分队人员代表莱钢参加山东省第六届职工运动会开幕式。各二级单位武装部结合自身实际,利用生产间隙组织民兵应急分队进行训练1600多人次。

【民兵"带建"工作】 把开展"民兵岗、民兵号"活动作为搞活做实民兵预备役工作的重要载体和民兵带头参加政治文明、物质文明和精神文明建设的切入点,充分发挥广大民兵在生产经营中的主力军作用,在完成各种急难险重任务中的突出作用,在维护稳定和区厂治安中的钢铁卫士作用,在劳动竞赛、技术革新、科技创新中的示范作用。年内,集团公司各二级单位武装部共组建了52个民兵突击队,在设备抢救、生产经营、维护厂区治安及重大节日、重大活动值勤巡逻达2246人次。

【国防教育和国防动员】 学习贯彻《中华人民共和国国防教育法》,在民兵组织中广泛开展以爱国主义为主的全民国防教育。利用元旦、春节、“八一”建军节、清明节等时机，组织座谈会，参观革命纪念馆、烈士陵园等活动，进行革命传统教育和国防观念教育。5月，集团公司武装部组织各二级单位进行国防理论调研。9月20日至26日，利用7天的时间为育才路中学初一新生进行了国防教育军训。结合企业实际，采取电视、黑板报、墙报、宣传栏等不同形式进行国防教育，宣传国防法规和国防知识。全年共组织民兵观看VCD军事节目11场次，观看民兵达1680人次。

【征兵和拥军优属】 6月，在公司范围内进行了兵役登记；11月开始，进行征兵工作。经过体格检查、政治审查等征兵工作程序，莱钢有20名适龄青年应征入伍。春节、“八一”建军节期间，各级领导带领有关部门对178户优抚对象和驻地部队进行走访慰问。

【人民防空工作】 针对早期人防工程在维护管理上基础条件差、管理难度大的特点，积极想办法，采取措施加强人防工程的维护管理，使工程始终处于良好的战备状态。对各人防工程的防水、排水、安全用电、防锈蚀等情况，及时进行检查，发现问题及时解决。加强人防工程的安全消防管理，落实规定，责任到人，连续40年全公司人防系统未发生一起人员伤亡、火灾及设备损坏责任事故。按照“防空防灾”一体化的要求，加强防空警报系统维护保养，8台套防空警报设施技术状况良好，防空警报音响覆盖率达98%。修订完善本级防空袭预案。把人防专业队伍与民兵组织整顿、民兵专业训练结合起来，提升人防专业队伍建设水平。年内组建人防专业队7支，队员400人。其中，防化专业分队20人；工程抢修抢险专业队伍150人；通信专业队伍30人；交通运输专业队伍120人；医疗救护专业队伍20人；消防专业队伍20人；治安专业队伍40人。

（撰稿：慕逢雨　审稿：刘希祥）

工会工作

【综述】 莱芜钢铁集团有限公司工会（以下简称莱钢工会）与莱钢团委、武装部合署办公，机关设办公室、生产保护部、组织民管部、权益保障女工部和宣教文体部。事业单位有艺术团、文体活动中心和钢区俱乐部。辖直属单位、子公司工会23个，车间（科室）工会304个，工会小组1837个，会员31679人，专职工会工作者103人（其中莱钢工会机关12人）。

【群众性经济技术创新活动】 组织开展以“对标提升促转调，创新创效夺红旗”为主题的劳动竞赛，以及“十杯”夺杯竞赛和“高炉稳定顺行”等4个专题劳动竞赛，对作出突出贡献的先进集体进行专项记功嘉奖。在竞赛形式上，劳动竞赛委员会专门制作了13面竞赛红旗，每季度都在生产一线组织简短的季度表彰授旗仪式。全年集团公司劳动竞赛委员会先后为竞赛先进集体记功授奖20次，表彰劳动竞赛先进集体85个，其中先进单位（部门）48个，先进车间（科室）37个。开展“节能减排金点子”专题合理化建议活动，评选表彰55项金点子；协助公司党委组织开展了“喜迎十八大，智慧献企业”金点子征集活动，有34项成果获得表彰。全年表彰群众性经济技术创新成果50项，优秀操作法45项，班组管理创新成果45项。

【职工技能竞赛】 组织开展“大比武、大练兵、强本领、提素质”活动，举办第十二届职工职业技能比武暨第十五届青工技术比武，有25个工种571名职工参加了决赛，26名职工被授予莱钢技术状元称号、167名职工被授予莱钢技术能手称号，有8人破格晋升技术等级、7人取得一专多能证书。组队参加山东省第四届职工职业技能大赛，莱钢代表队夺得团体冠军，并取得了计算机程序设计员和钳工团体第一名、焊工和维修电工团体第四名的成绩，其中有4名选手进入全省前6名，有2名选手代表山东省参加全国第四届职工职业技能大赛，并为山东省在全国获得计算机程序设计员团体第4名的好成绩作出了重要贡献。

【学习型班组创建和创新争优活动】 举办2012年莱钢学习型班组大赛，有74个(次)班组获得单项奖或综合奖。积极推进学习型班组长和班组骨干培训，加强学习型班组创建经验的宣传和交流，探索学习型班组创建新思路。命名表彰34个莱钢“工人先锋号”，有4个班组荣获山东省和全国“工人先锋号”。“五一”劳动节期间，组织了3场莱钢庆五一暨工人先锋号先进事迹报告会，有2200多人次观看了事迹报告。评选表彰莱钢劳动模范29名；1名职工荣获全国五一劳动奖章，5名职工荣获山东省富民兴鲁劳动奖章。

【劳动保护】 年初制定了《关于开展2012年“安康杯”竞赛活动的通知》，把“安康杯”竞赛活动纳入职业健康安全与环境保护集体协议。为切实维护职工安全健康权益，先后制定下发了《关于开展群众性安全生产监督活动的通知》《关于做好高温天气劳动保护和防暑降温工作的通知》。组织万名职工参加全国“安康杯”竞赛委员会举办的2012年班组建设安全卫生知识竞赛答题。集团公司职代会劳动保护监督检查委员会成员先后到部分高温、粉尘、噪声等接毒接害岗位进行现场督察，针对发现的问题提出3条整改建议和意见，并督促有关单位(部门)整改落实。

【厂务公开民主管理】 制定下发《2012年厂务公开民主管理指导意见》，发布12期信息通报。继续开展职代会星级创建活动，命名表彰了19个“职代会先进星”单位。焦化厂、销售中心通过山东省总工会优秀星复查验收。先后7次组织召开莱钢十一届职代会代表团长联席会议，讨论通过有关事项。认

2012年6月14日，集团公司在工人文化宫举办全国大型钢铁企业第二十九届工会主席联席会议专场晚会

真做好职工代表提案和意见建议的整改落实，并逐一向职工代表进行反馈。召开职工代表恳谈会，公司领导与职工代表就企业面临的难点及职工关注的焦点问题，共商对策，共谋发展之路。组织职工代表对牟汶河垃圾污染的督察，建议有关部门加大协调力度，督促钢城区政府加大治污力度，对个别排污口、排污点坚决予以封堵。12 月 25 日至 26 日，组织召开集团公司十二届一次、莱芜分公司一届一次职代会。9 月，莱钢集团公司被山东省冶金工会授予山东省冶金黄金有色金属行业厂务公开民主管理示范单位称号。

【创建劳动关系和谐企业】 印发《2012 年莱钢创建劳动关系和谐企业考评办法》，召开莱钢创建劳动关系和谐企业总结表彰暨经验交流会议，表彰先进，总结近年来的工作和先进经验，并对下一步创建工作进行安排部署。加大对各单位的督导考核力度，在任务落实、机制完善和平台搭建等方面收效明显。继续抓好平等协商、集体合同和三个专项协议的签订工作，着重加强对履约兑现情况的检查、监督、考核、落实。对各单位落实集体合同、劳动保护和劳动关系和谐企业创建情况进行检查，针对发现的问题督促有关单位、部门整改落实。开展 2012 年度职工满意度调查活动。集团公司工会被全国总工会授予全国工会职工法律援助维权服务示范单位称号。

【职工帮扶救助工作】 2012 年，全公司共救助困难职工及家属 4576 人，救助金额 963 万元（含二级单位救助 1850 人，183 万元）。莱钢工会救助困难职工及家属 2726 人，发放救助金 780 万元，其中，为 1167 名困难职工办理“送温暖”救助 203 万元，为 932 名患大病职工办理救助金 438 万元，为 414 名遭到意外伤害职工办理救助金 85.08 万元，为 89 名困难职工子女发放助学资金 19 万元，为 88 人办理慈善救助 15.6 万元，为 36 户低保家庭办理低保金 21.3 万元。全年发放安康互助利息 1203.13 万元。团体意外伤害互助参与率 100%，参加人数 27969 人，职工交纳安康互助金 2.92 亿元，筹集职工医疗互助 377 万元，参加人数和交款额比上年增加 1587 人和 5100 万元。为改善新疆公司、销售子公司和设备维修中心等新组建单位一线职工工作环境，为其部分班组购买被褥床单，配备冰柜、电磁炉、饮水机。为新疆公司做好“五件实事”，即：发一个指导性文件，拨付一笔专项资金，采购一批文体设施，购置一批职工学习书籍。开展“送温暖、解后忧”服务活动及心理疏导活动。开展“职工健康改善”活动，举办 3 期健康知识讲座。开展健康服务、健康饮食、健康文体活动，提高广大职工及家属的健康保健意识。组织召开纪念送温暖活动 20 周年暨工会保障工作表彰会。参加全国企业工会帮扶工作座谈会、中国机冶建材企业帮扶工作座谈会和中国钢铁企业工会生活保障研究会第二十五届年会，莱钢工会介绍发挥“五条保障线”作用的典型经验，全总副主席、书记处第一书记王玉普对莱钢的做法给予高度评价。

【职工文化建设】 开展“创新超越我实践，系统提升我争先”主题系列活动，发挥《班组学习》小报的宣传平台作用，加强形势任务教育，调动职工积极性、主动性。推进职工职业道德建设，进一步完善岗位职业道德规范。莱钢工会职工书屋被授予全国“职工书屋”称号。莱钢提高职工素质的经验入编《全国职工素质建设工程案例与经验汇编》。参加山东省第六届职工运动会，并承办拔河比赛。获得团体总分第八名，荣获优秀组织奖、特别贡献奖和体育道德风尚奖。参加2012年全国拔河锦标赛，获得4金5银2铜的成绩。出征世界室内拔河锦标赛，取得第四名的成绩。焦化厂拔河队代表中国首次出征世界草地拔河锦标赛，均实现历史性突破。莱钢职工业余合唱团在“和谐之声——山东省合唱艺术周”上举办专场音乐会。参加全国“魅力冶金”摄影大赛，莱钢7人获奖。组织参加全省千人书法双年展、“齐鲁颂”——“三个一百”美术创作工程展等活动。组织第七届“能源动力杯”乒乓球比赛、第三十届职工篮球比赛、“迎中秋庆国庆” 羽毛球排位赛、第二十三届围棋赛、第十一届中国象棋比赛等活动，“双节”期间播放电影、举办小型健身娱乐活动等，满足了职工的文化需求。莱钢职工体育工作得到中国冶金体育协会的高度认可，获全国冶金行业体育工作先进单位称号。

【女职工工作】 举办庆“三八”表彰大会暨家庭好角色事迹报告会。以“四进家”服务职工活动为载体，扎实开展巾帼志愿服务活动。开展“践行雷锋精神、巾帼志愿者在行动”活动，为困难家庭孩子送去温暖、关爱和祝福。为山区孩子们送书2234册、学习用品700件、助学金2000多元。举办“相约红五月、牵手春天里”第五届相亲会，参加人数371人。编发《莱钢女职工风采》电子期刊，为女职工交流学习搭建新平台。

【学习型工会建设】 各级工会走访慰问职工3206人，结对帮扶困难职工285户，入户慰问困难职工280户。召开各类座谈会163个，与职工座谈72场，发放各类调查问卷7000份，发放宣传材料1.5万份，征集处理职工意见建议759条。继续开展创建学习型工会活动，表彰工会干部在理论创新、方式方法创新、载体创新和个人工作创新方面的成果44篇。根据新疆公司组织设置进度，出台《关于加强莱芜钢铁新疆有限公司工会工作的意见》，就工作开展、资金支持、文体设施和书籍学习等给予指导。加大干部交流力度，顺利完成机构调整人员优化任务。实行《科级干部履职考核办法》，量化工作绩效的考核途径和评比方法。开展干部培训和读书会活动，提高理论素质和综合素养。2012年，全公司工会工作人员共参加培训12900人次，举办2期莱钢车间工会主席培训班，培训工会干部93人。做好工会经费审查工作及工会主席离任审计工作，对7位基层单位工会主席进行离任审计。及时增补、替补工会委员会委员。

【承办全国大钢工会主席联席会议】 6月13日至16日，全国大型钢铁企业第二十九届工会主席联席会议在新兴大厦召开。中国机冶建材工会副主席段佑武，山东省总工会副主席魏丽，山钢集团副总经理、莱钢集团公司董事长、总经理陈启祥，山钢集团党委副书记苏斌出席会议并讲话。集团公司党委副书记、工会主席魏兴文主持会议。共有32位来自13家大型钢企的工会主席及代表参加会议。会议围绕如何应对钢铁企业面临的困难局面，切实发挥工会组织作用等问题进行研讨交流。

（撰稿：姜　琳　审稿：李淑华）

共青团工作

【综述】 共青团莱钢集团有限公司委员会(简称莱钢团委)下设基层团委23个,基层团支部(总支)237个,团员3503人,专兼职团干部286人。莱钢团委与集团公司工会、武装部合署办公,设组织部、宣传部、青工部3个职能部室,负责团委的日常工作。2012年,莱钢团委获全国钢铁行业“青安杯”竞赛优胜单位等荣誉称号。

【青年思想教育】 编发形势任务教育材料,开展大讨论,举办主题团课,加强对广大青年的形势任务教育。针对结构调整、人员优化等工作,引导广大青年积极支持改革、拥护改革、推动改革,促进了公司各项改革的顺利进行。做好党的十八大精神的学习宣传贯彻工作,通过专题报告会、座谈会、主题团日、微博互动等方式,组织动员广大团员青年深入学习领会党的十八大精神。以《莱钢青年思想引导大纲》的转化和运用为主线,创新教育引导青年的有效途径和载体,开展形式新颖、主题突出的引导实践活动;运用互联网、手机、QQ、飞信、微博等新媒体平台,增强青年思想教育工作的时代感和吸引力。

【庆祝建团90周年系列活动】 扎实开展纪念建团90周年系列活动。召开纪念大会,举办知识竞赛、网络征言、主题征文、主题团日等团史团情教育活动;组织《青春铸辉煌》团史图片展览,展示共青团的光辉历史和业绩。

【主题实践活动】 围绕吨钢挖潜增效“300+100”元的任务目标,开展“凝聚青春力量,助推转调创提”主题实践活动,组织动员广大青年围绕产品升级、成本改善、创新提升等重点工作,发挥生力军和突击队作用。开展“对标提升零距离”青春建功活动,引导广大青年立足岗位再建新功。以“质量提升、青年争先”为主题,开展质量提升活动,引导广大青年在产品质量“歼灭战”中发挥作用。联合品质保证部开展“莱钢十佳青年质量监督岗和质量卫士”评选表彰活动,召开青工贯彻落实《质量发展纲要》座谈会,举办《质量发展纲要》知识竞赛,引导和动员广大青年增强质量意识,强化质量技能,提升质量绩效。

【“青春立功杯”竞赛】 在全公司团员青年中继续开展“青春立功杯”竞赛,召开“青春立功杯”竞赛铁区经验交流会议,推动活动深入开展。开展“百项青年科技创新评选”活动,共完成公司级青年科技创新项目101项。发动300余支青年突击队参与大中修、环境清理等工作,保障公司生产经营稳定顺行。以“青安杯”竞赛为载体,开展青年安全标准化作业活动,加强青年安全工作。在2012年全国钢铁行业“青安杯”竞赛活动中,莱钢团委荣获优胜单位称号,有8个先进集体和9名先进个人受到表彰。3个集体荣获山东省青年安全生产示范岗称号,6人荣获山东省青年安全生产标兵称号。全年共编发主题实践活动简报11期。

【服务青年成长成才】 继续开展青年岗位能手、青年文明号、导师带徒等评选活动,为青年成长成才搭建平台。2012年,共表彰34个新命名莱钢青年文明号、10名杰出青年岗位能手、175名青年岗位能手、57对优秀师徒；各单位共表彰192个青年文明号、422名青年岗位能手、205对优秀师徒。借助新媒体平台，开展第十九届“莱钢十大杰出青年”评选活动，促进青年人才脱颖而出。联合工会举办了莱钢第十二届职工职业技能比武暨第十五届青工技术比武，共设置25个工种的比赛，570余名职工参加决赛，产生了26名技术状元和164名技术能手。本届技能大赛在参赛人数、工种设置、受表彰人数等方面，均实现了突破。组队参加第八届“振兴杯”全国青年职业技能大赛。

【团的品牌建设】 开展“迎接建团90周年、靓青年文明号品牌”活动，展示莱钢青年文明号的职业文明，展现广大青年的职业风采。莱钢有40个青年集体荣获2011—2012年度山东省青年文明号称号。开展青年志愿服务活动，组织两次社区集中便民服务活动，服务2000余户社区居民；开展“志愿青春、情系喀什”“夕阳情”、青年婚庆等特色志愿服务工作项目，促进青年志愿服务活动的常态化发展。组织开展青年婚恋交友活动，为46对新人举办青年集体婚礼；联合钢城团区委举办首届“邂逅我的桃花”相亲会，联合工会女职委举办莱钢第五届相亲会，为青年婚恋交友搭建平台。开展捐资助学活动，组织青年集体和个人救助钢城区周边困难学生70名，捐助金额17500元；救助菏泽市困难学生40名，捐款2万余元。组织开展“爱与希望同行”青春送温暖活动，为困难职工家庭、孤寡老人、节日期间坚守岗位的外地青工提供帮扶。

【团的自身建设】 召开莱钢第十一次团代会，进一步加强团的班子和队伍建设；以开展基层团组织“结对共建”活动为切入点，深入实施基层团建统筹工程；督促指导各单位做好基层团支部集中换届工作，有131个团支部及时进行了换届；开展“五四红旗团委”创建活动，有6个基层团组织受到上级表彰。深化学习型团组织创建工作，建立完善了“愿景目标、学习共享、创新提升、总结评价、反思改进”五大体系建设，持续提升团组织的学习力、创新力、服务力、文化力和凝聚力；举办学习型团支部DV大赛，推动创建工作向纵深发展；抓好团的总结评价和反思改进工作，促进团的整体工作上水平。开展团组织创先争优活动，激发团组织的工作活力。依托“山青学堂”、团干部专题知识讲座、团干部成长论坛等渠道，加强团干部的学习培训工作。开展最佳主题团日评选活动，全年各级团组织共开展287个主题团日活动。做好“推优”工作，

2012年10月27日，莱钢青年志愿者走进社区开展“学雷锋，树新风，喜迎十八大，再作新贡献”社区集中便民志愿服务活动

全年“推优”入党团员数达到 67 人。继续开展莱钢共青团优秀工作项目评选活动，表彰 16 项优秀工作项目，公布并实施 40 项优秀立项工作项目。

【关心下一代工作】 2 月 16 日，召开莱钢关心下一代工作会议，总结工作，表彰先进，安排部署任务。组织开展纪念莱钢关工委成立 20 周年系列活动，编辑制作《关爱明天——莱钢关心下一代工作 20 周年回顾》书籍和《关爱明天——纪念莱钢关工委成立 20 周年纪实》光盘。贯彻《关于进一步加强青少年科普教育工作的实施意见》，组织召开青少年科普教育推进会。加强关工委组织建设和“五老”队伍建设，成立“五老”讲师团，围绕党的十八大、革命传统、厂史厂情等主题，组织开展巡讲活动。11 月，联合钢城区教育局举办“庆十八大老少同乐”书画展。在省关工委组织开展的纪念山东省关工委成立 20 周年先进评选活动中，莱钢老年书画研究会，板带厂、特钢事业部、炼钢厂关心下一代工作委员会荣获全省关心下一代工作先进集体，宋道平等 7 人荣获全省关心下一代工作先进工作者，赵茂祥荣获全省关心下一代工作突出贡献奖，赵和德荣获全省关心下一代工作功勋奖，田克宁荣获全省关心下一代工作荣誉奖。

（撰稿：柴　磊　审稿：景　凯）

科协工作

【综述】 莱钢集团有限公司科学技术协会（简称莱钢科协）成立于 1983 年 7 月。2007 年 9 月，召开第四次代表大会，选举产生科协第四届委员会，有主席 1 人，常务副主席 1 人，副主席 5 人，秘书长 1 人，副秘书长 2 人，常委 29 人，委员 85 人。莱钢科协下设科协办公室，设在技术中心技术创新科。2012 年末，莱钢科协下设 16 个科协分会（不包括已改制单位），会员 8000 多名。

【学术交流活动】 组织参加第七届中国国际钢铁大会、技术创新·企业发展论坛、全国高强度钢筋开发与应用推广技术及市场交流会、全国炼铁生产技术会议暨炼铁学术年会等学术交流活动 20 次，参与交流 58 人次，提交交流论文 63 篇。在公司内共组织了高炉—转炉之间的界面技术与铁水包多功能化、轧钢技术专题讲座专题技术学术交流活动 2 次。

【承办第五届山东省企事业科协工作会议】 9 月 25 日，由莱钢承办的山东省企事业科协工作研讨会暨企业科协联谊会第五届年会在新兴大厦召开，山东省科协副巡视员朱明，集团公司副总经理、科协主席张胜生出席。来自各市科协企业科协工作负责人，各大企业科协秘书长，企业科协联谊会成员单位科协秘书长及有关单位负责人约 70 人参加了此会议。会议总结交流全省企业科协工作经验，听取莱钢在推广 TRIZ 技术创新方法的经验报告，并围绕“科协组织服务企业科技创新”和“新经济组织科技人员职称评定推荐工作”开展交流研讨。会后参观考察了莱钢生产现场。

【科技工作者调查站点工作】 莱钢作为全国 504 个科技工作者状况调查站点之一，按照中国科协调宣部的调查要求，完成了“学习全国科技大会精神”和“学习十八大精神状况”调查问卷的答题，同时按要求，完成了年度4篇有效站点信息的提报。在2012年山东省科协科技工作者状况调查站点培训班上,莱钢受到通报表彰。

【技术创新方法培训】 莱钢TRIZ技术创新方法的推广应用得到了中国科技部、中国科协和山东省科技厅等的重视,中国金属学会先后2次邀请集团公司副总经理、莱钢科协主席张胜生到有关会议上作莱钢TRIZ创新方法学习应用情况的报告。4月25日,莱钢与中国金属学会在莱钢联合举办了钢铁企业实用TRIZ培训班。8月16日,科技部中国21世纪议程管理中心主任郭日升一行在山东省科技厅副厅长于书良的陪同下到莱钢调研TRIZ创新方法工作。10月17日,山东省科技厅厅长翟鲁宁一行到莱钢进行TRIZ创新方法调研。调研会上,与会代表和专家教授就TRIZ理论的推广应用进行了深入探讨,对莱钢的经验和做法给予充分肯定,并就下一步的推广示范工作提出了建议。年初,莱钢科协下发《深度推广应用TRIZ创新方法实施方案的通知》,全年共举办培训班13期,培训科技人员464人。举办处级干部TRIZ创新方法培训班2期,41名处级干部参加培训;举办科级干部TRIZ创新方法培训班4期,135名科级干部参加培训。

(撰稿:马佐仓　审稿:王星元)

文联工作

【综述】 莱钢集团有限公司文学艺术界联合会是集团公司党委领导下的群众社团组织。其主要职能是:贯彻党的文艺路线和方针,团结和组织全公司业余文艺工作者积极开展健康向上的群众文化活动,推动和繁荣莱钢的文艺事业,活跃职工业余文化生活,促进"三个文明"建设。文联主办的刊物为《莱钢文艺》(季刊)。

【协会机构】 莱钢文联的协会组织,包括音协、美协、舞协、戏协、摄协、作协、集藏协会等14个。其中音协囊括了音乐、曲艺等多个门类。张永红担任音协主席,邢秀芹担任舞协主席,朱全增担任美协主席,庞瑞年担任戏协主席,王爱民担任书协主席、摄协主席,郭文玉担任集藏协会主席,陈原担任作协主席。

【内部活动】 4月14日,举办山东省第六届职工运动会拔河比赛开幕式文艺演出。6月14日,举办全国大型钢铁企业第二十九届工会主席联席会议专场晚会。4月28日,与莱芜市共同举办"勇于担当克时艰、深度挖潜作贡献"美术、书法、摄影企地联展,共展出美术作品61件,书法作品133件。5月1日,在莱芜艺术馆举办"转方式、提效率、优环境、保增长、促发展"企地书画摄影展,莱钢美术书法家协会组织参展作品100余件。11月3日,举办大型文学讲座活动,聘请山东作家协会副主席赵德发、《散文》主编汪惠仁、《诗刊》编辑部副主任蓝野分别就小说、散文、诗歌创作授课。此次活动是莱钢文学史上最大的一次文学活动。全年出版《莱钢文艺》4期,并主编出版一期《中国冶金文学》。

【对外活动】 5月16日,受中共山东省委宣传部邀请,莱钢职工业余合唱团赴济南历山剧院,举办无伴奏合唱山东民歌专场音乐会。莱钢艺术团组织节目参加了山东省第六届职工运动会开、闭幕式文艺演出。9月23日,莱钢艺术团创作、表演的相声《兰台取经》参加山东省档案系统文艺汇演,获银奖。10月15日至17日,全国冶金音乐舞蹈专业委员会成立大会暨2012冶金音乐舞蹈大赛在安阳钢铁公司举行。莱钢集团公司工会主席魏兴文参加了成立大会。莱钢集团刘希祥当选为冶金音乐舞蹈专业委员会副主席,张永红当选为副秘书长。莱钢歌手王志刚获通俗唱法金奖,陶欣获民族唱法银奖。歌曲《向你致敬》《工人先锋》获最佳创作奖。群舞《涅槃》获舞蹈类银奖。莱钢工会获最佳组织奖。4月28日至30日,莱钢美术书法家协会组队参加在北京中国美术馆举办的山东省"齐鲁颂——山东中国画山水晋京展"开幕式,胡立民的《大山幽处有人家》、杨克峰的《蒙山十月》、王沂春的《禅水云心》《陌上花开》等作品入选展览,莱钢文联美术书法家协会荣获优秀组织奖。6月中旬,莱钢美术书法家协会胡立民、杨克峰、王沂春代表莱钢参加第四届"榴花节"中国书画名家提名展。8月中旬,王沂春参加第七届中韩——仁川国际美术交流展。8月28日,山东省"三个一百"工程——百处名胜古迹作品展在山东省博物馆开幕,莱钢美术书法家协会胡立民的《洪范池》、杨克峰的《徂徕雪霁》、王沂春的《神通四门》、安喆的《蓬莱仙境》、胥幸福的《齐鲁傲骨》5幅作品入展,数量位省内各大企业之首。9月,莱钢美术书法家协会组织作品参加山东省"齐鲁风情"油画展,冯哲作品入选。陈原被推选为山东省散文创作委员会副主任。陈原散文集《在大地上走丢》入选中国作家协会鲁迅文学院主编的"中国作家前沿丛书",并出版;散文《精神的水晶地牢》入围老舍文学奖;散文《土地上如釉的月光》《悬着的果园》《精神随笔》(四篇)等入选《2011中国散文年选》《中国散文年度佳作2011》《中国散文年度佳作2012》《中国随笔年度佳作2012》《21世纪佳作选》《中国散文学会年选》《散文选刊》《散文选刊年度精选》等全国权威选刊选集。莱钢文联获第三届中国职工艺术节摄影艺术展览优秀组织奖。于奇勇作品《自豪的建设者》获第三届中国职工艺术节摄影艺术展览铜牌奖。吴方明作品《构建未来》获全国总工会机械冶金建材分会主办的全国机械、冶金、建材系统首届"天津钢管杯"摄影比赛优秀作品三等奖。6月16日至20日,征集一部集邮参加山东省集邮协会在烟台美术馆举办的"喜迎十八大"山东新人新作集邮展览获得三等奖。7月20日至22日,参加由中华集邮联合会举办的呼和浩特2012年第十七届中华全国集邮展。8月4日至5日,莱钢集邮协会选送5部邮集参加北京市集邮协会举办的北京2012

2012年1月12日,山东省文联·曲艺家协会演职人员到莱钢为一线职工慰问演出

全国集邮邀请展,其中2部获得三等奖,3部获得四等奖。8月31日至9月20日,莱钢邮协选送2部作品参加第十届中国艺术节暨2012济南第五届集邮邀请展,其中1部获得镀金奖加特别奖,1部获得铜奖。李隆庆获得中华全国集邮先进个人称号。

(撰稿:张永红 审稿:李淑华)

体委工作

【综述】 莱钢集团有限公司体育运动委员会是在集团公司党政领导下的体育管理职能部门。负责组织开展全公司职工体育活动,管理各单项体育俱乐部,积极搭建平台,倡导职工养成良好的健身理念,并协助老年人体育协会开展体育活动和比赛。组织参加山东省体育局、山东省体育总会、山东省总工会和国家冶金体协、中国拔河协会组织的体育比赛和活动。莱钢体委下辖职工篮球、棋类、信鸽、游泳、乒乓球、羽毛球、拔河等单项职工体育俱乐部。魏兴文任体委主任,体委副主任由集团公司工会副主席担任,体委办公室设在集团公司工会宣教文体部。

【莱钢赛事】 3月29日至30日,莱钢第十一届职工拔河比赛在职工文体活动中心举行。比赛设男子600公斤级、640公斤级,女子540公斤级和混合600公斤级4个项目,共有来自9个单位的200余名运动员参赛。经过100余场的激烈角逐,炼钢厂代表队获得男子600公斤级、640公斤级和混合600公斤级第一名,莱芜分公司炼铁厂代表队获得女子540公斤级第一名。8月29日晚,莱钢第三十届职工篮球赛在职工文体活动中心落下帷幕。本届比赛只设男子组,共11个单位组队参赛。经过6天紧张激烈的角逐,莱芜分公司炼铁厂、建设公司、炼钢厂分获前三名,能源动力厂、自动化部等单位荣获体育道德风尚奖。比赛评选了优秀裁判和优秀运动员。8月4日至5日,在莱钢游泳池举办莱钢第十六届职工游泳比赛,共有19个单位260余名运动员参赛,型钢炼铁厂、炼钢厂、板带厂、宽厚板厂分获比赛团体前四名。

以倡导“快乐工作、快乐健身、快乐生活”理念为主,按照“小型、业余、自愿、节俭”原则,突出活跃节日期间职工文化健身氛围,积极开展职工单项体育俱乐部活动。1月19日,莱钢“能源动力杯”迎新年拔河俱乐部邀请赛在职工文体活动中心举行,焦化厂、能源动力厂、莱芜分公司炼铁厂和炼钢厂4个单位的职工拔河俱乐部参加比赛。莱钢乒乓球协会第七届“能源动力杯”乒乓球比赛于7月13日至15日在职工文体活动中心举行,比赛共有19支代表队的146

2012年4月14日至15日,山东省第六届职工运动会“莱钢杯”拔河比赛在文体中心举行

名运动员参加,经过激烈角逐,能源动力厂、型钢炼铁厂分别夺得男子团体、女子团体总分第一名，炼钢厂等单位获体育道德风尚奖。9月25日至29日,全部利用晚间业余时间,莱钢羽毛球俱乐部举办“迎中秋、庆国庆”2012莱钢羽毛球排位赛。首次职工自愿报名参加的羽毛球排位赛得到羽毛球爱好者广泛支持和参与,有近200名职工参加5个单项的比赛。11月3日至4日,莱钢第二十三届“东方棋院”杯围棋赛暨第十一届中国象棋比赛在工人文化宫举行，共有来自20个单位的89名运动员参赛。经过激烈角逐,莱芜矿业、泰东公司、能源动力厂一队荣列象棋比赛三甲,特钢事业部、型钢厂、机制公司代表队分获围棋比赛前三名，运输部、公司机关等15支代表队获得体育道德风尚奖。本届比赛还根据项目特点,吸纳了140余名莱钢职工子女小选手参加比赛。为迎接“元旦”到来，活跃丰富节日氛围,12月22日至23日和12月29日至30日,分别举办职工斯诺克台球赛和“能源动力杯”乒乓球排位赛、“冬泳日”活动,100多名职工参加乒乓球排位赛,150余名冬泳爱好者不畏严寒参加“冬泳日”活动。

【对外赛事】 莱钢职工体育品牌项目拔河运动再次抒写荣誉篇章。2012年世界室内拔河锦标赛于2月25日至26日在苏格兰珀斯市举行,莱钢拔河队代表国家参加男子640公斤级、混合600公斤级比赛,双双打入半决赛,实现了中国男子拔河和混合拔河比赛在世界拔河赛场上的历史性突破。9月2日至11日，由焦化厂拔河队和中石油拔河队组成的中国拔河队参加在瑞士阿彭策尔市举行的世界室外拔河锦标赛,经过激烈角逐中国拔河队获得女子540公斤和混合600公斤两个级别第八名,男子580公斤级第九名，男子640公斤级第十三名。6月9日至10日,2012全国拔河锦标赛在浙江舟山举行,焦化厂、炼钢厂、炼铁厂、能源动力厂拔河俱乐部参加了9个级别的比赛,共获4金5银2铜和体育道德风尚奖。

5月29日，在山东省第六届职工运动会开幕式上,莱钢参加了彩车、行进方队展示和大型文艺表演。莱钢承办了第六届职工运动会拔河比赛，包揽男女两个级别的冠军,排舞和健美操获一等奖,田径获1金4银2铜和团体第五名，跳绳获团体第五名，乒乓球获团体第六名,毽球获女子团体第七名,11个参赛项目全部获得体育道德风尚奖。4月28日至29日,山东省第五届冬泳锦标赛在泰山花样年华景区举行,莱钢冬泳爱好者组队参加青年组比赛,获团体总分第五名和团队风尚奖。5月18日至19日,“长城家电杯”山东省健美健身锦标赛在兖州举行,莱钢健美爱好者莱芜分公司炼铁厂职工纪培新获80公斤级第三名，莱芜分公司炼铁厂职工石罡、板带厂职工刘继虎获参与奖,并获体育道德风尚奖。9月7日,莱钢十余名长期坚持业余长跑的职工参加了第26届泰山国际登山节暨全国全民健身登泰山比赛,获团体总分第一名。

（撰稿:张向东　审稿:李淑华）

权属单位

QUANSHUDANWEI

权 属 单 位

莱芜钢铁集团
银山型钢有限公司

银山型钢有限公司概述

【基本情况】 莱芜钢铁集团银山型钢有限公司（以下简称型钢公司）成立于2003年12月26日，最初注册资本10亿元，其中莱芜钢铁集团有限公司出资9亿元，山东莱钢建设有限公司出资1亿元。2004年11月18日，型钢公司进行变更登记，注册资本由10亿元增加到29.2亿元。其中莱芜钢铁集团有限公司出资12.2亿元，出资比例41.78%；山东莱钢建设有限公司出资1亿元，出资比例3.42%；莱芜银山投资有限公司出资12亿元，出资比例41.1%；莱钢集团有限公司工会委员会出资4亿元，出资比例13.7%。2006年6月，莱芜钢铁集团有限公司收购莱芜银山投资有限公司持有的型钢公司41.1%的股权，使莱芜钢铁集团有限公司持股比例达到82.88%。2008年11月24日，型钢公司再次变更登记，注册资本由29.2亿元增加到44.2亿元，所增加的15亿元均为莱芜钢铁集团有限公司出资。2009年10月，莱芜钢铁集团有限公司分别受让山东莱钢建设有限公司1亿元出资额、莱钢集团有限公司工会委员会4亿元出资额，型钢公司成为莱芜钢铁集团有限公司的全资子公司。2011年4月，莱芜钢铁集团有限公司与济南钢铁股份有限公司签署《莱芜钢铁集团银山型钢有限公司股权托管协议》，型钢公司交由济南钢铁股份有限公司托管。2012年2月27日，济南钢铁股份有限公司更名为山东钢铁股份有限公司，托管协议由山东钢铁股份有限公司继续履行。2012年6月，型钢公司向山东省国际信托有限公司以股权信托的方式，融资30亿元。融资完成后，型钢公司由独资公司变更为有限责任公司，注册资本由44.2亿元增加至63.14亿元。其中，莱芜钢铁集团有限公司出资44.2亿元，占实收资本的70%；山东省国际信托有限公司出资18.94亿元，占实收资本的30%。型钢公司下设能源动力厂、炼铁厂、炼钢厂、板带厂、宽厚板厂、品质保证部、销售中心。机关设综合业务处、规划处、财务处、生产处、人力资源处、企业管理处、机械动力处、安全生产处、原料部、物流中心、营销管理部等。主营业务为型钢、板带钢、炼钢炼铁副产品的生产、销售以及动力供应、技术合作等。截至2012年底，在岗职工6324人。

【主要装备】 拥有2台265平方米烧结机、

1台400平方米烧结机、2座1880立方米高炉、1座3200立方米高炉、3座120吨顶底复吹转炉、4座LF精炼炉、3台板坯连铸机、1台异型坯连铸机、1条620毫米窄带生产线、1条1500毫米中宽带生产线、1条4300毫米宽厚板生产线、1条1500毫米冷带生产线等主要装备,其中400平方米烧结机、3200立方米方炉和1座LF精炼炉未转资。具备年产500万吨烧结矿、355万吨铁、440万吨钢、100万吨窄带、230万吨中宽带、150万吨宽厚板、40万吨冷轧薄板的生产能力。主体工艺技术装备达到国内先进水平,重点节能减排工艺技术达到国内领先水平,部分装备水平达到国际先进水平。

【主要指标】 全年生产烧结矿499.94万吨,比上年减少12.44万吨;铁水336.45万吨,比上年减少11.53万吨;钢水342.56万吨,比上年减少40.34万吨;连铸坯337.19万吨,比上年减少40.28万吨;宽带141.18万吨,比上年减少5.19万吨;冷轧薄板38.06万吨,比上年减少0.29万吨;宽厚板63.92万吨,比上年减少30.45万吨;窄带83.86万吨,比上年减少8.85万吨。产量减少主要是为适应市场变化,采取针对性的限产减亏措施。

全年销售烧结矿5.58万吨、铁水187.18万吨、钢水125.51万吨、板坯3.23万吨、宽带99.02万吨、电3.73万千瓦时。实现主营业务收入177.05亿元,其中:烧结矿0.55亿元、铁水50.67亿元、钢水41.48亿元、板坯1.05亿元、宽带34.61亿元、冷轧薄板14.93亿元、电2.57亿元。

截至2012年底,型钢公司资产总额为195.43亿元,负债为144.86亿元,资产负债率为74.12%。全年实现营业收入177.05亿元,同比增加2.22%;实现利润总额-11.11亿元。

【工程建设】 在保证资金链安全的情况下,着力优化投资结构,严控投资规模,集中力量推进在建重点项目和投资少、见效快的技措技改项目,完善工艺配套,提高产能匹配能力,为结构调整、效益提升创造条件。全年共完成投资3.86亿元,完成年投资计划96.72%。

重点推进银山型钢转炉洁净钢平台建设,完成加料跨厂房柱防护、三次除尘管道安装及炉体吊挂、余热锅炉仪表桥架和盘柜安装等施工,炉底配管、转炉烟道及高位料仓、余热锅炉系统管道、FG跨屋面梁等处于安装阶段;转炉高跨平台安装完成80%,新旧车间变电所电源切换完成95%。

(撰稿:刘振海　张金良　审稿:鹿凡伟)

银山型钢有限公司炼铁厂

【综述】 银山型钢有限公司炼铁厂(简称型钢炼铁厂)生产包括烧结和高炉两大系统,主要设备有3台烧结机、3座高炉。高炉系统固定资产原值327846.07万元,净值233520.39万元,共有设备271台套,工业建筑158项;烧结系统固定资产原值256345.01万元,净值193524.78万元,共有设备893台套,工业建筑428项。2012年末,型钢炼铁厂共设7个科室、18个车间,分别为:办公室、生产科、安全科、机动设备科、技术环保科、人力资源科、政工科,1号高炉车间、2号高炉车间、3号高炉车间、喷煤车间、供料车间、运转环保车间、生产准备车间、烧结一车间、烧结二车间、受卸一车间、受卸二车间、供料混匀一车间、供料混匀二车间、配料一车间、配料二车间、环保车间、球团车间、质量检查站。全厂共有职工2628人。其中具有高级专业技术职务的63人、中级的134人、初级的59人；工人高级技师23人，技师83人，助理技师253人；在职中共党员557人；共青团员289人；女职工754人。5月20日，山钢高炉现场管理经验交流会在莱钢召开，重点推广介绍了型钢炼铁的经验；5月31日，集团公司行政、党委联合下发莱钢企字〔2012〕173号文《关于深入开展学习型钢炼铁厂经验活动的决定》。全集团掀起“外学唐钢、新兴际华，内学型钢炼铁”的活动，型钢炼铁厂成为莱钢的标杆。

型钢炼铁厂迎新春晚会

【主要经济技术指标】 全年共产烧结矿940.62万吨，完成公司年计划的100.07%。265平方米烧结机共产烧结矿499.94万吨，完成公司年计划的98.03%。400平方米烧结机共产烧结矿440.68万吨，完成公司年计划的102.48%。120万吨回转窑共生产球团59.56万吨，完成年计划的51.79%。共产合格生铁612.45万吨，完成公司年计划的97.99%，完成月度累计计划的100.75%。1880立方米高炉共产生铁336.45万吨，完成公司年计划的96.13%。其中型钢1号高炉共产生铁167.3万吨；型钢2号高炉共产生铁169.15万吨。3200立方米高炉共产生铁276万吨，完成公司年计划的100.37%。

煤比不断提高。两座1880立方米高炉煤比达到175千克/吨，比2011年提高18千克/吨；燃料比完成524千克/吨。3200立方米高炉煤比达到168千克/吨，比2011年提高8千克/吨；燃料比518千克/吨，比2011年的降低4千克/吨。入炉焦比不断降低。两座1880立方米高炉入炉焦比350千克/吨，比2011年降低16千克/吨。3200立方米高炉入炉焦比350千克/吨，比2011年降低12千克/吨。生铁三类品率均完成公司制定的0.15%的计划，两座1880立方米高炉三类品率为0.039%，3200立方米高炉三类品率为0.096%。

【技改技措及技术创新】 全年共确立攻关课题427项，均已取得显著成效，为生产稳定顺行提供了强有力的支撑。推进低硅冶炼技术攻关，低硅冶炼实现新突破，1880立方米高炉硅含量平均0.449%，3200立方米高炉为0.399%，分别比上年降低0.057%和0.088%。推进两座1880立方米高炉护炉状态下的低成本冶炼攻关，编制了《1880立方米高炉炉役后期低成本安全生产管控方案》，科学指导护炉生产，实现了经济护炉。开展降低烧结固体燃耗和熔剂的攻关，创造了烧结吨矿固体燃耗降低1.5千克的佳绩。加强技改技措项目实施。120万吨球团润磨工程于12月底顺利完工，混合机加热水项目投入使用。

【降本增效】 按照集团公司吨钢深度挖潜提质增效“300+100”元的目标要求，确立了“以安全生产为前提，以稳定生产为基础，以控制原燃料成本为着力点，重点管控和精细管控相结合”的降本挖潜思路，确保实现吨铁挖潜“89.2+38”元的任务目标。到唐钢、武钢学习高炉操作经验，以唐钢、武钢作为对标单位，优化各项指标，制定《吨铁挖潜89.2元关键指标责任目标分解网络体系》，将指标分解到人，使责任量化可考核。紧紧抓住优化炉料结构、优化配料结构、优化燃料结构和降低燃料消耗这4个关键点，将原有“原料性价比模型”和“生铁成本测算模型”两大管控模型进行整合，建立形成了“低成本冶炼模型”，达到了生铁成本提前预控、持续优化的目的。同时加强分析预测、动态监管。通过日统计、日分析、日核算，及时发现生产经营过程中存在的问题并提出改进措施，正确指导成本的控制走向，做到动态控制。粒煤和粉煤喷吹分别达到170千克/吨铁和165千克/吨铁，居国内领先水平。2012年比上年挖潜增效总成本降低额度1.19亿元。

【转调创提活动】 结合“学唐钢、学新兴际华”活动，继续深化“转调创提”活动。强化严细实管理，不断提升科学管理水平。围绕“科学经济冶炼、和谐持续发展”的愿景，确立“做最好、争第一、当表率”的工作目标；修订完善《六位一体目标管理体系》，制定《原料生产（雨季、冬季）连续稳定控制模型》《1880立方米高炉炉役后期安全低成本生产管控方案》等一系列生产控制模型；坚持以“超越席、反思席、案例台、最差单位评选”为主要内容的平台反思，建立起现场管理和安全管理日督察最差单位反思制度；持续加强执行力建设，推行严格的复命制度，工作日清日毕。开展“两转一提”活动，从加强劳动纪律入手，强化作风转变，在全厂新上考勤打卡机15台。

【改革调整】 按照集团公司要求进行科级机构调整和科级人员优化，科室由14个精简为7个，车间由22个精简为20个。完成向新疆公司输送人员的任务，至年底，有61人到新疆公司工作，还有一部分人员做好去新疆公司的准备。12月，机修、电修两个车间及334名职工划入设备检修中心。

【安全管理】 以“安全生产基层基础强化年”集中行动为主线，层层签订《安全生产绩效考核责任书》，逐级分解责任目标体系，落实安全生产责任，夯实安全管理基础。加强标准化作业的制度建设，做到操作有章可依；抓好安全培训工作，提高安全意识和技能；强化现场安全督察和临时作业安全管控，督促制度的有效落实。针对5月和9月发生的两起工亡事故，认真反思事故根源，扎实开展以“守规程、反违章、保安全”为主题的安全整顿活动，实行生产现场作业票制度，有效抑制“三违”行为。

【设备管理】 以《设备零故障目标管理体系》为抓手，强化点检、润滑、保养等基础管理，保证设备稳定运行；坚持走预防性维修道路，倡树“争做预知预控的主人，不做亡羊补牢的奴隶”理念，先后总结编制《型钢炼铁厂设备寿命手册》《胶带输送机安全运行“五防”管控模型》等指导手册，做到提前管控、超前预防，解决问题于萌芽状态；加强设备检修组织工作，高炉设备保持“五零零”、烧结设备接近“三零零”目标；加强备品备件统管，初步建成厂内“备件超市”，大幅度降低库存占用资金。全年设备稳定运行，3座高炉综合休风率1.45%，工艺休风率0.61%，设备定修率0.60%，实现设备故障休慢风双为零。265平方米烧结机、400平方米烧结机设备作业率分别达到96.06%和95.33%。

【环境建设及节能减排】 深入开展现场环境环保综合整治工作，在原有基础上不断固化、整改、提升，整个现场环境实现大改善。按照“物流有序、道路整洁、空间干净、环境优美”的原则，持续加强“五化”工程建设。重点在净化、绿化和美化上下功夫、做文章。对原维修二车间大院，265平方米烧结机外排仓主线路，3座高炉炉台、高架桥，安全通廊等区域进行绿化、美化改造，改善周边环境，提高视觉和谐度和美观度。完成两台265平方米烧结机一混扬尘治理、焦粉汽车受料槽干雾抑尘等“三尘”治理项目，有效降低二次扬尘和岗位粉尘浓度。2012年，型钢炼铁厂获得“省级花园式单位”称号，3号高炉车间获得中质协现场管理星级评价的最高殊荣——五星级现场。

两座265平方米烧结机烟气脱硫竣工投运，每年减排二氧化硫近万吨；3台烧结机余热发电投运，年发电量达到1.6亿千瓦时；制定冲渣水余热利用和蒸汽优化使用方案，提高了生产余热的利用率；组织协调烧结环冷机堵漏风，降低了电耗损失；加强转底炉工艺技术研究和改造工作，转底炉顺利通过国家技术鉴定。

【党建及思想政治工作】 加强党建和思想政治工作，为企业保盈利、保生存、促发展提供强大的政治保障。开展以“承诺、践诺、评诺”为主要内容的创先争优活动，充分发挥党组织的战斗堡垒作用和党员的先锋模范作用。以学习型党组织创建为红线，以学习型企业创建为主线，以学习型班组创建为基础线，构建“三线并举”模式，全面推进学习型组织创建。很抓领导班子的理论建设、能力建设、作风建设、制度建设，全面创建“四好”领导班子，有效增强企业发展动力。注重文化引领和推动作用，在践行山钢企业文化的同时，形成了富有型钢炼铁特色的反思文化、执行文化、表率文化，提升团队的学习力、执行力、超越力。深化党性实践活动，开展“找差距、赶先进，做最好、争第一”主题系列活动。深化“两转一提”活动，全面提升职工的表率意识和能力水平。加强党风廉政建设，突出纪律保障、作风建设、风险防控等工作重点。通过建立网上“职工快线”、热线电话等渠道和平台，及时了解职工诉求，解疑释惑，促进职工队伍稳定，推动企业和谐发展。年内，型钢炼铁厂继续保持“省级文明单位”“山东省中国特色社会主义理论宣教基地”荣誉称号，获得莱钢“党建工作先进单位”等荣誉称号。

（撰稿：崔晓明　审稿：王子金）

银山型钢有限公司炼钢厂

【综述】 银山型钢有限公司炼钢厂占地面积16.65万平方米，工业建筑面积10.05万平方米。固定资产原值26.4亿元，净值11.29亿元。共有设备81台（套），装机容量171657千瓦。主要设备有3座120吨转炉、4台连铸机、4座LF精炼炉、2座RH精炼炉、6工位KR脱硫以及行车等。

2012年末，共设转炉三车间、转炉四车

炼钢厂与莱芜市钢城区辛庄镇乔店村签署城乡文明牵手共建协议书，向村里的孤寡老人和困难儿童赠送生活用品及学习用品

间、连铸三车间、连铸四车间、精炼二车间、原料二车间、行车二车间、运转二车间、砌筑车间9个生产车间。机关设生产经营科、机动计量科、技术科、安全生产科、人力资源科、政工科、厂办公室6科1室(与山钢股份莱芜分公司炼钢厂复合设置)。在职职工1221人，其中，女职工293人。大专以上学历480人，占职工总数39.31%。专业技术人员104人，其中具有高级专业技术职务的19人，中级的61人，初级的24人。工人高级技师25人，技师94人，助理技师286人。取得高级职业资格的技术工人679人，中级的301人，初级的38人。

【主要经济技术指标】 全年生产转炉钢342.56万吨，完成年计划的102.33%。转炉钢坯综合合格率99.912%，与上年同比降低0.005%。转炉钢铁料消耗（实物量）为1080.123千克/吨钢，同比降低0.061%；耐材消耗为0.499千克/吨。转炉工序能耗为负12.698千克标煤/吨钢，同比降低7.605千克标煤/吨钢。转炉生产能力利用率为102.178%。转炉日历利用系数为25.591吨/(吨·天)，同比降低3.136吨/(吨·天)。重点生产线的日历作业率转炉为77.561%，同比降低0.704%；连铸机为53.233%，同比降低9.692%。连铸平均连拉炉数19.361炉/次。炼钢综合电耗75.39千瓦时/吨。工业水重复利用率97.059%。主要设备故障停机率转炉为0.01%，连铸为零。机物料消耗33.02元/吨，比上年下降3.9元/吨。

【生产组织】 综合管理系统正式投运，搭建起立体的生产管理系统，实现智能化信息化管理。克服脱磷炉施工对生产的影响，创新实施装载机加废钢，实现了异常条件下生产组织方式的新突破。900吨混铁炉退役，"一罐到底"工作实现历史性突破。开发全留渣预热石灰操作法，攻克了生产难关，在转炉操作模式优化上取得实质性突破。

【设备管理】 完成设备管理制度的优化完善，并将制度的有效执行贯穿到日常设备管理中，充分发挥制度的引导约束作用。7月4日至8月7日，配合4号脱磷炉施工，进行1号至3号转炉为期34天的设备年修，较好地实现了安全、质量、工期三确保。通过成立修旧利废组织机构，加大政策引导，全年共节约资金50万元。对行车、铁水包、钢水包、转炉等重要部位进行自营探伤，将煤气、行车、高温容器、工业建筑、高压配电等纳入专项管理，在吊装液态金属的行车驾驶室增加监控系统，确保设备安全、稳定运行。

【技术管理与研发】 完善品种开发项目负

责人制度，优化高效品种开发机制，相继进行转炉和精炼双联优化、单渣和双渣法优化、RH 直上优化等研究，品种钢生产实现规模化、系列化、优质化，并生产出被誉为“钢板上的皇冠”的 09Ni590B 钢，共生产高强度 H 型钢桩、深冲钢、管线钢、高强船板钢、压力容器用钢等 82 个品种，品种钢比例 64.5%。《宽厚板连铸中间包工艺技术集成与创新》《钢包喷补续衬焊接技术开发与应用》分别获山东省科学技术奖二等奖和三等奖。年内获授权发明专利 2 件、实用新型专利 2 件。

【能源管理与环境保护】 制定降本增效能源优化方案，通过设备运行方式优化、钢包烘烤优化、泵组运行及管网优化、强化能源介质管理，实现从零散节能向系统优化、科学用能的整体转变。900 吨混铁炉顺利拆除。通过加强能源回收利用，煤气回收达到 110 立方米 / 吨、蒸汽并网量达到 24 千克 / 吨，连续 7 个月实现负能炼钢。环境保护工作持续开展，5 月，投资 16 万元增设 KR 放灰集尘罩，解决放灰期间二次扬尘问题；投资 15 万元，利用高炉休风时间组织更换混铁炉二次除尘布袋，提高除尘效果。8 月，投资 46 万元，利用精炼停炉空隙增设 3 号 LF 除尘罩，改善冶炼工作环境；投资 38 万元，对地面料仓除尘和转炉二次除尘阀进行改造，有效治理料场扬尘现象。8 月至 12 月，投资 46 万元新增 2 号折铁位除尘罩，减少了折铁过程中的烟尘排放。全年污染物综合排放合格率为 100%，工业外排废水为零，工业水重复利用率 97.07%。

【安全管理】 以危险源辨识控制为核心，狠抓安全教育培训，优化安全基础建设，注重安全技术应用，强化职业健康管理，推进安全基础支撑战略。深入推进“强化执行年”各项安全管理措施落实，开展“五反思五落实”“安全醒悟月”“安全生产月”“五检查五整改”以及专项排查整治等系列活动。持续推进专项排查和量化检查工作，全面落实三大危险源管控措施；加大车间领导中夜班值班检查力度；扎实做好冬夏季四防和检修安全管理。推进安全本质化改造，进行煤气泄漏监控系统优化完善、行车 PLC 改造、主钩减速机改造、高低压配电系统改造等，将行车关键部位备件在线定期探伤及上线前探伤等列入重点实施项目。

（撰稿：吕徽青　审稿：李洪建）

银山型钢有限公司板带厂

【综述】 板带厂是莱钢银山型钢有限公司主要成材单位，占地面积 63.14 万平方米，工业建筑面积 15.092 万平方米。固定资产原值 25.89 亿元，净值 13.35 亿元。共有各类设备 1155 台(套)，设备总重 2.602 万吨，装机总容量 18.63 万千瓦。

全厂设办公室、生产计划科、技术科、机动设备科、安全生产科、人力资源科、政工科 7 个科室和带钢、带钢运行、热轧、热轧运行、生产准备、冷轧、冷轧运行、成品 8 个车间。2012 年末，全厂共有职工 1317 人。其中女职工 390 人；具有高级专业职务的 40 人，中级的 112 人，初级的 31 人；有高级工人技师 28 人，技师 70 人，助理技师 158 人；高级工 267 人，中级工 452 人，初级工 22 人；具有本科以上学历的 325 人，专科的 401 人，中专(包括技校、高中)543 人；中共党员(在职)359 人，共青团员 290 人。

【主要经济技术指标】 全年入库合格带材263.1万吨。其中620毫米热带入库83.86万吨，合格率、成材率达到99.794%和98.299%，工序能耗42.896千克/吨；1500毫米热带入库141.18万吨，合格率、成材率达到99.841%和97.793%，工序能耗52.23千克/吨；1500毫米冷带入库38.06万吨，成材率达到了91.53%，综合工序能耗43.131千克/吨。

【生产运营】 面对持续低迷的市场形势和莱钢限产的实际，牢固树立市场意识、资源意识、大局意识，坚持以市场为导向，以效益为中心，加强外部组织协调，抢抓订单，加强原料、能源动力平衡，积极争取资源，加强内部生产组织，提高订单兑现率，实现了低负荷下的稳定经济生产，完成全年排产计划的101.34%，其中，窄带线完成100.95%，宽带线完成101.29%，冷轧线完成102.41%。

【产品结构和产品质量】 落实公司"转调创提"活动要求，推进产品提档升级，制定并扎实运行《产品提档升级纲要》《"转调创提"活动实施方案》，着力提升窄带品种钢、宽带冷轧基料、冷带退火材的比重，窄带、宽带两线品种钢比例分别达到17.7%、98.94%，冷轧退火材产量保持在70%以上，新增品种规格21个，实现新产品产量22.17万吨，增效770万元。加强工艺装备改进，优化生产工艺，提高操作水平，工序质量保证能力进一步提升，宽带线3月份实现全月无轧废，冷轧线轧钢丙班创出连续2万吨无断带。

冷轧带钢发货

【成本管理】 全面落实《成本挖潜管理体系》，深入开展挖潜增效300元活动，严格控制工序成本和各项管理费用。推行目标管理，层层分解责任指标102项，制定管理措施196项，建立中层干部降本绩效考评机制，在全厂形成全员挖潜，人人降本的局面。组织21个降本攻关小组，围绕物资计量、中间轧废、产品成材率、机物料消耗等开展降本攻关，窄带、宽带、冷带三线工序轧制成本分别比计划降低1.4元/吨、6.6元/吨、19.9元/吨，全年共降低成本1688万元，完成公司计划的168%。

【设备管理】 扎实运行《"零缺陷"设备目标体系》，加强设备点检维护，制定下发《设备点检督查管理办法》，建立了每周督查、汇总、整改制度，发现治理隐患173项。精心准备，周密组织三条轧线设备年修工作，并借设备年修之际，加大设备改造力度，利用有限的大修技改资金，完成带钢加热炉、精轧机、收集线、宽带粗轧机控制系统、冷带轧机自动控制系统等设备升级改造，为设备的稳定运行和产品升级奠定了基础。推行维修费、机物料预算管理，大力开展修旧利废，全年维修费用比计划降低500万元，修旧利废节约525.8万元。

【安全管理】 5月7日工亡事故发生后,汲取安全事故教训,开展揭查整改活动,深入揭查设备隐患、三违行为、危险源控制缺陷、安全意识、管理缺陷,狠抓整改。落实公司“四个标准化”建设要求,深入实施《安全目标管理体系》,修订安全操作规程、安全作业指导书、检查标准等规章制度61项,安全管理、作业、现场和检查标准日臻完善。加大现场动态监督力度,共检查出不符合项3088项,排查各类隐患557项,全部得到整改关闭。加大安全教育,通过收看安全警示教育片,开展安全规程考试,组织各类应急演练,职工安全意识不断增强,处置突发事件的技能进一步提高。开展安全生产月、百日安全无事故竞赛、“五检查、五整改”活动,促进了安全措施的落实,相关方管理成效显著,全厂安全基础更加坚实。

【企业管理】 落实公司机构调整人员优化工作要求,完成组织机构改革和科级干部优化,全厂由16个车间8个科室精简为9个车间(其中维修车间年底移交设备检修中心)7个科室,压减率达到33.3%,助理以上科级干部由81名压减到48名,压减率达到40.7%。积极稳妥地做好新疆公司人员配备工作,顺利选派64名职工参加新疆公司一期工程建设;做好设备检修人员划转工作,向设备检修中心划转263人,全厂在职职工压减率22.6%,实物劳动生产率进一步提高。创新内部机制,进一步完善厂绩效考核方案、科级干部薪酬考核办法,激励政策导向更加明确。

【和谐建设】 加强形势任务教育、思想政治工作、人文关怀和心理疏导,构建心情服务站、爱心互助站、法律援助站,创新沟通交流方式,提高思想政治工作的针对性和有效性。坚持以文化人,以情聚人,大力开展企业文化建设,职工向心力、战斗力不断增强。坚持四个文明并重,深化精神文明建设,实施品格教育提升工程,建立职工道德档案,开展明星职工评选,精神文明建设不断深入。以“打造廉洁品牌,建设廉洁板带”为目标,加强党风廉政建设,党员干部廉政自律意识不断增强。强化信访稳定和社会管理综合治理,厂区、社区平安稳定。群团组织发挥职能优势,扎实开展劳动竞赛、合理化建议、群众创新工作,积极组织业余文体活动,丰富了职工业余生活。

【年内要事】 1月13日,板带厂召开2012年政治工作会议、反腐倡廉工作会议,党委书记王训达作题为《发挥政治工作优势 构建和谐家园,为实现板带发展新突破提供坚强政治保障》的讲话。12月28日,板带厂二届三次职工代表大会在学习会堂召开,厂长王化巨作题为《解放思想练内功,凝心聚力求突破,为全面完成2013年生产经营任务而努力奋斗》的工作报告。

(撰稿:徐永涛 审稿:王化巨)

银山型钢有限公司宽厚板厂

【综述】 银山型钢有限公司宽厚板厂拥有4300毫米宽厚板生产线1条、热处理生产线1条;主线年设计生产能力180万吨、热处理线年处理能力30万吨。2012年末,共有职工651人。其中,女职工190人;具有高级专业职务的27人,中级的70人,初级的39人;高级工人技师17人,技师34人,助理技师77人;具有高级职业资格的技术工人202人,中级工211人,初级工8人;具有本科以上学历的341人，专科的150人，中专(包括技校、高中)154;中共党员150人，共青团员224人。

【主要生产技术指标】 全年轧制量达到70.81万吨，入库量64.1万吨，发货量63.61万吨，热处理通过量达到16.75万吨，全面完成职代会计划目标。全年平均小时产量达到180.4吨，最高小时产量达到191.8吨。综合成材率为89.58%，比上年同期提高1.63%。其中公司考核品种:普碳低合金钢为90.22%，比公司计划提高0.72%;船板钢为87.16%，比计划提高1.45%;出口材为89.75%，比计划提高1.45%。综合带出品率最好水平2.13%，居国内同行先进水平。

【生产组织】 完善"待料消缺、集中轧制、准时生产"的生产组织模型，以185吨/小时生产效率为目标，及时掌握原料进度，合理编排生产计划，准时高效生产，提高了一次轧制成材的能力，使生产周期大幅缩短，生产消耗得到明显降低，合同兑现及时，维护了市场声誉。按照相同热处理工艺钢板集中排产的原则，保证热处理钢板均衡供应，既降低了能耗，又提高了生产效率。

【技术质量】 实施质量风险抵押金制度，严格工序质量自检，强化工艺技术攻关，工艺参数模型日臻完善，重大核心工艺研发取得明显突破，MULPIC的冷却精度命中率从84.63%提高到94.22%，厚度精度控制从93.2%提高到97%，Q550D在线淬火工艺开发取得成功。成立客户服务办公室，根据客户意见及时改进产品质量，全年发生客户产品抱怨数量14起，比上年降低25起，吨钢异议损失额同期降低0.12元/吨。配合公司完成了船板钢、欧标钢板等共22个牌号的认证、扩证工作。

【品种开发】 品牌建设提前完成目标，按照"三年赶超国内先进"的愿景和树立2至3个拳头产品的目标，先后巩固和树立了风电钢、高强钢两个拳头产品。贴近市场进行品种开发，在超薄、超宽等极限规格上实现了突破，高强钢、高建钢、出口材的品种规格不断丰富，140毫米保Z向性能轧制工艺获得国家专利，X56管线钢35毫米以上厚规格实现批量生产，预硬型模具钢LGP20、耐磨钢27MnTiBM等均实现商品化销售，06Ni9DR低温压力容器用钢板通过技术评审获得相关压力容器用材料生产许可。全

宽厚板厂热处理炉

年新产品累计销售49万吨，增效1.2亿元，新产品比例达到80.96%，同比提高7.38%；高专产品累计销售52.92万吨，比例达到87.42%，同比提高4.1%。

【安全管理】 实施目标管理，落实安全责任，加强安全培训。制定完善常规作业标准，共编制岗位操作规程700余项。加大隐患排查、危险源辨识和应急管理的力度，全年共辨识危险源626项，其中C级危险源2项，D级危险源618项，E级危险源6项；查出各类不符合项800余项，整改率达到100%。高标准进行现场统一规划，初步营造出物品定置有序、安全标识醒目、整洁美观的作业环境。

【设备管理】 修订完善设备"一书四标"，编制《宽厚板厂设备故障预案集》。做好待料期间的消缺检修工作，对影响设备运行精度的96个参数进行优化、固化，制定检测周期，使关键设备状态和参数都在受控范围内。严格备品备件制度化管理，稳妥推进备件国产化替代；开展修旧利废，坚持自主维修，加强节能降耗攻关，共完成修旧利废131项，节约费用300余万元，内部承担维修项目110项，节约外委维修费用100余万元。

【成本管控】 建立成本控制的"五大模块、四大机制"，细化分解35个一级科目，128个二级、三级科目，形成了"预算、挖潜、攻关、对标、考评"一体化多层次精细化管控体系；围绕4个降本增效关键课题，开展对标攻关和"五提五降"等活动，采取成本预警，合理控制费用摊销，使各项费用持续降低，较好完成了公司降本增效月度计划目标和公司挖潜增效基础目标，吨钢成本比预算降低19.5元，工序成本吨钢比上年降低126元。

【企业现代化管理】 完成了生产管理系统、物资管理系统、厂内OA系统、内部网站、设备点巡检系统的开发和应用，管理流程逐步实现IT化。严格QES体系运行，扎实开展"转调创提"活动。细化绩效考核方案，由2011年的17个指标调整为84个指标，所有重点工作均按照责任和重点进行挂钩和赋分，设立基本目标和奋斗目标，对激励幅度进行分档，对完成奋斗目标的加倍奖励，对完不成基本目标的加重考核，提升了绩效考核的导向激励作用。

【人力资源管理】 根据集团公司《机关部门及二级单位内设机构优化调整实施方案》精神，制定《宽厚板厂内设机构及基本职能调整方案》。新方案确定宽厚板厂下设安全生产作业部、技术质量作业部、机动设备作业部、党群工作部和综合业务部，其中，党群工作部和综合业务部复合设置。原有厂内设机构及基本职能同步撤销。伴随着内设机构及基本职能的调整，一并进行了科级干部的优化配置。按照集团公司《设备检修中心组建实施方案》要求，宽厚板厂有116名职工划转到设备检修中心。

【党群工作】 紧贴企业中心工作，加强学习型党组织创建，组织了"六强党支部"创建活动、"四创四争做先锋、我与厚板抗严冬"党性实践活动、"厚板发展我担当、我与厚板共成长"专题实践活动。加强形势任务教育及人文关怀心理疏导，提高思想政治工作的针对性和有效性。深化精神文明创建工作，按季组织"厚板先锋"评选。构建条块结合的管控模式，建立了覆盖全厂的电子监控系统，厂区治安稳定,企业发展和谐。

【年内要事】 1月1日,宽厚板预转资21亿元,轧线设备10亿元,剪切线设备4亿元,工业建筑7亿元;2月14日,山东省副省长张建国到宽厚板生产线调研。

(撰稿:薛升波 审稿:马光亭)

银山型钢有限公司能源动力厂

【综述】 银山型钢有限公司能源动力厂担负银山型钢公司生产所需冷风、煤气、蒸汽、电、除盐水、软化水等热动能源的生产与转供任务。机关科室与莱芜分公司能源动力厂复合设置,下设型钢热电、型钢燃气、型钢化水3个车间。截至2012年底,在册职工401人。其中,具有高级专业技术职务的4人、中级的15人、初级的4人;有工人高级技师6人,技师25人,助理技师79人。中共党员67人,共青团员54人。固定资产原值143097.42万元、净值87868.62万元。设备251台(套),总重0.49万吨。

2012年7月6日,型钢烧结余热发电合同能源管理项目举行投产仪式

【能源供应】 全年累计供应冷风79.05亿立方米,完成年度计划的95.5%。转供煤气3714万吉焦,完成年度计划的97.31%。生产蒸汽421万吨、除盐水90万吨,分别完成年度计划的96.71%和114.93%,同比增长38%和71%。

【发电组织】 全年累计发电8.29亿千瓦时,完成公司计划的99.71%,为公司节约电费支出5.96亿元,创造效益2.49亿元。汽轮机、TRT发电分别完成5.33亿千瓦时和2.95亿千瓦时,分别完成公司年计划的80.78%和96.22%,汽轮机发电同比增长139.69%。

【企业管理】 生产运行管控、应对突发事件、现场管理能力不断提升。降本增效取得新业绩,年内实施公司立项课题2项,创造效益408万元,可控成本降低220.72万元。设备管控、技术指标、重点项目、费用管控得到新发展。50兆瓦发电机组投运,30万立方米高炉煤气柜在线运行技术改造顺利实施。全年累计发生修理费4351.63万元,完成计划的96.7%。修复备件322件,节约成本207.74万元。完成山东省2012年度测量管理体系外审和清洁生产审核,测量设备周检率100%。转炉煤气月均吨钢并网量创造122立方米的新纪录。开展特种作业复审和省级司炉工、锅炉水质处理取证培训。制定C级危险源目标管理方案,煤气柜、锅炉等重大危险源安全受控。开展煤气系统专项整治活动,安全本质化水平进一步提升。完成50兆瓦发电区域职业卫生设施评价验收。完成机构调整和机关人员优化工作。科级干部调整安排到位;科室工作人员全部竞争上岗;部分岗位人员实施全厂招聘。完成新疆喀什项目人员的抽调和检修人员的转移划拨。完成职业技能考核、金蓝领鉴定和专业技术职务考核及续聘工作。

（撰稿:赵呈德　审稿:齐登业）

莱芜钢铁新疆有限公司

【综述】 莱芜钢铁新疆有限公司(简称“新疆公司”)位于新疆维吾尔自治区喀什地区疏勒县艾尔木东乡八村二组,注册资本8亿元,是莱钢的全资子公司,主要负责喀什钢铁项目的建设及运营。截至2012年底,共有450余人从莱钢抽调到新疆公司开展工程建设及生产准备工作。根据公司章程,完善了法人治理结构,并根据集团公司党委部署组建了党委、纪委和工会。根据集团公司批复,内部机构设5部4区,即综合管理部/党群工作部、计财部、装备部/工程管理部、生产安全部/技术管理部、供应销售部、炼铁作业区、炼钢作业区、轧钢作业区、能源动力作业区。经新疆维吾尔自治区经信委核准,新疆公司建设规模为年产生铁247万吨、钢260万吨、高强钢材240万吨。项目分期建设,一期建设100万吨铁、钢、材配套生产线,其中包括1座综合原料厂、1座210平方米烧结机、1座1350立方米高炉、1座120吨转炉、1台六机六流方坯连铸机、1条50万吨棒材连轧生产线和一条50万吨线材生产线及相应公辅设施。

【项目建设思路】 新疆公司提出并逐步完善以低成本运行、打造比较优势为重点的项目建设新思路:在设计阶段,通过广泛考察、后期负责施工及运营的专业人员源头介入,充分优化设计方案,保证设计的低成本和高水平,使得钢铁项目在初期就形成比较优势;在建设阶段,通过采取总承包、BOO、招投标等运作机制,筛选应用高水平的专业机构和专业队伍、高性价比设备及物料,保证保安全、保质量、控成本、争工期目标的实现,为提高后期运行安全性、经济性奠定基础;在运营阶段,大胆推行民企先进做法,大胆采用先进适用技术和创新性举措,通过全局的系统思考和局部的细致入微,推行可支撑、可持续的盈利模式,从而达到提高产品市场竞争能力和创造良好效益的目标。

新疆公司职工用餐

【项目建设模式】 在整个项目建设中,与初期设计方案相比,共组织实施数百项优化调整方案,超额完成了比初设预算降低总投资8亿至10亿元的奋斗目标。采用总承包一次性包死工程建设总成本的模式,从机制上有效解决了超计划投资问题，年产100万吨钢生产线全线贯通总投资控制在26亿元以内，创造了吨钢投资仅为2600元的先进水平，保证了投产后吨钢财务及折旧费用节省100余元。采用BOO模式组织制氧、物流、石灰窑、钢渣处理、水渣微粉等项目建设，以市场化手段确定产品及服务交易价格，共减少新疆公司项目前期投资2亿余元，减少后期用工300余人，同时有效缩小了管理幅度。超前成立销售部门，承揽项目建设本身所需建筑材料供应工作，在保证6万吨建材供应的同时，平抑区域建材市场物价，有效降低了建筑成本，同时开展外销业务，宣传莱钢品牌，接洽了战略客户，锻炼了营销队伍。

大量采用先进适用技术，BPRT鼓风机技术、热风炉双预热、渣铁钩埋入式设计、底滤法渣处理技术、"一罐到底"生产模式、强夯置换基础处理方案等均被采用。积极推进节能减排和循环经济发展。各生产工序选用高效、节能设备，吨钢综合能耗指标力争低于600千克标煤，吨钢耗新水低于3立方米，固体废弃物资源实现100%再利用；投资7800万元新上烧结烟气余热余能发电项目，年可实现发电7000万千瓦时；采用合同能源管理模式，积极推进"绿色照明"，减少工业和生活照明用电50%。借鉴民企有效做法，达产后实物劳动生产率人均每年1000吨钢以上。坚持规范的招标采购管理，公司所需大宗备品备件全部完成招投标、基本实现零库存，降低备件采购资金4000余万元。

【安全管理】 突出严格管理、科学管理、重点管理，加强对各种问题及隐患的分析研究，提高分析问题的质量和解决问题的速度，责令整改问题及隐患1000余项，全年未出现较大安全事故。根据当地特殊的维稳形势，教育引导参建人员和服务单位工作人员强化安全防范意识，做好各种防范准备工作，以当地公安保卫力量为主，以群防群治为基础，构建了可靠的安全保障体系。

【工程进展】 从2012年4月正式破土动工至年底，历时8个多月，炼铁、炼钢、轧钢、公辅4个标段的所有主体建设项目全部进入生产准备和竣工投产的阶段。11月1日，高炉热风炉点火烘炉；11月26日，轧钢加热炉点火烘炉，年底棒材线全线贯通；12月18日，高炉点火烘炉，部分项目正式竣工投产。点火仪式上，中央新疆工作办公室、山东省人民政府、新疆自治区人民政府均致信表示热烈祝贺。山钢喀什钢铁项目建成投产入选2012年新疆十大新闻。

【政治工作】 新疆公司党委正式组建以后，党务工作者均为兼职，在职工党组织、工会、团组织等各种关系尚未转接到新疆公司的情况下，不等不靠，积极开展宣传思想、队伍建设、反腐倡廉、劳动竞赛、安全保卫、企业文化、心理疏导等工作，为公司建设发展提供了较为可靠的政治保障、组织保障、精神动力和智力支持。牢固占领思想阵地，加强对首批赴疆人员及即将赴疆人员的宣传教育及思想引导工作，确保职工队伍稳定。加强对外宣传报道，认真编辑内部刊物，树立了正确的舆论导向，扩大了公司影响。贯彻落实党风廉政建设责任制，紧紧围绕责任分解、责任考核、责任追究三个关键环节，做到"细分、严查、深究"。发挥领导干部的表率作用和示范作用，倡树勤勉、廉洁的良好风气。加强队伍建设。从政治上关心、思想上引导、工作上帮助、生活上体贴职工。扎实做好困难帮扶、权益保障工作，让广大职工始终积极向上、充满活力，让每一个人都拥有充分展示自己价值的舞台，职工的向心力、凝聚力大大提高。因地制宜、因人制宜，探索开展文化引领工作。在认真做好山钢企业文化导入工作的同时，经提炼总结和升华，初步形成了以“敢于担当、善于创新、甘于奉献、勇于领先”为主要内容的企业文化理念体系。

（撰稿：李效生　审稿：王继超）

山东莱钢建设有限公司

【综述】 山东莱钢建设有限公司(以下简称建设公司)，是由莱芜钢铁集团有限公司在原莱钢集团冶金建设有限公司基础上，通过投资和资源整合重组设立的子公司。2002年11月18日在莱芜市工商行政管理局注册。2003年7月18日变更注册至青岛市高新技术产业开发区株洲路139号，注册资本28000万元。2006年5月，增资到30100万元，其股权结构如下：莱芜钢铁集团有限公司以现金出资29800万元，占99%；莱芜钢铁集团莱芜矿业有限公司以现金出资200万元，占0.67%；山东省冶金设计院有限责任公司以现金出资100万元，占0.33%。2007年9月9日，建设公司召开第六次股东大会，审议莱芜矿业有限公司、山东省冶金设计院有限公司将其所持建设公司股权转让给集团公司的议案。2009年10月18日，建设公司完成工商变更登记，变更为集团公司独资的一人有限责任公司。2011年5月，建设公司注册资本增加到100000万元。

2012年末，建设公司在岗职工3212人。其中，具有高级专业技术职务的125人、中级341人；一级建造师51人，二级建造师196人；一级注册结构师4人；一级注册建筑师3人，二级注册建筑师1人；注册造价师10人。

建设公司以房地产开发为龙头，以钢结构绿色节能建筑技术为支撑，带动相关产业共同发展，延伸莱钢钢铁主业的产业链，形成从H型钢生产到钢结构建筑研发设计、加工、施工、房地产开发、物业管理、广告一条完整的产业链和粉末冶金、汽车零部件、新型建材研发制造等多元产业结构，重点发展了房地产开发、工程总承包、钢结构加工和物流贸易等主导产业。拥有房地产开发一级、冶炼工程施工总承包一级、房屋建筑工程施工总承包一级、钢结构工程专业承包一级、钢结构制造特级、物业管理一级，建筑工程甲级设计资质、铁路施工总承包，对外承包经营资格等多项资质。是中国建设行业企业信用AAA级单位、省级守合同重信用单位，中国建筑金属结构协会认定的建筑钢结构工程制作、安装定点企业。

【组织机构调整】 3月29日，注册成立山

建安分公司承建的德州市新城综合楼工程

东莱钢建设置业有限公司上海嘉定分公司。4月9日，设立广州分公司党支部。6月5日，注册成立烟台分公司。9月18日，撤销山东莱钢建设有限公司机关党支部，组建机关党总支；组建莱钢建设置业公司临沂分公司党支部；撤销明治橡塑制品有限公司党支部。11月16日，注册成立即墨分公司。

【主要经济指标】 建设公司全年实现主营业务收入56.31亿元；完成集团公司考核利润7200万元。完成房地产开发面积56万平方米，销售12.14万平方米，回收资金8.96亿元；完成施工产值30.35亿元，同比增加12.32亿元；完成钢结构加工产量19.5万吨，同比增加2.6万吨；实现物流贸易收入9.6亿元。

【战略规划】 2012年3月，根据机构改革和管控模式调整情况，修订印发《战略规划管理制度》。7月，集团公司提出建设公司要打造成为莱钢相关多元产业半壁江山的战略决策，将建设公司发展提高到集团公司战略的新高度，建设公司开启了二次创业的新征程。8月，根据集团公司对建设公司的重新定位，以打造集团公司相关多元产业“半壁江山”和“旗舰”为目标，推进建设公司整体发展战略提升工作。

【资本运作】 4月，完成滨州市莱钢建设置业有限公司注册资本增加工作，该公司注册资本增至3000万元。7月，退出对明治（青岛）橡塑制品有限公司全部45%股权。对咸阳丽莱房地产开发有限公司新增出资1600万元，股权比例不变。

【市场营销】 坚持事业部、子分公司两级营销资源并重，国内外两个市场兼顾，积极调整市场结构、产品结构，实现大市场、大业主、大项目发展。发挥专业优势，抢占莱钢内部工程和检修市场，承担莱钢喀什钢铁项目、特钢升级改造项目等建设任务。发挥品牌优势，开拓外部市场。发挥长期战略合作伙伴作用，区域性市场开拓取得新进展。全年签订合同额49.28亿元，同比增加12.94亿元。

【生产经营】 发挥房地产的龙头作用。坚持“决策快、开发快、销售快、回款快”的发展思路，市场化、专业化运作水平进一步提升。置业上海嘉定分公司开发的保障房项目，从项目着手到开工仅用3个月时间，达到了行业先进水平。置业泰安分公司开发的东岳鑫城项目实现年内开工、年内销售。房地产的发展拉动了工程总承包等相关产业发展。全年为总承包业务提供3.1亿元的工程量、1.27万吨4837万元采购量、900万元的设计量、650万元的物业收入和1200万元的广告收入，办理房地产项目贷款1.1亿元。

工程总承包行业坚持“拿好活、干好活、收好钱，提能力”思路，坚持冶金建筑、民用建筑并举，在建重点工程全力按照网络计划推进。承揽的莱钢喀什钢铁项目2012年12月18日竣工投产。总承包行业全年拉动3.45万吨1.32亿元采购量，拉动5100吨3750万元钢结构加工量，提供33万元设计量。

钢结构加工产业全力实现拿好活、上规模、降成本、高效率，实行钢结构设计、制作、安装一体化，解决订单问题、产能问题、成本问题、效益问题。省内4个钢结构公司抱团发展，生产经营质量稳步提高。东莞公司发挥区域优势，坚持国际化发展，实现了高附加值产品的有效积累。钢结构加工行业全年拉动 8.78 万吨 3.62 亿元采购量，实现 8000 万元融资。

【财务管理】 推行全面预算体系建设，加强财务管理，拓展融资渠道，加大欠款回收，资产运行质量得到有效改善。推进资本运营和资产经营，成功运作济南化纤厂项目，介入临沂全球商品交易中心项目，转让完成明治橡塑公司股权。建立完善行业成本指标对标体系，钢结构实行订单预算，工程总承包采取项目预算和项目承包制，房地产推行目标成本责任制。全年钢结构、工程和房地产综合成本降低率分别达到 2%、2.6%和 2.78%。全年实现现金收入 144.4 亿元，现金净流量 2.3 亿元。年末形成总资产 73.66 亿元，净资产 10.86 亿元，资本保值增值率 117.53%。

【安全管理】 围绕"安全生产基层基础强化年"活动开展工作，全年较大以上人身伤亡事故、重大设备事故、重大污染事故、重大火灾事故、负主要责任的重大交通事故为零，新增职业病发病率为零，千人重伤率为零，负主要责任的相关方工亡为零。全年修订 6 项安全环保规章制度，开展 2 次内审活动，整改和关闭 29 项不符合项和 190 项问题点。获得 1 个市级安全文明工地、1 个市级标准化示范工地和 1 个市级安全生产先进企业荣誉称号。落实年度安全环保资金投入计划，全年累计投入 4560 万元。开展各级安全环保培训 241 次，安全教育活动 59 次，培训职工 15660 人次，完成了各项既定目标。开展各级安全督察活动 446 次，治理各类安全隐患 3970 项，有效提升了安全保障能力。

【质量管理】 完善制度体系建设，修订完善 13 项基本管理制度、120 项专业管理制度、45 个管理流程，形成包括基本管理制度、总部制度、房地产业务制度、总承包专业制度、钢结构专业制度的 5 大制度体系。加强技术文件和基础资料管理，共发布外来标准 681 项，审定公司级工法 26 项，3 项成果获山东省建筑业技术创新奖，2 项工程获省级示范工程。推行过程控制和精细化管理，"样板引路"和"质量通病攻关"活动效果显著。开展体系内审和质量检查活动，纠正不符合项 21 项，问题点 261 个，累计整改质量隐患 772 个，顺利通过北京国金恒信管理体系认证有限公司的 QES 管理体系再认证审核。组织开展质量培训活动 47 次，培训人员 1316 人次。29 人取得日本 H 级焊工资格证书，8 人取得美国 ASME Ⅸ焊工资格证书，1 人获得中国钢铁行业马钢杯电焊工首届技能大赛亚军。实施品牌战略，获得"泰山杯""鲁安杯"、中国钢结构金奖、全国冶金行业优质工程、省优秀住宅小区各 1 项，获得省级以上 QC 成果奖励 13 项，获 2011 年度中国建筑业企业成长性百强企业、2011 年度全国优秀施工企业称号。

【技术研发】 加快推进集成化房屋研发进度，多个尺寸的样板间在实践中得到较好应用。加大莱钢钢结构绿色节能住宅体系研究力度，房地产产品标准化建设取得新进展。高层、超高层施工工艺研究不断深化。2012 年取得 5 项专利、获得省级工法 10 项，2 项工程列入山东省建筑业新技术应用示范工程，2 项工程通过省示范工程验收，获省建筑业技术创新奖 6 项，并首次获省建设厅建设技术创新奖 2 项。

【年内要事】 1月9日,建设公司召开三届二次职代会。3月15日,信莱物业公司正式通过国家住房和城乡建设部的审核,获得物业服务一级资质。3月14日,建设公司与上海市嘉定区签订嘉定区城北22万平方米政府保障房的项目建设意向书。3月29日,中共山东省委常委、济南市委书记王敏视察由济南分公司承建的齐鲁泰山总装厂房项目;山东莱钢建设置业有限公司上海嘉定分公司注册成立。5月10日,《莱钢建设志》编纂工作启动。5月19日,建设公司与日本明治流程系统有限公司签署明治(青岛)橡塑制品有限公司股权转让协议,将建设公司持有的该公司45%股权转让给日本明治流程系统有限公司。6月5日,注册成立山东莱钢建设有限公司烟台分公司。6月20日,全国政协委员孙振宇到建设公司调研。7月1日,完成明治(青岛)橡塑制品有限公司工商登记,股权转让完成。7月21日,集团公司对建设公司领导班子进行调整,集团公司总经理助理王庆山兼任建设公司董事长、党委书记。7月25日,国土资源部副部长胡存智带领国务院房地产市场调控第四督查组到建设公司开发的济南凯旋新城项目调研。8月26日,建设公司与临沂市兰山区政府签订正式合作协议,就兰山区白沙埠镇沂河滨河片区旧村改造项目相关事宜达成一致。10月30日,建设公司开发的莱钢嘉定城北大型居住社区保障房项目开工建设。11月16日,注册成立即墨分公司。12月5日,建设公司与济南市国有资产投资有限公司、济南齐鲁化纤集团有限责任公司、济南仁丰纺织有限责任公司签订济南仁丰公司土地熟化协议。12月28日,建设公司召开三届三次职代会。

【党群工作】 深入开展“两转一提”活动、学习型部室创建活动、“责任、风险、执行力”活动。完善选人留人用人机制,对威海经营团队进行公开竞聘。对廉政效能体系进行系统修订,开展了为期半年的廉洁风险防控集中整治专项工作。加强形势任务教育,将国家宏观经济形势、山钢、莱钢的形势和建设公司的内外部形势给职工系统讲、反复讲。全年编发《莱钢建设》25期,在《中国冶金报》《山东工人报》《莱钢日报》等主流媒体刊发稿件100余篇。开展“创新超越、系统提升”主题系列活动。开展合理化建议征集活动,收到5大类23项73个问题建议。承办莱钢第十二届职工职业技能比武比赛,建设公司获得优秀组织单位,职工蔺红霞获得电焊工技术状元,公司有6人在电焊工、财务比赛中获奖。策划建设公司10周年庆祝方案,开展一场晚会、一场乒羽赛、一场教育、一次摄影书画展、一本画册、一本厂志和一次专题劳动竞赛等“七个一”活动。11月18日,举行10周年晚会演出和摄影书画展。参加莱钢第30届职工篮球赛,再获亚军。全面落实职工社会保障制度,养老等各项基本社会保险参加率达到100%,并为全体工会会员办理职工互助保险、团体意外保险和安康险等福利保险。扎实做好送温暖救助、职工医疗救助、职工意外伤害互助、低保及慈善救助“五条保障线”建设,全员参加团体意外伤害互助。改善职工生产生活环境,为长期驻外,条件艰苦的项目部添置生活用品。协调解决驻外职工的医疗、查体问题。

【建筑安装分公司】 建筑安装分公司(简称建安分公司)是建设公司下设的分公司,主要从事工业民用建筑、设备安装、金属结构制作安装、工业炉窑砌筑、运输吊装、预制构件、机械制造与加工、压型板制作安装、钢材加工配送、商品混凝土生产、磁悬浮列车轨排研发加工制作等。截至2012年末，下设2个工程指挥部，10个项目部，14个工程部，13个科室，1个研究所。共有在职正式职工895人，协议工551人，其中管理岗137人，技术岗180人，操作岗1129人；具有高级专业技术职务的23人，中级的128人，初级的77人；高级技师7人，技师14人，助理技师61人；莱钢首席技师2人；一级建造师13人，二级建造师80人。2012年，建安分公司机关由莱钢新兴路39号搬迁至莱芜市钢城经济开发区莱钢技术中心大楼。

全年实现主营业务收入13.59亿元，完成年度计划的113.25%；实现考核利润4755.28万元，完成计划的105.67%，创历史新高；合同履约率100%；质量实现工程验收合格率100%；设备利用率91%，完好率96%。

贯彻“立足莱钢，占领山东，辐射全国，走向世界”的经营战略，全年招揽工程总量14.95亿元。先后承揽了福建金大鑫钢铁铸造公司1080立方米高炉热风炉、凌钢“十二五”结构调整技术改造炼钢项目铁水脱硫系统、山东耐火材料集团公司系列工程、山东青岛鲁碧水泥制造公司1号磨工艺升级技术改造安装工程、山东鲁碧建材公司8座500立方米石灰竖窑建筑安装、河北钢铁集团荣信钢铁公司5号转炉、新疆喀什钢铁结构调整产业升级项目炼钢工程、新疆昆玉钢铁公司2座50吨转炉炼钢系统工程、即墨锦秀华隆万佳国际家具城项目、桓台橡树玫瑰城7号、8号楼工程、山东富伦钢铁公司4号120吨脱磷炉工程、山东以利奥林科技公司新建1号车间工程、日照新热力公司岚山区集中供热工程循环水供排水工程等36项外部工程。完成了出口巴西、波兰的热风炉炉壳制作任务。全年实现机械加工产值4711万元，机械化施工产值3629万元，商品混凝土产值2879万元，钢材加工销售收入4787万元。

突出增收节支、开源节流、降本增效等工作重点，持续提升企业管理水平。在新疆昆玉钢铁公司工程中推行“项目承包制”试点；调整优化组织结构，成立钢材配送工程部，对部分工程部和科室进行合并，整合管理资源。建立健全规章制度，修订完善92项管理制度。加强安全管理，完善“不符合源头追溯”机制。加强质量文化建设，推行“首件报验制”“出厂验收制”“样板引路制”，组织工程创奖，全年有3项工程分获全国冶金行业优质工程奖、山东省首批建筑业新技术应用示范工程和“泰山杯”。建立“模拟仓库”，搞好清仓利库，减少了存货资金占用。实行钢材集中下料，降低材料损耗，提高材料利用率。盘活磁浮基地资产，整合相关工程部的资源，开展了型钢分拣、修磨、锯切、仓储等新业务。开展定编定员工作，进一步理顺岗位、工资关系。出台劳务工工资发放标准和管理暂行规定，规范劳务工管理。组织职业技能鉴定和岗位培训，全年举办各类培训班16期972人次，承办了集团公司5个工种的实践考试，分公司焊培中心被评为集团公司电焊工技师工作室。加强资质和认证管理，电力设施许可证年检和QES再认证工作圆满完成；国家A级起重机械安装、维修许可证，Ⅰ级锅炉安装、改造、维修许可证，GB、GC2类压力管道安装维修许可证3项专项资质先后通过换证评审；焊考委和实验室顺利通过复审认证。

建安分公司设一级党委，下设36个党支部(总支)，在职党员287人。2012年，建安分公司党委扎实开展“两转一提”活动，制定机关联系点制度，开展“送学到基层”活动。加大形势任务教育力度，全面落实“四必访”制度，全年走访慰问困难及住院职工145人次，对1100多名在职及离退休职工、282名接毒接害岗位职工和357名女工进行了健康查体。建安分公司连续两年获得山钢集团文明单位称号。

（撰稿：董 立 郭 晖 贾友志 郭 琦 刘 群 高传胜 朱燕鹏 审稿：王庆山）

莱芜钢铁集团机械制造有限公司

【综述】 莱芜钢铁集团机械制造有限公司（以下简称机制公司）是莱钢集团有限公司的全资子公司，注册资本6000万元。机制公司拥有机械加工、铸造、再制造、修复、钢材深加工、磁浮轨道制作、安装检修等主要生产工序，生产工艺体系完备，主要生产经营机械设备备品制造与机械加工产品，机械设备安装修理，铸锻件、铆焊结构件加工销售，钢锭、钢坯、钢材、铁矿石、铁合金、冶金原材料、电气机械的销售，叉车货叉及叉车附件的加工销售，机械式车库加工，承包机械设备招标工程，机械设备购销，中低速磁浮轨道设计、安装、调试等。具备年产机电产品总量25000吨、铸件产品12000吨的生产能力。

机制公司生产系统设8个生产业务单元，行政管理系统设7个职能部室，党群系统设党群工作部，工会、团委、企业文化科与党群工作部合署办公，武装部与综合业务部合署办公。2012年末，有在岗职工644人，其中具有高级专业技术职务的32人，中级的77人，初级的42人；有大专以上学历的273人，中专及高中的202人，初中及以下的168人；中共党员215人，共青团员34人。

【主要经济技术指标】 全年共完成机电产品总量10630.6吨，同比提高9.7%；实现销售收入2.46亿元，同比减少4200万元；因受市场影响和各种因素制约，亏损3492.78万元，同比减亏2071.27万元，完成集团公司下达的减亏目标任务。

机制公司加工的特钢100吨电炉设备拉矫机

【生产经营】 认真组织重点生产，保证主线生产和外部市场需要。按照“制造精品，精品服务，上批量，走成套”的生产指导思想，积极承揽莱钢内部市场业务，服务好主业生产，对承制的拉矫机、冷床、钢包等特钢100吨电炉重点设备项目，进行了转化设计，严格组织生产，确保生产工期和产品质量。按时完成莱钢年修、定修、现场服务、事故件抢制所需的设备及备品备件的制作任务，共抢修、抢制热线生产急件、事故件100多种1000多件，先后组织了型钢炼钢2号、3号炉年修，老区45吨转炉年修，托圈修复等20多个项目。完善铸造生产管理体系，优化生产工艺，主要产品阀门阀体质量得到稳步提升；利用修复、再制造等新的生产技术，对主线生产有关高附加值的备件进行修复利用，共承揽完成板带厂齿轮基座、窄带精轧机牌坊，炼铁厂回转机构、风机套件，炼钢厂连铸轴承、75吨行车减速机等再制造产品190余台套，为集团公司降本增效作出贡献。完成炼钢厂1号、2号连铸机扇形段离线修复任务，保有量、质量等均达到现场要求。

新疆分公司机械加工车间于10月26日建成，设备安装完毕，能够承接相关生产任务，满足新疆钢铁公司生产和建设需要。安装检修业务取得三级机电安装资质，为拓展新业务奠定了基础。历经118天完成南车株洲电力机车有限公司17公里磁浮轨道试验线，从设计、制作，到安装、检测全过程参与，掌握了核心技术，申请了部分专利。钢材深加工业务向新市场领域推进，实现加工销售可利用材及现货钢板31909.7吨。外部市场重点完成南京金鑫减速机项目、北雷连铸项目17项，秦皇岛安丰钢厂150吨转炉氧枪升降横移装配1套，邹平长丰钢厂110吨浇注车2套，秦冶重工装入装置2套，宁夏转底炉加工装配、临沂冷却壁等。

【转方式调结构】 开展转方式、调结构、创新管理活动，开发新产品，拓展新业务。新疆克州铁合金项目在充分调研的基础上形成可行性报告，8月份获得集团公司论证批复后投入建设，项目设计、工商注册、用电用地审批、环评报告等工作有序推进。为充分激活业务单元内部活力，锻炼业务单元的经营能力，按照“自主经营、自负盈亏、自我发展、自觉担当、公司管控”的指导原则，构建模拟法人运行机制，11月首先在机械分厂、铸造分厂推开试行，在产品业务承接、制作、销售、服务等经营环节，发挥业务单元自身应有的作用，实现真正意义上的责权利相统一，促进机制公司转型发展。

【企业管理】 完善管理制度，加强绩效考核，加大督察督办和奖惩力度，促进管理水平的提升。完善生产组织管理体系，建立订单评价工作机制，规范销售、采购、外协、基建、运输等经济合同的评审、签订与履行，降低和规避经营风险，通过法律手段清理旧欠800多万元。加强安全“双基”管理，认真落实安全生产责任制，将安全本质化管理落到实处，风险监控机制有效运行，共查改各类问题及缺陷515项，实现安全环保五为零的目标。环境建设、节能减排、循环经济稳步推进。对重点设备实施故障“零”目标管理，加强设备维护、维修，设备完好率100%，重点设备故障停机率0.98‰，实现了设备安全稳定运行。加强动力运行管理，全年节约用电支出105.97万元。初步建立战略供方评价机制，做好差价经营和废旧物资处理，对业务单元小仓库进行集中统管，减少物资费用占用。完成QES管理体系文件编写、培训、评审等整合工作。人力资源基础管理得到进一步加强，开展了以“提素质、强技能”为主题的多层次、多形式的适应性培训，委托山东大学举办了9期财务管理培训班。加强财务管理，进一步完善成本、资金收支等管理办法，重点细化成本和费用控制，负债总额较年初降低7420.52万元。加强银企合作，积极筹措资金,保证生产经营正常开展。积极推进厂区规划建设,工作秩序、厂区秩序管理逐步走上正轨。

【年内要事】 1月10日，机制公司召开政治工作暨2011年度总结表彰会议，表彰2011年度文明单位5个,劳动模范6名,先进工作者25名，优秀协义工4名;6月27日,机制公司党委召开党内工作总结暨表彰大会,共有3个优秀党支部、15名优秀共产党员、3名优秀党建工作者受到表彰；机制公司《关于建设新疆克州铁合金冶炼厂项目的请示》(莱钢机械字〔2012〕48 号),8月29日经集团公司总经理办公会讨论通过,以莱钢规字〔2012〕313号文下达批复,同意机制公司建设新疆克州铁合金冶炼厂（一期)项目,项目建设所需资金由机制公司自筹解决;10月26日，投资994.42万元建设的机械设计院及科技档案馆建成投入使用;12月29日,机制公司召开第十七届二次职工代表大会,会议审议通过董事长、经理刘隆利所作的题为《站在新起点,实现新突破,全力开创健康持续发展新局面》的工作报告及相关决议案。

【和谐企业建设】 持续推进学习型党组织建设、和谐企业建设,深入开展“学先进、找差距、增效益”主题系列活动和“两转一提”活动。在“两转一提”活动中,查找解决在观念、作风、能力方面存在的6类问题、20种表现和6个不足。加强党风廉政建设,坚持领导干部以身作则,发挥两级领导班子的表率作用,真正团结带领广大干部职工,克服各种困难,稳定队伍,提振信心。开展大讨论和合理化建议征集活动,征集可行性建议800多条,查找问题300多项,制定整改措施150项。开展“送温暖工程”“金秋助学”活动,发放各类救助金30多万元。档案管理、综合治理、民主管理、离退休和武装保卫等工作都取得良好成绩,营造了广大干部职工团结拼搏、干事创业、加快发展的良好氛围。2012年度，机制公司获得莱钢安全生产工作先进单位、职代会先进星单位、人口与计划生育先进单位等荣誉称号。

（撰稿:苏智利　审稿:刘隆利）

莱芜钢铁集团
淄博锚链有限公司

【综述】 莱芜钢铁集团淄博锚链有限公司（以下简称公司）为莱钢集团有限公司控股子公司,位于淄博市淄川区寨里镇,前身为山东黑旺铁矿,2000年10月整体改制为有限责任公司。

公司采用先进的系泊链、船用锚链制造工艺、技术和设备,按国际标准ISO 1704、国家标准GB /T 549-2008及相关船级社规范生产直径16毫米至122毫米规格的二、三级有档电焊锚链、无档电焊锚链和R_3、R_3S和R_4海洋系泊链。锚链产品及附件获得中国、美国、英国、挪威、德国、韩国、日本、意大利、法国九个国际船级社工厂认可。海洋系泊链通过挪威、美国、法国、英国和中国船级社认可。产品注册商标为“大柱”牌,“大柱”牌商标于2012年获得山东省著名商标称号。2012年,公司经审查通过设立山东省级企业技术中心。年末，在岗职工432人,其中专业技术人员112人，中共党员135人，共青团员38人。

【主要经济指标】 根据市场变化适时调整

营销策略，突出一个“抢”字，保证生产均衡有序进行。根据锚链钢价格稳中有降和市场需求多变的情况，合理配置资源，动态协调控制生产，通过技改和规范操作，中小规格机组提效6%左右，大规格机组提效3%左右，保证合同按期交付，主要生产经营指标有所提高。全年锚链计划生产32000吨，实际完成34000吨，完成计划的106%，比上年同期增加3167吨，同比增加10%；锚链计划销售32000吨，实际完成33582吨，完成计划的105%，同比增加1682吨，同比增加5%；预算利润-588万元，实际完成利润-369万元，比计划减亏219万元。

【转方式调结构】 研发R_4S海工新产品，扩大产品认证规格，11月份通过美国石油协会API复审，逐步实现以海工产品为主的调整思路。优化工艺结构，对附件生产系统进行技术攻关，扩展附件生产规格区间，对KS附件锻造工序进行“一次加热，两次成型”工艺改造，提高配套能力。考察论证喀什矿山项目。发挥公司多年从事矿山生产的技术优势，推进喀什矿山项目，为新疆公司配套供应铁矿石，促进锚链公司实现转型。重新启动船板加工配送项目设计修改工作。与江苏科大等科研单位合作，完成10万吨船板预处理加工配送中心项目科研报告修订工作。

【市场营销】 改进营销管理体制，加强重点客户管理，推进战略合作。围绕“两大重点、三大目标市场”进行重点开发，根据市场变化，从以内销为主向外销为主转变，出口比例达到58%。上半年抓住船厂因环保标准提高集中于7月1日前交船的有利时机，抢抓订单，有4个月新接订单超过3000吨。下半年根据订单急剧下滑的局面，采取薄利拓市场的营销策略，接单量迅速下滑得到一定程度遏制。围绕重点船厂做好工作，综合分析同行业的市场定位以及原材料价格走势，实施灵活多变的营销策略，努力实现营销效益最大化。全年接单26502吨，其中系泊链2413吨。

【降本增效】 强化成本管理，瞄准同行业先进水平对标挖潜，实现降本增效新突破，产品市场竞争力提高。完成挖潜增效300元/吨的奋斗目标。二级锚链单位成本4643元/吨，同比降低853元/吨；三级锚链单位成本6036元/吨，同比降低40元/吨。全年实现降本增效1550万元，青岛分公司比上年减亏119万元。

【技术创新】 完成系泊链探伤由磁粉探伤改为荧光粉探伤和17000千牛拉力试验机激光测距系统测量五环长度精度的新技术应用改造，检验精度提高。船用锚链JS附件和R_4S系泊链研发等2项新产品开发项目

2012年6月20日，LR中国总部到锚链公司巡视工厂

被列入山东省2012年技术创新计划项目。全年新授权专利项目4项(其中:发明专利1项,实用新型3项),新申报专利项目2项。

【企业管理】 推进四个安全标准化的实施,完成"安全生产基层基础强化年"4次重点整治行动,重点抓安全措施落实和安全隐患治理,安装煤气炉在线监测系统,开展春季安全教育和特殊工种培训教育,有654人次参加培训,对169名职业病人员进行一年一度的健康查体,向省安监局提出二级安全质量标准化企业评审申请,开展"构建安全标准化管理模式"工作。推行"6S"管理,现场管理工作有新的提高。根据船级社新变更的检验标准,重新制定生产工艺纪律标准,进行宣贯、学习、执行。推行"零缺陷"质量管理模式,加强工序质量控制和工序质量考核,产品实物质量明显改善,保证产品出厂合格率100%。顺利通过LR总部工厂巡视。修订完善绩效考核方案。全年举办各类培训班51期,培训职工1642人次,38人参加职业技能鉴定,特种作业人员全部实行持证上岗。

【和谐企业建设】 加强思想政治工作和形势任务教育,扎实推进"找差距、赶先进、抓创新、增效益"主题系列活动,以"对标提升争红旗,创新创效促转调"为主题,开展年度夺杯及各类劳动竞赛。加强廉洁风险防控管理,组织"践行四德,廉洁从业"主题演讲会,党员领导干部廉洁自律意识明显增强。建立后勤生活联系制度,落实"职工健康改善计划",充分发挥四条保障线的作用,各类救助金额119846元。

(撰稿:张囡囡　审稿:张玉君)

莱芜钢铁集团有限公司设备检修中心

【综述】 设备检修中心是莱钢集团有限公司的直属单位。成立于2012年12月5日,主要承担钢铁主业定修、年修及部分大修任务,依据生产单位委托承担其他检修任务。主要职责:承担检修项目施工方案的制订;保证检修施工的安全、质量、工期管理;提供检修所需辅材;受生产单位委托承担修旧利废职能;对于不能承担的检修项目,向公司主管部门提出外委申请;检修施工后的现场清理;编制检修工程预决算。2012年末,设备检修中心设综合科、政工科、检修管理科、技术质量科、安全生产科5个科室和炼铁检修项目部、炼钢检修项目部、轧钢检修项目部、动力能源检修项目部、机电工程项目部5个部,下辖18个作业区。办公地点设在型钢炼铁厂办公楼三楼。共有职工2514人,其中管理人员73人,技术人员96人,维修操作人员2345人。设备、房屋建筑等固定

设备检修中心与板带厂进行人员交接

资产共计882.7万元。

【组建情况】 2012年12月5日,集团公司在办公楼召开设备检修中心成立大会。之后,设备检修中心迅速组成炼铁系统、炼钢系统、轧钢系统、特钢系统和能源动力系统等5个划转接收小组,开展检修统管范围的界定、检修人员名单确认、各类人员的划分、搭配、编组及划转工作。截至12月14日,设备检修中心完成与型钢炼铁厂、炼钢厂、焦化厂、莱芜分公司炼铁厂、特钢事业部、能源动力厂、棒材厂、型钢厂、板带厂、宽厚板厂等10个生产单位间的人员划转工作,比计划提前1天。人员划转情况为:焦化厂划转249人;莱芜分公司炼铁厂划转445人,比计划增加1人;型钢炼铁厂划转332人;炼钢厂划转334人;能源动力厂划转220人,比计划增加2人;特钢事业部划转271人;棒材厂划转170人,比计划减少1人;板带厂划转263人;型钢厂划转103人;宽厚板厂划转116人,比计划减少1人;机械动力部划转6人,比计划减少1人。共统管划转职工2509人。

【检修项目】 从设备检修中心成立到2012年年底,共完成检修项目1220余项,其中定修427项,抢修78项,日常检修715项,总产值约680余万元。顶替外委项目163项,顶替外委额约122万元。

(撰稿:王友军　审稿:孟宪俭)

莱芜钢铁集团有限公司销售中心

【综述】 莱芜钢铁集团有限公司销售中心(简称销售中心)主要从事主导产品销售职能管理,并负责公司产销研一体化机制的具体运作。根据业务工作需要,2012年8月,集团公司成立营销管理部,销售中心原销售计划编制、营销管理制度制定、信息分析预测、价格管理、营销评价、产销研一体化运行等职能划归营销管理部管理。销售中心职责调整为:基础销售计划编制;市场信息搜集、分析、预测;产品市场定位、开发,并适时调整销售策略;产品资源总量控制和区域流向配置;客户管理及服务;组织新产品研发论证、立项,下达新产品研发和产品质量改进研发计划;组织销售订单成本测算、效益评估及订单管理;企业形象及产品对外展示等。9月,按照集团公司要求,销售中心对内设机构进行调整。年末有办公室/党委办公室、政工科、销售管理科、合同管理科、用户服务部、棒材资源开发部、棒材销售部、型钢资源开发部、型钢销售部、窄带销售部、宽带销售部、宽厚板销售部、副产品销售部等13个部门,以及莱芜利达物流有限公司、莱钢(广东)经贸有限公司、莱钢无锡经贸有限公司、莱钢上海经贸有限公司、青岛莱钢经贸有限公司、山东钢铁股份有限公司菏泽营销分公司等6个代管子(分)公司。共有职工189人,其中管理人员183人、操作人员6人;管理人员中具有高级专业技术职务的44人、中级的98人、初级的26人;中共党员99人,共青团员11人;本科以上学历160人,大专学历19人,中专技校高中学历6人,初中及以下学历4人。

【主要销售指标】 全年销售钢材945.16万吨,同比减少4.73%,产销率为99.40%。回收货款380.48亿元,同比减少100.3亿元,减少20.86%。实现销售收入368.92亿元,

2012 年 7 月 9 日，莱钢在青岛召开 2012 年战略联盟用户峰会，与 45 家战略联盟用户签订战略合作协议书

同比增加 92.87 亿元，增长 20.11%。货款回收率、合同签订率、履约率均达到 100%。接收产品质量异议 164 起，处理完毕 153 起，质量异议损失 174.77 万元；接收质量异议同比增加 40 起，异议损失增加 117.53 万元。

【营销创新】 牵头制定《莱钢营销商业模式调整方案》，推动莱钢营销体制机制深层次变革。提出以提高盈利产品销售比例、增强产品盈利能力为核心，构建“五大体系”，创新营销管理，实施销售机制、流程优化调整，为莱钢经营发展提供强力支撑，确保销售工作平稳高效推进。配合集团公司营销模式调整，设立淄博、泰沂、济宁、文登、郑州、合肥、永康、昆明 8 个销售公司和南方、北方 2 个工程公司，协调新成立公司做好选址布局工作，为销售公司提供业务指导和支撑，帮助各公司做好实质运营准备。开展“百日营销攻坚战”和“攻坚再加力，创新求突破”活动，激发团队积极性和创造性，各项销售指标显著提升。攻坚战期间，新产品比例为 28.18%，比活动前上升 4.75 个百分点；AB 类产品比例为 40.61%，比活动前上升 1.55 个百分点；中心内销钢材平均库存 10.80 万吨，比活动前下降 1.7 万吨。

【市场开拓】 以新产品、高效产品为重点，加大市场开发力度，优化产品结构，抗震钢筋、高级别螺纹钢、型钢高端产品、窄带品种钢、冷轧料、高强钢板等实现品种和销量的新突破，AB 类产品比例为 41.5%，同比提升 3.25%；新产品比例为 25.18%，同比提升 2.65 个百分点；新产品价格与普通产品价差为 268 元 / 吨。

【销售渠道管理】 以终端市场开拓为重点，创新直供直销思路，直销比例保持较高水平。全年直销钢材 498.54 万吨，直销比例 52.7%。加强终端市场调研，满足客户差异化需求，瞄准国家及省级重点工程和国内大型知名企业，吸引客户与莱钢建立战略联盟合作关系。先后与郑煤机、东方铁塔、淄博森泰、合叉股份等企业签订战略联盟合作协议。建立市场质量评价体系，导入市场、客户质量、服务评价，改进服务措施，提升产品质量，客户满意度不断提升。召开战略联盟用户峰会和叉车门架型钢推介会，加强交流合作，展示莱钢形象，销售渠道更加稳固。

【营销管理】 密切关注宏观经济和行业走势，加强市场热点跟踪分析，捕捉市场机遇，超前预测，精心策划，加强研判，抢抓商机，采取灵活主动的价格策略，价格掌控能力不断提升；加强预算管理，提高预算执行力，价格对标成效显著；强化计划管理，优化销售资源；加强合同管理，完善市场风险管理流程，有效规避经营风险和法律风险；规范银企商三方业务运作，有效防控经营风险；强化服务意识，营销服务更加精细，客户满意度、忠诚度不断提高；适时调整考核激励机制，考核更具针对性；修订制定60余项制度，加强督查督办，工作效率进一步提高。稳妥推进内部机构、人员改革，有效保持了团队的稳定性和积极性。适应集团公司营销商业模式调整要求，快速提升综合素质，加强营销团队建设，增强快速应对、提高盈利产品销售的能力。启动"重温经典、改善心智、提升执行力"活动，促进职工心智提升和改善，执行力持续提升。

【三个文明建设】 以争创"四强"党组织、"四好"领导班子为载体，扎实开展好民主生活会，班子团结协作，凝聚力不断增强。开展各项党性实践活动，党支部战斗堡垒、党员先锋模范作用明显。开展"两转一提"活动，作风建设进一步加强。灵活搭建活动载体，有效激发团队活力，促进营销业绩提升。创新营销理念，发挥先进营销文化建设的感染力和渗透力。规范廉洁从业行为，实施廉洁从业承诺，确保廉洁效能管理体系平稳运行。发挥宣传导向作用，弘扬主旋律，充分展示营销业绩和营销队伍的良好形象。

（撰稿：董　良
审稿：王　兵）

莱芜钢铁集团有限公司
培训中心

【综述】 培训中心是莱芜钢铁集团有限公司的直属单位，与山钢股份莱芜分公司培训中心复合设置，是莱钢干部职工教育培训基地、莱钢安全培训教育基地、省国资委反腐倡廉教育基地、省委党校现场教学基地、山东省"金蓝领"培训基地、省技能培训定点机构、省职业教育与成人教育科研基地、技师培训基地、职业技能鉴定站、全国职工教育培训示范点。占地9.7万平方米，建筑面积3.9万平方米。2012年末，共有在岗职工136人，其中具有高级职称的85人。连续3年评为莱钢文明单位，保持山钢文明单位、省管企业文明单位荣誉称号。年内，荣立莱钢集团公司二等功1次、三等功2次。

【培训指标完成情况】 全年举办各类培训班798期，培训48695人次，完成培训124591人·天的培训任务，比上年分别增长60.9%、50.3%和8.3%。党风反腐倡廉教育

培训中心大门

1604人；继续工程教育在校学员973人。项目开发全年计划完成20项，实际完成22项；专题开发全年计划完成8个，实际完成27个。省委党校在职研究生招生28人，毕业29人，函授本科毕业62人；工程硕士招生32人，开放教育招生151人，毕业272人；奥鹏远程招生42人，毕业82人。超额完成了公司下达的年度培训计划。

【培训教学工作】 各培训教学流程紧扣公司生产经营建设，发挥培训团队作用，重点实施了一批培训项目。管理培训流程适时推出了十八大宣讲、莱钢“十二五”战略规划宣贯、赴疆人员培训、新兴际华经验解读、现场管理等系列培训项目。技术培训流程快速反应，组织了招投标专家培训和能源管理体系培训；六西格玛实施了大黑带项目培训；TRIZ创新方法培训得到国家科技部和省科技厅领导的高度评价。技能培训流程建立安全培训基地和变配电实训基地，实施系列安全培训，组织金蓝领和技能鉴定培训考核，为张钢实施技能提升培训，承办了山东省特种设备桥式起重机操作工技能大赛。加大以赛促培的工作力度，培训的选手在中钢协主办的“马钢杯”第六届全国钢铁行业职业技能大赛中取得焊工比武第二名的好成绩。继续教育流程发挥企业导师作用，提升了学员研究课题与莱钢生产相结合的能力；主动为地方经济发展服务，为山东正顺风电有限公司培训部分焊工操作人员。卓越绩效管理、六西格玛管理、TRIZ创新方法、专业技术充电等培训项目直接与生产问题、现场项目相结合，推行“1+1”模式，提高了培训的实效性，得到各部门各单位的好评。

【改革管理创新】 加强绩效管理，完善计划指标管理体系、费用管理体系、项目开发管理体系、绩效考核办法等。高级职称老师30课时实际授课和收入的1000元挂钩，岗位工资切出30%与绩效浮动；科级干部奖金系数降低，教师岗位奖金系数增加，首席培训师奖金系数超副科。在收入分配上向培训教学一线倾斜，调动了教师们要上课、上好课的积极性，引导干部职工以上讲台为荣，以开发精品为荣，以争当名师为荣。完成了机构调整和科级干部竞争上岗工作，设置10个科室，18名科级干部竞争上岗。加强培训管理，明确“全方位、零界面融入钢铁主业，多角度、多层次助力企业发展”的工作定位，建立7个培训需求调研平台，推进“四个一批”培训项目开发，加强培训满意度测评，创新培训全过程管理，管理培训、技术培训、技能培训和继续教育四个培训教学流程更加清晰。实行培训管理科室和教研室负责人交叉任职制度，与各单位各部门结成无边界团队、送培上门等，突出了培训的超前性、开拓性、创新性和实效性。

【职工队伍建设】 坚持“两转一提”与“转型提升”紧密结合，领导干部带头上讲台、进课堂、转作风、转会风、转文风，提倡开短会、写短文、讲短话。尽力改善办公条件，为教职工配备了软座椅、书橱、绿色植物，为首席培训师、名师调整了办公室，配备了笔记本电脑、沙发，创造了良好的工作环境。积极搭建平台提升教师素质。充分利用社会培训资源，外请名师前来授课，送出教师外出深造，安排教师挂职锻炼，有5名教师分别到省委党校、北科大脱产学习，并畅通了中央党校、国家行政学院的进修渠道，有6名教师分别到有关单位挂职锻炼，为提高师资队伍整体素质创造了条件。

【学习型党组织建设】 试行《党建标准大纲》,建立学习、反思、创新三大体系,引导各党支部查找问题、反思短板,明确改进方向。坚持党委中心组学习制度,组织支部书记到焦化厂等单位学习考察。做好民主评议党员工作,着力解决在思想、组织、作风建设等方面存在的问题,提升了党员队伍素质和党组织的凝聚力战斗力。组织开展庆"七一"系列活动,对先进党支部和优秀党员进行了表彰。实行支部分档管理,定期进行工作检查,每季度评选一档支部和学习型党员。建立14个党员无边界团队,实施200余项"点金"项目,为公司推进吨钢降本增效300元发挥了作用。认真组织学习党的十八大精神,全体党员和干部职工集体收看了开幕式盛况;制定下发《关于认真学习宣传贯彻党的十八大精神的通知》,安排支部书记、优秀党员和教学骨干到中央党校、省委党校参加十八大精神培训班,举办专题辅导报告会,各支部上了一次专题党课。

【校园文明建设】 建设了南大门,安装交通安全警示牌,粉刷教学楼办公楼,新装校园广播系统,安装电子屏,建立学习阅览室、学员休息室,更换了分课桌椅,校园面貌焕然一新。拓宽民主管理渠道,构建和谐劳动关系,率先实施职代会代表差额选举,完善民主评议干部制度,将绩效考核方案纳入职代会讨论审议;多次召开"面对面,心贴心"民主恳谈会,认真听取教职工的意见和建议。开展庆祝培训中心/党校成立10周年暨教师节系列活动,邀请老领导回校座谈。坚持以人为本,开展送健康讲座、送温馨保健箱、送蛋糕、送清凉等送温暖活动,及时看望住院的职工和家属,增强了中心的凝聚力。成立棋类和书法协会,开展"送春联送祝福"活动,启动"天天十分钟"健身活动。参加公司乒乓球赛和游泳比赛,获得较好名次。

(撰稿:徐国良　审稿:侯继庚)

莱芜钢铁集团有限公司医院

【综述】 莱芜钢铁集团有限公司医院(简称莱钢医院)前身是山东省公安厅劳改局干部疗养院,成立于1956年9月,1961年更名为山东省公安厅劳改局中心医院,1970年随着莱钢的建设整体搬迁至莱钢,是一所医教研防功能齐全、辐射鲁中地区的综合性三级乙等医院,是国家级爱婴医院、泰山医学院附属医院、北京安贞医院合作医院。莱钢医院占地面积9.9万平方米,建筑面积5.88万平方米。拥有直线加速器、超导型磁共振、螺旋CT、DSA、DR、CR、三维彩超、高压氧舱等大型先进医疗设备20余台件,固定资产2.53亿元。下设临床医技科室35个,职能科室21个,开设临床病区23个,开放床位1000张,下辖社区卫生服务站5个,年门诊量62万人次。共有职工967人,其中具有高级专业技术职务的164人,中级的449人;硕士研究生50人。

【主要业务经济指标】 全年完成门诊量62万人次,同比增加11%;收治住院病人19807人次,同比增加14%;完成手术5102例,同比增加4%;健康查体4.9万人次,同比增加4%;床位利用率96.3%,同比增加3.3%;床位周转率24.3次/年,同比加快4.9次/年。实现主营业务收入2.76亿元,同比增加3700万元,增长15.5%。

【业务技术】 以创“三甲”为主线，以贯彻落实《三级综合医院评审标准》为契机，深入开展“三好一满意”和“质量月”活动，确立示范科室和示范护理组，完成制度、职责等文档材料的编审、印刷等工作，完善了评审材料。开展全面质量管理考核，强化各级质量考核组织的职能，建立质量管理体系框架。医疗质量分析以核心制度落实、合理用药、临床用血、临床路径及规范化的诊疗为重点，运用质量管理工具进行整合、归纳与分析，并加强监管、反馈与整改，药占比进一步降低，抗生素使用指标达到卫生部要求，临床路径入径率、入径完成率均达到了三级医院的标准。推广优质护理服务示范工程，深化责任制整体护理模式，加强专科护士培养，规范护理行为，住院病人满意度达 99%，神经外科病区被评为省级优质护理服务示范病房。加强重点部位、重点环节的管理，开展全院综合性监测及目标性监测，组织现患率调查，院内感染管理规范有序。对外交流逐步加强，与上级医院合作更加稳固，先后邀请德国、日本和台湾专家来院进行手术演示、坐诊与交流，承办了山东省神经内科学术论坛。开展适形放疗、钬激光治疗、玻璃体切割、十二指肠镜诊疗等新技术项目 34 项，申报通过重症医学科、内科免疫学专业两个诊疗科目，完成科研课题立项 16 项。完成 220 余名大中专学生的见习带教、实习教学任务，3 人被聘为硕士生导师，1 人获泰山医学院教学比赛二等奖。

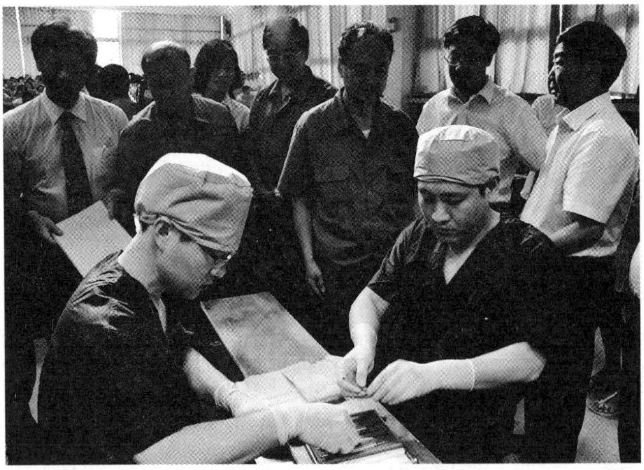
莱钢医院“千人大练兵大比武”活动比赛现场

【基础建设】 先后投融资近 2700 万元，用于医院建设。进行了信息系统更新，完成病理科、输血科、教学技能训练室、精神卫生科大修等改造建设，以及静脉输液配置中心设计。引进使用医用直线加速器、肺功能仪、钬激光、全景 X 光机、玻璃体切割仪、十二指肠镜等设备及临床急需与评审必需的设备。CT、ECT 引进相关工作正在进行。

【劳动卫生职业病防治】 坚持预防为主的工作方针，积极开展职业病危害因素监测与评价、职业健康检查、职业病诊断、职业病人治疗工作。完成职业病危害因素检测合计 9242 点次，各种职业病危害因素接触人员查体合计 13245 人次；全年受理职业病诊断 24 人，新诊断职业病人 6 人，完成职业病人治疗 361 人次。17 人次参加全省职业病危害因素检测评价、健康检查等培训学习。完成 2 例液相色谱测定血中百草枯新技术项目，病区自编呼吸操，改善病人肺功能，累计 9444 人次进行了呼吸操的学习锻炼，改善了病人喘憋症状。实验室顺利通过山东省质量技术监督局计量认证复审和扩项的现场审核，检测项目由原来的25项扩大到44项。

【妇幼保健工作】 将业务学习和“三基”训练作为提高技术素质的重要手段，选派2名医疗人员到上级医院学习阴道镜技术，开展了“阴道镜下宫颈活检术”等新技术项目；与上级医院合作开展了宫颈细胞DNA检测、ECT、HPV病毒检测等国内先进技术。全年完成门诊量22365人次、妇女查体10415人次、儿童查体总人数3192人。

【预防保健工作】 继续做好“一站式查体”“优惠套餐”服务工作，不断提高查体质量，加快信息反馈，对查体异常者及时组织会诊、诊治及不良生活方式干预。全年完成干部、工人查体15321人次。

【思想政治工作】 认真贯彻落实党的十八大精神和国家新的医改政策，深入开展“找差距，推进两大战略；增效益，促进医院发展”主题系列活动。以开展“转观念、转作风、提能力”活动为契机，集中对医疗服务中存在的问题进行排查和整改，提高了服务水平。开展以“大练兵大比武”为切入点的“三基三严”训练，承办莱钢第十二届职工技术大赛，组织了51个大项的比赛，参赛人数达2300人次。

【年内要事】 2月23日，“千人大练兵大比武”活动启动。4月28日，莱钢医院实行“先诊疗后付费”服务模式。5月20日，德国波恩大学附属医院关节外科副主任皮埃尔·古贝尔到莱钢医院进行学术交流与手术演示。6月16日，台湾阳明大学医务管理研究所所长、台湾医疗产业管理发展学会会长钱庆文教授到莱钢医院作题为《医院中层领导管理艺术——全面医疗质量管理》的讲座。7月，美国瓦里安直线加速器投入使用。10月13日，由莱钢医院承办的山东省医师协会神经内科分会学术研讨会在莱钢召开。10月26日，门诊“一卡通”系统正式上线运行，信息系统更新逐步实施。12月2日，山东省慈善总会会长谢玉堂视察莱钢医院“慈善门诊”。12月14日至15日，莱钢医院第十届职工代表大会第三次会议在杏林学堂会议室召开，院长张绪春作题为《真抓实干创三甲，励精图治谱新章，为把医院建设得更强大更美好而努力奋斗》的工作报告。

（撰稿：王庆振　审稿：张绪春）

山东莱钢永锋钢铁有限公司

【综述】 山东莱钢永锋钢铁有限公司（以下简称公司）位于山东省齐河经济开发区，占地面积241.13万平方米。公司以钢铁生产为主业，非钢产业协同发展，具备年产500万吨钢综合配套生产能力。公司主要产品包括热轧带肋钢筋和热轧光圆钢筋、碳素结构钢、优质碳素结构钢、合金结构钢、冷镦钢、焊接用钢、弹簧钢、轴承钢、预应力钢丝及钢绞线用盘条等10大类30余个品种。主导产品为建筑用热轧带肋钢筋、高速线材和制造加工用高线精品等。公司通过省级清洁生产及主要工序安全标准化管理审核，“永锋”商标为山东省著名商标，主导产品永锋牌热轧带肋钢筋被评为国家免检产品、山东名牌产品、全国质量过硬可信赖建材产品等。2012年，公司获山东省能源计量标杆示范企业、山东省企业实习实训基地等称号。截至2012年末，公司共有职工6035人，其中管理人员329人，操作人员5706人。

永锋集团建厂十周年庆祝大会会场

【经济技术指标】 全年共生产铁454万吨、钢464万吨、材466万吨，分别比上年增长24.7%、24%、23.6%。销售钢材469万吨，产销率102%，实现销售收入163亿元，利润4亿元，上缴税金4.65亿元。

【炼铁生产】 炼铁系统拥有现代化原料场3座，120平方米、180平方米烧结机各2台，265平方米烧结机1台，并配有相应的烟气脱硫系统；60万吨链篦机回转窑球团生产线2条；钢渣处理线、矿渣生产线各1条；450立方米高炉2座，1080立方米高炉3座；铸铁机4台。2012年，烧结工序全年生产烧结矿产量达到661.14万吨，比公司计划超产29.14万吨，综合合格率达到94.18%；炼铁工序全年生铁产量完成454.06万吨，比公司计划超产4.06万吨，合格率达到99.97%。具备年产生铁490万吨、烧结矿840万吨能力。年内集中对烧结机头除尘、机尾除尘、成品除尘、筛分电除尘进行了大修，确保除尘器各项设施完好，粉尘排放浓度达标。

【炼钢生产】 炼钢系统有60吨氧气顶吹转炉和120吨转炉各2座，150吨LF精炼炉2座，150吨VD真空精炼炉1座，KR铁水预处理站1座，R8米4机4流弧型方坯连铸机和8机8流方坯连铸机各2台，600吨混铁炉2座，150吨石灰竖窑6座，200吨白云石竖窑1座。具备年产钢坯520万吨生产能力，先后完成45、ER50-6、82B、GCr15、40Cr、ML40Cr等多个牌号钢种的冶炼。在冶炼ER50-6钢种时，运用双渣留渣法、单渣留渣法两种操作模式，都取得较好效果。生产中通过技术创新，强化工艺制度，规范操作纪律，加强工序间衔接，优化入炉料配比和提高中间包使用寿命等措施，实现各项指标的稳定控制，连铸坯合格率达到99.98%。通过推行点检闭环式的设备管理模式，将点检与定修工作有机结合，提高了设备作业率。

【轧钢生产】 全年累计轧制钢材466万吨，创公司投产以来最高年产量。拥有5条轧钢生产线，其中棒材生产线3条、进口高速线材生产线2条。热轧带肋钢筋规格直径6毫米至32毫米，高速线材品种钢规格直径5毫米至20毫米。小规格多切分产量和作业率取得突破性进展，新材料高硼高速钢轧辊的全面推广和棒材自动计数设备的成功使用，使产品产量质量，设备作业率及包装质量有了很大改善。

【产品销售】 产品销售实现一站式服务，在立足于本省销售的基础上，进一步开拓距离相对较近、受益较高的苏北、安徽、郑州等省外市场，同时开发上海、南京、武汉、江西等地市场。2012年钢材产销率较上年上涨2.1个百分点。发挥火车运输优势，省内汽车运输保利润，省外火车运输降库存，千方百计降低销售成本。加强省外运输管制，引入物流管理软件，为9家挂靠物流公司安装了车辆监控客户端，实现销售部、物流公司运输管理的网络化。

【安全生态企业建设】 实现烧结、炼铁、炼钢、轧钢、制氧、煤气生产工序的安全标准化作业，并顺利通过山东省安监局组织的国家二级冶金安全标准化评审验收。规范安全管理流程，完善安全积分管理制度。抓重大危险源监控，全年开展6次公司级应急事故演练，防止了重大事故的发生。持续开展"以我为主，一岗双责"隐患排查治理提案征集系列活动、"对照标准查隐患，依照规程反违章"活动和周五班组安全活动，巩固安全基础工作。全年共组织安全检查42次，查处隐患983项，全部整改完毕。职工安全教育常规化，对职工进行重点岗位危险因素告知及防范措施培训，对104名管理骨干进行《安全工程培训》。完善职工职业健康管理体系，为6000余名职工进行健康查体。全年工亡事故为零。作业现场环境整治工作成效显现。从安全设施的完善、现场冒烟冒尘点排查治理、现场备件定置管理到生产现场、道路卫生，绿化带及三室卫生，共制定整改方案1620项。后期建设项目实现余热节能装置的同步进行，废气粉尘达标排放，余热发电能力进一步加大，企业自发电能力较上年提高78.11%。二期矿渣微粉项目建成投产，提高了钢渣回收加工能力，杜绝了废水、废渣对环境的污染。余热节能全年组织环境监察240次，合格率达91%以上。厂区内新植苗木6.58万株，补播草皮2.66万平方米，生产区绿化率达到90%以上。2月，公司被德州市授予总量减排工作先进单位称号；8月，通过山东省环保厅组织的第二轮清洁生产审核验收和QES管理体系复审。

【管理创新】 4月，公司全面开展管理制度与流程优化再造工作。按照取消、合并、简化原则，对所有管理制度、工艺流程进行优化提升，强化工艺纪律与工艺监督。经过优化烧结配料结构，改进高炉焦矿比，使铁水吨铁成本大幅降低；高线低温轧制，优化连铸坯内控成分，减少硅锰合金消耗，吨钢降耗取得显著效果；改造余热补气系统，提高发电负荷2万千瓦时/天；优化TRT工艺参数，提高发电量10%；改造制氧污水池，节约新水100吨/小时；加强运输亏吨考核，减少亏吨22994吨；优化原燃料化验流程，焦炭热态合格率由上年42.28%提高到94.56%；优化产品结构，品种钢市场占比达到12%以上。全年实现内部挖潜吨钢综合降本80元的目标。

【建厂10周年庆祝活动】 8月18日，公司召开建厂10周年庆祝大会，出席庆祝大会的有中共齐河县委、县政府、县人大、县政协和县委、县政府各科局、金融界、经济开发区、黄河生态城等单位负责人，以及公司历届董事会监事会成员、公司领导、曾在公司工作过的老职工代表、公司各级管理人员和部分职工代表共700人。8月16日至17日，公司分别召开齐河县老领导座谈会和公司劳模先进座谈会、老职工座谈会。18日下午，齐河县2012年永锋助学金发放仪式在公司员工活动中心举行。17日起，公司庆祝建厂10周年文艺演出在员工活动中心连续演出7场，同时举办庆祝建厂10周年书画摄影展。

【信息化建设】 2012年，公司信息化建设全面推进，逐步实现由计算机到信息管理的跨越转变。完成电话网络的双路由改造、公司主网优化改造、能源网络改造和机房建设与数据设置等。加强网络中计算机的管理，借助360网络管理平台，将540台与ERP作业有关计算机纳入综合管理，实现整体网络运行状态、网络安全状态、网络硬件指标状态、计算机使用状态的全面监控，增强了管理效能，确保网络安全运行。

公司ERP系统建设稳步推进。3月，检化验数据采集系统、磅秤数据采集系统、轧钢数据采集系统、炼钢数据采集系统、成品出库扫描数据采集5个系统上线运行。7月，购运储、销售、销售结算、轧钢、炼钢、质量、会计、成本8个系统上线运行，对系统运行中出现的数据和流程问题，及时调整完善，边实践边总结边优化。人力资源系统10月进入编程阶段；远程计量项目进入实施阶段，对外购汽车衡、产品外销汽车衡、内倒汽车衡、火运动态衡、火运静态衡、皮带秤6个子系统进行了优化，计量人员全部集中到计量主控室统一作业，计划翌年3月上线运行。

【首届职工代表大会】 1月6日，公司一届一次职工代表大会暨2012年工作会议在员工活动中心多功能厅召开。会议由公司党委书记、副总经理李海龙主持，董事长刘锋讲话，总经理邵长涛代表公司作题为《团结奋斗，开拓创新，为实现永锋持续稳定发展而努力奋斗》的工作报告。12月30日至31日，公司一届二次职工代表大会暨2013年工作会议召开，会议的中心议题是：直面挑战，稳中求进，凝心聚力，创新发展。

【年内要事】 3月23日，公司新建办公大楼全面启用。8月17日，公司召开股东会、董事会会议，审议通过《关于更换监事人选的议案》《关于资产报废损失的议案》。9月，公司获山东省热心慈善事业先进单位称号。本年，参股鲁证期货，资本运营取得新突破。

（撰稿：苏艳霞　审稿：李海龙）

齐鲁证券有限公司

【综述】 齐鲁证券有限公司（以下简称“公司”）是经中国证监会批准，由莱钢集团有限公司、兖矿集团有限公司、济钢集团有限公司等出资设立的大型综合类证券公司，注册资本52.12亿元，莱钢集团有限公司持股45.7%，为公司第一大股东。公司在全国27个省市自治区设有14家分公司、175家证券营业部，服务客户300多万，管理客户资产2000多亿元，控股鲁证期货公司、鲁证创投公司、齐鲁国际控股公司，参股万家基金公司，形成集证券、基金、期货和直投为一体的综合性证券控股集团。截至2012年末，公司总资产335亿元，净资产116亿元。

【经营范围】 证券经纪；证券投资咨询；与证券交易、证券投资活动有关的财务顾问；证券的承销与保荐；证券自营；证券资产管理；融资融券；证券投资基金代销；为期货公司提供中间介绍业务。

【业务资格情况】 经纪业务资格，外汇交易业务资格，网上交易业务资格，证券投资基金代销业务资格，国债买断式回购业务资格，LOFs基金申购业务资格，“上证基金通”业务资格，证券自营业务资格，保荐人资格，证券投资咨询资格，银行间债券市场交易和结算成员资格，企业债券主承销商资格，报价转让业务资格，从事代办股份转让主办券商业务资格，全国银行间同业拆借资格，华夏上证50ETF、华夏深市中小板ETF、华安上证180ETF、易方达深市100ETF和友邦华泰上证红利ETF的一级交易商资格，证券资产管理业务资格，为期货公司提供中间介绍业务资格，融资融券业务资格，自营业务参与股指期货保值交易资格，开放式证券投资基金代销业务资格，债券质押式报价回购业务资格，向保险机构投资者提供综合服务，中小企业私募债券承销业务试点，上海证券交易所约定购回式证券交易业务资格，转融通业务资格。

【历史沿革】 公司成立于2001年5月，其前身为山东省齐鲁证券经纪有限公司，初始注册资本5.12亿元，有30家分支机构。2004年10月，经中国证监会批准，莱钢集团有限公司注资3亿元，成为公司的第一大股东，公司注册资本增至8.12亿元，并正式更名为齐鲁证券有限公司。2005年12月，公司通过了规范类证券公司评审。按照中国证监会的决定，自2006年3月17日起，公司对天同证券的经纪业务实施托管。2006年12月，经中国证监会批准，莱钢集团有限公司等5家企业共向公司增资14亿元，公司注册资本增至22.12亿元。2007年1月，公司受让了天同证券的证券类资产，拥有证券营业部87家、证券服务部20家。2007年8月，公司通过了创新试点类证券公司评审。2008年3月25日，经中国证监会批准，同意莱钢集团有限公司等27家企业对公司增资30亿元，公司注册资本增至52.12亿元。自2008年中国证监会对证券公司实施分类评价以来，公司均被评为A类A级或以上级别。

【董事监事高管人员变动情况】 2012年，公司董事、监事无变动。2012年12月，公司第四届董事会第二十次会议指定吕祥友代行公司合规总监职责；钟金龙不再担任合规总监职务。

【法人治理及组织机构情况】 公司按照《公司法》《证券法》等相关法律法规和《公司章程》的规定，设立“三会一层”的法人治理结构。董事会下设薪酬与提名委员会、审计委员会和风险控制委员会3个专门委员会。截至2012年末，公司设有办公室/董事会秘书室、企业文化部/党务工作部、人力资源部/党委组织部、计划财务总部、经纪业务总部、客户服务总部、机构业务部、投资银行总部、证券投资部/衍生产品部、场外市场业务部、中小企业融资部、固定收益总部、融资融券部、国际业务部、信息技术总部、研究所、登记结算部、合规管理总部、法律事务部、风险控制部、审计稽核部、后勤保障部、北京办事处、广州办事处、深圳办事处等25个总部部室，资产管理分公司及烟台、潍坊、威海、济宁、东营等14家分公司；证券营业部175家。公司控股3家子公司，分别为鲁证期货股份有限公司、鲁证创业投资有限公司和齐鲁国际控股有限公司，持股比例分别为87.4772%、100%和100%；参股万家基金管理有限公司，持股比例为49%。

【职工基本情况】 截至2012年末，公司在岗职工5503人(不含内退人员)。公司职工(不含营销代表和辅助用工)中，硕士及以上学历占19.51%，本科学历占66.43%；平均年龄34.33岁。公司各项业务人员情况如下：经纪业务人员4400人，投资银行业务人员287人，投研业务人员132人，总部职能服务支持人员477人，其他人员207人。

【经营业绩】 2012年，公司全力推进业务转型，积极实施创新驱动战略，深入开展增收节支活动，在证券市场日均交易量较2011年下滑24%的形势下，全年实现利润6.74亿元，较上年增长10%。经纪业务，从完善客户服务管理平台，加强投顾队伍建设等方面，推动业务向财富管理转型。全年累计实现代理买卖证券业务总收入18.2亿元，在全国券商中排名第8位。投行业务，由以IPO业务为主向IPO、债券融资、再融资、并购重组、新三板业务并重转型。完成了“沧州明珠”等2家非公开发行，“泰豪科技”等4家重大资产重组和“青州债”等22家债券的保荐主承销工作，募集资金300亿元，其中债券承销资金规模和项目数量分别在行业中排名第9位和第10位；推荐7家企业在新三板市场挂牌，是当年推荐挂牌企业家数最多的券商之一，累计推荐10家企业在新三板市场挂牌，行业排名第5位。资产管理业务，从提供高风险、高收益的理财产品向提供中低风险、收益稳定的理财产品转型。推出了客户保证金管理产品和两款固定收益类集合理财计划，募集规模达34亿元。截至2012年底，管理6只集合产品和16只定向产品，资产规模共计350亿元；其中货币型集合产品齐鲁锦泉的年化收益率达4.53%，在券商同类产品中排名第2位。证券投资业务，从“高风险、高收益”向“低风险、中高收益”的盈利模式转型。研判市场走势，加大债券投资力度，压缩权益类投资规模，较好地把握了市场机会，实现投资收益3.6亿元，投资收益率8.1%。

【自主创新】 2012年，中国证监会在扩大直接融资比重、加快场外市场建设、大力推进债券市场改革、鼓励券商创新发展等方面推出了一系列新政策。公司积极适应新的监管环境，着力抓好机制创新、产品创新、业务创新、服务创新四大创新，努力抢占行业创新的制高点。公司成立以董事长为组长、总裁为副组长的创新发展领导小组，加强对创新工作的组织、领导；制定《创新发展实施方案》和《创新激励暂行办法》，规划创新工作目标、措施和实施步骤。根据实体经济发展的需要和投资者的理财需求，设计了股票质押式回购交易、资产证券化等融资性创新产品以及债券分级、股票分级、量化类等理财产品；通过与银行、信托等金融机构合作开展委托贷款、票据等业务，进一步做大定向资产管理业务规模。公司先后取得向保险机构投资者提供综合服务、中小企业私募债、债券质押式报价回购、约定购回式证券交易、转融通等业务资格，进一步强化了为投资者提供综合性金融服务的能力。已与长江保险、光大永明、信泰人寿、安邦等14家保险资产管理公司以及中国人寿、平安等保险公司展开合作；完成了“山东锦昉棉业”“诸城威仕达”中小企业私募债的发行工作，共募集资金3.2亿元，储备“江苏大宏纺织”等多个项目。在行业内率先提出了CSM(客户服务管理)理论，开发出了智能化综合金融服务终端——“融易汇”，借鉴中国传统医学文化“望、闻、问、切”的理念构建起了投资者全服务链,该项目荣获"2012 中国金融 IT 十大创新案例"奖。

【合规管理建设】 公司坚持"风险为本"的理念,把工作的出发点和落脚点放在促进发展、促进管理、促进提高效益、优化内部控制、防范风险上,积极跟踪研究监管政策变化对公司相关业务的影响,深入探索行业创新发展新形势下有效的合规管理方式。同时,根据监管政策的变化及公司对市场风险、信用风险和流动性风险管控的需要,持续开展压力测试,不断完善动态监控系统,每日动态监控市场风险、信用风险和流动性风险。2012 年,公司经营管理和业务活动中的合规风险总体上被有效控制,未出现重大不合规事项和合规风险隐患。公司在中国证监会证券公司分类评价中被评为 A 类 A 级,在人民银行济南分行对山东省金融机构综合评价中连续 2 年被评为 A 级(最高级)。

【企业文化建设】 公司以实施创新驱动为契机,深入推进企业文化建设。组织开展"齐鲁证券文汇"征稿、编辑工作,全面反映广大职工爱党爱国、爱岗敬业、创先争优、力争上游的精神追求。组织职工参加山东省第六届职工运动会,并成功举办了公司首届棋类比赛,公司被山东省总工会评为山东省职工体育工作先进单位,并获得山东省第六届职工运动会优秀组织奖。举办 2012 年春节联欢晚会,由职工自编自导自演的各类节目精彩纷呈。修订更新公司宣传册、制作了年历、宣传片等宣传品,为各分支机构和业务部门的业务宣传提供物质保障。积极支持社会公益事业,履行企业社会责任。按照山东省国资委统一部署,组织开展了"慈心一日捐"活动,共募集善款 20 余万元。

(撰稿:滕春强 审稿:刘 健)

鲁银投资集团股份有限公司

【综述】 鲁银投资集团股份有限公司(以下简称公司)位于济南市经十路 10777 号,截至 2012 年末,鲁银投资公司共有山东省鲁邦房地产开发有限公司、莱芜钢铁集团粉末冶金有限公司、鲁银集团禹城粉末冶金制品有限公司、鲁银投资集团禹城羊绒纺织有限公司、鲁银投资集团山东毛绒制品有限公司、青岛豪杰矿业有限公司、莱芜鲁邦置业有限公司、山东弘德物业管理有限公司等 20 家全资或控股子公司。鲁银投资公司机关设办公室、党群工作部、规划投资管理部、财务部、人力资源部、法律事务部、审计监察部、机动技术部 8 个部(室),共有职工 3157 人。

【主要经济技术指标】 全年实现销售收入 45.8 亿元,比上年减少 11.12 亿元,下降 19.53%;实现利润总额 12002.58 万元,比上年减少 23462.37 万元,下降 66.16%;实现净利润 11142.93 万元,比上年减少 18928.1 万元,下降 62.94%。

截至 2012 年末,公司总资产 44.88 亿元,净资产 11 亿元,每股净资产 1.82 元。每股收益 0.22 元、净资产收益率 11.89%,分别比上年下降 63.58%、减少 24.07 个百分点。资本保值增值率 121.17%,比上年减少 25.06 个百分点。

全年生产带钢 84 万吨,完成计划目标的 91%;毛纱 1017 吨,完成计划目标的 92%;毛衫 24.2 万件,完成计划目标的 97%;钢铁粉末 75819 吨,完成计划目标的

96%；汽车结构件 903 吨，完成计划目标的 90%；粉末冶金 1401 吨，完成计划目标的 100%；铁精粉 3.96 万吨，完成计划目标的 26%。房地产全年在建开工面积 60 多万平方米，销售面积 19.93 万平方米（含地下）。

【主要子分公司情况】 2012 年末，带钢分公司共有职工 478 人，年生产能力 110 万吨，总资产 44698.54 万元，净资产 19200.15 万元，实现销售收入 273068.18 亿元、利润总额 –309.46 万元、净利润 –309.46 元，净资产收益率 –1.61%。

粉末冶金公司共有职工 842 人，钢铁粉末年生产能力 8.6 万吨，总资产 35407.3 万元，净资产 18250.82 万元，实现销售收入 38780.94 万元、利润总额 3148.49 万元、净利润 2660 万元，净资产收益率 14.57%。

粉末制品公司共有职工 282 人，粉末冶金汽车结构件年生产能力 1000 吨，总资产 7679.81 万元，净资产 4028.23 万元，实现销售收入 3398.51 万元、利润总额 2.71 万元、净利润 2.71 万元，净资产收益率 0.07%。

青岛信莱粉末冶金（托管）公司共有职工 160 人，年生产能力 1700 吨，总资产 6732.78 万，净资产 –3843.99 万元，实现销售收入 2966.72 万元、利润总额 28.1 万元、净利润 28.1 万元。

禹城羊绒纺织有限公司共有职工 618 人，年生产毛纱 1400 吨，总资产 18086.28 万元，净资产 6552.57 万元，实现销售收入 13843.43 亿元、利润总额 171.77 万元、净利润 107.85 万元，净资产收益率 1.65%。

山东毛绒制品有限公司共有职工 312 人，年生产毛衫 20 万件，总资产 7309.07 万元，净资产 4192.22 万元，实现销售收入 2688.8 万元、利润总额 –29.71 万元、净利润 –29.93 万元，净资产收益率 –0.71%。

山东鲁邦房地产公司共有职工 110 人，总资产 86683.82 万元，净资产 11804.46 万元，实现销售收入 7307.5 万元、利润总额 2186.02 万元、净利润 2186.02 万元，净资产收益率 18.52%。

济南鲁邦置业公司共有职工 27 人，总资产 101791.37 万元，净资产 8903.14 万元，实现销售收入 272.38 万元、利润总额 116.17 万元、净利润 60.25 万元，净资产收益率 0.68%。

莱芜鲁邦置业公司共有职工 26 人，总资产 34230.12 万元，净资产 5669.89 万元，实现利润总额 –163.67 万元、净利润 –163.67 万元，净资产收益率 –2.89%。

粉末冶金公司新建 176 米隧道窑主体竣工

青岛豪杰矿业公司共有职工 48 人，总资产 23166.31 万元，净资产 19035.53 万元，实现销售收入 855.22 万元、利润总额 –194.83 万元、净利润 –194.83 万元，净资产收益率 –1.02%。

国际经贸公司共有职工 18 人，总资产 31685.17 万元，净资产3184.25万元，实现销售收入117670.03万元、利润总额417.29万元、净利润335.19万元，净资产收益率10.53%。

弘德物业公司共有职工102人，总资产556.49万元，净资产414.44万元，实现销售收入471.39万元、利润总额-59.8万元、净利润-59.8万元，净资产收益率-14.43%。

文化艺术品公司共有职工13人，总资产14875.74万元，净资产14761.91万元，实现销售收入98.53万元、利润总额-238.09万元、净利润-238.09万元，净资产收益率-1.61%。

小额贷款公司共有职工9人，总资产10403.59万元，净资产10256.02万元，实现销售收入444.06万元、利润总额350.38万元、净利润256.02万元，净资产收益率2.5%。

【固定资产投资】 2012年，公司固定资产投资计划13870万元，根据总体业务规划及发展需要，实际完成带钢公司设备升级改造，粉末冶金公司1号、2号、3号隧道窑建设、2条还原炉购置，山东毛绒公司电脑横机设备购置，豪杰矿业采矿设备、六大系统设备购置，信莱粉末冶金公司新设备购置等各类固定资产投资项目共计18项，累计投资约7100万元，其中生产性固定资产投资7040万元，非生产性固定资产投资60万元。

【主要经营工作】 调整细化经济责任制考核模式和指标体系，在坚持净资产收益率为核心的基础上，导入EVA考核，加强对非盈利公司薪酬总额的控制；对房地产公司采取“项目整体统算、月度KPI考核、重点指标否决”的考核方式，按整体项目毛利进行统算提成。挖潜增效，压缩管理费用。全年生产性企业万元收入综合能耗为419千克标煤，同比降低3%，管理费用开支较上年同期降低8.74%，可比产品成本下降9.71%。建立完善制度体系，组织开展内控制度体系建设，修订和完善各项管理制度，制定下发信息披露、对外担保、子分公司管理等方面的制度30余项。组织开展“转观念、转作风、提能力”专项活动。持续推进技术创新，各单位共完成新产品开发20个系列180多个牌号或款式，合计完成销售6400多万元。

【推进“十二五”规划落实】 为巩固和提升粉末冶金公司行业内的龙头地位，投资近8000万元建设“两炉两窑”项目。2012年6月，两座年产7000吨还原炉建成；1号至3号隧道窑改造年底完成主体施工。粉末冶金产能提高至10万吨，提前两年完成“十二五”规划目标。青岛信莱粉末冶金公司托管工作收到成效，2012年5月实现单月盈利，比原计划提前7个月实现扭亏。加快推进房地产业发展步伐。克服资金、管理技术人员短缺等困难，全面推进各建设项目。房地产业项目开发与储备工作同时推进，全年在建开工面积60多万平方米；11月，公司通过招拍挂竞得即墨一宗300亩土地，保证了后续土地的接续，为“十二五”期间房地产业的持续稳定发展提供了保证。理顺青岛豪杰矿业生产经营，9月份取得《安全生产许可证》，生产经营组织安全有序，各项工作全面展开；截至2012年末，累计提升原矿29.7万吨，生产铁精粉3.96万吨。鲁银经贸公司各项业务呈现快速增长的良好局面，矿石业务、建材业务、红酒业务均有较大提升，全年实现销售收入突破10亿元，利润同比提升77.76%，达到历史最好水平。积极培育公司新的利润增长点。6月，出资成立鲁银文化艺术品公司，扩大公司在文化产业领域的影响力。9月份，出资成立鲁银小额贷款公司，至年底，累计放款23881万元，实现利润381.98万元。

【思想政治工作】 公司党委和群团组织紧紧围绕生产经营中心目标，加强形势任务教育，深入开展“找差距、赶先进、抓创新、增效益”主题系列活动、“优化管理、降本增效、创新发展”劳动竞赛和合理化建议活动；以鲁银20年庆为契机，制作宣传纪录片，组织职工主题征文、摄影作品展等活动；推进暖心工程建设，关心职工生活，举办多种形式的联欢会、体育比赛等文体活动。

（撰稿：宋艳云　审稿：王一锋）

山东天泰新材料股份有限公司

【综述】 山东天泰新材料股份有限公司是莱钢集团公司的控股子公司。公司位于泰安市岱岳区山口镇，占地面积4.5万平方米，建筑面积3500平方米。1999年被山东省政府确认为高新技术企业。2012年末，公司股东分别为莱芜钢铁集团有限公司、王泰来、山东民安发展有限公司、山东山大科技集团公司、尹绪歧、莱钢集团粉末冶金有限公司6家，其中莱芜钢铁集团有限公司为控股股东。公司下设综合业务部、财务部、经营部、生产技术部4个部，共有职工24人，其中高层管理人员4人，技术和管理人员5人。

【主要经济技术指标】 全年实现销售收入81.9万元，利润-117.2万元。

【年内要事】 按照莱钢集团安排，进行了国有股权转让的准备工作，年内相继进行财务专项审计、评估工作。11月份，按照国家相关规定和程序对莱钢持有的山东天泰新材料股份有限公司51.33%的国有股权进行了拍卖。

（撰稿：侯文静　审稿：王泰来）

职工生活小区

改制子公司

GAIZHIZIGONGSI

改 制 子 公 司

莱芜钢铁集团
莱芜矿业有限公司

【综述】 莱芜钢铁集团莱芜矿业有限公司是一家集采矿、选矿、钻探、机械和汽车运输、建筑安装于一体的中型冶金地下矿山企业,是莱芜钢铁集团有限公司的参股公司和原料供应基地之一。其前身是始建于1958年的莱芜铁矿,是莱钢1970年建厂时的原料依托。2007年1月改制为多元持股、国有参股的有限责任公司,注册资本20000万元。2012年末,共有在职职工2191人。

【经济指标】 全年共生产铁矿石128.68万吨、铁精粉75.67万吨,分别完成年计划109.98%和109.66%。实现营业收入7.82亿元、利润总额1.63亿元。马庄铁矿铁精粉生产品位64.89%,铜精粉品位12.87%,钴精粉品位0.405%;业庄铁矿弱磁铁精粉生产品位57.05%。铁矿石全员实物劳动生产率421吨/(人·年)。

【采矿生产】 2012年,公司全面推广下向采矿技术,推行以凿岩台车为中心的生产组织模式,井下开采深度集中在地表以下200米至350米之间。其中,马庄铁矿主要开采-50米、-100米、-150米和-200米水平,井下各生产工序衔接紧密,矿房采充循环进展有序,设备综合作业率显著提高,产量创下历史新高。业庄铁矿主要开采-25米和-65米水平,重点查找残矿和回采边角矿石,进一步提高矿石回收率。谷家台铁矿主要开采+30米、-10米、-50米和-100米水平,通过合理安排采充顺序、挖掘生产潜能,出矿效率显著提高。温石埠铁矿优化残余矿石回采计划,重点控制装药爆破和矿石运输等关键环节,采矿生产保持稳定。

【选矿生产】 强化工艺纪律管理,合理进行配矿,铁精粉保持均衡稳定生产。马庄铁矿以"保质量、提产量、降尾矿品位"为工作方针,强化设备和工艺管理,优化选矿工艺流程,铁精粉产量再创新高,尾矿品位7.49%,提高了铁金属回收率;同时加强浮选工艺管理,完善药剂制度,保持PH值在13以上,铜精粉产量和质量比较稳定,铜金属回收率高。业庄铁矿采用磨选联合流程处理氧化矿,注重设备和工艺管理,灵活调整生产流程,在高产的情况下实现弱磁精粉质量稳定。

【注浆堵水】 谷家台铁矿西部-50米水平下向覆盖钻探27620米、注浆17196吨,完成设计工程量 90%；-150 米水平分区域钻探并向东西两端扩大注浆覆盖范围；28A 线断层构造治理钻探 3791 米、注浆 1234 吨，断层两侧涌水量明显减少。业庄铁矿展开 -65 米水平以下钻注工程，安装了帷幕内应力、渗压及位移进行动态监测的上盘帷幕监测系统。马庄铁矿完成 -150 米和 -200 米水平四个上盘钻探硐室注浆，实施了部分探矿工程。

【技术革新】 推广应用机械化盘区下向进路胶结充填采矿法，成立技术攻关组，在马庄铁矿 -104 米水平 5 至 9 线试验矿房进行凿岩台车掘进循环进尺攻关。经过集中技术攻关，单班掘进循环进尺平均达到 3.38 米，平均每班可以完成 1.01 个作业循环。全年 3 个井下矿山运用该采矿方法开采的矿石产量占月度产量的 50%以上，机械化盘区下向进路胶结充填采矿法得到熟练应用推广。

【基本建设】 以谷家台铁矿开发建设为重点的建设工程陆续展开。新选矿厂建设完成主体工程土建施工，第一系列设备完成单机调试并开始在俄罗斯专家指导下安装自动控制系统，完成矿石上料系统和尾矿压滤充填系统方案优化并展开建设；谷家台铁矿深部开拓主井、副井和斜坡道掘砌施工分别完成 404 米、510 米和 888 米；马庄铁矿箕斗井掘砌施工完成 152 米；3 个井下矿山扩界进入储量核实和价款评估环节；济宁铁矿床开发完成颜店矿区探矿权受让，对该矿区交易矿量进行了核实和磋商；船厂村地质环境治理项目完成 1 号干选站建设和 2 号干选站工艺及施工图设计，供电线路进行了规划和施工。

【安全环保】 深入开展“基层基础安全强化年”活动，优化调整安全管理机构。完善安全制度，制定并实施《井下现场物料定置管理办法》，修订《现场动态管理》考评验收细则。投入 240 万元对马庄副井和谷家台主、副井进行电控改造。投入 183 万余元增设谷家台铁矿井下避险硐室地表钻孔。制定马庄铁矿井下通风系统整改方案并开始实施。全年千人负伤率 0.51。

【和谐矿山建设】 围绕新战略实施和重大项目建设进一步深化“承诺与落实”活动。民主评议党员活动深入扎实，党风廉政教育落实较好。喜迎党的十八大系列活动营造了文明向上的舆论氛围，稳定了职工思想；厂务公开、民主管理工作不断深化，《集体合同》各项条款得到全面落实；职工读书活动和“全民健身”系列活动丰富了职工业余文化生活，增强了企业的生机和活力；“六条保障线”使大病、意外伤害特困职工家庭得到及时帮扶救助，2012 年度共缴纳社会保险费 4490.52 万元；在谷家台铁矿主副井改建职工浴室，并改善职工餐厅用餐条件。借助政府保障性安居工程建设政策，在马庄矿区建设了首批保障性住房和公共租赁住房。

【年内要事】 4 月，公司被国土资源部授予矿产资源节约与综合利用优秀矿山企业称号。9 月，马庄铁矿被国土资源部评选为第二批国家级绿色矿山试点单位。12 月，公司召开二十一届三次职代会，审议通过总经理张龙平所作的题为《坚持克难奋进，加快“三新”步伐，夺取公司生产建设和改革发展新胜利》的工作报告及其他事项。

（撰稿：吴伍江　审稿：亓俊峰）

莱芜钢铁集团
鲁南矿业有限公司

【综述】 莱芜钢铁集团鲁南矿业有限公司（以下简称公司）是莱钢集团公司的参股公司，是以铁矿石采选生产和铁精粉、球团矿加工销售为主，机电设备维修安装与汽车运输相配套，并集超高分子量聚乙烯新产业开发运营于一体的现代矿山联合企业，注册资本7400万元。2012年末，共有职工1832人，其中短期合同工890人，退养职工28人，退休职工712人，中共党员380人，共青团员376人；固定资产原值56119.96万元，净值39258.91万元，资产总额10.3亿元，所有者权益8.48亿元。

【主要经济技术指标】 全年实现销售收入6.91亿元，利税2.56亿元，利润1.51亿元。采剥总量119.4万吨，露采铁矿石99.72万吨，地采矿石42.51万吨。生产铁精矿43.24万吨，生产球团48.04万吨，销售球团46.06万吨；销售铁精粉5.2万吨。露采矿品位29.44%，铁精矿品位66.29%，球团品位63.27%。

【年内要事】 2月7日，新建职工生活区正式开工，年末12栋住宅楼、1栋会所和地下车库主体工程封顶，其他工程按计划稳步进展。

【主要投资】 全年固定资产投资5650万元，其中，王峪矿段50万吨地采工程360万元，东方管业公司二期工程2200万元，选矿破碎系统自动化监控310万元，尾矿再选500万元，医院更换自动生化仪1台和新上中央空调一套120万元，矿石干选系统137万元，采矿和球团车间大门、选矿车间进口矿石仓、上河采场围墙以及经济适用房和区域环境建设等合计投资500万元，安全生产支出706.53万元，另外，新增装载机2台、0.5吨中频炉1台。

【降本增效】 面对铁矿石价格大幅下滑的不利形势，本着“努力保持企业一定的盈利水平，保证职工的收入尽可能不受影响”的原则，先后两次压减成本指标，动员全公司挖潜降耗增效，全年采矿露采成本79.49元/吨、地采矿石成本172.17元/吨，分别比计划降低5.46元/吨和14.13元/吨；选矿铁精矿单位制造成本479.43元/吨、球团矿单位制造成本669.24元/吨，分别比计划降低25.76元/吨和15.44元/吨，分别比上年降低10.88元/吨和11.2元/吨。公司全成本比计划降低26元/吨，9月至12月，全成本比计划降低79元/吨。全年累计降本增效2150万元。

【生产经营】 上半年，抓住市场有利时机，加快生产、销售节奏，全力以赴增收增效。下半年，针对市场持续恶化、产品价格大幅下滑、销售异常困难的局面，一方面适当限产，节约资源；另一方面及时调整销售策略，更加灵活地组织生产经营。通过各项有力有效举措，最大限度地减少不利因素对企业的影响，实现产、销效益最大化。球团满足莱钢集团内部需求，市场开拓也有新进展。年内露采干选回收矿石20万吨，选矿综合回收率达到70%，球团品位差2.11%，均创历史最好水平。全年实现了安全生产六个零的目标。

地采采矿方法改进、充填系统完善、通风及爆破技术优化和采准、开拓工程等取得新进展，制约采矿生产的瓶颈有了新突破。年内通过合理安排作业地点，尽可能地提高凿岩台车、铲运机等主要生产设备的运行效率，同时优化主运输巷电机车运行路线，使电机车和车皮有效及时循环，井下生产运行效率得到提高。在–37米水平3420矿房成功实施中深孔爆破，降低炸药单耗，提高了采矿效率。–24米水平的转层、矿房预控顶工作稳步推进。对充填站进行系统改造，提高了充填浓度和充填量。地采生产组织、生产效率和安全技术状况整体提高，年内地采矿石42.51万吨，比上年提高17.83%。

【非矿产业】 年底3号、4号两个大型工业厂房主体工程完工。随着扩建工程的完工，公司以东方管业扩建搬迁为契机，总投资1.2亿元、在沂水县城北工业园新建的非矿产业发展基地已经全部形成，拥有完善的办公厂区和4个共3万多平方米的现代化大型工业厂房。东方管业生产运行、市场开拓及新产品开发等工作都有较大进展，为莱钢新疆喀什钢铁工程配套生产、安装了近3万米不同型号的“超高”管道和1600余平方米“超高”板材。全年生产超高系列制品2276吨，实现利税561万元，内部利润355万元；实现销售收入6711万元，回收货款7280万元，同比分别增长18.63%和37.48%。

鲁南矿业公司投资建设的山东东方管业有限公司

【王峪矿段50万吨地采】 严格按照国家规范要求施工，进一步优化设计方案，节约投资，确保工程施工安全、质量、进度。年内完成主井地质勘察孔钻探施工，共完成钻孔进尺294米；主井、中央回风井“三通一平、大临”施工；进风井完成现场“三通一平”施工；主井成井110米，掘进2700立方米，支护800立方米；中央回风井成井30米，掘进430立方米，支护350立方米。签订施工、监理等合同11份，完成勘察、竖井施工投资360万元。上报并完成省级《土地复垦》《水土保持》评审；完成上河副井井口防冻加热炉、干选系统环境和王峪矿区《一期工程竣工环境保护》验收及批复；开展环评工作，《150万吨/年扩产开采工程环评》报山东省环保厅批复。

【技改技措】 地采井口破碎、新充填系统建设和排土场干选、选矿破碎自动化控制及尾矿再选部分改造、球团自动配料系统改造等完成，并投入运行；进口矿加工项目基建和有关设备安装工作开始。内部地采矿车和振动放矿机开发实现批量化生产，满足生产需求。

【安全环保节能】 把握上级对安全生产的一系列新规定、新要求，始终把安全工作摆在首位，特别是把井下安全生产当作头等大事，严格落实各级安全责任制，认真坚持领导干部下井带班制度，进一步健全完善地采安全五大系统，扎实推进矿山安全标准化和职业健康安全体系运行；加强设备动力能源、供应和各项生产保障工作，全年实现安全、环保和节能目标。

【专业管理】 突出对重点指标和关键环节的考核，引导各单位和部门挖潜增效、提高资源利用水平和主要指标水平；加强日常生产经营动态管理、考核，完善相关专业管理制度。集团委派董事、监事、财务总监和公司内部监督管理部门发挥职能作用，有效促进公司规范运营。全年实施外委工程决算审计 138 项，审计总金额 6966 万元，审减工程造价 1520.5 万元，综合审减率达到 22%。全年审计购销、工程施工等合同 159 份，总金额 9.9 亿元。

【职工生活】 年内为全体职工晋升岗位工资，并给新职工增加取暖补助和物业补贴；为职工足额缴纳全年各项保险累计 3028 万元；为 60 名城镇户口人员办理新的养老金手续；为 200 多名住矿职工家属办理城镇居民医疗保险参保和续保手续；为 48 名困难职工和大病医疗职工发放救济金 10 万余元；为 23 户特困职工家庭办理城市居民最低生活保障金 6.67 万元。开展职工健康查体和离退休职工慢性病鉴定工作；投资更新医院部分设备，新上中央空调，改善了医疗环境和条件。全年职工总体收入与 2011 年度相比增长 3%。

【队伍建设】 开展 34 个工种、75 个等级、329 人参加的技能鉴定，理论和实践双及格 203 人，及格率达到 62%。开展技术比武、技能大赛，有 13 个工种 299 人参加理论和实践两个部分比赛。举办各类培训班 155 期，培训 3213 人次，人均培训 15 学时。采矿专业知识培训班为期一年零一个月，先后进行了《井下开采工艺》《人力资源管理与组织行为学》《井巷工程》等 10 门课程的学习，授课 83 次，培训 344 学时，共 433 人次参加培训。全年共有 373 人取得相应的特种作业证。年内因退休、辞职和解除劳动合同等原因，在册职工减少 99 人，仅返聘 9 人，减少了人工成本。

【政治工作】 加强党群、思想政治工作和形势任务教育，深入开展主题系列活动、党性实践活动、创先争优活动、学雷锋活动以及群众性精神文明创建和经济技术创新、青春立功竞赛、先进典型选树等活动，持续推进学习型党组织建设、廉洁矿山建设、企业文化建设和精神文明建设，党员干部和职工队伍的整体素质进一步提升。各级党组织和工会、共青团工作富有成效。民主管理、矿务公开、和谐劳动关系企业建设进一步深化。社会治安综合治理、计划生育、信访、保卫、武装、企地协调、离退休退养和档案管理等工作扎实。全公司共同努力营造了健康向上的良好氛围。

（撰稿：滕略海　审稿：卢廷运）

莱钢集团矿山建设有限公司

【综述】 莱钢集团矿山建设有限公司（以下简称矿建公司）是莱芜钢铁集团有限公司参股子公司。公司注册资本 12000 万元（其中，莱芜钢铁集团有限公司投资 4080 万元，占总股本 34%；莱芜市同心投资有限公司投资 4200 万元，占总股本 35%；莱钢集团矿山建设有限公司工会职工持股会投资 3720

万元。占总股本31%)。矿建公司下辖银山球团厂(莱钢集团矿山建设有限公司银山分公司)、氧化球团厂(莱钢集团矿山建设有限公司新元分公司)、山东亚汇矿业有限公司、井巷公司、莱芜市金牛矿业开发公司(联营)、机修厂(建安公司)、鞋业公司、社区管理办公室等二级单位,机关设立生产经营部、财务部、供销部、原料部、人力资源部、技术部、党群部、新项目开发办公室、综合管理办公室等7部2室。截至2012年底,共有在岗职工501人,劳务派遣工214人。

矿建公司是集产品生产、工程施工、三产服务为一体的综合性企业。生产经营范围包括氧化球团矿、铁精粉的生产销售,井巷工程建设,建安工程,矿业采选,矿产贸易,技术和商品进出口等。具有职业健康安全管理体系、环境管理体系两个认证证书。具备矿山建设总承包二级、房屋建筑总承包三级、机电设备安装专业承包二级、钢结构工程专业承包二级、压力管道安装二级等施工资质。年内,矿建公司先后获得山东省"安康杯"竞赛优秀企业等荣誉称号。

【主要经济技术指标】 全年生产氧化球团矿106.22万吨,完成计划的96.56%;生产铁精粉10.57万吨,完成计划的105.68%。经营亚汇粗粉73.94万吨,完成计划的36.97%。实现销售收入19.08亿元,利润6984.20万元。

【生产经营】 以氧化球团矿生产为代表的主导产业,面临多重困难和严峻考验。根据集团公司压减库存的要求,氧化球团厂停产25天。因原料短缺,银山球团厂一度停工待料。全年两厂有效作业天数比计划减少61天。矿建公司顾全大局,眼睛向内,积极适应条件变化,调整优化生产方案;通过延长设备定修周期,挖掘生产潜能;加强设备点检维护,提升设备保障能力;注重职工教育培训,提高职工操作水平;严格工艺操作规程,确保工艺可靠顺行,最大限度弥补欠产,为生产经营目标的实现发挥了关键作用。金牛公司通过外购矿石、提高出矿能力、提升资源利用水平,有效破解矿源不足的难题,超额完成全年计划。

【市场营销管理】 精心组织原料采购,确保生产需要。原料市场跌宕起伏,铁精粉价格先后调整16次,涨价周期长、跌价速度快。供求失衡,多次出现"断供"局面。矿建公司加强市场研判,根据价格变化趋势,适时压减原料库存,规避降价风险。提前锁定资源,获取溢价收益;通过巩固战略客户,拓展供应渠道,满足生产需要。面向市场,广开增收渠道。以亚汇矿业公司为经营平台,涉足矿产贸易,为集团公司提供优质价廉原料;在港口设立经营平台,广揽市场信息,加大营销力度;加强资金筹措,提高支付能力,建立起良好的客户关系,培育起良好的市场信誉,为主业利润不足提供有益补充。

【传统产业】 以井巷工程建设、安装维修业务为代表的工程施工平稳有序,市场拓展获得突破,呈现成长发展的态势,工程接续顺利,施工任务饱满。井巷公司走出国门,承揽印度铜矿工程;机修厂先后承揽莱钢氧氮氩、煤调湿等工程,并承接了宁夏转底炉制作安装等多项外部工程。对机修厂实行五年承包经营,机制优势得以发挥,促进了业务拓展和效益提升。

【降本增效】 加强财务分析,严格成本核算，层层分解指标，开展“加强成本管理，提速增效300万元”活动。对库存、报废物资进行摸底处置，盘活存量资产，提高资产质量。采取灵活的采购策略，及时下调大宗原材料和辅助材料价格，从源头上控制成本。严格控制工序消耗，提升经济技术指标。银山球团厂坚持成本消耗周检查、周通报，推进成本持续降低。开展修旧利废活动，全年修旧利废100余项，节约采购支出48万元。堵塞效益流失渠道，对大修年修项目实行内包自营，提升相对效益。压减非生产性开支，确保经济效益最大化。

【人力资源管理】 根据部分职工年龄老化、体质下降、不适应工作的问题，对132名职工实行了离岗休息政策。调整充实年轻职工上岗，采取更加灵活的就业政策，提升劳动能力和劳动效率。

【党建和思想政治工作】 各级党政组织通过印发材料、到基层宣讲，有针对性地开展形势任务教育。深入开展“创新工作系统挖潜，降本增效我争先”主题系列活动。深化“四好”领导班子、“五好”党组织、“六领先”党员创建模式，加强党的建设。加强廉政建设，层层签订党风廉政建设责任书，坚持关口前移，推进廉洁效能管理体系建设。

【年内要事】 1月4日，完成工商注册登记，矿建公司注册资本由4000万元增加到12000万元。3月15日，通过环境和职业健康安全管理体系评价，保持认证注册。7月4日，获山东省安全生产监督管理局颁发的“安康杯”竞赛优胜企业称号。7月23日，成立新项目开发办公室。12月28日，矿建公司召开十一届三次职工代表大会，董事长、总经理赵汝同作题为《坚定信心，迎难而上，为开创公司经营发展新局面而努力奋斗》的工作报告。

（撰稿：刘　亮　审稿：赵汝同）

山东鲁碧建材有限公司

【综述】 山东鲁碧建材有限公司(以下简称鲁碧公司)是莱钢集团公司通过主辅分离辅业改制，由原山东鲁碧建材有限公司吸收合并莱钢集团万和冶金建材有限公司组建而成。鲁碧公司是莱钢集团公司的精品冶金辅料供应基地和固体渣资源化、产品化利用基地，主导产品为冶金辅料、旋窑水泥、矿渣微粉。下设青岛鲁碧水泥制造有限公司、连云港鲁碧水泥制造有限公司、山东莱钢白云石矿山有限公司、鲁碧钢城分公司、鲁碧凤城分公司、矿山分厂、冶金辅料分厂、水泥分厂、粉体材料分厂、熟料分厂等生产单位；同时设有与生产经营配套服务的机修、汽修、电修、维修、化验、物流公司等辅助单位。机关设10部1室1公司，即安全生产部、规划管理部、财务部、技术开发部、供应部、人力资源部、党群部、武装保卫部、生活物业部、门诊部、办公室、销售公司。截至2012年末，鲁碧公司本部在职职工1957人（合同制职工1004人、劳务派遣工953人)，其中女职工309人；大专以上文化程度584人，占本部职工总数的29.8%；各类管理专业技术人员284人，其中具有高级专业技术职务的21人、中级的90人、初级的172人；工人高级技师3人、技师7人、助理技师48人；离退休职工(含内退)435人。公司本部占地面积94.23万平方米，工业建筑面积4.04万平方米；固定资产原值116977.7万元，净值

76811.6 万元；共有各类设备 1401 台（套），设备总重 14090 吨。

【主要经济技术指标】 全年产销冶金辅料 427.18 万吨（石灰石 150 万吨、石灰粉 156.46 万吨、白云石 85.49 万吨、活性石灰 35.23 万吨），同比降低 18.75%（受钢铁市场不景气影响）；产销水泥/微粉 713.97 万吨（水泥 408.93 万吨、矿渣微粉 305.04 万吨），同比提高 16.41%；生产熟料 212.31 万吨，同比提高 4.79%；实现销售收入 22.53 亿元，完成利税总额 2.21 亿元，其中实现利润总额 1.74 亿元，同比分别降低 11.9%、39.43%、49.47%。输出矿石合格率、出厂水泥合格率、富裕标号率均为 100%；出厂水泥平均强度 54.66 兆帕，同比提高 1.82 兆帕；矿山炸药消耗 1402 千克/万吨、熟料实物煤耗 139.03 千克/吨、水泥实物煤耗 93.97 千克/吨，同比分别下降 18.06%、1.74%、0.62%。

【生产组织】 坚持以市场为导向，以效益为中心的生产组织原则，按照“蓄势、发力、加速、冲刺”的工作节奏，优化生产组织，提高生产效率。根据辅料板块生产要素和市场需求的变化，先后三次对辅料板块的生产组织模式和石灰石的产购销运作了平衡、调整和优化，保证了生产的稳定、均衡、经济、高效。制定《内部铲装倒运程序规定和费用结算办法》，优化物流秩序，简化工作流程，降低物流成本和费用。组织实施“冲刺 1200 万，坚决完成全年奋斗目标”竞赛活动，召开各区域的生产例会和各板块的专题会议，各职能部门人员深入生产现场，及时协调解决生产组织过程中出现的问题，做到有安排、有检查、有落实、有考核，保障生产链条的正常运转。

【降本增效】 在全公司开展降本增效活动。围绕打造“水泥成本全国最低”的目标，熟料分厂成立攻关小组，参照国内先进指标，每周对电耗、发电量、煤耗等主要指标进行分析对比，找差距、定措施，不断改进，熟料产量和发电量指标分别达到 5735 吨/日和 30.28 千瓦时/吨，熟料成本及年产量达到攻关小组提出的“双 180”目标。钢城分公司开展关键指标提升攻关，麦尔兹窑耐材寿命创出国内同行业领先水平，1 号、2 号、3 号窑直连通道耐材寿命分别达到 50 个月、47 个月、46 个月，分别超出设计寿命 66%、56%、53%，节省巨额大修费用。实施招标采购，大力压缩采购费用，本部完成降本增效 4100 多万元。推进廉价原料的应用，在生料配料中，相继应用煤矸石、矿渣、铁矿尾渣等廉价材料；在水泥生产中，加大石硝、粉煤灰等廉价原料的配比，降低生产成本。青岛水泥公司狠抓原材料采购成本，严格控制工序成本，主要原材料平均采购单价同比下降 26.2%，立磨烘干煤耗同比下降 13.9%，32.5 水泥生产成本降低 15 元/吨。

【技改技措与创新】 围绕降本增效、节能降耗、提高公司整体效益，技术部门与各生产单位联动进行技改技措与技术创新。通过对水泥分厂生料磨磨内结构优化改造，缩小烘干仓、增大粉磨仓，优化工艺配置，磨机产能由 79 吨/小时提高到 87 吨/小时。投资 200 万元，对熟料分厂 3 台高压风机节能变频改造，熟料综合电耗下降 2 千瓦时/吨，年效益 260 万元；投资 135 万元，对该厂河西散装装车实施改造项目，降低铲装费、材备费、输送电费，年效益 100 万元；实施喷煤管改造，降低原煤采购成本每吨30元至50元。投资250万元，对粉体材料分厂辊压机系统进行升级改造，将打散机改为V型选粉机，改造后，1号球磨机提产10吨/小时左右，产能突破105吨/小时，吨水泥节电2千瓦时/吨以上，质量控制更趋稳定。

【综合管理】 鲁碧公司本部全面推进岗位标准化、工作标准化、管理标准化，落实精益管理理念，提升管理水平。加强区域环境治理，对现场跑冒滴漏集中整治，对车间定置管理落实到人，对清洁生产常抓不懈，先后5次组织现场观摩，促进了现场管理水平提升。修订完善《安全环保工作考核细则》，强化“三基”建设和责任追究落实，加强专项工作督查和深度隐患排查，安全生产事故明显降低。深化设备定修和改善性维修机制，坚持每周一次设备管理例会和每月一次设备隐患排查专题会议，加强检修过程控制和设备隐患排查，保障设备顺行。构建各生产线备件保障体系，探索新技术在设备管理中的应用实践，购置动平衡仪等应用于设备维护和检修，加强对高精尖关键设备的检测，提高预知预控能力。实施全过程质量监控，全面提速质量管理。为保证大宗原燃材料质量稳定，成立现场取样班和现场取样检验站，实现取检分离。规范取样检验及收料、计量、结算等程序，引进一车一检质量管理系统，实现质量管理的智能化、自动化。人力资源进一步优化，根据生产经营建设的需要，全年新进或内部调整人员199人次。针对青岛水泥公司因技改淘汰落后产能后人员出现富余的情况，制定新的定员定岗措施、裁减富余人员方案、竞争上岗方案，60余名职工分别与公司办理终止或解除劳动合同手续。

鲁碧文化广场

【市场营销】 全年销售水泥微粉/熟料708.26万吨，同比提高10.6%。优化销售渠道，适时调整销售策略，巩固发展战略用户。水泥销售在莱芜、济南、泰安、新泰等地市场份额稳步扩大，在淄博、临沂、潍坊等地区站稳脚跟，并逐步拓展蒙阴、博山、沂源等地的销量。把货款回收摆在重要位置，按照下达的货款回收指标，层层分解，严格考核。青岛水泥公司坚持“货款第一，销量为次”的经营思维，强化回款的约束机制，通过采取回款周计划、货款回收与提成挂钩考核等方式，全年完成货款回收2.62亿元，回收率89.66%。连云港水泥公司坚持袋装水泥先付款后提货的原则不动摇，严格履行合同和货款回收考核办法，定期分析老货款，实行专人定户催办，全年回收货款1.82亿元，回收率达98.6%。

【驻外公司】 青岛水泥公司全年生产水泥95.8万吨，实现销售收入2.65亿元、利润562.1万元，同比分别提高12.3%、2.5%、52.3%。连云港水泥公司全年生产水泥57.6万吨，实现销售收入1.58亿元、利润243.1万元，同比分别下降7.5%、

18.9%、43.5%。凤城分公司实现水泥产量72万吨，同比提高2.9%；销售收入1.85亿元、利润1246.5万元，同比分别下降6.3%、49.1%。

【工程建设】 4号矿渣立磨工程于2011年8月20日开工，2012年3月20日竣工投产，3月27日实现日达产。该工程设计生产能力为年产60万吨矿渣微粉，概算投资6000万元，由山东省工业建筑材料设计院设计，莱钢建设公司建安分公司承建。工程实物量：开挖土石方3200立方米、混凝土3100立方米、钢筋及钢结构制作1100吨、砌筑500立方米，设备总重950吨。由成都建材设计院设计、中国十五冶承建的年产100万吨矿山2号破碎线，于2011年8月10日开工建设，2012年3月28日竣工投产，概算投资2000万元。

【和谐鲁碧建设和思想政治工作】 深化学习型党组织建设，加强思想政治工作和形势任务教育，在全体职工中深入开展“鲁碧有困难我们怎么办”大讨论，统一思想，凝聚力量。扎实推进“找准差距赶先进，誓做一流当先锋”主题系列活动和“对标提升促发展，精益管理做一流”劳动竞赛，激发职工的干劲，促进了各项经济指标的提升。推动廉洁从业和效能督查两大体系运行，党员干部廉洁自律意识明显增强。践行以《三步走发展战略行动指南》为核心的企业文化理念，开展鲁碧视觉文化建设，规范和完善了新区视觉文化布局，实现了生产厂区文化、亮化、美化的统一，形成鲁碧文化的新亮点。文体活动精彩纷呈，举办了安全漫画展、“安全生产、和美鲁碧”演讲赛、消夏晚会等。开展岗位技能培训，组织举办第四届职业技能大赛，汽车驾驶员等四工种共375人参赛。和谐劳动关系企业建设不断深化，在经济大环境非常不理想的情况下，提高了职工岗效工资水平，保持职工收入稳定。做好扶贫济困工作，对23名患大病职工和45名困难职工发放救助金13.2万元。强化信访维稳和社会管理综合治理，厂区、社区平安稳定，企地共建、协同发展提高到新水平。

（撰稿：赵学文　审稿：杨立胜）

莱芜钢铁集团泰东实业有限公司

【综述】 莱芜钢铁集团泰东实业有限公司（以下简称泰东公司），是莱钢集团有限公司的改制公司，主要生产经营项目有：钢渣处理、钢材深加工、冶炼辅料生产、耐火材料生产、化工（粗酚）深加工五大项，另外有部分机械加工制造和建筑安装等项目。2012年末，泰东公司机关保持8个部室，基层设有10个生产单位，其中新疆泰东新型建材公司是于2012年8月新成立的联营单位，注册资金2000万元，泰东公司与莱钢蓝天公司分别占投资股份的60%和40%。在岗职工2646人。其中，原莱钢身份职工644人，钢城区职工158人，钢城区劳务派遣工1764人，残疾职工65人，退休（养）返聘15人；离退休、退养等职工1083人，其中离休职工1人、退休（职）职工1028人、退养职工47人、工伤离岗职工7人；具有高级专业技术职务的24人，中级的88人，初级的70人；中共党员625人，共青团员64人。资产总额5.52亿元，资产负债率为61.47%，其中固定资产原值3.34亿元、净值2.27亿元。年内，泰东公司被全国总工会授予全国职工教育示范点。

【经济指标】 2012 年，泰东公司生产经营受不利市场环境影响严重，虽加大了结构调整、降本增效、科学管理力度，稳定了生产经营形势，但由于产品销量及集团来料量的减少、价格的降低及钢渣品质的下降，经营绩效较往年有所下降。全年实现营业收入 8.43 亿元，较上年下降 3.89 亿元，完成集团公司年度计划的 66.04%；实现利润 1040.24 万元，较上年下降 5296.36 万元，完成集团公司年度计划的 17.34%。主要产品产量：钢渣处理量 121.04 万吨；可利用材加工销售 3.77 万吨；耐火材料生产 3.78 万吨；膨润土 3.1 万吨。

【结构调整】 本着“强化强势、突出优势”的产业结构调整方向，继续有重点的加大对主导产业的投入、建设。全年完成固定资产投资 6410.72 万元，其中 6034 万元用于循环经济项目建设及工艺改造。与高校合作，实施液态钢渣在线改质与钢渣陶瓷制备项目、尾渣转化膨润土项目；完善了脱硫渣处理生产线；配合新莱钢疆公司项目，投资建设新疆 60 万吨钢铁渣综合处理项目，5 月开始地基强夯，9 月正式动工建设；着手订购设备，为 100 吨电炉渣处理进行投资建设。加大环境治理力度，扩建资源公司防尘网，新上脱硫渣环保设施，硬化厂区路面，新上液气公司除尘设施等，环境建设投资累计 647 万元。

【降本增效】 制定“抓两头、控中间”的工作重点，大力实施降本增效。改进供应销售工作，采取泰东公司网站网上采购招标、增加直供直销户等办法，降低采购成本 16%，累计降低 3800 万元。拓展钢材深加工产品和耐材产品外部市场，增加外部销售利润近 200 万元。本着降低各种消耗的原则，对所有项目生产工艺流程进行再梳理、再优化和再改进，特别是对钢渣处理过程中的热焖流程、除尘灰处理生产工艺流程进行的优化改进措施，渣盆直接翻盆入罐使内部倒运成本节约近三分之一，除尘灰工艺改造每月节约用电 7 万千瓦时。强化工序成本分析，加强财务预算管理，对所有产品所有工序可量化的成本每月均下达考核指标，形成成本的全面、全方位控制体系。研究利用新技术、可替代材料，使耐火材料等产品在保证用户使用需求的同时，降低生产成本，提高产品竞争力。充分利用税收优惠政策，年节约缴税 840 万元，其中利用资源循环利用政策争取税收优惠 370 万元，利用福利企业政策税收优惠 470 万元。

【管理创新】 进一步建立健全管理制度，深

建设中的新疆泰东新型建材有限公司主体厂房

入推进标准化建设。修订《岗位安全操作规程》，申请通过化工项目省级安全标准化验收，炼钢分公司、华威公司分别达到安全标准化二级、三级水平。环境管理、质量管理也按照贯标体系要求，扎实开展各项基础管理工作。完善绩效考核制度，在加大指标量化细化、加强检查、评价、考核各环节管理的同时，在全公司推行计件工资制，对劳务工实行岗效工资，继续推进优秀劳务工转签劳动合同工作。

适应市场变化，及时调整供销策略，不断提高供销工作的针对性、灵活性。下半年根据市场形势变化，将部分产品的销售职能调整下放到基层单位，调动了基层单位研究开发新产品、新市场的积极性。鼓励传统优势项目开发外部市场，钢材深加工、耐材等产品外部市场增加利润近200万元。进一步细分市场，实行分类营销，增加产品的附加值。加强招投标环节管理，通过网上招标等方式，准确、及时捕捉市场信息资源，为增收节支提供信息支持，拓展了盈利空间。

【技术创新】 加强合作借力发展，推进技术创新。积极与高校合作，参与重大科研项目的研究，了解前沿技术，延伸循环经济产业链条。实施了国家863项目液态钢渣在线改质与钢渣陶瓷制备项目，尾渣转化膨润土项目。开展技术攻关，为新产品开发及降本增效提供技术支持。新兴液气公司经过反复研究实验，成功开发利用经济料。开发的定型产品——刚玉质块在日钢试用取得预期效果，提高了产品结构档次。对新热焖行车轨道压板技术改造，解决行车掉落的重大隐患；对热焖盖加装排气管技术改造，解决了焖池喷爆的重大安全隐患。全年共提交授权受理专利10项，其中实用型专利7项，发明型专利3项，技术创新稳步推进。

【和谐企业建设】 各级党组织以创先争优活动为总抓手，创新思想政治工作，为企业生产经营提供支持和保障。公司党委结合主题系列活动，在党员干部中开展"提境界、转作风、谋创新、讲效率"活动，充分发挥党员干部的模范带头作用。加强形势任务教育和宣传工作，增强职工的危机意识、忧患意识，坚定战胜困难的信心和勇气。创新培训理念，打造高绩效团队。全年举办生产骨干综合素质提升培训班、班组长培训班等各类培训37期，培训3200多人次。持续开展送温暖活动。全年共慰问生病、困难职工80余人次，为930名职工办理团体保险。针对公司机构调整变化的新形势，对团组织进行调整，完善了团组织架构，健全了活动阵地。同时通过开展"学雷锋便民服务"活动、青年文明号、青年岗位能手等活动，为青年职工搭建了展示自我的平台。加强社会治安综合治理，严厉打击内偷外盗现象，营造了和谐发展、稳定发展的良好局面。

（撰稿：宋守洁　李秀美　审稿：王庆德）

山东莱钢汽车运输有限公司

【综述】 山东莱钢汽车运输有限公司（以下简称汽运公司）是莱钢集团成员单位，主要经营范围包括汽车货运、仓储物流、货物吊装、汽车销售和修理、机械加工制造、钢材和矿粉贸易、钢材加工配送等，形成物流仓储、机械制造、矿粉钢材贸易三大主营业务板块，通过《职业健康安全管理体系》《环境管理体系》《ISO9001质量管理体系》三个认证，是国家二级道路运输企业、山东省重点服务业企业。截至2012年末，汽运公司下设10个车队、1个汽车修理车间、3个分公司等14个直属单位；独资设立山东鲁中钢铁物流有限公司(以下简称鲁中物流公司)，参股莱芜市联众储运有限公司和莱芜双诚报废汽车拆解有限公司。公司机关行政管理部门设置运营控制中心等10个科室，党群部门设置政工科、纪委、团委和工会。共有在岗职工1895人。其中，驾驶员897人，占47.3%；修理工270人，占14.2%；机加工人员224人，占11.8%；装卸工138人，占7.3%；保安、稽查人员62人，占3.3%；球团厂制球工23人，占1.2%；库工19人，占1%；管理人员262人，占13.8%。中共党员397人，其中在岗311人，占在岗职工总数的16.41%；共青团员120人，占在岗职工总数的6.33%。

【主要经济指标】 截至2012年末，汽运公司合并资产总额为63096.22万元。其中，母公司资产总额为26396.84万元，鲁中物流公司资产总额50926.41万元。公司合并负债总额43329.99万元，负债率为68.67%。其中，母公司负债总额为10286.47万元，负债率为38.97%；鲁中物流公司负债总额为34533.33万元，负债率为67.81%；联众储运公司负债总额为815.27万元，负债率为25.64%。全年完成货运量2548.38万吨，实现货物周转量13.17亿吨·公里，分别完成公司合并年度计划的89.70%和99.31%。全公司合并口径营业收入98835.37万元，完成集团公司下达计划的94.69%，比上年增加19331.68万元，增长24.32%。合并口径净利润-131.3万元，与集团公司下达的计划（3375万元）相差较大，比上年减少1160.09万元。

【运输业务】 深入研究物流运输行业发展趋势，采取多种措施降低运输成本。贯彻感动服务文化，提高竞争力和服务质量。采购LNG牵引车替代柴油车，使用清洁能源，降低燃料成本。应用甩挂运输，加强GPS系统管理，科学调度车辆，提高车辆运行效率，保证车辆运行安全。安装视频通讯系统，严控重点车辆在途运输安全。加强经济责任制考核，奖励货源开发行为，促进社会货源开发。

【资本运营】 坚持实施多条腿走路的发展战略，不断拓展发展空间。由鲁中物流公司出资500万元注册成立新疆九州国际物流有限公司，在为新疆公司提供物流运输服务的前提下，加快拓展喀什地区物流业务。由鲁中物流公司出资4700万元，联合11个法人、自然人共同出资1亿元发起设立莱芜市钢城区鲁中小额贷款有限公司。由鲁中物流公司出资340万元，与新奥燃气发展有限公司共同出资1000万元，合资设立莱芜新奥燃气有限公司，从事液化天然气经营服务。

【多业并举】 围绕莱钢的产业发展，不断寻找适合需要的发展项目，成熟一个实施一个，取得初步成效。炼钢污泥球制团项目当年论证、设计、投产，不仅就地转化炼钢污泥，降低倒运费用，减少污染，还为炼钢厂提供炉料，降低炼钢成本。铁矿石贸易迅速上马，建设了加工仓储场地、化验室、地磅等，实现月度经营5万吨以上矿粉的第一步目标。钢材加工配送项目顺利推进，先后开展型钢修磨、螺纹钢精整、带钢开平、宽厚板余材加工、钢材切头加工利用等项目，加工质量得到客户的认可，逐步打开了市场。承接新疆公司的行车操作、皮带看管、除尘器和受料槽清理、上料等工作，招聘培养166人，截至2012年底，两批共61人进驻新疆公司。

【降本增效】 加大新能源车辆的采购力度，更新采购了10台LNG车辆，降低燃油消耗，减少尾气排放，提高经济效益。提高配件、燃油直供比例，降低采购成本。通过开展招标、比价等采购方式，选择性价比高、适合公司需要的各种物资和配件，全年配件材料整体价格降低3%，翻新胎约降低5%。与石油公司签订柴油直供协议，大幅度降低采购成本，全年累计减少支出348.6万元。推广使用新品牌轮胎，降低轮胎成本。从4月下旬开始试验使用，到年底共降低轮胎采购成本216.8万元。

【机械制造】 汽运公司重视重型机械厂的培育，通过加强现场管理、优化工艺技术、理顺管理流程、提高投标水平，重型机械制造厂已经摸索出一条适合其发展的道路，2012年先后取得桥式起重机A级制造许可证、钢结构建筑施工安全生产许可证、桥式起重机B级安装改造维修许可证、电动单梁悬挂起重机B级制造许可证等资质证件，起重机械制造市场不断拓宽，产品走出莱芜，在济南、滨州、临沂、青岛、淄博、东营等地市形成一定的影响力。

【企业文化】 以开展"感动服务客户，放心省心品质"行动年为主要载体，把感动服务文化建设放在发展的突出位置，深入推进感动服务文化建设，领导感动职工，职工感动客户，团队感动市场，用优质的服务赢得客户的认可，打造让客户放心、省心的物流企业，培育具备一定影响力的文化品牌和服务品牌。

【年内要事】 1月9日，汽运公司注册资本增加到1亿元。4月5日，莱钢集团公司论证通过汽运公司提出的《关于利用转炉污泥烘干压球实施方案》。7月16日，山东省金融工作办公室批复鲁中物流公司发起设立莱芜市钢城区鲁中小额贷款有限公司。

（撰稿：田建国　审稿：吴修江）

山东省冶金设计院股份有限公司

【综述】 山东省冶金设计院股份有限公司（以下简称"设计院"）是莱钢集团有限公司的改制子公司，也是莱钢工程设计与设计管理的职能单位。设计院具有国家颁发的冶金行业工程设计甲级、建筑行业建筑工程设计甲级、建材行业非金属矿山工程设计甲级、工程咨询甲级4个甲级资质，黄金、火力发电、市政工程、化工工程、有色冶金工程、废水治理工程、工程总承包、环境影响评价、编制水土保持方案、工程测量等10个乙级资质及城市规划、压力容器设计等资质。具备承担各类冶金、矿山、工业与民用建筑、电力、建材、化工等工程的设计、工程咨询、工程总承包、工程监理、城市及企业环境影响评价、污水治理、水土保持、技术咨询与服务、合同能源管理和融资租赁等业务的能力。

随着主营业务持续发展和多元业务的快速扩张，设计院组织结构发生较大变化。截至2012年末，拥有山东耀华能源投资管理有限公司、荣达租赁有限公司、山东冶通节能服务有限公司、北京钢协冶金科技发展有限公司4个子公司，山东耀华能源投资有限公司又与山东鲁信能源投资管理股份有限公司共同成立了山东耀华鲁信节能投资有限公司；有热风炉公司、脱硫公司、自动化公司、环保公司、钢结构分院5个分公司；矿山事业部、轧钢事业部、炼钢事业部3个事业部。在岗职工984人，其中在册职工761人，具有高级专业技术职务的179人、中级329人，具备各类注册师资格人员206人，获其他专业资格证书人员27人。全年新签合同额10.68亿元，完成主营业务收入14.9亿元。分公司和事业部新签合同额4.4亿元。子公司投资额5.66亿元，收入0.42亿元。

【主营业务】 为应对持续低迷的市场环境，进一步加强内部生产管理控制，各专业强化信息沟通、协调运行，工作效率和工作质量有效提升。分公司、事业部按照年度生产经营计划，经营效果明显。重点工程建设快速推进，新疆公司高炉成功点火，印度电钢工程有了新进展，莱钢特钢电炉、芜湖新兴铸管烧结、舞钢高炉等项目总体进展顺利。成为山钢集团日照钢铁精品基地项目的设计管理单位、总体设计单位。全年共下达任务462项，完成任务349项，图纸合计65714张A1。其中涉及莱钢项目140项、社会项目80项、国外项目10项，环评52项、经营阶段180项。

【资本运营】 按照紧紧依托主业推进多元发展的定位，在设计和工程建设业务发展的同时，深入开展合同能源管理和融资租赁业务，耀华公司立足钢铁行业节能减排和新技术推广，以合同能源管理运营模式完成莱钢型钢烧结余热发电、莱钢污水处理、山西通才烧结余热发电项目的投资和建设，并且都成功投运。莱钢4号干熄焦和转炉发电项目进入试车阶段，年度投资额2.74亿元，营业收入606万元，利润216.84万元。融资租赁立足制度建设和平台拓展，在研究项目、规划项目和规避风险上加强基础建设，同时推进融资租赁业务向其他行业拓展，完成中轻建设起重机、天津思为机床、山东华农食品、济南力诺玻璃等十余项融资租赁项目，经营额度达2.52亿元，利润925万元。冶通公司完成莱钢7号、8号焦炉煤调湿工程的建设任务。

【企业管理】 2012年公司在企业管理机制、内部管控、活力激发方面做了大量工作，力求向快捷高效、依法规范治理的现代企业管理模式迈进，确保生产经营和投资运营在公司股东大会和董事会的授权下规范运作。加强对子公司的规范管理，实施《母子公司管理工作办法》，激发子公司的内在活力和自主经营的积极性，推进其规范运作。成本控制方面，构建了统一的资金管理平台和母子公司会计核算体系，实施《内部考核全成本核算办法》和《全面预算管理制度》，推行月度资金分析，进一步完善资金管理、成本控制、风险防范的财务管理平台。加强质量管理，以贯三标为契机，建立健全完善质量管理制度，强化质量管理人员培训，制定质量事故预案，有效提升质量管理绩效。

【市场开拓】 积极推进矿山、炼钢、轧钢事业部及热风炉、钢结构、自动化、环保分公司自主经营，强化区域经营，成立节能减排部，推进多项技术整合和单项技术营销共同发展，为用户拿出一揽子、成套技术解决方案，取得较好经营业绩。国际市场新签约波兰热风炉大修EPC、印度JSPL630立方米高炉大修 EPS 等项目，国内新签约山东墨龙 Hismelt 炼铁、沙钢 1080 立方米高炉、联峰钢铁 1080 立方米高炉、中原特钢技术改造等设计项目，西宁特钢轧钢技术升级改造总承包项目实现国内轧钢总承包“零”的突破。新疆喀什、潍坊特钢等区域老客户的营销扩张也取得较好成绩。全年国内市场新签合同额 8.26 亿元，国际市场新签合同额 2.42 亿元。国内市场中签订莱钢设计合同额 1093 万元，工程总包合同额 1.95 亿元；签订社会设计合同额 1.26 亿元，工程总包合同额 4.952 亿元。

【技术研发】 紧密结合钢铁企业转方式、调结构的深入推进，从组织、费用、人才全面保证研发的正常推进，环冷机密封和烧结机密封等多项节能减排、绿色环保技术的研发有了新进展。2012 年设计院被评为国家火炬计划重点高新技术企业；焦化煤调湿技术被确立为山东省技术创新项目；低碳烧结技术被列为济南市高新区节能降耗支持项目；烧结脱硫技术被评为山东省科技进步三等奖和中国钢铁工业协会冶金科技进步二等奖。组织各类工程报优 16 项，获得省级及以上级别一等奖 2 项，二等奖 4 项。全年新申请专利项目 24 项，新授权 13 项，累计申请专利达 101 项，授权 53 项。国外授权的专利达到 18 项。

【党群工作】 设计院党委以迎接党的十八大召开和学习贯彻党的十八大精神为契机，深入推进党的建设，在工程建设和市场开拓中进一步发挥党支部的战斗堡垒作用和党员的先锋模范作用。加强企业文化建设，重视企业宣传，开展“青年十杰评选”活动，组织职工喜闻乐见的文体活动。设计院继续保持“省级文明单位”荣誉称号。

（撰稿：高　峰　审稿：魏新民）

莱钢集团烟台钢管有限公司

【主要经济指标】 全年生产钢管 256731 吨，其中热轧管 224871 吨，冷拔管 31860 吨；销售钢管 257900 吨；营业收入 13.34 亿元。

【生产经营】 加大直销力度，保持连续生产。面对市场需求不旺，合同严重不足的不利局面，把销售工作重点锁定在直供户，加大对中石油、中石化、煤矿及锅炉制造企业的销售力度，确保了合同量，为维持生产的连续性发挥了重要作用。直销比例高的月份超过 78%，全年平均为 48%，比上年提高 5 个百分点。及时调整销售策略，积极开辟新客户。在巩固、扩大对老用户销量的同时，新开发了大庆油田建设集团有限公司、兰州石化、中石化华东公司等 32 个新用户。科学调度，精心组织，基本实现连续生产。多方开拓融资渠道，满足资金需求。抓好设备管理，减少设备故障停机时间，保证主要生产设备的作业率，为生产的安全稳定顺行提供了保障。强化质量管理，降低非常管产出，提高成材率，有效促进了产品质量的提高。2012 年质量异议的数量和损失额均低于上年。

【“创新贡献”活动】 在全公司范围内开展“创新贡献”活动，挖掘方方面面的潜力。全年挖潜增效 1632 万元，超额完成 777 万元的计划目标。全年为用户代购钢管（大口径为主）12245 吨，增效 341 万元。热轧非常管产出率比计划降低 0.3%，增效 93 万元。热轧 140 机组(尤其是大口径管)成材率得到有效提升,实现增效 138 万元。对超计划、无计划的支出严格控制，全年可控成本降低 51 万元。坚持低成本融资,多家比较,做到银行贴现利率最低,剔除因增加贷款多支出利息的影响，全年节约财务费用 595 万元。合理利用银行协定存款利率和流动资金存款利率差额进行理财,增加利息收入 327 万元。在管坯采购上,把握好现汇与承兑采购价格，银行贴现利率与贷款利息之间的差别,增加效益。

【科技进步】 为改变冷拔管生产流程长、综合加工费高,亏损严重的现状,在 76 机组新上延伸机,使 76 机组自成体系生产热轧管。4 月份试车成功后又进行一些适应性改造，进一步完善设备性能，满足生产工艺要求。在 76 机组新上延伸机改造后，实现了以热轧方式生产直径 73.02 毫米至 88.9 毫米油井管和直径 60 毫米高压锅炉管，以及直径 60 毫米、68 毫米、76 毫米、89 毫米、95 毫米、102 毫米等热轧流体管、低中压锅炉管,从 4 月份到年底共生产 18095 吨。在 140 机组成功生产 J55 直径 108×14~16 毫米接箍料。实现在 114 机组直接生产直径 76×3.5 毫米、直径 89×3.5 毫米热轧成品管。开发了新国标 GB/T9711-2011 中 L245N/BN 钢管,采用 20G 管坯,经过正火处理,既满足客户的要求,又方便生产组织。

【精神文明建设】 开展党工共建创先争优活动。活动期间,公司党委、工会围绕“推动科学发展,促进劳动关系和谐、服务职工群众”目标积极开展各项创先争优活动。加强党风廉政建设,廉洁效能体系有效运行。坚持厂务公开,加强民主管理和监督,进一步健全、完善职代会制度。开展创建和谐企业活动。围绕完成生产经营目标,积极组织劳动竞赛和技术比武活动。改善职工的居住环境,把维护职工合法权益落到实处。

（撰稿:陈晓洁　审稿:王　毅）

莱芜钢铁集团
新泰铜业有限公司

【综述】 莱芜钢铁集团新泰铜业有限公司（以下简称铜业公司）于 2006 年 11 月改制成为莱芜钢铁集团有限公司的参股公司。注册资本 4000 万元。固定资产原值 11200 万元，净值 6703 万元。主要生产经营铁精粉、进口氧化铁皮、硫酸、硫酸铜、电解铜、标牌标识等。铜业公司下设办公室、企管科、财务科、劳动人事科、安全生产科、保卫科、技术科、矿产资源科、技术开发部、市场一部、市场二部、国贸部、销售一部、销售二部。生产经营单位有华夏矿业贸易有限公司(菲律宾)、铁选厂、硫酸铜厂、标牌厂。2012 年末,共有在岗职工 360 人（在册职工 175 人,协议工 185 人);专业技术人员 73 人,其中具有高级专业技术职务的 6 人、中级的 18 人、初级的 49 人。

【主要经济技术指标】 全年实现销售收入 72501 万元,完成年计划的 110.38%,同比增长 25.67%;实现利润总额 15186 万元,同比增长 51.04%;上交税金 5437 万元,同比增长 17.86%。生产经营国内铁矿粉 254545 吨，完成年计划的 101.82%；菲律宾精粉 636616 吨,完成年计划的 192.91%。进口氧化铁皮 47982 吨，完成年计划的 159.94%。生产硫酸烧渣 40143 吨；生产硫酸铜 3468

吨,完成年计划的69.08%。

【生产经营】 菲律宾选厂的建成与投产逐步成为铜业公司经济效益的重要支柱。第一选厂运营步入正规之后,在稳抓生产的同时,巧抓机遇,本着“站稳脚跟,再图发展”的战略原则,从菲律宾Cagayan省考察了8块铁品位较高的资源地,共计160公顷,投入500万美元建设二期年产50万吨铁精粉生产线,并于2012年2月完成试生产,3月份正式投产运营。至此,菲律宾选厂两期生产线达到年产110万吨的生产能力。菲律宾选厂的建设成本低、工期短、投资风险小、收效快,2012年共计运回并销售铁精粉636616吨,实现销售收入38041万元,实现利润总额16207万元。

国内各业务部门广辟信息渠道,及时掌握最新信息,用心分析研究市场,抓住机会,实现了一定的经济效益。全年共销售高硫精粉118979吨,销售利润338万元;销售精粉318730吨,销售利润990万元;销售氧化铁皮47980吨,销售利润158万元。

【安全环保】 加大安全环保隐患治理的投入力度,按照“上下结合,共同治理”的方针全面开展隐患治理工作,加强危险源辨识,从源头预防各类安全环保事故的发生。开展以“反麻痹、反侥幸、反习惯违章”为主题的安全环保生产月活动,成立专门领导小组,通过张贴安全环保条幅、制作安全环保标语等多种方式加大宣传力度,加强安全环保培训教育,严防麻痹松懈思想、侥幸心理和习惯性违章。建立隐患整改台账,从细节入手,排查每个环节的安全环保隐患,对查出的问题及时整改,安全环保职能部门负责整改督办及复核。全年共查处各类隐患126起,全部整改完毕。

【项目建设】 50万吨高硫铁矿深加工项目,属典型的循环经济项目,生产过程中产生的物料可以得到充分回收利用,做到吃干榨尽,是支撑铜业公司后续发展的另一支柱产业。项目位于莱钢冶金生产区,于2012年10月26日正式开工建设。计划2013年6月底7月初投产试车。为了进一步理顺生产经营,2012年11月20日,在莱芜市全资注册莱芜金山矿产资源有限公司,注册资本6000万元。

【劳动人事管理】 采取有效措施,强化劳动纪律管理。劳资部门与企管部门协同对公司的劳动纪律展开不定期检查、抽查,并加大处罚力度,以此约束职工的工作行为,改进工作作风,提高工作效率。继续完善社会保险体系,保障职工福利。同时做好城镇居民的社会养老保险参与工作,对符合参保条件,属铜业公司管理的16名家属工按期缴纳参保费用。全年共缴纳各类职工保险费用503万余元。

【合同管理】 严格依照相关法律法规进行合同审核,认真履行合同义务,树立公司重承诺、守信誉的良好形象。合同审核部门加强对合同中涉及的主体资格、标的物风险转移时间、结算方式、违约责任等重要条款的审核和把关,尤其是对新建项目设备加工订购等合同中的预付款进行严格控制,努力降低和规避风险。全年共修订、审核各类合同685份,未发生一起合同、信用纠纷。

【职工权益保障】 关心职工生活,为职工排忧解难。重视职工工作、居住环境的改善,为生活区硬化水泥道路1000多平方米，为生活区及厂区规划停车位，规范车辆停放，杜绝乱停乱放现象。丰富职工业余文化生活，利用旧车间改造，为职工提供羽毛球训练场地。投入部分资金为生活区、厂区绿化带新增各类名贵树种、花卉，美化环境。重视职工权益保障，为全体职工办理大病医疗保险互助、团体意外伤害保险互助，并鼓励职工参加安康保险互助，筑起职工权益保障的双重防线。全年共计办理各类保险互助金48万元，5名职工获得团体意外伤害赔付，11名职工获得大病医疗保险赔付，共计赔付金额7.5万元。重视“送温暖”活动的长效开展，建立健全困难职工档案，争取各级政府的帮扶政策，为1名职工申领新泰市金秋助学救助金1000元，2名职工申领新泰市外经贸帮扶2000元，9名职工申领集团公司工会大病及困难职工救助金9000元。

【思想政治工作】 利用宣传栏、电子屏、宣传册等认真组织十八大精神的贯彻学习。以《铜业文化》为重要载体，将公司的生产经营现况、即时动态、重大战略决策等相关信息向各个层面的职工进行宣传传达，做到每位职工知晓铜业公司发展现状，了解发展动向。重视和加强职工思想政治教育，组织管理人员观看《我是特种兵》《五星红旗迎风飘扬》《战火西北狼》等具有不同教育意义的影片，激励工作斗志，增强大家的凝聚力和向心力。坚持开展构建“和谐铜业”活动，推行以人为本的管理模式，加强职工培训、民主管理，促进公司的发展与稳定。

【年内要事】 2月8日，新泰铜业公司召开十三届三次职工代表大会，听取并审议通过董事长、总经理高德军所作的题为《提升管理水平，优化强企战略，为做强做大铜业而努力奋斗》的工作报告及其他事项。3月26日，将1970年至2006年改制前属莱钢管理的文书档案、会计档案正式移交莱钢档案馆，共移交档案4937卷。3月，菲律宾二期年产50万吨铁精粉生产线正试投产运营。10月26日，50万吨高硫铁矿深加工项目开工建设。11月20日，注册成立莱芜金山矿产资源有限公司，注册资本6000万元。

（撰稿：何　燕　审稿：高德军）

莱芜钢铁集团
金鼎实业有限公司

【综述】 莱芜钢铁集团金鼎实业有限公司（以下简称公司）成立于2009年6月，是根据莱钢集团公司辅业改制的需要，将莱芜金鼎房地产开发有限公司变更名称而注册成立的由多元投资主体构成的公司。公司注册资本金5200万元。主营业务包括房地产开发，物业服务，餐饮酒店，幼儿教育，公共服务，市政建安，矿泉水生产，冷饮、轧辊、电子产品生产及工商贸易等。下设7部1室、7个基层单位。截至2012年末，共有在职职工1018人，其中，具有高级专业技术职务的31人、中级的169人、初级的91人，具有研究生学历的4人，大学学历的205人、大专学历的176人，有中共党员682人（其中在职党员335人）。拥有固定资产原值10792.51万元，净值9079.86万元。

【主要经营指标】 全年实现营业收入33687.66万元，实现利润总额5245.97万元。职工人均收入较上年同比略有增长。社会治安、安全环保、计划生育以及档案管理等工作完成责任目标。

【基础管理】 定期组织经营分析，查找内部管理中存在的根本问题，分析存在问题的根本原因，针对盈利水平降低乃至经营亏损的产业，加强市场开发和内部调整等多项措施，使部分亏损产业在较短时间内扭转被动局面。适应主业发展要求，建立辖区环境卫生、公共服务以及餐饮系统监督检查考核长效机制，及时发现并督促整改经营服务中存在的问题。在资金一度紧张的情况下，坚定不移地组织实施系统改进工作，特别是通过对水表和电表的外移改造，以及对供热系统的优化改造，从一定程度上堵塞了长期存在的管理漏洞，炼钢园、健康园等小区水回收率均得到明显提高。

【业务发展】 始终坚持三项业务协同发展的总体思路，统筹兼顾，推动各行各业在困难压力中积极开拓。基础业务实现持续巩固提升，在服务领域拓展、经营方式转变、内部挖潜增效以及系统整合、市场开拓等方面取得积极进展，自主发展能力进一步增强。银山物业管理公司被评为国家一级资质物业服务企业。雪野湖假日酒店代表莱芜市参加山东省第二届鲁菜发展创新大赛，设计的山水雪野宴获得金奖。通过全面提升幼儿园管理、服务、教学水平，幼教品牌影响力不断提升，莱钢幼教成为莱芜区域的示范基地；在认真组织雪野项目建设的基础上，采取多种方式，着力推进住宅销售工作，在房地产市场持续低迷的形势下，积极调整思路、寻求突破。同时，认真做好内部住宅建设收尾工作，圆满完成竣工结算审核以及验收等各项任务；拓展业务基本实现阶段性盈利目标，博兰特公司电子产品项目在认真实施精品战略中，继续保持稳步提升、稳步拓展的发展态势，被列为山东省重点项目，并成功取得国家级高新技术企业认证。新兴健身项目运营质量不断提高，冷饮产品及名烟名酒等项目均开局良好。

【和谐企业建设】 高度重视以人为本的管理，发挥思想政治工作优势，以深入组织开展主题系列活动为总体抓手，充分调动一切积极因素，应对发展困难。厂务公开民主管

2012 年 12 月，金鼎公司下属的山东博兰特信息材料有限公司通过国家级高新技术企业认证

理监督检查机制进一步完善，公司获得山东省厂务公开民主管理先进单位荣誉称号。积极开展以强化责任、提升素质为主要内容的各类培训，增强活动的针对性。加强对职工的形势教育和正确引导，有效化解各类矛盾。在经济效益降低的形势下，始终坚持把维护大多数职工的根本利益放在首位，通过积极压减人工成本，有效弥补了盈利能力的不足，最大限度地保障了职工收入。同时，通过开展送温暖活动，不断加强青年队伍建设和离退休职工服务工作，广泛开展社区消夏晚会等活动，为企业发展营造良好氛围。加强小区平安建设，以重大节日安保工作为重点，全面落实“五位一体”责任制，推动反邪教工作、综合管理、平安建设工作上水平。新兴社区被评为山东省反邪教示范社区，另有五个小区被评为平安莱钢建设平安小区。

（撰稿：李连新　审稿：翟所慧）

莱钢集团
蓝天商旅车业有限公司

【综述】 莱钢集团蓝天商旅车业有限公司（以下简称公司）是莱钢集团有限公司参股的改制子公司，于 2007 年 3 月 28 日改制揭牌。公司主要承担集团公司公务用车、旅游、职工通勤班车运营管理和油品经营等业务。公司机关设综合办公室 / 政工科、计划财务科、安全机务科；下设小车、客车 6 个车队和莱芜钢铁天力汽修有限公司、物资经营部、莱芜莱钢蓝天国际旅行社有限公司、油品经营部等经营服务单位。2012 年末，共有在岗职工 529 人，其中管理、技术岗位 48 人，操作岗位 294 人，劳务派遣人员 187 人；具有高级专业技术职务的 3 人，中级的 15 人，初级的 10 人；中共党员 170 人。

【主要经济指标】 全年实现营业收入 16928.57 万元，完成计划的 100.51%，比上年同期增长 114.43%。其中主业收入 13337.67 万元，实现利润 245.26 万元。固定资产投资 808.96 万元，比上年同期增长 377.4%。

【企业管理】 优化设置，精简机构。撤销小车四队，小车三队车辆和人员分流整合；旅游车队与客车队统一管理；综合办公室与政工科合署办公。完善绩效考核和人才培养机制。全年招聘财务、旅游和工程专业大学毕业生 13 人。从 4 月开始为劳务派遣用工缴纳“五险”，实施劳务用工转签制度，4 名优秀派遣人员经考核转签为公司自主用工，同工同酬局面初步形成。规范招投标程序，投资 208.39 万元更新车辆。制定《车辆资产档案信息系统管理考核办法》，加强车辆日常维护保养信息化管理，“以养为主、以修为辅”，保障车辆技术状况良好与降低非常规性费用支出齐头并进。

【主业经营】 受集团公司连续大幅度压减非生产费用、减少用车量影响，公司 2012 年公务用车运营服务持续萎缩，小汽车营运里程和收入由 2010 年的 1150 万公里 4930 万元下降到 949.7 万公里 4459.7 万元。公司通过压减车辆、资产更新、精简机构、缩减人员和节能降耗等系列措施，全年单车月均里程同比提高 100 公里，百公里综合油耗比上年降低 0.43 升，资产收益率稳定提升，对公司稳定发展形成有力保障。

【新兴业务】 调结构，促发展，产业多元化发展实现新突破。3 月 20 日，公司接收莱钢集团第一、第二加油站，并以社会经营为导向，组建机构，配备人员，办理资质，组织培训，进行软、硬件改造。投资180万元的加油站基础设施、油站管理系统、IC卡加油系统基建及安装调试工作于9月底全部完成，至年底累计为莱钢及社会供油9500余吨。围绕莱钢主业，立足配套辅助工作，打造新的利润增长点。公司出资800万元与泰东公司合资组建新疆泰东新型建材有限公司，参与喀什钢铁项目的延伸产业开发，并以集团公司为依托，通过合作，开展部分钢材、化工产品经营业务、钢材推广和化工产品来料加工业务。

【旅游营销】 公司下属蓝天国际旅行社在经济下滑、企业费用压缩、莱钢旅游市场持续低迷的困境下，调整经营思路，奋力开拓散客市场，同时大力发展境外旅游市场。莱城区新增两个营业部，收入份额达到旅行社的65%。全年旅行社完成接待人数3.4万人次、出境接待1000人次，营业收入1623万元，获“山东省诚信旅游示范单位”称号。旅行社业务扩展带动旅游客运业务从莱芜扩大到泰安、淄博、临沂等周边地区。

【安全运营】 坚持“安全第一、从教育入手，预防为主、从制度做起”的原则，以保障人身安全为重点，防控结合，夯实安全生产基础。持续开展全员安全教育，组织年度安全技能培训7期，培训人员385人次；开展安全警示教育6期，培训人员360人次。制定《关于加大交通违章行为处罚力度的补充管理规定》《关于车辆年审、维护检测的管理规定》，完善标准化管理，强化道路稽查。全年共发生交通责任事故19起，较上年下降36.7%，事故实际经济损失下降78.2%，实现安全行驶1200万公里。

【和谐企业建设】 以领导干部为核心，加强党风廉政建设。结合公司经营困难、机构调整和人员整合，开展形势任务教育，做好职工思想稳定工作。关注职工困难，实施大病救助，开展“送温暖”活动，全年慰问救助困难职工15人，发放救助金37500元。召开党建工作表彰会，评选优秀党员和先进党支部、优秀党务工作者，发挥共产党员先锋模范作用，以点带面，形成团队合作、创优争先的良好局面。

改造后的蓝天公司加油站面向社会开放

【年内要事】 1月8日，公司召开二届二次职代会。3月20日，公司接管莱钢集团第一、第二加油站。4月20日，小车四队撤销。7月3日，公司投资参股新疆泰东新型建材公司获批，出资800万元，占股40%。

（撰稿：丁玉玲
审稿：杨宪文）

代管单位

DAIGUANDANWEI

代 管 单 位

山东钢铁股份有限公司莱芜分公司

莱芜分公司概述

【基本情况】 山东钢铁股份有限公司莱芜分公司(以下简称莱芜分公司)是山东钢铁股份有限公司两大分公司之一,2012年2月27日注册成立,其前身为莱钢股份有限公司。莱钢股份有限公司是经山东省人民政府批准,由国家国有资产管理局确认,并经山东省国有资产管理局批复,采用募集方式向社会公开发行股票创立的股份有限公司。1997年8月8日,莱钢股票在上海证券交易所成功发行;8月21日,莱钢股份有限公司创立大会暨首届股东大会召开;8月22日,莱钢股份有限公司注册成立;8月28日,莱钢股份在上海证券交易所挂牌上市。2008年3月,山东钢铁整合重组,莱钢股份有限公司隶属于山钢集团有限公司。2011年5月18日,莱钢股份有限公司第一次临时股东大会审议通过《关于济南钢铁股份有限公司以换股方式吸收合并莱芜钢铁股份有限公司方案的议案》;2011年12月30日,中国证券监督管理委员会核准了本次换股吸收合并事项。2012年3月,换股吸收合并完成后,济南钢铁股份有限公司作为存续公司,成为山钢集团下属的钢铁主业上市公司,同时更名为山东钢铁股份有限公司。山东钢铁股份有限公司向莱芜钢铁集团有限公司购买动力部、自动化部、运输部、天元气体有限公司、国际贸易有限公司、电子有限公司等“三部三公司”资产。其中,天元气体有限公司、国际贸易有限公司、电子公司重组到山东钢铁股份有限公司;原莱钢股份有限公司和动力部、自动化部、运输部组建成立莱芜分公司。截至2012年底,莱芜分公司总资产228.55亿元,在职职工18188人。主营业务为钢铁产品的生产和销售,拥有转炉钢和电炉钢两大生产系统。主要产品有H型钢、螺纹钢、轴承钢、齿轮钢等,多个产品荣获省级和国家级优质产品称号。

【机构设置】 莱芜分公司下设焦化厂、炼铁厂、炼钢厂、特钢事业部、棒材厂、型钢厂、能源动力厂、品质保证部、运输部、自动化部、保卫部、培训中心、销售中心;机关设公司办公室、人力资源部、规划发展部、企业管理部/法律事务部/招标中心、财务部、能源环保部、总调度室、安全生产部、机械动力部、工程部、工程预算部、公益事业部、技术中心、计控处、原料部、物流中心、营销管理部、外事管理办公室、离退休职工管理服务部、监察处/审计处、企业文化部、工会/团委/武装部等。其中,自动化部和计控处复合设置。

【主要指标】 全年生产生铁 419.95 万吨、钢 646.79 万吨、商品坯材 754.3 万吨。实现营业收入 435.31 亿元,利润总额 -11.02 亿元。虽然受钢铁行业整体低迷的影响,公司出现自金融危机以来的首次年度亏损,但财务状况总体良好。

【挖潜增效】 开展学习唐钢、新兴际华活动,制定吨钢深度挖潜提质增效 300 元实施方案,严把采购、物流、工序、销售、资金运作等关键环节,强化对标挖潜,提高运营水平。加强市场分析研究,动态控制原燃料采购节奏,保持合理库存结构,炉料结构优化实现新突破,全年经济料比例保持在 30%以上;创新营销策略,加大促销力度,最大限度降低产成品库存,存货资金占用下降明显;强化物流管理,进口矿综合亏耗大幅降低;采取当期成本测算法,大幅降低原燃料库存,即时掌握工序成本变化,为抢抓市场机遇创造条件。强化过程管控,细化考核措施,各类费用支出得到有效控制。全年可比产品总成本降低率 2.9%,自 3 月份一直保持在 3%以上。

【结构调整】 按照"型钢做强,特钢做特,棒材做优"的总体思路,持续深化结构调整,加快研发成果转化,专业化、差异化水平明显提高。全年累计试制开发新产品 35 项,销售新产品 153.85 万吨,新产品比例 23.24%。型钢线重点做好叉车用 J 型钢、Q440C 级 18 号门架槽钢、11 号矿工钢等新产品的开发和批量试制工作,巩固异型钢产品的比较优势。截至年底,异型钢在国内市场知名度较高,J 型钢、18 号门架槽钢在合力叉车等单位应用良好,11 号矿工钢在煤矿企业得到广泛应用。特钢线加强高档齿轮钢、汽车轴类用钢、铁路矿山机械用钢等高效个性化产品开发和推广,产品进入北方奔驰、东风天龙、斯太尔重卡系列等高端市场。棒材线加强高端个性化产品的研发,先后开发了澳标高强钢筋 500N、无纵肋锚杆钢筋 MG335a 和 MG500b 等新产品。产品认证、扩证、监督审核及品牌创奖工作进展顺利,为产品进入高端领域创造了条件。以特钢系统升级改造项目为重点,坚持适应性改造和战略性调整相结合,完善生产工艺,提高工装水平,全年完成投资 15.13 亿元。银山前区双工位 VD 炉项目,5 月 29 日热试成功,投入生产;能源动力厂老区 130 吨锅炉项目,6 月 25 日锅炉点火成功,8 月 19 日正式投产;能源管控中心项目进入试运行阶段,6 万立方米制氧机项目土建施工、设备及管道安装基本完成,特钢系统升级改造项目按网络计划推进,计划 2013 年上半年具备投产条件。

【改革调整】 建立和完善全面预算指标、目标评价和责任考核三大体系,产销研用一体化、产供研一体化两个运行平台,绝对量考核和相对量考核两个考核机制。深化月度滚动预算管理和运营绩效评价,全面启动能源管理体系标准贯标工作;开展科级以上人员卓越绩效"1+1"管理培训和实践活动,推进卓越绩效管理与学习型组织创建融合,推广全面风险管理、六西格玛管理、TRIZ 理论等先进工具的运用;调整原燃料进厂检验把关职能,实现采购业务重心下移;调整优化营销体制,成立营销管理部,实现管理与操作职能分开;减少管理层次,实施管理机构精简和科级人员优化,压减比例均在30%以上;定岗定编工作全面启动;推进设备维修体制改革,实现点检与检修职能分离;深化选人用人和考核分配机制改革,加大对干部的选拔任用、交流调整和考核力度。

【营销工作】 改变传统的随行就市、统一定价模式,实行期货销售、按旬定价、适时调整相结合的销售模式;完善营销业绩评价机制,突出新产品市场开发和销售激励;强化营销渠道建设,加强客户关系管理,深入推进战略合作,开展"百日营销攻坚战",综合平衡内外销资源,营销局面不断改善。全年销售钢材662万吨,其中出口31.92万吨,出口创汇2.036亿美元。坚持"大原料结构"理念,把握市场变化趋势和采购节奏,实施多渠道、多元化采购,产供研结合更加紧密;加强招标平台建设,规范原材物料采购供应,降本、保供、压库能力明显提升。

【循环经济和节能减排】 持续推进节能减排、循环经济、环境治理工作,主要节能减排指标明显改善。积极采用BOO模式,加快重点环保项目建设,焦化导油蒸氨等余热余能利用项目投运,4号干熄焦、煤调湿等重点项目按计划有序推进。持续加大环保现场专项整治力度,开展烟粉尘集中整治活动,炼钢厂4号炉二次除尘系统优化改造等一批项目完成,减少了烟粉尘排放。加强国控、省控重点污染源的监督管理,加强环保设施运行维护、二次扬尘、辐射和危险废物管理的监督监测,有效控制污染物异常排放和无组织排放。优化固废利用技术路径,制定实施氧化铁红实现返烧结利用技术方案,提高固废利用效益;优化转炉装料工艺,提高污泥球利用率,吨钢消耗量达到7.5千克;开展煤气脱硫危险废物用于烧结配料研究,增强废弃物消纳处理能力。加强煤气动态平衡,开展发电攻关等活动,全年高炉煤气接近零放散,转炉煤气回收量、自发电量有了较大提升,达到国内同类企业先进水平。

(撰稿:刘振海　张金良　审稿:鹿凡伟)

莱芜分公司焦化厂

【综述】 焦化厂是莱芜分公司所属的重要原燃料生产厂。全厂固定资产原值38.82亿元、净值17.69亿元。拥有JN43-80型焦炉2座,JN60-6型焦炉6座(55孔×2、60孔×4)及相应的配煤、化产回收及其深加工、生物脱酚等装备。具备生产焦炭410万吨,焦炉煤气18亿立方米,煤焦油加工10万吨,轻苯深加工10万吨能力。全厂设有备煤、炼焦一、炼焦二、炼焦三、炼焦四、干熄焦、运焦、回收一、回收二、化产精制10个生产车间和动力、质量检查站2个辅助生产车间,机关设有办公室、人力资源科、政工科、生产计划科、安全生产科、机动设备科和技术环保科6科1室。共有职工2019人,其中管理人员106人,具有高级专业技术职务的50人、中级105人、初级42人。

【经济技术指标】 全年实现工业总产值81.9亿元,生产优质焦炭393.8万吨,焦炉煤气17.48亿立方米,煤焦油17.78万吨,轻苯5.08万吨。主要经济技术指标M40为86.98%,M10为6.56%,煤焦油收率3.37%,轻苯收率0.96%,硫铵收率1.01%。

【精细焦化管理】 坚持科学管理与严细实

焦化厂 6 号焦炉

管理相结合，优化、调整各工序生产组织模式，实现焦炉及其配套系统的优质、经济、稳定、高效运行。掌握炼铁各高炉的运行状况，根据银山型钢区、银山前区及老区三区高炉不同情况下的需焦量，及时对焦炭物流方式作出调整，与炼铁厂、汽运公司密切协作，确保焦炭供应满足高炉生产需求。稳定干熄焦系统，在为炼铁提供优质原料的同时，供应充足的发电蒸汽。坚持以人为本的安全发展理念，贯彻落实“风险控制、持续改进”安全方针，深入开展“安全生产基层基础强化年”四次集中行动，从基层基础管理、隐患排查治理抓起，落实各项安全工作措施，安全生产形势总体平稳。制定下发《2012 年度科技承包项目及管理办法》，积极推行技术革新，组织人员对 30 万吨煤焦油、4 号干熄焦、煤调湿项目工艺技术方案进行修订，最大限度地匹配现有工艺布局和产能。实施导热油再沸器蒸氨改造项目，实现无蒸汽蒸氨，每小时节约蒸汽 20 余吨。完成夏季北水南调改造及调试工作，实施回收二车间低温水调往回收一二系统的生产组织模式，进一步提高老区化产系统工艺指标控制水平。

【循环经济建设】 注重节能减排实际效果，以技术创新、技术进步为手段，促进节能及循环经济工作的深入开展。先后完成了 MBR 膜池风机项目改造、一次轻油兑入三混萘油脱酚脱萘技术改造、提高变电一站 35 千伏高压柜一次设备绝缘性能改造、新区低温水调老区改造项目、在干熄焦车采用自动润滑系统、2 号干熄焦锅炉过热器炉管防磨技术改造、导热油再沸器防堵改造、干脱塔煤气加热改造、鼓风机油冷器供回水改造等多项技术改造项目。推进清洁生产工作，组织人员参加山东省环保厅组织的清洁生产审核师培训和莱钢集团公司组织的清洁生产培训，全厂共 100 余人参培。2012 年实现工业水重复利用率 96%，环保设施同步运行率 99.3%；污染物综合排放合格率 100%；二氧化硫排放量 825 吨、烟（粉）尘排放量 487 吨、COD 排放量 1.6 吨。

【人力资源管理】 完成内设机构优化调整及科级干部优化配置。响应莱钢集团公司推行的维修体制改革，为设备检修中心划转 249 名维修人员。对部分科级干部及技术人员进行适当交流与调整，对维修体制变化后的维修人员进行优化分配，做到合理使用。按照 2012 年职工培训计划及职工素质提升“十二五”规划要求，采取以讲促学的“四大讲坛”、以赛代训的“技术比武”、以标杆促后进的“标准化操作之星”“名师高徒”等多种灵活形式开展各类培训及素质提升活动,共组织绩效管理、车间主任等培训班36期,培训2445学时,5835人次，培训计划完成率100%。先后各有1人获全国钢铁行业技术能手、山东省冶金行业首席技师、山东省青年优秀技能人才称号,3人获莱钢技术状元、15人获莱钢技术能手等称号。

【“两转一提”活动】 在厂两级机关和全体党员干部中开展“两转一提”活动,增强党员干部责任意识、服务意识、群众意识、先锋意识。结合创先争优和“三诺”活动,扎实开展“三优一满意”和服务承诺。通过领导干部联系点制度，在服务生产中锤炼求真务实的优良作风;通过“心声使者”活动,在掌握民情中锤炼密切联系群众的优良作风；通过厂长接待日、“和声平台”例会制度，在解决职工群众问题呼声中锤炼亲民为民的优良作风。

【思想政治工作】 围绕中心任务开展“找差距,精细管理提绩效;勇创新,稳产保供当先锋”主题系列活动,各级党组织和党员的作用得到充分发挥;开展“对标提升促转调、创新增效夺红旗”主题劳动竞赛,激发广大干部职工干事创业的热情；开展心理疏导工作,成为公司先进试点单位;做好党风廉政建设和风险防控,强化廉政责任,深化廉政教育,创新廉政文化,加强监督检查,全年无一名党员干部违规违纪;拔河队参加全国拔河锦标赛,取得草地拔河640公斤级冠军和600公斤级季军,代表国家参加世界室外拔河锦标赛,取得中国草地拔河项目历史性突破;开展青年突击队、青年科技创新、“夕阳情”服务队、“情系沂蒙”爱心助学等活动,展示了青年人的风采;稳步推进“健康焦化行动”,提高了职工的健康水平。

【年内要事】 1月5日,焦化厂召开十四届三次职工代表大会,全厂职工代表200余人参加会议,厂长王元顺作题为《稳产保供,转调创提,谱写焦化和谐发展新篇章》的工作报告;2月9日,由山东省安监局、省公安厅交警总队、莱芜市交警支队组成的山东省交通安全示范企业验收小组对焦化厂交通安全工作进行验收;2月28日,中共山东省委党校2010级党政干部研究生班一行40余人到焦化厂进行学习型党组织建设观摩;4月9日，焦化厂4号干熄焦工程开工;4月17日，山东省总工会一行2人到焦化厂验收“山东省职代会优秀星”单位;9月2日,中宣部理论局领导到焦化厂进行学习型党组织建设情况调研。

（撰稿:赵坤喜　王　伟　审稿:王元顺）

莱芜分公司炼铁厂

【综述】 莱芜分公司炼铁厂是莱芜分公司主要生产单位之一,主要产品为生铁、烧结矿、球团矿。主要生产设备有1000立级高炉6座,105平方米烧结机3台,265平方米烧结机1台、8平方米竖炉1座、60万吨链篦机—回转窑1台、现代化大型原料场2个,具有年产560万吨生铁、650万吨烧结矿、110万吨球团矿的生产能力。全厂共设1号高炉、2号高炉、3号高炉、4号高炉、5号高炉、6号高炉、原料一、供料一、原料二、供料二、烧结一、烧结二、球团一、球团二、喷煤、运行、除尘、动力、生产准备、原燃料供应站、原料质检站等21个车间(站);机关设生产计划科、安全生产科、机动设备科、技术环保科、人力资源科、政工科和办公室等7个科室。共有职工3361人(含劳务工392人)。其中,具有高级专业技术职务的58人、中级的156人、初级的113人;工人高级技师29人、技师144人、助理技师462人;中共党员1074人,共青团员170人,女职工965人。

【生产组织】 落实“铁稳则全局稳”的生产组织理念,扎实推进《生产动态管理方案》,优化生产运行模式,全面提高系统稳定性,实现炼铁、烧结和球团生产高效衔接。开展烧结矿产能提升攻关。5号、1号、6号高炉生铁产量和4号265平方米烧结机烧结矿产量分别提前52天、21天、10天和19天完成全年计划任务。全年累计生产生铁4199525吨、烧结矿5516764吨、球团矿417758吨。

【安全管理】 推进《人身零伤害管控方案》,着力构建“四个标准化”安全管理模式。对照管理标准化,严格落实安全生产责任制,开展三级安全督察。对照现场标准化,开展危险源辨识、风险评价及控制策划,全厂确定危险源2978个,结合维修体制改革修订完善厂级应急预案9项。组织高温、粉尘、噪声、毒物等职业危害检测1258点次,职工职业健康查体1762人次。对照操作标准化,开展安全培训活动。对照检查标准化,结合“安全管理基层基础强化年”重点整治行动和“打非治违”专项行动,深入开展“反三违”、“五揭查五整改”活动。全厂保持良好的安全发展态势。

【成本管理】 围绕公司钢铁主业“吨钢深度挖潜提质增效300元”以及“固定成本吨钢再降100元”的目标,成立深度挖潜增效推进中心,组建九大专业管理组,实施《深度挖潜增效活动推进实施方案》和《科级领导干部深度挖潜增效绩效考核办法》。完善落实“跟踪、评价、问效、考核”机制,向结构成本、经济技术指标和生产稳定顺行要效益。推进48项(公司级7项、厂级41项)降本增效课题。开展“三对标”活动,外部与永锋钢铁公司炼铁厂、莱钢型钢公司炼铁厂对理念、对观念、对指标,内部各高炉之间对管理水平、指标水平。高炉燃料比、煤比指标稳步攀升,在全国中型高炉中位居前列。生铁成本在2011年基础上与行业平均水平缩小差距135元,平均战略贡献度达到46%,降本增效指标比公司考核计划累计挖潜1541万元。职工收入较上年增长0.6%。

【技术管理】 扎实推进《工艺技术管控方案》,科学优化原料结构,经济料配比稳定在30%以上,矿料结构优化累计降低成本2800余万元。全年组织论

2012年2月4日,集团公司钢铁主业降本增效专题会在莱芜分公司炼铁厂召开

证技改技措项目18项，公司下达投资计划4项。实用新型专利授权12项、发明专利授权1项，QC成果《提高卸车效率》获"攀钢杯"全国冶金质量管理小组竞赛一等奖，《高炉低成本护炉技术的研究与应用》《可靠性控制技术在高炉煤气输送系统的研究与应用》2项成果获山东省冶金科技进步二等奖。TRIZ课题立项14项、结题12项。

【设备管理】 坚持"逢修必灌""逢修必堵""避峰填谷"，系统优化点检定修模式，推行预防性维修和改进性维修。组织实施高炉系统定修29次、检修项目1680余项，烧结机、竖炉和原料系统定修80次、检修项目2400余项。应用"定列查漏""强化冷却""UCAR炭砖"等技术，积极探索促进高炉长寿的措施。修复备件550余件(台、套)，实现修复价值730余万元。规范工程预决算审核程序，全年共计审核预算值6686万元，核减施工费3404万元。

【环保工作】 优化布局，突出重点，新增绿地面积2600平方米。原料场喷淋抑尘设施消缺、2号105平方米烧结机机头除尘器电场优化成效良好。通过实施出铁场平坦化改造、主沟流铁沟全密封改造和风口平台改造，高炉生产现场环境明显改善。1号、2号105平方米烧结机烟气脱硫系统稳定顺行，在线排放达标率达到100%；3号105平方米、4号265平方米烧结机烟气脱硫工程采用专业化运营模式持续推进。高炉TRT发电、冶金固体废弃物和烧结余热回收利用等循环经济得到持续发展。

【管理提升】 制定实施《2012年"系统提升"优化管理方案》，在科学冶炼绿色发展的基础上提出做中型高炉排头兵愿景，进一步明确走内涵式发展道路的方向、目标和措施。开展学唐钢学新兴际华和"两转一提"活动，推行"严细实"和"走动式"管理。完成机构调整人员优化、新疆公司人员选派、维修体制改革等任务。内设科级机构由38个调整到29个，科级干部由133人优化到87人，压减幅度分别为23.68%和34.59%。维修体制改革划转人员445人，向外分流比例为72.48%。

【党建思想政治工作】 围绕生产经营管理和改革发展任务，扎实推进《政治工作优化提升方案》。党的建设不断加强，创先争优争做创新创效先锋活动、基层党支部品牌示范活动和"冲刺四季度，党员做表率"活动扎实有效。"找差距创新突破，增效益创先争优"主题系列活动不断深入。《"十二五"时期廉洁文化实施纲要》不断推进，廉洁风险预防预控持续加强。工会、共青团等工作取得新成绩，为和谐企业建设作出积极贡献。

（撰稿：郭培龙　审稿：孙建设）

莱芜分公司炼钢厂

【综述】 莱芜分公司炼钢厂占地面积38.54万平方米，工业建筑面积18.4413万平方米。固定资产原值132203.20万元，净值25559.09万元。现有设备740台(套)，装机容量58881.5千瓦。主要设备有50吨转炉3座，60吨转炉1座，4机4流小板坯连铸机1台，4机4流小方坯连铸机2台，3机3流矩形坯连铸机1台，脱硫喷吹系统1套，600吨混铁炉2座，LF精炼炉3座。2012年末，生产组织共设转炉一车间、转炉二车间、连铸一车间、连铸二车间、精炼一车间、原料一车间、行车一车间、运转一车间8个生产车间;机关设生产经营科、机动计量科、技术科、安全生产科、人力资源科、政工科、厂办公室6科1室(与型钢炼钢厂复合设置)。在职职工1641人,其中,女职工447人;大专以上学历622人,占职工总数37.9%。专业技术人员167人,其中具有高级专业技术职务的29人,中级的102人,初级的36人。山东省首席技师1人,山东省冶金行业优秀技能人才1人。工人高级技师48人,技师129人,助理技师311人。取得高级职业资格的技术工人914人,中级的271人,初级的27人。全厂(包括银山型钢区)中共党员808人,共青团员139人。

【主要经济技术指标】 全年共生产转炉钢369.41万吨,完成年滚动计划的99.976%,与上年同比减少1.55%。转炉钢坯综合合格率99.992%,转炉日历利用系数48.063吨/(吨·天)。重点生产线的日历作业率:转炉为95.295%,连铸机为94.871%。连铸平均连拉炉数316.080炉/次。转炉钢铁料消耗(实物量)为1078.284千克/吨钢。转炉工序能耗为负9.349千克标煤/吨钢,电耗为23.392千瓦时/吨。耐火砖消耗为0.257千克/吨。转炉炉衬平均寿命为20089炉。

【生产组织】 持续优化生产组织模式,坚持以市场为导向、效益最大化为目标的原则,抓好满负荷、专线化生产,克服银山型钢区4号脱磷炉施工对生产造成的不利影响,精心组织,创新实施装载机加废钢,实现异常条件下生产组织方式的新突破。成功开发全留渣预热石灰操作法,攻克生产难关,在转炉操作模式优化上取得实质性突破。钢坯热送、计量管控和余材坯攻关等方面均取得突破性进展,较好地实现生产的稳定、高效、顺行。

【设备管理】 通过强化设备基础管理、经济管理、创新管理和安全管理,加强故障源系统辨识控制,设备故障停机率指标全面完成公司计划。利用二轮年修,对小吨位转炉实施顶底复吹改造,更新部分行车卷联器,进行转炉煤气放散点火装置改造。完成设备管理制度的优化完善,并将制度的有效执行贯穿到日常设备管理中。通过成立修旧利废组织机构,加大政策引导,全年共节约资金1千多万元(包括银山型钢区)。将煤气、行车、高温容器、工业建筑、高压配电等纳入专项管理,在吊装液态金属的行车驾驶室增上监控系统,确保设备的安全、稳定运行。机物料消耗11.403元/吨。主要设备故障停机率为0.03%。

【技改技措与技术研发】 智能炼钢由大转炉扩展到老区的准智能炼钢,应用比例达到80%。完善品种开发项目负责人制度,优化高效品种开发机制,先后开发窄带钢50Mn、J50、J65Mn、ST57、Q400W等5个新钢种,开发H型钢Q235B-B、SS400-B、S235JR-B、S275JR-B、GR50-B、Q420B、Q355NHD等7个新钢种,开发螺纹钢HRB400Cr等共13个钢种。2个技术进步项目获省冶金科技进步奖,申请专利12件,授权发明专利2件、实用新型专利7件。

【安全管理】 对管理标准化、操作标准化、现场标准化和量化检查工作进行全面引导,重点抓好写实验证和现场执行评价,强化四个标准化的执行。成立煤气、行车、转炉及高温容器管控小组,对重点危险源进行有效管控。深入推进安全本质化改造,进行煤气泄漏监控系统优化完善、高低压配电系统改造等,将行车关键部位备件在线定期探伤及上线前探伤等列入重点实施项目,确保设备的安全运行。开展安全意识教育,组织职工系统学习《员工安全意识手册》,实现安全教育重心的大转移。强化职业健康管理,在做好环境保护和个体防护的基础上,为全厂职工进行健康查体。

【能源管理与环境保护】 制定降本增效能源优化方案,通过设备运行方式优化、钢包烘烤优化、泵组运行及管网优化、强化能源介质管理,实现从零散节能向系统优化、科学用能的整体转变。转炉放散烟囱由长明火实现了电子打火,煤气回收系统改造成效明显,节电、节水等一系列措施得到实施。年内共完成环保项目投资 98 万元。相继完成 1 号皮带机头除尘、混铁炉除尘器布袋更换、1 号至 3 号炉一次除尘煤气点火装置改造等 3 项环保改造项目。全年污染物综合排放合格率 100%,实现工业废水零排放,工业水重复利用率 97.21%。

【机构改革和人员优化】 年内进行了机构改革和中层干部的调整优化,完成新疆公司人员配置和维修体制划转。组织机构调整,科室由 13 个减到 7 个;车间由 27 个减为 19 个(包括银山型钢区)。年末设备检修中心成立,335 名人员整建制划转到设备检修中心,炼钢厂划转维修人员后又撤销 2 个车间。聘任了 80 名科级干部,对走下领导岗位的 45 名人员全部进行了妥善安置。圆满完成 179 人的援疆人员调配工作,累计为新疆公司输送各类人员 196 名。通过各种渠道对内部人员进行优化,有效地缓解了新上项目和人员抽调所带来的人员紧张状况。

【思想政治工作与和谐炼钢建设】 炼钢厂与北京师范大学联合建立国内首个职工心理疏导合作研究基地,成立莱钢首个心理疏导研究会和心理咨询师协会,建立心理疏导室,制定《员工和谐心灵塑造方案》。邀请专家作《幸福人生从心开始》等专题报告,开设五讲幸福课、心理沙盘等课程。加强思想政治工作服务中心意识。在深入调研的基础上,优化整合并减少有关会议、活动和记录,使干部职工把更多的时间和精力投入到生产经营工作中。搭建心连心信息沟通交流平台,及时传递职工关心的信息。建立职工沟通平台,开通厂长书记信箱。在主题系列活动中,针对市场变化、机构整合、人员优化和新疆公司人员配置等情况,积极开展形势任务教育,为各项改革的顺利推进奠定坚实思想基础。

扎实开展廉洁风险源辨识活动,查找岗位职责、业务流程、制度机制和外部环境等“四类廉洁风险”481 项,制定防控措施 149 条,进一步健全和完善了廉洁效能管理体系。全年共有 51 人次主动上交无法退掉的礼品礼金价值 101200 元。平安建设通过持续开展“反盗窃”行动,对大宗原材物料、外发废弃物等抓好源头管理、运输监督和门岗检查,有效地杜绝了物资流失。启用 ETC 门禁系统,提高科技手段,坚持人防技防并用,强化防盗管理。文联九大协会活动工作常态化,对丰富职工业余生活发挥了重要作用。厂拔河队参加莱钢集团公司第十一届职工拔河比赛,取得六连冠好成绩。开展城乡文明共建活动,与钢城区辛庄镇乔店村结成城乡文明共建对子,为学生发放书包和文具,与困难学生签订爱心资助卡，与孤寡老人签订爱心帮扶卡等。坚持做好厂务公开、民主管理、劳动竞赛与和谐劳动关系创建，落实以人为本、善待职工的思想，开展了为职工办10件好事活动。积极做好困难职工救助，共救助、走访208人次，金额12万元。

（撰稿：吕微青　审稿：李洪建）

莱芜分公司特钢事业部

【综述】 莱芜分公司特钢事业部占地面积132.66万平方米，工业建筑面积25.5万平方米，拥有1条电炉炼钢生产线、2条转炉生产线、3条轧钢生产线和1条精整生产线。主体装备有50吨UHP超高功率电弧炉、50吨LF钢包精炼炉、60吨VD真空精炼炉各1座，R11米三机三流大方坯合金钢连铸机1台，600吨混铁炉1座，120吨氧气顶底复吹转炉2座，LF精炼炉2座，双工位VD精炼炉1座，6机6流方坯连铸机及合金钢连铸机各1台，脱硫喷吹扒渣系统1套（3个工作位）；φ650毫米×1/φ550毫米×1/φ550毫米×4、φ550毫米×1/φ300毫米×4/φ350毫米×1、φ550毫米×1/φ450毫米×6/φ350毫米×6热轧机组各1套。同时拥有辊底式连续无氧化退火炉、高压水磨料除鳞、棒材倒角机等精整设备，具备年产钢300万吨、材200万吨的生产能力，主要产品为直径12毫米至160毫米热轧圆钢和光亮圆钢。2012年末，共有在职职工2787人，其中，女职工756人，大专以上文化程度的871人，具有高级专业技术职务的102人、中级174人、初级65人，莱钢技术专家3人，莱钢专业技术带头人8人，莱钢优秀科技人员16人，取得中级及以上职业资格证书的操作岗位职工2086人，山东省首席技师3人，山东省冶金行业首席技师3人，莱钢首席技师3人。

【主要经济技术指标】 全年累计入库钢277.7万吨，其中，电炉钢44.5万吨、转炉钢233.2万吨；入库钢材137.6万吨。明确电炉与转炉差异化分工，坚持以销定产、以销排产，重点品种兑现率实现100%。创新“用研产销”四位一体的营销模式，加快以知名大企业为主的终端用户营销新渠道建设，全年累计销售钢材137.07万吨，产销率98.14%，实现销售收入60.7亿元。完善成本管控体系，推行工序标准成本管理，探索实施模拟市场化运行机制，开展“深度挖潜提质增效吨钢300元”活动，全年实现挖潜2000万元。在19项可比工序指标中，有8项指标进

建设中的100吨电炉厂房

入全国前10名。

【组织机构调整】 2012年6月，根据《山东钢铁股份有限公司莱芜分公司关于组织机构设置的通知》(莱人字〔2012〕35号)精神，撤销莱芜钢铁股份有限公司特钢事业部，设立山东钢铁股份有限公司莱芜分公司特钢事业部。8月，特钢事业部对内设机构进行压减、整合。机关由原来12个专业科室压减为办公室、人力资源科、政工科、生产科、机动设备科、技术科、安全生产科、市场营销中心等6科1室1中心，车间由原来23个生产与辅助单位整合压减为炼钢一车间、炼钢二车间、连铸一车间、连铸二车间、大型成材车间、中型成材车间、小型成材车间、银前生产准备车间、银前运行车间、检修一车间、检修二车间、质量检查站等12个车间(站)。12月，根据莱钢集团公司《设备检修中心组建方案》，撤销检修一车间、检修二车间。

【产品结构调整】 按照"特钢做特"的产品定位，加快品种结构调整，推进产品提档升级，积极开拓汽车、工程机械、船舶、铁路、电站、石油、矿山机械等高端市场，全年累计开发高专高效产品55个，高档齿轮钢、电站锅炉及石油化工设备用钢、弹簧钢、铁路矿山机械用钢、汽车核心零部件用钢、美标4130材质直径350毫米连铸圆坯等高效产品实现品种和产量的突破，开发的转炉35-42CrMoA、GCr15等高效低成本产品实现大批量生产，新产品比例27.22%，高专产品比例75.14%，实现增效7738万元。齿轮钢产销量连续10年全国第一，巩固了齿轮钢的品牌优势。强化质量攻关和工艺过程控制，推进产品认证创奖，20CrMnTiH系列保淬透结构钢、40Cr合金结构钢蝉联冶金产品实物质量"金杯奖"，产品优化对战略贡献度和效益的贡献率明显提升。

【重点技改工程】 全力推进特殊钢系统产品升级技术改造项目建设，按照"装备一流、产品一流、工艺一流、盈利一流"的要求，全程参与工艺设计、工艺布置、设备选型、技术交流、招标采购、设计审查、工程建设，严格质量和工期。精心做好项目的各项生产准备工作，优化规程标准、应急预案、关键指标、考核体系、热试方案编制、组织机构设置等工作。至2012年底，工程进入公辅施工、厂房建设、设备安装阶段。推进现有生产线配套改造，完成银山前区VD炉建设、5号连铸机生产优钢改造、电炉精炼合金自动上料改造、连铸中间包升降及轻压下改造、大型新精整厂房改造、小型550轧机主传动系统改造等项目，提升现有生产线工艺水平和保障能力。

【创新提升】 探索实施模拟市场化经营和流程化管理模式，系统整合内部管理制度和管理流程，修订颁布行政管理制度76项，优化内部流程220项。开展"安全生产基层基础深化年"活动，顺利通过冶金企业轧钢安全标准化评审；开展现场管理综合整治，生产现场各类要素标准化、规范化水平得到提升；开展设备信息智能化建设，提升预知预控能力，实施电炉、转炉、成材系统系列大修改造，转炉和电炉平均有效作业率91.44%；连铸有效作业率93.49%；轧机有效作业率93.69%。组织开展技术技能培训、课题攻关、职业技能鉴定、技能比武等活动，职工技能得到大幅提升。

【技术进步】 推进实施《工艺技术和产品质

量升级实施计划》,制定《连铸一车间拉速控制及考核补充规定》《钢材标签、标牌使用管理规定》《50 吨电炉生产低碳、低氧钢工艺控制细则和电炉炉料加渣钢配料模型》等 6 项工艺管理规定;组织开展“电炉终点控制和 LF 炉精炼渣系优化技术”“提高齿轮钢碳成分控制稳定性”“转炉车间精炼渣热态循环利用”“提高银前连铸坯热送率”等系列攻关活动,齿轮钢氧含量合格率达到 93%,精炼成分内控合格率达到 100%,超出升级目标 10%;实施转炉高拉碳技术,45、40Cr 终点碳由 0.25%、0.18%分别提高到 0.30%、0.20%以上。通过控制钢水铝、钙含量和连铸保护浇注,连铸系统增氮量降低至 8ppm 以下。开展工艺技术创新研究,实施构建莱钢高品质、高附加值短流程洁净钢棒材生产技术平台研究、银山前区连铸中间包改造、VD 炉双工位改造、小型适应性改造等技改项目;完成化验室光谱仪、低温冲击试验机、全自动末端淬火试验机、小型全自动顶锻机、银前 6 号连铸机增上振动式下渣检测系统等系列技术改造;完善 QES 管理体系,推进六西格玛管理方式,持续导入 TS16949 汽车用钢质量管理体系,钢材包装和实物质量大幅提升。2012 年,《高效精炼技术的研究与应用》等 5 项科技成果通过山东省冶金工业总公司科技鉴定,《大型优钢生产线设备工艺改造技术研究与应用》等 2 个项目获山东省冶金工业总公司科技进步奖二等奖,《提高整体塞棒包使用寿命》QC 成果获山东省冶金工业总公司一等奖。《50 吨电炉除尘收集系统升级改造》项目获山东省设备管理成果一等奖。申报专利 26 项,《一种 CrNiMo 系易切削齿轮钢及其制造方法》《钢液喂线装置》等 10 项获国家发明专利、实用新型专利授权。管理创新、科技进步成果累计创造经济效益 1 亿元。

【节能减排与循环经济】 开展能源利用状况普查、能源管理体系建设与指标对标攻关等工作,提升关键能耗指标水平,电炉综合能耗 55.28 千克标煤 / 吨,转炉综合能耗 –2.23 千克标煤 / 吨,轧钢能耗 46 千克标煤 / 吨。电炉生产系统优化调整负荷分配,稳定电炉生产节奏;优化 VD 炉预抽时间,合理降低电炉、LF 炉出钢温度;调整炉渣碱度、组元、合理喷吹等,提高电能输入热效率。电炉钢综合电耗 257 千瓦时 / 吨,同比下降 15.4 千瓦时 / 吨。转炉生产区域以全工序负能炼钢为目标,优化生产组织,推行标准化操作,实施系列攻关措施,实现转炉综合能耗指标的持续降低。煤气回收实现 109 立方米 / 吨,达到历史最好水平;完善节水措施,提高废水重复利用率,转炉炼钢实现软水消耗 0.23 吨 / 吨钢、新水消耗 0.28 吨 / 吨钢,比公司下达的用水计划指标节约 138.24 万元。实施 5 号炉、6 号炉、2 号精炼炉二次除尘变频改造,实现月节约电量 34 万千瓦时。实施固体废弃物综合利用管理,工业废渣资源化利用率达到 87%。开展清洁生产审核,进行物料衡算,改进控制和技术工艺,降低资源能源消耗和污染物排放量,11 月,通过山东省和莱芜市清洁生产工厂验收。

【政治工作】 稳步推进学习型党组织建设。开展党员干部读书活动和中层干部论坛,特钢事业部被评为山东省理论大众化示范点。把学习型党组织建设和创先争优活动、“两转一提”活动有机融合,深化“四好”领导班子、“四强”党组织和“四优”党员创争活动。组织开展以“挖潜增效,党员领先”为主题的党性实践活动。开展“创新提升赶先进，特钢做特增效益”主题系列活动，签定“指标提升”责任书384份，认领指标1606项，促进了挖潜增效目标的完成。推进人文关怀与心理疏导一体化思想政治工作，实施职工帮助计划（EAP），落实疏导关怀行动、品格培育行动、健康关爱行动、营地训练行动、成功心理素质训练行动、幸福成长行动。做好社会适应性等五个模块的全员心理健康测量。加强职工思想动态预警机制和网络思想政治工作机制建设，特钢事业部被评为省管企业思想政治工作优秀企业。落实党风廉政建设责任制和廉洁从业若干规定，积极构筑心理防线、制度防线、管控防线和监督防线，廉洁效能管理体系运行稳定、绩效良好。扎实开展劳动竞赛、群众性经济技术创新、学习型班组创建、学习型团组织品牌创建活动。推行厂务公开民主管理，构建和谐劳动关系，帮扶困难职工160余人次，帮扶资金总额55.9万元。开展“挖潜增效优胜单位”“挖潜增效闪亮明星”评选活动，“用户满意服务明星”和“双十佳”创建活动，特钢事业部被评为山钢用户满意服务明星单位。2012年，特钢事业部保持和荣获山东省文明单位、山东省依靠职工办企（事）业先进单位、省管企业思想政治工作优秀企业等12项省级以上荣誉称号，荣获和保持62项莱钢级荣誉称号，262人次荣获公司级以上各类先进荣誉。

（撰稿：黄启脉
审稿：王广连）

莱芜分公司型钢厂

【综述】 莱芜分公司型钢厂是莱芜分公司主体生产单位之一，拥有大型、中型、小型3条生产线，下设大型轧钢、大型生产准备、大型运行、中型轧钢、中型生产准备、中型运行、小型轧钢、储运8个车间，机关设生产科、机动设备科、技术科/环境保护科、安全生产科、政工科、人力资源科、厂办公室/党委办公室6科1室。截至2012年末，共有职工1164人。其中，具有高级专业技术职务的50人，中级的113人，初级的50人；工人高级技师23人，技师68人，助理技师210人；本科以上学历的295人，专科学历的444人，中专及高中学历的231人；中共党员310人，共青团员150人。

【主要经济技术指标】 全年共生产合格型钢244.03万吨；产品成材率、合格率分别为98.16%和99.56%；工序能耗为45.87千克标煤/吨，其中煤气消耗为1.13吉焦/吨，电耗为56.78千瓦时/吨，水耗为0.25吨/

型钢厂5号门全景

吨。其中,小型线生产合格型钢 23.61 万吨,产品成材率、合格率分别为 98.74%和 99.91%,工序能耗为 54.22 千克标煤 / 吨,其中煤气消耗为 1.37 吉焦 / 吨、电耗为 58.97 千瓦时 / 吨、水耗为 0.26 吨 / 吨;中型线生产合格型钢 104.69 万吨,产品成材率、合格率分别为 99%和 99.89%,工序能耗为 38.36 千克标煤 / 吨,其中煤气消耗为 0.92 吉焦 / 吨、电耗为 52.68 千瓦时 / 吨、水耗为 0.26 吨 / 吨;大型线生产合格型钢 115.71 万吨,产品成材率、合格率分别为 97.26%和 99.18%,工序能耗为 50.95 千克标煤 / 吨,其中煤气消耗为 1.27 吉焦 / 吨、电耗为 60.05 千瓦时 / 吨、水耗为 0.25 吨 / 吨。

【新产品开发及技术创新】 小型线运用新工艺成功试轧 16 号 J 型门架槽钢,J 型门架槽钢具备批量生产能力。小型线成功为山推集团研发 ST190 履带钢,并开发 Q390E 新钢种产品。中型线成功开发国内最大的门架槽钢——25 号门架槽钢,同时具备 7 个规格门架槽钢生产能力;成功开发 IPE330 欧标 H 型钢和 LW294 不对称工字钢。大型线通过优化新生产工艺,批量生产高精度 UC305 毫米 × 305 毫米钢桩产品,满足香港客户要求;成功开发 25 号电网铁塔用大角钢。1 月 28 日,大型生产线 TM 轧机除尘项目施工完毕进入试运行阶段。型钢厂《大截面热轧 H 型钢关键生产技术研究与创新》项目获莱钢重大科学技术奖三等奖,《热轧大型 H 型钢生产线离线技术研究与应用》等 8 个项目分别获莱钢技术创新奖二等奖和三等奖。型钢产品顺利通过 CE 及 FPC 年度审核、日标 JIS 换证审核、韩标 KS 复评。

【企业管理】 生产组织坚持对外适应、对内调整,持续提高柔性生产组织能力,适时启动“冲刺四季度,决战年目标”竞赛活动,全年累计打破规格班产记录 39 次,完成年度产量考核计划。主动适应市场,调整产品结构,开发创效能力强、适销对路、满足用户个性化需求、附加值高的产品。全年累计生产门架槽钢、海工钢、钢桩产品 6 万余吨,开发生产 Q235C 等高级别产品 46.49 万吨,占生产总量的 20.94%,产品最高强度级别达 450 兆帕。产品高专比、高效比分别达 50.82%、64%,同比提高 12%和 2.5%。

降本增效工作立足 178 项指标和“十张表格”,推行“日通报—周总结—旬预警”和班组成本核算管控模型。落实轧前准备会和轧后总结会制度,推进“学习完善规格档案”活动,狠抓短板规格成材率提升,型钢综合成材率同比提高 0.11%。强化设备管理降成本,设备综合作业率达 69.18%,同比提高 2.42%。累计完成修旧利废 980 余万元。运用技术手段降低各类消耗,确立 34 项厂级科技攻关项目和 12 项 SBU 项目。开展 QC 活动,《降低大型 H 型钢生产线机械故障停机时间》QC 成果,代表全国冶金行业在全国质量管理小组代表会议上进行发布交流,并获国家优秀 QC 成果奖。全年累计挖潜增效 1090 万元。

开展“品质提升年”活动,针对门架槽钢、海工钢、钢桩等重点产品存在的划伤、尺寸波动、弯曲、铁皮压入、性能不合等质量缺陷,推进坯料成分调整、加热温度控制、孔型导卫修改等全流程工艺优化,实施轧机精度恢复、辊道挡板滑动改造、高压水除鳞增压改造等一系列改造项目。逐级落实质量管控责任,对产品外形尺寸、打捆包装、断面毛刺等问题,制定改进措施,提升产品外观质量。运用六西格玛等先进管理工具提升产品质量，确立3个黑带项目和10个绿带项目。成立用户服务办公室,与用户进行面对面沟通,提高服务质量。以“安全生产基层基础强化年”四次集中整治行动为契机,开展吊索具、煤气、起重设备专项检查和“五检查、五整改”活动。推进“四个标准化建设”活动,提升车间、班组安全管理水平。深入开展“六反思”活动、安全知识培训和应急演练活动,提升职工安全素养。创新安全管理模式,深化特殊时段模型化管理,全年新增安全管控模型40个。落实“安全约谈”制,全年累计与620名安全高风险岗位责任人进行安全谈话。

【企业改革】 严格按照公司机构改革、人员优化、科级干部精简、定岗定编等一系列工作要求,深入推进“两转一提”活动,先后实施科级干部交流、机构调整、向新疆公司配置人员、向检修中心划拨人员等一系列改革。开展TPM培训、中层干部卓越绩效培训、班组长安全培训以及特殊工种培训等,累计培训4800余人次。

【党建思想政治工作】 深化学习型党组织建设,形成了以“总结、共享、反思、提升”为主要形式的建设格局。在主题系列活动中深化“找差距、补短板”活动,促进指标提升。高频度高密度编发形势任务教育材料。深化“3H”家园建设,开展“亲情系列卡,温暖进小家”活动,发放健康卡、贺喜卡、祝福卡199张,走访慰问困难职工39人、资助困难职工子女4人。

（撰稿:张　建　审稿:逄晓男）

莱芜分公司棒材厂

【综述】 莱芜分公司棒材厂是莱芜分公司的主要生产单位之一。全厂占地面积33.26万平方米，工业建筑面积14.47万平方米，固定资产原值141497.69万元，净值31024.04万元。拥有5条轧钢生产线和1条锻造生产线，设备1153台，总重14017.68吨。用电设备容量101700千瓦。全厂设中小型车间、小型车间、第一轧钢车间、第二轧钢车间、大型车间、水压机车间、运转车间、生产准备车间、维修车间、储运车间、行车车间10个车间，机关设6科1室，分别是办公室、计划营销科、生产安全科、人力资源科、机动设备科、技术科、政工科。在岗职工1426人。其中,具有高级专业技术职务的41人,中级的111人,初级的34人;高级技师49人,技师133人、助理技师248人;具有大专以上文化程度的598人;中共党员558人,共青团员125人。

【主要经济技术指标】 全年生产合格钢材290.18万吨,比计划超产21827吨,提前两天完成公司下达的288万吨的年度生产计划;生产大锻件4129吨,同比提高8.26%。

【生产经营】 坚持效益最大化原则,围绕公司下达的“双高”产品比例要求,增加高专、高效产品生产比重。针对螺纹钢品种规格效益不同的情况，扩大直径14毫米以下小规格和直径28毫米以上大规格钢材的生产比例,实现增产创效。全年生产高专产品247.6万吨、高效产品194.4万吨，同比提高19%和15%,创出历史最好水平。生产抗震钢筋33.08万吨,是上年同期产量的3倍。生产锚杆钢筋12.69万吨,同比提高19.94%。出口美标、英标、日标、韩标、澳标钢筋11.51万吨。

【新产品开发】 先后开发直径16毫米右旋锚杆、直径22毫米CRM600离线热处理锚杆和直径12毫米至36毫米6种规格500N澳标钢筋,实现全规格覆盖。HRB500E抗震钢筋实现批量化生产。加强出口退税政策研究,努力扩大出口产品的品种和规格,首次实现国标HRB500、美标Grade40、日标SD295A螺纹钢筋的批量出口。完成40英尺长美标订单,满足客户个性化需求。水压机车间成功开发出7种规格隔膜泵曲轴、100至1300吨系列直柄双钩锻件、下轴、耳轴等工艺复杂的大型锻件,订货量较上年增加20%。大型车间开发出13米超长大圆钢和110毫米×380毫米扁钢等新产品。

【专业管理】 以"5S"管理为切入点,持续提升现场管理水平。举办"5S"管理培训班,制定现场管理推进方案,确立标杆,稳步推进,抓现场带动了专业管理上水平。开展"安全生产基层基础强化年"活动,构建"四个标准化"管理模式。"开展安全生产月活动""安全百日无事故竞赛""五检查五整改" 活动,安全责任得到进一步落实,安全文化建设通过山东省安监局评审。推进工艺技术和质量升级,优化稳定工艺参数群,提升钢材的实物质量和包装质量,提高客户满意率。顺利通过SD390日标钢筋JQA三年复审、460B、B500B英标钢筋UK CARES三年换证复审、SD400韩标三年换证审核以及国标钢筋生产许可证换证审核。全国冶金产品实物质量金杯奖、冶金行业品质卓越产品通过复评。清洁生产审核报告通过山东省经信委检查验收,棒材厂被评为清洁生产优秀等级企业。强化设备精细维护、预知维修,推进状态检测和故障预防检测工作,提高了设备作业率。重视环境绿化美化工作,被公司推荐为全国绿化模范单位,并通过检查验收。

【职工培训】 全年共举办各类培训班188期,培训6869人次;外出培训208人,岗位培训率100%。征集班组长管理创新成果70余篇,创经济效益180多万元。组织9个工种的职工岗位技能擂台赛,选拔出29人参加莱钢第十二届职工技术比武。其中,数控工包揽前三名,加热工取得第二名和第三名,电工取得第二、第九、第十一名,一专多能取得第四和第五名,钳工取得第八、第十二名,行车工取得第九名。1人获得莱钢技术状元称号,7人获得莱钢技术能手称号。

【年内要事】 117名职工赴新疆公司工作;170名设备检修人员划转到设备检修中心。对全厂机构和科级人员进行优化调整,车间由12个压减为11个,机关科室由12个压减为7个;科级干部由81人优化为49人。

【思想政治工作】 开通"党建飞信"交流平台。深化创先争优活动,开展党员对标承诺、降本增效、技术攻关和志愿者服务活动。强化党风廉政建设,加强风险防控,提高监督检查工作的管理绩效。加大形势任务教育力度。逐步开展人文关怀、心理疏导,制定《推进心理疏导工作实施方案》,健全心理疏导工作机构,建立厂内职工快线网页。开展"感恩月"活动和文明素养提升活动,通过文明积分考评激励职工做好事、行善事,讲文明、树形象。全厂涌现出拾金不昧、见义勇为等好人好事 20 余件。继续开展“双十佳”和“用户满意服务明星”活动，运转车间发货大班荣获山钢用户满意服务明星单位称号。309 名困难职工及遗属得到救助，救助金额 22.06 万元；为 1479 名职工办理安康保险，参保率达 98%。注重发挥团员青年的作用，开展“凝聚青春力量、对标挖潜促转调”主题实践活动、青年科技创新、十佳青年安全岗创建等活动。

（撰稿：陈建生　董　萍　审稿：张　健）

莱芜分公司能源动力厂

【综述】 莱芜分公司能源动力厂主要负责莱芜分公司生产所需冷风、蒸汽、煤气、电、水等能源动力的生产、转供任务，同时负责莱钢生活用水和采暖的能源供应工作。全厂机关设办公室、人力资源科、政工科、生产计划科、安全生产科、工艺技术科、机动设备科 6 科 1 室（与银山型钢公司能源动力厂机关机构复合设置）。下设供电车间、电力车间、供水车间、水力车间、锅炉车间、汽机车间、电气车间、燃气车间、化水车间、热力车间、热能车间、维修车间（12 月整建制划拨设备检修中心）12 个车间。9 月 29 日，莱钢集团公司下文（莱钢人字〔2012〕331 号）成立能源管控中心，与能源动力厂复合设置，下设能源管理科。截至 2012 年底，在册职工 1490 人。其中，具有高级专业技术职务的 57 人、中级的 125 人、初级的 21 人；工人高级技师 28 人，技师 104 人，助理技师 424 人。中共党员 620 人，共青团员 106 人。全厂占地面积 66.67 万平方米（老区占地面积 15.59 万平方米，银山前区占地面积 10.54 万平方米，黄前区占地面积 20.5 万平方米，动力区占地面积 20.04 万平方米），工业建筑面积 8.15 万平方米。拥有固定资产原值 377314.97 万元、净值 220958.21 万元。设备 2542 台（套），总重 4.07 万吨。保持山东省文明单位、山钢文明单位荣誉称号，获山东省“安康杯”竞赛优胜企业称号。

【能源供应】 坚持精益生产，强化动态平衡和适时调配，确保能源优先向市场好、效益高的生产线倾斜，满足不同生产状态下、不同生产线的能源动力需求，供应质量稳步提升。全年累计供应冷风 61.85 亿立方米、新水 4774.09 万吨，分别完成年度计划的 81.21%、96.4%；转供电力 49.16 亿千瓦时、煤气 5791 万吉焦，分别完成年度计划的 97.4%、92.96%；生产蒸汽 642 万吨、除盐水 181 万吨，分别完成年度计划的 93.05%和 86.29%。

莱钢能源管控中心主控室

【发电组织】 克服发电设施长期高效运行、能源平衡难度大的不利因素，以“标准发电小时数”为核心指标，开展贯穿全年的发电夺标活动，充分调动车间和机组两个层面的积极性。在钢铁产能压减的情况下，全年累计发电13.46亿千瓦时。其中，汽轮机发电5.39亿千瓦时，TRT发电1.56亿千瓦时，CCPP发电3.58亿千瓦时，干熄焦发电2.93亿千瓦时，分别完成公司年度计划的96.28%、90.35%、111.81%、85.21%。实现发电效益4.04亿元，节约电费支出9.69亿元。发电设备出功率达99%，远高于冶金发电企业70%的平均水平。获功率因数控制奖励908.89万元，实现发电效益最大化。

【企业管理】 制定实施生产运控方案17个，编制调度典型案例19篇，有效指导生产，规范操作。组织开展应急演练69场次，应对突发事件能力不断增强，4次成功实现发电机孤立网运行。组织现场综合管理检查48次，查出整改问题130余项，自主管理和协调解决问题的能力进一步加强。获山东省冶金公司优秀QC成果奖3个，管理创新优秀成果奖2个。汽机车间运行管理QC小组获全国冶金行业优秀质量管理小组称号。实施公司立项课题5项，创造效益4033万元，可控成本降低620.49万元。动力区实现内部利润1.297亿元，超计划7410.69万元。

【设备管理】 建立设备月度例会、状况分析评价和设备管理信息日报机制，强化与主体设备同步检修和特护管理，实现成果共享，强化交流提升。全厂主要设备有效作业率94.64%，故障停机率0.072‰，大中修完成率100%，设备管理技术经济指标实现新突破。提供现场诊断服务245次，协助解决问题64项。东岭变电站、10号锅炉成功投运，老区混合煤气加压站、35千伏环友Ⅰ、Ⅱ线改造顺利完成。全年累计发生修理费6736.85万元，完成计划的96.24%。修复备件1198件，节约成本980.37万元。

【技术管理】 完成区域间专业管理职能对接，整合修编管理制度五大类33项。工艺参数、除盐水、油品污染等级合格率分别实现99.45%、100%、97.86%。汽水品质合格率平均达到99.61%。完成10个余热余能利用项目方案的编写上报工作。发电汽耗、蒸汽燃耗同比大幅降低。申请获得国家专利授权7项。完成银山前区“3D现场模型”构建。举办第二届科学技术周活动。完成山东省2012年度测量管理体系外审和清洁生产审核，测量设备周检率100%。老区、银山前区转炉煤气月均吨钢并网量分别创造68立方米、114立方米的新纪录。

【安全管理】 修订完善安全规章制度和《安全操作规程》，实现规章制度更科学，操作规程全覆盖。全厂共辨识危险源3738个，制定C级危险源目标管理方案，煤气柜、锅炉等重大危险源安全受控。开展煤气系统专项整治活动，共排查整治煤气系统隐患129项、消除煤气在线监测设备缺陷39项。开展煤气知识专项培训及煤气应急救护、酸碱灼烫事故处置、触电应急救护等安全及职业卫生演练。完成特种设备年度检验工作。开展特种作业复审和省级司炉工、锅炉水质处理取证培训。实施716个噪声点和57个煤气作业点达标检测，1482名职工进行职业健康查体。

【人力资源管理】 完成机构调整和机关人员优化工作。全厂车间压减40%,机关优化整合,对61名科级干部调整安排到位。科室工作人员全部竞争上岗。部分岗位人员实施全厂招聘。完成新疆公司105人的抽调任务,220名检修人员实施转移划拨,岗位定员实现优化配置。区域间调整统一薪酬分配考核体系和考评管理办法,薪酬分配的引导、平衡、激励作用充分显现。完成职业技能考核、金蓝领鉴定和专业技术职务考核及续聘工作。举办首届车间主任论坛。全厂累计培训7907人次,授课2231学时,人均培训71学时。

【思想政治工作】 贯彻"一岗双责""两手抓两手硬"的理念,做好党建及思想政治工作,实现队伍稳定、生产稳定。各级班子强化自身建设,能力、素养不断提高,凝聚带动作用凸显。党风廉政建设绩效突出,和谐企业建设深入人心。团员青年工作、离退休工作、社会管理综合治理、爱国卫生、计划生育工作取得新成果。

(撰稿:赵呈德　审稿:齐登业)

莱芜分公司运输部

【综述】 莱芜分公司运输部主要承担莱芜分公司及莱钢进厂原燃材料和厂内成品、半成品的运输及外发任务。基层设7个段(车间),机关设5科1室。职工定员1147人,实有1121人(不包括协议工)。其中具有高级专业技术职务的有44人、中级94人、初级10人,具有大专以上学历的448人,中共党员354人,共青团员99人。全部建筑面积9.45万平方米。拥有固定资产原值6.57亿元,净值3.33亿元。设备总重1.43万吨,拥有内燃机车32台(其中GK_{1C}型5台、GK_{2B}型3台、GK_{1F}型9台、GKD_{1A}型4台、DF_{10D}型6台、DF_{4DD}型5台),各种车辆502辆(其中铁路普通车辆287辆,冶金专用车辆215辆),铁路线路97.26千米,道岔317组,年货运能力4000万吨以上。

【主要经济技术指标】 全年完成货物运输量3077.72万吨,货物周转量26721.19万吨·公里;"一罐到底"直上率稳定在33%以上,最高达到40.2%;铁水跨区调运215.34万吨,为公司创效6.46亿元,创历史最好水平。全年实现运输总收入3.13亿元,完成账面利润4500.73万元,实现吨钢降低铁路运费13.15元。列车正点兑现率和货物检斤率均达到100%,普通车周转天数为0.58天。

【保产运输】 适应公司结构调整和生产节奏变化,推行准时制、柔性化的运输组织模式,以铁水调送和到发运输为重点,实施运输流程再造,为热线生产协调稳定提供保障。统筹优化银山型钢区铁水分流方案,系统梳理铁水外调流程,提升铁水调运效率;化解公司策略性检修造成的区域性铁水资源失衡问题,日跨区域调运铁水7000吨以上,确保各区域铁钢均衡生产;配合4号脱磷炉厂房建设,消除施工对热线生产的影响。应对原燃材料的不均衡到达,合理匹配运输动力,动态调整车流路径,加快厂内周转节奏;科学安排冬季解冻卸车工作,加强工序间沟通协调,提高直达列车比例。全年获公司表扬嘉奖30次,在剔除影响因素后,较好地完成考核利润、考核成本指标。

【安全生产】 以推进"四个标准化"为手段,

强化“三基”工作，全年安全生产无责任事故，实现安全生产“五为零”目标。完善安全生产长效机制，制定实施《安全检查标准规范》等 5 项制度，推进“五检查、五整改”活动；强化复杂条件下的生产调度和运输组织，抓好铁水调运安全管理，落实安全确认制度，严格执行有过错追责和无过错追究制度，《多区域长大坡道铁水安全调送技术》获第五届国家安全生产科技成果三等奖；重视大修施工区域、作业现场的安全监督检查，加强相关方的安全监管，确保施工安全；全面排查设备季节性、周期性隐患，集中整治传统安全隐患，消除安全管理盲区；开展“安全生产月”活动，加大安全教育培训力度，丰富班组安全文化内涵，强化安全自主管理。

【设备保障】 按照“管控结合、内外协调、修养并重、标本兼治”的设备保障思路，改进设备检修模式，巩固和推进科技创新成果应用，提升自主维修能力。完善设备点检定修和故障分析流程，加强对疑难故障修竣后的过程跟踪，开展“限时检修”“精品工程”“挂牌管理”“镜面管理”等专题活动，主要设备故障率下降 15%；重视对重大攻关课题的系统研究和长期规划，全力破除电传机车大中修技术瓶颈，成为冶金运输行业首个实现电传机车自营简易大修的企业。配合抓好机车检修库扩建改造设计审查、机车外委大修招投标等工作，完成 15 条生产工艺线的状态整治，全年大修铁路线路 1510 米，道岔 3 组；接管 2 座油库，完成 1 座油库大修；自主施工实现莱钢站物流系统与莱钢主干网的光缆直通。全年大修机车 4 台、车辆大修 21 辆；完成 4 台机车“三项设备”的安装与调试、物流系统程序改造以及“三电设备”的维护任务；10 辆不锈钢水渣车和 4 辆 65 吨铁水车验收投用。加强特钢系统升级改造项目铁路工程建设的前期准备工作和施工管理，优化设计施工方案，做好招投标工作及新进 DF_{4DD}0292 机车等设备的验收投用，铁路相关工程建设进展顺利。

【创新工作】 开展“转方式、调结构、创新超越、系统提升”活动，推动铁路运输服务的提档升级。合理优化组织结构和专业分工，稳步推进定岗定编，完成机构调整及人员优化工作，全年调整交流 33 名科级干部，撤销一个正科级单位，安置 23 名新职工，聘任 14 名职工到技术岗位，重新调整 307 名职工岗位，占职工总人数的 27.4%；基层“微创新”活力竞相迸发，“双筛管理”“冷热管理”“跨月捆绑”等管理方法卓有成效；综合应用六西格玛、QC 质量管理、TRIZ 等管理工具，全年完成创新课题 254 项，举办科技论文征文活动和第二十

铁水跨区调送作业场景

四届技术创新成果展评会。科技编研工作成果丰硕，编纂出版了《冶金铁路科技进步与管理创新》；1 项成果获山东省科技进步三等奖；3 项成果顺利通过山东省冶金工业总公司鉴定，均为国内领先水平；2 项成果被评为山东省冶金系统优秀 QC 成果，1 项成果获全国冶金行业优秀 QC 成果奖；56 篇论文在省级以上活动中获奖发表；全年申请专利 10 项，授权实用新型专利 4 项。举办第十六届职工技术比武，选拔推荐 45 名优秀技术技能人才。全年共举办各类培训班 37 期，培训 1124 人次。14 个工种 107 人参加年度职业技能鉴定。运输部当选为冶金铁路运输职教研究会会长级单位，在中钢协培训中心的指导下，将主导恢复《冶金企业物流》期刊，编纂的《冶金企业铁道车辆运用与检修》《冶金企业内燃机车构造与检修》教材顺利通过审定，莱钢铁路设备检修标准成为行业规范。

【降本增效】 开展“外学唐钢、新兴际华，内学型钢炼铁”活动。制定《降本增效工作管理考核办法》《中层干部月度绩效考核办法》等制度，层层签订生产经营责任书，构建起新的绩效考核模式；对照标杆找差距，全年查找问题 218 项，制定赶超措施 426 项，确定重点攻关课题 106 项；推行压库限采措施，严控库存资金占用，鼓励修旧利废，盘活废旧资产，严格审查外购项目，全流程压缩设备运行和维护成本；建立运输资源差异化投用模式，先后封存机车 5 台、阶段性压减 2 台，压减水渣车 37 辆；优化工程大中修方案，压缩工程大修费用 50 万元；合理改造和启用旧设备和旧配件，自主加工研制渣石车、新型道岔组件等，全年修旧利废 4987 项，节约资金 678.54 万元。

【节能环保】 严格执行能源消耗分析和督察制度，签订《节能减排、循环经济目标责任书》，完善落实《节能减排全员行动方案》《环境保护提升方案》和《循环经济实施细则》，修订机车月度油耗定额管理办法，研究机车柴油、机油添加剂技术，开展“节油节能”评选活动，推广节油操作法；将高耗能落后设备的淘汰改造与节能新技术推广相结合，全部油耗、水耗、电耗再创新低，实现机车工序能耗 274.80 千克 / 万吨·公里，工序油耗 183.52 千克 / 万吨·公里，电耗 55.57 千瓦时 / 万吨·公里，水耗 9.12 立方米 / 万吨·公里。推进生产区绿化美化，加大铁路沿线、作业现场的环境整治力度，对厂区道路命名立标。

【和谐企业建设】 认真抓好“转观念、转作风、提能力”活动的宣贯工作，全员全方位转变不符合科学发展观的思想观念和行为习惯。加强党风和反腐倡廉建设，强化效能监察工作，对廉洁风险源再分析、再查找，先后排查出廉洁风险源 205 项，制定防控措施 158 条，党员领导干部连续 12 年无违规违纪；加强思想政治工作，狠抓形势任务教育，深入开展“学先进、找差距、增效益”“对标超越我争先，精细管理提绩效”“双争双带”等活动，充分发挥党支部的战斗堡垒作用和党员的先锋模范作用。1 人获莱钢十大杰出青年称号，3 人当选季度“感动莱钢”人物，1 人获山钢“四优”共产党员称号，1 人获山东省钳工技能大赛第六名。深入开展学习型班组创建活动，在莱钢学习型班组大赛中机车段电气制动班获总分第一名；组织庆祝建党 91 周年暨先进表彰大会；召开莱芜分公司运输部第一次党代会；编纂出版《莱钢铁路发展大事记》《有志者事竟成》；集中整修车辆煮洗间、库房等,将旧锅炉房改建为健身场所,增建职工浴室;加强对困难职工的帮扶救助,先后为125人次办理两级送温暖、大病救助金19.59万元;加大社会管理综合治理工作力度,构建“六个第一”机制,维护了稳定和谐的发展环境。

【年内要事】 1月,铁路运价率下调0.4元/吨·公里,执行普通货物运价率0.9元/吨·公里,冶金货物运价率1.1元/吨·公里。1月5日,召开十四届一次职代会。3月,部长况作尧当选为冶金铁路运输职教研究会会长,刘书和当选为副秘书长;铁水由按标重收费改为按净重收费;原料部油库资产移交运输部。6月,编制《股份3号、4号高炉同时停炉期间的铁水运输组织预案》。11月,召开中共山钢股份莱芜分公司运输部第一次代表大会。12月,首次成功实施DF_{10D}0053机车自营简易大修;姜立松技师工作室挂牌。

(撰稿:张 明 审稿:况作尧)

莱芜分公司自动化部

【综述】 莱芜分公司自动化部与莱钢集团公司计控处、莱钢集团电子有限公司复合设置,是以工业自动化、信息化等专业为主的生产服务单位,又是莱钢计控、信息化管理的职能部门,主要承担莱钢自动化、信息网络、计量等专业系统的维护、改造及建设等任务。下设办公室、人力资源科、政工科、生产科、工程技术科、安全生产科、计控管理科、信息化管理科7科1室,铁区维护车间、钢区维护车间、特钢区维护车间、银山钢区维护车间、银山轧区维护车间、计量车间、信息中心、网络及系统运行维护中心、数据检测中心、自动化工程所等10个车间(中心、所)。2012年末,共有在职职工1035人。其中,专业技术人员602人(具有高级专业技术职务的136人、中级的358人、初级的106人);工人技师164人(高级技师6人、技师32人、助理技师126人);博士生2人,研究生18人,本科生639人(其中77人取得在职硕士学位),专科生175人;中共党员413人,其中在职党员366人;共青团员132人。拥有固定资产原值1.62亿元,净值0.69亿元。

【主要经济技术指标】 全年实现营业收入1.97亿元,利润782.94万元,超额完成公司下达的利润考核指标。年维护仪表14.5万台(件)、PLC814套、DCS71套、网络316套、OA用户7467个、电视电话会议系统34套、程控电话1.4万余部、衡器102台。

【生产保障】 全面推行“三全一智”(维护人员全身心,维护时间全天候,维护范围全覆盖,维护手段智能化)立体化维护模式,设备本质化稳定水平进一步提升。开展“设备基础管理强化整改”活动,全面排查并及时整改设备隐患,保障系统稳定运行。改进工作方式和作风,管理人员参加生产厂的会议,第一时间了解、满足用户需求。完善自动化信息化维护保障体系,设备维修向事前维修、智能维修转变。加快新技术推广应用,推进自动化软硬件选型的统一化和规范化,设备运行成本进一步降低。用信息技术优化提升自动化控制水平,生产运行质量和效率进一步提高。提升自动化信息化价值创造能力,精心打造维护服务品牌,维护质量与水平显著提高。全年完成设备适应性和功能扩展性改造及科技攻关项目

400余项。

【信息化管理与建设】 按照“强化一级,完善二级,重点推进三四五级”的思路,加快以ERP为核心的莱钢信息化建设。完成骨干网升级,千兆级链路升级为万兆交换、万兆汇聚、百兆到桌面,带宽与安全性能大幅提高,满足了莱钢信息化高速路未来3到5年内的需求。OA系统升级准备工作全部就绪。自主开发完成莱钢品种效益测算系统、莱钢财务成本核算系统、型钢厂成本数字化管理系统等信息化平台,为公司及各二级单位降本增效等工作提供信息化支撑。开发能源管控系统、设备点巡检系统等,并投入运行,对信息化体系架构的一、二、三级进行建设与完善,制定莱钢集团编码规则,完成软件平台和咨询实施商招标,从组织、技术、人才、思想、产品研发等各个方面充分准备,积极投入莱钢ERP项目建设。

【科技创新】 跟踪研究前沿技术,云计算、虚拟服务器等先进技术成功应用于莱钢生产经营管理中。成功开发应用“一键下料”“一键冲渣”等多项高集成度工艺控制技术,提高了生产控制水平。“优化厚度控制模型,提高宽厚板厚度控制命中率”等3项创新项目的实施,对厚板成材率及产品质量的提高发挥了积极作用。6项科技成果分获山东省冶金科技进步一、二、三等奖,8项技术创新成果通过省级鉴定,其中,2项达到国际先进水平,6项达到国内领先水平。与技术中心联合成立自动化信息技术研究所,加强工艺与自动化信息技术的融合,完成13项课题方案的初步设计。申报专利3项,获得发明专利2项。

【党建及思想政治工作】 以深入推进学习型党组织建设为载体,加强党的先进性建设,提升党建工作科学化水平。开展“两转一提”活动、“‘两化’融合促发展,着力创新我争先”主题系列活动和“学唐钢、新兴际华,学型钢炼铁”活动。加强思想政治工作,开展系列形势任务教育。完善廉洁效能管理体系,加强重点岗位廉政风险防控,强化科技保廉增效。加强企业文化建设,成立职工文体协会,设立游泳、篮球、排球、足球、乒乓球、羽毛球、棋牌、拔河、舞蹈、合唱、台球、文艺创作、钓鱼、摄影书画、收藏集邮等15个分会。强化学习型班组建设,36个班组荣获部“星级学习型班组”称号。加强人力资源开发,创建自动化及仪表技师工作室,广泛开展劳动竞赛和群众性经济技术、管理创新以及独具特色的“青年论坛”系列活动。举办培训班97期,培训学员2567人次。在山东省职工计算机技能大赛中,由自动化部职工组成的莱钢代表队获得团体第一名;在第四届全国职工职业技能大赛计算机程序设计员

11月27日,山东钢铁集团有限公司ERP项目建设动员大会在莱钢召开

比赛中，以自动化部职工为主组成的山东省代表队获得团体第四名。全年共走访慰问困难职工45人，发放救助金近10万元。

【年内要事】 6月12日，根据《山东钢铁股份有限公司莱芜分公司关于组织机构设置的通知》(莱人字〔2012〕35号)，设立山东钢铁股份有限公司莱芜分公司自动化部，与山东钢铁股份有限公司莱芜分公司计控处复合设置。10月27日至28日，由山东省科协、山东大学以及山东省科学院主办的2012海峡两岸三地自动化和先进制造技术论坛(山东)暨2012山东省第七届高校自动化专业教学研讨会在济南大学召开。自动化部主任、党委书记郭维河当选为山东省自动化学会第七届理事会副理事长，副主任吴晓峰当选为常务理事，副主任于海忠当选为理事。会上，郭维河作了题为《钢铁工业自动化技术的应用与展望》的学术报告。12月28日，自动化部十一届一次职工代表大会召开，郭维河作题为《创新驱动，提质增效，推进莱钢信息化与工业化深度融合发展》的工作报告。

(撰稿：赵学爱 李 伟 卢 峰
审稿：郭维河)

莱芜分公司品质保证部

【综述】 莱芜分公司品质保证部主要负责莱钢原料和产品质量检验及质量管理工作。截至2012年末，固定资产原值0.54亿元，净值0.2亿元。各类设备149套。设7个车间级单位，分别为炼钢棒材质检站、轧钢质检站、物理中心试验室、宽厚板质检站、银前质检站、型钢炼钢质检站、型钢轧钢质检站。管理部门设5科1室，即质量管理科、质量监督认证科、检验设备安全科、人力资源科、政工科、办公室/党委办公室。在职职工553人，其中干部118人，工人435人；具有高级专业技术职务的30人，中级54人，初级18人；高级技师3人，技师25人，助理技师86人。

【新上项目】 全年完成新上项目5项，投资额达760万元。主要包括试验机更新和澳标钢筋测量仪、疲劳与松弛试验机、焦炭热性能反应强度仪购置项目等，在钢材物理性能检测方面，引进伺服万能试验机项目，满足了国家金属材料试验室认证新标准。

【技术进步及产品质量指标提升】 列入公司年度计划的33项重点质量指标中，累计完成的有30项，完成率90.91%，较上年同期指标水平提高的有19项，持平的有6项；公司QES管理体系中的重点指标物理性能一次检验合格率累计达99.31%，较上年同期提升0.04%；纳入公司考核的11个主体生产厂(单元)的产品稳定性指标普遍有所

认证专家对莱钢压力容器用06Ni9DR钢板进行现场认证

提升。其中,重点指标 σ1 累计达到满分限率 59.09%,12 月份平均水平值较 1 月份提升 0.29,内控检验一次合格率指标 σ2 累计达到满分限率 67.42%,12 月份平均水平值较 1 月份提升 0.62。全年累计实现进厂合金辅料等原料把关效益 1639.75 万元,督促协调炼铁系统各生产厂实现进厂原料把关效益 16038.28 万元,均超额完成公司下达的挖潜增效目标。每月制定质量抽查要点,从公司层面对涉及进厂原燃料、半成品及成品的股份炼铁厂、型钢炼铁厂、焦化厂、特钢事业部及品质保证部自有的检查站、化验室开展质量抽查活动,全年共抽查样品 583 个,检验项目 2774 个,并进行通报和督促整改,实现原料及检化验状况的动态管控。加强原燃料质量异议管理,共同见证取样规范性,公正公平处理质量异议。全年处理煤、焦、矿等原料质量异议 139 起。参与贸易矿采购探样,以及合金、辅料等进厂原料的招标工作。将触角向两头延伸,通过建立对产品设计、合同评审有效性评审机制,了解产品最终用户和使用用途,提高了合同评审产品质量要求信息把关的质量;通过对生产单位的工艺参数控制、产品质量可追溯性管理、不合格品管理与控制进行抽查落实,促进各生产线工艺制度的执行、质量纪律的遵守,产品全过程监督管理能力得到提升。针对各条生产线的品种钢,加大检验频次和抽样概率,增加检验项目和检验环节,全过程、全方位防止不合格品流入下道工序和用户。加大质量攻关改进力度,尤其是对批量产品缺陷如抗震钢筋性能不合格、窄带品种钢麻点和淬火硬度不均、S450J0 钢桩钢一次检验合格率低等典型问题,组织质量分析会,对系统性原因进行深入分析,提出改进措施,促进产品质量的溯源改进和稳步提升。建立健全全样本统计分析数据库,编制不同产品质量基准报表,满足质量数据多级应用的要求,全面发挥产品质量数据指导生产的重要作用。通过每季度确定品种质量考核满分限,每月确定下发重点考核产品(项目)名录,以及数据半月测评和真实性检查,促进各生产单位重点质量指标西格玛水平的对标改进和有效提升。建立成品存放场地的每日巡检制度和长期库存产品定期重检制度,加强用户质量走访,收集用户质量信息。扎实开展四季度钢材产品“质量异议攻坚战”活动,形成良好的闭环改进机制,实现顾客满意度的稳步提升。开展大黑带项目活动,助推产品质量稳定性水平提升。全年共完成 23 个黑带项目、46 个绿带项目,25 位黑带、10 位绿带通过全国注册黑带、绿带考试,通过率和平均分列全国第一。大力开展产品质量认证创奖工作,全年共完成欧标产品 CE 认证、热轧带肋钢筋生产许可证换证、40Cr 热轧圆钢复评冶金产品实物质量认定“金杯奖”等认证创奖 16 项。

【基础管理】 安全工作以四个标准化建设为主线,抓基础、控风险,抓教育、提素质,抓检查、促整改,确保安全工作效果,全年没有出现一起安全事故。设备工作立足基层,强化运行管理,未出现影响检化验工作的设备事故。严格零星维修制度,强化施工管理,确保施工质量和安全。细化物资管理,有效降低检验费用。ISO/IEC17025 认可实验室管理体系有效运行,认可项目扩展到 4 类产品 31 项参数,包含钢、铁、铁矿石、合金的化学成分检验及钢材的力学性能、金相检验等公司主要检测项目,覆盖品质保证部内外共 7 个理化室,保持国内同行业的先进水平,支持了产品认证、第二、三方用户审核、出口商检等工作。编辑印发《国内常用冶金标准汇编(第三版)》,指导和规范质量检验和技术管理。组织召开六西格玛大黑带项目活动汇报会等四次《做强莱钢技术支撑体系》质量专题例会,促进质量管理的专业化推进和规范化运作。全面完成公司质量管理文件的修订,内部检验试验规程、检验技术规程的换版,有力支撑 QES 管理体系的有效运行。积极稳妥地开展机构优化调整及科级干部指数精简工作,全面完成公司下达的机关科室 6 个、基层站室 7 个的内设机构数量及科级干部配置指数的控制目标。

【党群工作】 深化学习型党组织创建,开展“五观”专题党课教育,推进创先争优活动。强化作风建设,开展“两转六提”活动,深入到各热线生产单位进行走访调研;坚持联系点制度,部领导和机关人员参加基层站室月度职工会议 98 次。以“找差距促服务,抓基础提质量”为主题,建立完善对标模型,深化对标反思,总计对照先进标杆查找差距 173 项,制定对标提升措施 320 项。结合严峻的市场形势和阶段性重点工作,及时开展形势任务教育。认真落实党风廉政建设责任制,组织签订三级责任书和廉洁承诺书,加大考核力度,定期编发《品保清风》教育刊物,强化警示教育;排查廉洁风险 376 项,修订完善廉洁效能管理体系文件,强化运行控制,扎实开展“检验准确度管理”等效能监察以及月度内部审计活动,促进相关规章制度的贯彻落实。利用职工快线、博客、青年思想 QQ 群、心晴空间和职工恳谈会等思想交流平台,及时沟通交流热点思想问题;深化学习型班组创建工作和群众性经济技术创新活动;开展“亲情关怀纪实活动”、春节走访救助、七一看望生病党员等送温暖活动,密切党群、干群关系。

(撰稿:韩 静 审稿:高俊庆)

山东莱钢国际贸易有限公司

【综述】 山东莱钢国际贸易有限公司(以下简称莱钢国际)成立于 2001 年 8 月 28 日,注册资金 6000 万元,为莱芜钢铁集团有限公司控股子公司。2012 年 2 月 10 日,济南钢铁股份有限公司受让莱芜钢铁集团有限公司所持莱钢国际 83.33%的股权、莱芜钢铁股份有限公司所持莱钢国际 16.67%的股权。济南钢铁股份有限公司变更为山东钢铁股份有限公司后,根据《公司法》《公司章程》相关规定,2012 年 3 月 8 日,莱钢国际成为山东钢铁股份有限公司出资设立的法人独资有限公司。

3 月 15 日,经莱钢国际董事会研究同意,由埃尔顿发展有限公司出资在新加坡成立齐鲁钢铁有限公司。8 月,整合综合部和外事科成立综合外事部;新业务部和出口部合并,名称沿用出口部。2012 年末,莱钢国际下设综合外事部、财务部、出口部、国际海运部、进口部、外经部、悦丰物流有限公司、埃尔顿发展有限公司、齐鲁钢铁有限公司,共计 6 个部门 2 个子公司 1 个孙公司。

【主要经营指标】 全年实现贸易总额 88.45 亿元,营业收入 68.45 亿元,考核利润总额 4946 万元。出口钢铁产品 50.27 万吨,创汇 3.2 亿美元。采购进口矿 1002 万湿吨,其中长协矿 700 万湿吨,用汇 8.6 亿美元;招标矿及美元贸易矿 77 万吨,货值 9408 万美元;港口现货贸易矿 225 万湿吨,金额 19.8 亿元。代理进口辊环、轧辊 19 批次,用汇

491 万美元。备件销售合同金额 1923 万元。跨境融资 9.52 亿美元，降低融资费用 1.76 亿元，汇兑收益 6995 万元。COA 延期支付 1.3 亿元。社会经营贸易额 4.8 亿元。

【出口工作】 推进多元化战略，拓展贸易渠道。冷轧卷开发了韩国市场；宽厚板在香港市场开发了新的客户，扩展了高强钢等新品种市场，逐渐恢复台湾市场；加大开平板、开平花纹板的出口力度，出口开平板、开平花纹板 3.1 万吨，占热卷出口总量的 74%；螺纹钢恢复并提升了在南美市场的市场占有率，总计出口南美市场螺纹钢 4 万余吨，占全年螺纹钢出口总量的 40%；恢复对缅甸市场的钢材出口，出口缅甸市场螺纹钢 3.3 万吨；型钢产品借助伊朗市场重新开始欧标型钢的出口；钢板和 H 型钢正式进入西非市场；打桩钢销售稳步推进，全年出口打桩钢 3.6 万吨，同比增长 42%。

在新产品市场开拓方面，实现优碳宽带钢对越南市场的出口，高碳冷轧带钢及薄尺寸轧硬卷对韩国的出口；新增厚度 6 毫米特薄钢板及 100 毫米以上特厚钢板的出口；推进优质碳素结构钢板出口到台湾、韩国市场；实现容器钢板出口巴基斯坦市场，高强度钢板出口香港市场；澳标螺纹钢出口实现零突破；高档齿轮圆钢成功开发出口到欧洲市场；严格控制产品预处理加工的质量，共出口预处理钢板及船板 1.6 万吨。

【进口工作】 长协矿进口方面，莱钢国际以满足厂内需求、降低采购成本、减少库存资金占用为工作重点，按照均匀到货的要求争取更合理的装期和性价比更高的矿种结构，共降低采购成本约 3950 万元。压缩性价比相对较低的巴西矿、智利精粉、澳大利亚块矿等系列品种，巴西粗粉长协量减少 120 万吨，智利精粉、MGI 块矿、FMG 粗粉等性价比不高的长协矿均实现零装运。

贸易矿采购方面，在取消或减少部分性价比不高的长协矿的情况下，加强替代矿种的性价比分析和理化指标对比，共采购港口贸易矿 225 万湿吨，降低采购成本 1983 万元。先后开发采购西班牙粉、马来西亚粉、印尼破碎粉等经济料矿种，共采购低品位经济料约 32 万吨，与同期鲁中精粉价格比较共降低采购成本约 2845 万元。在矿价谈判方面，莱钢国际和 VALE 在定价体系上达成到岸价为基础的新定价体系，与 BHPB 公司签署了新的杨迪粉定价协议，与力拓、BHPB 公司的部分矿种达成更有利的价格条款。在新资源开发方面，先后研究并分析了美国精粉、南非库博粗粉及块矿、马来粉、毛利粉等不同非主流矿种。推动南非块矿实验，签署了 1 万吨南非块矿进口合同。通过与山钢采购中心、济钢国贸积极协调，顺利完成第一批 8.7 万吨塞拉利昂矿的货权交接，陆续完成塞拉利昂矿三船的开证和接货工作。

【国际海运工作】 全年船舶到港 48 船，总量为 775.50 万吨。租船招标 9 船，运输货物 130 万吨。与开标日指数相比，降低海运成本 43 万美元。自 8 月开始，莱钢集团公司要求继续降低港口库存。全年累计借矿、串换矿 232 万吨，其中借矿 171 万吨、串换矿 61 万吨，办理提前发运 36 万吨。加大与各 COA 船东的沟通与协调力度，延后支付、降低海运费折合人民币 1.3 亿元。

【境外融资】 全年共计跨境融资 9.52 亿美元，在利率方面降低融资费用 1.76 亿元，平均利率 3%；在汇率方面实现汇率收益 6995

2012 年 6 月 28 日，莱钢国际以上党课的形式，对全体党员和建党积极分子进行思想教育

万元，共计降低财务费用 2.46 亿元。继香港埃尔顿公司成为跨境融资主要平台后，莱钢国际积极延伸融资平台，在新加坡注册成立齐鲁钢铁有限公司；在澳门地区开通中国银行的“对证通”跨境融资业务，融资金额 4560 万美元，开辟了新的跨境结算模式。

莱钢股份注销、山钢股份成立后，莱钢集团和山钢股份莱芜分公司矿石进口由莱钢国际代理，莱钢国际对跨境融资授信额度的需求明显扩大。为此，2012 年共新增 29.3 亿元的额度，使莱钢国际授信额度达到 74.7 亿元。

【社会经营】 自 2012 年 4 月开始，莱钢国际稳步拓展社会资源经营业务，主要涉及进口矿的现货、期货贸易，操作方式包括进口代理、托盘、对缝等，初步在矿山资源获得、下游客户积累方面取得进展，全年实现营业额 4.8 亿元。

【子公司经营情况】 埃尔顿发展有限公司全年实现营业收入 66.95 亿元，利润总额 3145 万元。自主完成出口钢材签约 6.9 万吨，其中打桩钢出口接单 3.9 万吨，占全年出口总接单量的 50.3%，同比增长 36.2%；钢板接单 1.95 万吨，占全年出口总接单量的 24.8%。莱钢打桩钢、钢板在香港市场占有率均超过 20%，成为香港市场主要供应商。在第三方贸易方面，与母公司积极配合，开展了 4 船铁矿石第三方贸易，金额 2887 万美元。

青岛悦丰物流公司全年共完成国内、国际货物运输量 221 航次 46.8 万吨；代理 1.5 万吨钢材的出口海运业务，并于 5 月期租 3500 吨级船舶一条，经营日韩航线，全年共执行 18 航次 6 万吨货物。

齐鲁钢铁公司全年实现销售收入 1.74 亿元，利润总额 28.68 万元。完成钢材出口交货 1.35 万吨；完成贸易融资一笔，融资额 1836 万美元。

【企业管理】 积极推进精细化管理，在精细化管理推行第一阶段，召开了精细化管理推进专题会议，成立精细化管理推进小组，制定实施方案。通过集中培训、参观青岛港前港公司等方式，加强理论知识学习，借鉴先进经验和模式。以制度梳理、规范流程为突破口，按照职工个人梳理工作细节、部门梳理岗位职责、部门间梳理业务板块流程 3 条主线并行推进的方式，对现行工作进行全面系统诊断，梳理业务流程、关键环节及业务细节，查找弱项与不足，形成阶段性自查报告。在精细化管理推行的第二、三阶段，按照职责、业务分工，在内部开展精细化管理纵向、横向交流与座谈讨论活动，明确各部门、子公司的具体管理方案与措施，量化工作标准及要求，形成清晰、顺畅的执行规范。年内共优化7大业务板块流程，完善进口、出口、社会经营3大管理办法。

（撰稿：陈大健　审稿：王绍强）

莱芜天元气体有限公司

【综述】 莱芜天元气体有限公司（以下简称天元公司）位于莱芜市钢城区棋山大街东首，于2002年10月29日注册，11月8日挂牌成立。是工业危化品生产企业，生产经营工业用氧气、氮气、氩气、液氧、液氮、液氩、各类瓶装气体和医用液氧、气氧等产品。主要为莱钢及莱芜分公司的冶炼生产提供产品服务，同时面向社会经营销售气体产品。2012年末，注册总资本50581.14万元。设运一作业区、运二作业区、运转作业区、检修作业区和市场作业区5个作业区，机关设综合业务部、生产运行部、机动设备部3个部。共有在册职工392人。其中，具有高级专业技术职务的8人，中级的15人，初级的5人；工人高级技师19人，技师39人，助理技师83人；本科以上学历77人（其中研究生3人），专科学历133人，中专及高中学历的82人；中共党员77人，共青团员72人；年内调入职工5人。

【主要指标】 全年生产氧气9.48亿立方米，外供氮气9.29亿立方米，外供氩气347.31万立方米。制氧电耗0.882千瓦时/立方米，比计划降低0.003千瓦时/立方米；氧气放散率0.99%，比计划降低0.01%；制氧综合水耗20.52吨/万立方米，比计划高1.81吨/万立方米；制氧工序能耗1135.6千克/万立方米，比计划低6.4千克/万立方米。全年实现销售收入7.95亿元，利润总额750.93万元。

【生产经营】 精心组织稳产保供。以计划促生产，细化月度生产计划，动态制定制氧机运行模式，月生产计划完成情况与责任考核严密挂钩；以调度保平衡，严肃调度指令，就高炉休风时制氧机运行方式调整与总调度室进行深入交流，针对热线不同时段生产情况，制定相应的控制措施，实现氧、氮、氩气供求平衡，保证制氧生产能力与热线生产所用相匹配，减少放散，增加外供，稳定机组运行，提高保供能力。开展“精益保供促发电”及“氩产品产量提升”等活动，提升氧、氮、氩保供能力及制氧机组运行的经济性。各制氧机组的液氩产量达到并超过设计产量，氧提取率和氮平均纯度相应提高，全年累计产销

新建的60000立方米/时制氧机

氩产品30307.18吨，比2011年增产1096.69吨。全力参与60000立方米/时制氧机生产准备。编制规程和试车方案；将设计、施工过程中存在的问题进行汇总分析，向设计院、项目部进行反馈；抽调制氧工到60000立方米/时制氧机，并组织部分人员到武钢、马钢、首钢京唐公司进行学习，进行有针对性培训，定期进行考试、考核。

【设备管理】 每月召开氧系统技术诊断会，滚动推进整改攻关活动。全年累计通过氧系统诊断会排查各类瓶颈短板问题169项，完成整改137项，其余32项择机停车处理。加强年修、定修管理，优化完善检修工作计划，利用热线停产检修时机，在制氧机全开无备机状态下，先后进行7号、8号、5号制氧机的年修及3号、4号、7号、9号、10号制氧机定修各1次，消除影响制氧机稳定运行的各类缺陷542项，检修项目完成率100%，平均延长制氧机定修周期7.37天，较2011年减少开停机次数2次，保证在运机组设备安全运行的同时，降本增效160余万元。

强化点检管理。消除点检盲点，全年排查点检盲点增加巡检点36项。优化点检程序，落实点检责任，各岗位点检到位率平均为99.82%，共点检出较大隐患69项，奖励点检明星70人次，日常点检消缺494项。组织完成6号、7号、8号、9号、10号制氧液氧蒸发系统的消缺和改造工作，6号制氧蒸发器的成功查漏消缺节省返厂维修费30万元。强化供气管网管理工作。完成1号、2号氧气球罐特检大修工作，外部氧氮气管道防腐；结合50吨电炉定修，完成特钢氩气管道的改造；开展氧氮氩供气管道隐患揭查整改活动，共查处较大缺陷14项，完成整改集中消缺。搭建技术交流、成果共享等平台，科技成果《制氧设备技术性能的提升与创新》获山东省冶金公司一等奖，《一种晶闸管交流调功器控制系统》等10项专利获得国家授权。QC成果《提高氮气外供能力》《降低九、十氧机组制氧电耗》分别获山东省冶金系统一等奖、二等奖。

【安全环保】 加强危险化学品工作领导，建立安全领导小组，落实安全监管责任，组织各单位签订《安全生产绩效考核责任书》，职工填写《三不伤害卡》和《个人安全保证书》，层层落实分解安全生产责任目标。开展"安全生产基层基础强化年"四次重点整治行动、百日安全生产无事故竞赛、月度安全生产竞赛、安全生产卫士、安全生产月、节能宣传月、冬季四防、夏季五防等活动，提升安全管理绩效，实现五为零目标。

推进"四个标准化"建设，结合贯彻《危险化学品安全标准化细则》，在原有的《技术工艺操作规程》《安全操作规程》《岗位安全确认制》基础上，形成一套集操作标准方法、步骤、安全确认于一体的《岗位操作标准卡》《危险源控制量化点检表》及《现场标准定置图》。加强现场安全管理，全年办理动火证896次，受限空间作业证36次，吊装作业证13次。下发《隐患整改通知单》9份，共有效纠正各类不符合42项。落实岗位职业危害监测，莱钢医院职业病防治科对天元公司噪声点进行检测，岗位噪声检测率达到100%、值班室合格率100%。做好接害岗位职工、特殊工种查体工作，分别为206名接噪职工及特殊工种操作人员进行职业卫生查体，查体率100%。

【思想政治工作】 组织开展"找差距、赶先进、抓创新、增效益"主题系列活动及和谐企业建设工作。抓思想作风建设,组织形势任务专题党课和“恪守职业道德,保持党的先进性”主题教育。做好党员培养发展工作。年内接收2名入党积极分子为预备党员,1名预备党员按期转正。加强学习型党支部建设,提高党支部和党员学习力、创新力、执行力、凝聚力和战斗力5项能力,立足本职开展技术攻关、岗位创新活动54项,275人次党员参与攻关活动。解决职工热点问题,促进和谐企业创建。组织开展乒乓球比赛、庆三八趣味运动会、拔河比赛、象棋比赛、学习型班组大赛等活动,陶冶职工思想情操,丰富职工的文化生活。

(撰稿:姜 杰 王晓妍 审稿:齐登业)

2012年10月13日,中国质量认证中心专家对电子公司进行年度CCC工厂检查

莱芜钢铁集团电子有限公司

【综述】 莱芜钢铁集团电子有限公司(以下简称电子公司)是山东钢铁股份有限公司的全资子公司。注册资本3600万元。专业从事电子产品设计、生产、销售与维修;电气盘箱柜产品的设计、装配、集成、销售与维护;信息技术咨询;软件开发与销售;网络施工;自动化控制、信息化系统设计、集成与安装调试;自动化及信息系统升级与改造工程等。下设运营改善部、营销管理部、技术质量部、工程事业部/安全生产部、产品事业部、人力资源部、综合业务部7个部门。其中,人力资源部、综合业务部分别与山钢股份莱芜分公司自动化部人力资源科、办公室复合设置。产品事业部下设电子产品厂、衡器制造厂、盘箱柜制造厂3个生产厂。2012年末,资产总额14207.79万元,净资产10383.35万元,固定资产原值173.43万元、净值111.41万元。

【主要经济指标】 全年完成销售收入13670.5万元,利润1502.3万元,分别较上年增长0.1%、10.4%,提前两个月超额完成全年任务目标。

【生产经营】 全年签订山东富伦4号高炉大修工程自动控制及仪表系统、河北秦皇岛安丰150吨转炉仪表自动化系统、河北荣信1080立方米高炉二期三电系统等工程建设合同118项,合同额1.1亿元。签订莱芜钢铁新疆有限公司、张店钢铁总厂、天津荣钢、日照京华矿业公司等技术服务外包合同10项,合同额549万元。签订电子产品销售合同34项。生产销售盘箱柜464面,衡器6台,其他电子硬件产品693件。承揽巴西圣戈班高炉热风炉、印度电钢总公司、波兰5号热风炉改造等自动化工程,国际市场进一步拓展。参与实施的莱钢4300毫米宽厚板生产线热处理工程获得2012年度全国冶金行业优质工程奖。新开发硬件产品6项、软件产品11项。申报专利12项,获得发明专利1项,实用新型专利4项。

【企业管理】 按照"专兼结合、精简高效"的原则,对电子公司组织结构进行调整。印发《外出施工安全管理规定》《业务招待管理规定》《外出投标管理规定》《对外工程施工及客户服务管理规定》《营销合同立项评审与项目验收评价管理办法》等管理制度,完善业务流程及制度体系。完善QES体系管理手册和程序文件,顺利通过QES管理体系、3C工厂检查、集成资质、勘察设计、施工资质年审。根据各部门工作职责及电子公司发展需求,组建相对独立的产品研制、工程施工、技术研究和营销管理的专业化队伍,提高专业化经营及管理水平。全面升级扩建衡器、盘箱柜、电子产品三条生产线,充实人员满足生产需求。编制完成《电子公司产业提升方案》,确立"一体两翼三大支撑"发展战略(一体:建设一流IT强企;两翼:具有核心竞争力的特色品牌和市场营销多元化;三大支撑:工程项目集成、自动化信息化技术服务、产品研制销售)。成立课题调研组,到上海宝信、马钢自动化公司进行考察,产业发展提升各项工作加快推进。

【年内要事】 8月,设立营销管理部、技术质量部、产品事业部、工程事业部/安全生产部、运营改善部、人力资源部、综合业务部等7个部门,完善了组织结构,理顺了工作流程。9月,编制完成《电子公司产业发展提升方案》。11月25日,电子公司CCC工厂检查工作通过中国质量认证中心的审核。11月,电子公司营业范围增加"电气盘箱柜的设计、集成、装配、销售与维修"内容。12月28日,电子公司四届一次职工代表大会召开,经理吴晓峰提交题为《提升IT产业发展水平,加快莱钢电子公司做强做大》的书面工作报告。

(撰稿:赵学爱　李　伟　审稿:郭维河)

莱钢能源管控中心

统计资料

TONGJIZILIAO

统 计 资 料

表 10　　2012 年莱钢集团财务指标完成情况表

指标名称	计量单位	2012 年	2011 年	同比增加
营业收入	万元	6001881.11	7485966.99	-1484085.88
营业成本	万元	5405306.30	6413192.04	-1007885.74
营业税金及附加	万元	46639.07	61994.95	-15355.88
销售费用	万元	270644.22	278146.36	-7502.14
管理费用	万元	187437.94	295146.47	-107708.53
财务费用	万元	184191.76	202168.86	-17977.10
三项期间费用总额	万元	642273.92	775461.69	-133187.77
其中:利息支出	万元	204082.80	238229.23	-34146.43
投资收益	万元	53198.24	17404.05	35794.19
利润总额	万元	11346.93	243096.41	-231749.48
净利润	万元	-47250.42	161914.08	-209164.50
其中:归属于母公司所有者的净利润	万元	-147536.93	-98.55	-147438.38
少数股东损益	万元	100286.51	162012.63	-61726.12
利税总额	万元	208120.72	529853.69	-321732.97
成本费用总额	万元	6094219.29	7250648.68	-1156429.39
营业收入净利率	%	-0.79	2.16	-2.95
营业收入利税率	%	3.47	7.08	-3.61
成本费用利润率	%	0.19	3.35	-3.17
营业成本率	%	90.06	85.67	4.39
利息保障倍数	倍	1.06	2.02	-0.96
利润增长率	%	-95.33	-18.94	-76.39
营业收入增长率	%	-19.82	15.10	-34.93
实现税费总额	万元	247891.96	368562.10	-120670.14
上交税费总额	万元	263471.23	388675.99	-125204.76

续表

指标名称	计量单位	2012 年	2011 年	同比增加
资产总额	万元	8776769.01	8700567.00	76202.01
负债总额	万元	6544105.16	6514425.15	29680.01
资产负债率	%	74.56	74.87	-0.31
流动资产合计	万元	3668745.19	3614646.30	54098.89
流动负债合计	万元	6097386.92	5490574.07	606812.85
流动比率	%	60.17	65.83	-5.66
速动资产	万元	2671868.86	2443210.62	228658.24
速动比率	%	43.82	44.50	-0.68
固定资产原值	万元	3313294.29	5401535.15	-2088240.86
累计折旧	万元	1126667.83	1987410.12	-860742.29
其中:本年提取折旧	万元	209249.61	318584.09	-109334.48
固定资产净值	万元	2186626.46	3414125.03	-1227498.57
应收账款平均余额	万元	221465.96	168827.23	52638.73
应收账款周转率	次	27.10	44.34	-17.24
存货平均余额	万元	1084156.01	1131044.10	-46888.10
存货周转率	次	4.99	5.67	-0.68
平均资产总额	万元	8738668.01	8551217.37	187450.63
总资产周转率	次	0.69	0.88	-0.19
总资产净利率	%	-0.54	1.89	-2.43
平均流动资产	万元	3641695.75	3634148.72	7547.03
流动资产周转率	次	1.65	2.06	-0.41
企业报酬总额	万元	215429.73	481325.64	-265895.91
总资产报酬率	%	2.47	5.63	-3.16
所有者权益合计	万元	2232663.85	2186141.85	46522.00
其中:归属于母公司所有者权益	万元	713965.95	864633.30	-150667.35
少数股东权益	万元	1518697.90	1321508.55	197189.35
实收资本	万元	392269.33	392269.33	-
平均归属于母公司所有者权益	万元	789299.63	826800.14	-37500.52
净资产收益率	%	-18.69	-0.01	-18.68

*注:表中2012年指标不包含山钢股份莱芜分公司

（供稿:亓　峥　审稿:裴建光）

表 11　　**2012 年莱钢集团钢铁主业财务指标完成情况表**

指标名称	计量单位	2012 年	2011 年	同比增加
营业收入	万元	3842719.26	4671654.37	-828935.11
营业成本	万元	3780930.55	4414333.89	-633403.34
营业税金及附加	万元	13504.08	11378.20	2125.88
销售费用	万元	15976.85	15705.82	271.03
管理费用	万元	194174.26	175492.10	18682.16
财务费用	万元	183141.96	142208.22	40933.74
三项期间费用总额	万元	393293.07	333406.14	59886.93
其中:利息支出	万元	204703.51	163035.73	41667.78
投资收益	万元	57244.05	30515.07	26728.98
利润总额	万元	-259670.99	-48925.58	-210745.41
净利润	万元	-266677.63	-50276.21	-216401.42
其中:归属于母公司所有者的净利润	万元	-244822.22	-53198.66	-191623.56
少数股东损益	万元	-21855.41	2922.45	-24777.86
利税总额	万元	-163086.49	38922.48	-202008.97
成本费用总额	万元	4187727.70	4759118.23	-571390.53
营业收入净利率	%	-6.94	-1.08	-5.86
营业收入利税率	%	-4.24	0.83	-5.08
成本费用利润率	%	-6.20	-1.03	-5.17
营业成本率	%	98.39	94.49	3.90
利息保障倍数	倍	-0.27	0.70	-0.97
资产总额	万元	5764817.45	5582809.19	182008.26
负债总额	万元	5147492.14	4929572.18	217919.96
资产负债率	%	89.29	88.30	0.99
固定资产原值	万元	3956960.58	4097477.46	-140516.88
累计折旧	万元	1737644.47	1543090.68	194553.79
固定资产净值	万元	2219316.11	2554386.78	-335070.67
存货平均余额	万元	351169.41	529070.42	-177901.01
存货周转率	次	10.77	8.34	2.42
平均资产总额	万元	5673813.32	5560236.03	113577.29
总资产周转率	次	0.68	0.84	-0.16
总资产净利率	%	-4.70	-0.90	-3.80
企业报酬总额	万元	-54967.48	114110.15	-169077.63
总资产报酬率	%	-0.97	2.05	-3.02
所有者权益合计	万元	617325.31	653237.01	-35911.70
其中:归属于母公司所有者权益	万元	280664.55	498598.24	-217933.69
少数股东权益	万元	336660.76	154638.77	182021.99

* 注:钢铁主业指母公司、银山型钢公司和山钢股份莱芜分公司

（供稿:亓　峥　审稿:裴建光）

表 12　　2012 年莱钢主要产品产量完成情况表

指标名称	单位	2012 年	2011 年	同比增长(±%)
1. 工业总产值(现行价)	万元	5483517	6309452	-13.09
其中:莱芜分公司	万元	2454801	2917612	-15.86
2. 生铁	吨	14864669	14487781	2.60
其中:莱芜分公司	吨	4199525	4600113	-8.71
银山型钢有限公司	吨	3364532	3479436	-3.30
莱芜钢铁集团有限公司	吨	2760056	2765670	-0.20
永锋钢铁有限公司	吨	4540556	3642562	24.65
3. 粗钢	吨	14476047	14112334	2.58
其中:莱芜分公司	吨	6467992	6569459	-1.54
银山型钢有限公司	吨	3371890	3774710	-10.67
永锋钢铁有限公司	吨	4636165	3746138	23.76
机械制造有限公司	吨		22027	-100.00
4. 钢材	吨	14461761	14111417	2.48
其中:莱芜分公司	吨	6688606	6734515	-0.68
银山型钢有限公司	吨	2431575	2790970	-12.88
永锋钢铁有限公司	吨	4656479	3778398	23.24
烟台钢管有限公司	吨	256731	264707	-3.01
泰东实业有限公司	吨	7856	39454	-80.09
鲁银投资集团股份有限公司	吨	838589	927113	-9.55
其中:泰东耗带钢	吨	3775	4840	-22.00
冷轧薄板耗中厚宽钢带	吨	414300	418900	-1.10
5. 商品坯	吨	98487	47802	106.03
6. 烧结矿	吨	21534390	20285638	6.16
7. 球团矿	吨	3156145	4306987	-26.72
8. 焦　炭(莱芜分公司)	吨	3938004	3927569	0.27
9. 大锻件(莱芜分公司)	吨	4129	3814	8.26
10. 锚链	吨	34000	30833	10.27
11. 铁精粉	吨	2067558	1775825	16.43
12. 石灰粉	吨	1564569	2022097	-22.63

续表

指标名称	单位	2012 年	2011 年	同比增长(±%)
13. 白云石	吨	854926	817922	4.52
14. 水泥	吨	4089355	3432830	19.12
15. 硫酸铜	吨	3468	4206	-17.55
16. 机电产品总产量	吨	9462	9690	-2.35
17. 发电量	万千瓦时	221845	193372	14.72

(供稿:孙丽琴　审稿:曲为壮)

表 13

2012 年莱钢主要技术经济指标完成情况表

主要产品质量指标			主要产品消耗指标		
指标名称	单位	指标值	指标名称	单位	指标值
1. 钢材合格率	%	99.69	1. 钢材综合成材率	%	97.76
其中:莱芜分公司	%	99.81	2. 轧材煤气消耗折合热值	GJ/t	1.10
银山型钢有限公司	%	99.39	3. 电炉钢铁料消耗(实物量)	kg/t	1100.01
烟台钢管有限公司	%	99.26	其中:生铁消耗	kg/t	754.12
鲁银热轧带钢厂	%	99.74	4. 电炉冶炼电耗	kWh/t	169.65
2. 电炉钢坯合格率	%	99.95	5. 电炉电极消耗	kg/t	1.35
3. 转炉钢坯合格率	%	99.96	6. 转炉钢铁料消耗(实物量)	kg/t	1076.32
4. 生铁合格率	%	100	其中:废钢消耗	kg/t	12.39
5. 炼铁入炉矿品位	%	56.47	7. 转炉钢氧气消耗	m^3/t	52.03
其中:莱芜分公司	%	56.80	8. 炼铁入炉焦比	kg/t	354.62
银山型钢有限公司	%	56.21	其中:山钢股份莱芜分公司	kg/t	361.68
6. 冶金焦合格率	%	100	银山型钢有限公司	kg/t	349.85
7. 冶金焦灰份	%	12.26	9. 炼铁喷煤比	kg/t	171.88
8. 冶金焦硫份	%	1.06	10. 烧结矿含铁原料消耗量	kg/t	915.71
9. 铁精矿品位	%	64.09	11. 吨焦耗洗精煤	t/t	1.46
10. 烧结矿合格率	%	98.47	12. 吨钢综合能耗	kg/t	598.51
11. 球团矿合格率	%	100	13. 吨钢可比能耗	kg/t	600.89
			14. 万元产值能耗	t/万元	1.58

(供稿:刘晓红　审稿:曲为壮)

表 14

2012 年莱钢主要产品进、出口情况表

主要产品	数量(吨)			价值量(人民:万元)			价值量(美元:万)			进、出口国家、地区
	累计	上年同期	比同期%	累计	上年同期	比同期%	累计	上年同期	比同期%	
一、自营出口产品合计	533896	517287	3.21	225323	252820	-10.88	35669	38987	-8.51	
钢　材	504381	485274	3.94	202095	227934	-11.34	32009	35184	-9.02	
其中:螺　纹	111229	82625	34.62	39682	36688	8.16	6275	5634	11.37	委内瑞拉 香港 巴拿马
H 型钢	179702	102854	74.72	76710	51018	50.36	12156	7888	54.10	香港 韩国 沙特 科威特
冷　卷	40829	30101	35.64	17193	15248	12.76	2723	2343	16.21	韩国、印度、巴西
宽厚板	99325	167665	-40.76	39221	76845	-48.96	6217	11882	-47.68	巴基斯坦 阿联酋
热　卷	43348	56657	-23.49	16042	25591	-37.32	2542	3952	-35.69	特立尼达 厄瓜多尔 巴基斯坦、巴西
圆　钢	28230	42523	-33.61	12192	20794	-41.37	1931	3208	-39.82	韩国 泰国
无缝钢管	1717	2849	-39.74	1054	1750	-39.74	167	277	-39.71	新加坡、意大利、印度
锚　链	20180	16590	22	16536	13438	23	2612	2068	26	日本、香港、新加坡、挪威、智利、塞彻莱斯、阿联酋、马来西亚、美国
硫酸铜(铜业)	498	512	-2.73	560	914	-38.78	53	106	-50.46	俄罗斯
钢结构件	8591	13052	-34.18	5995	9371	-36.03	973	1447	-32.73	印度、日本、巴西
焊接 H 型钢	247	1859	-86.71	138	1163	-88.13	22	182	-87.97	韩国
二、进口产品合计	7724873	9477907	-18.50				93306	153512	-39.22	
巴西粉	1626634	2135063	-23.81				20129	37482	-46.30	巴西
澳　块	888851	1205350	-26.26				11270	21055	-46.48	澳大利亚
澳　粉	5050388	5187909	-2.65				59682	79940	-25.34	澳大利亚
南非块	10000						158			南非
印度粗粉	149000						1710			印度
智利精粉		519886					357	8897		智利
毛里塔尼亚粉		429699						6138		毛里塔尼亚

说明:1. 此表出口数据调整为集团口径,其中包括莱钢国际贸易公司提供的数据;进口数据口径不变。

2. 进口矿石实际到厂累计 9621244 吨,其中:块矿 1398437 吨,澳洲粗粉 1145630 吨,巴西粗粉 1933290 吨,澳大利亚粗粉 5039785 吨,进口精粉 104102 吨。

(供稿:孙丽琴　审稿:曲为壮)

表 15

2012 年莱钢固定资产投资完成情况表

单位名称	2012 年累计完成投资(万元)				
	合计	建筑	安装	设备	其他
总　计	401347.64	181536.40	46647.50	162678.67	10485.07
一、本部合计	195842.64	64861.40	24393.50	97498.67	9089.07
1. 集团公司	5272.57	1592.00	660.00	2720.67	299.90
2. 莱芜分公司	151280.05	48914.50	20437.50	74428.58	7499.47
3. 银山型钢公司	38583.00	14348.00	3296.00	19688.00	1251.00
4. 其它子公司	707.02	6.90	0.00	661.42	38.70
二、新疆公司	205505.00	116675.00	22254.00	65180.00	1396.00

（供稿：孙丽琴　审稿：曲为壮）

表 16

2012 年莱钢主要产品销售价格变动情况表

品种＼月份	1	2	3	4	5	6	7	8	9	10	11	12
一、钢材合计	4397	4407	4542	4583	4390	4268	3985	3723	3666	3813	3893	3851
1. 窄带	4139	4090	4224	4261	4091	4079	3731	3654	3435	3753	3804	3777
2. 冷带	4866	4858	4904	4958	4822	4751	4417	4326	4212	4393	4365	4408
3. 宽带	4384	4434	4534	4533	4363	4176	3889	3741	3690	3858	3941	3953
4. 钢板	4637	4643	4805	4951	4785	4710	4451	4120	3944	3980	4017	4267
5. 棒材	4165	4188	4375	4397	4236	4101	3953	3609	3582	3793	3896	3731
6. 型钢	4400	4411	4506	4572	4359	4171	3869	3651	3649	3707	3760	3739
7. 优钢	4818	4819	4938	4999	4808	4602	4256	3802	3773	3882	3988	4033
二、钢坯	4484	4701	4393	4530	5489	4343	3954	3676	3582	3871	3853	3977
三、板坯		4045	4280	4030	3867	3772	3480	3318	3039	3296	3554	4137
四、化产品	3359	3733	3415	3290	3406	3095	3469	3438	3752	3062	4020	3096

（供稿：孙甲峰　审稿：史承都）

表 17

2012 年莱钢主要物资耗用情况表

指标名称	计算单位	年初库存	本年外购量	本年自产量	本年消费量	消费构成															"本年调出量"	盘盈（+）/盘亏（-）	"年末库存"
						采矿	选矿	烧结球团	炼铁	电炉炼钢	转炉炼钢	钢外精炼	连铸	钢加工	钢丝及制品	铁合金	耐火材料	炼焦	炭素制品	其它			
原　煤	吨	85833	3094698		3031565			443219	2586331											2015	25233		123733
洗精煤	吨	175356	5696265		5745637													5745637					125984
焦炭	吨	307168	2039088	3938004	6055636			714323	5331295	1179	143									8696	19890		208734
焦炉煤气	万立方米			174820	162761			10852	5763	759	3225	414	1971	47622				42399		49756	12059		
高炉煤气	万立方米			2533668	2501899			48813	852510	154	2828		205	143048				256015		1198326	31769		
转炉煤气	万立方米			126215	113382			244	1466	1311	27331		1228	34919				2544		44339	12833		
电力	万千瓦时		376206	263802	635511	6034	6439	102987	104950	11416	43619	12367	15641	116038			1700	24435		189885	4497		
汽油	吨	31	2461		108															108	2309		75
柴油	吨	68	12601		8558															8558	4012		99
铁矿石成品矿	吨	1254615	20805216	2067558	23185239			21206302	1928851		50086												942150
炼铁块矿	吨	162141	1952408		1978937				1928851		50086												135612
铁富粉矿	吨	794965	14667077		14883631			14883631															578411
铁精矿	吨	297509	4185731	2067558	6322671			6322671															228127
球团矿	吨	110326	861348	3156145	4012088				4012088														115731
炼钢生铁	吨	14461	338790	14840440	15168119					334829	14833290												25572
铸造生铁	吨	30		24229	24259						24259												
连铸钢坯	吨	55706	2152	14476047	14384879									14384879							95175		53851
废　钢	吨	23869	2583	373157	333119					128237	204882										54507		11983
锰矿石	吨	3472	2946		4160				4160														2258
铁合金	吨	7586	172678		175067					14074	160993										19		5178
石墨电极	吨	219	1692		1743					592	1151										13		155
耐火材料制品	吨	6034	82741	37767	125651					12011	113640												891

（供稿：刘晓红　审稿：曲为壮）

表 18

2012 年莱钢原燃料采购价格变动情况表

物资＼月份	1	2	3	4	5	6	7	8	9	10	11	12
硅铁	6800	6700	6650	6650	6800	6750	6650	6500	6300	6250	6400	6400
硅锰	8080	7950	7850	7800	7900	7750	7630	7300	7000	6950	7150	7150
高锰	7000	6750	6700	6650	6750	6650	6600	6350	6150	6000	6050	6050
中锰	10350	10300	10150	9950	9950	9950	9600	9300	9000	8790	8790	8790
高铬	8100	8300	8250	8050	8100	8400	7950	7800	7500	7500	7400	7400
中铬	11600	11900	11900	11650	11700	11900	11700	11300	10300	10500	10300	10300
废钢	2670											
国内铁精粉	1226	1226	1226	1206	1146	1146	1066	984.5	891.5	989	1051.5	1036.5
氧化球团	1361	1361	1361	1341	1281	1281	1201	1119	1026	1123.5	1186	1171
气煤	1360	1360	1360	1352	1324	1260	1190	1106	1005	1020	1135	1148
肥煤	1657	1657	1657	1634.5	1619	1516	1429	1314	1220	1235	1310	1310
瘦煤	1489	1489	1475	1453	1435	1372	1311	1218	1132	1147	1237	1283
主焦煤	1686	1668	1668	1659	1653	1541	1454	1359	1252	1272	1379	1412
1/3 焦煤	1435	1435	1425	1425	1421	1366	1284	1284				
喷吹煤	1234	1234	1234	1227	1223	1203	1150.5	1040.5	971.5	981.5	1032.5	1099.5
焦炭	1997	1997	1977	1927	1927	1847	1847	1847	1847	1847	1847	1700

（供稿：刘荣霞　审稿：段荣海）

表 19

2012 年莱钢铁路、公路运输量完成情况表

指标名称	单位	2012 年	2011 年	2012 年比 2011 年（±%）
火车货运量	万吨	3078	3470	-11.30
火车货运周转量	万吨·公里	26721	31575	-15.37
汽车货运量（汽运）	万吨	2549	2680	-4.89
汽车货运周转量（汽运）	万吨·公里	132037	120298	9.76

（供稿：孙丽琴　审稿：曲为壮）

表 20　**2012 年莱钢主业(含永锋)劳动生产率情况表**

项　目	单　位	2012 年	备　注
一、在岗职工总数	人	31757	
年全部职工平均人数	人	32029	
二、工业生产职工平均人数	人	32029	
三、工业总产值	万元	5224076	现行价
四、工业销售产值	万元	5122931	现行价
五、工业增加值	万元	919652	现行价
六、总产值劳动生产率	元/(人·年)	1631046	
七、销售产值劳动生产率	元/(人·年)	1599466	
八、增加值劳动生产率	元/(人·年)	287131	

(供稿:亓静　审稿:王学德)

表 21　**2012 年末莱钢各单位职工按岗位分类统计表**

单位及分类	职工人数合计	在岗职工						离开本单位仍保留劳动关系人员		
		在岗职工合计	其中:女性	管理人员	技术人员	操作人员	未上岗人员	合计	内部退养	其他
集团公司总计	45888	44716	11767	5528	3658	35493	37	1172	1112	60
集团公司(不含永锋)总计	39853	38681	11220	5199	3658	29787	37	1172	1112	60
一、莱芜分公司	18348	18188	5250	2320	1353	14509	6	160	150	10
1. 莱芜分公司机关	877	877	217	590	34	251	2	0	0	0
2. 莱芜分公司炼铁厂	3297	3282	1040	189	104	2989	0	15	10	5
3. 莱芜分公司炼钢厂	1683	1641	486	131	43	1467	0	42	42	0
4. 莱芜分公司能源动力厂(热电区)	1035	1026	363	67	65	894	0	9	8	1
5. 莱芜分公司能源动力厂(动力区)	455	451	157	50	17	384	0	4	2	2
7. 莱芜分公司机械动力部	243	242	96	145	0	97	0	1	0	1
8. 莱芜分公司原料部	154	154	54	81	0	72	1	0	0	0
9. 莱芜分公司品质保证部	381	376	166	41	14	321	0	5	5	0
10. 莱芜分公司型钢厂	1164	1159	295	102	43	1014	0	5	5	0
11. 莱芜分公司棒材厂	1438	1426	378	86	101	1239	0	12	12	0
12. 莱芜分公司特钢事业部	2816	2787	756	184	135	2468	0	29	29	0

续表

单位及分类	职工人数合计	在岗职工						离开本单位仍保留劳动关系人员		
		在岗职工合计	其中:女性	管理人员	技术人员	操作人员	未上岗人员	合计	内部退养	其他
13. 莱芜分公司运输部	1126	1121	203	85	55	981	0	5	5	0
14. 莱芜分公司自动化部	1041	1035	439	110	492	433	0	6	5	1
15. 莱芜分公司技术中心	180	180	42	61	105	14	0	0	0	0
16. 莱芜分公司物流中心	103	103	34	65	0	38	0	0	0	0
17. 莱芜分公司销售中心	147	147	0	141	0	6	0	0	0	0
18. 莱芜冶金生态公司	4	4	0	0	4	0	0	0	0	0
19. 莱芜分公司销售代管公司	43	43	0	43	0	0	0	0	0	0
20. 莱芜分公司焦化厂	2019	1998	470	106	54	1835	3	21	21	0
21. 莱芜分公司培训中心	142	136	54	43	87	6	0	6	6	0
二、银山型钢公司	6359	6324	1747	400	209	5703	12	35	31	4
1. 型钢炼铁厂	2628	2613	754	199	61	2353	0	15	13	2
2. 型钢炼钢厂	1221	1221	276	64	38	1119	0	0	0	0
3. 型钢能源动力厂	401	401	127	8	24	369	0	0	0	0
4. 型钢机动处	27	27	12	10	0	17	0	0	0	0
5. 型钢原料部	34	34	6	5	0	29	0	0	0	0
6. 型钢品质保证部	177	177	71	8	3	166	0	0	0	0
7. 型钢板带厂	1111	1091	296	73	53	953	12	20	18	2
8. 型钢宽厚板厂	760	760	205	33	30	697	0	0	0	0
三、未改制子公司	3210	2897	732	692	287	1912	6	313	302	11
1. 机械制造有限公司	825	644	146	88	74	479	3	181	179	2
2. 国际贸易有限公司	47	47	24	47	0	0	0	0	0	0
3. 莱钢建设有限公司建安分公司	948	898	178	137	120	641	0	50	45	5
4. 莱钢建设有限公司	486	486	141	315	55	113	3	0	0	0
5. 淄博锚链有限公司	512	432	78	86	29	317	0	80	76	4
6. 天元气体有限公司	392	390	165	19	9	362	0	2	2	0
四、改制子公司	9561	8956	2589	1384	974	6586	12	605	571	34

续表

单位及分类	职工人数合计	在岗职工						离开本单位仍保留劳动关系人员		
		在岗职工合计	其中:女性	管理人员	技术人员	操作人员	未上岗人员	合计	内部退养	其他
1. 莱芜矿业有限公司	2176	2017	545	265	189	1563	0	159	155	4
2. 矿山建设有限公司	492	456	111	90	30	336	0	36	34	2
3. 鲁碧建材有限公司	1034	984	270	122	85	773	4	50	49	1
4. 汽车运输有限公司	809	722	89	131	13	578	0	87	82	5
5. 金鼎房地产开发公司	1122	989	653	165	175	641	8	133	130	3
6. 泰东实业有限公司	698	644	270	149	15	480	0	54	47	7
7. 蓝天商旅车业公司	354	342	41	47	1	294	0	12	10	2
8. 鲁南矿业有限公司	970	942	212	150	77	715	0	28	26	2
9. 新泰铜业有限公司	185	174	81	49	5	120	0	11	8	3
10. 烟台钢管有限公司	1262	1228	168	154	0	1074	0	34	29	5
11. 山东省冶金设计院	459	458	149	62	384	12	0	1	1	0
五、合并报表单位	6086	6085	559	359	10	5716	0	1	1	0
1. 粉末冶金有限公司	51	50	12	30	10	10	0	1	1	0
2. 永锋钢铁有限公司	6035	6035	547	329	0	5706	0	0	0	0
六、其他单位	2324	2266	890	373	825	1067	1	58	57	1
1. 鲁银带钢	468	468	126	13	13	442	0	0	0	0
2. 集团公司机关	216	167	35	151	14	2	1	49	49	0
3. 外事办	9	9	4	8	0	0	0	0	0	0
4. 新闻中心	80	78	37	23	36	19	0	2	2	0
5. 莱钢医院	967	960	678	123	739	98	0	7	6	1
6. 济南大酒店	17	17	10	4	0	13	0	0	0	0
7. 鲁钟大酒店	1	1	0	1	0	0	0	0	0	0
8. 新疆公司	566	566	0	50	23	493	0	0	0	0

（供稿:亓　静　审稿:王学德）

表 22

2012 年莱钢职工基本情况表

（此表人数不含永锋公司及改制单位）

项目		总数	女	少数民族	学历							政治面貌			
					博士	硕士	大学	大专	中专	高中	初中以下	党员	团员	民主党派	群众
总数		29725	8701	208	17	291	6495	8105	6336	4831	3650	8259	4155	7	17304
职务情况	小计	29725	8701	208	17	291	6495	8105	6336	4831	3650	8259	4155	7	17304
	公司领导	16				4	12					16			
	处级	262	13		4	69	180	8	1			251		1	10
	科级	1254	158	7	6	75	977	166	24	6		1075			179
	一般人员	28193	8530	201	7	143	5326	7931	6311	4825	3650	6917	4155	6	17115
钢铁主业	小计	23754	7160	187	17	213	4682	6680	5774	3949	2439	6742	3798	7	13207
	机关及经营实体	1850	604	15	14	64	843	579	215	34	101	1017	37	3	793
	莱芜分公司二级单位	15704	4735	125	2	107	2672	4347	3887	2806	1883	4231	3249	4	8220
	型钢公司二级单位	6200	1821	47	1	42	1167	1754	1672	1109	455	1494	512		4194
直属单位		3407	822	16		54	1003	998	313	481	558	875	193		2339
全资子公司		2564	719	5		24	810	427	249	401	653	642	164		1758
干部		6903	2180	60	17	288	4859	1364	297	64	14	3868	853	5	2177
其中：工人聘干		1084	305	6		16	615	277	107	58	11	748	2		334
工人		22822	6521	148		3	1636	6741	6039	4767	3636	4391	3302	2	15127

续表

项目		总数	女	少数民族	学历							政治面貌			
					博士	硕士	大学	大专	中专	高中	初中以下	党员	团员	民主党派	群众
干部专业技术职务	小计	6903	2180	60	17	288	4859	1364	297	64	14	3868	853	5	2177
	正高	39	4		2	4	32	1				35		1	3
	高级	1565	290	6	4	149	1301	108	3			1350	2	4	209
	中级	3245	1234	35	11	78	2158	849	127	22		1741	127		1377
	初级	1686	537	14		37	1233	321	75	14	6	575	675		436
	未聘	368	115	5		20	135	85	92	28	8	167	49		152
工人技能等级	小计	22822	6521	148		3	1636	6741	6039	4767	3636	4391	3302	2	15127
	高级技师	435	53	1			35	184	157	51	8	243	1		191
	技师	1455	362	4			109	446	526	289	85	567	30		858
	助理技师	3623	1292	19			282	1031	1205	838	267	831	48		2744
	高级工	9423	3175	42			588	2409	2032	2403	1991	1598	687		7138
	中级工	3858	1087	29		1	364	1585	1089	504	315	474	404		2980
	初级工	637	147	6			22	100	174	171	170	118	25	1	493
	未取证	3391	405	47		2	236	986	856	511	800	560	2107	1	723

（供稿：高　敏　审稿：王学德）

表 23

2012 年莱钢专业技术人员基本情况表

项目		合计	行政职务			学历							政治面貌			
			公司领导	处级	科级	博士	硕士	大学	大专	中专	高中	初中以下	党员	团员	民主党派	群众
干部专业技术职务	小计	6903	16	262	1254	17	288	4859	1364	297	64	14	3868	853	5	2177
	正高	39	7	21	11	2	4	32	1				35		1	3
	高级	1565	9	226	674	4	149	1301	108	3			1350	2	4	209
	中级	3245		20	478	11	78	2158	849	127	22		1741	127		1377
	初级	1686			73		37	1233	321	75	14	6	575	675		436
	未聘	368			13		20	135	85	92	28	8	167	49		152
工程人员	小计	3736	8	112	524	13	185	2807	601	109	14	7	2081	472	2	1181
	高级	806	8	107	293	6	98	664	36	2			691		2	113
	中级	1692		5	195	7	60	1261	352	12			991	12		689
	初级	1046			23		13	813	178	41	1		297	440		309
	未聘	192			13		14	69	35	54	13	7	102	20		70
卫生人员	小计	921		5	75		48	574	187	97	10	5	356	158		407
	高级	179		5	65		14	139	26				126			53
	中级	437			10		10	238	97	82	10		96			341
	初级	305					24	197	64	15		5	134	158		13
	未聘															
教学人员	小计	212		7	24		5	119	41	34	12	1	97	7		108
	高级	87		7	21		4	80	3				56			31
	中级	39			3		1	23	13	2			20			19
	初级	7						5	2				4	1		2
	未聘	79						11	23	32	12	1	17	6		56

续表 1

项目		合计	行政职务			学历							政治面貌			
			公司领导	处级	科级	博士	硕士	大学	大专	中专	高中	初中以下	党员	团员	民主党派	群众
经济人员	小计	954	5	67	313	4	12	594	321	13	10		565	197	3	189
	高级	143	5	59	154		1	123	19				138	2	3	
	中级	605		8	137	4	5	339	252		5		350	115		140
	初级	174			22			110	46	13	5		59	66		49
	未聘	32					6	22	4				18	14		
财会人员	小计	369		11	74		5	229	102	24	8	1	152	12		205
	高级	54		10	35		5	35	14				46			8
	中级	220		1	33			127	72	17	4		86			134
	初级	69			6			52	11	3	2	1	18	6		45
	未聘	26						15	5	4	2		2	6		18
统计人员	小计	62			6			29	22	9	2		31	1		30
	高级	5			1			5					4			1
	中级	46			4			22	18	6			22			24
	初级	9			1			2	3	2	2		5			4
	未聘	2							1	1				1		1
翻译人员	小计	6			2			4	2				4	1		1
	高级	2			2			2					2			
	中级	2						1	1				2			
	初级	2						1	1					1		1
	未聘															

续表 2

项目		合计	行政职务			学历							政治面貌			
			公司领导	处级	科级	博士	硕士	大学	大专	中专	高中	初中以下	党员	团员	民主党派	群众
图书档案	小计	32			3			23	8	1			18			14
	高级	9			3			7	2				6			3
	中级	19						15	3	1			11			8
	初级	3						1	2				1			2
	未聘	1							1							1
文艺体育人员	小计	16						4	8	2	2		3			13
	高级	2							2				1			1
	中级	7						1	3	2	1		2			5
	初级	3						2			1					3
	未聘	4						1	3							4
新闻出版人员	小计	30		1	7		1	27	2				22	2		6
	高级	16		1	5		1	15					15			1
	中级	5			1			3	2				3			2
	初级	9			1			9					4	2		3
	未聘															
政工人员	小计	565	3	64	319		32	449	70	8	6		539	3		23
	高级	301	3	58	204		30	263	7	1			300			1
	中级	173		6	95		2	128	36	5	2		158			15
	初级	59			20			41	14	1	3		53	1		5
	未聘	32						17	13	1	1		28	2		2

（供稿：高　敏　审稿：王学德）

表 24

2012 年末莱钢户口人口情况表

填报单位	本年度末人口				1 月至 12 月底人口变动情况							
	总户数	总人数			出生			死亡			迁入	迁出
		合计	男	女	合计	男	女	合计	男	女		
机　关	3787	9318	5116	4202	121	64	57	57	37	20	151	181
特钢事业部	3187	8800	5638	3162	71	42	29	31	23	8	38	120
板带厂	2204	3497	2177	1320	63	36	27	20	10	10	24	38
炼　钢	1857	5296	3402	1894	57	31	26	13	9	4	42	55
棒材厂	1042	2631	1617	1014	25	15	10	9	5	4	20	44
型钢厂	510	1481	985	496	41	28	13	18	12	6	18	31
莱芜分公司炼铁厂	1796	5142	3304	1838	57	40	17	27	15	12	76	36
型钢炼铁厂	2278	6285	3929	2356	74	48	26	44	26	18	70	47
焦化厂	1270	3666	2415	1251	71	46	25	21	14	7	40	26
机制公司	1240	3358	2088	1270	6	3	3	39	25	14	9	45
运输部	970	2848	1909	939	24	14	10	16	10	6	24	26
能源动力厂	1571	3951	2353	1598	72	44	28	14	11	3	36	43
建安分公司	965	2998	2048	950	18	12	6	23	18	5	1	33
银山商贸公司	56	56	34	22	0	0	0	0	0	0	0	1
培训中心	179	411	231	180	1	0	1	1	0	1	1	5
医　院	847	1869	783	1086	35	20	15	2	1	1	18	47
小型型钢厂	129	241	128	113	0	0	0	3	2	1	0	21
汽运公司	410	1196	797	399	8	7	1	4	3	1	3	7
宽厚板厂	513	808	535	273	36	22	14	0	0	0	35	10
酱菜厂	3	8	6	2	0	0	0	0	0	0	0	0
莱芜矿业	1400	5755	4121	1634	15	6	9	82	61	21	33	68
矿建公司	836	1210	802	408	4	2	2	4	3	1	6	10
鲁碧公司	497	1767	1166	601	20	13	7	27	20	7	20	20
鲁南矿业	634	1957	1298	659	10	4	6	0	0	0	4	1
新泰铜业	206	625	394	231	3	3	0	3	2	1	2	3
合　计	28387	75174	47276	27898	832	500	332	458	307	151	671	918

（供稿：朱　晶　审稿：李国华）

表 25

2012 年莱钢重点技术经济指标与同行业对比表

指标名称	计算单位	2012 年					宝钢		马钢		济钢		莱钢 2011 年实际	
		莱钢实际		行业平均水平	最好企业									
		指标	位次		指标	单位	指标	比宝钢	指标	比马钢	指标	比济钢	指标	位次
一、转炉:综合(69 家)														
钢锭(坯)合格率	%	99.961	20	99.847	100	石家庄等	99.789	0.172	99.953	0.008	99.961	0	99.962	19
钢铁料消耗	kg/t	1062.038	26	1066.706	1003.616	酒钢	1093.844	-31.806	1074.185	-12.147	1070.765	-8.727	1062.127	18
工序能耗	kg/t	-10.241	18	-4.536	-27.924	河北唐钢	-7.954	-2.287	-5.299	-4.942	-3.224	-7.017	-5.576	26
50 吨—80 吨(41 家)														
钢锭(坯)合格率	%	99.992	6	99.86	100	石家庄等			99.92	0.072	99.983	0.009	99.992	6
钢铁料消耗	kg/t	1058.564	14	1065.154	1036.976	安阳			1070.088	-11.524	1064.447	-5.883	1058.572	10
氧气消耗	m^3/t	54.32	25	53.616	41.731	河北承钢			49.083	5.237	56.979	-2.659	54.7	22
冶炼时间	min	24.167	8	27.78	17.642	安阳			29.461	-5.294	25.049	-0.882	23.772	7
炉衬寿命	炉	20089	8	14598.89	27359	安阳			26189.5	-6100.5			23447.75	4
利用系数	t/t·d	48.063	9	39.4	70.673	敬业			41.613	6.45	43.245	4.818	48.953	11
日历作业率	%	95.295	3	86.723	95.598	河北唐钢			79.083	16.212	78.698	16.597	94.814	4
100 吨以上(49 家)														
钢锭(坯)合格率	%	99.941	21	99.848	100	河北唐钢等			99.986	-0.045	99.958	-0.01745	99.944	20
钢铁料消耗	kg/t	1064.289	19	1065.966	1040.811	萍乡			1077.292	-13.003	1073.843	-9.554	1064.323	14
氧气消耗	m^3/t	50.540	13	53.647	41.645	南京			54.116	-3.576	56.771	-6.231	50.109	10
冶炼时间	min	41.074	29	40.426	26.592	申特			50.791	-9.717	39.993	1.081	37.837	24
炉衬寿命	炉			8881.489	29336	水钢							15322	8

续表 1

指标名称	计算单位	2012 年					宝钢		马钢		济钢		莱钢 2011 年实际	
		莱钢实际		行业平均水平	最好企业									
		指标	位次		指标	单位	指标	比宝钢	指标	比马钢	指标	比济钢	指标	位次
利用系数	t/t · d	29.959	13	24.88	47.031	德龙			17.145	12.814	24.184	5.775	31.999	15
日历作业率	%	82.187	15	77.205	90.304	申特			53.494	28.693	58.083	24.104	79.147	19
二、电炉:综合(26 家)														
钢锭合格率	%	99.953	11	99.778	100	韶钢等	99.737	0.216	99.994	-0.041			99.924	11
金属料消耗	kg/t	1130.793	17	1127.378	1039.7	本钢	1141.474	-10.681	1074.407	56.386			1131.008	17
工序能耗	kg/t	49.309	5	82.963	24.725	韶钢	98.035	-48.726	339.034	-289.725			50.849	7
废钢消耗	kg/t	344.658	12	389.707	22.901	泰钢	659.217	-314.559	1056.021	-711.363			405.91	9
冶炼电耗	kWh/t	169.648	10	209.507	45.095	沙钢	457.857	-288.209	710.978	-541.33			192.279	9
电极消耗	kg/t	1.349	9	1.962	0.684	沙钢	1.483	-0.134	7.932	-6.583			1.351	7
冶炼时间	min	48.6	6	66.48	36.96	南京	76.2	-27.6	165.54	-116.94			45.9	5
利用系数	t/mva · d	34.661	5	22.28	53.694	韶钢	22.643	12.018	14.527	20.134			40.599	6
日历作业率	%	82.897	5	73.474	92.849	韶钢	64.745	18.152	55.208	27.689			92.178	2
三、连铸:综合(74 家)														
连铸合格率	%	99.96	23	99.859	100	石家庄等	99.781	0.179	99.952	0.008	99.961	-0.001	99.96	19
台时产量	t/h	131.225	38	148.552	398.3	首钢京唐	238.484	-107.259	154.033	-22.808	150.328	-19.103	131.701	38
连铸坯收得率	%	99.074	16	98.388	100	马钢(合肥)	97.255	1.819	98.459	0.615	98.135	0.939	99.09	19
日历作业率	%	77.498	17	72.846	95.156	新兴铸管	79.974	-2.476	69.837	7.661	54.217	23.281	81.51	20
四、高炉:综合(73 家)														

续表 2

指标名称	计算单位	2012 年					宝钢		马钢		济钢		莱钢 2011 年实际	
		莱钢实际		行业平均水平	最好企业									
		指标	位次		指标	单位	指标	比宝钢	指标	比马钢	指标	比济钢	指标	位次
生铁一级品率	%	66.686	43	72.828	97.297	河北承钢	72.105	-5.419	81.251	-14.565	67.79	-1.104	55.391	53
综合焦比	kg/t	492.122	15	507.555	456.094	上海宝钢	456.094	36.028	496.342	-4.22	510.888	-18.766	499.677	16
工序能耗	kg/t	392.487	18	400.932	341.161	涟源	380.369	12.118			403.047	-10.56	400.438	18
入炉焦比	kg/t	354.621	23	363.431	299.804	上海宝钢	299.804	54.817	358.332	-3.711	366.593	-11.972	368.756	27
喷煤比	kg/t	171.876	6	150.134	181.512	太钢	163.728	8.148	145.822	26.054	150.739	21.137	163.651	14
矿石消耗	kg/t	1684.668	30	1688.751	1573.475	德龙	1586.308	98.36	1641.529	43.139	1730.72	-46.052	1706.068	50
休风率	%	0.844	5	1.707	0.248	德龙	1.819	-0.975	1.052	-0.208	1.396	-0.552	0.786	7
入炉矿品位	%	56.473	37	56.733	59.701	上海宝钢	59.701	-3.228	57.675	-1.202	55.667	0.806	55.763	53
高炉利用系数	$t/m^3 \cdot d$	2.56	42	2.495	3.95	沙钢淮特	2.2	0.36	2.32	0.24	2.35	0.21	2.539	46
平均风温	℃	1164.989	23	1183.442	1229.388	首钢京唐	1216.202	-51.213	1112.385	52.604	1148.986	16.003	1164.849	22
五、轧材:综合(57 家)	%													
钢材合格率	%	99.692	40	99.699	100	营口中板	99.579	0.113	99.882	-0.19	99.892	-0.2	99.577	42
锭-材综合成材率	%	97.815	15	96.218	100	马钢(合肥)	93.803	4.012	95.893	1.922	95.045	2.77	97.476	20
日历作业率	%	53.852	44	60.004	90.358	新兴铸管	68.743	-14.891	67.143	-13.291	51.578	2.274	58.766	43
工序能耗	kg/t	51.875	20	60.992	36.707	新兴铸管	108.673	-56.798			58.842	-6.967	53.111	20
热轧宽钢带轧机(26 家)														
钢材合格率	%	99.841	12	99.73	100	河北唐钢			99.969	-0.128	99.985	-0.144	99.846	11
锭-材综合成材率	%	97.793	16	97.857	99.126	河北邯钢			97.686	0.107	97.921	-0.128	97.734	19
日历作业率	%	61.098	19	66.239	86.906	河北邯钢			76.673	-15.575	52.91	8.186	67.051	14
工序能耗	kg/t	52.23	11	12.852	28.171	河北邯钢			72.428		47.53	4.7	52.756	13
冷轧宽钢带轧机(16 家)														
钢材合格率	%	97.564	16	99.567	100	酒钢			99.863	-2.299	98.978	-1.414	97.521	17

续表3

指标名称	计算单位	2012年					宝钢		马钢		济钢		莱钢2011年实际	
		莱钢实际		行业平均水平	最好企业									
		指标	位次		指标	单位	指标	比宝钢	指标	比马钢	指标	比济钢	指标	位次
锭－材综合成材率	%	91.53	15	94.214	96.672	河北邯钢			93.61	－2.08	91.778	－0.248	91.247	15
日历作业率	%	63.661	11	70.789	81.973	武钢			78.933	－15.272	47.30	16.359	64.518	10
工序能耗	kg/t	43.131	5	65.289	23.293	天铁					38.938	4.193	44.857	3
六、焦炉：综合（45家）														
抗碎强度（M40）	%	86.976	8	85.984	89.647	太钢	87.969	－0.993	89.352	－2.376	86.471	0.505	86.642	7
耐磨强度（M10）	%	6.562	21	6.472	5.116	泰钢	6.257	0.305	5.51	1.052	6.371	0.191	6.635	23
冶金焦硫分	%	1.061	43	0.772	0.513	马钢（合肥）	0.66	0.401	0.679	0.382	1.039	0.022	1.041	44
冶金焦灰分	%	12.258	9	12.536	11.819	长治	12.16	0.098	12.653	－0.395	12.281	－0.023	12.577	13
冶金焦率	%	91.459	24	90.326	95.745	沙钢淮特	83.973	7.486	85.691	5.768	90.743	0.716	89.713	36
炼焦耗洗精煤	t/t	1.457	39	1.393	1.267	新兴铸管	1.458	－0.001	1.395	0.062	1.484	－0.027	1.462	42
七、烧结：综合（73家）														
烧结矿合格率	%	98.467	25	94.042	100	锡兴等	99.235	－0.768	96.87	1.597	78.184	20.283	97.092	30
烧结矿碱度	倍	2.057	12	1.887	2.538	川威	1.807	0.25	2.129	－0.072	1.818	0.239	2.018	22
烧结机台时产量	t/台时	266.018	27	226.839	623.263	首钢京唐	551.056	－285.038	352.432	－86.414	195.631	70.387	270.272	23
固体燃料消耗	kg/t	54.567	44	53.485	37.004	达钢	52.503	2.064	54.28	0.287	57.009	－2.442	52.92	37
固体燃料折标煤	kg/t	50.422	55	45.218	33.61	新抚	44.542	5.88	48.989	1.433	44.679	5.743	49.667	50
平均品位	%	54.629	40	54.811	58.197	广钢	57.673	－3.044	55.83	－1.201	53.742	0.887	53.418	55
转鼓指数	%	77.78	26	79.007	83.065	广钢	75.138	2.642	79.448	－1.668	75.515	2.265	77.903	25
利用系数	$t/m^2 \cdot h$	1.205	54	1.275	3.929	锡兴	1.303	－0.098	1.364	－0.159	1.248	－0.043	1.236	51
日历作业率	%	92.182	33	84.861	98.908	冷水江	78.912	13.27	94.662	－2.48	85.874	6.308	96.2	9

指标变动说明：表中未含永锋指标。67项可比指标中，位于前三名的有1项，位于前十名的有16项。

（供稿：刘晓红　审稿：曲为壮）

荣　誉

RONGYU

荣　誉

获全国荣誉先进单位

（以获奖时间排序）

获得荣誉单位	荣　誉	授予单位	授予时间
能源动力厂老区燃气车间电工组	全国“安康杯”竞赛优胜班组	中华全国总工会、国家安监总局	2012.01
特钢事业部轧钢检修车间小型电工班	全国青年安全生产示范岗	共青团中央、国家安监总局	2012.02
集团公司	全国“安康杯”竞赛优胜企业	中华全国总工会、国家安监总局	2012.04
焦化厂动力车间2号变电站	全国“安康杯”竞赛优胜班组	中华全国总工会、国家安监总局	2012.04
莱钢工会职工书屋	全国职工书屋	中华全国总工会	2012.04
焦化厂动力车间2号变电站	全国工人先锋号	中华全国总工会	2012.04
炼钢厂3号连铸机车间机械班	全国工人先锋号	中华全国总工会	2012.04
集团公司	第十五届中国北京国际科技产业博览会最佳展示奖	中国北京国际科技产业博览会组委会办公室	2012.05
炼钢厂行车车间团支部	全国五四红旗团支部	共青团中央	2012.05
集团公司	中国对外贸易500强企业	中国对外经济贸易统计学会	2012.06
炼钢厂转炉QC小组	全国冶金行业优秀质量管理小组	中国质量协会冶金分会	2012.06
板带厂热轧加热QC小组	全国冶金行业优秀质量管理小组	中国质量协会冶金分会	2012.06
天元气体公司生产科调度班QC小组	全国冶金行业优秀质量管理小组	中国质量协会冶金分会	2012.06
型钢厂大型生产准备车间设备维修QC小组	全国冶金行业优秀质量管理小组	中国质量协会冶金分会	2012.06

获得荣誉单位	荣　誉	授予单位	授予时间
型钢炼铁厂3号高炉车间主控室QC小组	全国冶金行业优秀质量管理小组	中国质量协会冶金分会	2012.06
莱芜分公司炼铁厂受卸二车间QC小组	全国冶金行业优秀质量管理小组	中国质量协会冶金分会	2012.06
能源动力厂老区汽机风机一班QC小组	全国冶金行业优秀质量管理小组	中国质量协会冶金分会	2012.06
机制公司铸造分厂铸件工序质量控制QC小组	全国冶金行业优秀质量管理小组	中国质量协会冶金分会	2012.06
运输部运输组织QC小组	全国冶金行业优秀质量管理小组	中国质量协会冶金分会	2012.06
集团公司	中国钢铁工业科技工作先进单位	中国钢铁工业协会、中国金属学会	2012.08
型钢厂大型生产准备车间设备维修QC小组	全国优秀质量管理小组	中国质量协会、中华全国总工会、中华全国妇女联合会、中国科学技术协会	2012.09
集团公司	"马钢杯"第六届全国钢铁行业职业技能竞赛团体第三名	中国钢铁工业协会	2012.10
集团公司	全国"讲理想,比贡献"活动先进集体	中国科学技术协会、国家发改委、科技部、国资委	2012.11
集团公司	2011－2012年度钢铁统计工作先进集体	中国钢铁工业协会	2012.11
型钢炼铁厂3号高炉车间	全国现场管理星级评价五星级现场	中国质量协会	2012.11
莱钢工会	全国工会职工法律援助维权服务示范单位	中华全国总工会	2012.12
型钢炼铁厂	2012年度全民健身活动优秀组织奖	国家体育局	2012.12
莱钢团委	2011年度全国钢铁行业"青安杯"竞赛优胜单位	团中央城市青年工作部、全国钢铁行业青年工作年会组委会	2012.12
莱芜分公司炼铁厂团委	2011年度全国钢铁行业"青安杯"竞赛先进集体	团中央城市青年工作部、全国钢铁行业青年工作年会组委会	2012.12
宽厚板厂团委	2011年度全国钢铁行业"青安杯"竞赛先进集体	团中央城市青年工作部、全国钢铁行业青年工作年会组委会	2012.12
炼钢厂新区1、2号连铸机团支部	2011年度全国钢铁行业"青安杯"竞赛"青年安全生产示范岗"	团中央城市青年工作部、全国钢铁行业青年工作年会组委会	2012.12

获得荣誉单位	荣　誉	授予单位	授予时间
棒材厂小型车间运行班	2011年度全国钢铁行业“青安杯”竞赛“青年安全生产示范岗”	团中央城市青年工作部、全国钢铁行业青年工作年会组委会	2012.12
莱芜分公司炼铁厂5号高炉车间主控室	2011年度全国钢铁行业“青安杯”竞赛最佳青年安全监督岗	团中央城市青年工作部、全国钢铁行业青年工作年会组委会	2012.12
型钢厂小型轧钢车间轧钢大班	2011年度全国钢铁行业“青安杯”竞赛最佳青年安全监督岗	团中央城市青年工作部、全国钢铁行业青年工作年会组委会	2012.12
品质保证部宽厚板质检站主线检测班	2011年度全国钢铁行业“青安杯”竞赛最佳青年安全监督岗	团中央城市青年工作部、全国钢铁行业青年工作年会组委会	2012.12
自动化部银山轧区维护车间厚板班	2011年度全国钢铁行业“青安杯”竞赛最佳青年安全监督岗	团中央城市青年工作部、全国钢铁行业青年工作年会组委会	2012.12
机制公司机械分厂行车班	2011年度全国钢铁行业“青安杯”竞赛最佳青年安全监督岗	团中央城市青年工作部、全国钢铁行业青年工作年会组委会	2012.12
淄博锚链有限公司制链车间6-2号机组	2011年度全国钢铁行业“青安杯”竞赛最佳青年安全监督岗	团中央城市青年工作部、全国钢铁行业青年工作年会组委会	2012.12

获山东省荣誉先进单位

（以获奖时间排序）

获得荣誉单位	荣　誉	授予单位	授予时间
集团公司	2011年度全省安全生产基层基础工作先进企业	山东省人民政府	2012.01
股份公司	山东省外经贸先进企业	山东省商务厅	2012.01
莱钢团委	2011年度山东省红旗团委	共青团山东省委	2012.01
莱钢综治办	山东省见义勇为先进单位	山东省社会管理综合治理委员会、省见义勇为基金会	2012.01
莱钢医院	平安山东建设先进基层单位	山东省社会管理综合治理委员会	2012.01
集团公司	山东省安全生产和职业健康先进单位	山东省安全生产监督管理局、省总工会、省企业联合会	2012.02
焦化厂	安全文化建设示范单位	中共山东省委宣传部、省安监局、省总工会	2012.02
炼钢厂	安全文化建设示范单位	中共山东省委宣传部、省安监局、省总工会	2012.02

获得荣誉单位	荣誉	授予单位	授予时间
莱钢医院	全省卫生系统“五五”普法工作先进集体	山东省卫生厅	2012.02
莱芜分公司炼铁厂烧结二车间配料甲班	山东省工人先锋号	山东省总工会	2012.02
莱芜分公司炼铁厂工会女职委	山东省三八红旗集体	山东省妇女联合会	2012.02
莱钢医院急诊科	山东省三八红旗集体	山东省妇女联合会	2012.02
集团公司	省管企业职业卫生先进单位	山东省卫生厅	2012.03
永锋钢铁有限公司	2011年度山东省能源计量标杆示范企业	山东省质监局	2012.03
莱钢医院	2010－2011年度山东省药品不良反应监测工作先进集体	山东省食品药品监督管理局、省卫生厅	2012.03
特钢事业部	2010－2011年度省管企业思想政治工作优秀企业	中共山东省国资委委员会	2012.03
型钢炼铁厂	企事业单位内部治安保卫工作集体二等功	山东省公安厅	2012.03
型钢炼铁厂	山东省富民兴鲁劳动奖状	山东省总工会	2012.04
莱芜分公司炼铁厂烧结二车间配料甲班	山东省工人先锋号	山东省总工会	2012.04
天元气体公司运一车间七八氧班组	山东省工人先锋号	山东省总工会	2012.04
特钢事业部	山东省“安康杯”竞赛优胜企业	山东省总工会、省安监局	2012.04
板带厂	山东省“安康杯”竞赛优胜企业	山东省总工会、省安监局	2012.04
能源动力厂	山东省“安康杯”竞赛优胜企业	山东省总工会、省安监局	2012.04
炼钢厂	山东省“安康杯”竞赛优胜杯	山东省总工会、省安监局	2012.04
型钢炼铁厂3号高炉车间主控班	山东省“安康杯”竞赛优胜班组	山东省总工会、省安监局	2012.04
型钢厂	山东省“安康杯”竞赛优秀组织单位	山东省总工会、省安监局	2012.04
品质保证部团委	山东省五四红旗团委	共青团山东省委	2012.04
型钢炼铁厂冶炼区电修车间团支部	山东省五四红旗团支部	共青团山东省委	2012.04

获得荣誉单位	荣　誉	授予单位	授予时间
特钢事业部轧钢检修车间团支部	山东省五四红旗团支部	共青团山东省委	2012.04
型钢炼铁厂3号高炉车间主控班	2011年度山东省青年安全生产示范岗	共青团山东省委	2012.04
炼钢厂新区砌筑车间青年突击队	山东省青年突击队	共青团山东省委	2012.04
莱钢医院	全省医院感染控制工作先进集体	山东省卫生厅	2012.04
棒材厂第二轧钢车间	山东省冶金工人先锋号	山东省冶金工会	2012.04
建安分公司金属结构工程部电焊班	山东省冶金工人先锋号	山东省冶金工会	2012.04
焦化厂	危险化学品安全生产标准化二级企业	山东省安监局	2012.05
天元气体公司	危险化学品安全生产标准化二级企业	山东省安监局	2012.05
特钢事业部团委	2011年度山东省省管企业五四红旗团委	共青团山东省国资委委员会	2012.05
棒材厂运转－储运二联合团支部	2011年度山东省省管企业五四红旗团支部	共青团山东省国资委委员会	2012.05
莱钢医院	全省护理服务示范病房	山东省卫生厅	2012.05
莱钢医院	山东省卫生系统平安医院创建工作示范单位	山东省卫生厅	2012.05
板带厂热轧车间发货班	2011年度山东省用户满意服务明星班组	山东省质量管理协会、省企业联合会、省企业家协会、省工业经济联合会	2012.05
特钢事业部市场营销中心储运发货班	2011年度山东省用户满意服务明星班组	山东省质量管理协会、省企业联合会、省企业家协会、省工业经济联合会	2012.05
集团公司	山东省企业管理优秀单位	山东省企业联合会、省企业家协会、省工业经济联合会	2012.06
集团公司	山东省最佳雇主企业	山东省企业联合会、省企业家会、省工业经济联合会、省质量管理协会	2012.06
炼钢厂	理论大众化示范点	中共山东省委宣传部	2012.06
特钢事业部	理论大众化示范点	中共山东省委宣传部	2012.06

获得荣誉单位	荣　誉	授予单位	授予时间
焦化厂	山东省省管企业齐鲁创业先锋基层党组织	中共山东省国资委委员会	2012.06
集团公司	全省冶金系统质量管理成果组织奖	山东省冶金总公司	2012.06
能源动力厂老区汽机风机一班QC小组	全省冶金系统优秀质量管理小组	山东省冶金总公司	2012.06
型钢厂大型生产准备车间设备维修QC小组	全省冶金系统优秀质量管理小组	山东省冶金总公司	2012.06
天元气体公司生产科调度班QC小组	全省冶金系统优秀质量管理小组	山东省冶金总公司	2012.06
股份炼铁厂受卸车间QC小组	全省冶金系统优秀质量管理小组	山东省冶金总公司	2012.06
运输部运输组织QC小组	全省冶金系统优秀质量管理小组	山东省冶金总公司	2012.06
品质保证部质量监督科QC小组	全省冶金系统优秀质量管理小组	山东省冶金总公司	2012.06
炼钢厂天鹰QC小组	全省冶金系统优秀质量管理小组	山东省冶金总公司	2012.06
特钢事业部5号连铸QC小组	全省冶金系统优秀质量管理小组	山东省冶金总公司	2012.06
棒材厂生产准备车间行车班QC小组	全省冶金系统优秀质量管理小组	山东省冶金总公司	2012.06
板带厂电气值班乙班QC小组	全省冶金系统优秀质量管理小组	山东省冶金总公司	2012.06
焦化厂干熄焦车间QC小组	全省冶金系统优秀质量管理小组	山东省冶金总公司	2012.06
天元气体公司运二车间九十氧丙QC小组	全省冶金系统优秀质量管理小组	山东省冶金总公司	2012.06
运输部设备技术管理QC小组	全省冶金系统优秀质量管理小组	山东省冶金总公司	2012.06
莱芜分公司炼铁厂除尘一车间脱硫QC小组	全省冶金系统优秀质量管理小组	山东省冶金总公司	2012.06
型钢炼铁厂运转车间QC小组	全省冶金系统优秀质量管理小组	山东省冶金总公司	2012.06
能源动力厂老区燃气钳工二班QC小组	全省冶金系统优秀质量管理小组	山东省冶金总公司	2012.06

获得荣誉单位	荣　誉	授予单位	授予时间
能源动力厂供水车间自来水厂 QC 小组	全省冶金系统优秀质量管理小组	山东省冶金总公司	2012.06
品质保证部新二区炼钢站 QC 小组	全省冶金系统优秀质量管理小组	山东省冶金总公司	2012.06
自动化部钢区中型站第一 QC 小组	全省冶金系统优秀质量管理小组	山东省冶金总公司	2012.06
原料部钢区站 QC 小组	全省冶金系统优秀质量管理小组	山东省冶金总公司	2012.06
品质保证部宽厚板质检站 QC 小组	全省冶金系统优秀质量管理小组	山东省冶金总公司	2012.06
机制公司机械分厂综合业务 QC 小组	全省冶金系统优秀质量管理小组	山东省冶金总公司	2012.06
宽厚板厂轧钢作业区降低辊耗 QC 小组	全省冶金系统优秀质量管理小组	山东省冶金总公司	2012.06
型钢厂小型轧钢车间轧钢大班 QC 小组	全省冶金系统优秀质量管理小组	山东省冶金总公司	2012.06
炼钢厂新区砌筑车间青年突击队	山东省青年突击队	共青团山东省委	2012.07
棒材厂第一轧钢车间精整班 QC 小组	山东省优秀质量管理小组	山东省经贸委、省总工会、团省委、省科协、省妇联、省企联、省质协	2012.07
宽厚板厂质量 QC 小组	山东省优秀质量管理小组	山东省经贸委、省总工会、团省委、省科协、省妇联、省企联、省质协	2012.07
焦化厂粗苯 QC 小组	山东省优秀质量管理小组	山东省经贸委、省总工会、团省委、省科协、省妇联、省企联、省质协	2012.07
自动化部银前热电站第一 QC 小组	山东省优秀质量管理小组	山东省经贸委、省总工会、团省委、省科协、省妇联、省企联、省质协	2012.07
特钢事业部银前技术科连铸 QC 小组	山东省优秀质量管理小组	山东省经贸委、省总工会、团省委、省科协、省妇联、省企联、省质协	2012.07
品质保证部 QC 小组	山东省优秀质量管理小组	山东省经贸委、省总工会、团省委、省科协、省妇联、省企联、省质协	2012.07
品质保证部质量监督科 QC 小组	山东省优秀质量管理小组	山东省经贸委、省总工会、团省委、省科协、省妇联、省企联、省质协	2012.07

获得荣誉单位	荣　誉	授予单位	授予时间
技术中心厚板研究所	2011 年度山东省省管企业青年文明号	共青团山东省国资委委员会	2012.07
运输部电务段通信班	2011 年度山东省省管企业青年文明号	共青团山东省国资委委员会	2012.07
集团公司	山东省第四届职工职业技能大赛团体总分第一名	山东省总工会、省人力资源和社会保障厅、省科技厅、省经信委	2012.09
集团公司	山东省冶金黄金有色金属行业厂务公开民主管理示范单位	山东省冶金工会	2012.09
莱钢老年书画研究会	全省关心下一代工作先进集体	山东省关工委、省精神文明建设委员会办公室	2012.09
板带厂关心下一代工作委员会	全省关心下一代工作先进集体	山东省关工委、省精神文明建设委员会办公室	2012.09
特钢事业部关心下一代工作委员会	全省关心下一代工作先进集体	山东省关工委、省精神文明建设委员会办公室	2012.09
炼钢厂关心下一代工作委员会	全省关心下一代工作先进集体	山东省关工委、省精神文明建设委员会办公室	2012.09
集团公司	2012 年度山东省政府法制宣传工作先进单位	山东省人民政府法制办公室	2012.10
集团公司	山东省敬老模范单位	山东省老龄工作委员会	2012.10
棒材厂	山东省依靠职工办企事业先进单位	山东省总工会	2012.10
运输部	山东省依靠职工办企事业先进单位	山东省总工会	2012.10
特钢事业部	山东省依靠职工办企事业先进单位	山东省总工会	2012.10
焦化厂	山东省职工代表大会优秀星单位	山东省总工会	2012.10
莱钢医院	省级花园式单位	山东省住房和城乡建设厅	2012.11
型钢炼铁厂	省级花园式单位	山东省住房和城乡建设厅	2012.11
莱钢工会	女职工劳动保护知识答卷优秀组织奖	山东省总工会	2012.11
集团公司	2012 年度山东工业生产者价格统计调查工作先进单位	国家统计局山东调查总队	2012.12

获得荣誉单位	荣 誉	授予单位	授予时间
集团公司	山东省防雷安全工作先进单位	山东省气象局、省安监局	2012.12
集团公司	山东省企业设备管理优秀单位	山东省设备管理协会	2012.12
集团公司	2012年度全省冶金统计工作先进单位	山东省冶金总公司	2012.12
集团公司	山东省老年体育工作先进单位	山东省体育局、省老龄委办公室、省老年体协	2012.12
特钢事业部	山东省先进党委中心组	中共山东省委宣传部	2012.12
炼钢厂	理论教育工作先进单位	中共山东省委宣传部	2012.12
型钢炼铁厂	理论教育工作先进单位	中共山东省委宣传部	2012.12
自动化部	测量管理体系运行优秀单位	山东省质量认证中心	2012.12
宽厚板厂轧钢作业区轧钢丁班	2011－2012年度山东省青年文明号	共青团山东省委	2012.12
自动化部信息中心	2011－2012年度山东省青年文明号	共青团山东省委	2012.12
炼钢厂新区3、4号连铸机	2011－2012年度山东省青年文明号	共青团山东省委	2012.12
板带厂带钢车间轧钢丁大班	2011－2012年度山东省青年文明号	共青团山东省委	2012.12
板带厂运行车间行车维修六班	2011－2012年度山东省青年文明号	共青团山东省委	2012.12
棒材厂第二轧钢车间钳工班	2011－2012年度山东省青年文明号	共青团山东省委	2012.12
棒材厂第一轧钢车间轧钢甲班	2011－2012年度山东省青年文明号	共青团山东省委	2012.12
莱芜分公司炼铁厂电修车间高电一班	2011－2012年度山东省青年文明号	共青团山东省委	2012.12
莱芜分公司炼铁厂烧结车间看火甲班	2011－2012年度山东省青年文明号	共青团山东省委	2012.12
焦化厂动力车间1号变电站	2011－2012年度山东省青年文明号	共青团山东省委	2012.12
焦化厂回收一车间鼓冷班	2011－2012年度山东省青年文明号	共青团山东省委	2012.12
焦化厂运焦车间3号管带机班	2011－2012年度山东省青年文明号	共青团山东省委	2012.12

获得荣誉单位	荣 誉	授予单位	授予时间
炼钢厂保卫科国旗班	2011－2012 年度山东省青年文明号	共青团山东省委	2012.12
炼钢厂新区 1 号转炉车间	2011－2012 年度山东省青年文明号	共青团山东省委	2012.12
能源动力厂供电车间外线班	2011－2012 年度山东省青年文明号	共青团山东省委	2012.12
能源动力厂老区汽机车间风机二班	2011－2012 年度山东省青年文明号	共青团山东省委	2012.12
能源动力厂燃气车间三净化班	2011－2012 年度山东省青年文明号	共青团山东省委	2012.12
能源动力厂银前燃气车间一净化班	2011－2012 年度山东省青年文明号	共青团山东省委	2012.12
特钢事业部大型成材车间生产作业甲班	2011－2012 年度山东省青年文明号	共青团山东省委	2012.12
特钢事业部炼钢车间电炉甲班	2011－2012 年度山东省青年文明号	共青团山东省委	2012.12
特钢事业部 5 号连铸机	2011－2012 年度山东省青年文明号	共青团山东省委	2012.12
型钢厂大型轧钢车间加热大班	2011－2012 年度山东省青年文明号	共青团山东省委	2012.12
型钢厂中型轧钢车间	2011－2012 年度山东省青年文明号	共青团山东省委	2012.12
型钢厂中型轧钢车间加热大班	2011－2012 年度山东省青年文明号	共青团山东省委	2012.12
型钢炼铁厂 2 号高炉主控室	2011－2012 年度山东省青年文明号	共青团山东省委	2012.12
型钢炼铁厂 3 号高炉主控室	2011－2012 年度山东省青年文明号	共青团山东省委	2012.12
型钢炼铁厂维修车间烧结机械班	2011－2012 年度山东省青年文明号	共青团山东省委	2012.12
品质保证部宽厚板物理实验室	2011－2012 年度山东省青年文明号	共青团山东省委	2012.12
品质保证部炼钢质检站化验室	2011－2012 年度山东省青年文明号	共青团山东省委	2012.12

获得荣誉单位	荣　誉	授予单位	授予时间
品质保证部质量监督科	2011－2012 年度山东省青年文明号	共青团山东省委	2012.12
运输部工务段姜立松班	2011－2012 年度山东省青年文明号	共青团山东省委	2012.12
运输部机务段 19 机车组	2011－2012 年度山东省青年文明号	共青团山东省委	2012.12
自动化部钢区维护车间中型站	2011－2012 年度山东省青年文明号	共青团山东省委	2012.12
销售中心型钢部销售科	2011－2012 年度山东省青年文明号	共青团山东省委	2012.12
财务部资金科	2011－2012 年度山东省青年文明号	共青团山东省委	2012.12
建安分公司机电安装工程部仪表班	2011－2012 年度山东省青年文明号	共青团山东省委	2012.12
金鼎实业有限公司东区餐厅	2011－2012 年度山东省青年文明号	共青团山东省委	2012.12
金鼎实业有限公司厂区物业服务处型钢物业管理委员会	2011－2012 年度山东省青年文明号	共青团山东省委	2012.12
莱钢女子管乐团	2011－2012 年度山东省青年文明号	共青团山东省委	2012.12
莱芜分公司炼铁厂 5 号高炉车间主控室	2012 年度山东省安全生产示范岗	共青团山东省委、省安监局	2012.12
宽厚板厂精整乙班	2012 年度山东省安全生产示范岗	共青团山东省委、省安监局	2012.12
焦化厂动力车间 2 号变电站	2012 年度山东省安全生产示范岗	共青团山东省委、省安监局	2012.12
运输部	2012 年山东省全民健身活动先进单位	山东省体育局	2012.12
焦化厂	2012 年山东省全民健身活动先进单位	山东省体育局	2012.12
自动化部	2013 年山东省全民健身活动先进单位	山东省体育局	2012.12

获莱钢荣誉先进单位

2011 年度创建“四好”领导班子先进集体

炼钢厂　型钢厂　特钢事业部　自动化部

型钢炼铁厂　焦化厂　棒材厂　销售中心

2012 年度党建工作先进单位

特钢事业部党委　炼钢厂党委

焦化厂党委　棒材厂党委　型钢厂党委

自动化部党委　培训中心党委

运输部党委　莱芜分公司炼铁厂党委

销售中心党委　型钢炼铁厂党委

2012 年度党风廉政建设先进单位

型钢厂　型钢炼铁厂　棒材厂　运输部

品质保证部　自动化部 / 计控处

焦化厂　炼钢厂　特钢事业部　销售中心

板带厂　莱芜分公司炼铁厂

鲁银投资集团股份有限公司　保卫部

宣传部 / 统战部 / 企业文化部

公司办公室 / 党委办公室 / 机关党委

组织部 / 人力资源部

企业管理部 / 法律事务部

国贸公司 / 外事办　机械动力部

物流中心　原料部

工会 / 团委 / 武装部

规划发展部 / 战略研究室　安全生产部

纪委 / 监察处 / 审计处

2012 年度文明单位

炼钢厂　焦化厂　棒材厂　型钢厂

莱芜分公司炼铁厂　销售中心　运输部

医院　自动化部　品质保证部　培训中心

宽厚板厂　鲁银投资集团股份有限公司

2012 年度先进党(总)支部

建设公司济南分公司党支部

建安分公司机电工程部党支部

淄博锚链有限公司制链车间党支部

机械制造有限公司安装检修分公司党支部

医院外科党支部

培训中心机电冶金 / 人力资源党支部

自动化部电讯车间党支部

运输部工务段党支部

能源动力厂供电车间党支部

能源动力厂型钢汽机车间党支部

焦化厂动力车间党支部

焦化厂炼焦四车间党支部

莱芜分公司炼铁厂 1 号高炉车间党支部

莱芜分公司炼铁厂除尘一车间党支部

型钢炼铁厂烧结二车间党支部

型钢炼铁厂 3 号高炉车间党支部

炼钢厂运转车间党支部

炼钢厂新区生产计划科党支部

特钢事业部小型成材车间党支部

特钢事业部银山前区电修车间党支部

板带厂热轧车间党支部

板带厂带钢车间党支部

宽厚板厂机动设备部党支部

型钢厂中型运行车间党支部

棒材厂第一轧钢车间党支部

棒材厂中小型车间党支部

品质保证部新二区化验室党支部

销售中心型钢部党支部

保卫部治安警察支队党支部

机关党委规划发展部党支部

机关党委宣传部党总支

鲁银集团机关一支部

鲁银集团山东毛绒制品有限公司党支部

2012 年度安全生产先进单位

炼钢厂　莱芜分公司炼铁厂　焦化厂

棒材厂　宽厚板厂　自动化部　运输部

品质保证部　机械制造有限公司

淄博锚链公司　医院　培训中心

总调度室　机械动力部　物流中心

销售中心　原料部　技术中心

2012 年度平安莱钢建设先进单位

炼钢厂　焦化厂　莱芜分公司炼铁厂

运输部　型钢厂　棒材厂　品质保证部

培训中心　医院　销售中心

自动化部 / 计控处机　械制造有限公司

公司办公室 / 党委办公室 / 机关党委

宣传部 / 统战部 / 企业文化部　财务部

物流中心　离退休职工管理服务部

公益事业部　纪委 / 监察处 / 审计处

工会 / 团委 / 武装部

企业管理部 / 法律事务部 / 招标中心

组织部 / 人力资源部

规划发展部 / 战略研究室　资本运营部

2012 年度莱钢反邪教工作先进单位

焦化厂　炼钢厂　特钢事业部

莱芜分公司炼铁厂　运输部

2012 年度十佳文明窗口

公司办公室接待科

销售中心上海经贸有限公司

原料部第一原料供应站机械站

炼钢厂生产经营科(新区)

电子公司营销管理部

医院烧伤整形科

板带厂成品车间成品管理班

型钢厂小型轧钢发货班

焦化厂化产精制车间成品班

建安分公司机电安装工程部

2012 年度十佳文明窗口争创活动先进单位

型钢炼铁厂质检站进厂原燃料制取样班

莱钢招标中心

品质保证部型钢炼钢站合金取样班

莱芜分公司炼铁厂原料质检站远程采制样班

棒材厂大型车间营销业务组

宽厚板厂储运作业区发货班

运输部调度中心

销售中心棒材资源开发部

财务部资金结算中心

建设公司信莱物业华阳慧谷管理处

民兵预备役工作先进单位

型钢炼铁厂　莱芜分公司炼铁厂　型钢厂

炼钢厂　运输部能源动力厂　建安分公司

焦化厂　宽厚板厂　棒材厂　板带厂

淄博锚链有限公司

民兵国防教育先进单位

品质保证部　自动化部

机械制造有限公司　金鼎实业有限公司

医院　销售中心　特钢事业部

基层民兵连“部、室、家”建设示范单位

炼钢厂行车车间民兵连

运输部车辆段民兵连

板带厂热轧车间民兵连

型钢炼铁厂球团车间民兵连

型钢厂大型运行车间民兵连

型钢厂大型轧钢车间民兵连

莱芜分公司炼铁厂烧结二车间民兵连

棒材厂中小型车间民兵连

能源动力厂供电车间民兵连

品质保证部物理中心试验室民兵连

建安分公司机电安装工程部民兵连

宽厚板厂储运民兵连

焦化厂炼焦四车间民兵连

机械制造有限公司机械分厂民兵连

特钢事业部机修车间民兵连

金鼎实业有限公司市政建安民兵连
销售中心基干民兵连
自动化部铁区车间民兵连
医院基干民兵连
淄博锚链有限公司制链车间民兵连

先进"民兵岗号"

运输部机务段14"民兵号"机组
型钢炼铁厂冶炼区机修车间
莱芜分公司炼铁厂一号高炉
型钢厂小型轧钢车间
特钢事业部银前6号转炉丙班
销售中心莱芜利达物流有限公司
棒材厂储运一车间装卸工段
自动化部电讯车间
品质保证部新二区炼钢质检站
板带厂带钢车间"民兵号加热炉"
能源动力厂老区电气车间电气检修班
炼钢厂新区3、4号机4号区拉钢丙班
宽厚板厂民兵号热处理炉
焦化厂动力车间1号变电站
医院急诊科
建安分公司机电安装工程部电工一班
新兴大厦消防保安部
机械制造有限公司再制造项目部修复班
淄博锚链有限公司制链车间8-2机组

2012年度环境建设模范单位

型钢炼铁厂　炼钢厂　棒材厂
能源动力厂　金鼎实业有限公司　医院

2012年度环境建设先进单位

型钢厂　焦化厂　板带厂　宽厚板厂
运输部　特钢事业部　培训中心
莱芜分公司炼铁厂　建安分公司
自动化部　泰东实业有限公司
机械制造有限公司　保卫部

2012年度爱国卫生先进单位

炼钢厂　特钢事业部　能源动力厂
型钢炼铁厂　莱芜分公司炼铁厂
金鼎实业有限公司　运输部　自动化部
机械制造有限公司　保卫部　宽厚板厂
医院　莱钢建设有限公司　培训中心
粉末冶金有限公司

2012年度"健康莱钢行动"先进单位

炼钢厂　特钢事业部　棒材厂　焦化厂
型钢厂　型钢炼铁厂　能源动力厂
板带厂　莱芜分公司炼铁厂　运输部
莱钢医院　培训中心　品质保证部
销售中心　建安分公司

2012年度人口和计划生育工作先进单位

型钢厂　品质保证部　莱芜分公司炼铁厂
型钢炼铁厂　特钢事业部　炼钢厂
自动化部　棒材厂　莱钢医院　运输部
焦化厂　板带厂　能源动力厂　宽厚板厂
保卫部　销售中心

2012年度莱钢红旗团委

板带厂团委　特钢事业部团委
品质保证部团委　型钢炼铁厂团委
棒材厂团委　炼钢厂团委　型钢厂团委

2012年度莱钢先进团委

自动化部团委　焦化厂团委
莱芜分公司炼铁厂团委　运输部团委
机关团委　能源动力厂团委
宽厚板厂团委　销售中心团委
机制公司团委　莱钢医院团委
淄博锚链有限公司团委

2012年度莱钢红旗团支部

板带厂热轧车间团支部
特钢事业部银前生产准备车间团支部
品质保证部物理中心试验室团支部
型钢炼铁厂喷煤车间团支部
棒材厂运转车间团支部
炼钢厂连铸三车间团支部
焦化厂动力车间团支部

莱芜分公司炼铁厂动力车间团支部　　运输部电务段团支部

集团公司物流中心团支部

获全国荣誉先进个人

（以获奖时间排序）

姓　名	所在单位	荣　誉	授予单位	授予时间
李庆华	宽厚板厂	全国三八红旗手	中华全国妇女联合会	2012.03
丁一家庭	莱芜分公司炼铁厂	全国五好文明家庭	中华全国妇女联合会	2012.03
陈启祥	集团公司	全国五一劳动奖章	中华全国总工会	2012.04
高俊庆	品质保证部	全国六西格玛管理推进十周年突出贡献者	中国质量协会六西格玛管理推进工作委员会	2012.04
陈　才	品质保证部	全国六西格玛管理推进十周年先进工作者	中国质量协会六西格玛管理推进工作委员会	2012.04
刘祖法	培训中心	全国六西格玛管理推进十周年先进工作者	中国质量协会六西格玛管理推进工作委员会	2012.04
吕　铭	莱芜分公司	中国钢铁工业优秀科技工作者	中国钢铁工业协会、中国金属学会	2012.08
李丰功	技术中心	中国钢铁工业优秀科技工作者	中国钢铁工业协会、中国金属学会	2012.08
李洪建	炼钢厂	冶金先进青年科技工作者	中国金属学会	2012.08
汤登军	型钢炼铁厂	全国钢铁行业技术能手	中国钢铁工业协会	2012.10
刘欣明	焦化厂	全国钢铁行业技术能手	中国钢铁工业协会	2012.10
王玉惠	品质保证部	全国钢铁行业技术能手	中国钢铁工业协会	2012.10
蔺红霞	建安分公司	全国钢铁行业技术能手	中国钢铁工业协会	2012.10
龙　英	自动化部	2011－2012年度全国“讲理想、比贡献”活动科技标兵	中国科学技术协会、国家发改委、科技部、国资委	2012.11
刘晓红	规划发展部	2012年钢铁工业统计先进工作者	中国钢铁工业协会	2012.11
栾雪娜	规划发展部	2012年钢铁工业统计先进工作者	中国钢铁工业协会	2012.11

姓　名	所在单位	荣　誉	授予单位	授予时间
吕登高	人力资源部	国家技能人才培育突出贡献奖	人力资源和社会保障部	2012.12
景　凯	莱钢团委	2011年度全国钢铁行业“青安杯”竞赛最佳组织者	团中央城市青年工作部、全国钢铁行业青年工作年会组委会	2012.12
柴　磊	莱钢团委	2011年度全国钢铁行业“青安杯”竞赛先进个人	团中央城市青年工作部、全国钢铁行业青年工作年会组委会	2012.12
陈文达	品质保证部	2011年度全国钢铁行业“青安杯”竞赛先进个人	团中央城市青年工作部、全国钢铁行业青年工作年会组委会	2012.12
张凡敏	莱芜分公司炼铁厂	2011年度全国钢铁行业“青安杯”竞赛最佳青安岗岗长	团中央城市青年工作部、全国钢铁行业青年工作年会组委会	2012.12
杨　文	型钢厂	2011年度全国钢铁行业“青安杯”竞赛最佳青安岗岗长	团中央城市青年工作部、全国钢铁行业青年工作年会组委会	2012.12
刘云峰	品质保证部	2011年度全国钢铁行业“青安杯”竞赛最佳青安岗岗长	团中央城市青年工作部、全国钢铁行业青年工作年会组委会	2012.12
杜　伟	自动化部	2011年度全国钢铁行业“青安杯”竞赛最佳青安岗岗长	团中央城市青年工作部、全国钢铁行业青年工作年会组委会	2012.12
刘　霞	机制公司	2011年度全国钢铁行业“青安杯”竞赛最佳青安岗岗长	团中央城市青年工作部、全国钢铁行业青年工作年会组委会	2012.12
张亮亮	淄博锚链公司	2011年度全国钢铁行业“青安杯”竞赛最佳青安岗岗长	团中央城市青年工作部、全国钢铁行业青年工作年会组委会	2012.12

获山东省荣誉先进个人

（以获奖时间排序）

姓　名	所在单位	荣　誉	授予单位	授予时间
刘祖华	安全生产部	全省安全生产工作先进个人	山东省人民政府	2012.01
于文波	型钢厂	山东省优秀青年工作者	共青团山东省委	2012.01
王铁军	保卫部	2011 年平安山东建设先进个人	中共山东省委、省人民政府	2012.01
段元军	保卫部	山东省见义勇为先进工作者	山东省社会管理综合治理委员会、省见义勇为基金会	2012.01
赵新强	特钢事业部	山东省见义勇为先进工作者	山东省社会管理综合治理委员会、省见义勇为基金会	2012.01
陈启祥	集团公司	山东省安全生产和职业健康管理优秀企业家	山东省安监局、省总工会、省企业联合会	2012.02
于利国	安全生产部	山东省安全生产和职业健康先进个人	山东省安监局、省总工会、省企业联合会	2012.02
王　键	炼钢厂	山东省安全生产和职业健康先进个人	山东省安监局、省总工会、省企业联合会	2012.02
王丰平	建设公司	山东省安全生产和职业健康先进个人	山东省安监局、省总工会、省企业联合会	2012.02
刘洪成	板带厂	山东省安全生产和职业健康先进个人	山东省安监局、省总工会、省企业联合会	2012.02
齐登业	能源动力厂	山东省安全生产和职业健康先进个人	山东省安监局、省总工会、省企业联合会	2012.02
张　健	棒材厂	山东省安全生产和职业健康先进个人	山东省安监局、省总工会、省企业联合会	2012.02
张绪春	莱钢医院	山东省安全生产和职业健康先进个人	山东省安监局、省总工会、省企业联合会	2012.02
徐　冰	安全生产部	山东省安全生产和职业健康先进个人	山东省安监局、省总工会、省企业联合会	2012.02

姓　名	所在单位	荣　誉	授予单位	授予时间
席　超	安全生产部	山东省安全生产和职业健康先进个人	山东省安监局、省总工会、省企业联合会	2012.02
石荣风	莱钢工会	山东省三八红旗手	山东省妇联	2012.02
苏佳丽	品质保证部	山东省三八红旗手	山东省妇联	2012.02
刘祖华	安全生产部	省管企业职业卫生先进个人	山东省卫生厅	2012.02
尹承华	安全生产部	省管企业职业卫生先进个人	山东省卫生厅	2012.02
徐　冰	安全生产部	省管企业职业卫生先进个人	山东省卫生厅	2012.02
焦卫东	莱钢医院	全省卫生系统“五五”普法工作先进个人	山东省卫生厅	2012.02
田克宁	集团公司	2010－2011年度省管企业十佳企业思想政治工作者	中共山东省国资委员会	2012.03
魏兴文	集团公司	2010－2011年度省管企业优秀企业思想政治工作者	中共山东省国资委员会	2012.03
王书雷	型钢厂	山东省杰出青年岗位能手	共青团山东省委、省经信委、省人力资源和社会保障厅、省科技厅	2012.03
王　强	焦化厂	山东省冶金行业首席技师	山东省冶金总公司	2012.03
张宝泉	莱钢医院	山东省优秀医师	山东省卫生厅	2012.03
单传宏	炼钢厂	全省单位内部治安保卫工作先进个人、个人二等功	山东省公安厅	2012.03
田克宁	集团公司	2010－2011年度山东省十佳企业思想政治工作者	中共山东省委宣传部、省委组织部、省经信委、省国资委、省总工会	2012.04
况作尧	运输部	山东省富民兴鲁劳动奖章	山东省总工会	2012.04
田宝文	蓝天公司	山东省富民兴鲁劳动奖章	山东省总工会	2012.04
王俊生	型钢厂	山东省富民兴鲁劳动奖章	山东省总工会	2012.04
耿玉栋	焦化厂	山东省富民兴鲁劳动奖章	山东省总工会	2012.04
董永峰	财务部	山东省富民兴鲁劳动奖章	山东省总工会	2012.04
刘永峰	特钢事业部	山东省首席技师	山东省人民政府	2012.04
张学龙	特钢事业部	山东省首席技师	山东省人民政府	2012.04
周　超	运输部	山东省首席技师	山东省人民政府	2012.04

姓　名	所在单位	荣　誉	授予单位	授予时间
景　凯	莱钢团委	山东省"安康杯"竞赛优秀组织个人	山东省总工会、省安监局	2012.04
蒋学健	型钢炼铁厂	第十六届山东省青年五四奖章	共青团山东省委、省青联	2012.04
李吉新	能源动力厂	山东省优秀共青团干部	共青团山东省委	2012.04
徐　强	焦化厂	山东省优秀共青团员	共青团山东省委	2012.04
刘永峰	特钢事业部	山东省省管企业青年五四奖章	共青团山东省国资委委员会、省企业青年联合会	2012.04
于　沁	培训中心	2011 年度山东省省管企业优秀共青团干部	共青团山东省国资委委员会	2012.04
李奉珍	莱钢医院	全省医院感染控制工作先进个人	山东省卫生厅	2012.04
苏明杰	莱钢医院	2011 年度全省抗菌药物临床应用工作示范标兵	山东省卫生厅	2012.04
王月聪	机制公司	山东省冶金黄金有色金属系统优秀工会工作者	山东省冶金工会	2012.04
石茂华	建安分公司	山东省冶金黄金有色金属系统优秀工会工作者	山东省冶金工会	2012.04
张福才	棒材厂	山东省冶金黄金有色金属系统优秀工会工作者	山东省冶金工会	2012.04
张振强	板带厂	山东省冶金黄金有色金属系统优秀工会工作者	山东省冶金工会	2012.04
张向东	莱钢工会	山东省冶金黄金有色金属系统优秀工会工作者	山东省冶金工会	2012.04
刘志刚	莱钢团委	山东省冶金黄金有色金属系统优秀工会工作者	山东省冶金工会	2012.04
曲为壮	企业管理部	第四届山东省优秀工程师	山东省科协、省发改委、省经信委、省科技厅、省国资委、省广电局、大众日报社	2012.05

姓 名	所在单位	荣 誉	授予单位	授予时间
王学新	炼钢厂	第四届山东省优秀工程师	山东省科协、省发改委、省经信委、省科技厅、省国资委、省广电局、大众日报社	2012.05
高 健	品质保证部	山东省用户满意服务明星	山东省企业联合会、省企业家协会、省工业经济联合会	2012.05
任启春	天元气体	2011年度"山东省用户满意服务明星"称号	山东省质量管理协会、省企业联合会	2012.05
曹科林	莱钢医院	山东省卫生系统平安医院创建工作示范标兵	山东省卫生厅	2012.05
沙风珍	莱钢医院	全省护理服务示范标兵	山东省卫生厅	2012.05
王 艳	莱钢医院	全省护理服务示范标兵	山东省卫生厅	2012.05
刘邦强	莱钢医院	山东省贫困白内障患者复明项目示范标兵	山东省卫生厅	2012.05
任 浩	集团公司	第二十届山东省优秀企业家	山东省企业联合会、省企业家协会、省工业经济联合会、省质量管理协会	2012.06
李 强	莱芜分公司炼铁厂	全省冶金系统优秀质量管理工作者	山东省冶金总公司	2012.06
任 鹏	棒材厂	全省冶金系统优秀质量管理工作者	山东省冶金总公司	2012.06
焦宏伟	品质保证部	全省冶金系统优秀质量管理工作者	山东省冶金总公司	2012.06
马 文	品质保证部	全省冶金系统优秀质量管理工作者	山东省冶金总公司	2012.06
王玉春	炼钢厂	全省冶金系统优秀质量能手	山东省冶金总公司	2012.06
张 梅	宽厚板厂	全省冶金系统优秀质量能手	山东省冶金总公司	2012.06
周艳丽	特钢事业部	全省冶金系统优秀质量能手	山东省冶金总公司	2012.06
郝少锋	品质保证部	全省冶金系统优秀质量能手	山东省冶金总公司	2012.06
高俊庆	品质保证部	山东省优秀质量管理工作者	山东省经贸委、省总工会、团省委、省科协、省妇联、省企联、省质协	2012.07

姓 名	所在单位	荣 誉	授予单位	授予时间
赵修领	品质保证部	山东省优秀质量管理工作者	山东省经贸委、省总工会、团省委、省科协、省妇联、省企联、省质协	2012.07
吴玉红	品质保证部	山东省优秀质量管理工作者	山东省经贸委、省总工会、团省委、省科协、省妇联、省企联、省质协	2012.07
马 文	品质保证部	山东省优秀质量管理工作者	山东省经贸委、省总工会、团省委、省科协、省妇联、省企联、省质协	2012.07
郝少锋	品质保证部	山东省优秀质量管理工作者	山东省经贸委、省总工会、团省委、省科协、省妇联、省企联、省质协	2012.07
王 骞	原料部	山东省优秀质量管理工作者	山东省经贸委、省总工会、团省委、省科协、省妇联、省企联、省质协	2012.07
周艳丽	特钢事业部	山东省优秀质量管理工作者	山东省经贸委、省总工会、团省委、省科协、省妇联、省企联、省质协	2012.07
李洪建	炼钢厂	山东省有突出贡献的中青年专家	山东省人民政府	2012.08
李中华	莱钢医院	山东省百佳护士	山东省卫生厅	2012.08
田克宁	集团公司	全省关心下一代工作荣誉奖	山东省关工委、省精神文明建设委员会办公室	2012.09
赵茂祥	离退部	全省关心下一代工作突出贡献奖	山东省关工委、省精神文明建设委员会办公室	2012.09
赵和德	离退部	全省关心下一代工作功勋奖	山东省关工委、省精神文明建设委员会办公室	2012.09
宋道平	炼钢厂	全省关心下一代工作先进工作者	山东省关工委、省精神文明建设委员会办公室	2012.09
张晓燕	型钢炼铁厂	全省关心下一代工作先进工作者	山东省关工委、省精神文明建设委员会办公室	2012.09
逄锦昌	离退部	全省关心下一代工作先进工作者	山东省关工委、省精神文明建设委员会办公室	2012.09
张义杭	离退部	全省关心下一代工作先进工作者	山东省关工委、省精神文明建设委员会办公室	2012.09
张 远	离退部	全省关心下一代工作先进工作者	山东省关工委、省精神文明建设委员会办公室	2012.09

姓　名	所在单位	荣　誉	授予单位	授予时间
杨元福	离退部	全省关心下一代工作先进工作者	山东省关工委、省精神文明建设委员会办公室	2012.09
季立飞	莱钢团委	全省关心下一代工作先进工作者	山东省关工委、省精神文明建设委员会办公室	2012.09
亓国栋	自动化部	山东省富民兴鲁劳动奖章	山东省总工会	2012.09
亓国栋	自动化部	山东省第四届职工职业技能大赛优秀选手	山东省总工会、省科技厅、省经信委、省人力资源和社会保障厅	2012.09
杜　欣	自动化部	山东省第四届职工职业技能大赛计算机程序设计员决赛第四名	山东省总工会、省科技厅、省经信委、省人力资源和社会保障厅	2012.09
杜　欣	自动化部	山东省第四届职工职业技能大赛优秀选手	山东省总工会、省科技厅、省经信委、省人力资源和社会保障厅	2012.09
王广连	特钢事业部	山东省依靠职工办企事业优秀个人	山东省总工会	2012.10
况作尧	运输部	山东省依靠职工办企事业优秀个人	山东省总工会	2012.10
鹿　丽	莱钢医院	全省卫生系统护理岗位创新技能大赛银奖	山东省卫生厅	2012.10
王健春	板带厂	山东省冶金行业优秀青年技能人才	山东省冶金总公司	2012.11
亓国峰	焦化厂	山东省冶金行业优秀青年技能人才	山东省冶金总公司	2012.11
唐祖兵	棒材厂	山东省冶金行业优秀青年技能人才	山东省冶金总公司	2012.11
尚　生	特钢事业部	山东省冶金行业优秀青年技能人才	山东省冶金总公司	2012.11
孙建胜	能源动力厂	山东省冶金行业优秀青年技能人才	山东省冶金总公司	2012.11
范　强	型钢厂	山东省冶金行业优秀青年技能人才	山东省冶金总公司	2012.11
牛燕光	型钢炼铁厂	山东省冶金行业优秀青年技能人才	山东省冶金总公司	2012.11
曹洪杰	莱芜分公司炼铁厂	山东省冶金行业优秀青年技能人才	山东省冶金总公司	2012.11

姓　名	所在单位	荣　誉	授予单位	授予时间
吕同举	炼钢厂	山东省冶金行业优秀青年技能人才	山东省冶金总公司	2012.11
徐　辉	品质保证部	山东省冶金行业优秀青年技能人才	山东省冶金总公司	2012.11
孙明华	运输部	山东省冶金行业优秀青年技能人才	山东省冶金总公司	2012.11
姜世远	焦化厂	山东省优秀理论教育工作者	中共山东省委宣传部	2012.12
王训达	板带厂	山东省优秀理论教育工作者	中共山东省委宣传部	2012.12
庞瑞年	莱芜分公司炼铁厂	山东省优秀理论教育工作者	中共山东省委宣传部	2012.12
魏义胜	炼钢厂	2012年度山东省青年安全生产标兵	共青团山东省委、省安监局	2012.12
刘贤亮	特钢事业部	2012年度山东省青年安全生产标兵	共青团山东省委、省安监局	2012.12
房　磊	型钢厂	2012年度山东省青年安全生产标兵	共青团山东省委、省安监局	2012.12
吕双庆	宽厚板厂	2012年度山东省青年安全生产标兵	共青团山东省委、省安监局	2012.12
李永峰	棒材厂	2012年度山东省青年安全生产标兵	共青团山东省委、省安监局	2012.12
王彦国	品质保证部	2012年度山东省青年安全生产标兵	共青团山东省委、省安监局	2012.12
王培文	规划发展部	2012年度全省冶金统计先进工作者	山东省冶金总公司	2012.12
王钦玲	规划发展部	2012年度全省冶金统计先进工作者	山东省冶金总公司	2012.12
曹永青	规划发展部	2012年度全省冶金统计先进工作者	山东省冶金总公司	2012.12
刘晓红	规划发展部	2012年度全省冶金统计先进工作者	山东省冶金总公司	2012.12
孙丽琴	规划发展部	2012年度全省冶金统计先进工作者	山东省冶金总公司	2012.12
栾雪娜	规划发展部	2012年度全省冶金统计先进工作者	山东省冶金总公司	2012.12
李海云	技术中心	2012年度全省冶金统计先进工作者	山东省冶金总公司	2012.12
林七女	能源环保部	2012年度全省冶金统计先进工作者	山东省冶金总公司	2012.12
顾洪玲	财务部	2012年度全省冶金统计先进工作者	山东省冶金总公司	2012.12

姓　名	所在单位	荣　誉	授予单位	授予时间
高　峰	销售中心	2012 年度全省冶金统计先进工作者	山东省冶金总公司	2012. 12
孙玉珊	原料部	2012 年度全省冶金统计先进工作者	山东省冶金总公司	2012. 12
邹仁娥	莱芜分公司炼铁厂	2012 年度全省冶金统计先进工作者	山东省冶金总公司	2012. 12
张晓辉	炼钢厂	2012 年度全省冶金统计先进工作者	山东省冶金总公司	2012. 12
刘　园	板带厂	2012 年度全省冶金统计先进工作者	山东省冶金总公司	2012. 12
姜　艳	宽厚板厂	2012 年度全省冶金统计先进工作者	山东省冶金总公司	2012. 12
毕月琴	天元气体	2012 年度全省冶金统计先进工作者	山东省冶金总公司	2012. 12
丁菁菁	永锋钢铁	2012 年度全省冶金统计先进工作者	山东省冶金总公司	2012. 12
付德燕	泰东实业	2012 年度全省冶金统计先进工作者	山东省冶金总公司	2012. 12
孙秀刚	莱芜矿业	2012 年度全省冶金统计先进工作者	山东省冶金总公司	2012. 12
杨文霞	鲁南矿业	2012 年度全省冶金统计先进工作者	山东省冶金总公司	2012. 12
潘世谦	鲁碧公司	2012 年度全省冶金统计先进工作者	山东省冶金总公司	2012. 12
高会菊	粉末冶金	2012 年度全省冶金统计先进工作者	山东省冶金总公司	2012. 12
吴玲丽	冶金设计院	2012 年度全省冶金统计先进工作者	山东省冶金总公司	2012. 12
国　嫱	莱芜分公司炼铁厂	2012 年度全省冶金统计先进工作者	山东省冶金总公司	2012. 12
丁　雯	特钢厂	2012 年度全省冶金统计先进工作者	山东省冶金总公司	2012. 12
冯惠平	能源动力厂	2012 年度全省冶金统计先进工作者	山东省冶金总公司	2012. 12
颜景春	炼钢厂	2012 年度全省冶金统计先进工作者	山东省冶金总公司	2012. 12

获莱钢荣誉先进个人

2012 年度莱钢劳动模范

型钢炼铁厂:白相君
莱芜分公司炼铁厂:王丰巧
炼钢厂:魏义胜
特钢事业部:刘德鹏
板带厂:刘　伟
宽厚板厂:李子高
型钢厂:逄晓男　司增平
棒材厂:张成磊
焦化厂:亓国峰
能源动力厂:任甲民
品质保证部:张官波
销售中心:樊泽智
运输部:乔田涛
自动化部:郭维河　杨锦华
培训中心:马庆海
莱钢医院:李　霞
保卫部:亓秀春
淄博锚链有限公司:刘茂玉
莱钢建设有限公司:于　波
机械制造有限公司:苗兴泰
莱芜钢铁新疆有限公司:赵守林
鲁银投资集团股份有限公司:孙　晖
技术中心:郑春玉

2012 年度莱钢先进生产(工作)者

炼钢厂:

张永青　曹　平　杜俊杰　王小璞
王忠刚　原奎丰　胡连军　靳昌江
胡　浩　周　巍　马　霄　张东修
杨国锋　黄　宏　费　燕　李学庆
玄振刚　江瑞霞　咸光勇　肖　强
赵兴涛　张期明　李剑锋　程中伟
有　刚　安连金　孟召来　吕延安
周生峰　张　勇　吕同举　王秀华
孙　洁　李　强　孙其俊　庄　重
马洪林　赵　锋　刁玉成　毕玉展
牛东国　刘进科　孔祥国　马金营
李家华　徐辑忠　陈学勇　韩　凯
王兆平　张　明　王　涛　徐永昌
杨春燕　段　峰　赵　杰　邵茂新
吴乃柱　赵　霞　亓玉栋　宋　军
曹　锋　赵东齐　李慎霞　江　燕
张勇超　李书森　李爱荣　冯启超
郭　勇　张开然　张传涛　马毓青
周永忠　冷　冰　郑宏宇　孙继先
王汝波　陈显著　马志海　周茂林
张学民　王学俭　郭学贵　单传宏
李柱军　王俊华　丁书洪　任晓华

莱芜分公司炼铁厂:

朱振秀　李洪亮　孙连生　齐春利
张红启　冯　峰　程绍岩　王建国
庄新军　宫学锋　李　杰　孙兆胜
范　伟　潘　林　岳佩科　齐东旗
毕京琪　殷宝龙　商金洲　苏　忠
王新刚　马安平　王志刚　郑德林
段伦山　张　强　赵景剑　郭玉强
刘言国　滕君军　王兆祥　张正伟
郭　阳　吴振东　郝玉波　丛　涛
刘德训　贾景林　王复亮　张大晶
贾俊振　李　健　戴衍松　李连海
曹继礼　鲍金良　李继平　石丰柱
姚福全　王守鑫　杨　凯　郭　涛

伊永政　张敬现　周琳琳　王红娟
于　宏　郑素玲　高明海　何　军
李铁峰　刘　霞　高新平　郭玉琴
李　艳　张　克　赵传海　郑艳霞
马洪建　苏　帅　王培波　贾海涛
亓荣秀　苏灿水　陆志贤　孙　芳
王　华　赵　利　陆　建　唐　辉
王延齐　张庆慧　魏广河　聂兆武
李　彬　陈竹光　李　静　吕明玺
张　军　魏绍军　吴　金　于晓明
王　静　张茂廷　邹仁娥　袁　波
李秀英　张爱军　孙士平　张加芹
徐春玲　于俊勇　鞠洪建

型钢炼铁厂：

李鹏笃　宿正方　刘增民　赵希光
母先金　肖　颖　李洪锋　孙立伟
陈　猛　尚振增　李秀实　段淑江
董　明　何秀玲　高爱常　王　燕
孙一苏　李　峰　纪建宏　柳　刚
崔国强　曹西岭　徐西勇　张焕前
张卫东　刘灿强　李铁汉　李茂林
柳玉祥　贺方亮　殷曰光　兰圣辉
张　勇　王俊生　张　艳　刘光辉
吕宏志　郇秀伟　高志强　韩德志
杜春持　卢丽丽　肖　晨　毕欣成
毛松梅　石太起　李　超　丁蕾蕾
刘　娟　国晓娟　王文河　亓建国
孙建国　高海波　郑　军　王　军
郭海峰　李　欣　孙延龙　王胜军
薛玉生　徐　英　蒋学健　李京业
董立保　亓玉敏　杨继刚　蔺增军
徐　乔　辛玉梅　魏开庆　邹积凯
孙　卫　刘运东　王云术　张子元
王春涛　谷　华　姚鲁博　孙树峰

特钢事业部：

谢宜刚　徐　敏　韩成明　黄　涛
张君平　李金举　曹明顺　谢法成
刘德鹏　范崇政　王建华　张振强
杨景春　潘廷杰　刁　峰　闫　军
韩　波　徐俊旭　尹希鹏　亓德峰
邵长堂　石荣锋　许黎明　张贵茂
胡　刚　赵义坤　马广田　郭　云
李克举　郑大伟　李天旭　魏传君
孙华作　李德强　李　勇　刘明川
路宝栋　程同彬　蒋世勇　谢志华
陈宗岭　李冬青　李丰东　张孝光
霍兴亮　路礼堂　张丰国　马　辉
王海岩　鹿　梅　林　军　程海峰
耿振岳　魏　潇　王培泉　戈文英
张继军　陈　良　郑　杰　崔洪权
吴兆华　侯光合　宋　燕　李庆彬
秦元星　王学利　崔长安　吕海新
温建波　王　胜　何庆文　曹务勋
田振杉　焦见宝　张贵廷　姜艳东
张全顺　刘惠森　李　猛　石荣山
法晓燕　刘兆武　李　芹　曲锡辉

板带厂：

马明祥　张　勇　郭　志　岳维国
高　民　周玉涛　王连三　李　亘
支青龙　唐振进　张勤述　史克彬
崔新军　刘　峰　王好东　邹仲平
王明扬　冀慎毅　王永堂　徐　君
王建春　孙西刚　张　峰　高　伟
赵坤东　吴迎春　苏全明　赵志强
栾兆华　庞万宏　张　华　李玉功
任卫刚　殷　磊　苏万成　杨肖辉
李　彬　仝玉华　纪召红　康华伟
孔凡强　林　龙　孙　强　薛文峰
张明金　巩显厚　张忠信

宽厚板厂：

李子高　魏和平　马　强　范新庆
杨　波　孙延海　张兆萍　魏军广

刘晓涵 韩　建 魏　庆 尹训强
徐　强 张晶莹 吕双庆 邢　敏
包　刚 田遵建 薛升波 赵彬尧
娄本凤 高振明 亓春阁
型钢厂：
范　强 吴昭亭 杨红霞 李绪东
马有刚 梁爱国 崔　凯 王　亮
徐加强 李　坤 王建军 薛其敏
李　亮 华则鑫 赵红军 张富军
展希俭 徐　群 魏光兵 张秀山
司增平 孙丰海 桑　宁 李　波
吴凤云 孙启太 王守国 付宏伟
尹德全 蒲红兵 孙　宁 崔　凯
孟　君 史承强 姚　明
棒材厂：
刘英刚 钟德华 王新刚 高童富
李宏伟 赵佃军 马志祥 王太兴
刘衍兴 王　磊 张成磊 苏新淼
闫宝明 孙红刚 李　文 范庆平
李君美 张　忠 唐祖兵 左效峰
王建国 王维东 张乐刚 张志远
王洪滨 曲京敏 李海英 韦　涛
马春元 韩继青 徐勇军 张期颂
王　军 王庆顺 孙胜利 韩庆华
徐　龙 王元春 李文光 曹利军
刘玉红 黄晓东 陶振修 黄文初
徐胜功
焦化厂：
徐学刚 路　平 刘士威 石荣祥
赵　峰 胡安水 马金平 陈　龙
亓国峰 李本华 薛汝忠 刘永健
井　涛 吕立华 刘建军 王复华
吴希刚 孙　青 尚绪春 吴兆刚
刘继建 冯建华 苗世云 王　强
郑广平 肖子伟 陈小东 赵文生
边　城 耿玉栋 刁爱国 王　健
王刚仁 张　健 郭　涛 王新华
杨祖凯 吕　龙 王子俊 杨祝山
李建伟 安　冉 韩永吉 王　欢
苑　路 李树华 宋宪锋 郭　涛
魏宝忠 孙振华 秦增友 刘元杰
翟瑞津 狄明三 胡广峰 林金良
孙万岭 张　伟 栾兆爱 高立军
能源动力厂：
李传纪 吕帅锋 林　刚 张文庆
司呈良 崔学静 贾佑东 李　萍
娄汉光 张　雷 杨立国 刘　娟
房林海 张英忠 吴茂伟 肖　伟
石　东 王红英 张宏利 徐洪源
王　鹏 王　进 陈建刚 朱付庆
李红兵 巩　鹏 刘冬梅 张华燕
刘俊明 李秀玲 庞太同 刘金敬
亓宗昌 李　峰 胡克华 付现存
任建勇 李　军 赵　蕾 亓玉亭
戴洪伟 刘春霞 张汝刚 王焕强
王　灜 吕子荣 徐　杰 张志清
张崖松 胥　波 史玉泉 刘玉玲
刘　欣 李卫民 王　军 侯绪臣
王　岩 陈　波 朱圣华 李　凤
赵　慧 陈　雪 于　涛 车渝欣
李　涛 陈焕军 刘秀琴 王宪军
田继军 姜红卫
品质保证部：
夏松杰 刘　军 邵海峰 刘淑云
陈德凯 马　文 张　寒 徐　辉
王玉惠 张　华 陈　彬 吉小龙
石宝峰 王健君 王　猛 王　前
王　笋
销售中心：
尹　虎 刘丰业 刘建国 冯　钰
郭　杰 唐长春
运输部：

王树旭　项卫华　刘　峰　田　强
徐金勇　于传东　周　超　邱　涛
刘　敏　鹿丽娜　乔田涛　陈国丰
毕卫宁　马衍斌　韩成吉　刘爱程
盛　波　谭　鹏　魏义彬　胡芳波
陈庆文　靖玉利　耿建全　何修伦
万占喜　于雪莲　牛鑫功　姜殿秋
刘洪教　王志伟　任万真　尹　星
张　明　李　闯

自动化部：

李维富　李　涛　罗　峰　李　刚
刘文涛　徐晓鹤　李　艳　黄立国
尹燕春　李　山　王庆光　孟祥彬
孟　伟　牛风喜　张　亮　李　霞
薛广森　王　敏　亓国栋　杨怀玲
葛庆礼　曹永芹　王大海　臧元国
曲　波　尹承俊　邢建厂　刘兆鹏
曹召亭　于志祥　王　勇

培训中心：

李　颖　艾兴君　朱迎春　王效法

莱钢医院：

王会丽　李奉珍　吴茂礼　张云涛
李业军　丁秀和　徐金芬　王　艳
宋相红　李　杰　王莉芝　庄　莉
李中华　周志刚　陈宝勇　王元洪
杨善美　王其春　邢爱梅　王庆振
李雪云　成淑莲　解丽梅　朱文芳
曹科林　李树娟　张瑞桥　董玉军
柳　蕾

保卫部：

潘玉伟　陈　峰　吕同昌　亓新刚
高美生　王　坤　焦明洲　孔德才
亓　振　李福俊

淄博锚链有限公司：

王兆泉　刘　岩　刘新龙　孙永明
邢相民　张广平　张　朋　周似娟
姜志明　赵庆军　高　彭　商文杰
蔡春刚

莱钢建设有限公司：

李宏伟　田发永　邱现金　高　政
李　永　武瑞英　石茂华　纪小强
王　剑　向为涛　张新歧　赵光顺
王　军　张海玲　陈建伟　高　丽
刘宗禄　寇国辉　李　玲　李文华
厉　铁　门福茂　沈烨南　姜志新
纪　强　尹洪涛　信　杰　刘　展
杜福海　司甲全　刘仰贺　王　俊
宋　强　解洪建　李善龙　王俊峰
倪大军　马凌云　刘　健　陈长国
张武国　王者秀　刘玉宝　任尚金
于　宁　张　磊　曹仁刚　孙保磊
陈兴华　杨培智　李新华　夏继祥
赵　倩　张均庆　郭　嘉　尤凤先
臧从磊　官希高　郑　刚　王　凯
王　鹏　姚光荣　伊廷成　童志荣
渠成全　韩　勇　张　峰　李耀武
郑希颖　马学伟　延　海　葛汝民
何新奎　王守珍　王新华　亓　伟
王麦光　鞠成斌　尹君赐　张庆安
孙爱霞　邓文磊　孙佰安　杜法忠
张　梅　吕泓江　袁　航　郭　琦
徐　军　高传胜　潘振江　姜旭峰

机械制造有限公司：

闫宗元　刘　霞　郑贵峰　倪士军
陈　涛　赵　鹏　马光磊　杨钦国
陈有存　孙庆柏　吕同军　王明明
许　勇　张克民　万占峰　孙淑军
王燕美　王瑞广　李元才

莱芜钢铁新疆有限公司：

郭　磊　卢军波　何敬秋

鲁银投资集团股份有限公司：

刘　琴　张　霞　邱　博　翟小龙

张　澔　姜　玮　韦慧峰　段智勇
尚立民　黎　辉　尚　勇　阴法坤
曹爱军　柳凤海　张　杰　王行忠
李　霆　任爱芝　冯　兵　燕仲科
林卫国　陈兆鹏　王　丽　李冬冬
陈珊珊　王　伟　曹建华　李永亮
王红云　庞艳芳　孙爱芹　孙丰兰
李进志　杨会利　赵传海　杨保霞
李晓龙　刘文林　杨　震　訾丙军
王　娟　张绪忠　段良海　王媛媛
刘世军　谢明庆　山栋晓　王　嵩
来建华　孟现胜　商富芹

集团公司机关：

于　鹏　于发洋　马国防　王　雷
王元仓　王元春　王友全　王少东
王立新　王秀亮　亓昌秋　尹江鲁
孔凡强　田成明　邢　磊　毕　军
吕同军　吕慎辉　朱　炜　刘　凯
刘永俊　刘家彬　刘智伟　祁丽萍
杜传治　杜祖伦　李国笃　李春华
吴灿辉　辛媛媛　张　钢　张　萍
张　强　张思勋　张瑞桥　陈力军
陈家俊　陈德华　郑春玉　赵　剑
胡方亮　钟道钽　侯　伟　秦　刚
郭群英　桑庆东　鹿　明　梁　栋
葛文京　葛庆卫　董　鹏　韩　斌
魏承志

2012 年度优秀共产党员标兵

郭　晖　李庆华　徐永波　亓广宇
董建文

2012 年度优秀共产党员

李　永　王秀江　王向民　孙庆柏
李运刚　杨文库　王　军　翟大强
田现德　袁恒银　刁爱国　李树华
姬光刚　魏　峰　谷　华　亓玉敏
张　佩　国　峰　程卫东　亓占坤
刘东华　李　涛　郑国防　田家栋
武连合　苏佳丽　李振涛　郭业恒
袁鹏举　于义法　王凯军　王明文

2012 年度优秀党建工作者

陈肖鸿　姚建平　姜世远　徐嘉雁
逄晓男　郭维河　侯继庚　况作尧
李茂岭　袁昌润　孙成玉　王　辉
陈明玉　宋辛和　李　林　牟春和
陈德华　刘传佳　张　蕾　童志荣
高　政　李宏伟　孙爱霞　赵吉昌
戴东光　徐　伟　陈宪宏　贾鲁峰
焦卫东　薄存霞　邱　峰　孙　平
孟凡平　邢建厂　王玉利　杨凤鸣
吴　爽　郑晓莲　姜　杰　韩传广
刘鸿波　张文阁　黄振华　李东胜
赵义民　徐　乔　谢宜俊　李明德
赵冬梅　亓　斌　郭学贵　杨西银
房绪江　刘志强　张兰勋　张　黎
赵立忠　董　伟　薛升波　薛其坤
刘　伟　张加宏　陈建生　吴志强
刘淑云　丁玉献　孟昭贵　孙鹤鸣
陈茂强　黄庆和　姜广忠　王少东
孟宪斌　苗笑雪　陈俊达　孙　晖
李效生

一等功

王广连　徐嘉雁　张　健　王子金
姜世远　王元顺　王化巨　曹志峰
齐登业　况作尧　王福成　高俊庆
郭维河

（注：特钢事业部、棒材厂、型钢炼铁厂、焦化厂、板带厂、能源动力厂、运输部、品质保证部连续 3 年获得“山东省文明单位”称号，自动化部连续 3 年获得“山东省省管企业文明单位”称号，给予 3 年期间一直在岗的党政主要负责人记一等功一次）

二等功

侯继庚

（注：培训中心连续3年获得公司“文明单位”称号，给予该单位3年期间一直在岗的党政主要负责人记二等功一次）

2012年度莱钢十佳文明服务职工

庄虔栋　姜　颖　潘爱东　张　勇
张瑞桥　张广平　刘永建　徐嘉勋
亓胜军　葛　雷

文明服务职工奖章获得者

任启春

2012年度卓越首席研究员

周　平　戈文英　麻　衡　曾　晖
许荣昌　李志峰　王建景　李法兴
吴会亮　杨王辉

2012年度TRIZ创新方法推广应用引领者

朱迎春　徐　龙　张红启　田尊超
陈传盛　刘春晓　孟宪华　孙瑞瑞
王晔霞　张生凯　蔡朝华　马佐仓
陈　东　杨文库　李　颖

民兵预备役工作先进个人

张乐泉　赵同岭　胡兴平　董立保
方　军　柏　新　杜　辉　冯　庆
房增忠　娄宜涛　魏述林　李传锋
李太来　王少东　慕逢雨

优秀民兵干部

蒋新光　温建波　尹继会　李照岩
孟　尧　唐长春　潘　军　张伟政
管庆刚　巩国志　翟大强　张　勇
李　伟　韩仁忠　张　庆　赵立忠
张　颖　李树华　蔡春刚

优秀民兵

亓淑鹏　马晓亮　胡乃勇　张荣钰
张立杰　薛其敏　张宇慧　乔　韬
鞠　军　陈　靖　陈　彬　徐翠翠
郑应凯　赵　亮　沈　健　张庆华
张　帅　张　征　刘青华　武　伟
陈　刚　王繁吉　吴　凯　姜元波
孟宪坤　亓子鹏　徐　海　高淑军
孙树彦

第十九届莱钢十大杰出青年

炼钢厂：任科社
板带厂：邹仲平
自动化部：亓国栋
棒材厂：刘纯玉
机械动力部：鲁　南
焦化厂：刘建迅
运输部：张建光
型钢炼铁厂：郑贤才
品质保证部：王玉惠
莱钢合肥经贸有限公司：刘沛然

附　录

FULU

附 录

重要文件选

莱芜钢铁集团有限公司
中共莱钢集团有限公司委员会
关于在公司两级机关开展“转观念、转作风、提能力”活动的意见

莱钢人字〔2012〕178号

各子公司，各直属单位，各单位党委，机关各部(处)室：

为进一步增强公司两级机关人员能力素质，提高机关运行效率和工作质量，有效应对面临的严峻形势和困难，确保完成深度挖潜提质增效目标和职代会确定的各项任务目标，加快实施“十二五”战略规划，经集团公司和公司党委研究决定，在公司两级机关开展“转观念、转作风、提能力”(简称“两转一提”)活动，并提出如下意见。

一、指导思想

坚持以科学发展观为指导，以转方式、调结构为主线，以提高机关运行效率和质量为目标，进一步提高认识，解放思想，更新观念，加强机关人员作风和能力建设，强化机关管理，完善体制机制，理顺管理程序，增强机关的学习力、执行力、创新力、凝聚力，建设行为规范、执行有力、管理到位、运行协调、服务优质、工作高效、适应形势和企业发展要求的新型机关，推进公司科学发展、和谐发展。

二、活动内容

针对目前公司两级机关存在的思想观念和素质能力不适应、执行力不够强、管理和服务不到位、运行效率和质量不高等问题，确定活动的重点内容是“转观念、转作风、提能力”。转观念，就是转变不适应、不符合时代要求、市场要求和企业发展要求的思想观念，坚持解放思想、实事求是、与时俱进，增强大局意识、发展意识、危机意识、责任意识、效率意识。转作风，一是转变思想作风，就是要在思想上、政治上，同党中央保持

高度一致；在大局上，同上级、山钢集团、莱钢发展保持同频共振；在自我要求上，克服懒、庸、散、慢、自由主义的状态。二是转变工作作风，就是要转变不深入实际、工作漂浮、执行力差、进取心差、纪律性差、形式主义、本位主义、心浮气躁等不良作风，形成管理科学、求真务实、以身作则、奋发有为、雷厉风行、实干创新、廉洁勤政的良好风尚。提能力，就是通过深入学习和实践，提高决策能力、管理能力、经营能力、业务能力、开拓能力、协调能力、应对和处理复杂问题的能力，更好地适应机关工作性质和要求，促进机关工作效率和质量全面提升，更好地服务于公司生产经营建设和改革发展。

三、活动要求

开展"两转一提"活动，既是当前针对机关现状迫切需要开展的一项重要活动，也是着眼企业长远发展需要抓好的一项重要工作。各级各部门特别是主要负责同志，要高度重视，认真对待，按照公司部署要求迅速行动、扎实推进，切实见到成效。

（一）充分认识开展本次活动的重要意义。两级机关人员要认真学习贯彻中央、省委以及山钢集团公司关于加强干部队伍和作风建设的一系列部署要求，充分认识新形势下开展"两转一提"活动的重要性和必要性，充分认识两级机关在企业经营发展中的地位和作用，充分认识机关人员的观念、作风、素质能力与企业运行效率和质量的关系。加强政治理论、政策法规、专业知识、科学技术、经营管理等知识的学习，不断更新知识、转变观念、开阔视野，提高理论素养和专业水平，用科学的理论、先进的理念武装头脑、指导实践。加强作风建设，持续提升综合素质，做到求真务实、开拓进取、团结协作、廉洁奉公，努力为基层和职工群众做好表率，树立两级机关的良好形象。

（二）对照活动要求认真搞好自查自评。两级机关要对照"两转一提"的目标要求，结合本单位、本部门实际，查找问题和不足，认真剖析原因，看一看思想观念是否跟上形势和企业发展变化，查一查行为作风是否符合上级和公司有关规定，找一找在素质能力上还有哪些方面不适应机关工作要求。每个单位、每个部门、每一名机关干部职工，都要对思想观念、工作作风、素质能力、效率质量、服务水平作出客观公正的评价，理清哪些方面需要保持和发扬，哪些方面需要克服和改进，针对存在的不足和短板，制定改进提升的具体措施。

（三）有针对性地解决机关存在的突出问题。在思想观念上，要克服国有大企业具有先天性优势的观念，克服自我感觉良好、沉湎于已有成绩和辉煌的倾向，真正认识到企业是经济组织、是市场主体，要按市场经济规律办事，靠实力参与竞争，靠主观努力克难制胜，增强使命感、责任感、危机感、紧迫感，摆正心态，放下架子，积极主动地做好工作；要明确莱钢是山钢集团的组成部分，克服局部观念和本位主义，充分利用山钢这个大的发展平台，发挥自身优势，提升管理水平和工作绩效，促进莱钢由单体企业向集团化运营方式的转变。在作风上，要克服官僚主义、衙门作风，改变门难进、脸难看、话难听、事难办现象，克服懒、庸、散、慢现象，杜绝吃、拿、卡、要行为，切实摆正位置，明确责任，扑下身子，脚踏实地，高效率高质量地做好工作，努力为基层和客户搞好服务。在素质能力上，要克服安于现状、不求进取、得过且过、敷衍了事的现象，加强学习，注重研究，善于创新，敬业奉献，努力提高决策管理水平和业务能力。要通过转观念、转作风、提能力，进一步提高两级机关运行效率和工作水平，切实发挥好职能部门的作用，真正把公司的各项决策部署落实到位。

（四）紧密结合当前和今后一个时期的中心工作开展活动。推进实施莱钢“十二五”战略规划，深入开展“转调创提”活动和学唐钢、新兴际华活动，做好两级机关工作十分重要。各单位各部门要紧紧围绕生产经营建设中心工作，扎实开展好“两转一提”活动，夯实基础管理，健全制度体系，加强标准化建设、信息化建设，使各项经营管理工作制度化、规范化；强化专业管理，在结构调整、体制机制、产品研发、市场营销、生产运行、成本控制、技术创新、节能减排、人力资源、财务资产管理等方面，要有新思路、新举措、新突破，要用工作业绩和经营业绩，检验“两转一提”活动成效。通过开展活动，努力完成“深度挖潜提质增效吨钢 300 元、全年增效 30 亿元”的目标，确保全年任务目标和“十二五”战略目标的实现。

（五）为提高机关运行效率和质量创造体制条件。机关存在的问题，既有人的素质能力问题，也有体制机制不完善的因素。要在加强作风建设、提高机关人员素质能力的同时，本着精简高效和扁平化的原则，着力推进体制机制改革。要对机构设置、人员构成、素质水平进行认真分析，进一步优化完善组织结构和机关机构改革方案。在一些方面要有突破性、颠覆性的举措，机构要精简，人员要优化，效率要提升；坚持责、权、利相统一，寻求机构、职能、人员优化最佳结合点。采取多种渠道、多种形式进行分流和交流，机关人员要向生产经营一线、新建项目调整和充实。完善机关选人用人和干部交流机制，充分发挥各类人才专业优势，激发机关活力；加强机关人员业绩评价考核，真正将贡献和收入挂钩。通过完善体制机制，为“两转一提”活动开展营造良好环境。

四、组织领导

为保证“两转一提”活动有效开展，公司成立活动领导小组。由陈启祥、田克宁任组长，魏兴文、王学德任副组长，小组成员由组织部 / 人力资源部、纪委 / 监察处、机关党委、企业管理部有关人员组成。领导小组负责活动的统一组织、协调和指导工作；办事机构设在组织部 / 人力资源部，负责活动的督察督办、信息反馈、活动推进情况总结评价等工作。各级各部门要把“两转一提”活动作为当前一项重要工作来抓，加强组织领导，全面动员，周密部署，精心组织，深入推进；充分利用各种媒体、各种形式加强宣传，营造浓厚的舆论氛围；完善制度体系，建立长效机制，确保整个活动扎实有效开展。

莱芜钢铁集团有限公司

中共莱钢集团有限公司委员会

2012 年 6 月 4 日

莱芜钢铁集团有限公司
关于印发《机关部门及二级单位内设机构优化调整实施方案》的通知

莱钢人字〔2012〕230号

各子公司，各直属单位，机关各部(处)室：

现将《莱芜钢铁集团有限公司机关部门及二级单位内设机构优化调整实施方案》印发给你们，请认真贯彻执行。

莱芜钢铁集团有限公司

2012年7月25日

莱芜钢铁集团有限公司
机关部门及二级单位内设机构优化调整实施方案

一、指导思想

以贯彻落实公司“十二五”战略规划、促进“转调创提”活动开展、全面提升竞争力为宗旨，以优化管理流程、理顺管理关系、消除影响管理效率提升的体制机制性障碍为重点，进一步优化调整内设机构，精简科级职数，建立机构精简、运行顺畅、管理高效的组织结构体系，为提升集团整体运行效率和质量提供组织保障。

二、实施范围

集团公司、莱芜分公司、型钢公司机关部(处)室、二级单位(不含建设公司、淄博锚链公司)。

三、内容与目标

本次机构优化调整及科级干部优化配置的总体目标：机关部门及二级单位内设机构由660个调整到496个以内(各单位内设机构控制数量见附件1)，调整幅度为24.8%以上；科级干部由1524人优化到1134人以内，优化幅度为25.6%以上。

为实现上述目标，保证工作顺利开展，本着统一指导、分级落实的原则，公司统一拟定机关部门及二级单位内设机构指导方案，各单位在公司下达的内设机构控制数以内，结合公司指导方案，提出本单位机构设置意见，报公司批复实施。机关部门、二级单位内设机构指导方案及科级干部职数单独下达。

四、实施原则

(一)机关部门、二级单位现职能保持

不变。

(二)实事求是,不一刀切。

(三)减少管理层级。机关部门内部设处、科两级机构的,只保留一级。

(四)生产单位机关科室实行标准化设置。千人以上单位不超过 7 个科室,不足千人的不超过 5 个科室。兼有公司管理职能等特殊情况的可适当增加。

(五)车间设置实行专业化管理与区域化管理相结合,有利于生产组织和规模适度。工序联系紧密的生产线一般不分设车间,主体连续生产车间一般控制在 100 ~ 300 人。

(六)厂内维修集中统管。各单位对维修车间及分散在各生产车间的维修人员实行集中统一管理,统管后规模过大且超过 500 人的,可按区域或专业适当拆分,但最多不超过 2 个车间。

(七)各单位原自行设置的科级机构一律撤销。

(八)按照新设机构重新核定科级干部职数。

1.机关科室一般实行一科一长制。管理幅度较大的,可配 1 名副职。各单位政工科配 1 名科长和上级规定应配(或选举产生)的科级干部。

2.职工人数在 100 人以下的车间级单位,职数不超过 2 职,100 ~ 300 人的不超过 3 职,300 人以上的不超过 4 职。100 人以上的车间可配备专职党支部书记(含在上述职数内)。各单位专职党支部书记职数由单位申报,公司统一核定。

五、组织领导

为保障本次机构优化调整及科级干部优化配置工作顺利开展,公司成立领导小组,负责总体工作的组织领导与协调。组成如下:

组　长:陈启祥　田克宁

副组长:赵雁彬　罗登武　魏兴文
　　　　王学德

成员单位:组织部 / 人力资源部、纪委、工会、公司办公室 / 党委办公室、宣传部。

领导小组下设办公室,办公室设在组织部 / 人力资源部,负责具体工作的组织、实施与协调。

各单位成立相应的领导小组和工作机构,负责本单位机构优化调整及科级干部优化配置工作的组织实施。

六、工作步骤

(一)动员发动。公司召开动员大会,统一思想,提高认识,明确任务,坚定信心,以保障机构优化调整及科级干部优化配置工作顺利实施。

(二)制定并申报机构优化调整意见。各单位按照公司指导方案,结合单位实际制定机构优化调整意见,填写《内设机构优化调整申报表》(附件 2),与单位请示一并报公司领导小组办公室。

(三)审核批复机构及核定下达科级干部职数。公司领导小组办公室对各单位申报机构进行审核,报公司批复,并据此核定下达科级干部职数。

(四)组织实施科级干部优化配置工作。依据公司《科级干部优化配置指导方案》(附件 3)制定本单位科级干部优化配置实施方案,报公司领导小组办公室,经审核同意后组织实施。

(五)总结。本次机构优化调整及科级干部优化配置工作完成后,各单位要形成书面总结,报公司领导小组办公室。总结内容主要包括工作概况、主要做法、工作亮点、存在问题和下一步工作打算等。

机关部门及二级单位内设机构优化调整实施方案公布后,各单位、各部门组织开展了科级干部竞争上岗工作

（六）各单位在机构优化调整及科级干部优化配置工作完成后2周内上报工作总结。

七、时间安排

本次机构优化调整及科级干部优化配置工作原则上在1个月内完成。具体安排如下:

（一）7月25日,公司召开动员大会,安排部署机构优化调整及科级干部优化配置总体工作。

（二）7月26日~7月27日，公司分别下达各单位机构优化调整指导方案,各单位及时成立领导和工作机构，进行计划安排，落实责任，并做好舆论宣传和教育引导工作。

（三）7月28日~8月3日,各单位制定并申报机构优化调整意见。

（四）8月4日~8月15日,公司在7个工作日内审核批复各单位机构,下达科级干部职数。单位收到公司批复2个工作日内制定、报送科级干部优化配置实施方案,公司在2个工作日内审核完毕。

（五）8月16日~8月28日，各单位组织实施机构优化调整及科级干部优化配置工作。

八、总体要求

（一）统一思想，提高认识。机构优化调整及科级干部优化配置工作是公司"转调创提"活动的一项重大举措,关系莱钢长远发展,涉及各种利益调整。各单位要从大局出发,广泛宣传,教育引导广大干部职工正确认识和对待改革,以实际行动支持和参与这项工作。

（二）周密计划,精心实施。各单位要高度重视,扎实有效做好各项工作,确保生产、设备、安全稳定顺行。

（三）落实责任,严格考核。公司领导小组办公室要按照实施方案,做好组织、协调和督办工作。各单位要积极稳妥、不等不靠,抓好落实。公司根据本次机构优化调整及科级干部优化配置工作推进完成情况,对各单位领导班子进行考核。对工作推进不力或存在违规违纪行为，影响公司整体工作进展的,追究单位党政领导责任。

（四）以本次机构优化调整及科级干部优化配置工作为契机,完善组织机构、干部管理等配套制度,建立长效机制,加强管理监督,各单位机构和科级干部管理情况纳入处级领导班子和领导干部年度综合考评。

附件:1.各单位内设机构控制数量一览表
2.内设机构优化调整申报表
3.科级干部优化配置指导方案

附件 1：

各单位内设机构控制数量一览表

序号	部门(单位)名称	内设机构控制数量
	总　计	496
1	公司办公室/党委办公室/机关党委	8
2	企业管理部/法律事务部/招标中心	8
3	规划发展部/莱钢战略研究室	6
4	财务部	23
5	组织部/人力资源部	8
6	资本运营部	3
7	能源环保部	5
8	总调度室	4
9	安全生产部	5
10	机械动力部	16
11	工程部	6
12	工程预算部	3
13	纪委/监察处/审计处	4
14	工会/团委/武装部	7
15	宣传部/统战部/企业文化部	10
16	营销管理部	3
17	销售中心	19
18	技术中心	12
19	原料部	10
20	物流中心	7
21	国际贸易公司/外事管理办公室	8
22	公益事业部	5
23	离退休职工管理服务部	3
24	保卫部	9
25	炼钢厂	26
	(1)科室	7
	(2)车间	19

续表 1

序号	部门(单位)名称	内设机构控制数量
26	莱芜分公司炼铁厂	29
	(1)科室	7
	(2)车间	22
27	型钢炼铁厂	27
	(1)科室	7
	(2)车间	20
28	焦化厂	20
	(1)科室	7
	(2)车间	13
29	特钢事业部	19
	(1)科室	8
	(2)车间	11
30	板带厂	16
	(1)科室	7
	(2)车间	9
31	型钢厂	16
	(1)科室	7
	(2)车间	9
32	棒材厂	18
	(1)科室	8
	(2)车间	10
33	宽厚板厂	4
34	能源动力厂	25
	(1)科室	7
	(2)车间	18
35	品质保证部	13
	(1)科室	6
	(2)车间	7

续表 2

序号	部门(单位)名称	内设机构控制数量
36	运输部	13
	(1)科室	6
	(2)车间	7
37	自动化部	18
	(1)科室	8
	(2)车间	10
38	培训中心	10
	(1)科室	4
	(2)教学单位	6
39	机制公司	13
	(1)科室	7
	(2)车间	6
40	医　院	37
	(1)职能科室	11
	(2)临床医技科室	26

附件 2：

内设机构优化调整申报表

序号	调整前 内设机构名称	调整后 内设机构名称	在岗人数				现在职科级 干部人数 (公司核定 职数范围内)	备注
			小计	管理	技术	操作		
合计								

附件 3:

科级干部优化配置指导方案

根据公司《机关部门及二级单位内设机构优化调整实施方案》,为加强干部队伍建设,提升管理效能,制定本方案。

一、基本原则

德才兼备、以德为先,注重实绩、群众公认的原则;公开、公平、公正、择优的原则;民主集中制的原则;组织选拔和竞争上岗相结合的原则。

二、组织领导

公司成立科级干部优化配置工作指导小组。

组　长:田克宁

副组长:王学德

成员由组织部/人力资源部、纪委、工会等相关人员组成。

指导小组下设办公室,办公室设在组织部/人力资源部,负责组织推进、协调监督工作。

各单位、机关各部(处)室(以下简称各单位、部室)成立相应的工作小组,成员由单位、部室领导干部组成,负责本单位具体工作。

三、范围及资格条件

(一)各单位、部室在公司原核定职数内的在职科级干部。

(二)符合干部选拔任用的基本条件;副科级干部到正科级岗位的,应具有 2 年及以上副科级岗位任职经历(计算时间截至 2012 年 7 月 31 日)。

四、方式

采取组织选拔或竞争上岗的方式。每个单位、部室只可采用一种方式。

五、程序

(一)核定职数。公司重新核定各单位、部室科级干部职数。

(二)设置岗位。各单位、部室根据公司下达的科级干部职数设置科级岗位。

(三)制定方案。各单位、部室制定优化配置方案,内容主要包括:设置岗位名称及数量、任职的资格条件、工作小组成员、配置方式、批次、程序等。配置方案经公司指导小组办公室审核同意后组织实施。

(四)各单位、部室公布优化配置实施方案。

(五)确定上岗人选。

1. 采取组织选拔方式的,按照有关规定和程序提出上岗人选。

2. 采取竞争上岗方式的,按照以下程序和基本要求产生上岗人选。(1)发布公告。(2)组织报名。原则上每人可报 1~2 个岗位。竞争上岗可以分批次组织,每人每批次限报 1 个岗位。(3)资格审查。(4)推荐人选。一般先演说、后推荐,结果应当场公布。参加推荐人员一般由科级及以上干部、部分职工代表组成。各单位参加人数一般不少于 60 人;机关部室不少于 30 人,部室人数不足 30 人的,全员参加。计分实行百分制,领导干部所占分数不低于 30 分,主要负责人的平均分数高于其他班子成员,领导干部的平均分数高于其他人员。1 人参与竞争的,得分 60 分及以上;2 人及以上参与竞争的,一般应得分 40 分及以上,方可作为上岗人选。

(六)确定上岗人员。通过组织选拔或竞争上岗产生的上岗人选,各单位由党政领导班子集体研究确定上岗人员；各部室由领导班子集体研究后，报组织部 / 人力资源部审核确定上岗人员。

（七）办理任职手续。对于确定的上岗人员，按照干部任免有关规定和管理权限行文公布。

六、有关规定和要求

（一）建立工作巡查制度。公司指导小组办公室成立巡查组，对各单位、部室优化配置工作进行督导检查。

（二）实行科级干部任期制。任期为 3年，其间，科级岗位出现空缺时，一般实行竞争上岗。期满后重新选聘。

（三）未上岗人员的管理

1. 下列人员的原岗位工资待遇保留 2 年，保留待遇期满后执行所在岗位工资。

（1）未参加竞争上岗的。

（2）未配置到科级岗位的。

（3）正科级干部配置到副科级岗位的。

2. 未配置到原职级岗位的，3 年内可以参加原职级岗位的竞争或选拔。同等条件下可优先选拔使用。

（四）对未上岗的科级干部，各单位、部室应根据工作需要和个人专业特长等安排合适岗位，其工作表现作为今后科级干部选拔任用的重要依据。

（五）各单位、部室自行设置的科级干部岗位一律撤销，人员由各单位、部室妥善安置；本次优化调整后不经批准，一律不准自行设置科室和配备科级干部。

（六）对未按规定和程序组织优化配置工作的单位、部室，视情况分别责令纠正或重新组织配置，并追究领导干部和有关人员的责任。

莱芜钢铁集团有限公司
关于撤销运输部等单位的通知

莱钢人字〔2012〕186 号

各子公司，各直属单位，机关各部（处）室：

经研究，撤销莱芜钢铁集团有限公司运输部、自动化部、能源动力厂。

撤销单位的领导干部职务自行免除。

莱芜钢铁集团有限公司

2012 年 6 月 8 日

莱芜钢铁集团有限公司
关于成立营销管理部的通知

莱钢人字〔2012〕226号

各子公司，各直属单位，机关各部(处)室：

根据董事会决议，成立莱芜钢铁集团有限公司、莱芜钢铁集团银山型钢有限公司、山东钢铁股份有限公司莱芜分公司营销管理部(复合设置)。现将有关事宜通知如下：

一、营销管理部主要职责

(一)公司年、季、月销售计划的编制。

(二)市场调研、分析、预测，销售价格及销售策略的制定。

(三)营销管理制度的研究及制定。

(四)营销业绩评价及考核建议。

(五)终端用户需求信息的接收、评价、处理，产销研一体化组织推进与实施。

(六)原料市场分析研究。

(七)原料采购、产品销售预算价格的提出及执行监督。

二、相关部门职能及人员调整

(一)将销售中心的营销管理职能及相应人员划归营销管理部。

(二)将原料部的原料市场分析研究、经营活动分析与评价职能及相应人员划归营销管理部。

(三)将财务部的营销评价，原料采购、产品销售预算价格的制定与考核职能及相关人员划归营销管理部。

三、莱芜钢铁集团有限公司营销管理部成立后，其内设机构及定员由营销管理部提出意见，报公司批复实施。

莱芜钢铁集团有限公司

2012年7月19日

莱钢主导产品H型钢

莱芜钢铁集团有限公司
关于印发设备检修中心组建实施方案的通知

莱钢人字〔2012〕422号

各子公司,各直属单位,机关各部(处)室：

根据《莱芜钢铁集团有限公司关于设立设备检修中心的通知》(莱钢人字〔2012〕415号)，为做好设备检修中心的组建与运行工作,经研究,现将《莱芜钢铁集团有限公司设备检修中心组建方案》印发给你们,请认真遵照执行。

莱芜钢铁集团有限公司

2012年12月5日

莱芜钢铁集团有限公司设备检修中心组建实施方案

一、指导思想

以贯彻落实公司"十二五"战略规划和推进"转调创提"活动为契机,通过体制、机制和运营模式创新等手段和措施，优化调整维修管理体制,发挥集中优势,挖掘维修潜能,提高设备维修质量和专业化水平,不断降低设备外委维修费用和维修成本,提高效率和效益。

二、组建原则

(一)设备管理的主体不变,保证运行稳定。

(二)日常点检维保与专业检修职能既分离又协作。

(三)专业检修集中统一管理,模拟市场化运作。

(四)创新管理,提质增效。

(五)积极稳妥,有序推进。

三、设备检修中心组建与整合

(一)定位。设备检修中心是莱芜钢铁集团有限公司的直属单位。

(二)体制与机构。设备检修中心设经理班子及党委、纪委、工会等党群组织。行政班子、党群班子的组建及领导班子成员的任免，按公司现行规定和干部管理权限管理。设备检修中心本着"精干、高效"原则,按照机关科室5个以内、检修作业部5个以内的要求,提出机构设置意见,报公司批准实施。同时,按公司有关规定核定科级职数。

(三)职能与人员整合。

1.将焦化厂、能源动力厂、莱芜分公司炼铁厂、型钢炼铁厂、炼钢厂、特钢事业部、棒材厂、板带厂、型钢厂、宽厚板厂的设备专业检修职能及相应人员，划归设备检修中心；各生产单位保留设备点检维保职能及必要的相关人员。

2.撤销焦化厂、能源动力厂、莱芜分公司炼铁厂、型钢炼铁厂、炼钢厂、特钢事业部、棒材厂、板带厂、型钢厂、宽厚板厂维修车间，并核销相应的科级职数。

3. 各生产单位保留的设备点检维保职能及相关人员，可结合本单位实际归口机动部门集中管理或划归相应生产车间管理。

四、职责界定

(一)设备检修中心是检修施工作业的主体，承担钢铁主业定修、年修及部分大修任务，依据生产单位委托承担其他检修任务。主要职责：

1.承担检修项目施工方案的制订。

2.保证检修施工的安全、质量、工期管理。

3.提供检修所需辅材。

4.受生产单位委托承担修旧利废职能。

5.对于不能承担的检修项目，向公司主管部门提出外委申请。

6.检修施工后的现场清理。

7.编制检修工程预决算。

(二)生产单位是设备管理的主体，承担本单位设备管理职能。主要职责：

1. 设备日常点检、专业点检、精密点检。

2.设备日常维护、保养、小修和可自我承担的紧急抢修。

3.确定检修内容，编报检修计划。

4.提出检修项目和修旧利废委托。

5.提报设备、备件、主材计划。

6.提供检修所需设备、备件、主材和现有大型起重运输等施工机械。

7.检修组织、检修条件创造、检修施工配合及安全监护。

8.检修项目的质量验收、现场签证和决算初审、上报。

9.提出检修考核建议。

五、人员划分

(一)控制指标。

公司根据职责界定和维修资源配置现状，确定下达各单位检修划转人员控制指标(见附件 1，实际划转人员不得少于控制指标)。

(二)划分原则。

1.以 2012 年 7 月 31 日属于统管范围全部维修在岗人员为准(拟选派新疆公司人员除外)，由交接双方协商划分方式。

2.各类人员合理搭配，保证交接双方正常履行职责需要。

3.距退休年龄 5 年以内的维修人员，原则上留生产单位；女性维修人员，原则上按各 50%比例划分。

4.各单位机动部门科级干部留原单位，维修车间科级干部划归设备检修中心。设备检修中心按核定科级职数进行优化配置。

5.设备检修中心可根据工作需要，从相关单位选调部分业务管理人员。

六、资产划分

(一)各生产单位现维修用大型起重运输等施工机械仍保留在原单位，当设备检修中心施工需要时，由责任生产单位无偿提供使用。

(二)能源动力厂维修车间的全部资产及板带厂维修车间的辊道堆焊加工设备划归设备检修中心；其他现维修用车、铣、刨、磨、钻等机加工设备保留在原单位。

(三)莱芜分公司炼铁厂、炼钢厂、板带

厂、能源动力厂为设备检修中心下设的检修作业部提供适当的工作(办公)场所(包括工作间、休息室等)。

(四)各生产单位为设备检修中心检修人员提供相对集中的工作场所。

(五)整建制移交人员所配备的检修工器具、工具箱、办公用品等划归设备检修中心；个人所配备的检修工器具、工具箱、办公用品等按照“物随人走”的原则划分；共用检修工器具、工具箱、办公用品等由双方协商划分。

七、工作内容与方法步骤

维修统管总体工作分三个阶段，即:准备阶段,交接阶段,试运行阶段。

(一)准备阶段(2012 年 11 月 30 日 ~ 2012 年 12 月 7 日)。主要内容:组建设备检修中心领导班子,拟订机构设置方案,核定科级职数,抽调骨干力量,策划接管、运行管理等准备工作。公司有关部门制定、修订有关管理制度和考核办法。

(二)交接阶段(2012 年 12 月 8 日 ~ 2012 年 12 月 15 日)。主要内容:召开设备检修中心成立会议,宣布设备检修中心组建实施方案,成立领导与工作机构,实施职能调整与人员资产划分移交等工作。

(三)试运行阶段(2012 年 12 月 16日 ~ 2012 年 12 月 31 日)。主要内容:理顺设备检修中心与各生产单位业务衔接关系,优化检修作业流程,人员优化配置,健全完善各项管理制度,建立有效的考核机制,不断提高检修效率和效益,达到维修体制调整的预期目的。

八、组织领导

为保障维修体制调整工作的顺利进行,公司成立领导小组,负责整体领导与组织协调。人员组成:

组　长:罗登武

副组长:吕　铭　王学德　王广连

成员单位:组织部 / 人力资源部、机械动力部、企业管理部、财务部、资本运营部、公司办公室。

领导小组下设办公室,办公室设置在组织部 / 人力资源部,负责具体工作的组织协调与实施推进。

各单位要成立相应的领导和工作机构,负责本单位维修体制调整有关工作的组织与落实。

九、总体要求

(一)各单位要统一思想,提高认识,以大局为重,在组建设备检修中心期间,主动协调配合,确保生产、设备运行稳定。

(二)设备检修中心要认真优化检修作业流程,建立健全各项规章制度,加强管理,提升专业化检修水平,提高检修效率和效益。

(三)机械动力部、企业管理部、财务部等有关部门要制定完善有关管理制度及绩效考核办法,加强管理与考核,保证设备检修体系有效运行。

附件:1.各单位检修统管划转人员控制指标明细表

2.人员与资产划分移交细则

附件 1：

各单位检修统管划转人员控制指标明细表

序号	单 位	划转人员控制指标	维修操作人员	管理技术人员	其 中			
					科级	机械	电气	其他
1	焦化厂	249	243	6	2	2	1	1
2	莱芜分公司炼铁厂	444	430	14	4	5	4	1
3	型钢炼铁厂	332	311	21	8	5	4	4
4	炼钢厂	334	307	27	8	9	9	1
5	能源动力厂	218	204	14	1	5	8	
6	特钢事业部	271	247	24	8	10	6	
7	棒材厂	171	157	14	2	6	6	
8	板带厂	263	247	16	3	7	5	1
9	型钢厂	103	93	10	2	3	3	2
10	宽厚板厂	117	112	5		2	1	2
11	机械动力部	7		7				7
	合计	2509	2351	158	38	54	47	19

附件 2：

人员与资产移交划分细则

一、人员移交和划分

（一）基本原则

1.整建制移交。

2.人随业务走。

3.合理搭配，协商编组，随机抽取。

4.友好协商，部门协调。

5.先交接到位，工作到位，后办理手续。

（二）人员划分与移交

1.纳入统管范围维修岗位的界定

（1）各生产单位纳入统管范围的维修岗位包括：检修钳工；液压钳工；值班维护钳工；检修电工；值班维护电工；电气维检工（检修、值班维护、继电保护、高压试验）；机械维检工（检修、值班维护）；管道工；焊工；铆工；主电室电工；电机（变压器）修理工；安装调试电工；起重机操作工；装卸机械修理工；板带厂维修车间辊道堆焊加工等。

（2）各生产单位维修车间不纳入统管范围的岗位包括：变配电工；泵工；机床工；锻工（手工锻）；钳工（装配、划线）；下料工；余热回收；锅炉工；化学水工；空压机工；焊工（制作）；铆工（制作）；仪表维检工；称量工；轧机（辊）装配；行车工；电信设备维护工；计算机维检工；电气维检工（外线）；木工等。

2.以纳入统管范围的维修岗位及2012年7月31日在岗人员为准，由交接双方共同核实、认定全部维修在岗人员名单。

3.对适合随业务移交或整建制划归的岗位人员，原则上按人随业务走或整建制移交原则划分移交；距退休年龄5年以内的维修人员，原则上留生产单位。

4.因职能交叉难以划分的岗位人员，可按照合理搭配、保证双方正常履行职责需要的原则，协商确定各类人员的编组抽取规则，随机抽取划分移交；女性维修工按各50%单独编组抽取划分移交。

（三）交接方法与步骤

人员交接工作，自设备检修中心成立会议召开后的一周内完成。具体方法步骤如下：

1.交接双方共同核定纳入统管范围的维修岗位。

2.交接双方协商认定全部维修在岗人员名单。

3.交接双方商定各类人员的划分移交方式。

4.交接双方商定编组抽取规则。

5.交接双方充分协商或抽取确定移交人员名单。

6.由移交方填报各类人员交接花名册（明细表样，人力资源部负责提供）一式五份，双方领导签字盖章，报人力资源部审核。经审核同意后，办理签字移交手续。

（四）有关要求

1.统管期间，原单位不得提拔调整干部和相关岗位人员。

2.定员按照移交的在岗人数划转。

3.人员交接手续办理完毕后，应及时办理工资关系等变更事宜。

二、资产划分与移交

（一）资产配置原则

1.有利于设备检修组织。

2.资产与业务相匹配。

3.设施配套，便于管理。

4.账账相符、账表相符、账物相符。

（二）资产划分移交

1.双方友好协商确定检修工器具、工具箱、办公用品等资产移交的具体意见。

2.双方协商确定设备检修中心各检修作业部、检修人员所需工作（办公）场所。

3.由移交方按类别填报资产移交表（明细表样，机械动力部负责提供）一式五份，经双方领导签字盖章，报机械动力部、资本运营部、财务部审核盖章，完成交接。

（三）有关要求

1.保证资产完整，手续完备。对于在交接过程中弄虚作假、转移资产、玩忽职守、不负责任，致使公司财产蒙受损失的，要追究责任，严肃处理。

2.各单位要按公司要求，团结协作、友好协商，做好资产移交等有关工作。

3.资产移交、工作场所提供中的异议，由机械动力部、资本运营部、公司办公室负责协调处理。

中共莱钢集团有限公司委员会关于撤销莱芜钢铁股份有限公司等单位党委纪委和莱芜钢铁股份有限公司焦化厂等单位党委纪委更名的通知

莱钢党委〔2012〕28号

各单位党委，机关各部(处)室：

根据山东钢铁股份有限公司重组情况，结合集团公司党组织建设实际，经研究决定：

撤销中共莱芜钢铁股份有限公司委员会和中共莱芜钢铁股份有限公司纪律检查委员会，撤销中共莱芜钢铁股份有限公司机关委员会和中共莱芜钢铁股份有限公司机关纪律检查委员会。原莱芜钢铁股份有限公司、莱钢集团银山型钢有限公司党组织、党员隶属莱钢集团有限公司党委管理。

中共莱芜钢铁股份有限公司焦化厂委员会和中共莱芜钢铁股份有限公司焦化厂纪律检查委员会更名为中共山东钢铁股份有限公司莱芜分公司焦化厂委员会和中共山东钢铁股份有限公司莱芜分公司焦化厂纪律检查委员会。

中共莱芜钢铁股份有限公司炼铁厂委员会和中共莱芜钢铁股份有限公司炼铁厂纪律检查委员会更名为中共山东钢铁股份有限公司莱芜分公司炼铁厂委员会和中共山东钢铁股份有限公司莱芜分公司炼铁厂纪律检查委员会。

中共莱芜钢铁股份有限公司炼钢厂委员会和中共莱芜钢铁股份有限公司炼钢厂纪律检查委员会更名为中共山东钢铁股份有限公司莱芜分公司炼钢厂委员会和中共山东钢铁股份有限公司莱芜分公司炼钢厂纪律检查委员会。

中共莱芜钢铁股份有限公司特钢事业部委员会和中共莱芜钢铁股份有限公司特钢事业部纪律检查委员会更名为中共山东钢铁股份有限公司莱芜分公司特钢事业部委员会和中共山东钢铁股份有限公司莱芜分公司特钢事业部纪律检查委员会。

中共莱芜钢铁股份有限公司棒材厂委员会和中共莱芜钢铁股份有限公司棒材厂纪律检查委员会更名为中共山东钢铁股份有限公司莱芜分公司棒材厂委员会和中共山东钢铁股份有限公司莱芜分公司棒材厂纪律检查委员会。

中共莱芜钢铁股份有限公司型钢厂委员会和中共莱芜钢铁股份有限公司型钢厂纪律检查委员会更名为中共山东钢铁股份有限公司莱芜分公司型钢厂委员会和中共山东钢铁股份有限公司莱芜分公司型钢厂

纪律检查委员会。

撤销中共莱钢集团有限公司能源动力厂委员会和中共莱钢集团有限公司能源动力厂纪律检查委员会。中共莱芜钢铁股份有限公司能源动力厂委员会和中共莱芜钢铁股份有限公司能源动力厂纪律检查委员会更名为中共山东钢铁股份有限公司莱芜分公司能源动力厂委员会和中共山东钢铁股份有限公司莱芜分公司能源动力厂纪律检查委员会。

中共莱芜钢铁股份有限公司品质保证部委员会和中共莱芜钢铁股份有限公司品质保证部纪律检查委员会更名为中共山东钢铁股份有限公司莱芜分公司品质保证部委员会和中共山东钢铁股份有限公司莱芜分公司品质保证部纪律检查委员会。

中共莱钢集团有限公司运输部委员会和中共莱钢集团有限公司运输部纪律检查委员会更名为中共山东钢铁股份有限公司莱芜分公司运输部委员会和中共山东钢铁股份有限公司莱芜分公司运输部纪律检查委员会。

中共莱钢集团有限公司自动化部委员会和中共莱钢集团有限公司自动化部纪律检查委员会更名为中共山东钢铁股份有限公司莱芜分公司自动化部委员会和中共山东钢铁股份有限公司莱芜分公司自动化部纪律检查委员会。

特此通知。

中共莱钢集团有限公司委员会

2012 年 6 月 12 日

山东钢铁股份有限公司莱芜分公司
关于组织机构设置的通知

各厂(单位)、机关各部(处)室:

经研究,山东钢铁股份有限公司莱芜分公司组织机构设置如下:

一、职能部门:设立山东钢铁股份有限公司莱芜分公司办公室、人力资源部、规划发展部、企业管理部/法律事务部/招标中心、财务部、能源环保部、总调度室、安全生产部、机械动力部、工程部、工程预算部、公益事业部、技术中心、计控处、原料部、物流中心、销售中心、外事管理办公室、离退休职工管理服务部、监察处/审计处、企业文化部、工会/团委/武装部。以上部门分别与莱芜钢铁集团有限公司相应部门复合设置。

二、生产及辅助单位:设立山东钢铁股份有限公司莱芜分公司焦化厂、炼铁厂、炼钢厂、特钢事业部、棒材厂、型钢厂、能源动力厂、品质保证部、运输部、自动化部、保卫部、培训中心。自动化部与山东钢铁股份有限公司莱芜分公司计控处复合设置;保卫部、培训中心分别与莱芜钢铁集团有限公司相应单位复合设置。

三、原莱芜钢铁股份有限公司所属组织机构自然撤销。

山东钢铁股份有限公司莱芜分公司

2012 年 6 月 12 日

文件目录选

莱钢集团董事会文件

文号	文件名	成文日期
莱钢董字〔2012〕1号	关于陈启祥等任免职的通知	2012.04.21
莱钢董字〔2012〕2号	关于向北京中联钢电子商务有限公司推荐董事人选的函	2012.05.02
莱钢董字〔2012〕3号	关于调整山东莱钢铁源炉料有限公司董事人选的通知	2012.05.25
莱钢董字〔2012〕4号	关于调整山东瑞华投资管理有限公司董事人选的函	2012.05.25
莱钢董字〔2012〕5号	关于吴晓峰等任免职的通知	2012.06.26
莱钢董字〔2012〕6号	关于王庆山等任免职的通知	2012.07.19
莱钢董字〔2012〕7号	关于更换东平铁路有限责任公司董事的函	2012.07.19
莱钢董字〔2012〕8号	关于向山东省冶金设计院股份有限公司推荐董事人选的通知	2012.09.04
莱钢董字〔2012〕9号	关于向莱芜市金桥担保有限责任公司推荐董事、财务总监人选的函	2012.11.06
莱钢董字〔2012〕10号	关于向莱芜钢铁集团泰东实业有限公司推荐财务总监人选的通知	2012.11.06
莱钢董字〔2012〕11号	关于王继超等任免职的通知	2012.12.20
莱钢董字〔2012〕12号	关于鹿凡伟等任免职的通知	2012.12.26

厂志年鉴阅览室

莱钢集团有限公司文件

文 号	文 件 名	成文日期
莱钢人字〔2012〕1 号	关于贯彻《山东省贯彻工伤保险条例实施办法》有关问题的通知	2012.01.04
莱钢公字〔2012〕2 号	关于解决莱钢 6 万立方米制氧机项目用地地下采煤问题的请示	2012.01.04
莱钢安字〔2012〕3 号	关于表彰 2011 年度安全生产先进单位的通报	2012.01.06
莱钢机字〔2012〕4 号	关于表彰设备管理优秀、先进单位的通报	2012.01.09
莱钢量字〔2012〕5 号	关于表彰 2011 年度计控工作先进单位的通报	2012.01.11
莱钢规字〔2012〕6 号	关于下达 2012 年设备与工业建筑年度修理计划的通知	2012.01.06
莱钢企字〔2012〕7 号	关于进一步深化学习型企业创建工作的实施意见	2012.01.06
莱钢质字〔2012〕9 号	关于开展大黑带项目活动的通知	2012.01.10
莱钢技术字〔2012〕11 号	关于表彰 2011 年度技术创新、节能环保、六西格玛管理等工作先进单位和先进个人的通报	2012.01.12
莱钢办字〔2012〕13 号	关于表彰 2010～2011 年信访民调工作先进单位的通报	2012.01.14
莱钢公字〔2012〕14 号	关于提高医疗调剂金和大病医疗金最高支付限额的通知	2012.01.13
莱钢办字〔2012〕16 号	关于表彰 2011 年度建功立业奖章获得者、劳动模范和先进生产（工作）者的通报	2012.01.16
莱钢财字〔2012〕17 号	关于表彰 2011 年度“系统优化降成本，深度挖潜增效益”活动先进单位的通报	2012.01.18
莱钢财字〔2012〕18 号	关于 2012 年继续开展“系统优化降成本，深度挖潜增效益”活动的通知	2012.01.18
莱钢企字〔2012〕19 号	关于 2011 年度企业管理创新与进步项目申报和 2012 年企业管理创新与进步项目立项的通知	2012.01.18
莱钢规字〔2012〕20 号	关于下达 2012 年度《做强莱钢第一阶段——莱钢钢铁主业“十二五”战略规划》推进工作计划的通知	2012.01.18
莱钢规字〔2012〕24 号	关于下达 2012 年生产经营计划的通知	2012.01.21
莱钢资字〔2012〕27 号	关于向粉体材料分公司划转资产的通知	2012.01.21
莱钢能环字〔2012〕28 号	关于开展提高余热余能发电量攻关活动的通知	2012.01.21
莱钢规字〔2012〕32 号	关于下达铁铜沟生活区供暖改造项目投资计划的通知	2012.01.30
莱钢能环字〔2012〕33 号	关于印发《发展循环经济管理办法》的通知	2012.01.31
莱钢规字〔2012〕34 号	关于机械制造有限公司建设新疆公司机修车间的批复	2012.01.31
莱钢规字〔2012〕36 号	关于下达山钢集团莱芜钢铁新疆有限公司喀什钢铁项目一期工程投资计划的通知	2012.01.31

文号	文件名	成文日期
莱钢企字〔2012〕39 号	关于印发《冬季卸车管理考核办法》的通知	2012.02.01
莱钢办字〔2012〕40 号	关于公布 2011 年度群众性经济技术创新成果的通知	2012.02.06
莱钢安字〔2012〕42 号	关于印发《安全生产基金考评办法》的通知	2012.02.10
莱钢公字〔2012〕43 号	关于表彰 2011 年度环境建设模范及先进单位的通报	2012.02.13
莱钢公字〔2012〕45 号	关于表彰 2011 年度人口和计划生育工作先进单位和先进个人的通报	2012.02.17
莱钢财字〔2012〕47 号	关于印发《技改技措项目资金占用考核管理规定(暂行)》的通知	2012.02.20
莱钢企字〔2012〕48 号	关于 2012 年"转方式、调结构、创新超越、系统提升"活动的实施意见	2012.02.20
莱钢销字〔2012〕49 号	关于调整钢铁产品销售定价机制的实施意见	2012.02.20
莱钢财字〔2012〕50 号	关于表彰 2011 年度财务管理、会计信息质量先进单位和财会工作先进个人的通报	2012.02.24
莱钢审字〔2012〕51 号	关于表彰 2011 年度审计工作先进单位的通报	2012.02.24
莱钢资字〔2012〕52 号	关于表彰 2011 年度资产管理先进单位的通报	2012.02.24
莱钢企字〔2012〕53 号	关于印发《原燃料联合稽查队组建方案》的通知	2012.02.21
莱钢察字〔2012〕56 号	关于做好 2012 年效能监察工作的通知	2012.02.22
莱钢财字〔2012〕57 号	关于调整"系统优化降成本,深度挖潜增效"活动组织机构的通知	2012.02.23
莱钢技术字〔2012〕64 号	关于加强原料结构优化工作的通知	2012.03.06
莱钢规字〔2012〕65 号	关于印发《莱芜钢铁集团 2012 年固定资产投资计划纲要》的通知	2012.03.06
莱钢技术字〔2012〕66 号	关于开展指标对标提升活动的通知	2012.03.07
莱钢财字〔2012〕67 号	关于核准山东天泰新材料股份有限公司清产核资结果的请示	2012.03.08
莱钢规字〔2012〕73 号	关于 2012 年度全面风险管理工作报告	2012.03.14
莱钢财字〔2012〕74 号	关于印发《2012 年钢铁主业吨钢深度挖潜提质增效 300 元实施方案》的通知	2012.03.14
莱钢法字〔2012〕76 号	关于表彰法律风险防控管理先进单位和先进个人的通报	2012.03.16
莱钢企字〔2012〕77 号	关于表彰 2011 年度"转方式、调结构、创新超越、系统提升"活动先进单位和个人的通报	2012.03.15

文　号	文　件　名	成文日期
莱钢企字〔2012〕78 号	关于印发《2012 年钢铁主业处级干部绩效考核办法》的通知	2012.03.14
莱钢质字〔2012〕83 号	关于表彰 2011 年六西格玛优秀项目的通报	2012.03.20
莱钢企字〔2012〕88 号	关于印发《2012 年绩效考核方案》的通知	2012.03.20
莱钢人字〔2012〕91 号	关于呈报山东天泰新材料有限公司职工安置方案的请示	2012.03.28
莱钢财字〔2012〕92 号	关于核准山东天泰新材料股份有限公司国有股权处置方案的请示	2012.03.28
莱钢人字〔2012〕95 号	关于公布陈启祥等任免职的通知	2012.03.28
莱钢公字〔2012〕96 号	关于委托莱芜鲁邦置业有限公司承建莱钢保障性限价商品房项目的报告	2012.03.30
莱钢企字〔2012〕105 号	关于印发《“转调创提”活动绩效季度动态评价办法》的通知	2012.04.06
莱钢办字〔2012〕107 号	关于表彰 2009－2011 年档案史志工作先进单位的通报	2012.04.10
莱钢能环字〔2012〕113 号	关于印发《2012 年节能环保宣传工作行动方案》的通知	2012.04.15
莱钢技术字〔2012〕114 号	关于印发《石油储罐用大线能量焊接高强度钢板》等两个企业标准的通知	2012.04.15
莱钢规字〔2012〕117 号	关于印发《莱钢钢铁主业“十二五”战略规划推进工作评价制度》的通知	2012.04.17
莱钢技术字〔2012〕118 号	关于表彰 2011 年技术创新突出贡献奖的决定	2012.04.19
莱钢技术字〔2012〕119 号	关于 2011 年度科学技术奖励的决定	2012.04.19
莱钢人字〔2012〕123 号	关于转发莱人社发〔2012〕27 号文件调整退休人员基本养老金的通知	2012.04.19
莱钢人字〔2012〕124 号	关于转发莱人社发〔2012〕28 号向基本养老金偏低的退休军转干部倾斜的通知	2012.04.19
莱钢人字〔2012〕125 号	关于转发莱人社发〔2012〕29 号文件适当增加建国前老工人退休待遇的通知	2012.04.19
莱钢企字〔2012〕128 号	关于公布 2012 年管理创新与进步项目立项的通知	2012.04.20
莱钢人字〔2012〕131 号	关于下达物流中心编制定员的通知	2012.04.23
莱钢人字〔2012〕132 号	关于印发《人才工作目标责任制考核管理办法(试行)》的通知	2012.04.25
莱钢企字〔2012〕148 号	关于构建运营管理预算指标体系、目标评价体系和责任考核体系的实施意见(试行)	2012.05.14
莱钢能环字〔2012〕163 号	关于开展 2012 年度“节能宣传月”活动的通知	2012.05.25
莱钢能环字〔2012〕164 号	关于山东莱钢环友化工能源有限公司粗苯精制深加工项目试生产的请示	2012.05.25

文　号	文　件　名	成文日期
莱钢能环字〔2012〕165号	关于开展2012年“环境保护宣传月”活动的通知	2012.05.25
莱钢能环字〔2012〕171号	关于贯彻实施能源管理体系标准的通知	2012.05.29
莱钢企字〔2012〕173号	关于深入开展学习型钢炼铁厂经验活动的决定	2012.05.31
莱钢人字〔2012〕186号	关于撤销运输部等单位的通知	2012.06.08
莱钢保字〔2012〕187号	关于印发《生产经营管理案件移交管理规定》的通知	2012.06.11
莱钢企字〔2012〕188号	关于印发《产品交货周期管理规定》的通知	2012.06.12
莱钢企字〔2012〕189号	关于公布2011年度管理创新与进步获奖项目的通知	2012.06.14
莱钢机字〔2012〕193号	关于印发《设备润滑油品(液压介质)检测管理办法》的通知	2012.06.21
莱钢企字〔2012〕196号	关于调整2012年绩效考核方案的通知	2012.06.29
莱钢办字〔2012〕201号	关于印发《公文处理办法》的通知	2012.07.01
莱钢机字〔2012〕203号	关于印发《设备振动检测管理办法》的通知	2012.06.29
莱钢机字〔2012〕209号	关于莱钢特殊钢系统产品升级技术改造项目连铸轧机设备引进合同情况的报告	2012.07.06
莱钢机字〔2012〕210号	关于莱钢特殊钢系统产品升级技术改造项目电极系统、供氧模块、液压阀及泵合同情况的报告	2012.07.06
莱钢人字〔2012〕218号	关于印发《技师工作站管理办法(试行)》的通知	2012.07.16
莱钢人字〔2012〕220号	关于转发莱人社发〔2012〕39号文件调整一级至四级工伤职工伤残津贴、生活护理费和供养亲属抚恤金标准的通知	2012.07.16
莱钢财字〔2012〕224号	关于印发《大额资金使用管理规定》的通知	2012.07.18
莱钢财字〔2012〕225号	关于开展资金管理专项检查的通知	2012.07.19
莱钢人字〔2012〕226号	关于成立营销管理部的通知	2012.07.19
莱钢人字〔2012〕230号	关于印发《机关部门及二级单位内设机构优化调整实施方案》的通知	2012.07.25
莱钢人字〔2012〕231号	关于印发《山钢集团莱芜钢铁新疆有限公司一期工程人员配置实施方案》的通知	2012.07.25
莱钢规字〔2012〕238号	关于印发《莱芜钢铁集团钢铁主业(本部)“十二五”循环经济节能环保规划》的通知	2012.08.02
莱钢能环字〔2012〕240号	关于印发《固定资产投资项目节能评估和审查管理规定》的通知	2012.08.03
莱钢人字〔2012〕242号	关于印发《选派山钢集团莱芜钢铁新疆有限公司人员待遇等若干问题的补充规定》的通知	2012.08.06

文 号	文 件 名	成文日期
莱钢规字〔2012〕243 号	关于下达部分生产厂区围墙封闭及监控系统建设项目投资计划的通知	2012.08.07
莱钢规字〔2012〕244 号	关于印发《档案工作“十二五”发展规划》的通知	2012.08.07
莱钢企字〔2012〕292 号	关于印发《进厂原燃料异议管理办法》的通知	2012.08.15
莱钢能环字〔2012〕293 号	关于印发《照明节能管理规定》的通知	2012.08.17
莱钢能环字〔2012〕295 号	关于印发《危险废物管理办法》的通知	2012.08.20
莱钢企字〔2012〕304 号	关于下达吨钢挖潜提质增效目标提高 100 元考核办法的通知	2012.08.28
莱钢财字〔2012〕308 号	关于印发《营销业务信息管理规定》的通知	2012.09.03
莱钢质字〔2012〕310 号	关于开展 2012 年“质量月”活动的通知	2012.09.04
莱钢规字〔2012〕313 号	关于机械制造有限公司建设新疆克州铁合金冶炼厂项目的批复	2012.09.05
莱钢规字〔2012〕328 号	关于印发《固定资产投资管理制度》的通知	2012.09.19
莱钢人字〔2012〕331 号	关于设立能源管控中心的通知	2012.09.29
莱钢人字〔2012〕339 号	关于在钢铁主业开展定岗定编工作的通知	2012.10.15
莱钢人字〔2012〕341 号	关于转发莱政办发〔2012〕32 号文件城乡居民养老保险重度残疾参保人员提前享受养老金待遇的通知	2012.10.15
莱钢人字〔2012〕349 号	关于转发莱人社发〔2012〕61 号文件调整企业职工因病或非因工死亡后供养直系亲属生活困难补助标准的通知	2012.10.29
莱钢能环字〔2012〕352 号	关于印发《能源因素识别和评价管理规定》的通知	2012.10.29
莱钢规字〔2012〕356 号	关于印发《固定资产投资项目研讨、论证、审查专家管理办法（试行）》的通知	2012.11.01
莱钢能环字〔2012〕357 号	关于印发《基准、标杆及能效对标管理办法》的通知	2012.11.01
莱钢能环字〔2012〕363 号	关于印发《能源成本管理办法》的通知	2012.11.07
莱钢人字〔2012〕365 号	关于山钢集团莱芜钢铁新疆有限公司内设机构的批复	2012.11.07
莱钢规字〔2012〕374 号	关于印发《战略研究课题管理办法》的通知	2012.11.13
莱钢能环字〔2012〕376 号	关于印发《能源监测和测量管理规定》的通知	2012.11.14
莱钢企字〔2012〕380 号	关于印发《管理体系文件管理规定》的通知	2012.11.22
莱钢企字〔2012〕381 号	关于印发《记录管理规定》的通知	2012.11.22
莱钢企字〔2012〕382 号	关于印发《目标、指标和管理方案管理规定》的通知	2012.11.22

文　号	文　件　名	成文日期
莱钢企字〔2012〕383 号	关于印发《法律法规和其他要求管理规定》的通知	2012.11.22
莱钢企字〔2012〕384 号	关于印发《信息交流管理规定》的通知	2012.11.22
莱钢企字〔2012〕385 号	关于印发《内部审核管理规定》的通知	2012.11.22
莱钢企字〔2012〕386 号	关于印发《管理评审管理规定》的通知	2012.11.22
莱钢企字〔2012〕387 号	关于印发《不符合、纠正措施和预防措施管理规定》的通知	2012.11.22
莱钢企字〔2012〕388 号	关于印发《危险化学品安全管理制度》的通知	2012.11.22
莱钢企字〔2012〕389 号	关于印发《辐射环境管理规定》的通知	2012.11.22
莱钢安字〔2012〕395 号	关于印发《安全生产事故隐患排查治理规定》的通知	2012.11.27
莱钢安字〔2012〕396 号	关于印发《特种作业人员管理规定》的通知	2012.11.28
莱钢安字〔2012〕397 号	关于印发《特种设备安全监督管理规定》的通知	2012.11.27
莱钢安字〔2012〕398 号	关于印发《安全生产培训教育管理办法》的通知	2012.11.27
莱钢安字〔2012〕399 号	关于印发《劳动防护用品管理办法》的通知	2012.11.27
莱钢安字〔2012〕400 号	关于印发《防暑降温物品管理规定》的通知	2012.11.28
莱钢安字〔2012〕404 号	关于印发《职业健康安全绩效测量与监视管理办法》的通知	2012.11.29
莱钢安字〔2012〕405 号	关于印发《安全生产档案管理办法》的通知	2012.11.29
莱钢安字〔2012〕406 号	关于印发《其他相关方安全生产监督管理规定》的通知	2012.11.29
莱钢安字〔2012〕407 号	关于印发《职业健康管理办法》的通知	2012.11.29
莱钢安字〔2012〕408 号	关于印发《生产安全事故信息报告和调查处理规定》的通知	2012.11.29
莱钢安字〔2012〕409 号	关于印发《气瓶管理规定》的通知	2012.11.29
莱钢办字〔2012〕411 号	关于实行工作日中午禁酒令的通知	2012.11.30
莱钢人字〔2012〕415 号	关于设立设备检修中心的通知	2012.12.03
莱钢安字〔2012〕416 号	关于印发《危险源管理办法》的通知	2012.12.03
莱钢外字〔2012〕417 号	关于印发《出口产品顾客满意度管理制度》的通知	2012.12.03
莱钢安字〔2012〕421 号	关于印发《建设项目安全设施、职业病防护设施“三同时”管理办法》的通知	2012.12.04
莱钢人字〔2012〕422 号	关于印发设备检修中心组建实施方案的通知	2012.12.05
莱钢安字〔2012〕423 号	关于印发《生产安全事故应急准备和响应管理办法》的通知	2012.12.05
莱钢原字〔2012〕426 号	关于印发《原料采购管理规定》的通知	2012.12.07
莱钢人字〔2012〕428 号	关于印发《职工培训经费及委托代培工作管理办法》的通知	2012.12.10
莱钢调字〔2012〕432 号	关于印发《生产管理制度》的通知	2012.12.11

文　号	文　件　名	成文日期
莱钢调字〔2012〕433 号	关于印发《生产经营调度会议管理规定》的通知	2012. 12. 12
莱钢调字〔2012〕434 号	关于印发《生产信息系统管理办法》的通知	2012. 12. 12
莱钢调字〔2012〕435 号	关于印发《生产作业计划管理办法》的通知	2012. 12. 12
莱钢调字〔2012〕436 号	关于印发《内部倒运管理办法》的通知	2012. 12. 12
莱钢调字〔2012〕437 号	关于印发《铁水罐运行管理办法》的通知	2012. 12. 12
莱钢机字〔2012〕438 号	关于印发《自营检修工程管理暂行规定》的通知	2012. 12. 12
莱钢审字〔2012〕440 号	关于印发《能源审计管理规定》的通知	2012. 12. 14
莱钢规字〔2012〕441 号	关于印发《莱芜钢铁集团“十二五”及今后一个时期相关多元产业发展规划》的通知	2012. 12. 17
莱钢销字〔2012〕449 号	关于印发《常规产品名册》的通知	2012. 12. 21
莱钢销字〔2012〕450 号	关于印发《销售合同管理办法》的通知	2012. 12. 21
莱钢企字〔2012〕451 号	关于印发《招标管理办法》的通知	2012. 12. 21
莱钢企字〔2012〕452 号	关于印发《电子交易平台运行管理办法》的通知	2012. 12. 21
莱钢企字〔2012〕453 号	关于印发《供应商管理办法》的通知	2012. 12. 21
莱钢企字〔2012〕454 号	关于印发《评标专家管理办法》的通知	2012. 12. 21
莱钢规字〔2012〕455 号	关于印发《生产经营计划管理办法》的通知	2012. 12. 25
莱钢销字〔2012〕457 号	关于印发《内销产品顾客满意度管理制度》的通知	2012. 12. 27
莱钢能环字〔2012〕458 号	关于印发能源管理体系内部审核计划的通知	2012. 12. 27
莱钢规字〔2012〕459 号	关于 2012 年统计年报及 2013 年定期报表报送工作的通知	2012. 12. 28
莱钢人字〔2012〕460 号	关于设备检修中心内设机构的批复	2012. 12. 31
莱钢机字〔2012〕464 号	关于印发《设备管理制度》的通知	2012. 12. 27
莱钢机字〔2012〕465 号	关于印发《动力管理制度》的通知	2012. 12. 27
莱钢机字〔2012〕466 号	关于印发《特种设备管理规定》的通知	2012. 12. 27
莱钢机字〔2012〕467 号	关于印发《设备点检管理规定》的通知	2012. 12. 27
莱钢机字〔2012〕468 号	关于印发《设备统计管理规定》的通知	2012. 12. 27
莱钢机字〔2012〕469 号	关于印发《设备事故管理规定》的通知	2012. 12. 27
莱钢机字〔2012〕470 号	关于印发《设备备品备件修旧利废管理办法》的通知	2012. 12. 27
莱钢机字〔2012〕471 号	关于印发《设备润滑管理规定》的通知	2012. 12. 27
莱钢机字〔2012〕472 号	关于印发《重点用能设备设施管理办法》的通知	2012. 12. 27

莱钢党委文件

文号	文件名	成文日期
莱钢党发〔2012〕1号	2012年反腐倡廉工作实施意见	2012.02.15
莱钢党发〔2012〕2号	关于加强和改进新形势下思想政治工作的实施意见	2012.07.19
莱钢党委〔2012〕1号	关于确定莱钢出席莱芜市第十三次党代会代表候选人预备人选的报告	2012.01.04
莱钢党委〔2012〕3号	关于选举产生莱钢出席中国共产党莱芜市第十三次代表大会代表情况的报告	2012.01.19
莱钢党委〔2012〕4号	关于增选委员选举结果的报告	2012.01.19
莱钢党委〔2012〕5号	关于表彰2011年度莱钢社会管理综合治理暨平安建设先进单位的通报	2012.01.17
莱钢党委〔2012〕6号	关于表彰2011年度文明单位的通报	2012.01.15
莱钢党委〔2012〕7号	关于印发《公司党委2012年工作要点》的通知	2012.01.16
莱钢党委〔2012〕8号	关于表彰2011年度党风廉政建设先进单位的通报	2012.01.19
莱钢党委〔2012〕10号	关于调整公司保密委成员的通知	2012.02.01
莱钢党委〔2012〕11号	关于印发《廉洁风险防控管理工作实施方案》的通知	2012.02.08
莱钢党委〔2012〕12号	关于组建山钢集团莱芜钢铁新疆有限公司党委纪委的通知	2012.02.27
莱钢党委〔2012〕14号	关于公布2011年度处级领导班子和领导干部综合考评等级的通知	2012.03.21
莱钢党委〔2012〕15号	关于公布任浩同志免职的通知	2012.03.26
莱钢党委〔2012〕18号	关于做好2012年度民主评议党员工作的通知	2012.04.12
莱钢党委〔2012〕19号	关于批转公司团委《关于召开共青团莱钢集团有限公司第十一次代表大会的请示》的通知	2012.04.15
莱钢党委〔2012〕22号	关于表彰2011年度莱钢青年岗位能手的通报	2012.05.02
莱钢党委〔2012〕23号	关于评选创建“四好”领导班子先进集体的通知	2012.05.11
莱钢党委〔2012〕24号	莱钢收看省第十次党代会开幕式情况的报告	2012.05.28
莱钢党委〔2012〕25号	关于印发《莱钢学习型党组织建设考评体系(修订稿)》的通知	2012.06.01
莱钢党委〔2012〕26号	关于印发《莱芜钢铁集团有限公司2012—2013年精神文明建设规划》的通知	2012.06.01
莱钢党委〔2012〕28号	关于撤销莱芜钢铁股份有限公司等单位党委纪委和莱芜钢铁股份有限公司焦化厂等单位党委纪委更名的通知	2012.06.12
莱钢党委〔2012〕31号	关于表彰2011年度创建“四好”领导班子先进集体的决定	2012.06.26
莱钢党委〔2012〕32号	关于表彰党建工作先进单位、先进党(总)支部、优秀共产党员标兵、优秀共产党员、优秀党建工作者的通报	2012.06.26

文 号	文 件 名	成文日期
莱钢党委〔2012〕39 号	关于开展“喜迎十八大，智慧献企业”金点子征集评选活动的通知	2012.07.16
莱钢党委〔2012〕43 号	关于表彰“喜迎十八大，智慧献企业”金点子合理化建议的通报	2012.09.18
莱钢党委〔2012〕44 号	关于运输部召开第一次党员代表大会的批复	2012.09.20
莱钢党委〔2012〕45 号	关于调整莱钢关心下一代工作委员会组成人员的通知	2012.10.12
莱钢党委〔2012〕48 号	关于运输部第一届党委、纪委委员候选人预备人选的批复	2012.10.31
莱钢党委〔2012〕51 号	关于印发《莱钢文明单位建设管理规定》的通知	2012.11.06
莱钢党委〔2012〕55 号	关于认真学习宣传贯彻党的十八大精神的通知	2012.11.23
莱钢党委〔2012〕56 号	关于进行文明单位创建、党风建设、劳动关系和谐企业创建等工作检查的通知	2012.11.28
莱钢党委〔2012〕59 号	关于组建设备检修中心党委纪委的通知	2012.12.03
莱钢党委〔2012〕67 号	关于组织开展“转观念、保效益”主题系列活动的意见	2012.12.27

（供稿：杨建东　孙　杰　审稿：蒋淑华）

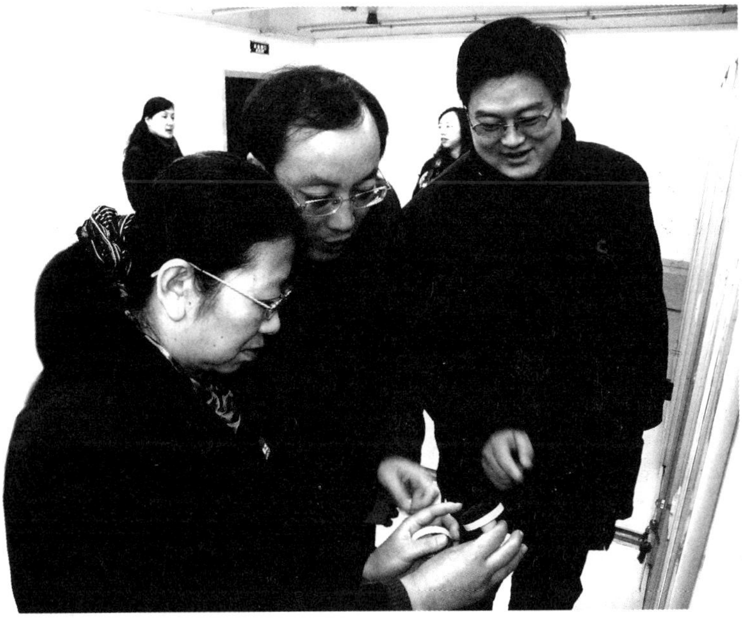

检查档案工作

图书在版编目(CIP)数据

莱钢年鉴.2013/莱钢集团《莱钢年鉴》编辑部编.
—济南:山东省地图出版社,2013.11

ISBN 978-7-80754-768-6

Ⅰ.①莱… Ⅱ.①莱… Ⅲ.①钢铁厂—莱芜市—
2013—年鉴 Ⅳ.①F426.31-54

中国版本图书馆 CIP 数据核字(2013)第 267525 号

责任编辑:张玉良　李宗梅

莱钢年鉴(2013)

莱钢年鉴编辑部　编

出版发行:山东省地图出版社

社址邮编:济南市二环东路 6090 号　250014

电　　话:0531-88930993

传　　真:0531-88581337

设计制版:济南世同华印图文有限责任公司

印　　刷:山东新华印务有限责任公司

开　　本:787 毫米×1092 毫米　1/16 开

印　　张:29

字　　数:583 千字

印　　数:1200 册

版　　次:2013 年 11 月第 1 版　2013 年 11 月第 1 次印刷

定　　价:138.00 元